Unigraphics NX 2206을 이용한

# 알기 쉬운 모델링 Ⅲ

신현성 지음

기전연구사

Unigraphics는 업계에서 가장 포괄적인 통합설계로 엔지니어링과 제조 애플리케이션을 비롯한 여러 가지 완벽한 제품개발 솔루션을 제공합니다.

성능, 편리성, 생산성 측면에서 Unigraphics의 애플리케이션은 포인트 솔루션으로 상호 연관된 디지털 제품개발 환경에서 초기 개념설계부터 최종 제품에 이르기까지 완벽하게 통합할 수 있어 사용자에게는 아주 편리한 통합 솔루션입니다.

기술 지식을 제품개발에 적용하려는 노력의 하나로 Unigraphics는 관련 지식을 포착하여 다시 사용하는 혁신적인 기술을 실무에 적용할 수 있도록 도와줍니다. 그리고 시스템 기반의 모델링으로 시장에서 기술을 선점할 기회를 놓치지 않고 끊임없이 변화하는 시장의 요구사항에 신속하게 대응하기 위해, 제조사는 설계 대안을 신속하게 평가하는 제품개발 도구가 필요합니다.

따라서 시장의 요구사항에 신속하게 대응할 목적으로 최신 CAD 시스템에서 구현할 수 있는 파라 메트릭 모델링 도구와 구성 객체를 이용하여 요소 부품을 모델링할 수 있는 Wave 기술이 적용되어 제품설계가 쉽습니다.

일반적으로 제품개발에는 제조사 내·외부의 여러 조직과 곳곳에 있는 많은 사람이 연관되어 있습니다. 작업에 관련된 모든 사람은 실시간으로 제품개발 공정에 참여하여 개발기간을 단축하고 변경 사항과 오류를 최소화함으로써 적시 출시(Time to Market)로 경쟁력을 향상할 수 있습니다.

Unigraphics는 기업에서 분산된 여러 팀 구성원의 지식과 혁신 기술을 활용하여 개발 제품과 공정을 개선할 수 있는 소프트웨어입니다.

현재 NX의 개발 추세는 기존 버전의 프로그램을 단순화고 사용자 편리성을 추구하고 있어 Unigraphics는 새로운 학습자에게 쉽게 적용할 수 있는 편리성이 제공되고 있습니다.

본 교재에서는 Unigraphics의 기본적인 명령과 사용법을 작업순서에 따라 기호로 표시하여 학습에 도움이 될 수 있도록 제시하였습니다.

교재 초반에서는 모델링 상태에서 작업 중심으로 설명하였고, 13장에서는 스케치에 의한 모형화 기법을 설명하였습니다. 또한 Assembly에서 조립 단품을 작성하는 Bottom-Up과 Top-Down 방식의 조립도 작성 방법을 설명하였으며, 교재를 통해 TDP(Technical Data Package) 작성에 도움을 주고자 각종 유형의 도면을 작성할 수 있는 기법을 소개했습니다.

특히 Siemens Product에 대한 기술 자료와 원격 기술 지원에 도움을 주신 ㈜경희정보테크의 이승원 팀장님께 감사드립니다.

마지막으로 본 교재 집필에 도움을 주신 기전 연구사 나영찬 사장님과 직원 여러분들께도 감사드리며, 알기 쉬운 모델링이 자기 능력개발에 도움이 되시길 기대하며 본 교재에 관한 궁금한 사항이나 의견 주시면 성심성의껏 답변해 드리겠습니다.

2024년 2월
신 현 성

# 차 례

## chapter 01 Unigraphics의 시작

1.1 시작화면의 이해 ······················· 013
    1.1.1 새로운 모델링의 작성 • 014
    1.1.2 기존에 작성된 모델링 파일의 이용 • 015

1.2 모델링 화면의 이해 ····················· 016
    1.2.1 화면 구성 • 016
    1.2.2 UG 구성 모듈의 선택(Application) • 018
    1.2.3 모델링 시작하기 • 019

1.3 도구막대(Tool Bar)의 활용 ············· 019

1.4 작성 자료의 저장 및 종료 ·············· 024
    1.4.1 자료의 저장 • 024
    1.4.2 Part 파일 닫기 • 025

## chapter 02 Unigraphics의 기본조작

2.1 Graphic Window에 객체표시 ········· 027
    2.1.1 Fit • 027
    2.1.2 Zoom • 028
    2.1.3 Rotate • 029
    2.1.4 Pan • 030
    2.1.5 Orient View • 030
    2.1.6 Refresh • 030
    2.1.7 Edit Section... • 030
    2.1.8 Clip Section • 032
    2.1.9 기타 Graphic Window의 표시명령 • 033

2.2 UG 좌표계의 이해 ····················· 033

2.3 WCS 좌표계의 활용 ··················· 034
    2.3.1 Display WCS • 034
    2.3.2 WCS 좌표의 원점이동 • 034
    2.3.3 WCS의 동적변환 • 034
    2.3.4 WCS의 회전 • 035
    2.3.5 Set WCS to Absolute • 035
    2.3.6 XC 방향의 재정의 • 035
    2.3.7 YC 방향의 재정의 • 035
    2.3.8 Orient WCS를 이용한 좌표계의 선정 • 036
    2.3.9 작업좌표계의 저장 • 041

## chapter 03 2차원 화면에서 객체의 작성

3.1 Point Constructor에 의한 점의 표시 ······ 043
    3.1.1 Inferred Point • 044
    3.1.2 Cursor Location • 044
    3.1.3 Exiting Point • 044
    3.1.4 End Point • 045
    3.1.5 Control Point • 045
    3.1.6 Intersection Point • 045
    3.1.7 Arc/Ellipse/Sphere Center • 046
    3.1.8 Angle on Arc/Ellipse • 046
    3.1.9 Quadrant Point • 046
    3.1.10 Point on Curve/Edge • 046
    3.1.11 Point on Face • 046
    3.1.12 Between Two Point • 046
    3.1.13 Spline Pole • 047
    3.1.14 Spline Defining Point • 047

3.2 직선의 작도 ··························· 047

3.3 원호의 작도 ··························· 050
    3.3.1 Three Point Arc • 050
    3.3.2 Arc/Circle From Center • 050

3.4 Line and Arcs ························ 051

3.5 객체 자르기(Trim) ···················· 056
    3.5.1 Selection Steps • 056
    3.5.2 Trim or Divide • 056
    3.5.3 Sections • 057

3.6 객체 숨기기 ··························· 058

3.7 클래스 선택(Class Selection) 대화상자 ·········· 059

## chapter 04 Form Feature의 작성

4.1 작업 공간의 설정 ·········································· 063
    4.1.1 Datum Plane의 설정 • 063
    4.1.2 Datum Axis의 설정 • 067
    4.1.3 Datum CSYS의 설정 • 070

4.2 Form Feature의 작성 ····································· 071
    4.2.1 육면체의 솔리드 작성 • 071
    4.2.2 원기둥의 솔리드 작성 • 072
    4.2.3 원뿔 솔리드의 작성 • 073
    4.2.4 구형 솔리드의 작성 • 074

## chapter 05 Form Feature의 응용

5.1 돌출 객체의 작성 ·········································· 077
5.2 회전객체의 작성 ············································ 082
5.3 Sweep along Guide ······································· 084
5.4 튜브형 객체의 작성 ········································ 084
5.5 구멍객체의 첨가 ············································ 085
    5.5.1 General Hole • 085
    5.5.2 Threaded Hole • 087
    5.5.3 Hole Series • 087

5.6 Groove 형상의 삽입 ······································· 088

## chapter 06 작성된 객체의 수정 Ⅰ

6.1 테이퍼의 추가 ··············································· 091
    6.1.1 Type 및 선택순서 • 091
    6.1.2 Setting • 093

6.2 객체에 테이퍼 추가 ········································ 094
6.3 객체 모서리의 모깎기 ····································· 097

6.4 객체 면의 모깎기 ··········································· 103
    6.4.1 Rolling Ball • 103
    6.4.2 Swept Section • 109
    6.4.3 Three Face • 110
    6.4.4 Feature Intersection Edge • 110

6.5 Styled Blend에 의한 모깎기 ···························· 110
6.6 Aesthetic Face에 의한 모깎기 ························· 112
6.7 Bridge Surface ·············································· 113
6.8 Blend Corner ················································ 114
6.9 Styled Corner ··············································· 115
6.10 객체에 모따기 ············································· 115
6.11 속 빈 객체 만들기 ········································ 117
6.12 엠보스 추가하기 ·········································· 118
6.13 엠보스의 옵셋 ············································· 119
6.14 리브 만들기 ················································ 120
6.15 윤곽 리브 만들기 ········································· 121
6.16 나사 객체 만들기 ········································· 121
6.17 객체의 배열 ················································ 123
6.18 면의 대칭 복사 ············································ 125
6.19 피처의 대칭 복사 ········································· 126
6.20 객체의 대칭 복사 ········································· 126
6.21 객체 자르기 ················································ 127
6.22 객체의 분할 ················································ 127
6.23 객체의 결합 ················································ 128
6.24 객체의 부분제거 ·········································· 128
6.25 객체의 공통영역 생성 ··································· 129

## chapter 07 작성된 객체의 수정 Ⅱ

7.1 Transform ···················································· 133
    7.1.1 Scale • 133
    7.1.2 Mirror Through a Line • 134
    7.1.3 Rectangular Array • 135
    7.1.4 Circular Array • 136

7.1.5 Mirror Through a Plane • 136
7.1.6 Point Fit • 137

## 7.2 Move Object ········· 137
7.2.1 Dynamic • 137
7.2.2 Distance • 138
7.2.3 Angle • 138
7.2.4 Distance between Points • 139
7.2.5 Radial Distance • 139
7.2.6 Point to Point • 139
7.2.7 Rotate by Three Points • 140
7.2.8 Align Axis to Vector • 140
7.2.9 CSYS to CSYS • 140
7.2.10 Delta XYZ • 141

## 7.3 Synchronous Modeling ········· 148
7.3.1 Move Face • 148
7.3.2 Pull Face • 148
7.3.3 Offset Region • 148
7.3.4 Radiate Face • 149
7.3.5 Replace Face • 149
7.3.6 Delete Face • 149
7.3.7 Group Face • 150
7.3.8 Edit Cross Section • 150
7.3.9 Detail Feature • 150
7.3.10 Reuse • 152
7.3.11 Relate • 154
7.3.12 Dimension • 156
7.3.13 Optimize • 158
7.3.14 Move Edge • 158
7.3.15 Offset Edge • 158
7.3.16 History Mode • 159
7.3.17 History-Free Mode • 159

# chapter 08 피처의 편집과 곡선의 작성

## 8.1 피처의 편집 ········· 161
8.1.1 Edit Feature Parameters • 161
8.1.2 Feature Dimension • 161
8.1.3 Edit with Rollback • 162
8.1.4 Edit Positioning • 163
8.1.5 Move Feature • 163
8.1.6 Reorder Feature • 164
8.1.7 Replace Feature • 164
8.1.8 Replace with Independent Sketch • 165
8.1.9 Suppress/Unsuppress Feature • 165
8.1.10 Suppress by Expression • 166
8.1.11 Resize Datum Plane • 167
8.1.12 Remove Parameters • 167
8.1.13 Solid Density • 167
8.1.14 Assign Feature Color • 168
8.1.15 Assign Feature Group Color • 168
8.1.16 Feature Replay • 168
8.1.17 Renew Feature • 168

## 8.2 곡선의 작성 ········· 169
8.2.1 Studio Spline • 169
8.2.2 Fit Curve • 173
8.2.3 Point Set • 174
8.2.4 Parabola • 177
8.2.5 Hyperbola • 178
8.2.6 General Conic • 179
8.2.7 Helix • 180
8.2.8 Law Curve • 182

# chapter 09 곡선편집과 작성객체에서 곡선추출

## 9.1 곡선의 간격 띄우기 ········· 185
## 9.2 곡면 상의 간격 띄우기 ········· 187
## 9.3 객체 상의 곡선 간격 띄우기 ········· 188
## 9.4 선택곡선의 연결 ········· 188
## 9.5 선택곡선의 단순화 ········· 190
## 9.6 선택곡선의 최적화 ········· 191
## 9.7 선택곡선의 추출 및 결합 ········· 191
## 9.8 실린더를 이용한 곡선의 모깎기 ········· 191
## 9.9 곡선의 편집 ········· 193
9.9.1 Trim • 193
9.9.2 Divide Curve • 193

9.9.3 Stretch Curve • 194
9.9.4 Curve Length • 195
9.9.5 Smooth Spline • 195
9.9.6 Edit Curve Parameters • 196
9.9.7 Shape by Template • 196

9.10 곡면 상의 투영곡선 ······················ 197
9.11 곡선조합에 의한 투영곡선 ··············· 200
9.12 교차곡면에 의한 곡선 생성 ············· 201
9.13 곡면에 의한 단면곡선의 생성 ·········· 201
9.14 U, V에 의한 곡선의 생성 ················ 203
9.15 등사 곡선의 생성 ·························· 204
9.16 그림자 곡선의 생성 ······················· 204
9.17 가상 추출곡선의 생성 ···················· 205
9.18 회전 추출곡선의 생성 ···················· 205
9.19 객체의 전개도 작성하기 ·················· 206
9.19.1 Warp • 206
9.19.2 Unwrap • 206

## chapter 10 자유 형상(Free Form) 피처의 성성 I

10.1 Through Points ···························· 213
10.1.1 Patch Type • 213
10.1.2 Closed Along • 215

10.2 작성객체의 속성 정의 ····················· 215
10.2.1 U, V Grid의 조정 • 215
10.2.2 U, V Grid의 수정 • 216
10.2.3 작성객체의 종류 설정 • 216
10.2.4 자유형상의 정도 규제 • 217

10.3 Form Poles ·································· 217
10.4 Fit Surface ·································· 217
10.5 Rapid Surfacing ··························· 219
10.6 Four Point Surface ······················· 219
10.7 Bounded Plane ···························· 219
10.8 Fill Surface ·································· 220
10.9 Sheet from Curve ························ 220
10.10 Ribbon Builder ···························· 221
10.11 Through Curves ·························· 221
10.12 Through Curve Mesh ··················· 226
10.13 Studio Surface ···························· 227
10.14 N-Sided Surface ························· 228
10.15 Swept ········································ 231
10.16 Styled Sweep ····························· 238
10.17 Section Body ······························ 239
10.17.1 Section의 용어 해설 • 239
10.17.2 Section 명령어 • 240

10.18 Variational Sweep ······················· 243
10.19 Swept Volume ···························· 244

## chapter 11 자유 형상(Free Form) 피처의 성성 II

11.1 Extension ···································· 249
11.2 Silhouette Flange ························· 250
11.3 Law Extension ····························· 253
11.4 Offset Surface ······························ 255
11.5 Variable Offset ····························· 256
11.6 Offset Face ·································· 256
11.7 Variable Offset Face ····················· 257
11.8 Thicken Sheet ······························ 258
11.9 Scale ·········································· 258
11.10 Bounding Body ···························· 260
11.11 Wrap Geometry ··························· 260
11.12 Combine ····································· 261
11.13 Emboss Body ······························ 262
11.14 Assembly Cut ······························ 263
11.15 Sew ············································ 263
11.16 Unsew ········································ 264
11.17 Patch ········································· 264

11.18 Quilt ········· 265
11.19 Make Solid ········· 266
11.20 Trimmed Sheet ········· 266
11.21 Extend Sheet ········· 267
11.22 Trim and Extend ········· 267
11.23 Untrim ········· 268
11.24 Divide Face ········· 268
11.25 Delete Edge ········· 269
11.26 Delete Body ········· 269

## chapter 12 자유 형상(Free Form) 피처의 편집

12.1 X-Form ········· 271
12.2 I-Form ········· 274
12.3 Match Edge ········· 275
12.4 Edge Symmetry ········· 275
12.5 Heal Surface ········· 276
12.6 Flattening and Forming ········· 276
12.7 Global Shaping ········· 277
12.8 Global Deformation ········· 281
12.9 Snip Surface ········· 281
12.10 Enlarge ········· 283
12.11 Replace Edge ········· 283
12.12 Change Edge ········· 284
12.13 Snip into Patches ········· 285
12.14 Local Untrim and Extend ········· 286
12.15 Refit Face ········· 286
12.16 Degree ········· 287
12.17 Stiffness ········· 287
12.18 Smoothing Pole ········· 288
12.19 Reverse Normal ········· 288
12.20 U/V Direction ········· 288

## chapter 13 스케치(Sketch)의 활용

13.1 스케치의 시작 ········· 295
　13.1.1 스케치 평면의 설정 • 295
13.2 스케치 곡선의 작성 ········· 297
　13.2.1 스케치 곡선의 작성 • 297
　13.2.2 스케치 곡선의 생성 • 301
13.3 스케치의 구속조건 ········· 304
　13.3.1 Dimensions • 304
　13.3.2 Geometric의 생성 • 305
13.4 스케치 곡선의 수정 ········· 307
13.5 스케치 관리(Sketcher) ········· 314

## chapter 14 Assembly의 이용

14.0 Assembly ········· 321
14.1 Components의 구성 ········· 324
　14.1.1 Add Exiting • 324
　14.1.2 New Component • 326
　14.1.3 New Parent Assembly • 329
　14.1.4 Replace Component • 329
　14.1.5 Pattern Component • 330
　14.1.6 Mirror Assembly • 331
　14.1.7 Suppress Component • 332
　14.1.8 Edit Suppression State • 332
14.2 Components Position의 이용 ········· 332
　14.2.1 Move Component • 332
　14.2.2 Assembly Constraints • 335
　14.2.3 Show and Hide Constraints • 338
　14.2.4 Show Degrees of Freedom • 339
　14.2.5 Remember Assembly Constraints • 339
　14.2.6 Convert Mating Conditions • 339
14.3 Context Control의 이용 ········· 340
　14.3.1 Find Component • 340
　14.3.2 Open Component • 340
　14.3.3 Open by Proximity • 341

14.3.4 Show Only • 341
14.3.5 Isolate in New Window • 341
14.3.6 Hide/Show Component • 341
14.3.7 Show Product Outline • 342
14.3.8 Save Context/Restore Context • 342
14.3.9 Set Work Part • 342
14.3.10 Work on Display Assembly • 342
14.3.11 Open Part in Window • 343
14.3.12 Show Lightweight • 343
14.3.13 Show Exact • 343

## 14.4 Exploded Views의 이용 ········ 343
14.4.1 New Explosion의 작성 • 343
14.4.2 Edit Explosion • 343
14.4.3 Create Tracelines • 345

## 14.5 Assembly Sequences의 이용 ········ 346
14.5.1 Create New Sequence • 346
14.5.2 Insert Motion • 346
14.5.3 Assemble • 347
14.5.4 Disassemble • 347
14.5.5 Insert Pause • 347
14.5.6 Record Camera Position • 348
14.5.7 Extraction Path • 348
14.5.8 Delete • 348
14.5.9 Capture Arrangement • 348
14.5.10 Find in Sequence • 348
14.5.11 Show All Sequence • 349
14.5.12 Motion Envelope • 349
14.5.13 Assembly Sequencing Playback • 349

# chapter 15 모델링을 이용한 도면작성 I

## 15.0 Drafting ········ 351
## 15.1 Insert Drawing Sheet ········ 351
## 15.2 Open/Delete Drawing Sheet ········ 352
## 15.3 View Creation Wizard ········ 352
## 15.4 Base View ········ 353
## 15.5 Standard ········ 353

15.5.1 Projected View • 355
15.5.2 Detail View • 356
15.5.3 Section Line • 357
15.5.4 Section View(Select Exiting) • 358
15.5.5 Section View(Dynamic) • 359
15.5.6 Unfolded Section View • 361
15.5.7 Oriented Section View • 361
15.5.8 Pictorial Section View • 362
15.5.9 Half Pictorial Section View • 363
15.5.10 Break-out Section View • 364
15.5.11 View Break • 364
15.5.12 Drawing View • 366

## 15.6 Section Components in View ········ 366
## 15.7 Update Views ········ 367
## 15.8 Move/Copy View ········ 367
## 15.9 View Alignment ········ 368
## 15.10 View Boundary ········ 368
## 15.11 Hide Components in View ········ 370
## 15.12 Show Components in View ········ 370
## 15.13 View Dependent Edit ········ 371
## 15.14 View Style Setting ········ 372

15.14.1 Hidden Lines • 372
15.14.2 Visible Lines • 373
15.14.3 Virtual Intersection • 374
15.14.4 Smooth Edge • 374
15.14.5 Threads • 374

## 15.15 View Preference ········ 375

# chapter 16 모델링을 이용한 도면작성 II

## 16.1 Hatching ········ 381
16.1.1 Crosshatch • 381
16.1.2 Hatch의 유형 설정 • 382

## 16.2 Area Fill ········ 382
## 16.3 중심선의 수정 ········ 382
## 16.4 치수 기입하기 ········ 385

16.4.1 치수 유형 설정하기 • 385
16.4.2 치수 기입하기 • 390
16.4.3 치수 기입 수정하기 • 394

**16.5 도면의 부호 적용하기** ················· 395

**16.6 도면의 문자 및 부호 적용하기** ········· 398
16.6.1 주서 작성하기 • 398
16.6.2 Annotation Object • 400
16.6.3 Text의 수정 • 400
16.6.4 Feature Control Flame(형상공차)의 적용 • 400
16.6.5 심벌의 정의 및 사용 • 402

**16.7 요목표의 작성과 BOM** ················· 404
16.7.1 Tabular Note • 404
16.7.2 Part List • 406

**16.8 Display 영역의 제어** ···················· 408
16.8.1 Layout • 408
16.8.2 Layer의 적용 • 409
16.8.3 Layer 속성의 수정 • 411

**16.9 Display 상태의 설정** ···················· 412
16.9.1 Hidden Edges • 412
16.9.2 Display Mode • 412
16.9.3 Visualization • 413

**16.10 도면 출력하기** ························· 416

부록1 연습도면 ································· 419
부록2 CAD 관련 자격시험 실기문제 ········· 451
찾아보기 ········································· 468

# Unigraphics의 시작

chapter 01

## 1.1 시작화면의 이해

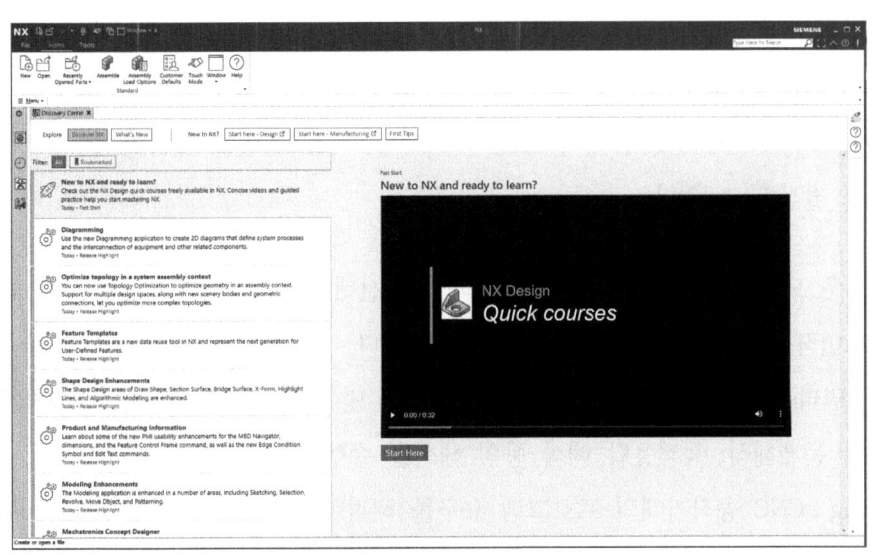

**그림 1.1** UG NX 2206의 초기 화면

① ▭ New : 새로운 모델링을 작성한다.
② ▭ Open : 기존에 작성된 모델파일을 이용한다.
③ ▭ Recently Open Part : 최근 작업한 파일을 선정할 수 있다.
④ ▭ Assemble : 작성된 부품 모델을 이용하여 부품 간의 논리적 구조를 정의한다.
⑤ ▭ Restore Previous Session : 이전작업을 복원한다.
⑥ ▭ Touch Mode : 터치패널 형식의 화면을 이용하여 작업할 수 있다.
⑦ ▭ Internet Explorer : 온라인 도움말을 활용할 수 있다.
⑧ ▭ Help : 온라인 도움말을 활용한다.

## 1.1.1 새로운 모델링의 작성

File ➡ New... 단축키 : Ctrl + N

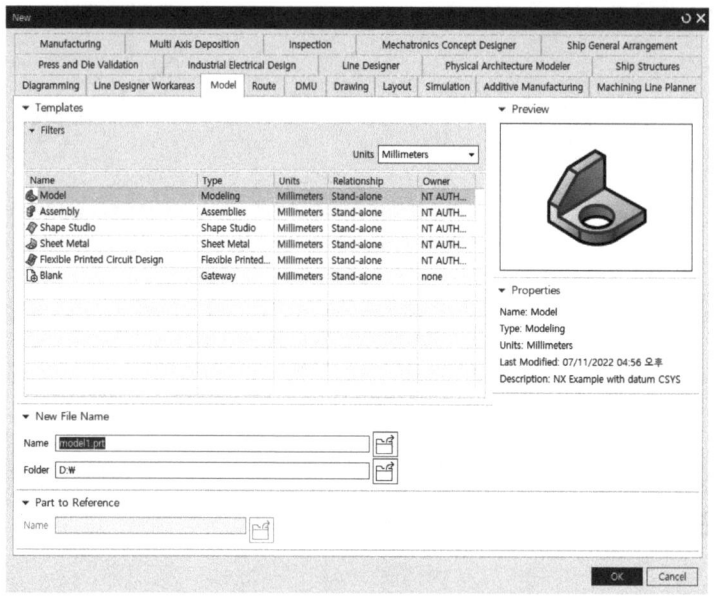

**그림 1.2** 새로운 모델링의 작성

Model, Drawing 또는 Simulation 등에 필요한 Template(Seed) 파일을 선택할 수 있으며 새로운 모델의 이름과 파일경로를 결정할 수 있다.

① Model : 새로운 모델링에서 Template(Seed) 파일을 선택하여 모델링을 수행할 수 있다.
② Drawing : 도면작성을 위한 Template 파일이 지원된다.
③ Simulation : 멀티 바디 메커니즘의 시뮬레이션, 전도 및 복사 열전달 해석, 전자기기 시스템을 위한 열/유동 복합 문제해석, 동적응답 해석 등의 해석을 수행할 수 있다.
④ Manufacturing : CNC 공작기계의 프로그램 요구를 해결할 수 있는 2, 3축 밀링(Axis Milling)과 터닝(Turning), Wire EDM 등의 공작기계와 고속 및 다축가공기의 가공 프로그램의 작성이 가능하다.
⑤ Inspection : 기상측정을 위한 DMIS(Dimensional Measuring Interface Standard) 프로그램이 지원되어 자동 측정 프로그램을 작성할 수 있다.
⑥ Mechatronics Concept Designer : 시스템을 모델링하고 센서 및 액추에이터를 정의하여 물리적 특성 산정을 통해 효율적인 시스템의 개념설계를 수행할 수 있다.

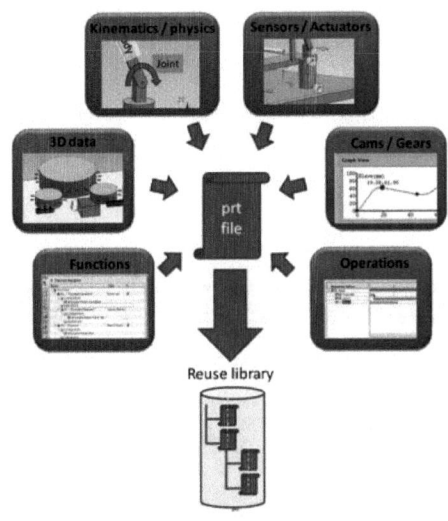

그림 1.3  Mechatronics Concept Designer 개념

## 1.1.2 기존에 작성된 모델링 파일의 이용

File ➡ Open...  단축키 : Ctrl + O

작성된 모델을 호출하여 모델을 수정하거나 새로운 자료를 생성할 수 있다.

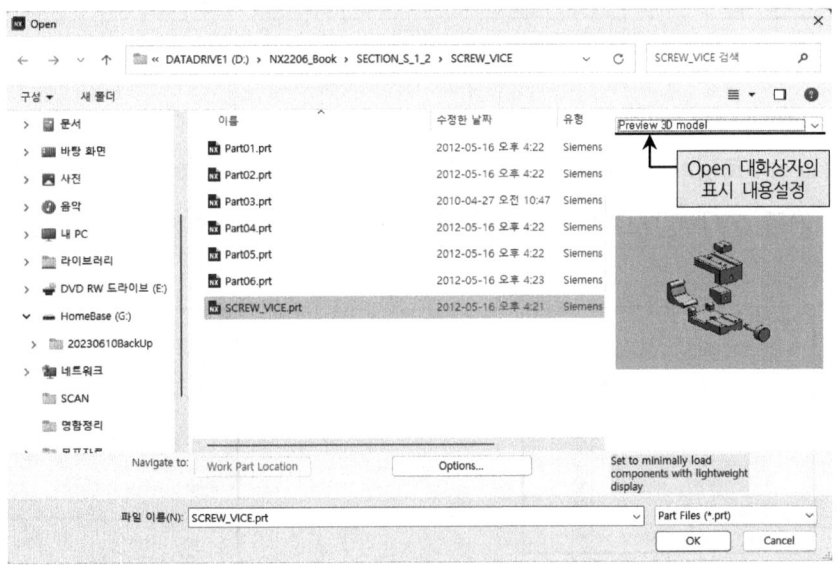

그림 1.4  파일 열기 대화상자

- Options... : 어셈블리 모델의 열기 속성을 제어하며, 세부 기능은 14장 어셈블리에서 설명한다.

## 1.2 모델링 화면의 이해

### 1.2.1 화면 구성

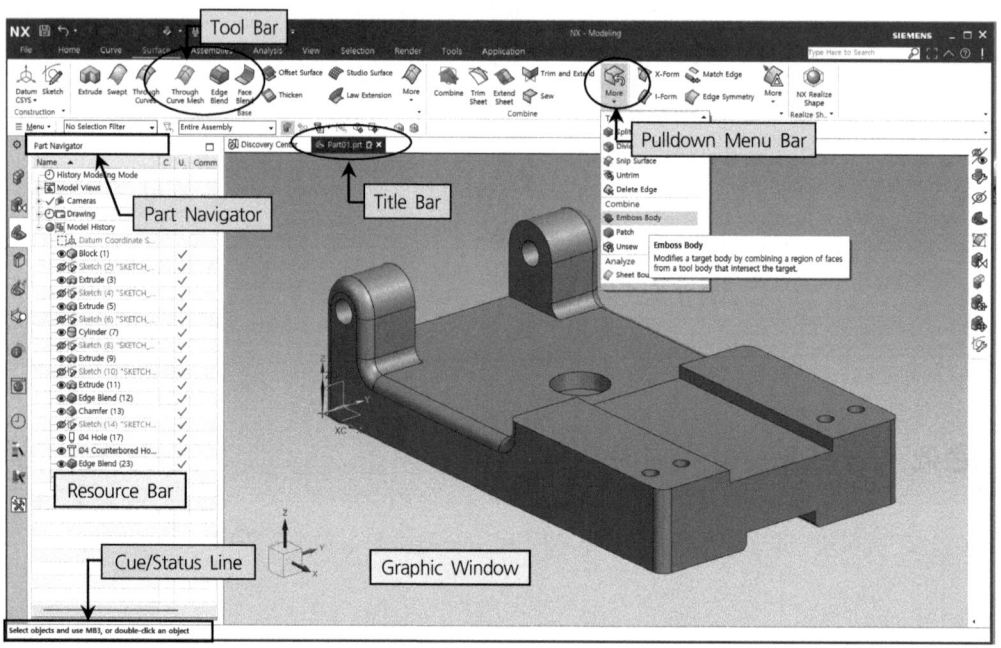

그림 1.5 UG의 화면 구성

① 탐색기(Navigator) : 조립 부품의 모델 구성 내용(Assembly Navigator) 또는 작성된 모델의 구성 객체(Part Navigator)를 트리 형태로 나타내며 이를 이용하여 객체의 수정 또는 삭제 등에 이용된다.

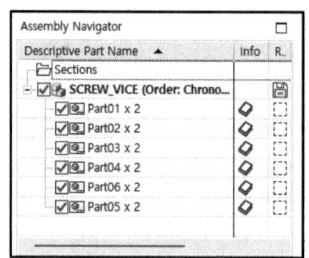

Assembly Navigator

Part Navigator

② 파일명 표시줄(Title Bar) : 사용프로그램의 버전과 현재 파트 파일명을 표시한다.

③ 도구막대(Tool Bar) : 도구막대를 그림 딱지 아이콘이라 하며 명령어나 옵션을 입력하지 않고 클릭하여 입력하는 방법을 제공해 준다.

④ 풀다운 메뉴 표시줄(Pulldown Menu Bar) : 비슷한 그룹의 명령어를 모아 풀다운 메뉴를 구성한다. 그림 1.5와 같이 역삼각형 점이 있는 메뉴에는 하부 종속메뉴가 있다.

⑤ 모델 작성 영역(Graphic Window) : 모델링 객체 및 도면작성 내용을 나타내는 영역이다.

⑥ 메시지 표시줄(Cue Line) : 메시지 표시 줄에 명령어에 따른 다음 선택 내용을 보여준다.

⑦ 상태표시줄(Status Line) : 메시지 표시 줄 오른쪽에 위치하며 Cue Line의 하부옵션 설명을 표시한다.

● Selection Preferences(특정 객체의 선택)

객체 부위에 마우스 포인터(⊕)를 위치하면 Highlight(Pre view Selection, 선택 미리 보기)에 의해 선택 가능 객체가 표시되고 QuickPick on Delay에 의한 지연 선택 포인터(⊥)에 의해 QuickPick 대화상자를 호출하여 필요한 부분 객체를 선택할 수 있다. 또한 선택된 객체를 더블클릭(Double Click)하거나 Part Navigator에 선택된 구성 객체의 이름을 더블클릭하여 구성 객체를 수정할 수 있다.

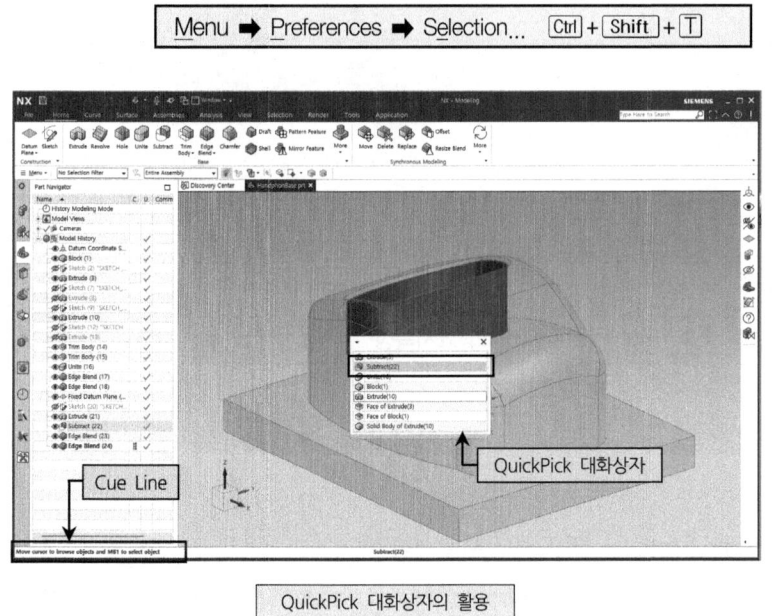

**그림 1.6** Selection Preferences에 의한 객체의 선택

• Multi-Select : 객체의 선택 영역을 제어하며 영역 선택 방법(Mouse Gesture)에는 사각 영역 선택 방법인 Rectangle과 폐곡선 선택 방법인 Lasso 방법을 이용할 수 있다.

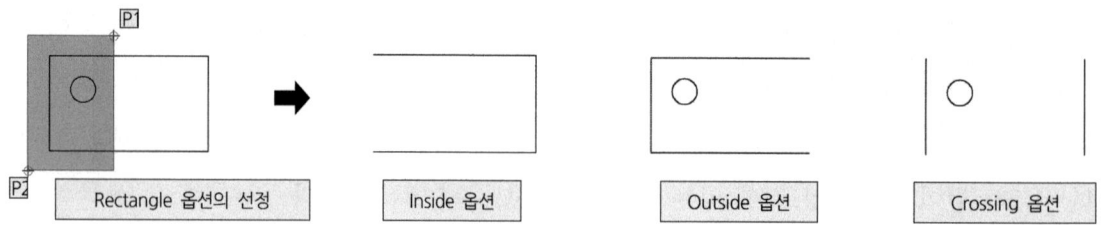

**그림 1.7** Multi-Select에 의한 객체의 선택특성

그림 1.7은 Rectangle 선택에서 Selection Rule을 변경하여 선택된 객체를 삭제한 결과이다.

- Highlight : 객체 부위에 있는 마우스 포인터(✛)의 표시 특성을 설정할 수 있다.
  - Highlight Selection On Rollover : 마우스 포인터에 의한 객체에 대한 표시 특성을 허용한다.
  - Object Tooltip On Rollover : 마우스 포인터에 의한 객체에 대한 Tooltip 표시 특성을 허용한다.
  - Highlight With Thick Width : 마우스 포인터가 위치한 객체의 경계 부위를 굵은 선으로 표시한다.
  - Highlight Hidden Edges : 마우스 포인터가 위치한 객체의 숨은 부위의 표시 여부를 결정한다.
  - Highlight Original : 각각의 객체속성의 형상 표시를 허용한다.

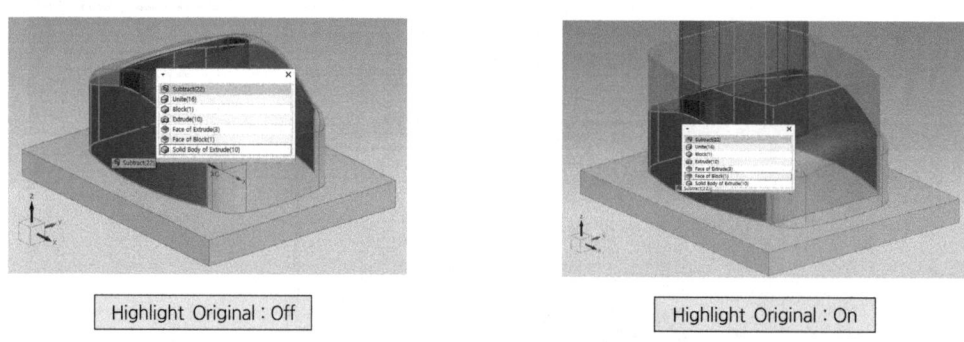

**그림 1.8** Highlight Original의 표시특성

- QuickPick : 객체 부위의 마우스 포인터(✛)에서 QuickPick 포인터(⊥)의 표시지연(Delay) 간격을 설정할 수 있으며 설정값은 0~5까지 설정할 수 있다.
- Cursor : 마우스 포인터(✛)의 원의 크기와 Crosshairs의 표시 여부를 설정 한다
- Chaining : 선택된 객체의 연결공차를 설정하거나 연결 속성(Simple/WCS-Left/WCS-Right)을 설정할 수 있다.

### 1.2.2 UG 구성 모듈의 선택(Application)

File ➡ Start

① 🔘 Modeling(단축키 : Ctrl+M) : 초기(Gateway) 상태에서 모델링 모듈을 실행한다.

② 🔘 NX Sheet Metal(단축키 : Ctrl+Alt+M) : 박판 형태의 모델을 작성한다.

③ 🔘 Shape Studio(단축키 : Ctrl+Alt+S) : Shape Studio(윤곽 객체의 작도) 기능을 지원하는 모듈을 실행시킨다.

④ 📷 Drafting(단축키 : Ctrl + Shift + D) : 모델을 이용한 도면 작성 기능을 지원한다.

⑤ 📐 Layout(단축키 : Ctrl + Shift + Y) : 개념설계를 위한 모듈 기능을 지원한다.

⑥ 📊 Pre/Post : 고급 시뮬레이션 기능을 지원한다.

⑦ 📐 Motion(단축키 : Ctrl + Alt + K) : 동작 시뮬레이션 기능을 지원한다.

⑧ 🔧 Manufacturing(단축키 : Ctrl + Alt + M) : 기계가공 모듈(CAM)을 실행한다.

⑨ 🚪 Gateway : 선택된 구성 모듈을 종료한다.

Application 대화상자

## 1.2.3 모델링 시작하기

단축키 : Ctrl + M

① Solid Modeling : 강력한 하이브리드 모델링(Hybrid Modeling)기능을 제공하며 구속조건 기반(Constraint Based)의 형상 모델링(Features Modeling)과 치수에 의한 가식적 모델링(Explicit Geometric Modeling)을 데이터의 손실이 없이 통합한다. 또한 형상 기반(Feature Based) 환경과 종래의 솔리드, 서피스, 와이어프레임 등의 기능을 활용할 수 있다.

② Features Modeling : 다양한 기본도형 Cylinder, Block, Cone, Sphere뿐만 아니라 Hole, Slot, Pocket, Pad, Boss 등과 같은 기본형상을 지원한다.

③ User-Defined Features(사용자 정의 형상) : 사용자 정의 형상(UDF)의 개념을 이용한 대화식 정의 수단을 제공한다.

④ Freeform Modeling(자유곡면 모델링) : 비행기의 날개 및 매니폴드 등과 같은 복잡한 자유곡면을 설계하기 위한 모듈이며 솔리드 또는 서피스 객체모델을 생성시킨다.

## 1.3 도구막대(Tool Bar)의 활용

Tools ➡ Customize... 단축키 : Ctrl + 1

① Commands : 해당 도구 막대의 명령어를 선택하여 해당 도구상자에 MB1을 클릭 상태에서 드래그하여 명령어를 표시할 수 있다.

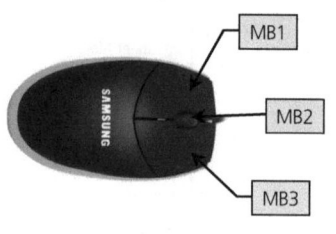

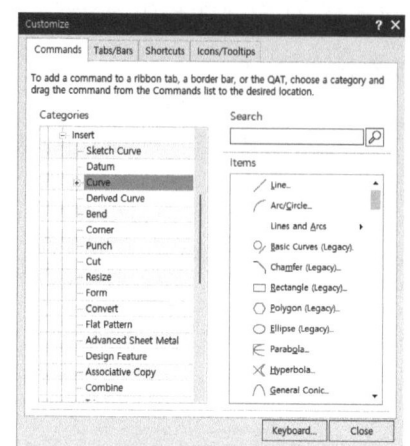

휠 마우스 버튼의 호칭

**그림 1.9** Commands 대화상자

② Tabs/Bars : 도구 막대의 표시선택, 새로운 도구 막대의 생성 및 삭제, 초기화와 작성된 도구 막대를 호출할 수 있으며 메뉴표시줄에 마우스 팁을 위치하고 MB3 버튼을 이용해 Customize....를 호출한다.

- New : 새로운 도구 막대를 생성하며 생성된 도구 막대에 Command를 드래그(Drag)하여 추가시킬 수 있다.
- Properties... : 새로 작성된 도구 막대의 이름을 변경하거나 UG의 적용 모듈(Application)을 변경한다.
- Delete : 새로 작성된 도구 막대를 삭제한다.
- Reset : 도구상자를 초기 환경으로 복원한다.
- Load... : 저장된 도구막대 파일(*.tbr)을 호출한다.
- Keyboard... : Command 아이콘에 Shortcut 명령행을 설정할 수 있다.

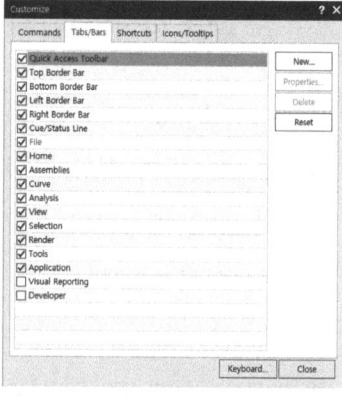

**그림 1.10** Tabs/Bars 대화상자

 새로운 도구상자의 생성 및 수정

**Step.1** 새로운 툴바의 생성 : Tabs/Bars에서 New를 실행하면 Properties...에서 도구상자 이름과 적용 모듈을 선택한다.

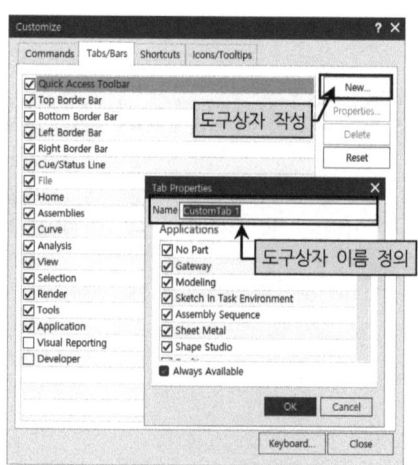

Toolbars Properties의 정의

**Step.2** 새로운 도구상자에 그림딱지 추가 : Commands의 아이콘을 드래그하여 그림딱지를 추가한다.

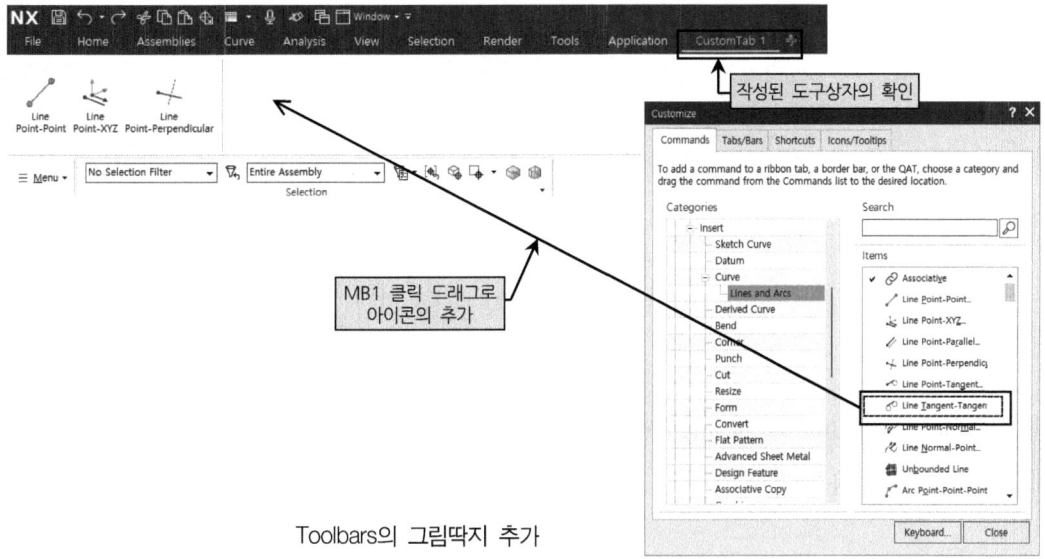

Toolbars의 그림딱지 추가

**Step.3** 작성된 아이콘의 속성 변경 : Customize 대화상자가 호출된 상태에서 아이콘의 이름과 버튼 이미지를 마우스의 MB3 버튼을 이용하여 수정할 수 있다.

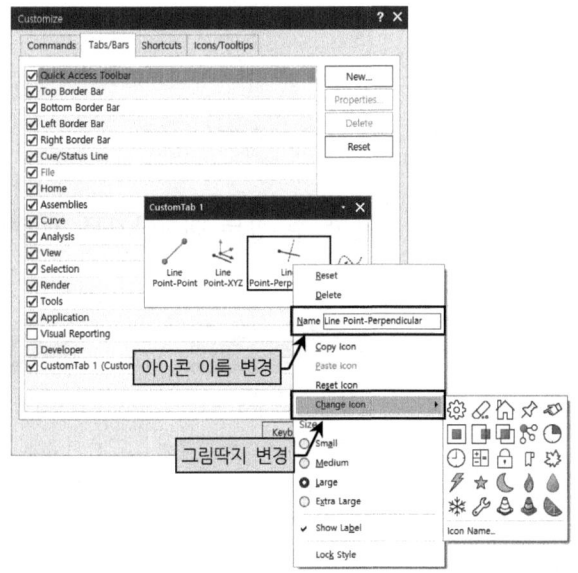

**그림 1.11** Tabs/Bars의 그림딱지 속성변경

③ Shortcuts : 사용자 지정 대화상자의 바로가기 탭을 이용하여 바로가기 대화상자의 아이콘 수정이 가능하고 View의 MB1 대화상자는 모델이 있는 경우에만 표시된다.
  • View : 마우스 버튼을 이용하여 바로가기 대화상자를 이용할 수 있다.

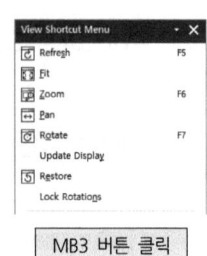

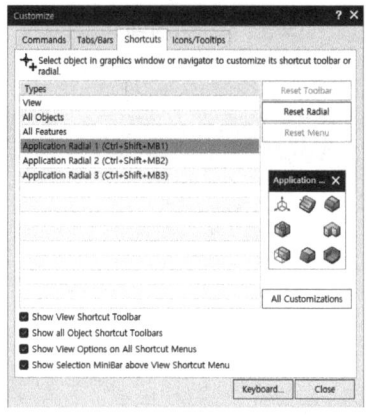

**그림 1.12** Shortcuts 대화상자의 변경

- All Objects/All Features : 대화상자에 두 개의 그룹으로 그림 딱지를 추가하여 사용할 수 있으며 객체를 선택하여 사용한다.

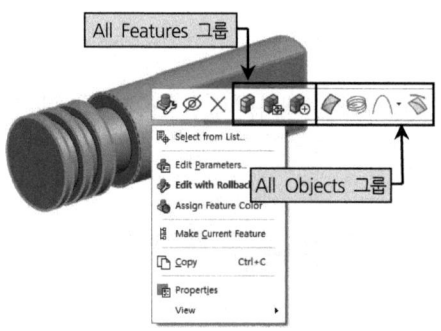

All Objects/All Features의 사용

- Application Radial : 아이콘 사용을 응용할 수 있는 대화상자를 제공한다.

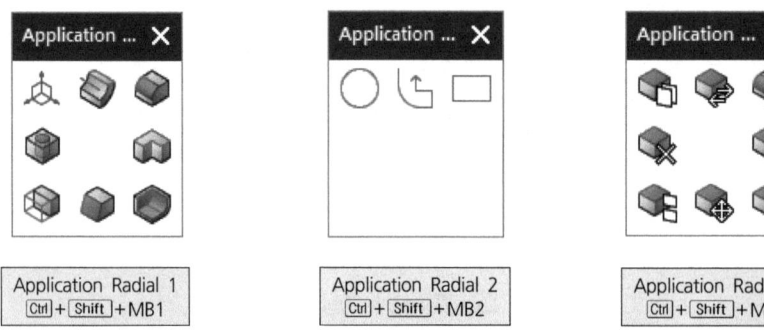

④ ICONS/Tooltips : NX 인터페이스에서 메뉴, 아이콘 크기 및 도구 설명 표시를 사용자 지정할 수 있다.
  - Icon Sizes : Icon Sizes 옵션을 이용하면 아이콘 크기를 지정할 수 있다.
  - Tool Tips : 아이콘에 마우스 포인터가 위치하면 아이콘에 대한 설명문을 표시한다.
    - Show Tooltips on Ribbon and Menus : Ribbon Bar 또는 메뉴에 있는 딱지 명령에 대한 도구 설명 표시를 제어한다.

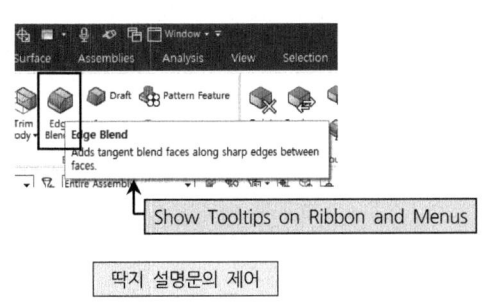
딱지 설명문의 제어

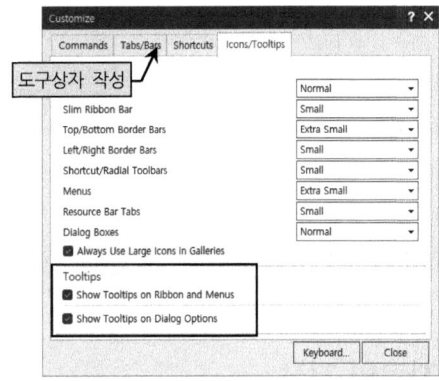

그림 1.13 ICONS/Tooltips 대화상자

- Show Tooltips on Dialog Options : 대화 상자 옵션에 대한 도구 설명 표시를 제어한다.

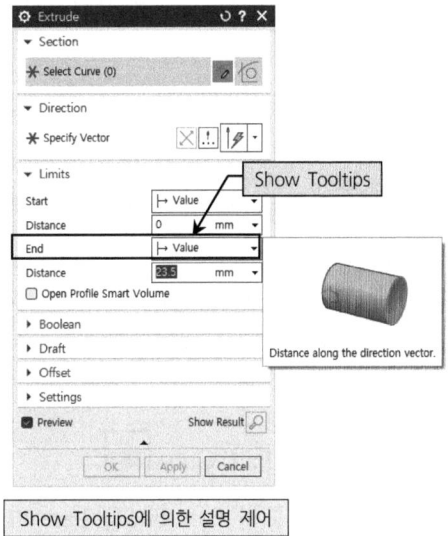

Show Tooltips에 의한 설명 제어

⑤ Roles : 사용자에 의한 메뉴와 도구막대의 설정내용을 저장(Create…)하거나 호출(Load…)할 수 있다. 그림 1.14에서는 새로운 Role의 적용범위와 아이콘의 종류 등을 설정하여 저장할 수 있다. 본 교재에서는 Role Advanced 메뉴 상태로 설명한다.

새로운 Role의 작성

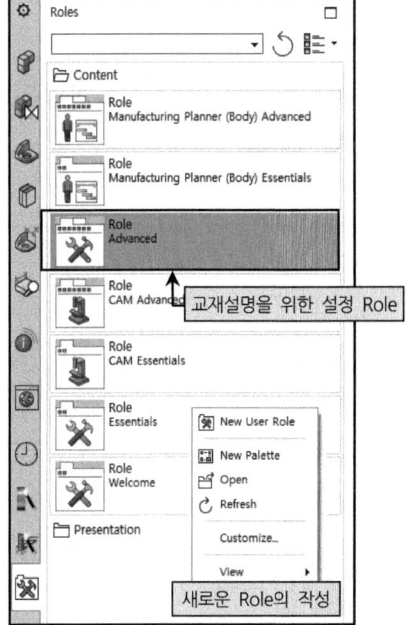

그림 1.14 UG에서 제공한 Role

C : \Program Files\Siemens\NX2206\UGII\menus\roles\advanced.mtx

기본 Role 파일의 경로

## 1.4 작성 자료의 저장 및 종료

### 1.4.1 자료의 저장

① Save　　　　　　　　　　　　　　　　　　　　　　　　　File ➡ Save...　단축키 : Ctrl + S

Display되어 있는 모델을 Part 파일형식으로 저장한다.

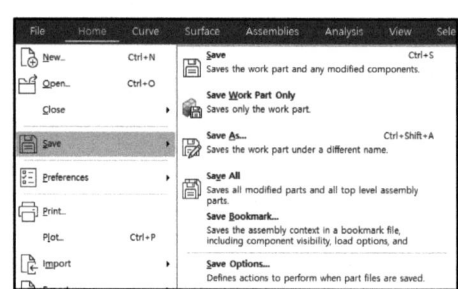

Home 그룹 하부 명령

② Save Work Part Only

현재 작업 중인 Part File을 Part 파일 형식으로 저장한다.

※ 파일명은 확장자 포함 30문자 이내의 영문을 사용하며 저장 후에 "Part File Saved"가 상태표시줄에 나타난다.

③ Save As...　　　　　　　　　　　　　　　　　　　　　File ➡ Save As...　단축키 : Ctrl + Shift + A

Display 되어 있는 Part 파일을 다른 이름으로 저장하거나 Part File 이외의 파일 형식을 선택하여 저장할 수 있다.

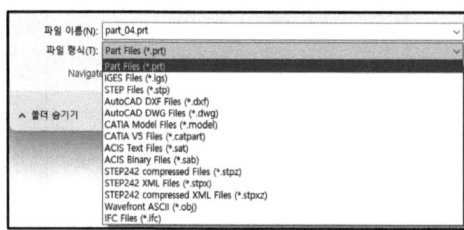

저장 가능한 파일의 형식

④ Save All　　　　　　　　　　　　　　　　　　　　　　　　　　　　　　　　File ➡ Save All

Open 되어 있는 모든 Part 파일을 저장한다.

⑤ Save Bookmark...

Teamcenter Engineering에 사용될 책갈피 파일로 저장하며 Display 화면은 이미지파일(*.jpeg)로 동시에 저장된다.

## 1.4.2 Part 파일 닫기      File ➡ Close

① Selected Parts... : Open 된 Part 파일을 선택하여 닫을 수 있다.
② All Parts : Open 된 모든 Part 파일을 동시에 닫는다.
③ Save and Close : Display 되어 있는 Part 파일을 저장하고 닫는다.

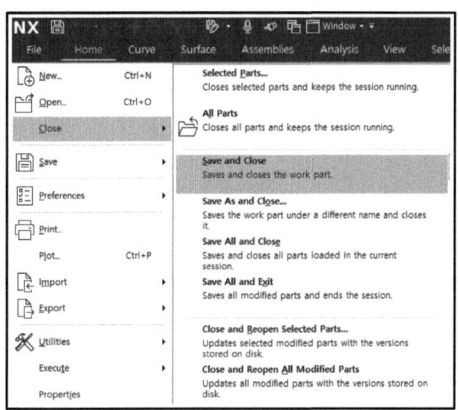

Close 메뉴의 구성

④ Save As and Close... : Display 되어 있는 Part 파일을 다른 이름으로 저장하고 닫아준다.
⑤ Save All and Close : 모든 Part 파일을 저장하고 모든 파일을 닫는다.
⑥ Save All and Exit : 모든 Part 파일을 저장하고 프로그램을 종료한다.
⑦ Close and Reopen Selected Parts... : 현재 작업 중인 Part를 저장하지 않고 선택된 Part 파일을 연다.
⑧ Close and Reopen All Modified Parts : 열려 있는 모든 Part를 수정된 파트로 변경시킨다.

# Unigraphics의 기본조작

chapter 02

## 2.1 Graphic Window에 객체표시

Tools ➡ Customize... [Tabs/Bars]

### 2.1.1 Fit

단축키 : Ctrl + F

그려진 객체를 Graphic Window에 지정배율로 가득 차게 나타낸다.

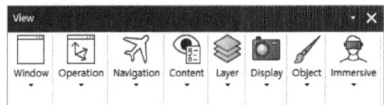

● Fit의 지정배율 설정

Preference ➡ Visualization... ⇒ View/Interaction

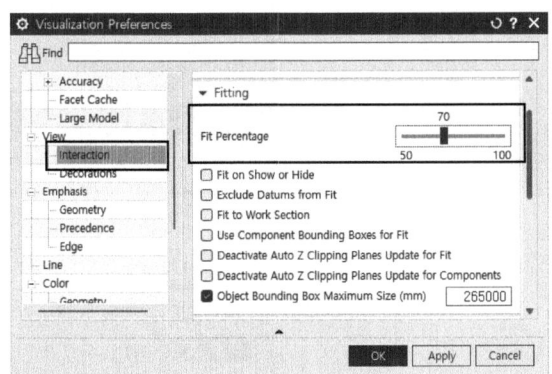

Fit 배율 설정 대화상자

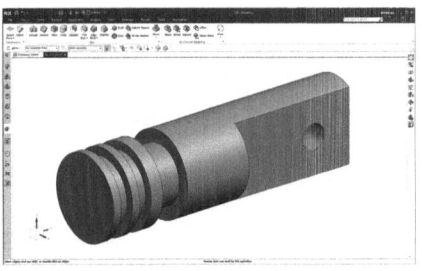

Fit 배율 100%

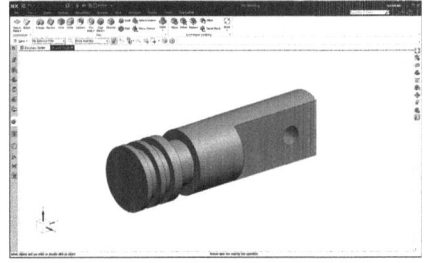

Fit 배율 70%

그림 2.1  Fit Percentage의 적용

- Fit on Show or Hide : 숨기기(Hide) 또는 표시(Show) 명령을 사용한 후 모델을 뷰에 자동으로 Fit를 적용한다.
- Exclude Datums from Fit : 기준 객체와 선박 그리드를 고려하지 않고 뷰에 부품에 Fit를 적용한다.
- Fit to Work Section : 동적 뷰 단면 검토 중 클리핑 평면을 객체 경계로 사용하여 뷰를 정렬시킨다.
- Use Component Bounding Boxes for Fit : 객체의 경계(상자)영역에 Fit를 적용한다.
- Deactivate Auto Z Clipping Planes Update for Fit : Fit 명령을 사용할 때 전면 및 후면 클리핑 평면을 수정한다.
- Deactivate Auto Z Clipping Planes Update for Components : 이전에 표시되지 않았던 구성요소의 경계를 포함하도록 전면 및 후면 클리핑 평면을 확장한다.
- Object Bounding Box Maximum Size (mm) : 커서 위치를 확대 또는 축소할 수 있으며 체크박스가 선택되면 보기의 현재 중심에서 확대하거나 축소한다.

### 2.1.2 Zoom

단축키 : F6

Graphic Window 내의 일정부분을 사각으로 선정하여 화면에 표시한다.

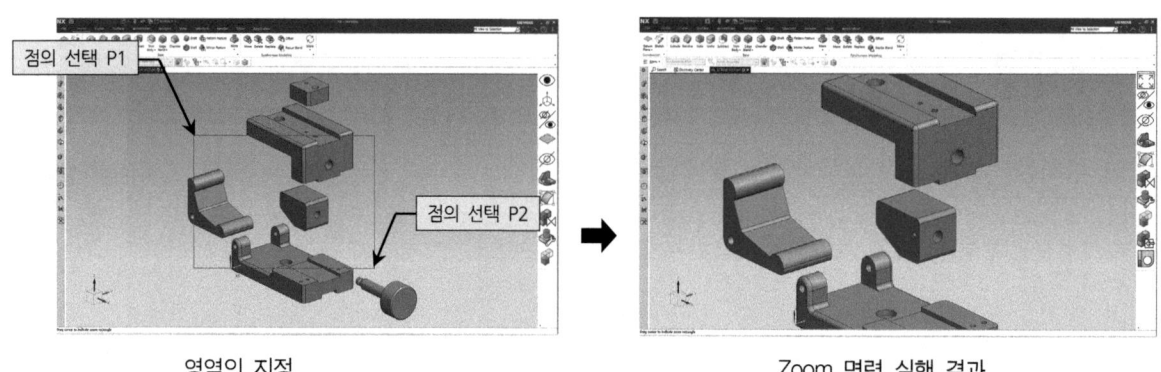

영역의 지정　　　　　　　　　　　Zoom 명령 실행 결과

**그림 2.2** Zoom 명령 실행

● 객체를 지정배율로 확대, 축소하기

View ➡ Operation ➡ Zoom... [단축키 : Ctrl + Shift + Z]

- Half Scale : 선정 Scale에 0.5배 하여 나타낸다.
- Double Scale : 선정 Scale에 2배로 표시한다.
- Reduce(Increase) 10% : 10%씩 축소(확대)하여 표시

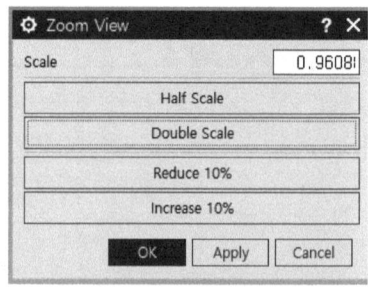

**그림 2.3** 지정배율 Zoom

## 2.1.3 Rotate

단축키 : F7

객체를 회전하여 표시하며 회전하고자 하는 방향으로 드래그한다. 그림 2.4에서와 같이 Datum Coordinate System의 해당되는 축을 선택하여 선정된 축에 의해 회전한다.

또한 View ➡ Operation ➡ Origin…을 선택하여 선택된 Point 대화상자를 이용하여 선정된 점을 기준으로 회전시킬 수 있으며 그림 2.4의 Set Rotation Reference 로 회전중심을 설정할 수 있다.

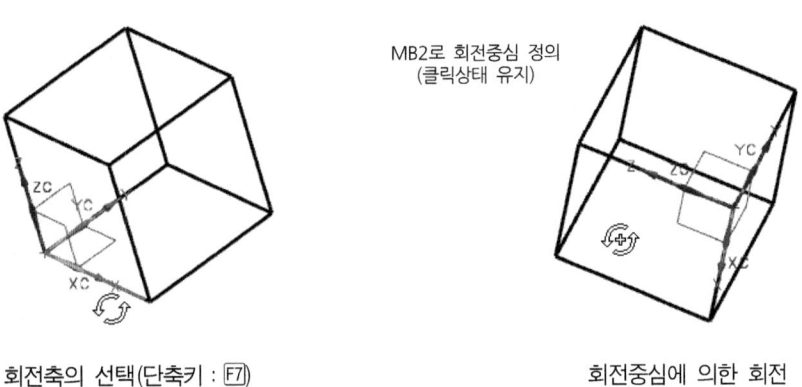

회전축의 선택(단축키 : F7)    회전중심에 의한 회전

**그림 2.4** Datum Coordinate System에 의한 객체의 회전

- Lock Rotations 기능을 이용하여 객체 회전 기능을 제한한다.

● 선택하여 회전하기

View ➡ Operation ➡ Rotate… 단축키 : Ctrl + R

① Fixed Axis
- X-Axis : 화면상의 수평축을 X축으로 객체를 회전한다.
- Y-Axis : 화면상의 수평축을 Y축으로 객체를 회전시킨다.
- Z-Axis : Graphic Window 중앙(Z축)을 회전축으로 회전한다.

② Angle Increment : 선정된 축에 대한 각도증분 값을 입력하면 지정된 값으로 증분되거나 슬라이드바의 위치에서 드래그하면 회전각도가 변경된다.

③ Continuous Rotate : 선정된 회전방향에 의해 연속궤도로 회전한다. 회전방향 및 속도는 화면의 드래그방향과 속도에 의해 결정된다.

④ Show Rotation Axis : 선정된 회전축 화살표의 표시여부를 선정한다.

⑤ Lock Vertical Axis : Y-Axis(수직축) 선정 전의 수직축을 유지하여 회전한다.

⑥ Orientation : 그림 2.6의 Orient View 상태로 설정하여 표시할 수 있다.

⑦ Fit After Orient : Orientation 실행 후에 Fit 적용여부를 설정한다.

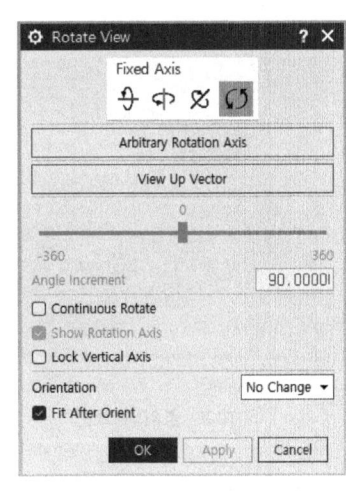

**그림 2.5** Rotate View

### 2.1.4 Pan

단축키 : Shift +[MB2] 버튼, [MB2]+[MB3] 버튼

마우스의 커서를 드래그하여 화면의 객체 표시위치를 변경할 수 있다.

### 2.1.5 Orient View

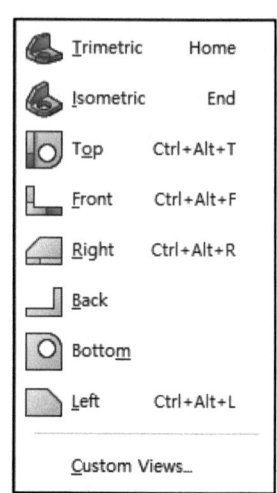

모델링된 객체를 평면(Top), 저면(Bottom), 정면(Front), 배면(Back), 좌측(Left), 우측(Right), 등각투상(Isometric) 및 관찰점(Trimetric)에 의한 객체의 투상위치를 선정할 수 있다.

단축키 : [Home] : Trimetric], [End] : Isometric]

※ Snap View 가까운 View Orientation 화면으로 변경 : F8

그림 2.6 Orient View

### 2.1.6 Refresh

단축키 : F5

표시된 선택점 및 부유물 등을 화면에서 제거한다.

### 2.1.7 Edit Section...

단축키 : Ctrl + H

Display Settings에서 Section 또는 Slice 방법에 의해 해당되는 객체의 단면을 표시할 수 있다.

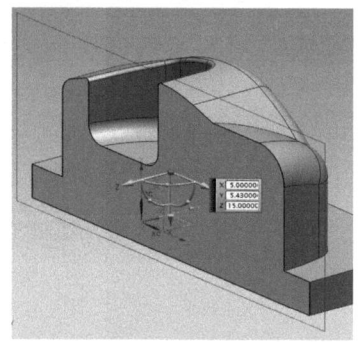
Section 형식의 표현

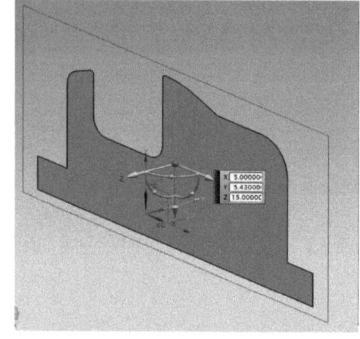
Slice 형식의 표현

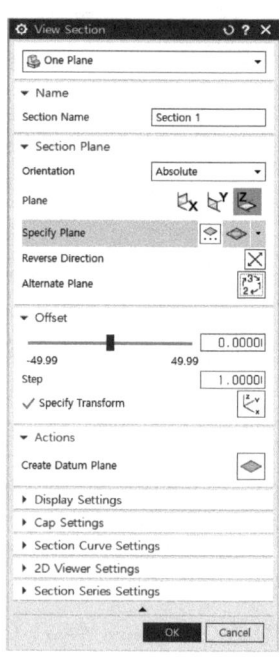

① View Section Type : 단면 표시방법을 설정하며 설정방법에는 On Plane, Two Parallel Planes와 Box를 이용하여 표시 단면을 선정한다.

그림 2.7 Section 설정 대화상자

② Section Plane : 단면표시를 위한 Plane의 세부기능을 설정한다.
- Reference : Section Plane의 방향을 설정하며 설정방법에는 Absolute, WCS와 Screen 방법이 지원된다.

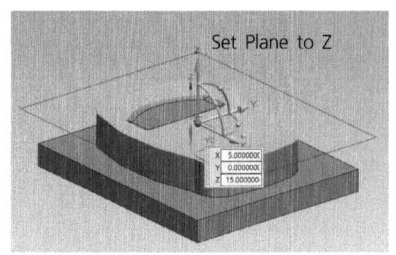
Absolute의 실행

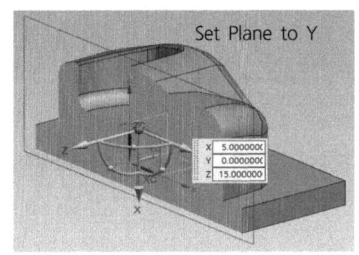
WCS의 실행

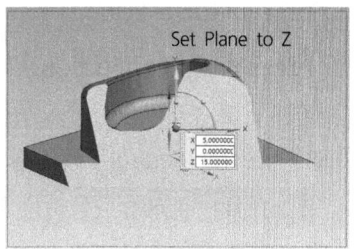
Screen의 실행

그림 2.8 Reference 의한 표시특성

- Reverse Direction : 표시된 단면의 반대쪽 객체만을 표시한다.
- Alternate Plane : Set Plane 방향을 순차적으로 변경할 수 있다.

③ Offset : Plane의 위치는 슬라이드 바를 이용하여 변경하고 Plane의 위치를 입력하거나 슬라이드 바의 증분값을 설정할 수 있다.
- Specify Transform : Manipulator에 적용된 입력값을 적용한다.

④ Actions : 새로운 평면을 작성하거나 평면과 교차되는 구성요소표시방법을 선택할 수 있다.
- Create Datum Plane  : 다른 응용프로그램에서 사용할 수 있도록 현재 선택된 평면 위치에 평면을 작성한다.
- Load Near Intersecting : 현재 활성 평면과 교차하고 이 평면의 기존 가시적 구성요소 근처에 있는 모든 구성요소를 나타낸다.
- Load All Intersecting : 현재 활성 평면과 교차하는 모든 구성요소를 나타낸다.

⑤ Display Settings : Section 또는 Slice Type에 의해 화면을 제어한다.
- Show Manipulator : Manipulator의 표시 여부를 선택할 수 있다.
- Move Manipulator in View : Manipulator에 의해 선택된 객체의 단면을 표시할 수 있다.

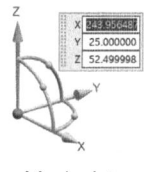
Manipulator

- Orient View to Plane : Manipulator의 X-Y Plane View를 화면에 표시한다.
- Edit Grid Settings : Manipulator의 X-Y Plane View에 나타낼 Grid를 나타낸다.

⑤ Gap Settings : 객체와 객체의 표시단면에 대한 공통 체적의 표시 방법을 정의한다.

⑥ Section Curve Settings : 도시된 단면곡선의 표시특성을 선택한다.
- Save Copy of Section Curves : 도시된 단면곡선을 새로운 객체로 복사한다.

⑦ 2D Viewer Setting : 독립된 표시창에 단면을 표시하며 단면의 표시 위치를 변경할 수 있다.

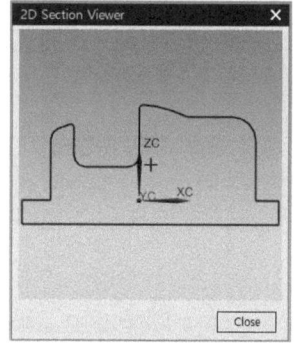

2D View Setting 독립창

⑧ Section Series Settings : 도시될 단면곡선을 일정한 거리(Section Spacing)로 여러 단면(Number of Sections)으로 표시할 수 있다.

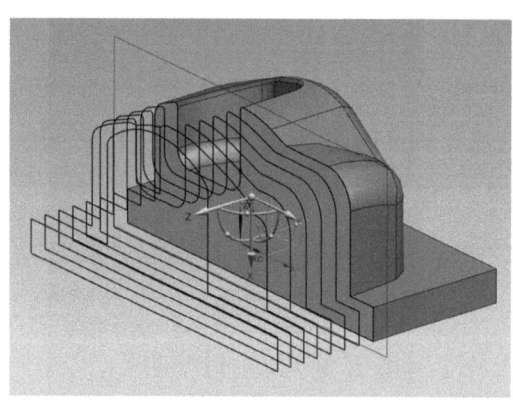

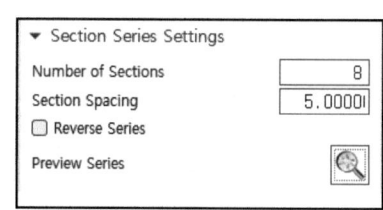

Section Series Setting 결정

Preview 도시 결과

**그림 2.9** Section Series에 의한 단면 View의 도시

## 2.1.8 Clip Section

Plane에 의해 설정된 단면을 표시하거나 토글 아이콘에 의해 전체객체로 변경하여 표시할 수 있다.

### 2.1.9 기타 Graphic Window의 표시명령

① Update Display : 모델작성 영역에서 객체의 숨긴 Edge와 실루엣 곡선을 다시 표시한다.
② Restore : 확대, 화면이동, 회전 등의 실행결과를 수행 전 화면으로 복원한다.
③ Set Rotate Point : Rotate 명령의 회전지점을 정의할 수 있으며 설정취소는 Clear Rotate Point를 이용한다.
④ Undo : 실행된 명령을 취소할 수 있다.

그림 2.10 팝업메뉴
(Graphic Window에서)

## 2.2 UG 좌표계의 이해

UG의 좌표계에는 변경되지 않는 좌표계와 작업자가 정의하여 사용되는 좌표계로 크게 구분하여 볼 수 있다.

① ACS(Absolute Coordinate System) : 절대좌표계로 모델공간에서 표시 위치가 불변인 좌표계이다.
② WCS(Work Coordinate System) : 작업자 정의 좌표계로 사용자에 의한 좌표이동 및 회전 등이 가능하며 모든 Solid, Curve와 Reference Feature 등의 생성기준이 된다. 또한 곡선의 생성에는 XC-YC 평면에 한하여 작도가 가능하다.

좌표계의 방향성과 회전방향에는 오른손 좌표계가 이용되며 엄지의 끝 방향이 +XC, 검지방향이 +YC 및 중지방향이 +ZC 방향을 표시하며 각축의 회전방향은 엄지의 끝 방향이 각축의 (+)방향으로 가리키며 나머지 손가락의 방향이 각축의 (+)회전방향이 된다.

※ FCS(Feature Coordinate System) : 생성객체를 작성하는 동안에 자동으로 조작하여 제공된 WCS가 활용되며 조작된 좌표계를 FCS라 하고 형상정의 내부에 저장된다.

## 2.3 WCS 좌표계의 활용

### 2.3.1 Display WCS

Format ➡ WCS ➡ Display  단축키 : W

Graphic Window상에 작업좌표계(WCS)의 표시여부를 설정할 수 있다.

### 2.3.2 WCS 좌표의 원점이동

Format ➡ WCS ➡ Origin...

WCS(작업좌표계) 원점을 Point Constructor 대화상자의 절대 또는 상대위치에 입력하거나 Graphic Window에서 좌표의 이동 위치를 선정한다. 그림 2.11은 Block의 모서리를 선정아이콘을 이용하여 선택한 결과이다.

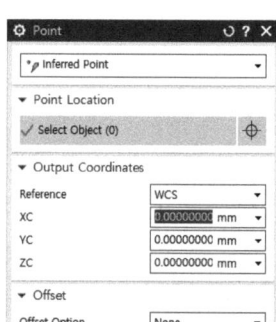

Point Constructor 대화상자

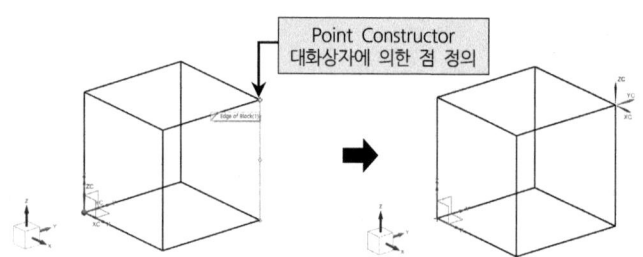

**그림 2.11**  작업좌표계의 원점이동(Origin)

### 2.3.3 WCS의 동적변환

Format ➡ WCS ➡ Dynamics...

WCS를 동적으로 마우스의 변경값이나 입력값에 의해 원점이동, 축방향의 이동 또는 원점을 기준으로 회전시킬 수 있다.

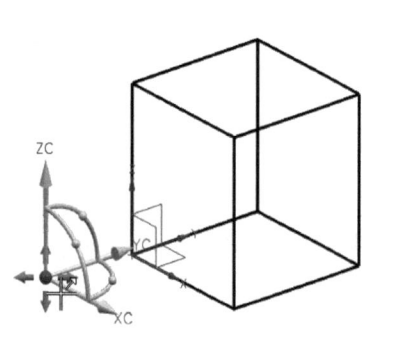 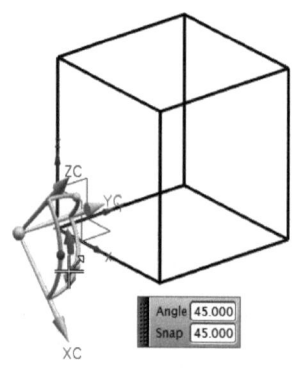 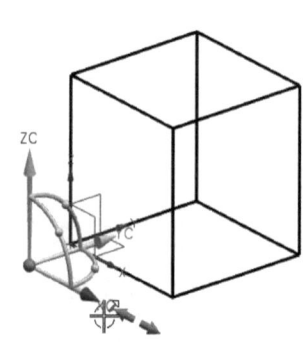

● : 원점의 이동          ● : 축 기준의 회전          ▶ : 축 방향의 이동

**그림 2.12**  작업좌표계의 동적변환(Dynamic)

## 2.3.4 WCS의 회전

Format ➡ WCS ➡ Rotate...

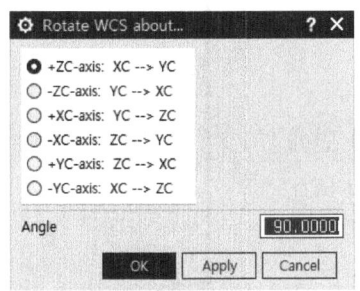
작업좌표계의 Rotate 대화상자

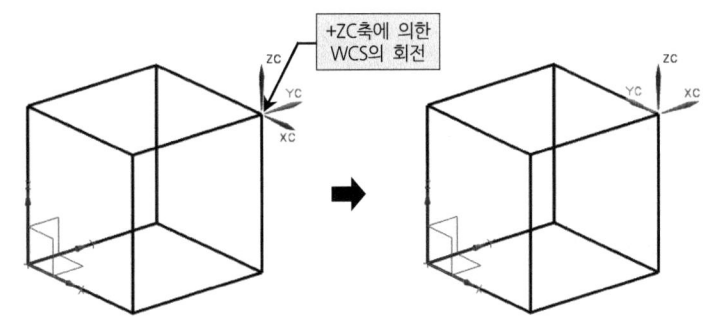

그림 2.13  작업좌표의 회전(Rotate)

설정된 WCS를 이용하여 객체작성에 필요한 좌표계를 작성할 수 있도록 X, Y 및 Z 축을 기준으로 WCS를 회전시키며 그림 2.13은 +ZC 축을 90도 회전한 결과이다.

## 2.3.5 Set WCS to Absolute

Format ➡ WCS ➡ Set WCS to Absolute

절대좌표(Absolute Coordinate System)의 원점에 작업좌표계(Work Coordinate System)를 정렬한다.

## 2.3.6 XC 방향의 재정의

Format ➡ WCS ➡ Change XC-Direction...

그림 2.14와 같이 점을 정의하여 WCS의 XC 방향을 선정점 방향으로 변경하며 ZC의 방향에는 영향을 주지 않는다.

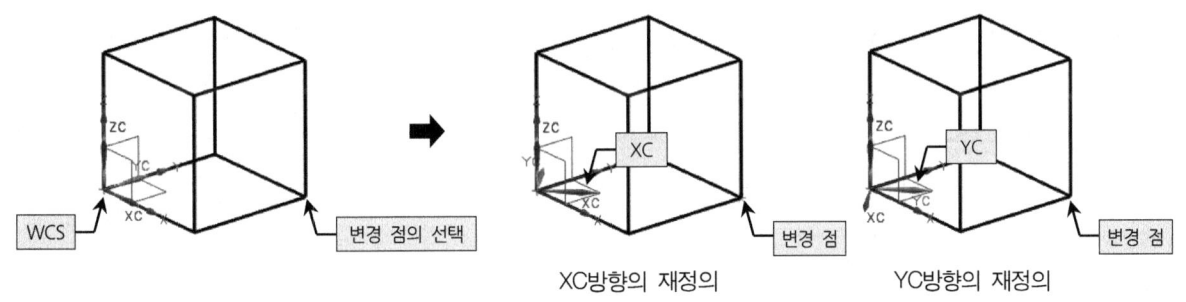

그림 2.14  작업좌표계의 XC, YC 방향 변경

## 2.3.7 YC 방향의 재정의

Format ➡ WCS ➡ Change YC-Direction...

정의된 WCS의 YC 방향을 선정된 점의 방향으로 변경하며 ZC의 방향에는 영향을 주지 않는다.

## 2.3.8 Orient WCS를 이용한 좌표계의 선정

Format ➡ WCS ➡ Orient...

Datum Plane이나 모서리, 곡선 등을 이용하여 그림 2.15의 대화상자에 의해 WCS를 정의할 수 있는 기능이다.

① Inferred : 점, 선, 호, 모서리 및 단면 등을 선택하여 추정된 선정 면에 XC-YC면으로 정의한다. 그림 2.15는 마우스포인터에 의해 Block면을 선택한 결과이다.

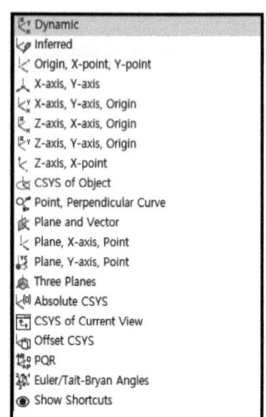
Orient WCS 대화상자의 하부옵션

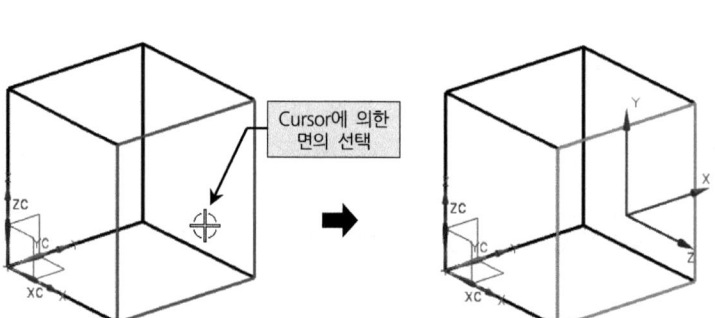

**그림 2.15** Inferred를 이용한 작업좌표계 설정

② Origin, X-point, Y-point : WCS의 원점, X축 방향의 점과 Y축 방향의 3점으로 정의되어 WCS가 변경된다.

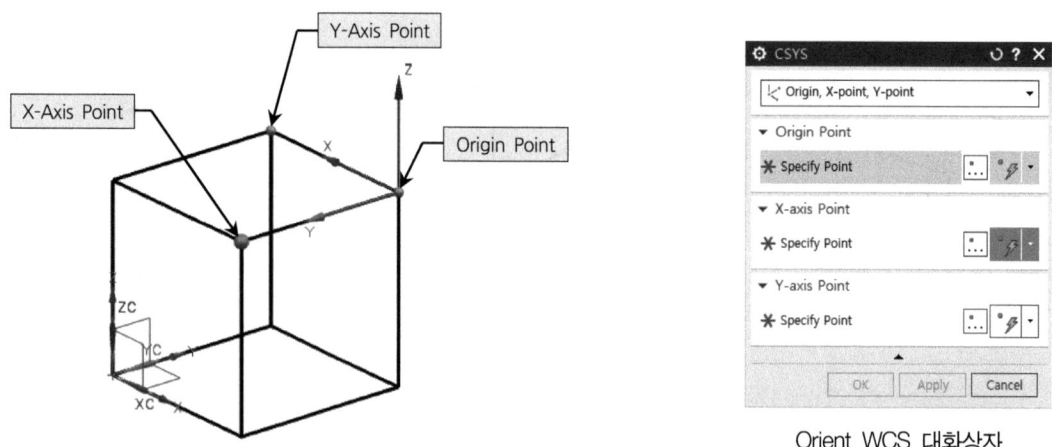

**그림 2.16** 3점으로 정의되는 작업좌표계의 설정

③ X-Axis, Y-Axis : X축과 Y축으로 방향을 선택하여 작업좌표계를 정의한다.

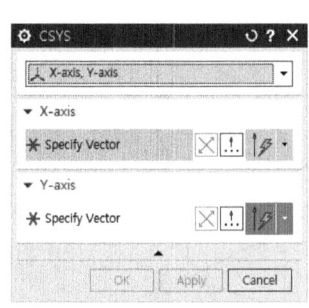
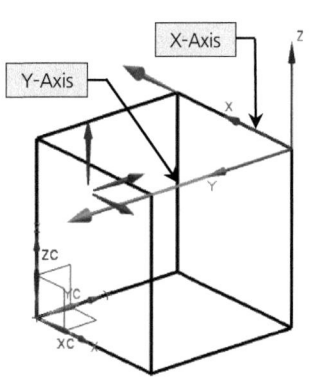

Orient WCS 대화상자

**그림 2.17**  2개의 축으로 정의되는 작업좌표계

④ X-Axis, Y-Axis, Origin : X축과 Y축을 선정하고 WCS의 원점을 정의하여 작업좌표계를 설정한다.

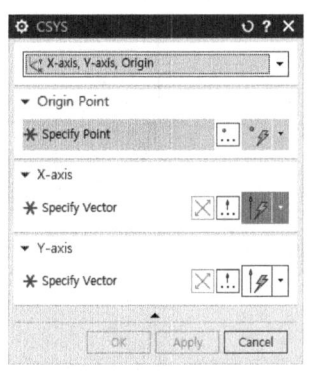
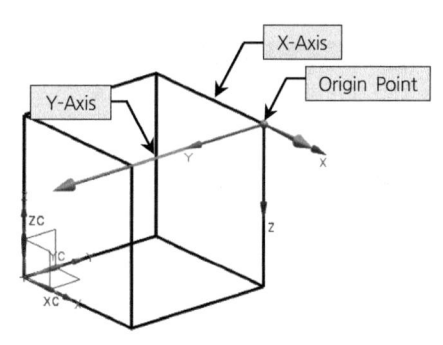

Orient WCS 대화상자

**그림 2.18**  원점과 2개의 축으로 정의되는 작업좌표계

⑤ Z-Axis, X-Axis, Origin : Z축과 X축을 선정하고 WCS의 원점을 정의하여 작업좌표계를 설정한다.
⑥ Z-Axis, Y-Axis, Origin : Z축과 Y축을 선정하고 WCS의 원점을 정의하여 작업좌표계를 설정한다.
⑦ Z-Axis, X-point : 선택된 Z축의 방향과 X축상 점의 위치에 의해 작업좌표계가 정의된다.

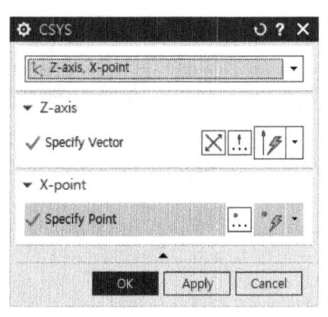
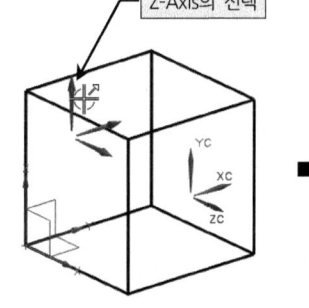
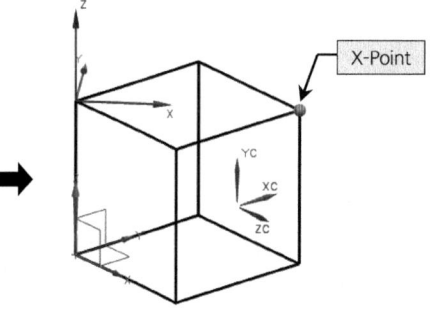

Orient WCS 대화상자

**그림 2.19**  Z축과 X방향의 점에 의한 작업좌표계

⑧ CSYS of Object : 작성된 객체(Object)를 이용하여 좌표계를 설정한다.

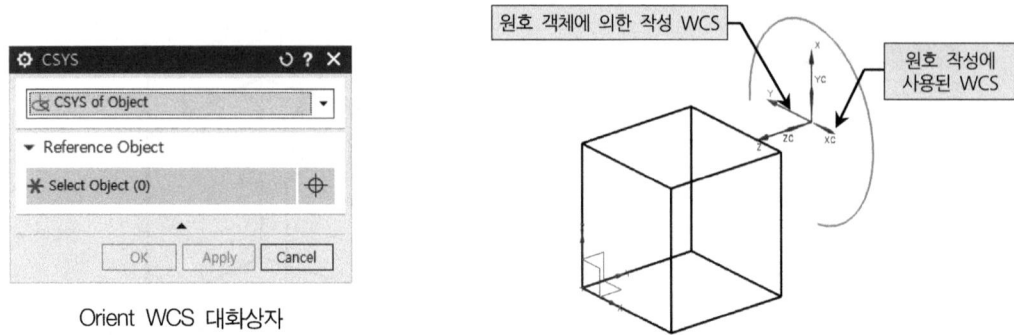

그림 2.20 작성객체에 의한 작업좌표계의 설정

⑨ Point, Perpendicular Curve : 선정된 곡선이나 모서리를 선택한 다음 선정점에 ZC축이 접선 방향으로 설정된다.

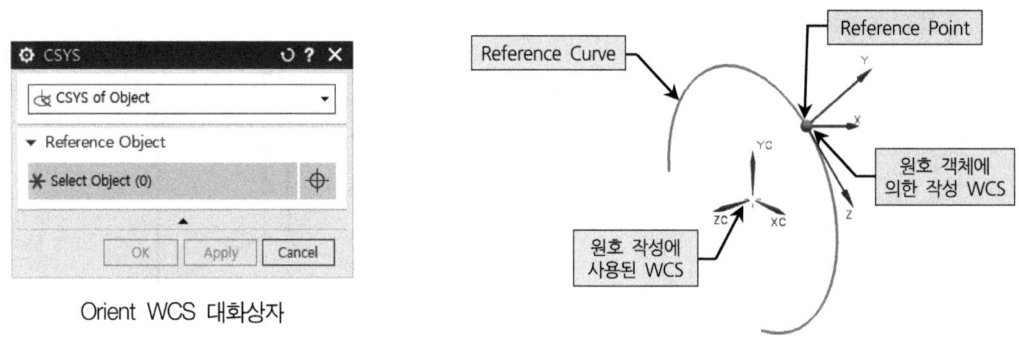

그림 2.21 곡선과 선정 점에 의한 접선방향의 작업좌표계

⑩ Plane and Vector : 평면이나 면을 선택하여 선택평면에 수직한 X-Direction을 갖는 WCS를 정의한다. 선정된 Vector는 정의된 평면 XC-YC상의 Y축 투영위치를 결정한다.

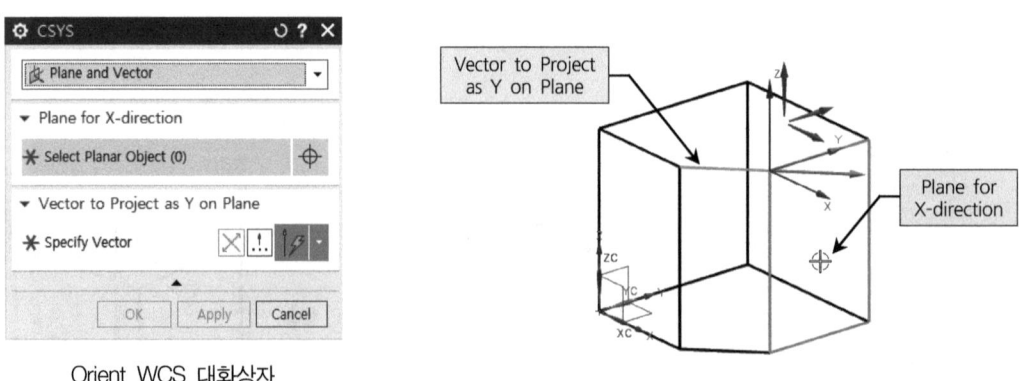

그림 2.22 평면과 벡터에 의한 작업좌표계

⑪ Plane, X-axis, Point : 평면이나 면을 선택하여 선택평면에 수직한 Z-Direction을 갖는 WCS를 정의한다. 선정된 Vector는 정의된 평면 XC-YC상의 X축 투영위치를 결정하며 WCS의 원점위치를 정의할 수 있다.

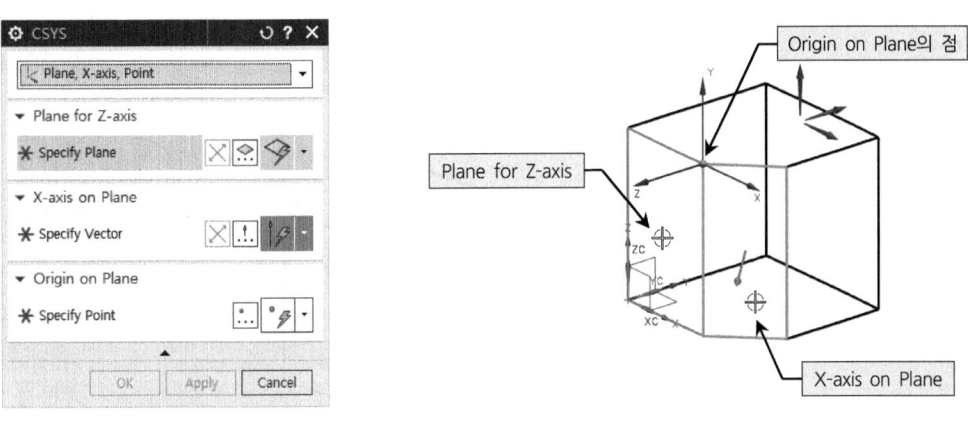

Orient WCS 대화상자

**그림 2.23** 평면과 벡터와 점에 의한 작업좌표계

⑫ Three Planes : 처음 선정면의 수직방향을 +XC 축으로 다음 선정면의 수직방향을 +YC로 마지막 선정면에 의해 +ZC의 방향(위치)으로 작업좌표계를 설정한다.

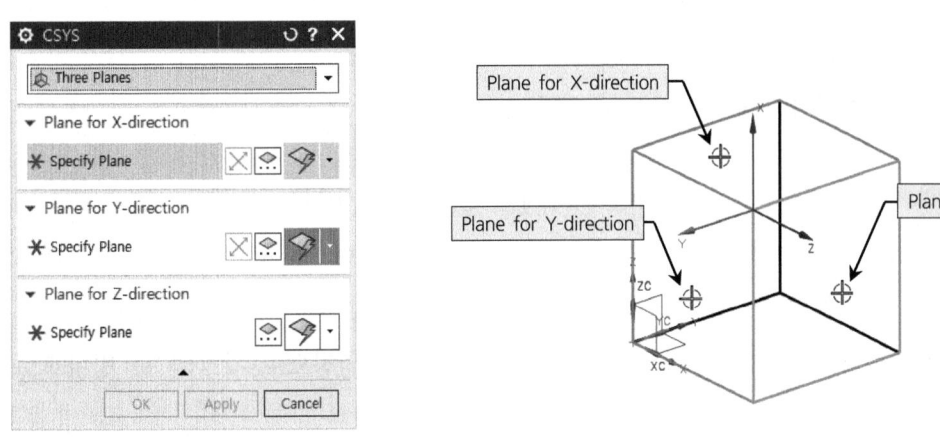

Orient WCS 대화상자

**그림 2.24** 세 개의 평면에 의한 작업좌표계

⑬ CSYS of Current View : 현재 보이는 화면에 뷰의 수평축을 XC로 수직축을 YC로 정의한다.

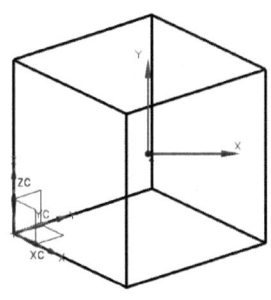

**그림 2.25** CSYS of Current View에 의한 작업좌표계

⑭ Offset CSYS : Graphic Window의 선택된 좌표계를 XC, YC, ZC 방향으로 상대 이동시키거나 좌표계를 회전시킬 수 있다. 그림 2.26은 WCS 좌표를 X와 Y방향으로 상대(증분) 이동시킨 결과이다.

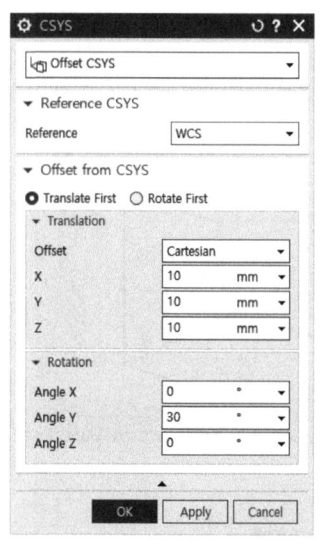
Orient WCS 대화상자

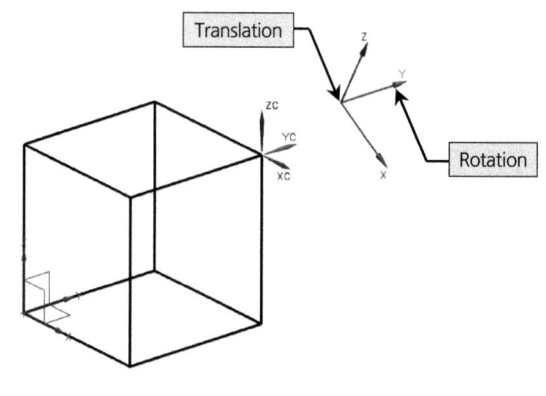

**그림 2.26** 작업좌표계의 상대 이동

- Reference CSYS : 적용좌표계를 선정할 수 있다.
  - WCS : 현재의 작업좌표계의 좌표를 변경한다.
  - Absolute : 절대좌표의 원점을 기준으로 좌표계를 이동한다.
  - Selected CSYS : 변경시킬 좌표계를 선택할 수 있다.

- Offset from CSYS : Offset에 적용시킬 좌표계를 선정할 수 있다.
  - Cartesian : 3장에서 설명될 직교좌표계(Cartesian Coordinate System)를 이용하여 좌표계의 이동과 회전을 시킬 수 있다.
  - At Selected Point : Graphic Window 상의 선택된 점을 원점으로 각각의 축 방향으로 회전시킬 수 있다.

⑮ PQR : P점을 이용하여 WCS의 원점을 정의하고 Q점에는 사용점 X, Y 또는 Z점을 선택하여 방향성을 결정하고 R점에 의해 평면 선택된 평면으로 WCS가 정의된다.

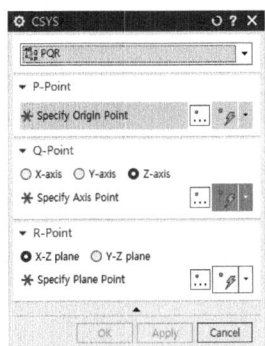
PQR WCS 대화상자

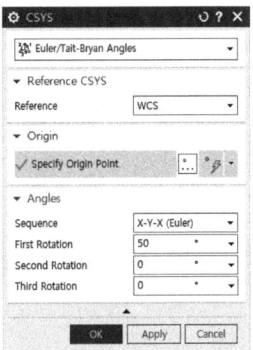
Euler/Tait-Bryan Angles
PQR WCS 대화상자

⑯ Euler/Tait-Bryan Angles : 새로운 WCS를 기존에 설정된 설정방향을 이용하여 시퀀스에 적용된 축을 기준으로 X, Y, Z축방향으로 좌표계를 회전하여 설정할 수 있다. 기준 좌표계는 절대 좌표계, WCS 또는 선택한 CSYS를 사용할 수 있다.

## 2.3.9 작업좌표계의 저장

Format ➡ WCS ➡ Save

현재 설정된 WCS를 저장하며 저장된 좌표계의 이용은 Reference CSYS의 Selected CSYS에서 사용할 수 있다.

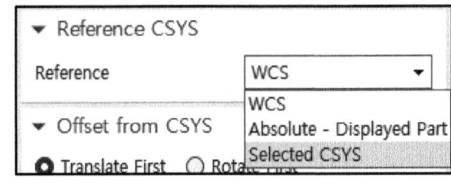

① 저장된 좌표계의 선택 : Format ➡ WCS ➡ Orient...에서 Inferred로 선택한다.
② 저장된 좌표계의 삭제 : Edit ➡ Delete (단축키 : Ctrl+D)
③ 저장된 좌표계의 숨기기 : Edit ➡ Show and Hide ➡ Hide... (단축키 : Ctrl+B)

# 2차원 화면에서 객체의 작성

chapter 03

## 3.1 Point Constructor에 의한 점의 표시

Insert ➡ Datum ➡ Point

① Coordinates : 점의 표시위치를 작업좌표계(WCS) 또는 절대좌표계(ACS)에 의해 점을 생성시킨다.
② Point Location : 선택객체의 Type에 따른 점의 기준위치를 결정할 수 있다.
③ Offset : 정의된 점을 이용하여 점을 옵셋하는 기능을 지원한다.

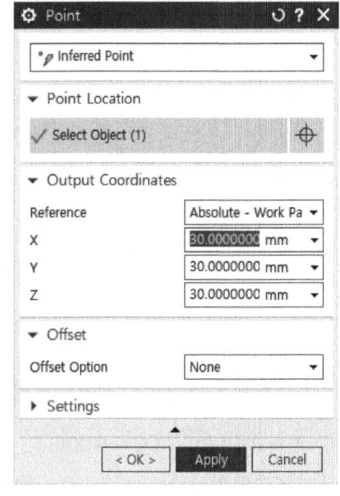

그림 3.1 Point Constructor 대화상자

● CAD 시스템에서 점의 표시방법

- Rectangular : 직교좌표계를 이용하여 점을 나타낸다.
- Cylindrical : 원통좌표계를 이용하여 점을 정의한다.
- Spherical : 기준점(Base Point)으로부터 구면좌표계를 이용하여 점을 나타낸다.

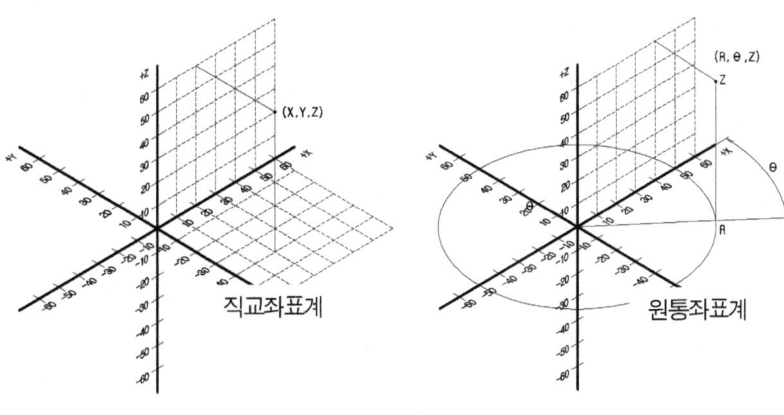
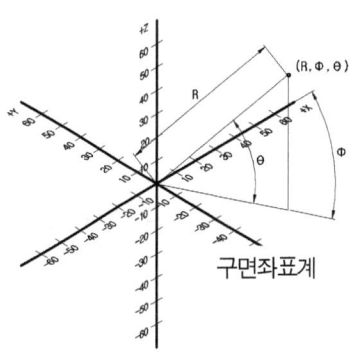

그림 3.2 CAD 시스템에서 점의 정의

④ Associative : 작성된 점이 구성체의 연관객체로 등록되어진다.

### 3.1.1 Inferred Point

Solid Body, Curve 등에서 커서에 의해 선택된 객체의 끝점 또는 중앙점을 선정하거나 작도되어진 점 또는 원의 중심을 선택하여 점의 위치를 결정할 수 있다.

### 3.1.2 Cursor Location

Graphic Window에서 임의의 위치에 마우스를 이용하여 점을 나타내며 Inferred Point는 Cursor Location 기능을 포함한다.

● Graphic Window에 격자(Grid)의 설정

Preferences ➡ Gride...

① Type : 격자의 종류를 설정한다.
- Rectangular Uniform : 정사각형 격자로 설정한다.
- Rectangular Non-uniform : 직사각형 격자로 설정한다.
- Polar : 극 선형태의 격자를 설정한다.

② Grid Size : 격자의 크기를 조절할 수 있다.
- Major Grid Spacing : 주격자의 거리 단위를 입력한다.
- Minor Grid per Major : 주격자 선에 보조격자의 수를 설정한다.
- Snap Point per Minor : 보조격자에 적용 격자수를 설정한다.

③ Grid Settings : 격자의 표시특성을 설정한다.
- Show Grid : Graphic Window에 격자의 표시여부를 설정한다.
- Show Major Lines : 주격자선의 표시여부를 결정한다.
- Show Labels : 격자간격 치수레이블의 표시여부를 결정한다.
- Snap to Grid : Cursor Location을 이용한 격자 사용여부를 설정한다.
- Bring Grid to Top : 작업 Plane에 적용되어 객체에 Grid 특성을 허용한다.

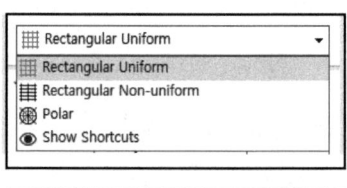

**그림 3.3** Graphic Window에 격자 설정

### 3.1.3 Existing Point

Graphic Window 내의 이미 작도되어 있는 점의 위치를 선택할 수 있다.

## 3.1.4 End Point

선, 호 또는 Solid의 모서리의 끝점을 선택할 수 있으며, 선택위치에 가까운 끝점이 선택된다. 원과 같이 닫힌 곡선은 하나의 끝점이 존재한다.

## 3.1.5 Control Point

선, 스플라인 등의 객체의 종류에 따라 제어점을 선택할 수 있으며 선의 경우 시작점, 끝점과 중간점 등을 선택할 수 있다.

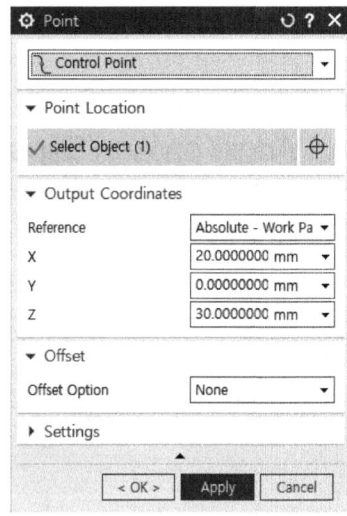

Point Constructor 대화상자

**그림 3.4** 제어점에 의한 객체의 선정

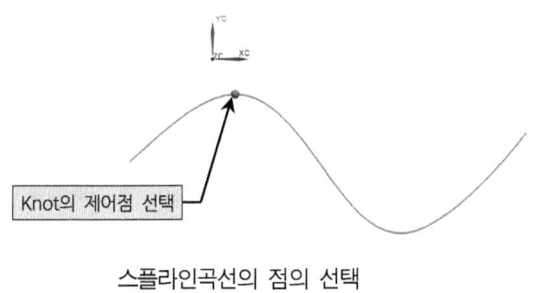

스플라인곡선의 점의 선택

## 3.1.6 Intersection Point

객체의 교차점을 선택하며 교차되지 않는 객체에서는 처음 선택한 객체와 다음 선택된 객체가 객체의 연장된 선상에 점이 작도된다.

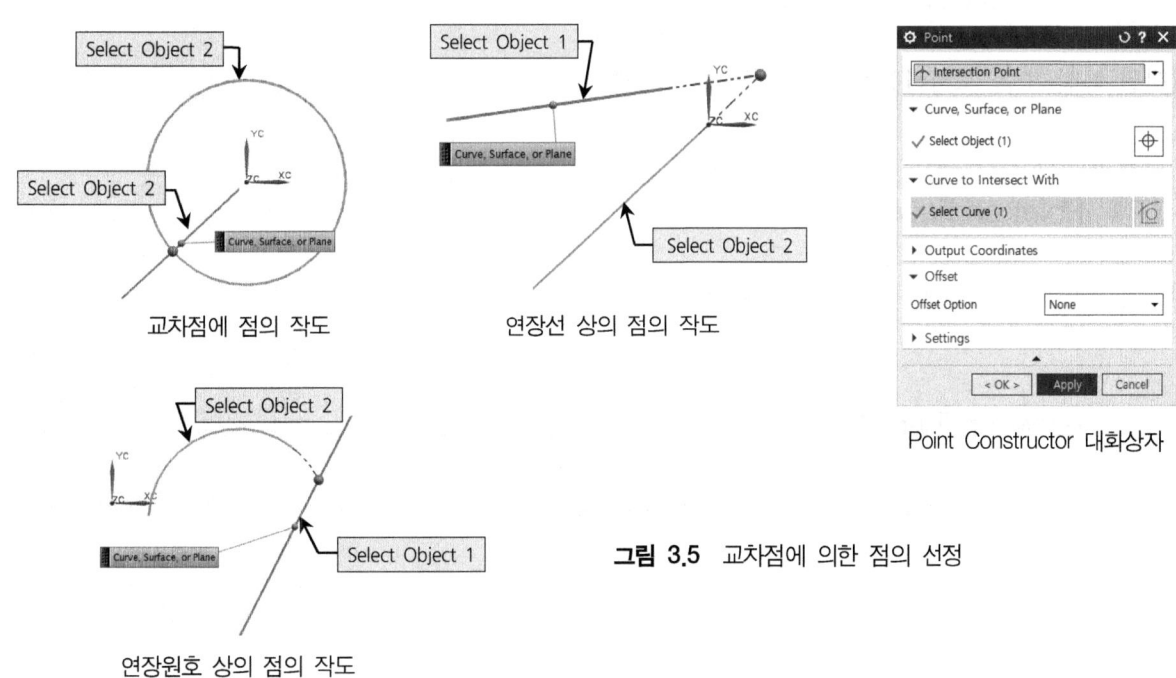

Point Constructor 대화상자

**그림 3.5** 교차점에 의한 점의 선정

### 3.1.7 Arc/Ellipse/Sphere Center ⊙

선택된 원, 원호, 타원 또는 구의 객체를 선택하여 중심위치에 점을 나타낼 수 있다.

### 3.1.8 Angle on Arc/Ellipse

선택된 객체(원, 원호 및 타원)의 곡선상에 주어진 내부 각도에 의해 점이 작도된다.

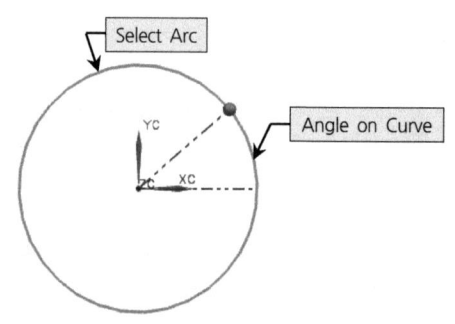

Point Constructor 대화상자

**그림 3.6** 원의 내부각에 의한 점의 작도

### 3.1.9 Quadrant Point

선택된 원, 원호 및 타원상의 사분점을 선정할 수 있다.

### 3.1.10 Point on Curve/Edge

선택된 곡선 또는 모서리상에 점을 정의할 수 있다.

### 3.1.11 Point on Face

선택된 곡면상의 위치에 점을 정의할 수 있다.

### 3.1.12 Between Two Point

선택된 두 점의 직선상의 중간위치에 새로운 점을 작도할 수 있다.

### 3.1.13 Spline Pole

Spline이 By Poles로 작성한 경우 Pole 점을 정의할 수 있다.

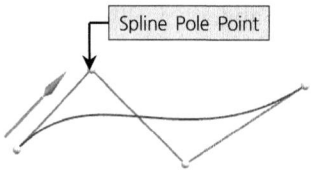

By Poles로 작성한 Spline

### 3.1.14 Spline Defining Point

Spline이 Through Points로 작성한 경우 Pole 점을 정의할 수 있다.

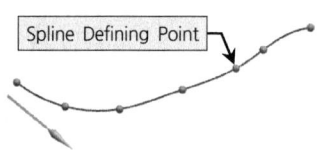

Through Points Point로 작성한 Spline

## 3.2 직선의 작도

Insert ➡ Curve ➡ Line...

시작점과 끝점(방향성)을 지정하여 하나의 직선을 정의할 수 있으며 연관객체(Associative)로 등록할 수 있다.

① Start/End Point : 직선의 시작점과 끝점을 정의하며 Inferred, Point와 Tangent기능을 지원한다. 그림 3.8의 시작점은 Inferred 에 의한 시작점을 선택하고 끝점에서는 Tangent에 의한 접점을 선택하며 선의 길이 수정은 접선 끝의 화살표를 클릭하여 수정할 수 있다.

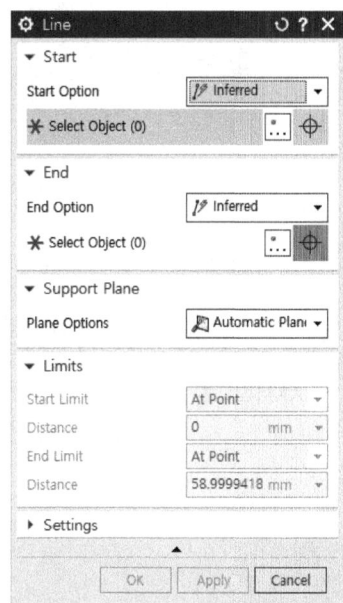

그림 3.7 Line Curve 대화상자

- Tangent에 의한 직선의 작도

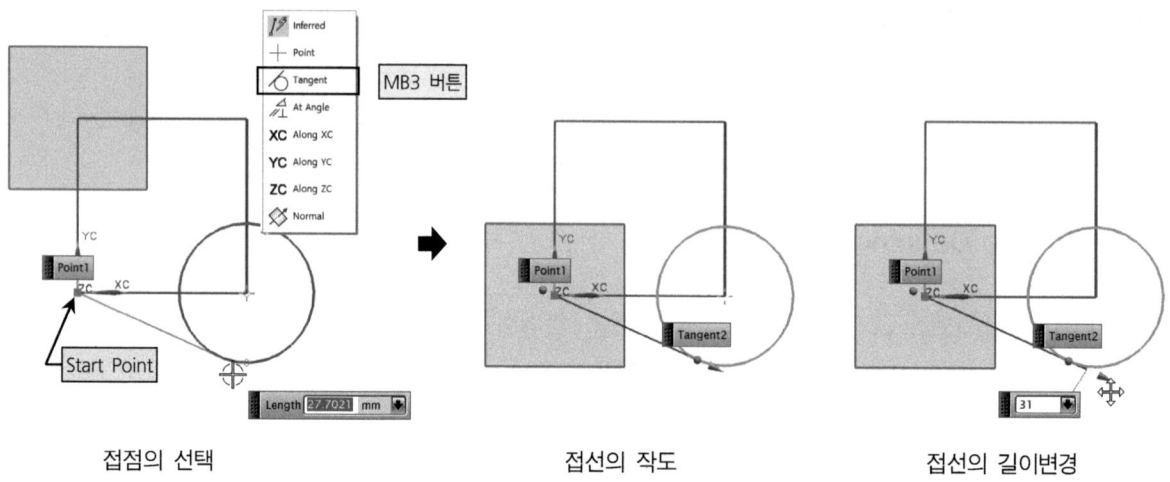

그림 3.8 점을 이용한 직선의 작도

- Along XC/YC/ZC : 시작점을 기준으로 XC, YC 또는 ZC 방향의 평행선을 작도할 수 있다.
  - 수평, 수직 구속조건

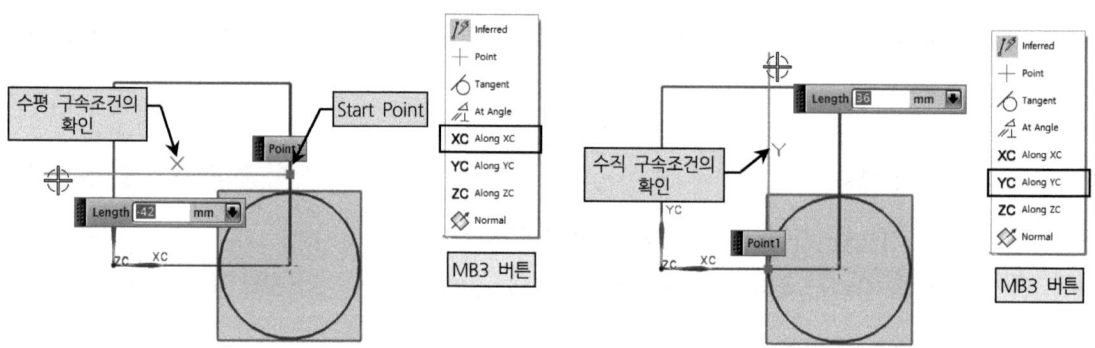

그림 3.9 시작점에 의한 수평, 수직선의 작도

- At Angle에 의한 직선의 작도 : 시작점과 각도 기준선을 선택하고 기준선과의 방향을 정의하여 경사선을 작도한다.

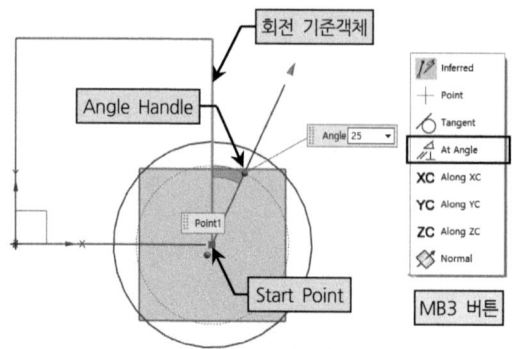

그림 3.10 시작점과 기준객체에 의한 경사선의 작도

- Normal : 끝점에 선정된 객체에 법선방향으로 직선을 작도할 수 있다.

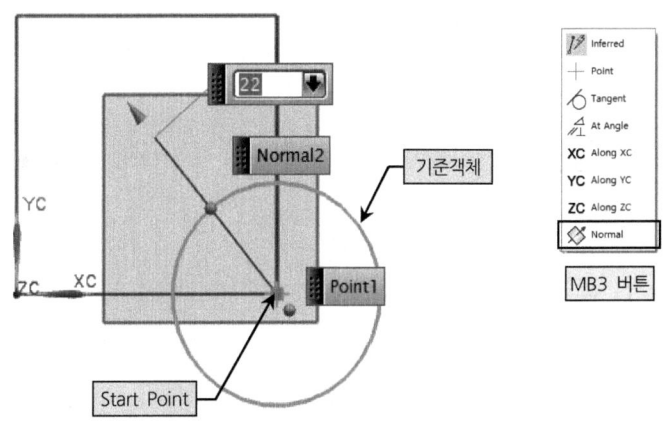

**그림 3.11** 법선방향의 직선정의

② Support Plane : 직선 작도에 이용되는 Plane을 선택하거나 선택된 Plane을 고정시킬 수 있다.

③ Limits : 시작점과 끝점의 길이 값을 변경하거나 한계 조건 (Until Selected)을 설정할 수 있다.

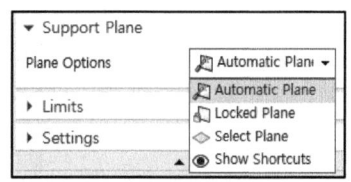

Support Plane

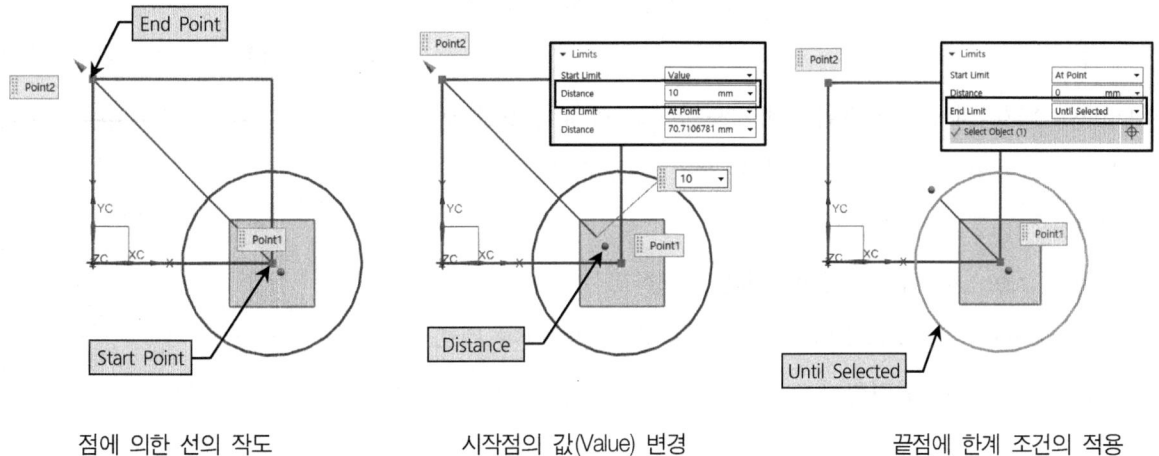

점에 의한 선의 작도     시작점의 값(Value) 변경     끝점에 한계 조건의 적용

**그림 3.12** Limits에 의한 직선의 길이 변경

④ Setting : 연관객체(Associative)에 등록여부를 설정할 수 있다.
- Extend to View Bonds ▦ : 정의된 직선을 이용하여 도시된 Graphic Window에 직선을 연장시켜 작도한다.

## 3.3 원호의 작도

Insert ➡ Curve ➡ Arc/Circle...

원과 원호를 3점 원호 또는 원의 중심을 이용하여 작도할 수 있으며 연관객체(Associative)로 등록할 수 있다.

### 3.3.1 Three Point Arc

세 개의 점을 이용하여 원 또는 원호를 작도한다.

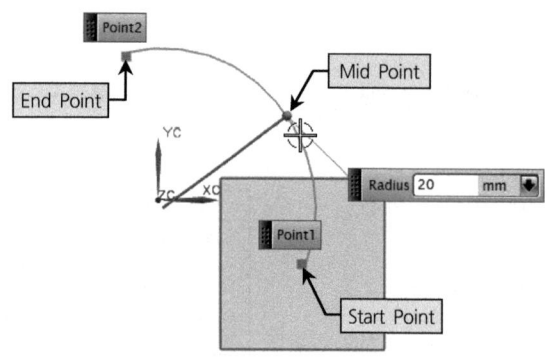

그림 3.13 Three Point Arc의 정의점

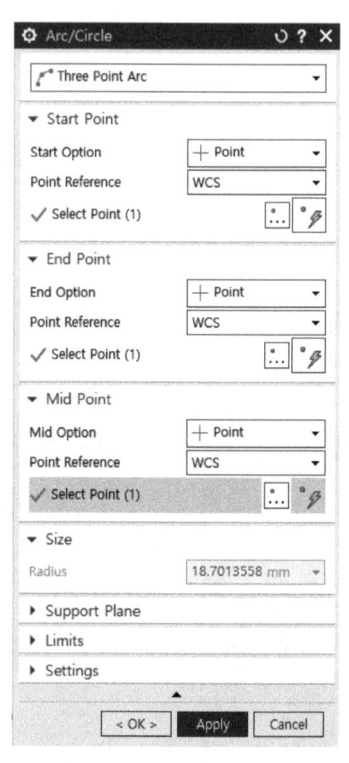

① Radius : 정의할 Mid Point를 대신하여 원호의 반경으로 정의할 수 있다.

그림 3.14 원과 원호 작도 대화상자

② Limits : 원호 시작과 종료위치의 각도를 이용하여 원호를 변경하거나 앞의 Line에서 설명한 한계조건(Until Selected)을 적용하여 원호를 수정할 수 있다.
- Full Circle : 세 점을 이용한 원을 작도한다.
- Complement Arc : 작도된 원호에 방향성을 변경하여 원호의 작도 형상을 변경한다.

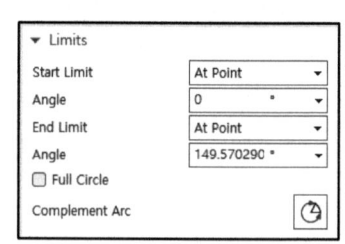

### 3.3.2 Arc/Circle From Center

정의된 점을 중심으로 원 또는 원호를 작도한다.

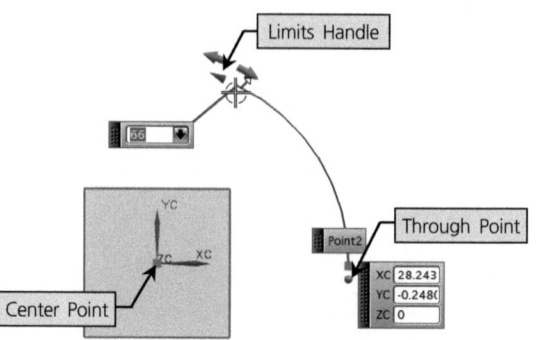

그림 3.15 Arc From Center의 정의점

## 3.4 Line and Arcs

Insert ➡ Curve ➡ Line and Arcs

직선과 원호를 정의할 수 있는 기능들과 작성된 객체를 연관객체(Associative)로 등록할 수 있다.

**표 3.1** Line and Arcs에 의한 객체작성의 특성

| 아이콘 | 아이콘의 기능 | 객체작성 기능 | 적용 예 |
|---|---|---|---|
| | Line Point-Point... | 시작점과 끝점을 정의하여 직선을 작성한다. | |
| | Line Point-XYZ... | 시작점을 기준으로 X, Y 또는 Z 방향으로 평행한 직선을 작성한다. | |
| | Line Point-Parallel... | 시작점을 기준으로 선택된 객체의 방향으로 평행한 직선을 작성한다. | |
| | Line Point-Perpendicular... | 시작점을 기준으로 선택된 객체의 수직방향으로 수직한 직선을 작성한다. | |
| | Line Point-Tangent... | 시작점을 기준으로 선택된 원호객체에 접선방향의 직선을 작성한다. | |
| | Line Tangent-Tangent... | 시작접점을 기준으로 선택된 원호객체에 접선방향의 직선을 작성한다. | |
| | Unbounded Line | 정의된 직선을 이용하여 도시된 Graphic Window에 직선을 연장시켜 작도한다. | |
| | Arc Point-Point-Point... | 세 점을 이용하여 원호를 작성한다. | |
| | Arc Point-Point-Tangent... | 두 점과 원호에 접하는 접선을 이용하여 원호를 작성한다. | |
| | Arc Tangent-Tangent-Tangent... | 세 개의 원호에 접하는 접선을 이용하여 원호를 작성한다. | |
| | Arc Tangent-Tangent-Radius... | 두 개의 원호에 접하는 접선과 반경값을 이용하여 원호를 작성한다. | |
| | Circle Point-Point-Point... | 세 점을 이용하여 원을 작성한다. | |

| 아이콘 | 아이콘의 기능 | 객체작성 기능 | 적용 예 |
|---|---|---|---|
| | Circle Point-Point-Tangent... | 두 점과 원에 접하는 접선을 이용하여 원호를 작성한다. | |
| | Circle Tangent-Tangent-Tangent... | 세 개의 원에 접하는 접선을 이용하여 원호를 작성한다. | |
| | Circle Tangent-Tangent-Radius... | 두 개의 원에 접하는 접선과 반경값을 이용하여 원호를 작성한다. | |
| | Circle Center-Point... | 중심점과 반경을 정의하는 점에 의해 원을 작성한다. | |
| | Circle Center-Radius... | 중심점과 반경에 의해 원을 작성한다. | |
| | Circle Center-Tangent... | 중심점과 원에 접하는 접선을 이용하여 원을 작성한다. | |

## 예제 3.1 아래의 객체를 작도하시오.

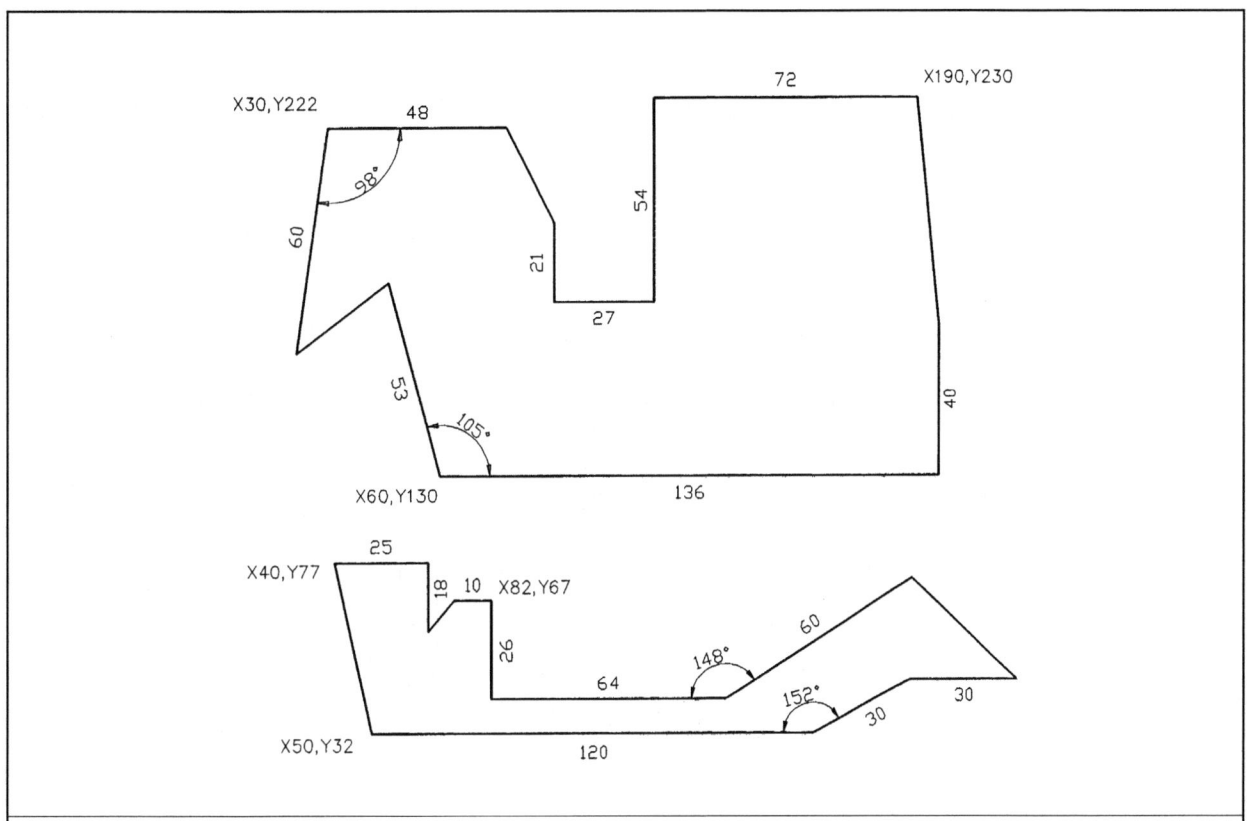

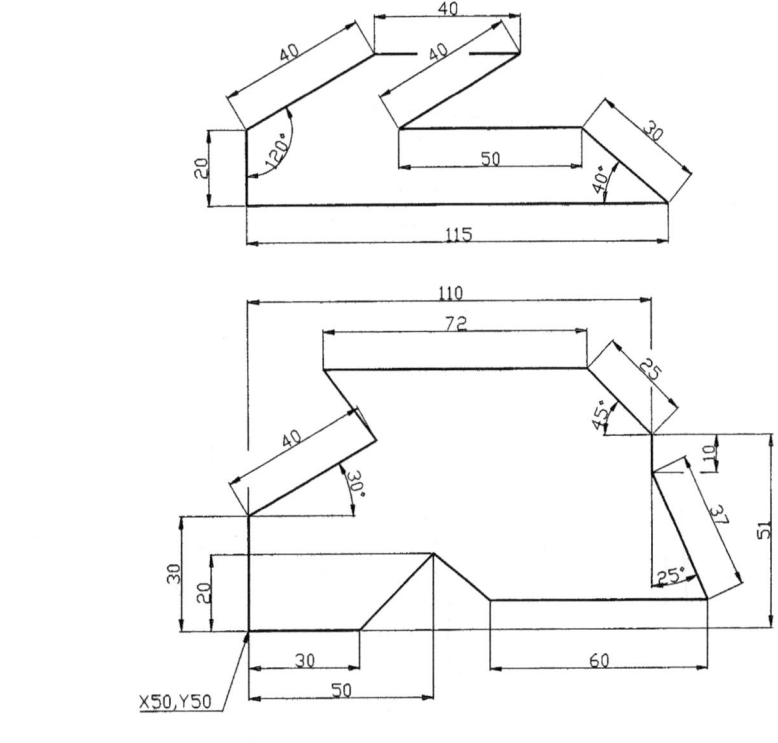

※ 외형선만 작도하세요.

아래의 객체를 작도하시오.

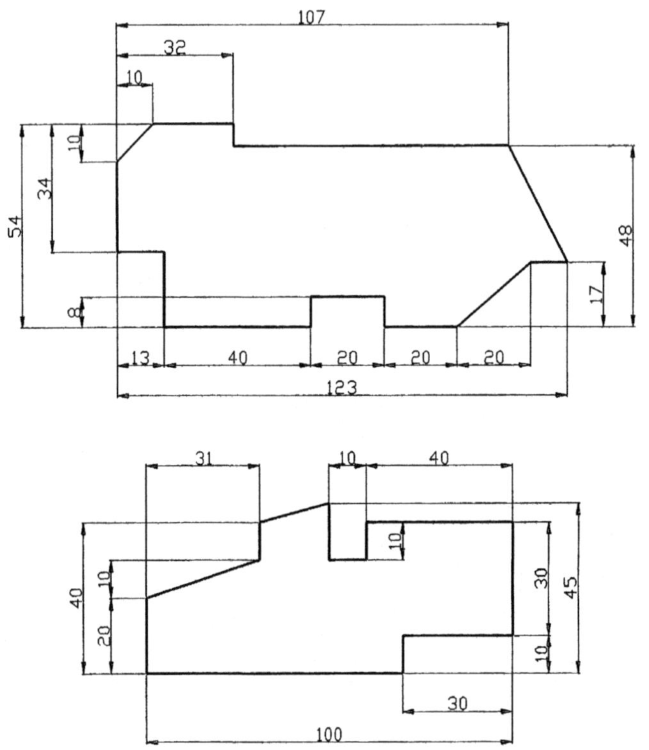

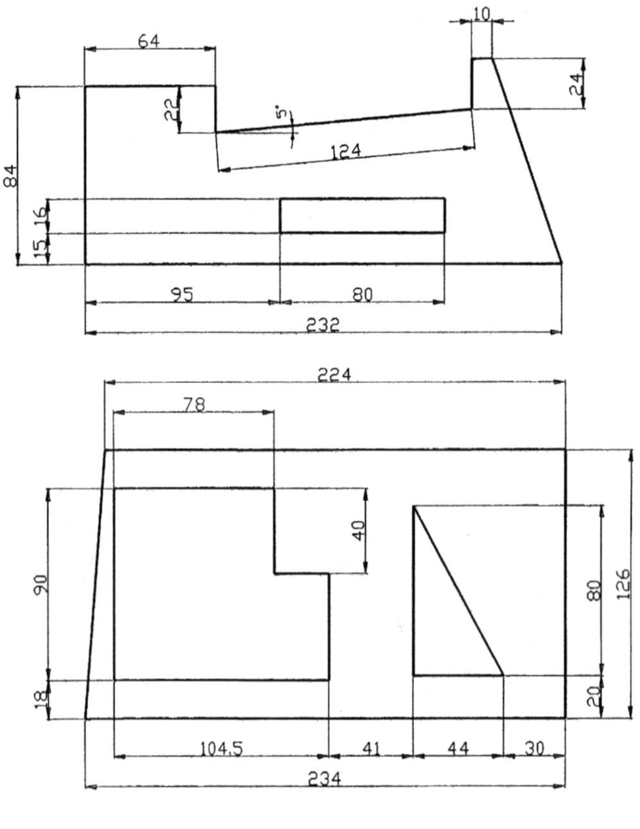

※ 외형선만 작도하세요.

아래 객체를 작도하시오.

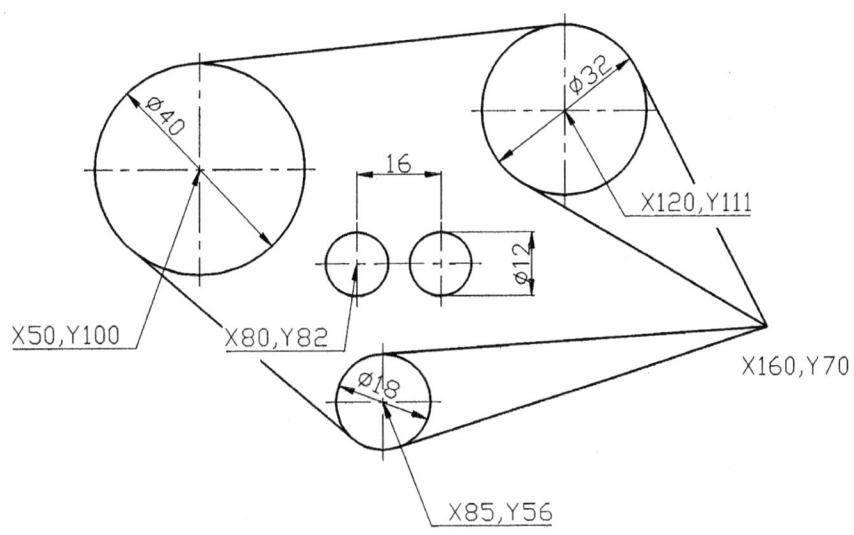

※ 외형선만 작도하세요.

 아래의 객체를 작도하시오.

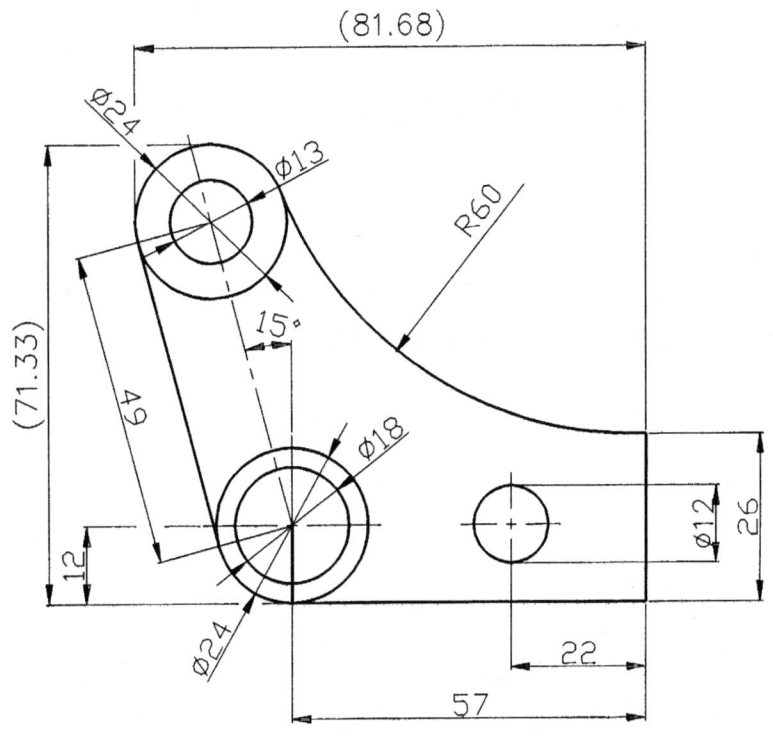

※ 외형선만 작도하고 R60 부위의 끝점은 Point Constructor를 이용하세요.

## 3.5 객체 자르기(Trim)

객체의 특정부분을 상대객체의 경계로 일부를 제거하거나 연장한다.

### 3.5.1 Selection Steps

① Curve to Trim : 트림될 대상 객체를 선택한다.
② Bounding Object : 트림을 위한 경계객체를 선정한다.

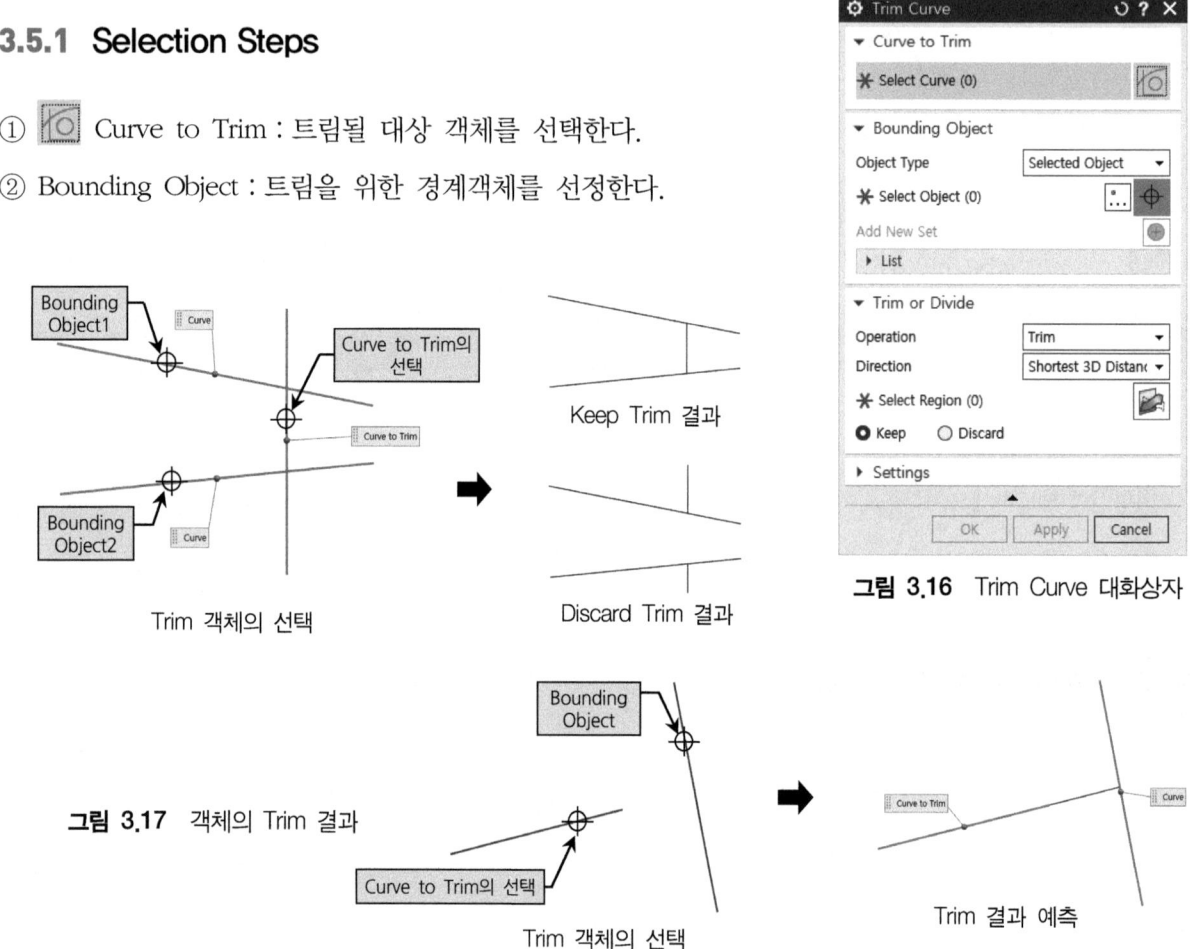

그림 3.16 Trim Curve 대화상자

그림 3.17 객체의 Trim 결과

### 3.5.2 Trim or Divide

Direction은 경계객체와 트림될 객체의 경계를 찾는 방법을 결정한다.

① Shortest 3D Distance : 3차원공간에서 경계객체와 가장 가까운 거리의 점까지 트림한다.

※ Extended Intersection Calculation 체크박스가 : On 상태

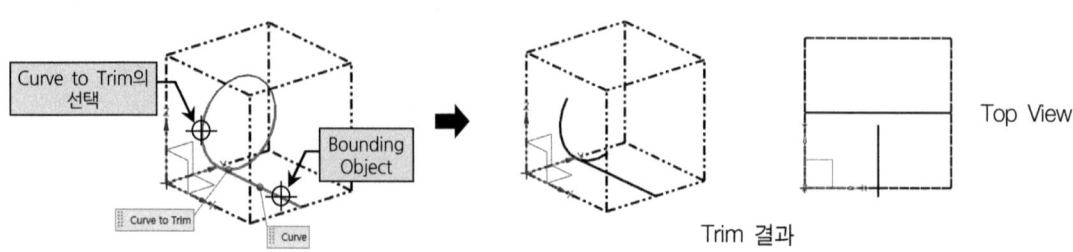

그림 3.18 Shortest 3D Distance에 의한 Trim

② Along a Vector : 객체의 방향성을 이용해 지정된 방향의 교차점까지 트림한다.

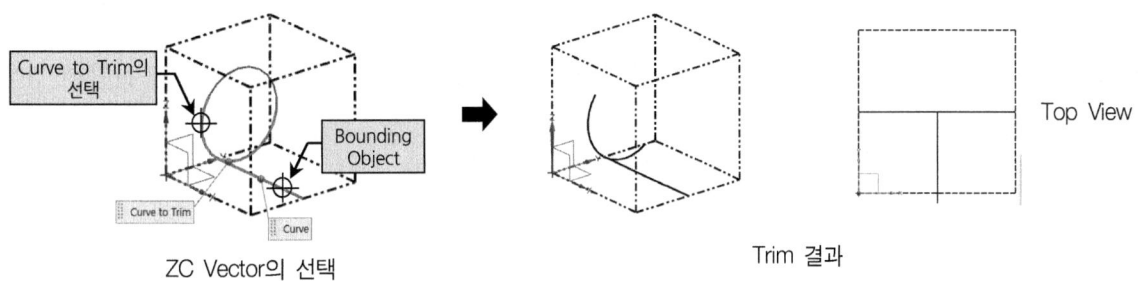

그림 3.19  Along a Vector에 의한 Trim

### 3.5.3 Sections

트림 전 객체와 트림 후 객체의 표시 특성을 설정한다.

① Associative : On
- Keep : 트림 전 객체(상관선)를 유지시킨다.
- Hide : 트림 전 객체의 상관선을 Hide 화면으로 상관객체를 숨기기한다.

② Associative : Off
- Keep : 트림 전의 객체를 유지하며 트림된 객체가 생성된다.
- Hide : 트림 전의 객체를 Hide 화면상에 유지하고 트림된 객체가 생성된다.
- Delete : 트림된 객체를 삭제하여 나타낸다.
- Replace : 선정된 객체를 트림하여 트림된 새로운 객체로 변경된다.

③ Make Input Curves Dashed : 트림 후 원래 선택한 기존 곡선을 점선으로 표시한다.

④ Curve Extension : 선택된 스플라인 곡선을 경계곡선까지 연장하는 곡선의 형상을 정의한다.
- Natural : 스플라인 형상과 같이 자연스럽게 연장된다.
- Linear : 스플라인 끝에서 접선방향의 선으로 연장된다.
- Circular : 스플라인 끝에서 원형으로 스플라인이 연장된다.
- None : 스플라인을 연장하지 않는다.

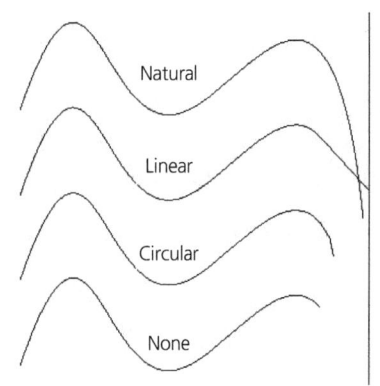

그림 3.20  Spline Extension에 의한 Trim

- Trim Bounding Objects : 경계 객체의 테두리를 분할 또는 삭제한다.
- Extended Intersection Calculation : Distance Tolerance 설정치를 초과하는 객체에 확장연산하여 계산한다.
- Single Selection : 단일선택의 경우 하나의 객체 입력으로 이 트림 경계를 결정하고 간단한 경우 트림 곡선을 간소화할 수 있다.

## 3.6 객체 숨기기

Edit ➡ Show and Hide

UG는 작도의 편리함을 위해 작업화면과 숨기기 화면으로 구성되어 있어 사용하지 않는 객체를 숨기기 화면에 Hide시킬 수 있다.

① Show and Hide…   단축키 : Ctrl + W

작성된 객체의 특성별 표시여부를 선택할 수 있으며 (+)를 선택한 경우 객체의 특성별로 표시(Show)하고, (−)를 선택한 경우 선택객체 특성별로 숨기기(Hide) 처리한다.

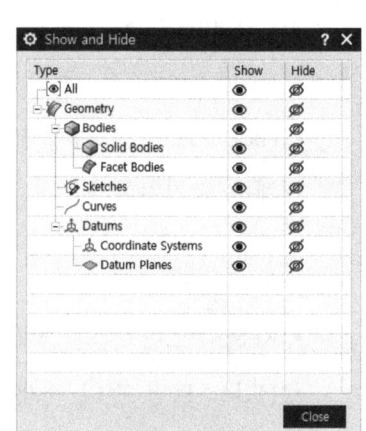

**그림 3.21** 객체 특성별 Show and Hide 대화상자

② Immediate Hide…   단축키 : Ctrl + Shift + I

Immediate Selection 대화상자를 이용하여 선택된 객체를 바로 숨기기 한다.

③ Hide…   단축키 : Ctrl + B

Class Selection 대화상자를 이용하여 선택된 객체를 숨기기 한다.

④ Show   단축키 : Ctrl + Shift + K

숨기기 화면에서 Class Selection 대화상자 또는 선택볼을 이용하여 객체를 선택하여 작업화면에 나타낼 수 있다.

⑤ Show All of Type...

숨기기 화면에서 Selection Methods 대화상자를 이용해 Color나 Layer 등의 유형을 정의하여 작업화면에 나타낼 수 있다.

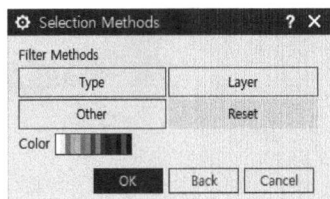

⑥ Show All  단축키 : Ctrl + Shift + U

Hide된 모든 객체를 작업화면에 나타낸다.

⑦ Show by Name...

Hide된 객체의 이름을 입력하여 작업화면에 나타낼 수 있다.

⑧ Invert Show and Hidden  단축키 : Ctrl + Shift + B

작업화면에서 숨기기 화면으로 또는 숨기기 화면에서 작업화면으로 반전시킨다.

## 3.7 클래스 선택(Class Selection) 대화상자

단축키 : Ctrl + J

① Objects : 작성된 객체를 선택하는 기능을 지원한다.
- Select All : Graphic Window에 표시된 모든 객체를 선택한다.
- Invert Selection : 현재 선택된 객체를 제외한 모든 객체를 선택할 수 있다.

② Other Selection Methods
- Select by Name : Assemblies에서 Component 이름으로 선택할 수 있으며 Component 이름 변경은 객체를 선택한 후에 마우스의 오른쪽 버튼을 클릭하고 팝업메뉴에서는 Properties를 이용한다. 단, Part Navigator에는 표시되지 않는다.
  - Graphic Window에 대상물의 이름 표시는 Preferences ➡ Visualization...의 View ➡ Decorations ➡ Names and Borders에서 Work View를 선택한다.

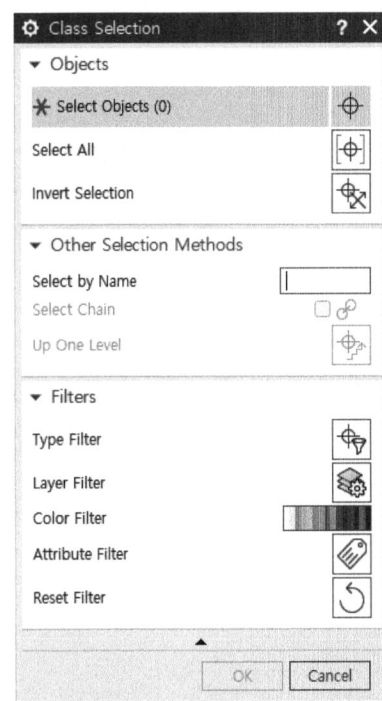

**그림 3.22** 객체선택 대화상자

 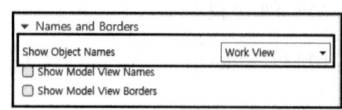

- Select Chain : 연속 곡선이나 연결된 모서리를 선택할 수 있다.
- Up One Level : Assemblies에서 구성요소 또는 그룹이 작업에 사용될 경우 상위 구성요소를 선택할 수 있다.

③ Filter Methods : 객체선정 시 객체의 특성에 따라 선별된 객체를 선택할 수 있다.
- Type Filter : Curve, Solid Body, Point 등의 객체유형별로 필터링하여 객체를 선택할 수 있다.
- Layer Filter : 작성된 객체의 Layer를 이용하여 객체를 선택한다.
- Color Filter : 작성된 객체의 Color를 이용하여 객체를 선택한다.
- Attribute Filter : 객체에 주어진 Attribute(속성)를 이용하여 객체를 선택한다.
- Reset Filter : 설정된 Filter를 초기화한다.

아래 객체를 작도하시오.

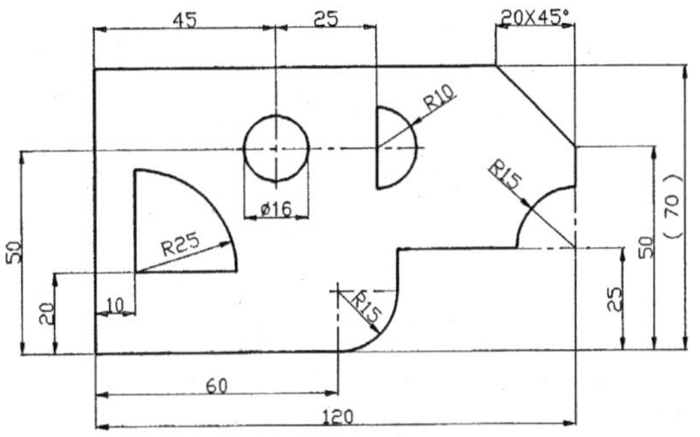

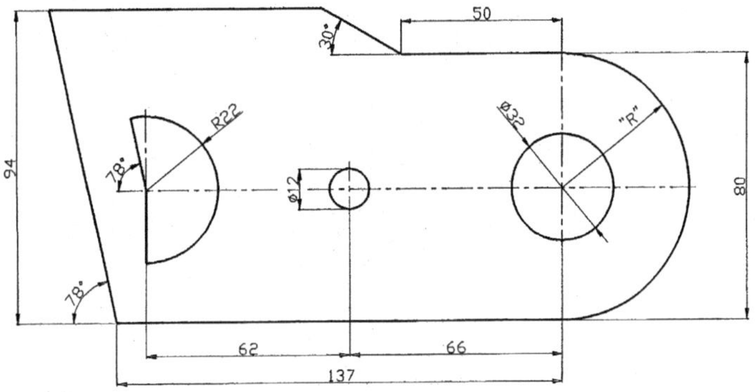

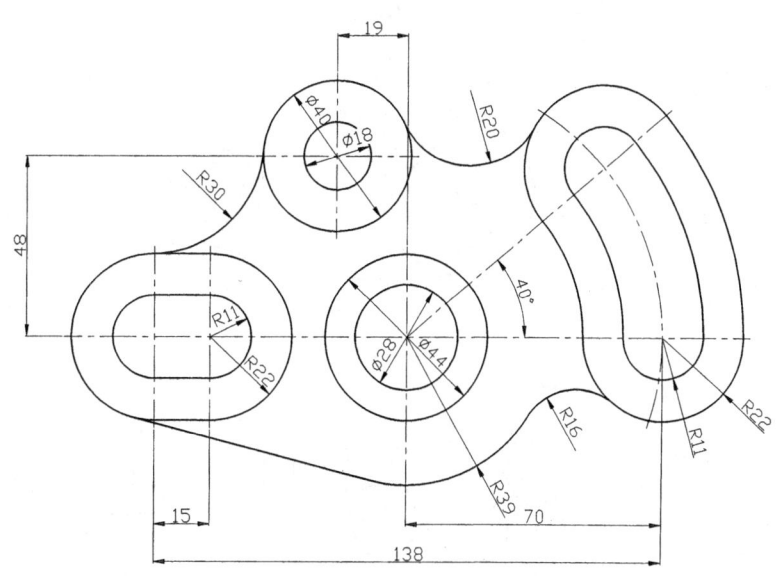

※ 외형선만 작도하세요.

아래 객체를 작도하시오.

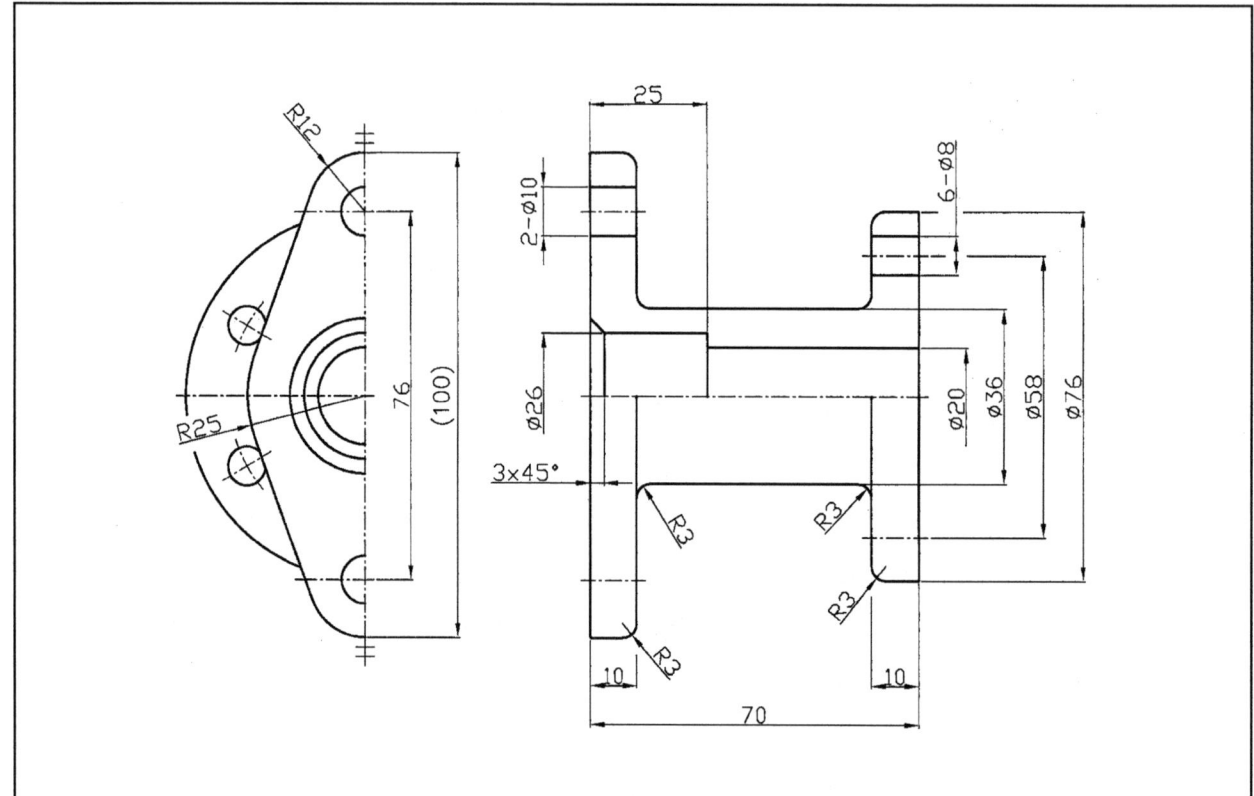

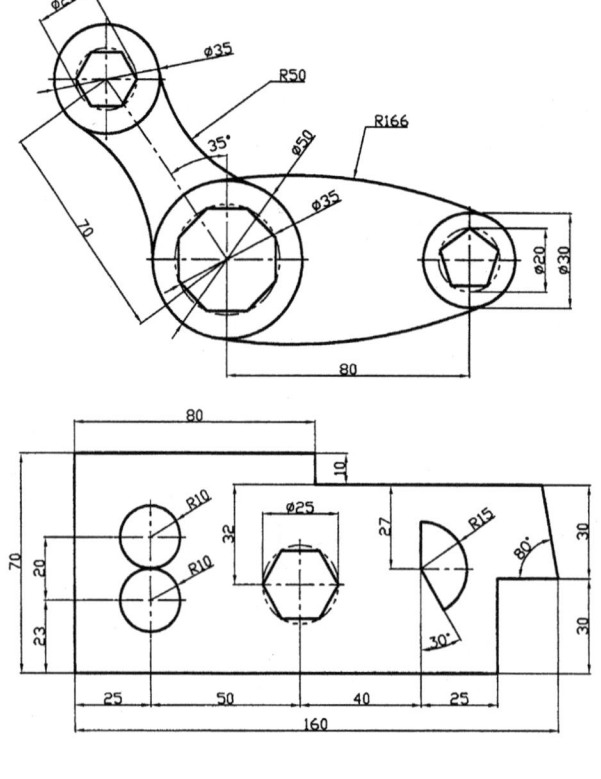

※ 외형선만 작도하세요.

# Form Feature의 작성

chapter 04

## 4.1 작업 공간의 설정

Insert ➡ Datum

### 4.1.1 Datum Plane의 설정

Insert ➡ Datum ➡ Datum Plane...

면이나 모서리, 점 등을 이용하여 Datum Plane을 작성할 수 있다.

① Datum Plane의 용도
- 스케치 평면을 정의한다.
- 피처를 나타내기 위한 배치 평면을 정의한다.
- 형상 정의를 위한 기준위치를 제공한다.
- Mirror Body 또는 Mirror Feature의 대칭 이동면(Middle Plane)으로 사용된다.

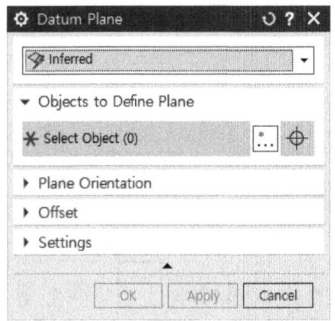

그림 4.1 Datum Plane 대화상자

② Inferred에 의한 Datum Plane
- At Distance : 평면이나 Datum Plane을 클릭하고 Distance(Offset)량에 의해 입력값만큼 떨어진 Datum Plane을 작성한다.

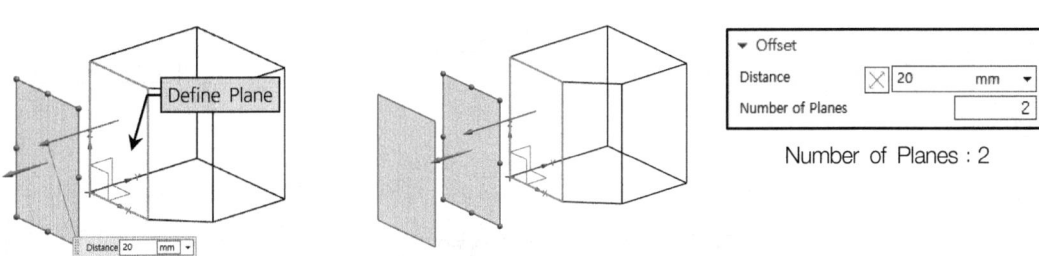

선택면의 선정(Number of Planes : 1)   Number of Planes : 2

그림 4.2 At Distance에 의한 Datum Plane

- At Angle : 선택 면과 회전축을 기준으로 입력된 각도로 Datum Plane을 설정한다.
- Bisector : 선택된 두 면 사이의 대칭위치에 Datum Plane을 작성한다.

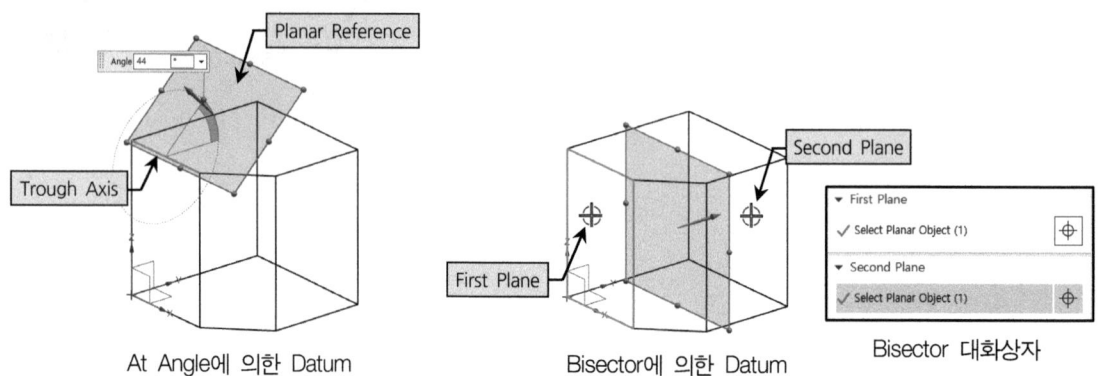

그림 4.3  At Angle과 Bisector Plane에 의한 Datum

- Curves and Points : 곡선상의 제어점(직선의 경우 시작, 끝점과 중점) 또는 작성된 점을 이용하여 Datum Plane을 작성한다.

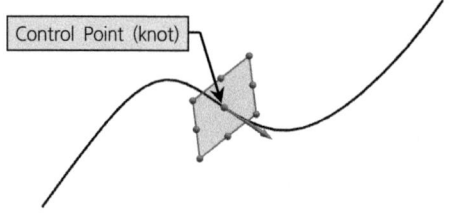

그림 4.4  Curves and Points에 의한 Datum

- Two Lines : 직선형 객체(모서리)를 선택하여 Datum Plane을 작성한다.
- Tangent : 면, 선 또는 점과 접하는 Datum Plane을 작성할 수 있다.

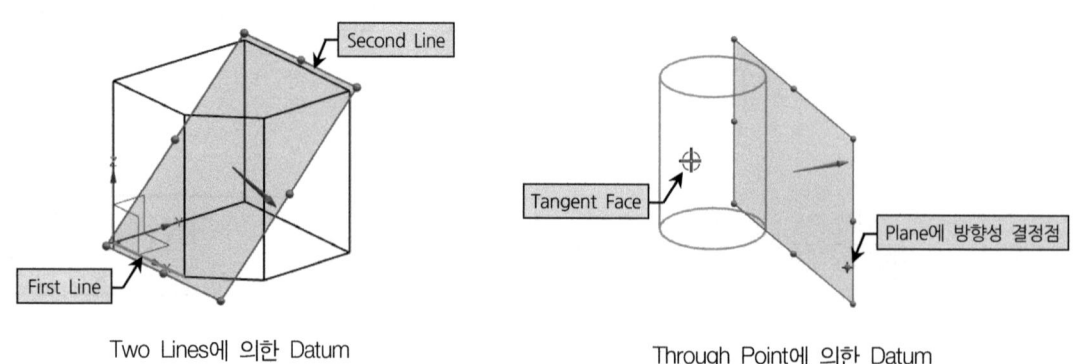

그림 4.5  Two Lines와 Tangent에 의한 Datum

- On Face : 객체의 접선 상에 Datum Plane을 정의할 수 있다.
- Through Point : 그림 4.5와 같이 객체의 접선과 점에 의해 Datum Plane을 정의할 수 있다.
- Through Line : 접선과 객체의 선에 의해 Datum Plane을 정의할 수 있다.

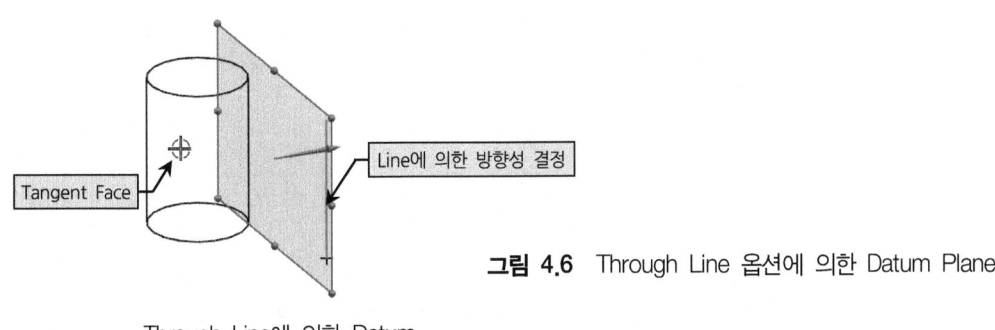

그림 4.6  Through Line 옵션에 의한 Datum Plane

- Two Faces : 두 객체의 접하는 면을 이용하여 Datum Plane을 정의한다.

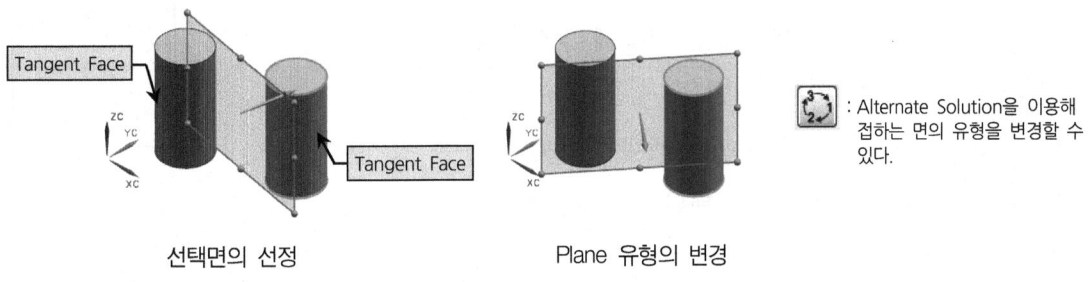

그림 4.7  Two Tangent Faces에 의한 Datum Plane

- Angle to Plane : 객체의 접선과 평면 객체에 의해 Datum Plane을 정의할 수 있다.

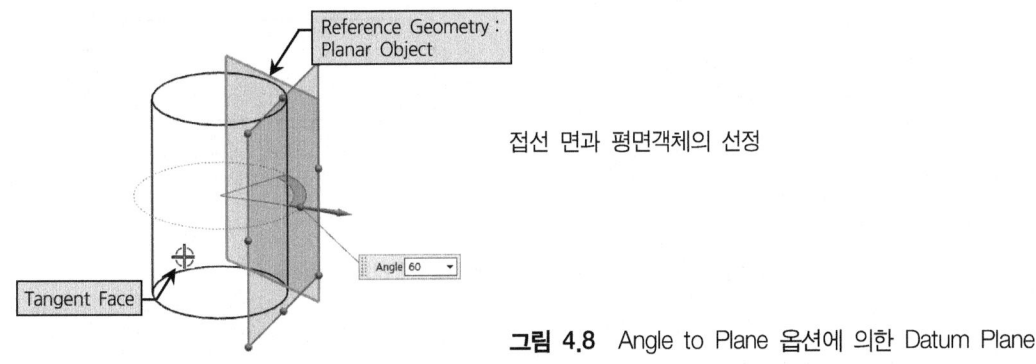

그림 4.8  Angle to Plane 옵션에 의한 Datum Plane

- Through Object ◆ : 작성된 객체를 선택하여 해당 객체(Curve, Edge, Face, Datum, Plane, Datum CSYS, CSYS 등)의 면에 Datum Plane을 작성할 수 있다.

- Point and Direction : Graphic Window 상의 한 점과 객체의 방향에 의해 Datum Plane을 설정할 수 있다.

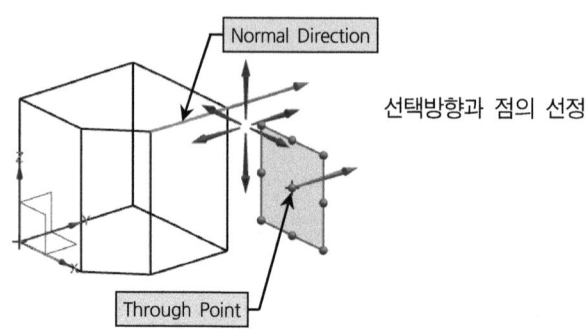

그림 4.9 Point and Direction에 의한 Datum Plane

- On Curve : 곡선상의 점과 곡선길이 또는 곡선의 비율에 따라 Datum Plane을 설정한다.
  - Normal to Path : 곡선의 법선 방향의 Plane을 정의한다.
  - Tangent to Path : 곡선의 접선방향의 Plane을 정의한다.
  - Binormal to Path : 곡선의 작성 Plane에 수직 방향의 Plane을 정의한다. (종 법선 또는 배 법선)
  - Relative to Object : 곡선과 선택 객체에 의해 Plane을 정의한다.
  - Normal to Vector : 곡선과 선택된 Vector에 법선 방향에 Plane을 정의한다.
  - Parallel to Vector : 곡선과 선택된 Vector에 평행하게 Plane을 정의한다.
  - Through Axis : 곡선과 선택된 축의 방향으로 Plane을 정의한다.

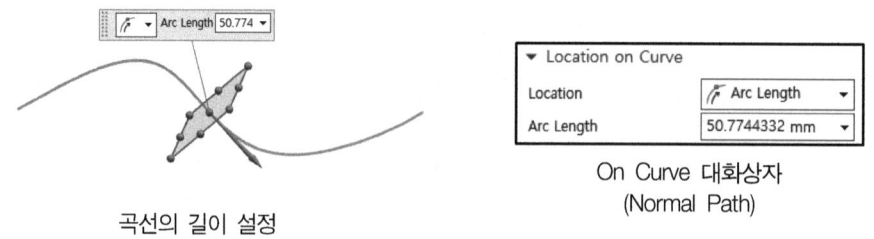

곡선의 길이 설정

On Curve 대화상자
(Normal Path)

그림 4.10 Point on Curve에 의한 Datum Plane

- Fixed Datum Plane : WCS 또는 Absolute를 기준으로 XC-YC, YC-ZC와 XC-ZC의 Datum Plane을 개별적으로 작성할 수 있다.

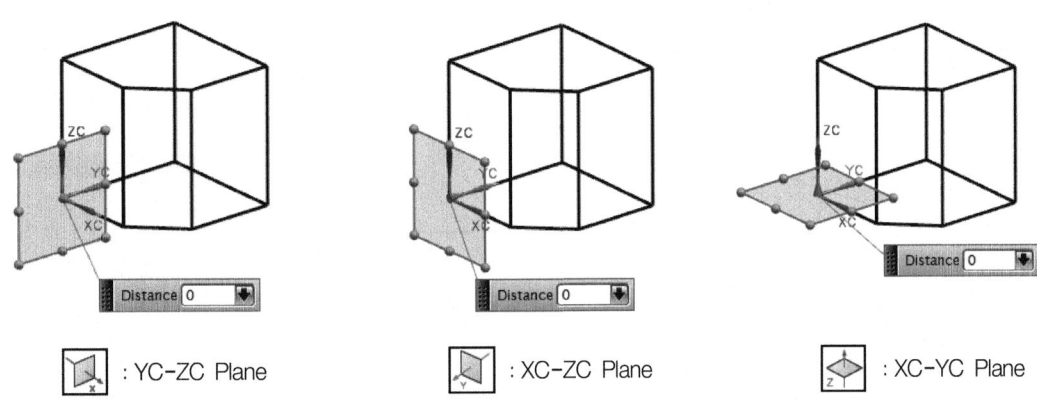

| : YC-ZC Plane | : XC-ZC Plane | : XC-YC Plane |

**그림 4.11**  Fixed Datum Plane에 의한 Datum Plane

- View Plane : WCS의 원점에 현재 화면의 View Plane이 생성된다.
- Coefficients : 상관계수를 이용하여 Datum Plane을 작성하며 a는 X축 방향성, b는 Y축 방향성 과 c는 Z축 방향성을 정의하고 d에 의해 Datum Plane의 위치가 결정된다.

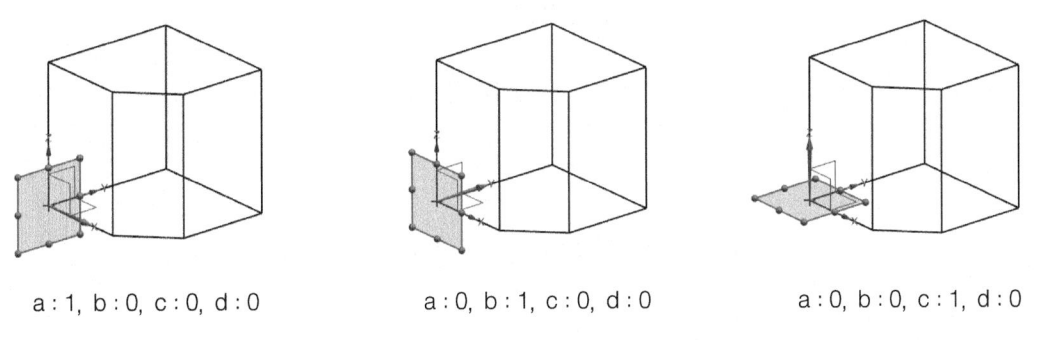

a : 1, b : 0, c : 0, d : 0    a : 0, b : 1, c : 0, d : 0    a : 0, b : 0, c : 1, d : 0

**그림 4.12**  Coefficients에 의한 Datum Plane

## 4.1.2 Datum Axis의 설정

Insert ➡ Datum ➡ Datum Axis...

Datum Plane을 정의하거나 대칭, 회전 객체의 정의 등에 사용할 수 있다.

① Datum Axis의 용도
  - 원형배열의 회전축으로 사용된다.
  - 회전객체의 회전축으로 이용된다.
  - Datum Plane을 정의하는 회전축이 된다.

② Inferred에 의한 Datum Axis

- Plane of Body : 두 평면을 선택하여 면이 교차하는 부분에 Datum Axis를 작성한다.

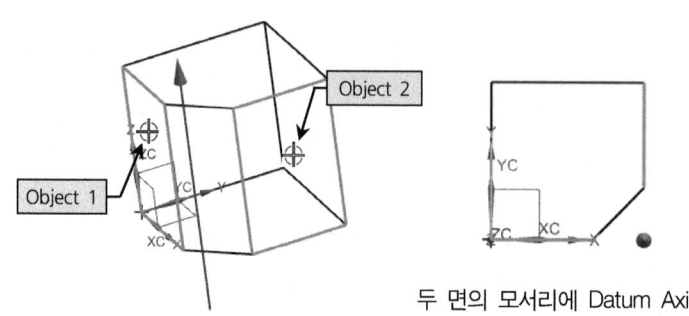
두 면의 모서리에 Datum Axis

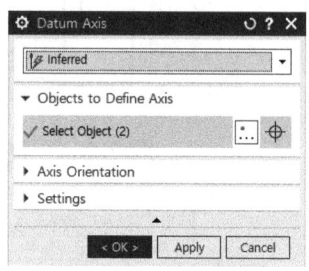
Datum Axis의 대화상자

**그림 4.13** 두 면을 이용한 Datum Axis

- Through a Cylinder : 원기둥 면 등을 이용하여 원기둥의 중심을 Datum Axis로 정의한다.

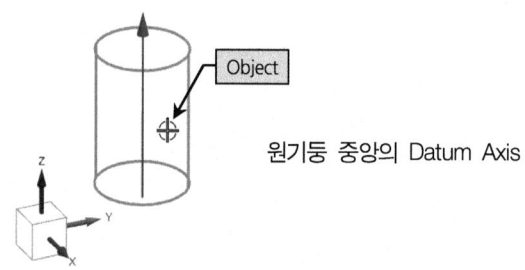
원기둥 중앙의 Datum Axis

**그림 4.14** Through a Cylinder를 이용한 Datum Axis

③ Intersection : 두 개의 평면 또는 Datum Plane을 선택하여 두 면이 교차하는 위치(교선)에 Datum Axis를 설정한다.

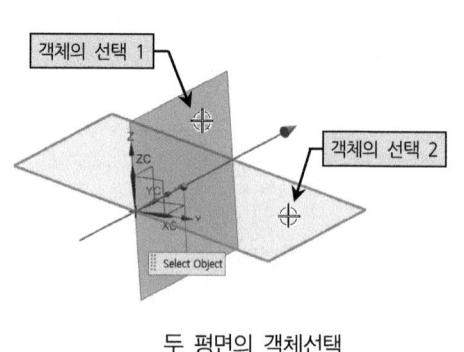
두 평면의 객체선택

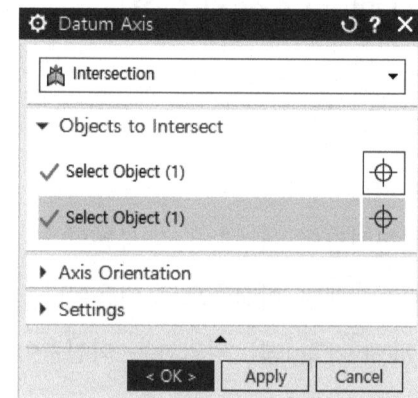
Datum Axis 대화상자

**그림 4.15** Intersection을 이용한 Datum Axis

④ Curve/Face Axis  : 원기둥, 원뿔 등의 면이나 모서리 곡선 또는 작성된 곡선을 이용하여 Datum Axis를 생성한다.

⑤ On Curve Vector  : 선택 곡선상의 곡선길이 또는 곡선의 비율에 따라 곡선의 방향성 방향이 접선방향으로 Datum Axis가 설정한다.

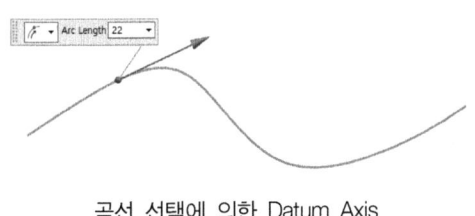
곡선 선택에 의한 Datum Axis

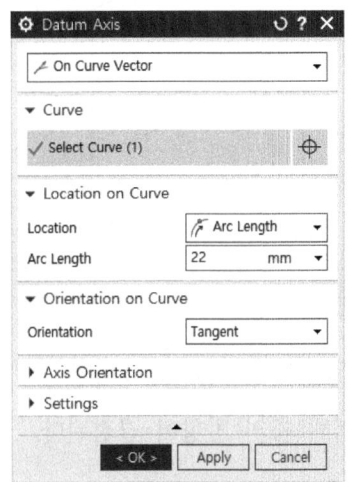
Datum Axis 대화상자

**그림 4.16** On Curve Vector에 의한 Datum Axis

- Tangent : 객체의 접선방향의 Datum Axis를 정의한다.
- Normal : 객체의 법선 방향의 Datum Axis를 정의한다.
- Bi-normal Datum Axis : 곡선의 작성 Plane에 수직 방향의 Datum Axis를 정의한다.
- Perpendicular to Object : 곡선과 선택 객체에 의한 수직 방향의 Datum Axis를 정의한다.
- Parallel to Object : 곡선과 선택 객체에 평행방향의 Datum Axis를 정의한다.

⑥ Fixed Datum Axis 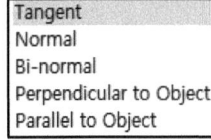 : Work Coordinate System(WCS)에 의해 XC-Axis, YC-Axis 또는 ZC-Axis 방향으로 Datum Axis로 정의한다.

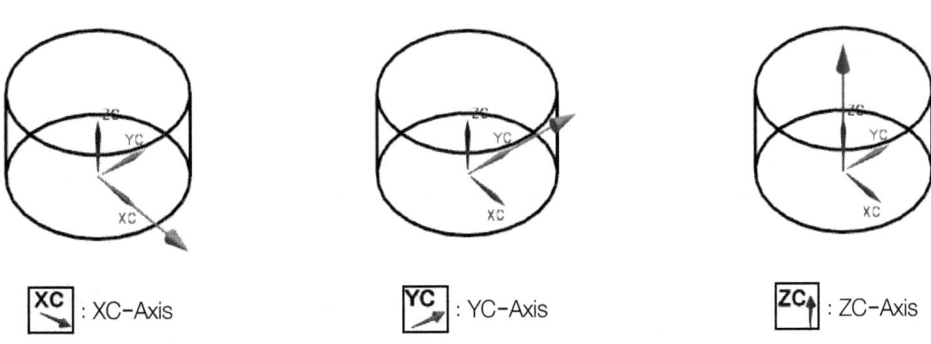

**그림 4.17** WCS에 의한 Datum Axis

⑦ Point and Direction : Graphic Window 상의 한 점과 객체의 방향에 의해 Datum Axis를 설정할 수 있다.

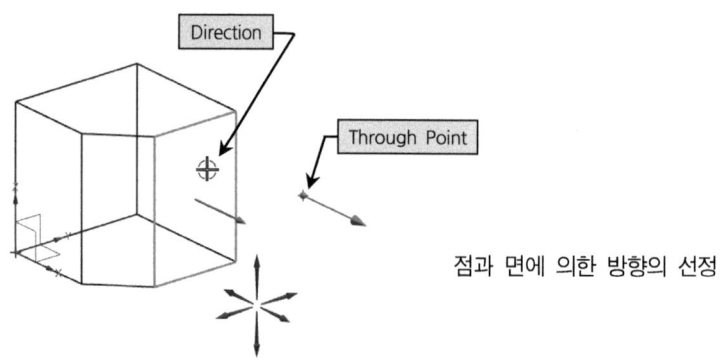

그림 4.18  Point and Direction에 의한 Datum Axis

⑧ Two Points : Graphic Window 상의 두 개의 점에 의해 Datum Axis를 설정하며 두 번째 점에 의해 축의 방향이 결정된다.

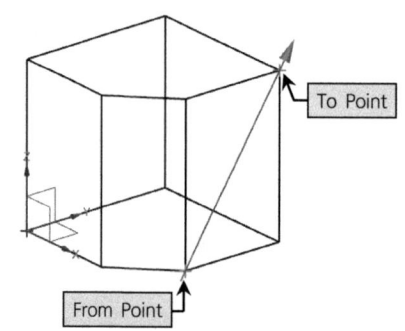

그림 4.19  Two Points에 의한 Datum Axis

### 4.1.3 Datum CSYS의 설정

Insert ➡ Datum ➡ Datum CSYS...

Datum Coordinate System을 Datum CSYS 대화상자를 이용하여 정의하며, 정의된 Datum CSYS은 Part Navigator 대화상자 또는 Edit ➡ Featuret ➡ Edit Parameters에서 확인할 수 있다. Datum CSYS의 설정 방법은 2장 3절 WCS 좌표계 활용을 참조한다.

① Setting : Datum CSYS 표시 특성과 상호연관성을 설정할 수 있다.
  • Scale Factor : Datum CSYS의 표시 크기를 설정하며 각각의 Datum CSYS의 크기를 다르게 설정할 수 있다.
  • Associative : 근원(선택) 객체에 의해 매개변수가 연결되는 새로운 Datum CSYS가 생성된다.

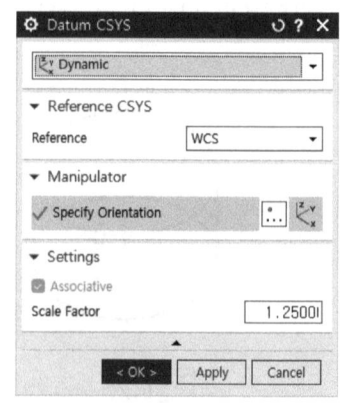

그림 4.20  Datum CSYS 대화상자

## 4.2 Form Feature의 작성

Insert ➡ Design Feature

### 4.2.1 육면체의 솔리드 작성

Insert ➡ Design Feature ➡ Block...

① Origin and Edge Lengths : 한 점과 그림 4.21의 대화상자에 길이, 폭 및 높이에 의해 육면체를 작성한다.

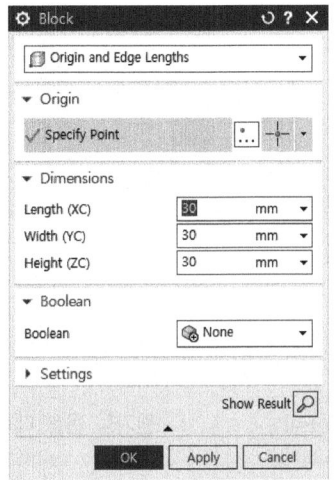
Origin and Edge Lengths

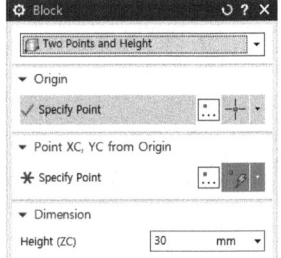
Two Points and Height

**그림 4.21** 육면체작성 대화상자

② Two Points and Height : 두 점과 높이에 의해 육면체를 작성한다.
③ Two Diagonal Points : 공간상의 두 점을 이용하여 육면체를 생성한다.

● 불 연산(Boolean Operation)

| Boolean 함수 | 공통부분이 없는 2개의 솔리드 | 공통부분을 가진 2개의 솔리드 | 완전히 교차된 2개의 솔리드 |
|---|---|---|---|
| A · B | A  B | A  B | A · B |
| A ∪ B (합집합) | | | |
| A − B (차집합) | | | null solid |
| A ∩ B (교집합) | null solid | | |

**그림 4.22** 불 연산(Boolean Operation) 방법

### 4.2.2 원기둥의 솔리드 작성

Insert ➡ Design Feature ➡ Cylinder...

① Axis, Diameter and Height : 원기둥의 지름과 높이에 의해 실린더를 정의한다.

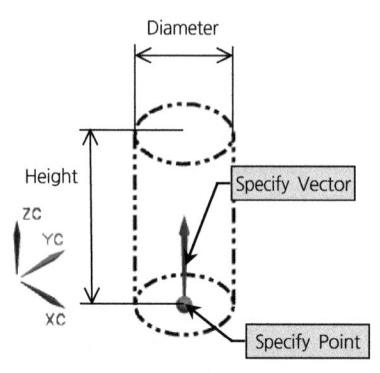

**그림 4.23** 지름과 높이에 의한 실린더      원기둥 옵션 대화상자

- Preview : 작성될 실린더 객체를 미리보기 할 수 있다.

② Height and Arc : 기존의 원형 곡선이나 원형 모서리의 객체 특성을 상속받아 원기둥을 정의한다.

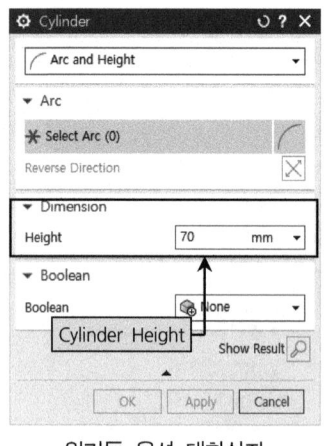
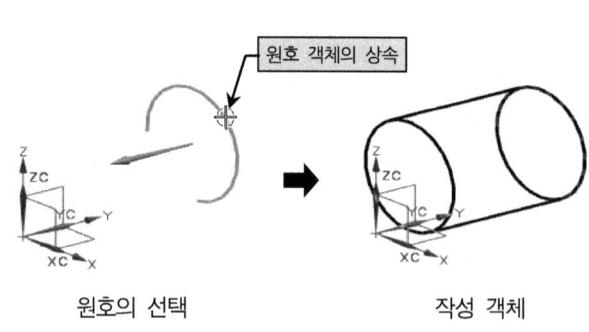

원기둥 옵션 대화상자     원호의 선택     작성 객체

**그림 4.24** 원호의 상속과 높이에 의한 실린더

### 4.2.3 원뿔 솔리드의 작성

Insert ➡ Design Feature ➡ Cone...

① Diameters and Height : 원뿔의 지름과 높이에 의해 원뿔을 정의한다.

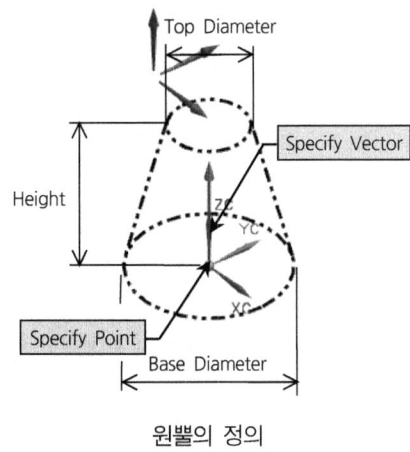
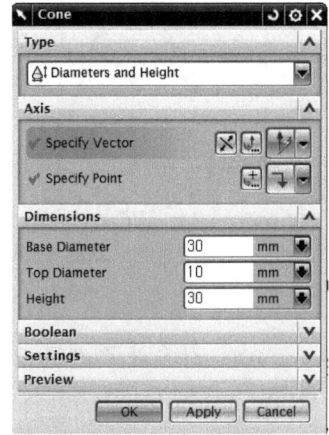

원뿔의 정의      원뿔 옵션 대화상자

**그림 4.25** 원호의 상속과 높이에 의한 실린더

② Diameters and Half Angle : 원뿔의 기준 원, 상부 원지름과 원뿔 내부 반각에 의해 원뿔이 정의된다.

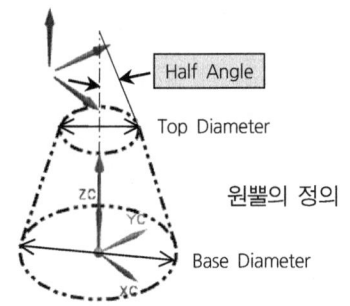
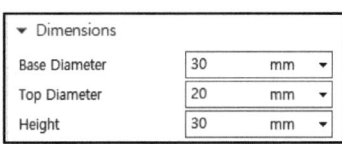

원뿔의 정의      원뿔 옵션 대화상자

**그림 4.26** 직경과 반각에 의한 원뿔

③ Base Diameter, Height, Half Angle : 기준 지름과 높이, 내부 각에 의해 원뿔을 생성한다.

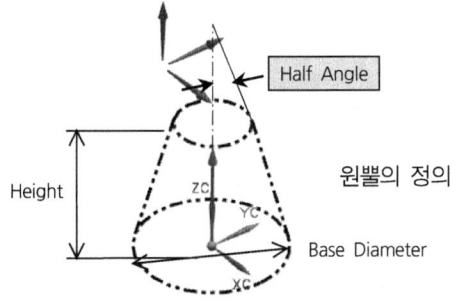
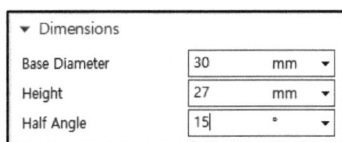

원뿔의 정의      원뿔 옵션 대화상자

**그림 4.27** 기준원, 높이와 반각에 의한 원뿔

④ Top Diameter, Height and Half Angle : 상부 지름과 높이, 내부 각에 의해 원뿔을 정의한다.

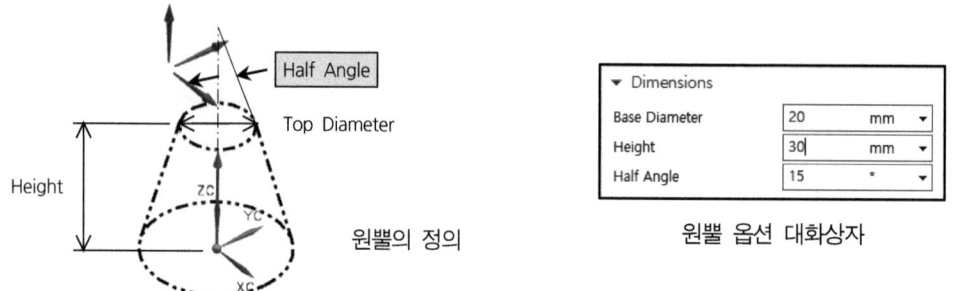

**그림 4.28** 상부원, 높이와 반각에 의한 원뿔

⑤ Two Coaxial Arcs : 기존의 객체를 이용하여 기준 지름과 상부 지름을 상속받아 원뿔을 정의하며 기준 지름의 수직 방향에 상부 지름이 정의되며 상부 지름의 높이에 의해 원뿔의 높이가 결정된다.

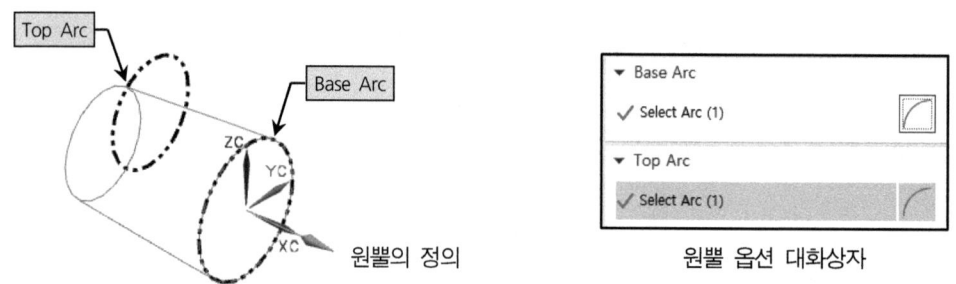

**그림 4.29** 원의 속성 상속에 의한 원뿔

### 4.2.4 구형 솔리드의 작성

Insert ➡ Design Feature ➡ Sphere...

① Center Point and Diameter : 구의 지름과 구의 중심점을 정의하여 구를 생성한다.

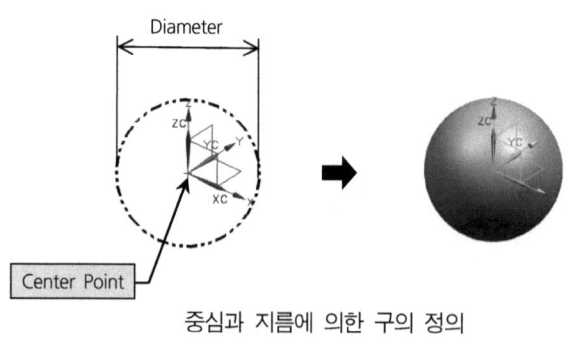
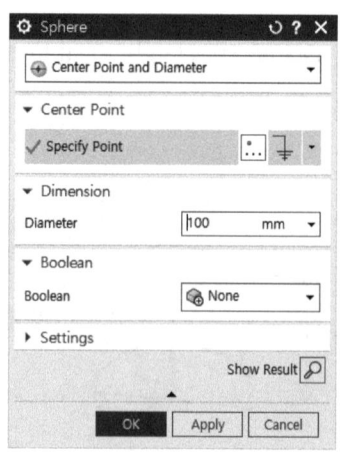

**그림 4.30** 구형 솔리드의 작성

② Arc : 작성된 객체를 이용하여 구의 속성을 상속받아 구를 정의한다.

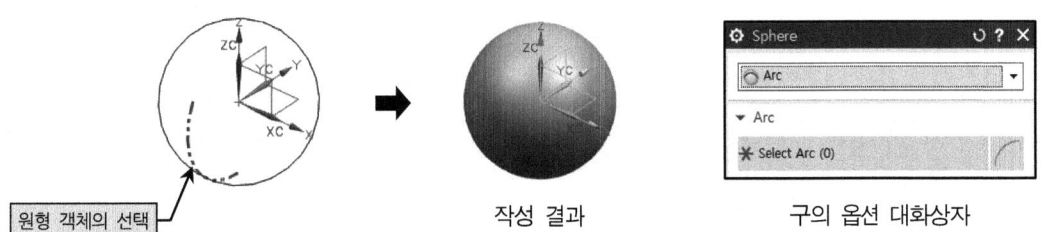

원형 객체의 선택

중심과 지름에 의한 구의 정의  작성 결과  구의 옵션 대화상자

**그림 4.31** 상속에 의한 구의 작성

# Form Feature의 응용

chapter 05

## 5.1 돌출 객체의 작성

Insert ➡ Design Feature ➡ Extrude...

Curve, Solid Body 또는 Sheet Body 등을 이용하여 돌출도형을 작성할 수 있다.

① Curve 선택 옵션 : Sketch Curve 또는 Curve의 선택 옵션을 정의할 수 있다.
  • Stop at Intersection : 연속 객체선택 옵션에서 교차객체 전까지의 객체를 선택한다.

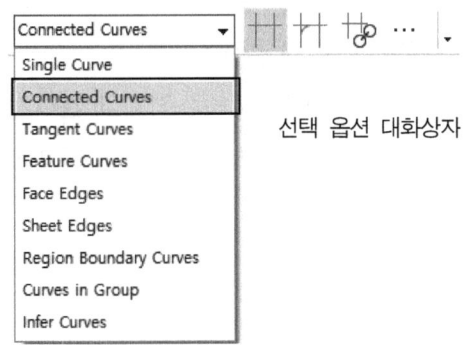

선택 옵션 대화상자

**그림 5.1** Curve 선택 옵션 그림딱지

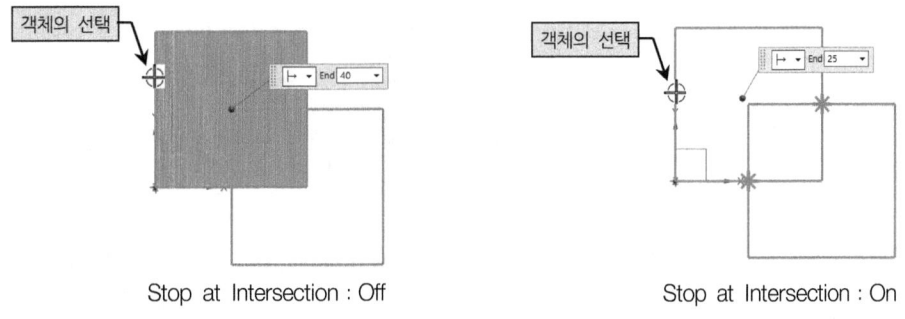

Stop at Intersection : Off      Stop at Intersection : On

**그림 5.2** Connected Curves에서 정지 옵션에 의한 객체의 선택

- Follow Fillet : 연속 객체선택 옵션에서 원 또는 원호를 따라 폐곡선이 선택된다.

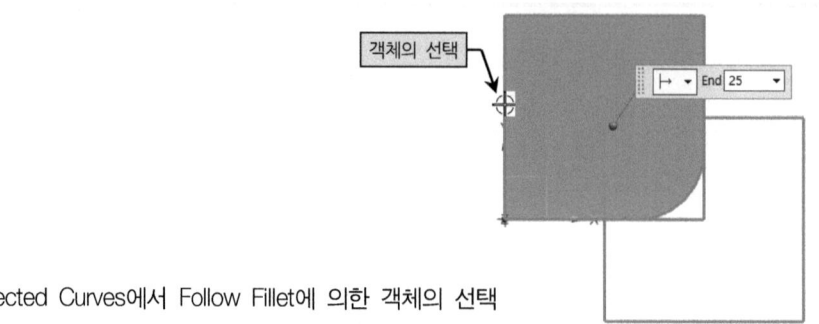

그림 5.3  Connected Curves에서 Follow Fillet에 의한 객체의 선택

- Chain within Feature : 선택된 객체에서 곡선 또는 원호 옵션에 따라 폐곡선이 선택된다.
- More : 근접접선의 선택범위를 정의할 수 있다.

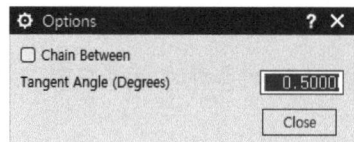

그림 5.4  Connected Curves에서 정지 옵션

② Limits : 선택된 곡선객체와 돌출높이에 의해 돌출된 객체를 생성한다.
- Start Distance : 돌출객체의 시작위치를 설정한다.
  - Value : 선택된 곡선을 기준으로 Start Distance로 객체의 길이가 결정된다.
  - Symmetric Value : 선택된 곡선을 기준으로 Start Distance와 End Distance가 동일한 길이로 객체를 생성한다.

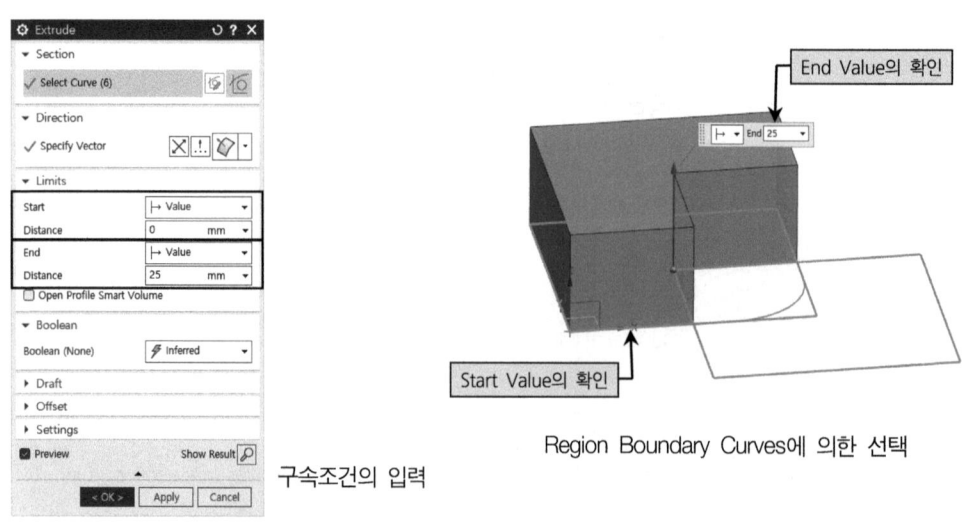

그림 5.5  선택 곡선을 이용한 돌출객체의 작성

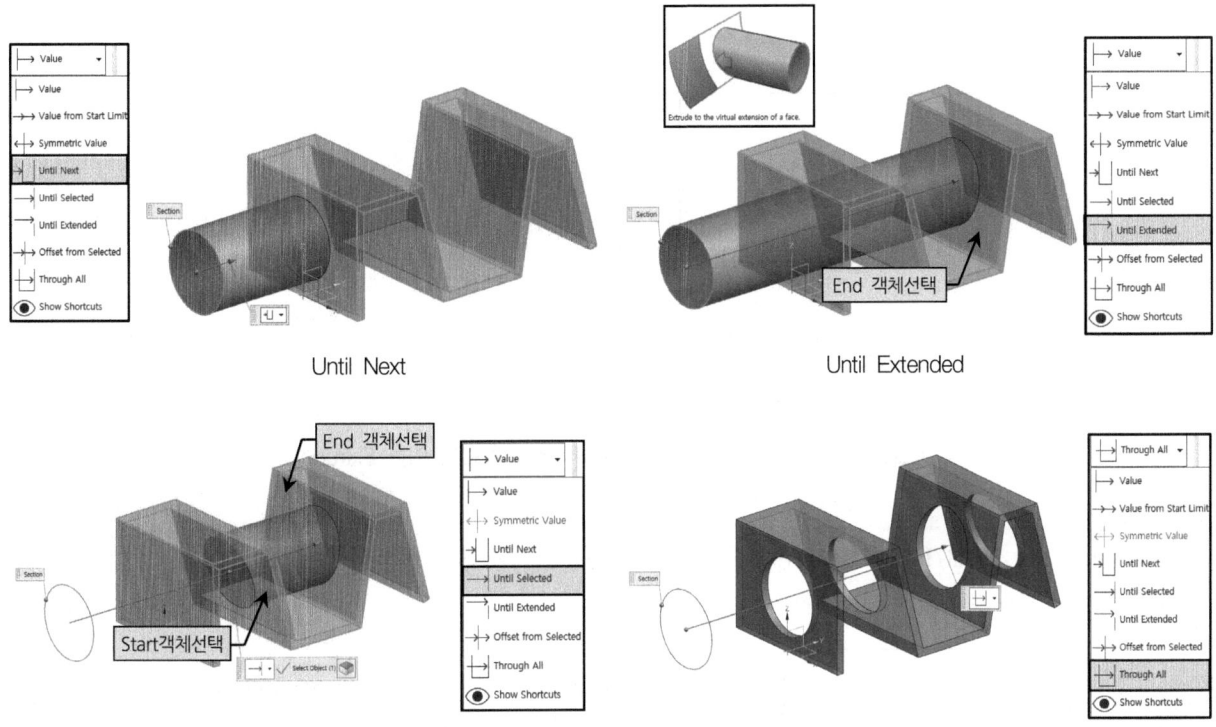

그림 5.6 Limits 옵션에 의한 돌출객체의 특성

- Until Next : 선택된 곡선을 기준으로 투영방향의 근접객체의 면까지 연장된 객체를 생성한다.
- Until Selected : 선택된 곡선을 기준으로 선택된 Face, Body 또는 Datum Plane까지 연장된 객체를 생성한다.
- Until Extended : 기준곡선을 이용하여 기준으로 선택된 Face, Body 또는 Datum Plane의 사이의 연장된 객체를 생성한다.
- Through All : 기준곡선을 이용하여 자동으로 선택된 바깥테두리의 Face 또는 Body까지 연장된 객체를 생성한다.

• End Distance : 정의된 Vector 방향으로 돌출된 종료위치를 설정한다.

③ Draft : 돌출피처의 Taper량을 설정한다.

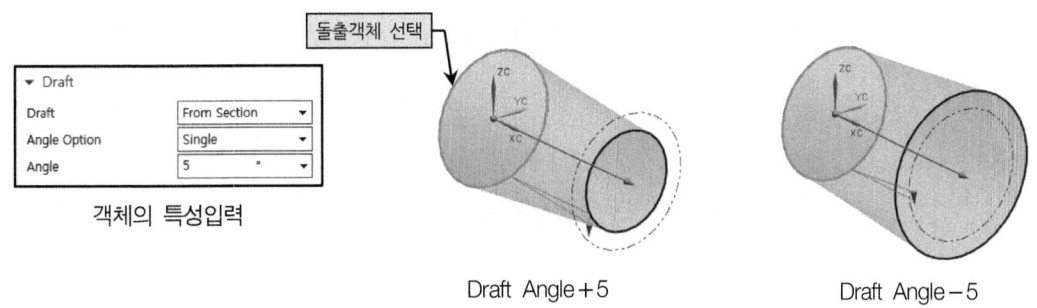

- Angle Option의 Multiple 선택에 의해 서로 다른 객체의 투영 경사 각도를 설정할 수 있다.

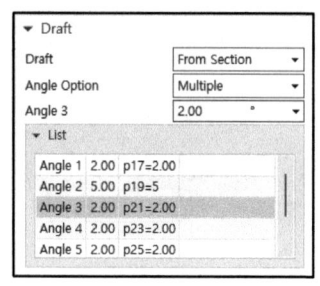
객체의 특성입력

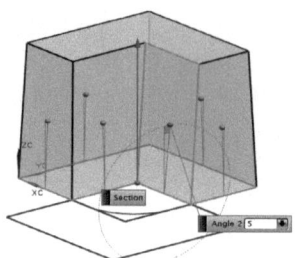

**그림 5.7** Form Section 옵션에서 Draft 각도에 의한 Extrude

- From Start Limit/From Section : 돌출피처에 대한 Taper의 시작 위치를 설정할 수 있다.

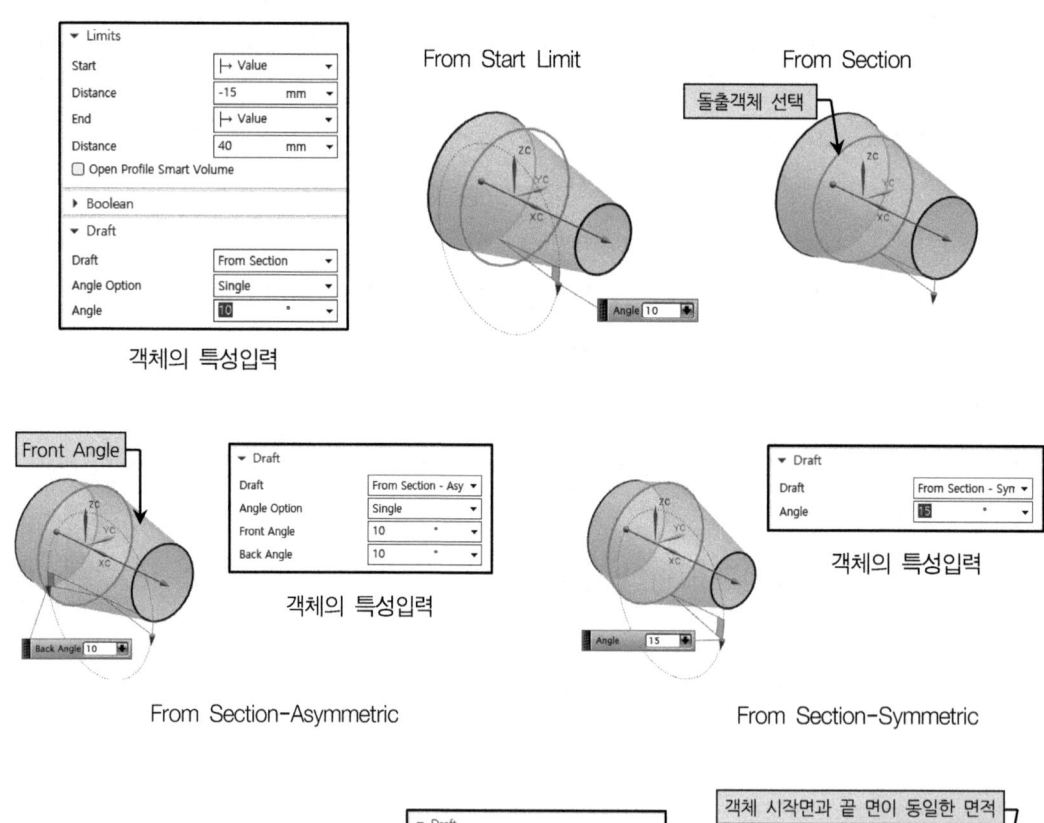

**그림 5.8** Draft 옵션에 의한 객체의 특성

④ Offset : 선택된 곡선을 Offset하여 돌출객체를 작성할 수 있다.

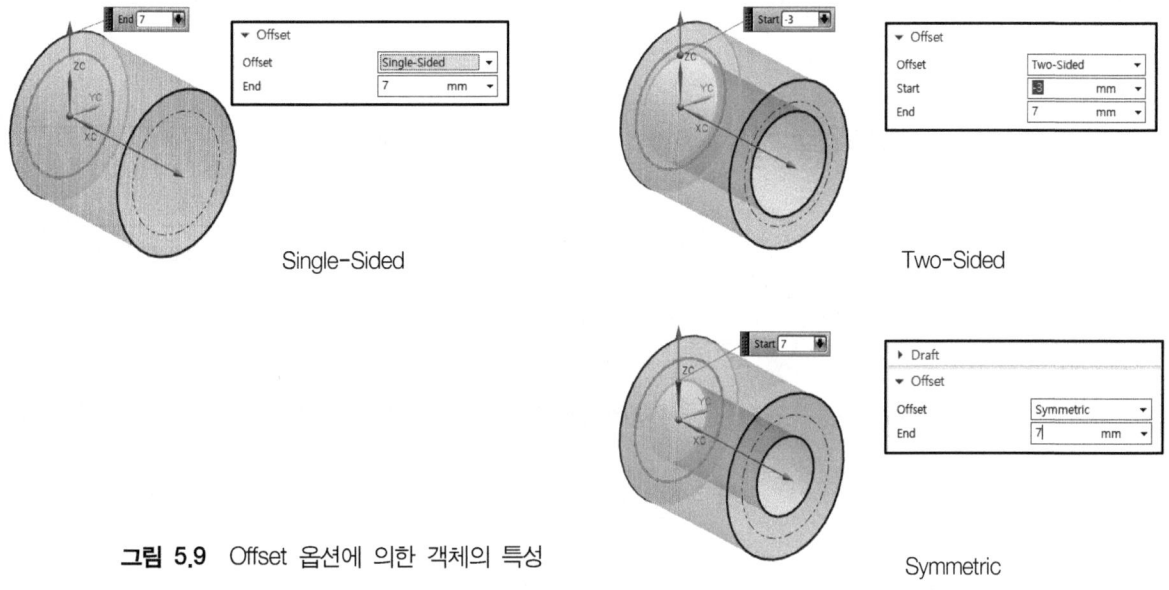

그림 5.9 Offset 옵션에 의한 객체의 특성

⑤ Setting : 돌출 객체의 특성(Solid 또는 Sheet)을 설정할 수 있으며 작성객체의 공차(Tolerance)를 설정한다.

### 예제 5.1 아래 도면을 이용하여 개스킷을 모델링하시오.

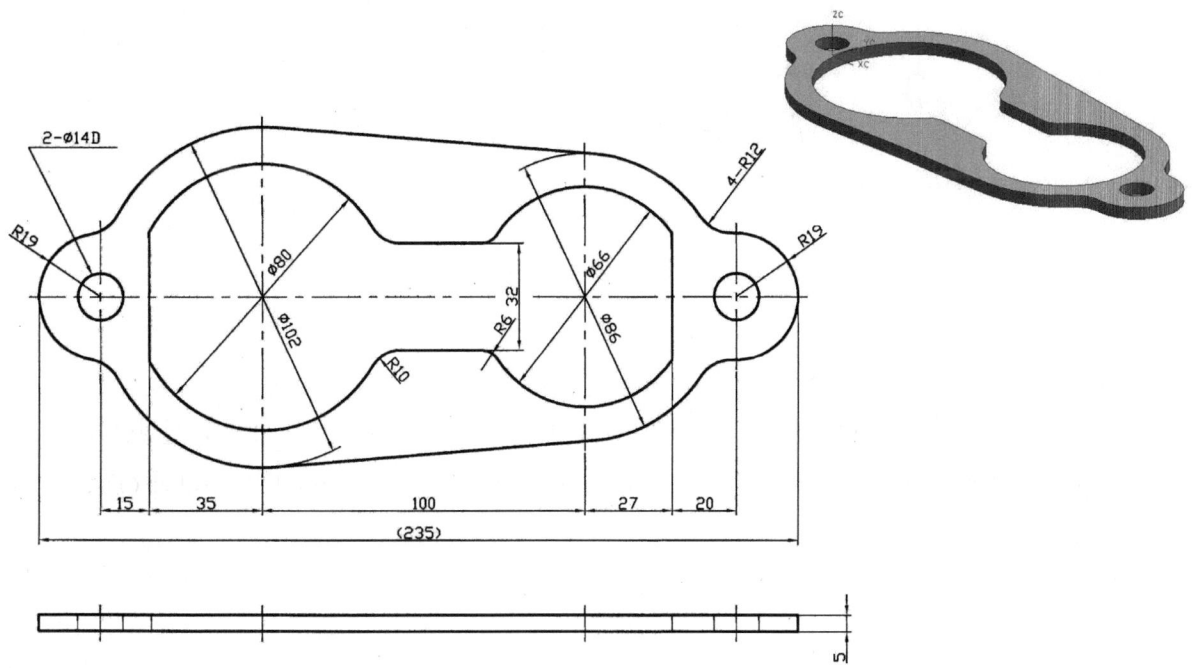

## 5.2 회전객체의 작성

Insert ➡ Design Feature ➡ Revolved...

작성된 Curve를 이용하여 Datum Axis 또는 모서리 등의 선정 축에 의해 회전객체를 작성한다.

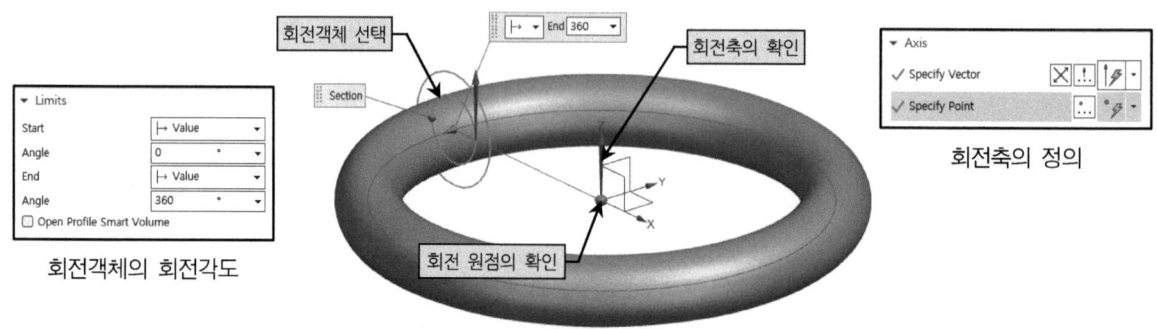

그림 5.10  회전객체의 특성정의

① Limits : 선정된 단면곡선을 이용하여 축을 정의하고 회전각도 등을 설정하여 회전피처를 생성한다.
- Start Angle : 회전 객체의 시작위치를 설정한다.
  - Until Selected : 선택된 곡선을 기준으로 선택된 Face, Body 또는 Datum Plane까지 연장된 회전객체를 생성한다.

- End Angle : 회전객체의 종료위치를 설정한다.

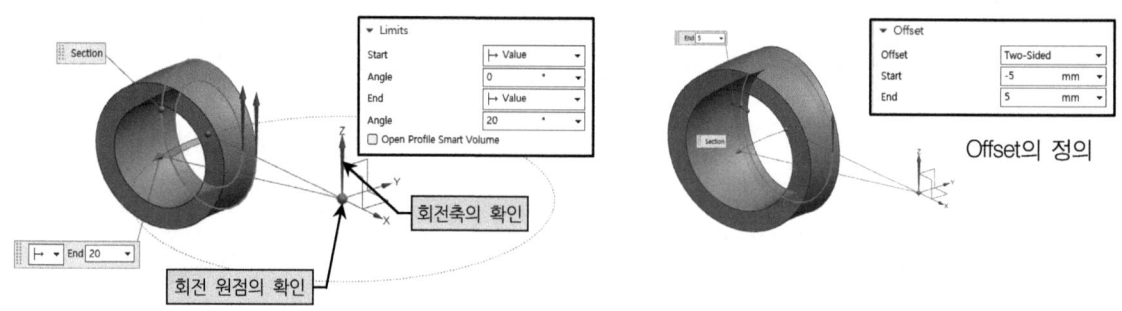

그림 5.11  Offset에 의한 회전객체의 특성

② Offset : 선택된 단면곡선을 Offset하여 회전객체를 작성한다.
- Start : 선택된 단면곡선에서 그림 5.11과 같이 벡터 방향으로 초기 Offset량을 설정한다.
- End : 초기 Offset에서 이동될 Offset량을 설정하며 객체의 두께는 End값-Start값이 Offset량으로 회전피처가 생성된다.

아래 도면을 이용하여 가이드부시를 모델링하시오.

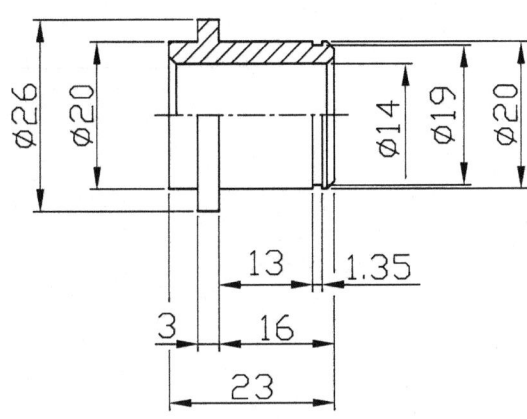
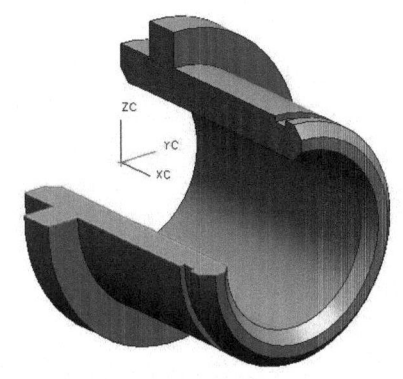

※ 주어지지 않는 모따기는 C1로 처리할 것.

아래 도면을 이용하여 아이들 풀리를 모델링하시오.

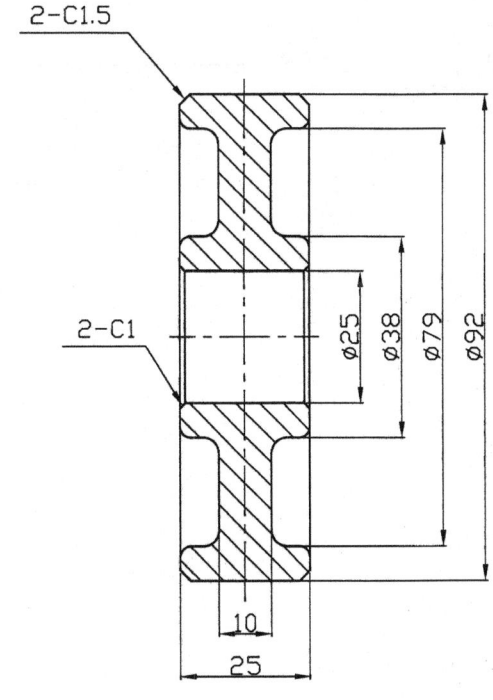

※ 주어지지 않는 모깎기는 R3으로 처리할 것.

## 5.3 Sweep along Guide

Insert ➡ Sweep ➡ Sweep along Guide...

단면정의곡선(Section Curve)을 이용하여 안내곡선(Guide Curve)을 따라 객체를 생성시킨다.

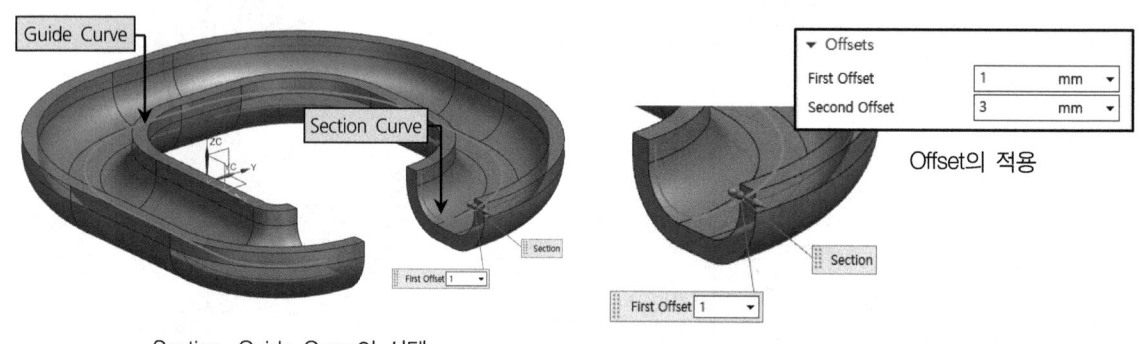

그림 5.12  Sweep along Guide에 의한 스윕객체

## 5.4 튜브형 객체의 작성

Insert ➡ Sweep ➡ Tube...

경로곡선을 선정하고 튜브의 규격을 선정하여 튜브형태의 객체를 생성한다.

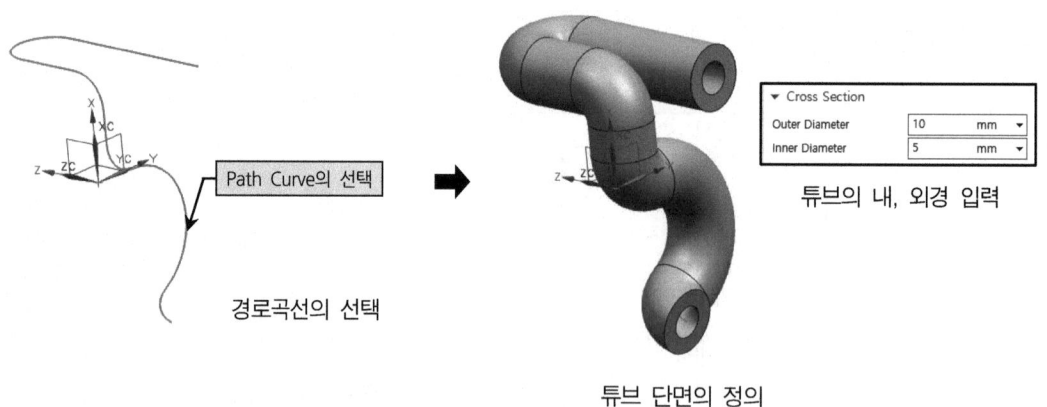

그림 5.13  튜브형 객체의 작성

- Outer/Inner Diameter : 튜브의 내경과 외경을 정의한다.
- Multiple Segment : 다중안내곡선을 선정하여 객체를 작성한다.
- Single Segment : 하나의 안내곡선을 이용하여 객체를 생성한다.

## 5.5 구멍객체의 첨가

Insert ➡ Design Feature ➡ Hole...

Solid Body의 면이나 Datum Plane 등을 이용하여 원형형상의 구멍피처를 삽입한다.

### 5.5.1 General Hole

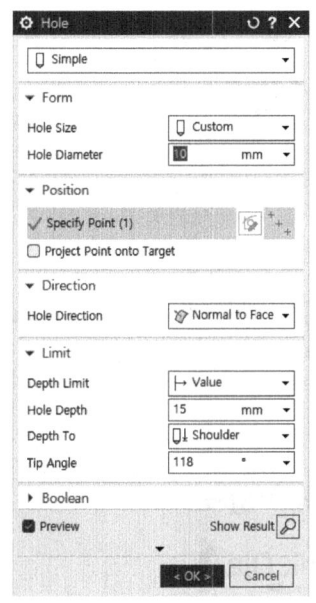

Hole 작성 대화상자

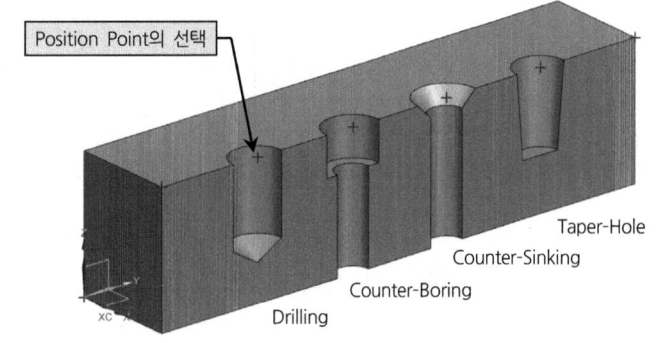

그림 5.14 구멍 추가 대화상자의 응용

① Simple : 단순 드릴링 형태의 구멍을 객체에 추가하며 그림 5.15와 같이 설정한다.
- Diameter : 드릴링 직경을 설정한다.
- Depth(Value) : 드릴링 깊이를 설정하며 Shoulder는 불완전 드릴링 깊이는 제외한다.
- Tip Angle : 드릴의 날끝 각도를 설정한다.
- Depth Limit : 드릴 깊이 옵션을 정의한다.
  - Until Next : 선택된 드릴방향을 기준으로 투영방향의 근접객체의 면까지 연장된 구멍을 생성한다.
  - Until Selected : 선택된 객체까지 연장된 구멍을 생성한다.
  - Through Body : 자동으로 선택된 객체에 관통된 구멍을 생성한다.

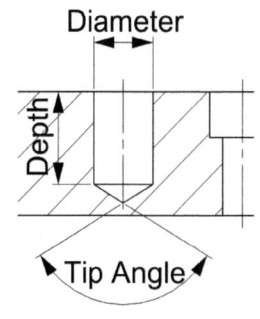

그림 5.15 드릴링의 형상

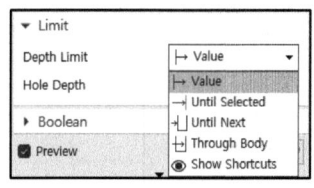

그림 5.16 깊이 옵션의 선택

② Counterbored : 그림 5.17과 같이 육각렌치볼트의 자리파기에 이용되며, Tip Angle은 드릴링과 같다.

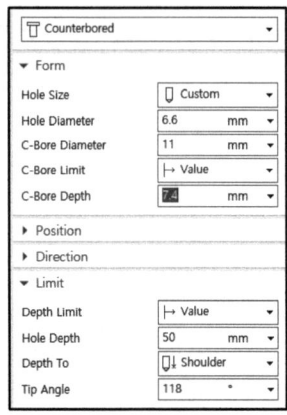 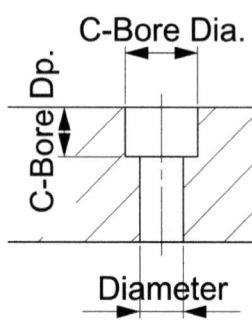

**그림 5.17** 카운터보어의 형상정의 대화상자

③ Countersunk : 접시머리볼트의 자리파기에 이용되며, 그림 5.18에서 관통의 경우 Hole Depth와 Tip Angle은 무시된다.

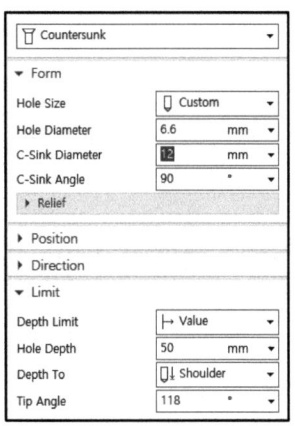 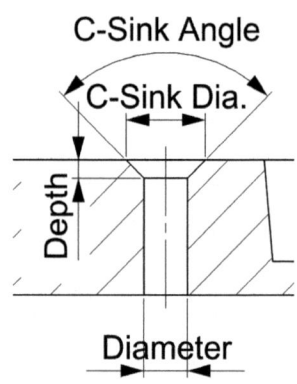

**그림 5.18** 카운터싱크의 형상정의 대화상자

④ Tapered : 테이퍼 구멍을 작성한다.

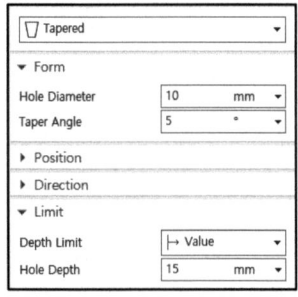 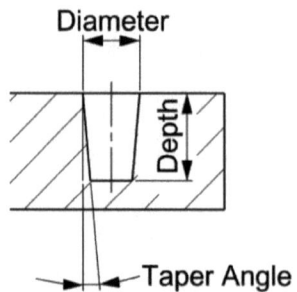

**그림 5.19** 테이퍼 구멍 형상정의 대화상자

## 5.5.2 Threaded Hole

Metric Coarse 또는 UNC, UNF, UNEF, ACME 등의 규격에 의해 관통 또는 막힌 탭을 적용할 수 있으며 시작부위와 종료부위의 모따기를 선택할 수 있다.

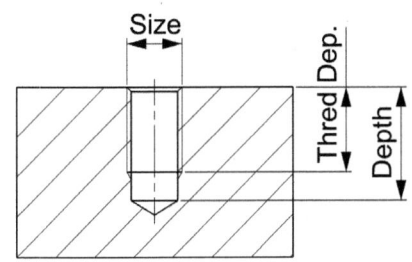

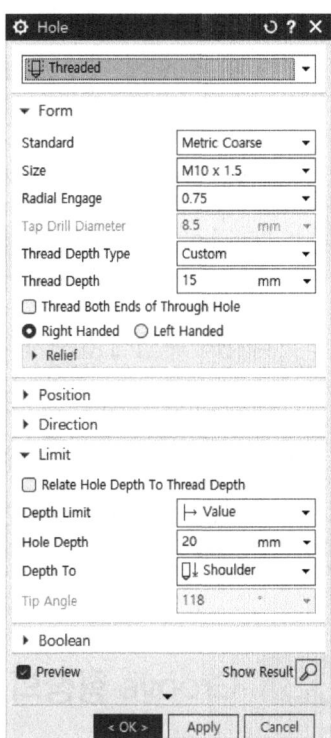

그림 5.20 규격나사에 의한 구멍의 정의

- Radial Engage : 드릴 사이즈에 의한 나사 접촉률을 변경할 수 있다.

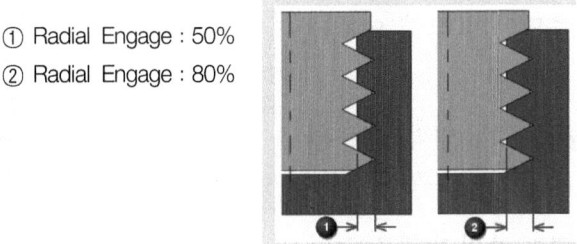

그림 5.21 Radial Engage에 의한 나사의 접촉

- Handedness : 나선의 방향(우선, 좌선)을 결정한다.

## 5.5.3 Hole Series

Screw Clearance Hole 기능과 Threaded Hole 기능을 조립 객체에 동시 적용할 수 있다.

그림 5.22 Hole Series의 적용

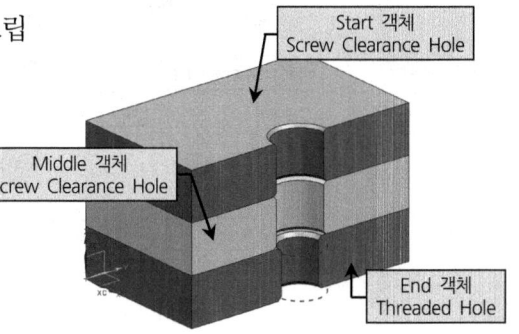

① Screw Clearance Hole

ISO 또는 ANSI, DIN, GB, JIS, GST, UNI 규격에 정의된 나사규격에 따른 여유 구멍규격을 적용할 수 있으며 시작부위와 종료부위의 모따기를 선택할 수 있다.

- Fit : 나사규격에 따른 구멍공차가 적용된 구멍을 적용할 수 있으며, H값이 적으면 죔새방향으로 적용되고 H값이 나사와 구멍에 틈새가 적용된다. Custom을 이용하여 모따기 값을 적용할 수 있다.
- Match Dimension of Start Hole : 스타트 조립체의 구멍특성을 동일하게 상속받아 적용한다.

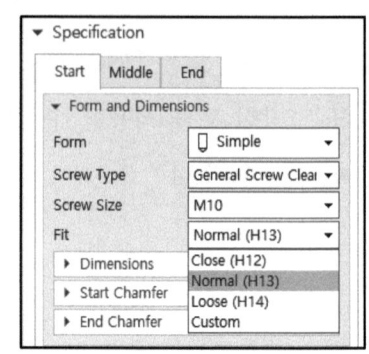

그림 5.23 적용 나사에 따른 틈새 구멍

## 5.6 Groove 형상의 삽입

Insert ➡ Design Feature ➡ Groove...

실린더 형상의 객체에 홈 바이트를 이용해 객체를 가공한 형상을 Groove로 작성할 수 있다.

① Rectangular : Groove의 바닥면과 측면이 90도를 이루는 Groove를 정의한다.
② Ball End : Groove 바닥형상의 반경을 Width의 반으로 홈을 작성한다.
③ U Groove : 작성될 Groove의 바닥면과 측면 반경을 정의하며 반경은 Width의 1/2보다 적어야 한다.

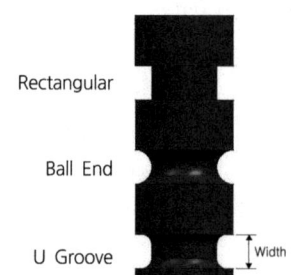

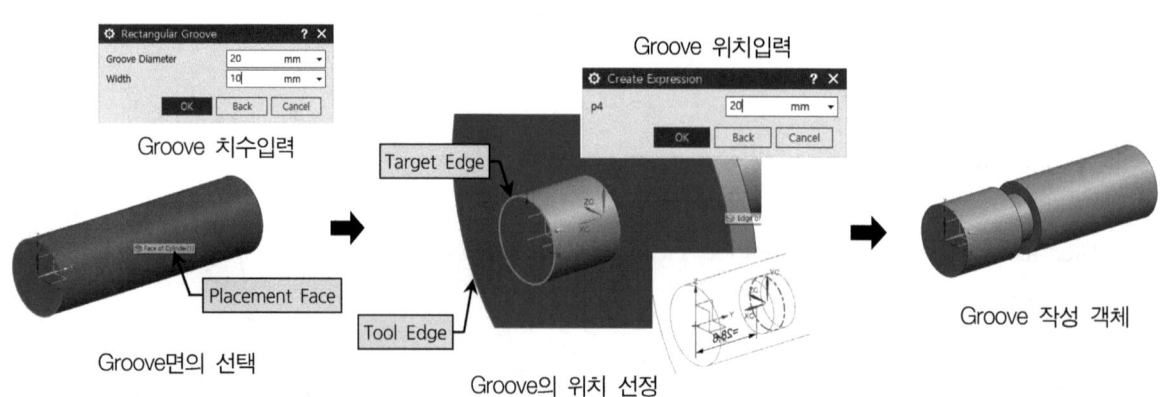

그림 5.24 Rectangular Groove의 형상 정의

**예제 5.4** 아래 도면을 이용하여 베이스를 모델링하시오.

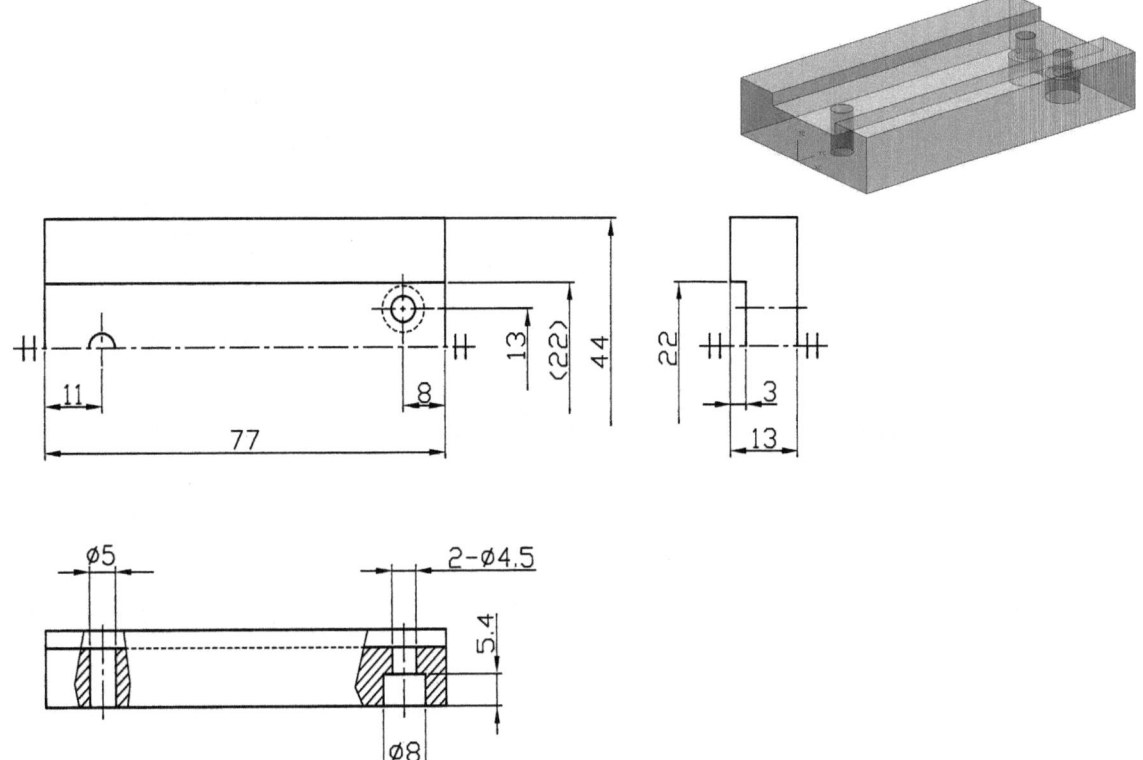

**예제 5.5** 아래 도면을 이용하여 로케이터를 모델링하시오.

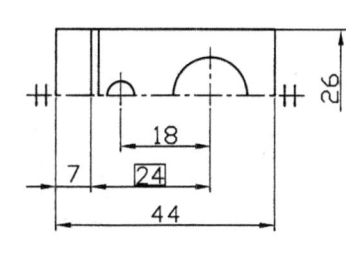

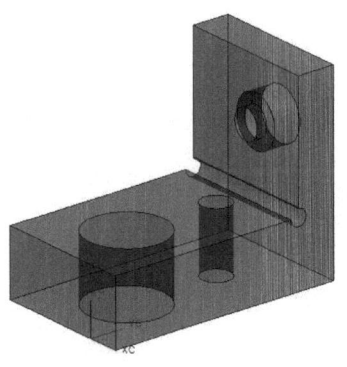

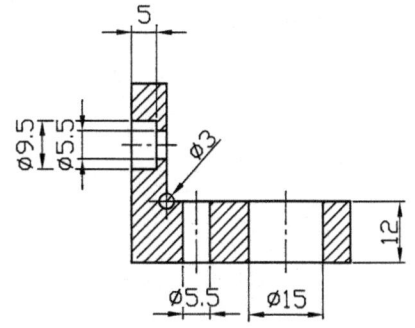
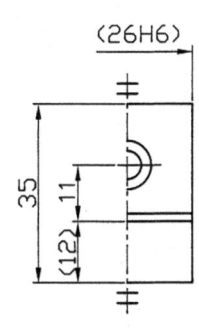

아래 도면을 이용하여 링크를 모델링하시오.

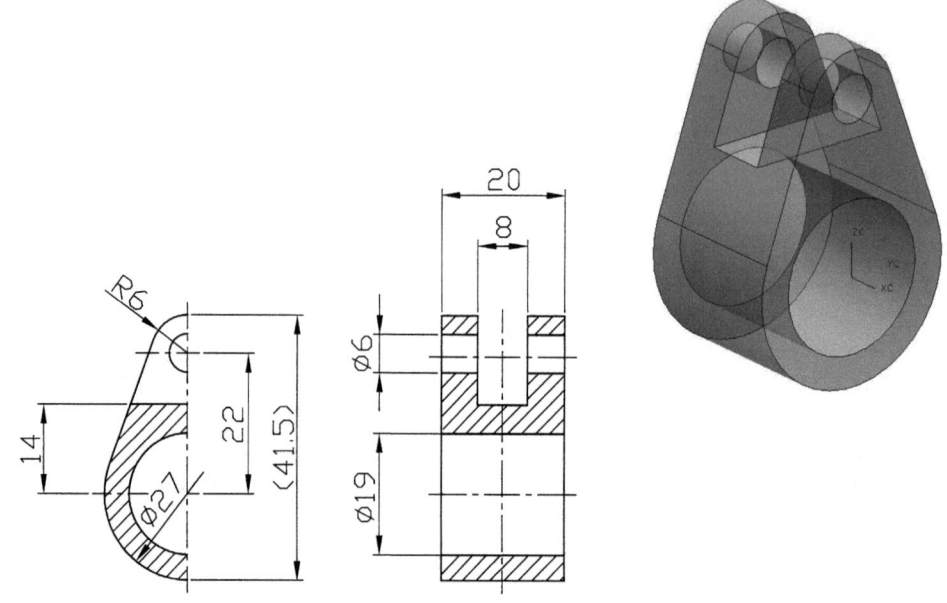

 아래 도면을 이용하여 베이스를 모델링하시오.

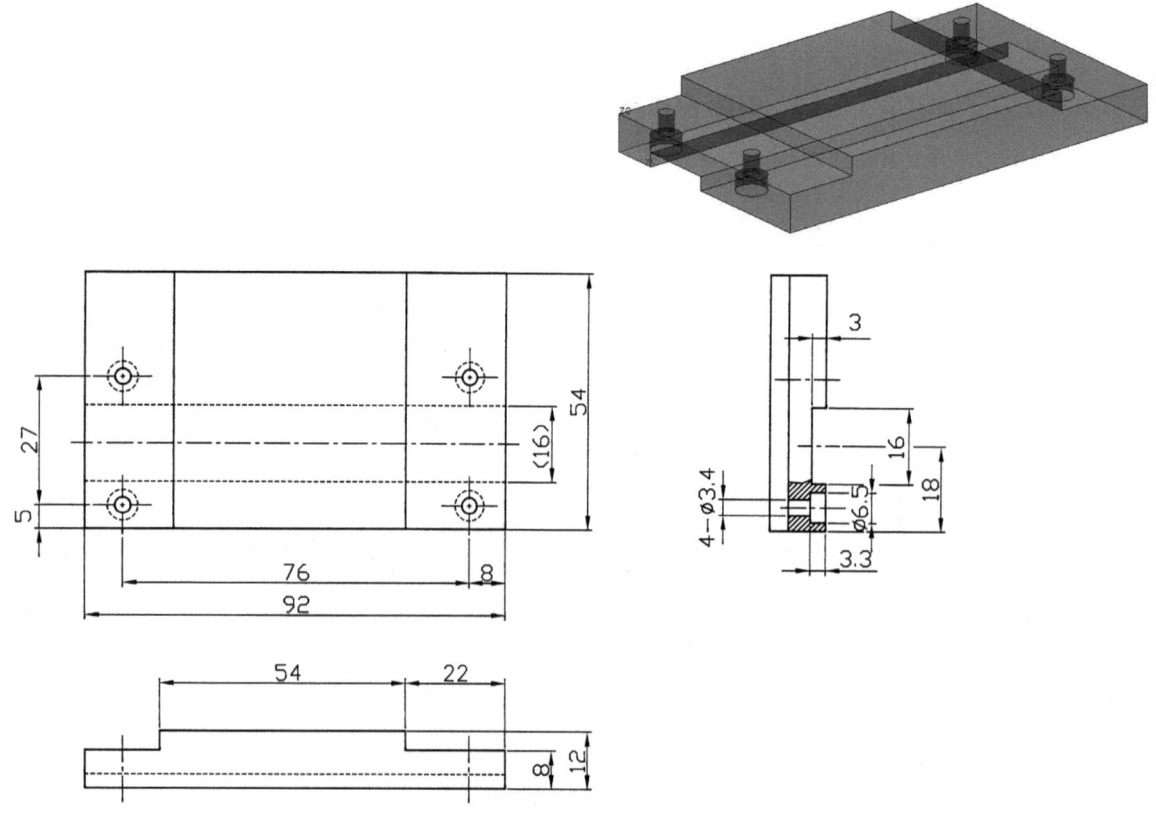

# 작성된 객체의 수정 Ⅰ

chapter 06

작성된 객체에 모따기, 모깎기 또는 피처의 배열 등을 수정하거나 곡면 또는 Datum Plane 등을 이용하여 자르기와 같은 객체의 수정방법을 설명한다.

## 6.1 테이퍼의 추가

Insert ➡ Detail Feature ➡ Draft...

Solid Body 면 또는 모서리를 이용하여 구배를 줄 수 있으며 금형 설계에서 빼기구배(Draft Angle)에 이용할 수 있다.

### 6.1.1 Type 및 선택순서

① Face : Solid Body의 면을 이용하여 객체에 구배를 정의한다.

구배 대화상자

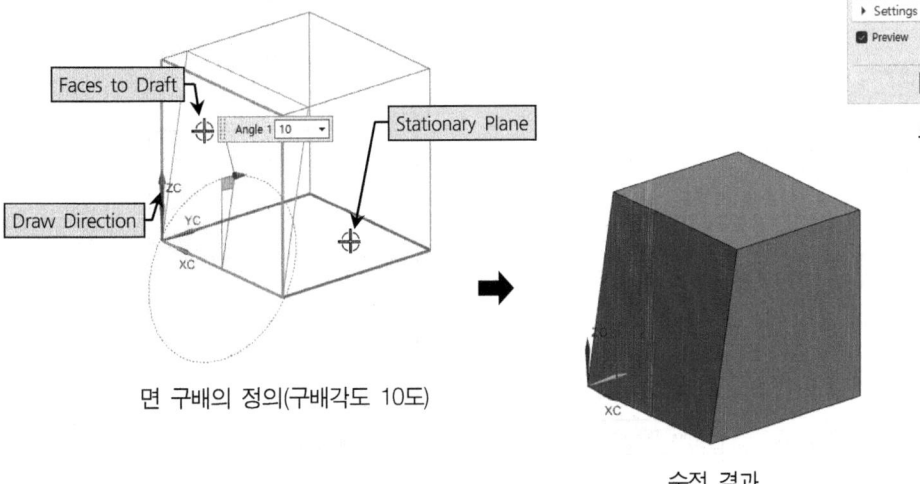

면 구배의 정의(구배각도 10도)    수정 결과

**그림 6.1** 면에 의한 구배의 정의

② Edge : Solid Body의 모서리들을 선택하여 구배를 작성하며 모서리 점을 이용해 서로 다른 각도의 구배를 정의할 수 있다.

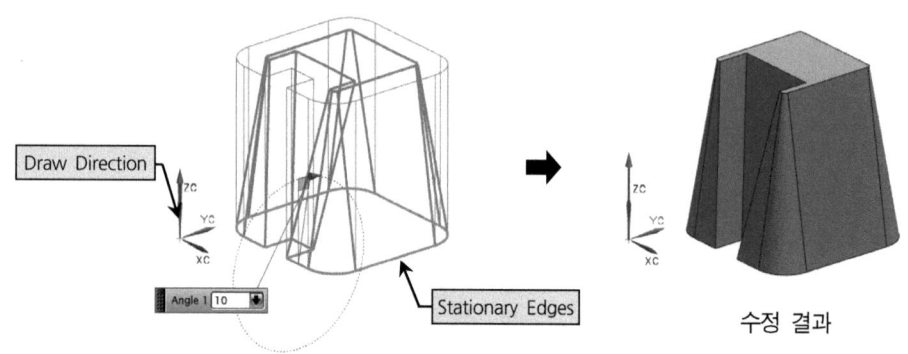

구배 모서리 및 각도설정　　　수정 결과

**그림 6.2** 모서리에 의한 구배의 정의

- Add New Set : 선택된 Stationary Edge별로 구배 각도를 설정할 수 있다.

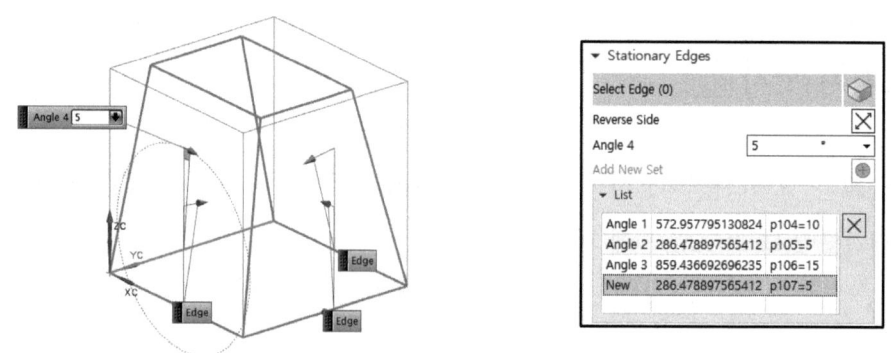

**그림 6.3** 모서리에 대한 구배의 정의

- Variable Draft Points : 정의된 점을 선택하여 점별 가변 구배를 정의할 수 있다.

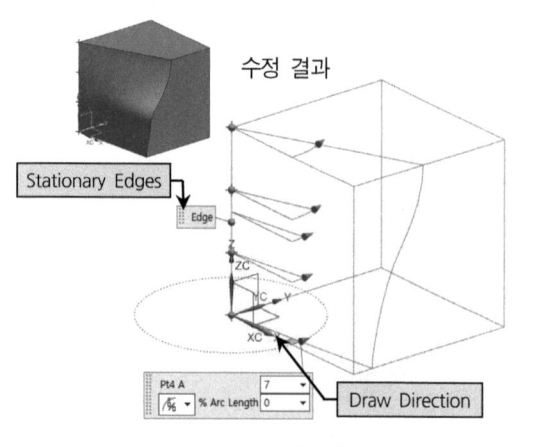 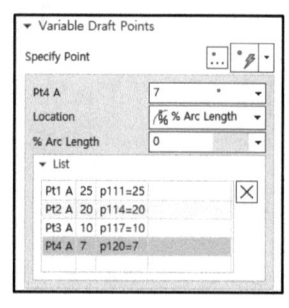

작성객체의 예측　　　선정 점에 의한 가변 각도 정의

**그림 6.4** Variable Draft Points에 의한 기울기의 정의

③ Tangent to Face : Solid Body의 모깎기 부위와 구배가 접선 상에 새로운 객체가 생성되며 모깎기 반경은 변경되지 않는다.

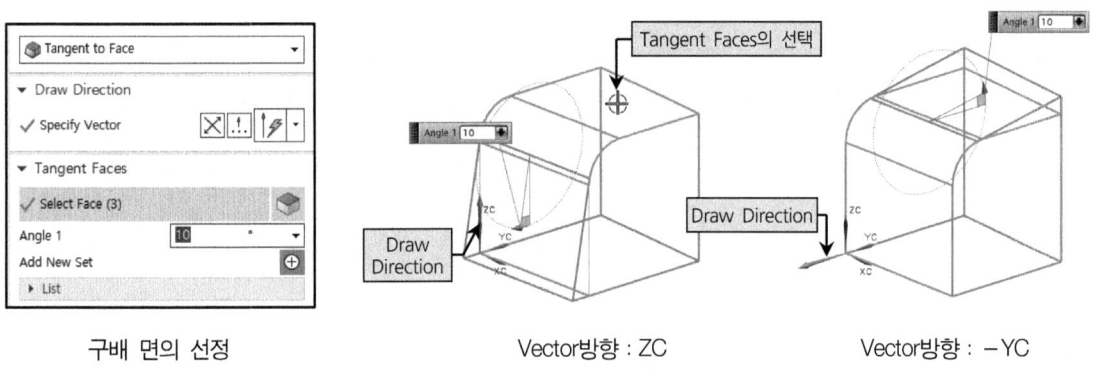

구배 면의 선정      Vector방향 : ZC      Vector방향 : −YC

**그림 6.5** Tangent to Face에 의한 구배 정의

④ Parting Edges : 기존 객체의 면에 작성된 분할곡선을 이용하여 경사면에 분할된 경계로 새로운 객체를 생성한다.

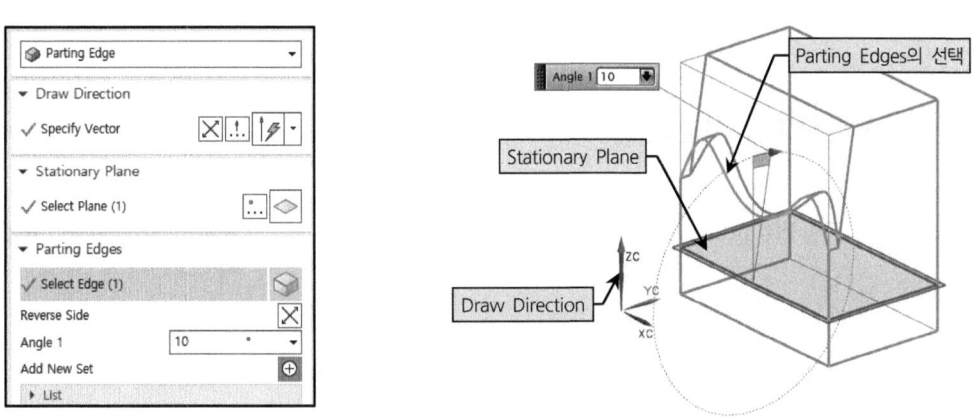

**그림 6.6** Parting Edges에 의한 구배

※ Parting Edge의 작성은 작성된 곡선을 이용하여 Insert ➡ Trim ➡ Divide Face를 이용하여 분할선을 정의한다.

## 6.1.2 Setting

① Draft Method : From Edges의 하부옵션을 지원한다.
- Isocline Method : From Edges에서 Stationary Edges을 중심으로 생성된 원뿔기둥의 각도로 Draw Direction 방향으로 동일한 구배를 생성하며, Face Draft Angle이 원기둥의 반각으로 정의된다.

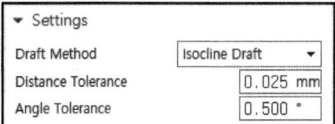

- True Draft : 선택된 Stationary Edges에 평행한 Draw Direction 방향에 의해 구배를 작성하며, Draft Angle +90도 이하를 적용할 수 있다.

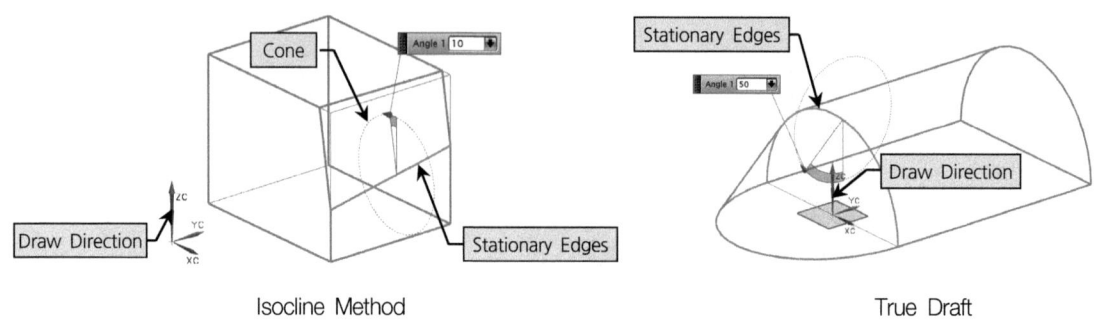

그림 6.7  Draft Method에 의한 구배특성

② Distance Tolerance : 구배 작업에 필요한 길이공차를 변경할 수 있으며 Modeling Preferences 대화상자에서 초기값을 설정한다.

③ Angle Tolerance : 구배 작업에 필요한 길이공차를 변경할 수 있다.

## 6.2 객체에 테이퍼 추가

Insert ➡ Detail Feature ➡ Draft Body...

Datum Plane 또는 분할면(Parting Surface)의 양쪽면에 Draft Body를 생성할 수 있다.

① Edge : Stationary Edge를 이용하여 객체에 구배를 정의한다.

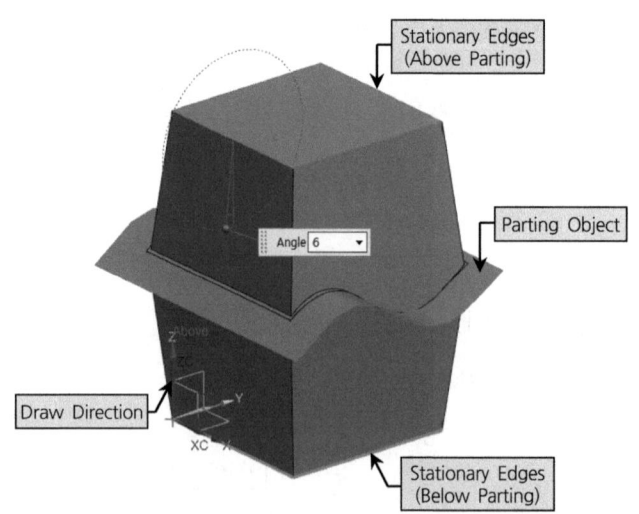

그림 6.8  Draft Body의 선정 특징(Edges)

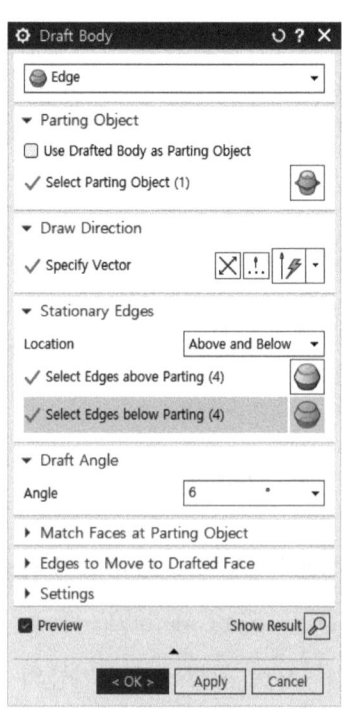

Draft Body 대화상자

② Faces : 선택된 면(Face)을 이용하여 객체에 구배를 정의한다.

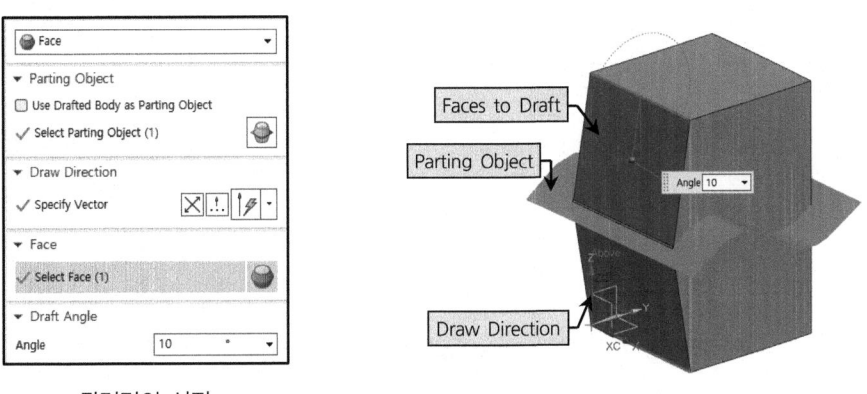

관련면의 설정

**그림 6.9** Draft Body의 선정 특징(Faces Draft)

- Extreme Face Point Overrides Stationary : 말단의 면(Extreme Face)을 기준으로 하부의 면들이 구배를 생성한다. Extreme Face의 크기는 변화하지 않는다.

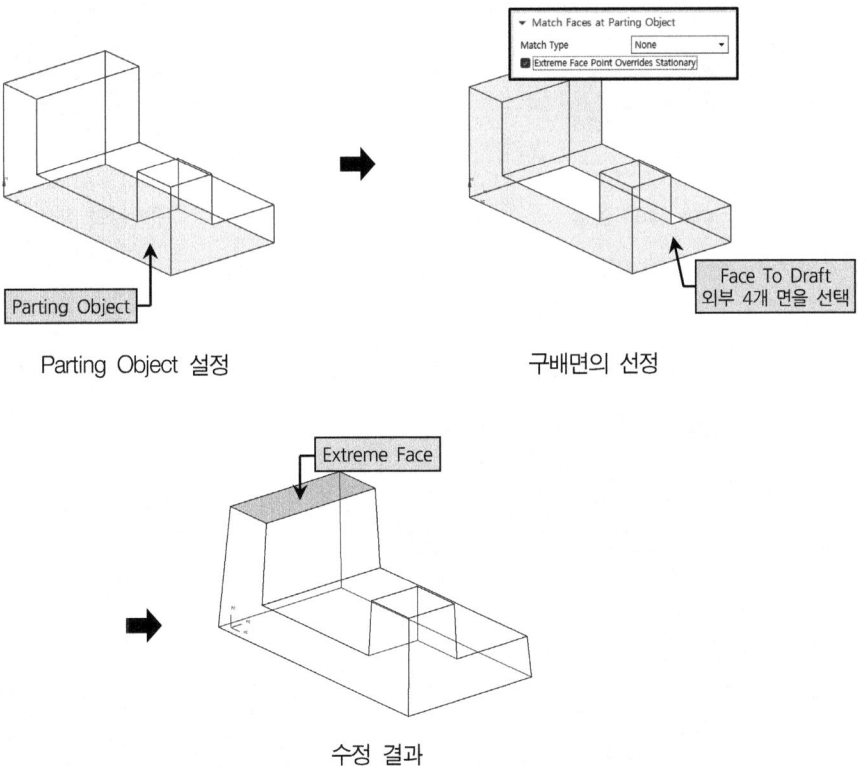

**그림 6.10** Extreme Face에 의한 구배의 특성

- Match Faces at Parting Object : 그림 6.11과 같이 Draft Body의 결합조건을 정의할 수 있으며, Match Type은 Edge 옵션과 Face 옵션에 따라 다음과 같은 특성이 주어진다.

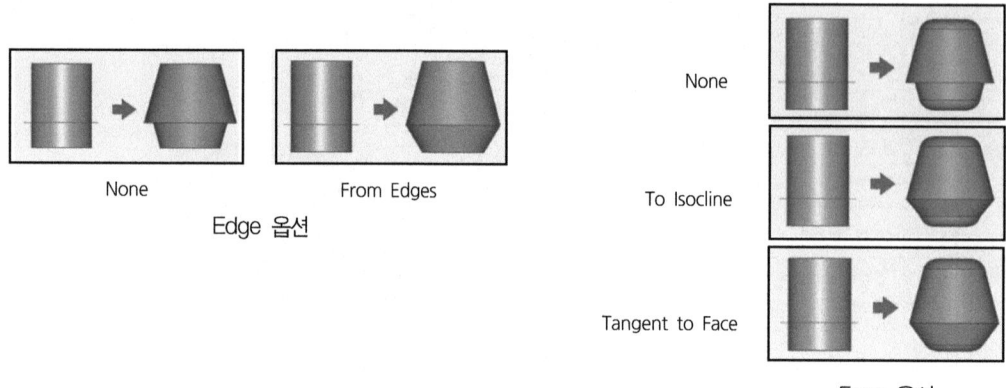

그림 6.11  Match Type Option에 의한 구배의 특성

- Face to Move to Drafted Face : 선택된 Move to Draft Face를 이동시켜 객체를 수정하므로 Move to Draft Face의 형상 변경을 허용한다.

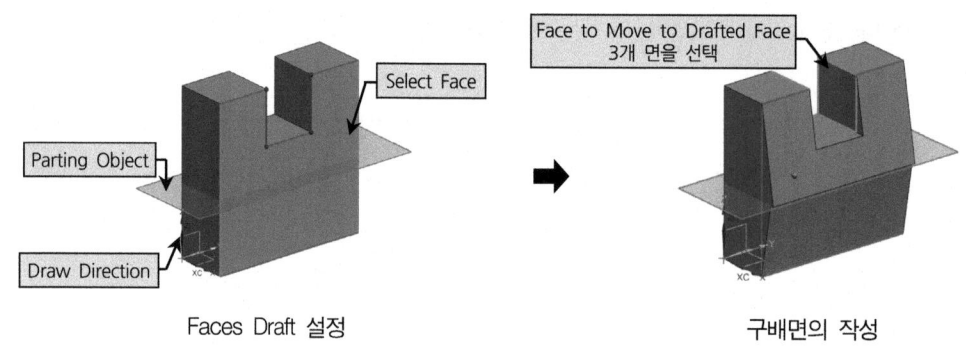

그림 6.12  Draft Face의 이동 결과의 이동

- Edges to Move to Drafted Face(Edge) : 선택된 Move to Draft Edge를 이동시켜 객체를 수정하므로 Move to Draft Edge의 형상 변경을 허용한다.

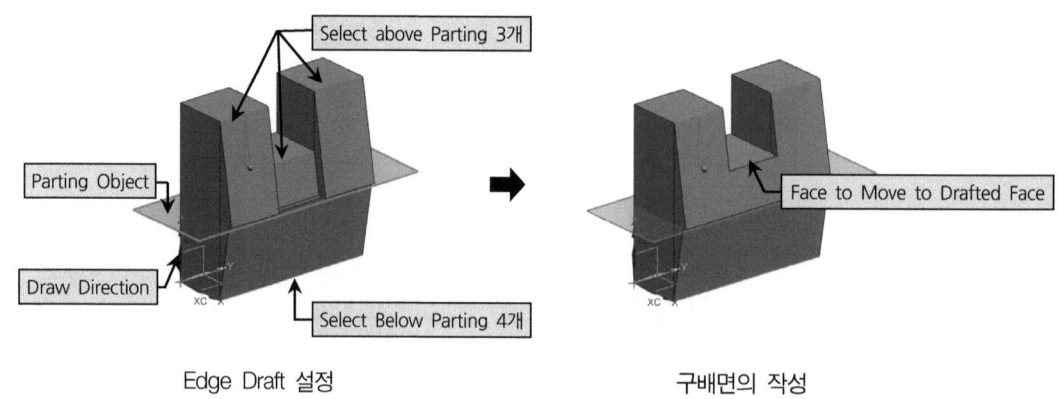

그림 6.13  Draft Edge의 이동 결과의 이동

## 6.3 객체 모서리의 모깎기

Insert ➡ Detail Feature ➡ Edge Blend...

작성된 객체의 모서리를 정의하여 단일 반경값으로 모깎기하거나 정의하는 점에 따라 변경된 반경값으로 모깎기를 적용할 수 있다.

① Edge : 모서리를 선택하고 연속성과 반경값을 입력하여 모깎기를 작성한다.
- Continuity : 모깎기 반경값을 설정한다.
    - G1(접선) : 선택 면을 인접 면에 접하도록 지정한다.
    - G2(곡률) : 선택 면을 인접 면과 연속되는 곡률로 지정한다.
- Shape : 모깎기 반경값을 설정한다.
    - Circular : 반경을 이용하여 모서리 부분을 라운드로 작성한다.
    - Conic : 원뿔 방식으로 경계면의 모서리, 중심 반지름 및 rho 값을 조합하여 원뿔 형식의 라운드로 작성한다.

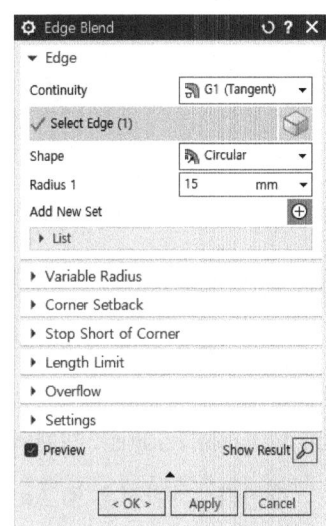

그림 6.14 모깎기 대화상자

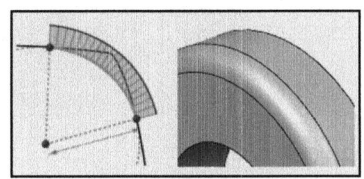
Circular 설정

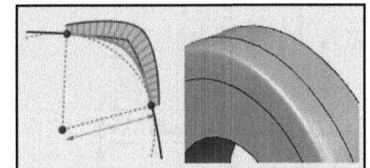
Conic 설정

- Shape가 Conic인 경우 : 대칭 원뿔형을 혼합하여 생성하며 라운드 형상을 제어할 수 있다.

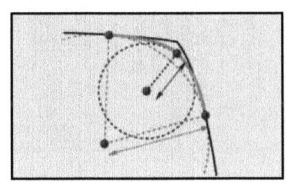
Boundary and Center 설정

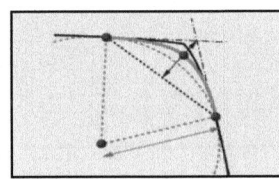
Boundary and Rho 설정

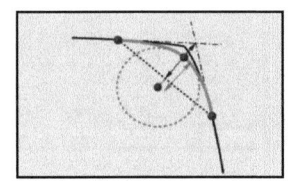
Center and Rho 설정

- Boundary and Center : Conic에서 대칭된 라운드 경계에 반지름과 중심 반지름으로 정의된다.
- Boundary and Rho : Conic에서 대칭된 라운드 경계에 반지름과 Rho 값으로 정의된다.
- Center and Rho : Conic에서 중심 반지름과 Rho 값으로 정의된다.

- Radius 1 : 모깎기 반경값을 설정한다.
- Add New Set : 선택된 모서리별로 반경값을 다르게 적용할 수 있도록 선택된 모서리를 등록한다.
- List : 모서리별 반경값을 확인할 수 있다.

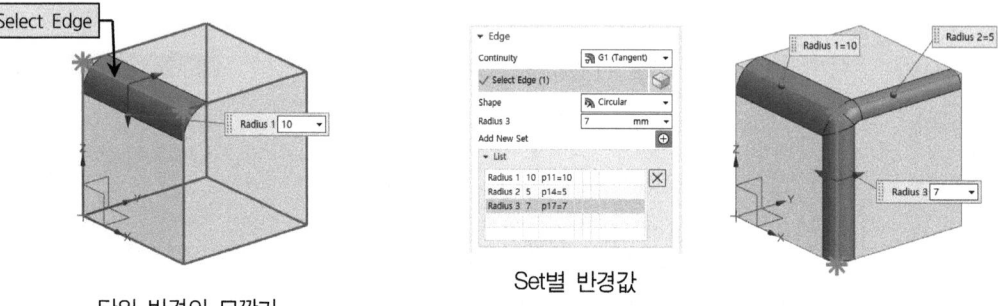

단일 반경의 모깎기        Set별 반경값

**그림 6.15** 단일 모서리의 모깎기      **그림 6.16** 세트별 반경값에 의한 모깎기

② Variable Radius : 객체의 모서리를 선택하고 모서리상의 점에 각각의 반경값을 주어 가변된 모깎기를 행한다. 가변점은 % Arc Length, Arc Length 또는 Through Point를 이용하여 위치를 결정할 수 있다.

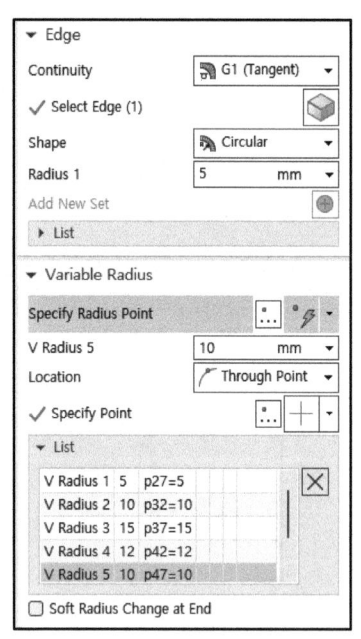
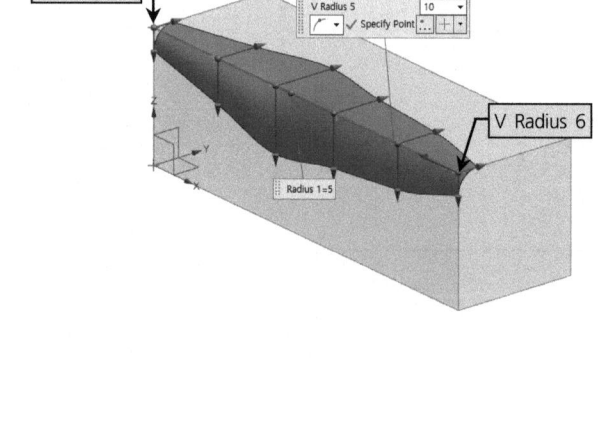

위치별 반경값

**그림 6.17** Set별 반경값에 의한 모깎기

③ Corner Setback : Continuity가 G1(Tangent)일 때 하나의 정점(Vertex)을 가진 3개 이상의 모서리에 모깎기 하는 경우 Setback Distance를 변경할 수 있으며 Corner Setback에 의해 모서리 곡면을 분리 표시할 수 있다.

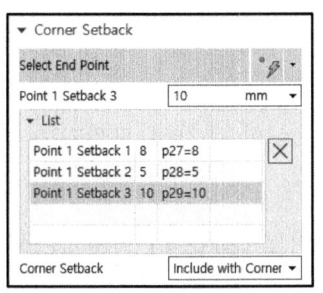
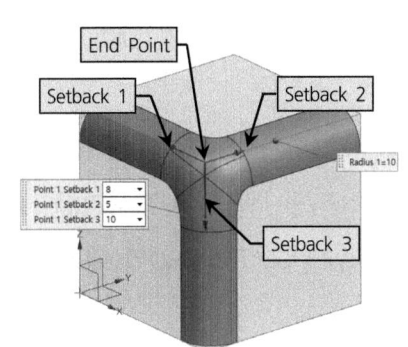
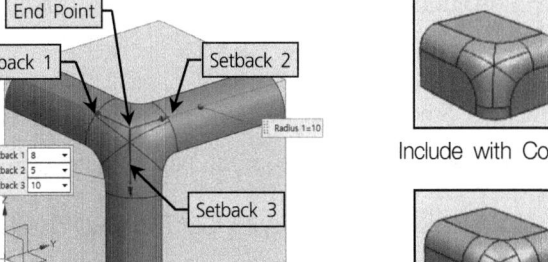

모서리별 Setback Distance

그림 6.18  Setback 거리에 의한 모깎기 특성

④ Stop Short of Corner : 선택된 모서리에 의한 모깎기의 시작과 종료 길이를 조절할 수 있다.

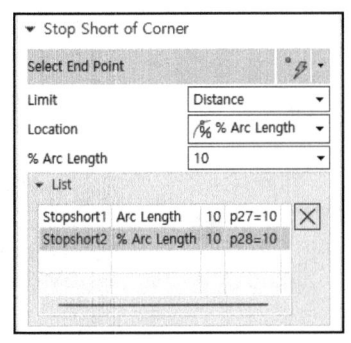
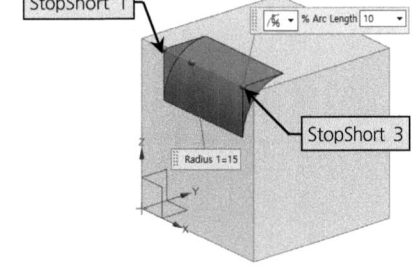

Stop Short Of Corner의 확인

그림 6.19  Stopping Location에 의한 모깎기 특성

⑤ Limit Length : Plane, Face 또는 Edge 옵션에 의해 Trim 경계객체를 선택하여 이를 모깎기 경계면으로 모깎기를 수행한다.

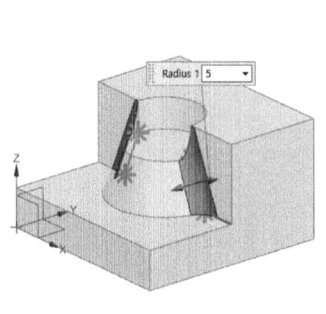
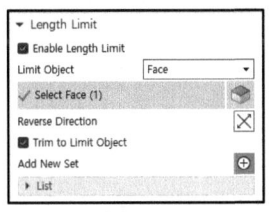
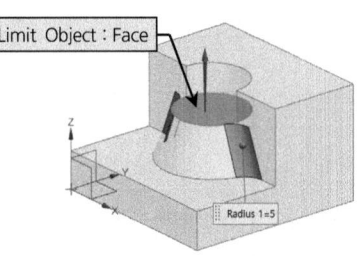

User Selected Objects : Off    Face Options의 확인    User Selected Objects : On

그림 6.20  Limit Length에 의한 모깎기 특성

⑥ Overflow Resolutions : 모깎기 영역보다 모깎기 값이 클 경우 처리방법을 정의할 수 있다.
- Preferred
    - Roll across Smooth Edges : 모깎기 영역을 침범(Overflow Region)한 구간의 모깎기를 상대피처와 Tangent한 경계를 유지하도록 부드럽게 모깎기한다.
    - Roll Along Edge : Continuity가 G1(Tangent)일 때 정의된 모깎기를 유지하며 가장자리에 부딪힐 때 가장자리를 따라 모깎기 된다.
    - Trim Blend : Continuity가 G1(Tangent)일 때 정의된 모깎기를 유지하며 가장자리에 부딪힐 때 가장자리를 따라 Trim 된다.

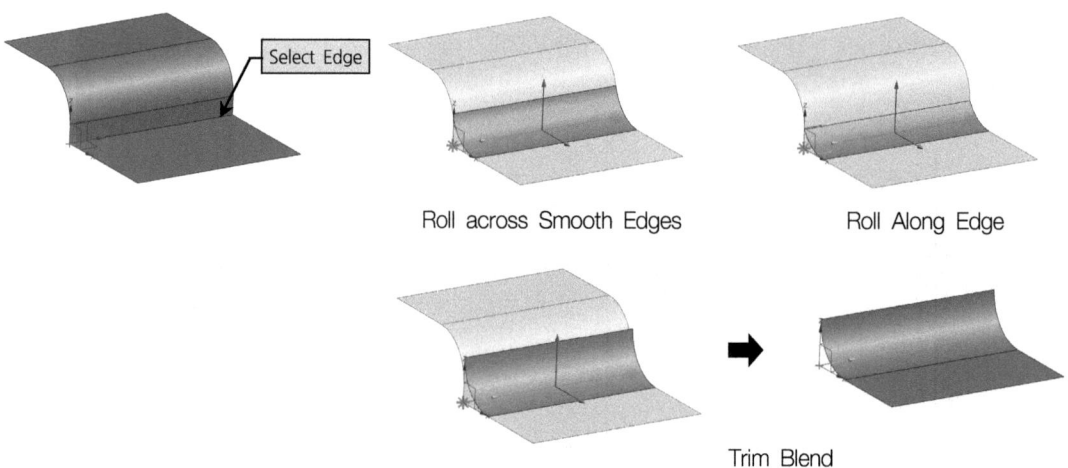

그림 6.21  Overflow Resolutions의 특성

- Explicit(Continuity가 G1(Tangent)일 때)
    - Select Edge to Force Roll on : Roll on Edges(Smooth or Sharp)옵션에서 선택된 모서리에 Roll on을 적용한다.
    - Select Edge to Prohibit Roll on : Roll on Edges(Smooth or Sharp)옵션에서 선택된 모서리에 Roll on을 방지한다.

Edges Blend 대화상자

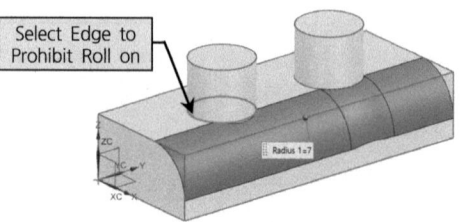
Roll across Smooth Edges

그림 6.22  Explicit Overflow Resolutions의 특성

- Preference : 중복된 모깎기 해결하는 방법이며 이 기능은 단일 에지 모깎기 객체에서 작용하고 Overflow와 다른 의미가 있다. Overflow는 모깎기들을 포함하는 임의의 모서리에 대해 효과적일 수 있다.
  - Trim Blends : 같은 볼록한 모양의 중첩된 모깎기인 경우 같은 모양으로 중첩된 모깎기를 서로 다듬어 나타낸다.
  - If Different Convexity, Roll Over : 다른 볼록한 모양의 중첩된 모깎기인 경우 Roll Over를 적용한다.
  - Roll Over Blends : Roll on Edges(Smooth or Sharp)옵션에서 선택된 모서리에 Roll On을 방지한다.

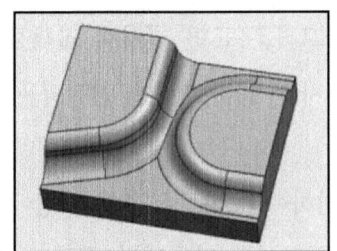
Trim Blends

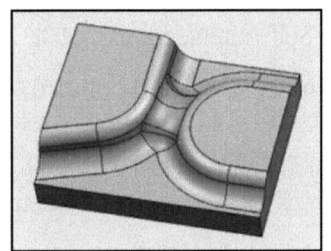
Roll Over Blends

- Blend Order : 모깎기의 생성 순서를 정의한다.
  - Convex First : 동시에 적용된 모깎기에서 볼록한 모양의 모깎기에 먼저 적용하여 모깎기를 작성한다.
  - Concave First : 동시에 적용된 모깎기에서 오목한 모양의 모깎기에 먼저 적용하여 모깎기를 작성한다.

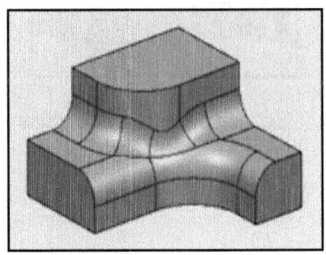
Convex First

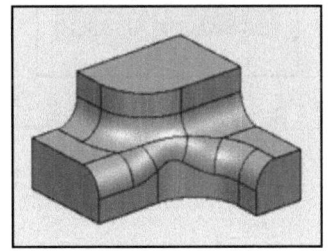
Concave First

⑦ Settings : 기타 모깎기에 대한 하부옵션을 설정할 수 있다.
- Patch Mixed-Convexity Corner : Continuity가 G1(Tangent)일 때 패치 모서리의 처리 방법을 선택할 수 있다.

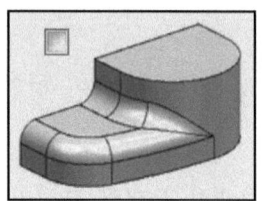

Patch Mixed-Convexity
Corner : Off

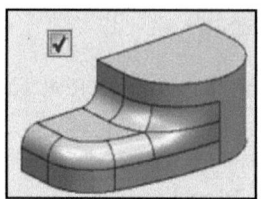

Patch Mixed-Convexity
Corner : On

- Remove Self-intersections : 교차 모깎기된 모깎기를 매끄러운 표면 패치로 교체하며 패치 영역은 Roll Ball에 의해 생성되는 모깎기로 정확한 표현은 아니지만, Roll Ball이 연결되는 모든 표면에 접선이다.
- Patch Areas of Complex Geometry : 작은 곡률 또는 기하학적으로 복잡한 형상에 의한 모깎기의 실패 영역에 대해 선택된 Blend Edge를 검사하고 실패할 영역이 검출되면 제한된 데이터의 부분의 모깎기가 생성되고 이들 사이에 패치가 자동으로 생성된다.
- Limit Blend to Avoid Failure Areas : 복잡한 형상의 모깎기 영역 옵션의 설정에 따라 패치 적용 여부와 관련 없이 적용할 수 없는 영역을 방지하기 위한 선택이다.
- Segment Blend to Match Face Segments : 정의된 모서리를 소유하는 면의 세그먼트와 일치하도록 면을 만들 수 있으며 체크박스가 Off이면 인접 면이 병합된다.

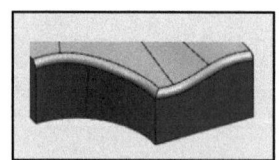

Segment Blend to Match
Face Segments : Off

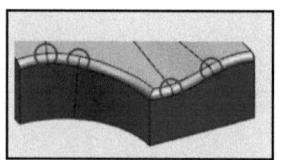

Segment Blend to Match
Face Segments : On

- Rho Type : Shape가 Conic일 때 접촉면의 꼭지점으로 얼마나 멀리 밀어 넣는지 결정하며 상대(Relative) 및 절대(Absolute)방식이 적용된다.
- Tolerance : 일정하지 않은 반지름 모깎기에 대한 거리 공차를 지정하고 적용하지 않으면 모델링 기본 설정의 거리 공차가 적용된다.

## 6.4 객체 면의 모깎기

Insert ➡ Detail Feature ➡ Face Blend...

작성된 객체의 곡면이나 면을 이용하여 모깎기하며, 모깎기 형상에는 원형과 원뿔형으로 형상을 정의할 수 있다.

### 6.4.1 Rolling Ball

선택된 면상에 볼이 구르는 형상의 모깎기를 작성한다.

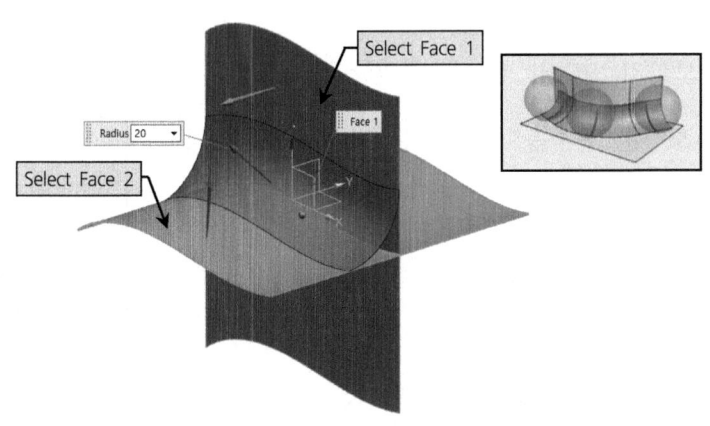

**그림 6.23** Rolling Ball에 의한 면의 모깎기

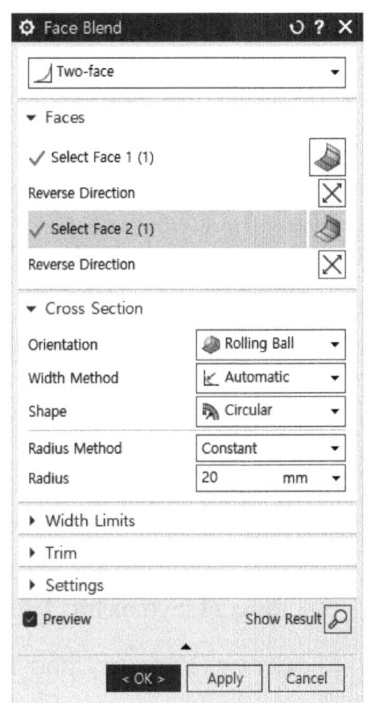

면 모깎기 대화상자

① Face : 그림 6.23과 같이 모깎기 대상면을 해당 면의 순서로 선택할 수 있다.
  • Reverse Direction : 선택된 모깎기면에 해당하는 법선방향을 변경한다.

② Cross Section : 모깎기 단면의 형상과 폭 등을 정의한다.
  • Width Method : 모깎기 폭의 특성을 정의한다.
    - Automatic : 모깎기 폭이 제약 조건이 아닌 Rolling Ball 또는 Swept 된 디스크의 접점에 의해 결정되는 면의 모깎기를 생성하고 면 사이의 각도가 변경됨에 따라 폭이 변경된다.
    - Constant : 고정된 거리 너비를 가진 면의 모깎기를 생성되고 면 사이의 각도가 변경됨에 따라 거리를 유지하기 위해 반경이 변경된다.
    - Contact Curve : 각각의 정의 면의 모깎기 범위에 고정 선 역할을 하는 선택된 원곡선을 제한하여 모깎기 면을 작성하고, 모깎기의 폭과 반지름은 곡선과의 접촉을 유지하기 위해 변경된다.

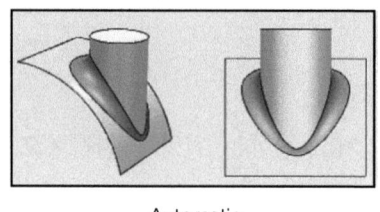
Automatic

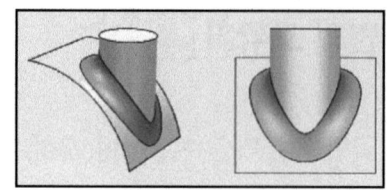
Constant

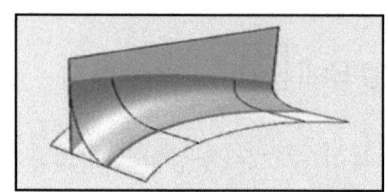
Constant Curve

- Shape : Type이 Two-face일 때 모깎기 단면의 형상을 정의한다.
  - Circular 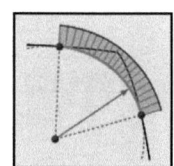 : 단면은 원형이며 모양은 반지름, 상수 또는 변수로 정의된다.

  Circular

  - Tangent Symmetric : 단면은 면에 대칭이고 접촉 단면은 원뿔로 정의되고 Boundary and Center, Boundary and Rho 또는 Center and Rho로 정의된다.

  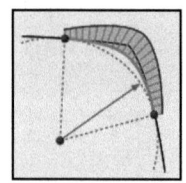
  Tangent Symmetric

  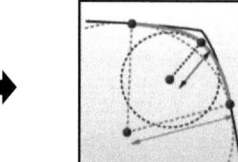
  Boundary and Center

  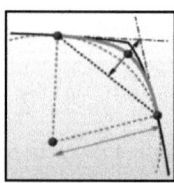
  Boundary and Rho

  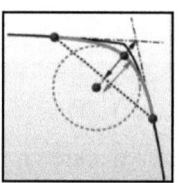
  Center and Rho

  - Tangent Asymmetric : 단면은 원뿔형이고 비대칭이며 면에 접하며 모양은 상수 또는 변수의 지정된 오프셋과 지정된 rho로 정의된다.

  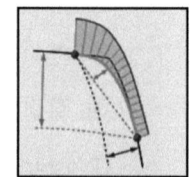
  Tangent Asymmetric

  - Curvature Symmetric : 단면은 대칭이고 곡률은 면과 연속되며 모양은 경계 반경(상수 또는 변수)과 지정된 깊이로 정의된다.

  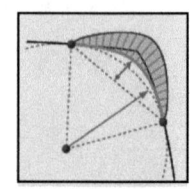
  Curvature Symmetric

- Curvature Asymmetric  : 단면이 비대칭이고 곡면이 면에 연속되며 모양은 일정하거나 지정된 변수로 오프셋, Depth 조건 및 지정된 Skew로 정의된다.

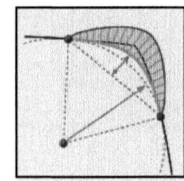

Curvature Asymmetric

- Radius Method : Shape가 Circular일 때 모깎기 반경의 설정 방법을 정의할 수 있다.
  - Constant : 접선 구속 곡선을 선택하는 경우를 제외하고 모깎기 반경을 일정하게 유지한다.

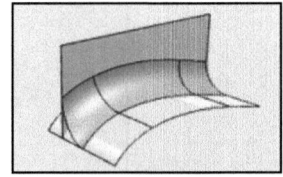

Constant

  - Variable : Law Type 또는 Law Value에 의해 Spine 곡선을 따라 두 개 이상의 개별 점을 기준으로 모깎기 반경을 정의한다.

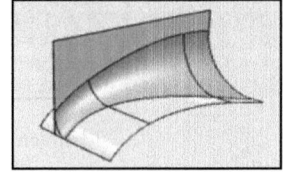

Variable

· Liner : 선택된 Spine 곡선의 시작과 종료 반경을 정의할 수 있다.
· Cubic : 선택된 Spine 곡선과 시작과 종료 반경에 의해 입방비(Cubic Rate)가 정의된 모깎기가 정의된다.

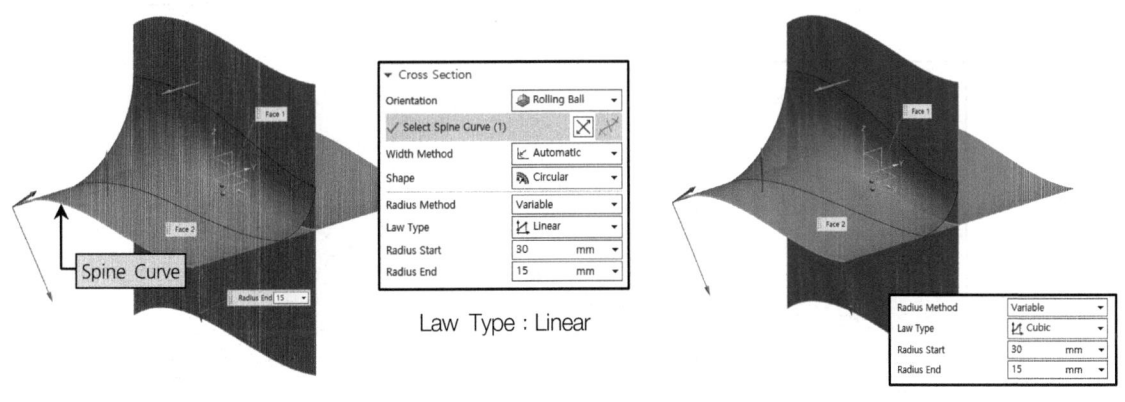

**그림 6.24** Liner/Cubic에 의한 면의 모깎기

· Linear Along Spine : Linear 옵션에서 Spine의 구간별 반경을 정의할 수 있다.
· Cubic Along Spine : Cubic 옵션에서 Spine의 구간별 반경을 정의할 수 있다.
· By Equation : Expression 대화상자에 의해 정의된 방정식과 매개변수를 이용하여 모깎기를 정의하며 8장의 Spline 특성을 참조한다.
· By Law Curve : Law Curve를 이용하여 모깎기를 정의한다.

- Multi-transition : 선택된 Curve 또는 Spline에 선택된 점들에 정의된 모깎기를 혼용하여 정의 할 수 있다. 여기에 사용되는 정의 방법에는 Free, Constant, Linear, Blend 또는 Minimum/Maximum을 이용한다.

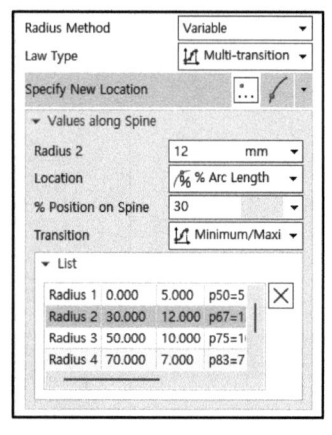

Minimum/Maximum의 적용

Linear Along Spine의 선택

**그림 6.25** 면과 Multi-Transition에 의한 면의 모깎기

- Limit Curve : 반지름값을 유지하고 선택한 선택 곡선 또는 모서리에 접선을 유지하는 한계곡선으로 정의된다. 곡선은 정의하는 곡면에 있어야 한다.

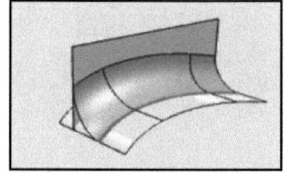

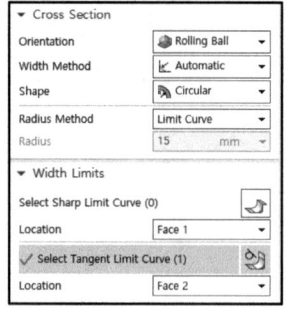

면 모깎기 대화상자

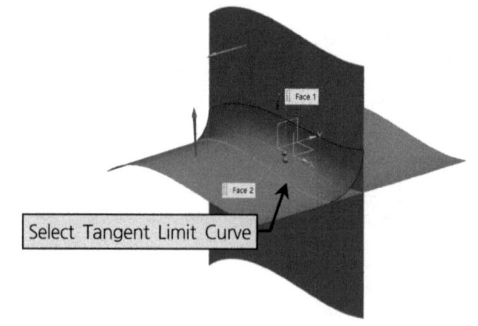

Limit Curve의 선택

**그림 6.26** 면과 Limit Curve에 의한 면의 모깎기

③ Width Limit : 모깎기 형상의 한계설정과 구속조건을 설정할 수 있다.
- Select Sharp Limit Curve : 모깎기의 Limit Curve와 접촉하는 곳에 접선이 유지되고 반경은 Limit Curve에 따라 변한다. Limit Curve에 지정된 반지름이 충분한 경우 모깎기 반지름으로 정의 된다. Conic Blend의 경우 한계곡선을 포함하는 레일은 접선 곡선 반지름에 의해 정의된 레일이나 지정된 상수 또는 변수 간격 띄우기에 의해 정의된 레일 중 작은 레일로 계산된다.

- Select Tangent Limit Curve : 그림 6.26에서와 같이 선택한 면에 접하는 곡면을 이용하여 모깎기 작성할 수 있다.

④ Trim Blend : 모깎기 형상의 Trim 조건을 설정할 수 있다.
- To All : 모깎기 부분의 전체를 Trim하여 모깎기 객체를 생성하며, 그림 6.27의 (a)와 같다.
- To Short : 가능하면 짧게 Trim하여 모깎기 부분만을 새로운 객체로 생성하며, 그림 6.27의 (b)와 같다.
- To Long : 최대한 모깎기 영역을 길게 하고 작성한 객체로 정의하며, 그림 6.27의 (c)와 같다.
- None : 모깎기 객체를 생성하고 모든 모깎기 부위의 Trim을 생략한다.

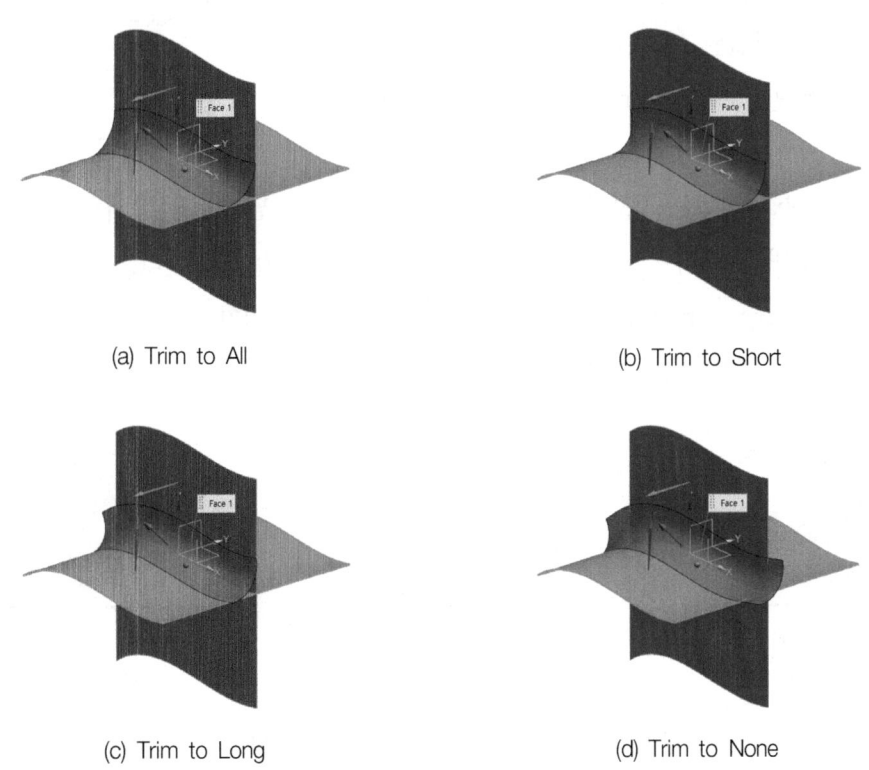

**그림 6.27** Trim Blend에 의한 모깎기 특성

- Trim Input Faces to Blend Faces : 선정된 객체를 Trim시켜 모깎기된 객체만을 작성한다.
- Sew All Faces : 작성된 모깎기 객체들을 결합시켜 하나의 객체로 생성한다.
- Length Limit : 객체의 Trim 강행조건을 선정할 수 있으며 조건에는 Point, Plane, Edge 또는 Face 등을 선택할 수 있다.

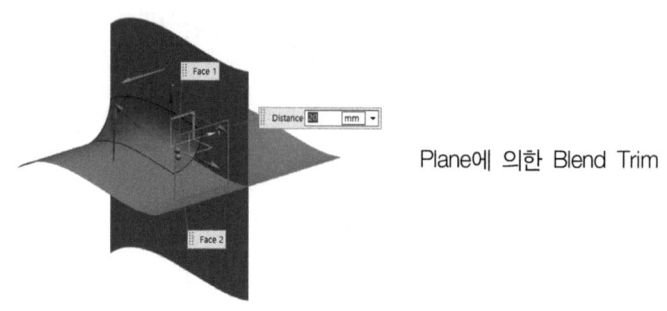

그림 6.28 Length Limit에 의한 모깎기 제한

⑤ Settings : 모깎기 형상 조건을 설정할 수 있다.

- Blend Across Tangent Edges : Rolling Ball 모깎기에서 적용되며 각 면에 연결된 최소한 면을 선택할 수 있으며, 연속된 모깎기에 필요한 Tangent 면이 자동으로 선택된다.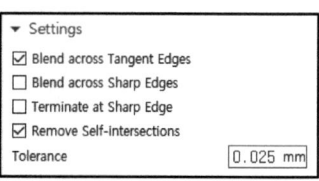

- Blend Across Sharp Edges : 모깎기 경로를 따라 인접 면에 날카로운 모서리를 가로질러 혼합된 모깎기를 만들고 면 사이의 각도는 모서리 각도보다 작거나 같아야 한다.
- Terminate at Sharp Edge : 정의된 면의 체인 중 하나의 높이가 지정된 블렌드 크기보다 짧을 때 블렌드의 동작을 지정하며 날카로운 모서리를 가진 형상을 발견했을 때 모깎기를 중지한다.

선정객체

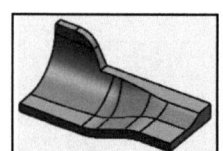
Terminate at Sharp Edges : off

Terminate at Sharp Edges : on

그림 6.29 Terminate at Sharp Edge의 모깎기 특성

- Remove Self-intersections : Rolling Ball의 Circular 옵션에서 패치(Patch)영역의 Rolling Ball에 의한 모깎기 표시가 명확하지 않을 때 이 옵션을 이용하여 면 모깎기를 자동으로 수정한다.
- Tolerance : 정의 면에 대한 모깎기의 적합 정확도를 결정하며 적합 정확도는 한 면에서 다른 면으로 전환하는 데 필요한 매끄러운 정도를 결정한다. 인접 면에 생성된 혼합의 가장자리는 공차 이상으로 현재 면의 모깎기는 가장자리에서 벗어날 수 없다.
- Maximum Edge Angle : Blend Across Sharp Edges일 때 사용되며 모깎기를 생성할 수 있는 최대 모서리 각도를 지정한다.

## 6.4.2 Swept Section

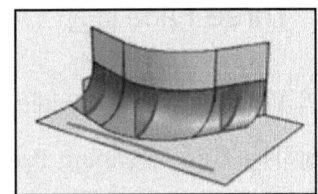

Spine 곡선을 따라 Swept 단면에 의해 표면이 제어되는 모깎기를 작성하며 단면의 평면은 Spine 곡선에 수직으로 정의된다.

① Cross Section

- Select Spine Curve : 방향이 Swept Disc로 설정되어 있거나 매개변수 방법의 변수로 설정되어 있을 때 사용할 수 있으며 매개변수를 사용하는 Swept Disc 모깎기 여부와 관계없이 Spine 곡선을 지정해야 한다. 매개변수 방법에 대해 변수를 지정하면 다양한 매개변수를 정의하는 데 같은 Spine 곡선이 사용된다.

- Rho : 모깎기 형상은 Tangent Symmetric 또는 Asymmetric으로 설정되고 Rho 방법이 상수로 설정되었을 때 사용할 수 있으며 Rho 값은 혼합 단면에 다음과 같은 영향을 준다.
  - Rho<0.5 : Rho가 0.5보다 작으나 0보다 크면 모깎기는 더 평평해지며 단면은 타원이고 rho가 0에 가까워지면 혼합물이 평평해지는 경향이 있으며 모따기와 유사하다.
  - Rho=0.5 : Rho Type을 Absolute(절대)로 설정하면 단면이 포물선이 되고 Rho Type을 Relative(상대)로 설정하면 단면의 편심이 가장 적은 타원으로 표시된다.
  - 0.5<Rho<1 : Rho가 0.5보다 크고 1보다 작으면 혼합이 더 날카로우며 단면은 쌍곡선이고 rho가 1에 가까워질수록 모깎기는 L자형으로 만들어진다.

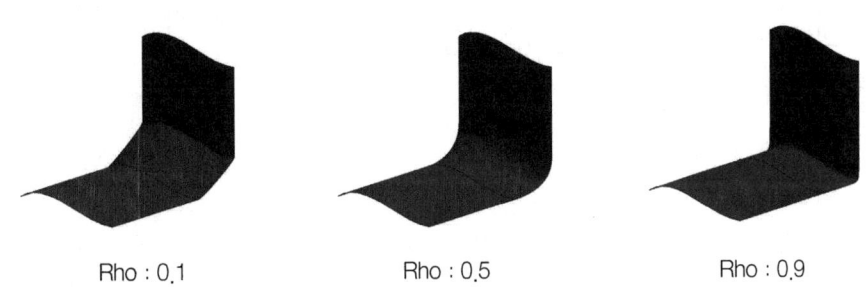

**그림 6.30** Rho값에 의한 모깎기 특성

② Settings : 모깎기 형상 조건을 설정할 수 있다.

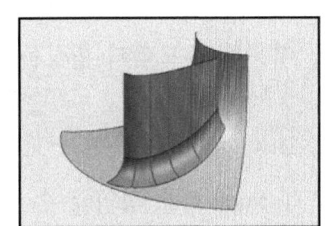

- Orient Cross Section by Isoparameter Lines : 방향은 Swept Disc에서 모양이 원형으로 설정되었을 때 사용할 수 있으며 단면 평면은 면에 Isoparameter Lines로 정렬된다.

### 6.4.3 Three Face

두 개의 Face와 Chain에 Middle Face 또는 Plane를 이용하여 모깎기를 작성하는 Three Defining Face Chain을 적용하여 모깎기 할 수 있다.

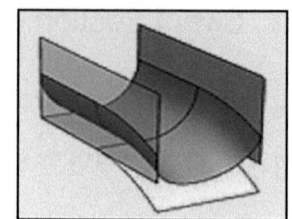

Face Blend 대화상자

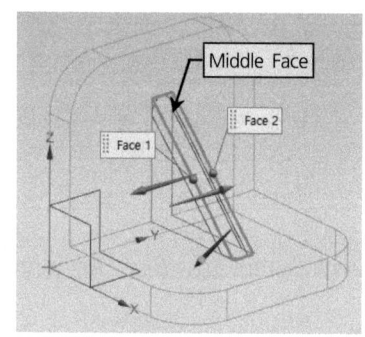

Middle Face의 추가

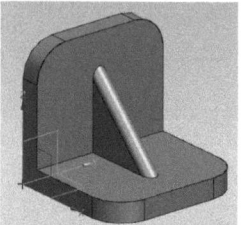

리브의 모깎기 결과

**그림 6.31** Three Face에 의한 모깎기

### 6.4.4 Feature Intersection Edge

객체(Feature)에 의해 작성된 단일 교차점 모서리를 선택하여 두 면 집합 사이에 모깎기를 작성한다.

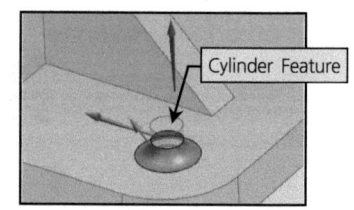

## 6.5 Styled Blend에 의한 모깎기

Insert ➡ Detail Feature ➡ Style Blend...

작성된 객체의 곡면과 면을 이용하여 Tube 형상의 모깎기 또는 곡면이 정의된 곡선이나 하나의 윤곽곡선을 이용하여 모깎기 형상을 정의할 수 있다.

① Law : 선택된 곡면과 Tube 또는 Curvature에 의해 모깎기를 정의하며 Tube의 경우 Law Controlled Tangency를 정의할 수 있다.

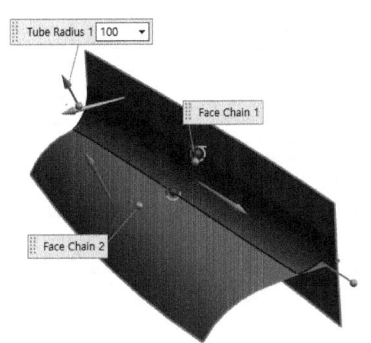

그림 6.32  Law 옵션에 Styled Blend

② Curve : 선택된 곡면과 선택된 접선정의 곡선에 의해 모깎기를 정의할 수 있다.

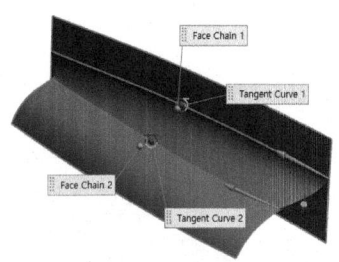

그림 6.33  Curve 옵션에 Styled Blend

③ Profile : 선택된 곡면과 하나의 접선정의 곡선에 의해 모깎기를 정의할 수 있다.

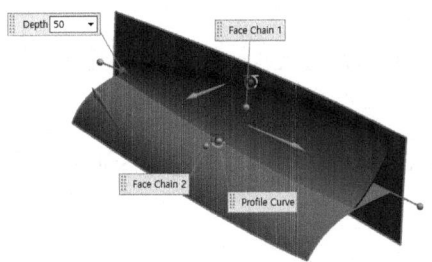

그림 6.34  Profile 옵션에 Styled Blend

- Control Type : 다음 모양 컨트롤 중 하나를 지정할 수 있다.
    - Tube Radius 1 : 첫 번째 모깎기 경로에 모깎기 변환 및 연속성 변경에 적용하며 Type이 Law로 설정된 경우에만 사용할 수 있다.
    - Tube Radius 2 : 두 번째 모깎기 경로에 모깎기 변환 및 연속성 변경에 적용하며 Type이 Law로 설정되고 Single Tube 옵션을 선택하지 않은 경우에만 사용할 수 있다.
    - Depth : 모깎기에 대각선 깊이를 적용하여 혼합의 단면 곡률을 제어한다.
    - Skew : 모깎기에 최대 곡률의 위치를 변경한다.
    - Tangent Magnitude : 단면 곡선의 끝점에서 접선 크기를 변경한다.

## 6.6 Aesthetic Face에 의한 모깎기

Insert ➡ Detail Feature ➡ Aesthetic Face...

Aesthetic Face는 선택면의 유지특성과 모깎기 구속조건에 의해 미학적인 모깎기 형상을 정의한다. 모깎기 단면은 Rolling Ball, Spine Curve 또는 Vector로 정의하며, 정의된 모깎기는 반경(Radius) 또는 현의 길이(Chord Length)로 정의되며 Tangent Line과 Cross Section으로 정의된다.

① Section Orientation
- Rolling Ball : Rolling Ball 두 면이 접촉면을 따라 모깎기 형상이 정의된다.

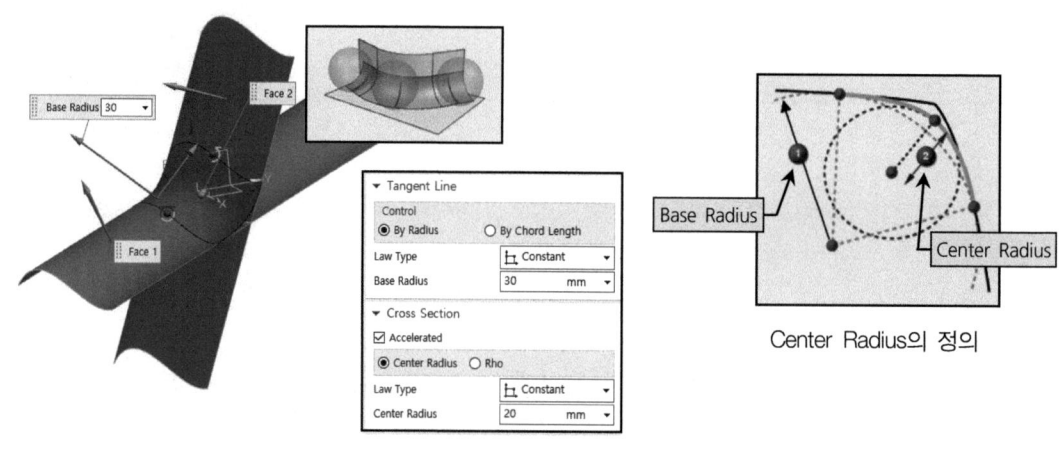

면 모깎기 대화상자

**그림 6.35** Section Orientation에서 Rolling Ball 모깎기

- Spine Curve : 정의된 Spine Curve에 수직한 단면에 Spine Curve상의 무한궤적으로 모깎기 형상을 정의한다.

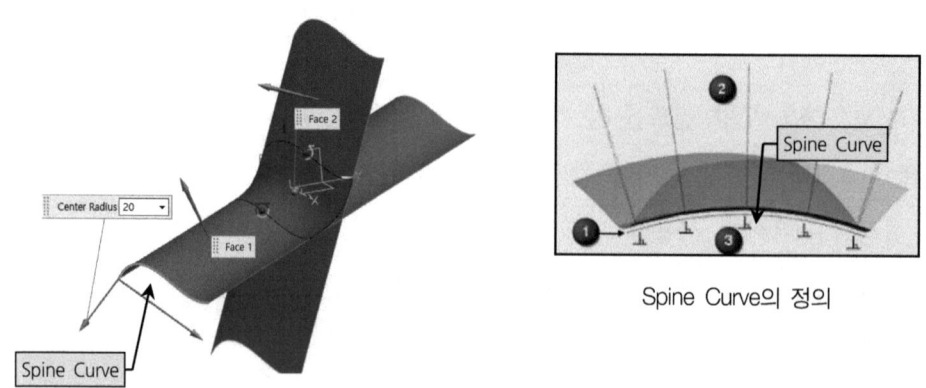

Spine Curve의 정의

**그림 6.36** Section Orientation에서 Spine Curve 모깎기

- Vector : 지정된 벡터에 수직인 무한 수의 반지름을 기준으로 단면 방향이 결정된다.

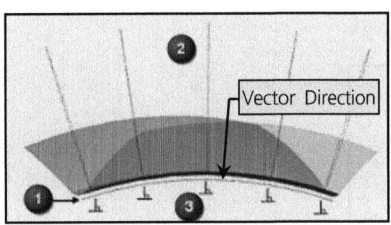

그림 6.37 Section Orientation에서 Vector 단면

② Tangent Line과 Cross Section의 정의

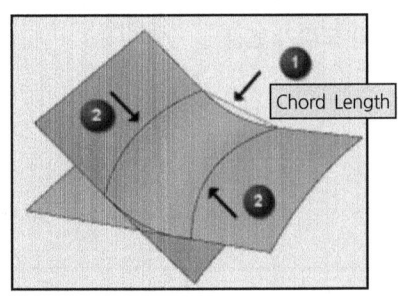 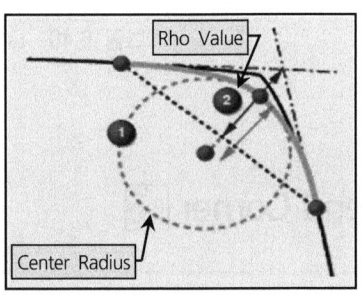

Chord Length의 정의            Rho의 정의

그림 6.38 Tangent Line과 Cross Section에 의한 모깎기 특성

## 6.7 Bridge Surface

Insert ➡ Detail Feature ➡ Bridge...

작성된 두 개의 곡선을 이용하여 두 곡면을 연결하는 B-Surface 객체를 생성한다.

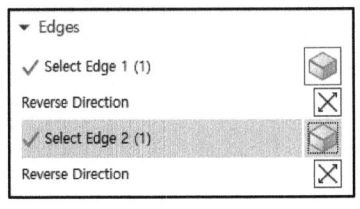 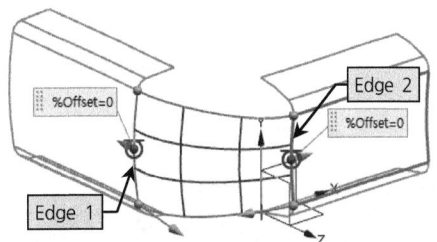

Bridge Surface 대화상자

그림 6.39 Bridge Surface에 의한 면의 모깎기

① Shape : 곡면의 연결성을 제어하며 자세한 설명은 9장의 Bridge Curve와 10장의 Free Form 피처의 속성을 참조한다.

② Edge Limit : 선택된 곡선에 의한 곡면정의 위치를 변경할 수 있으며, Link Start/End Handles 체크박스를 이용하면 두 개의 곡면에 Edge Limit가 적용된다.

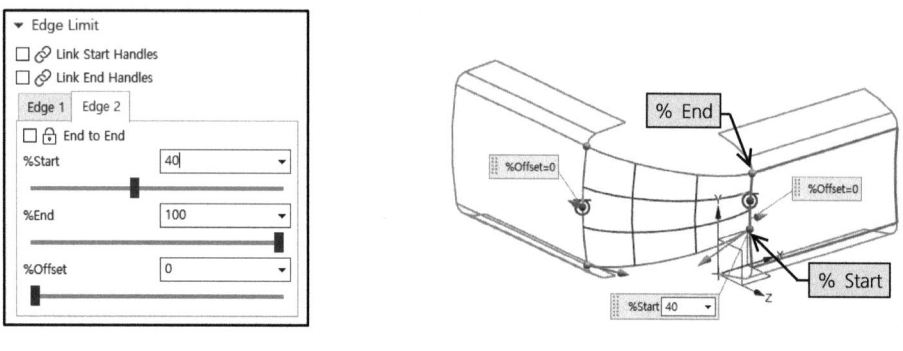

그림 6.40 Edge Limit에 의한 면의 모깎기 변경

## 6.8 Blend Corner

Insert ➡ Detail Feature ➡ Blend Corner...

혼합 모서리를 사용하여 모깎기 하거나 혼합된 면의 꼭지점이 상호 작용하는 고품질 대체 표면을 만들 수 있다. 기존의 모깎기에 모서리를 수정하기 위해 사용되며 모깎기 기능은 없지만, 동일한 몸체에 있고 몸체의 이웃 면에 접하는 경우 모깎기를 수정할 수 있다.

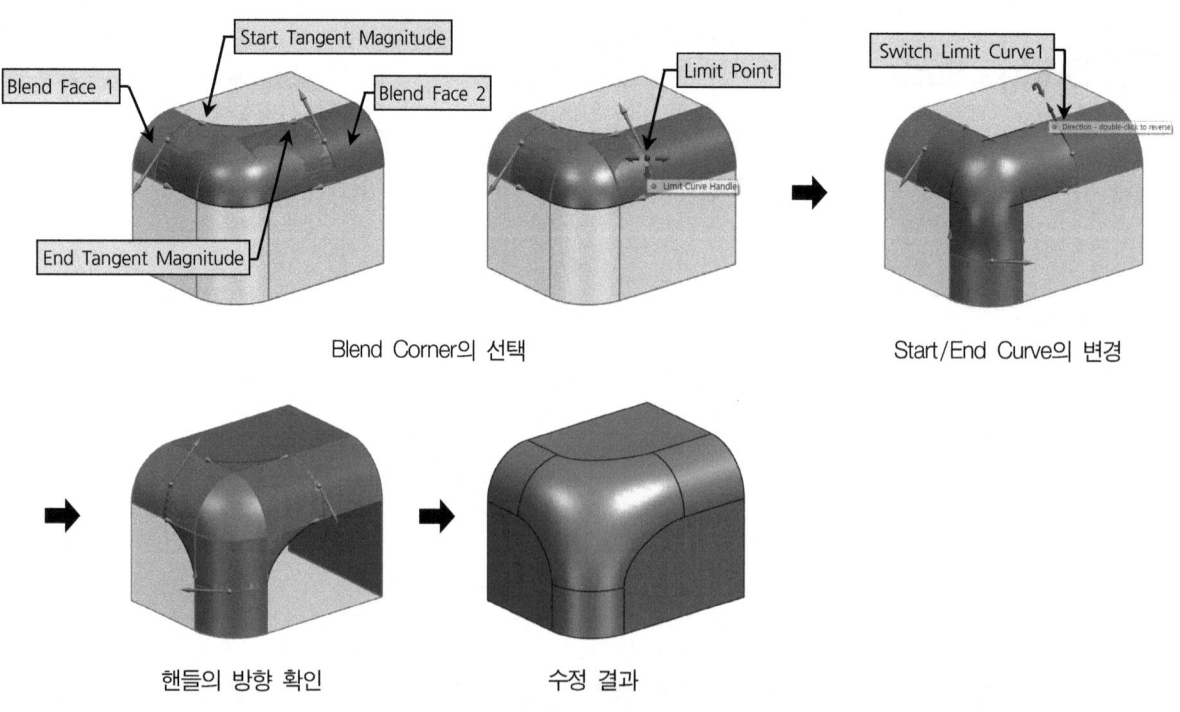

그림 6.41 Blend Corner에 의한 수정

## 6.9 Styled Corner

Insert ➡ Detail Feature ➡ Styled Corner...

Styled Corner 명령은 3개의 교차하는 곡면과 하나 이상의 기본 면에 의해 투영 교차점에 매끄러운 모가기를 만든다.

① Interior Curve : Interior curve을 따라 있는 점에서 Styled Corner 모깎기 모양을 제어한다.
② Curve Control : Top Base Curve는 그래픽 창에서 핸들 위치에 따라 접선방향으로 곡선의 시작점과 끝점을 지정할 수 있으며 Bottom Bridge Curve는 위치 핸들은 하단 브리지 곡선의 시작점과 끝점에 대한 곡선 제어를 지정하고 접선 크기는 핸들만 사용할 수 있다.

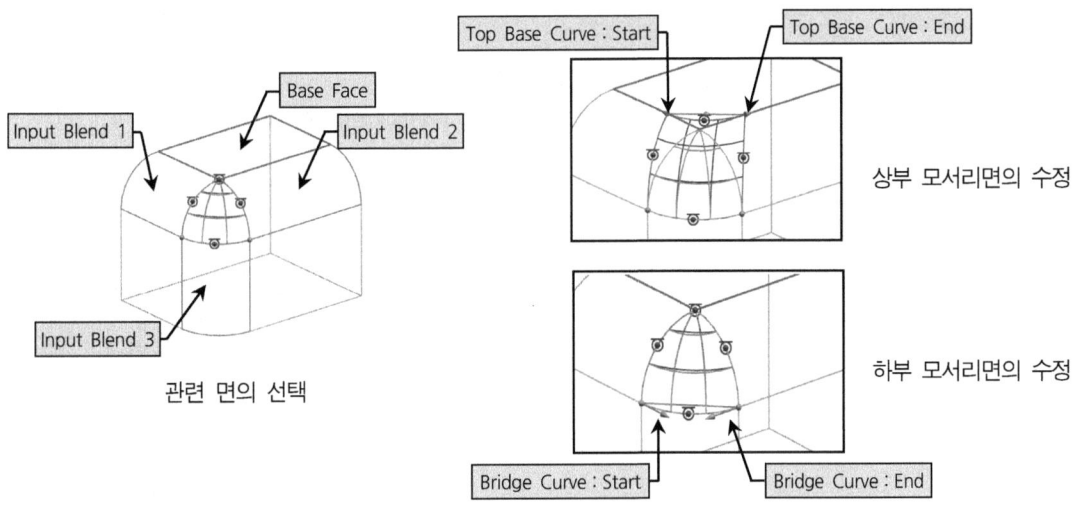

그림 6.42 Styled Corner의 수정

## 6.10 객체에 모따기

Insert ➡ Detail Feature ➡ Chamfer...

Solid Body나 Sheet Body의 모서리에 모따기되며 외부의 경우 재질이 제거되고 내부는 재질이 추가된다.

① Symmetric : 선택 모서리의 Offset Distance가 동일한 모따기를 작성한다.
② Asymmetric : 선택된 모서리에 Offset Distance가 다른 모따기를 작성하며 모따기의 위치변경은 Reverse Direction이 이용된다.
③ Offset and Angle : 선택 모서리에 Offset Distance와 Angle에 의해 모따기가 정의되며 거리와 각도의 위치변경은 Reverse Direction이 이용된다.

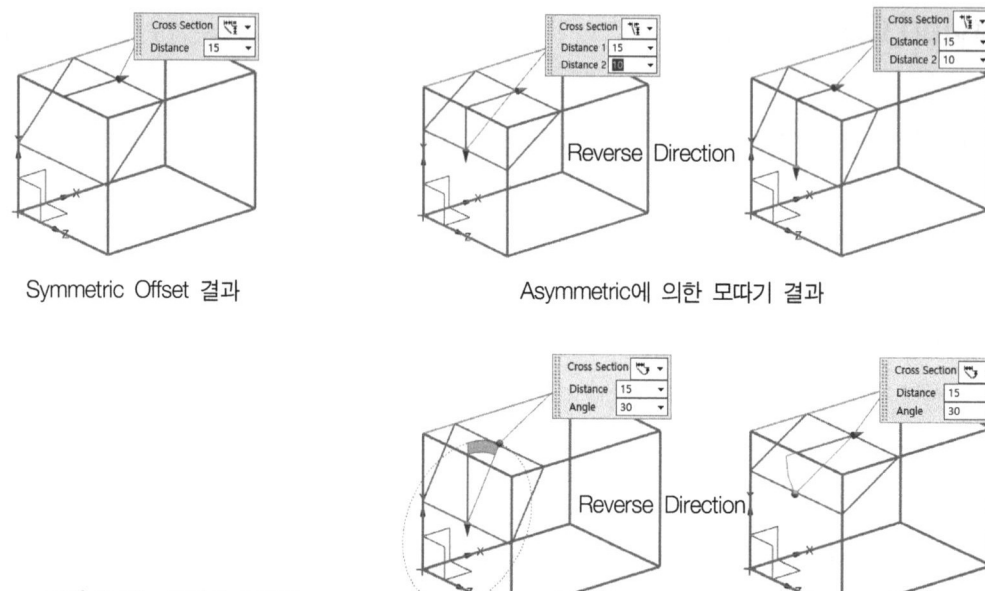

**그림 6.43** 객체의 모따기

④ Length Limit : 모따기 길이를 점에 의해 제어한다.

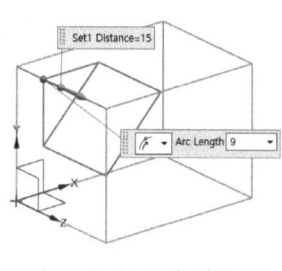

Length Limit의 적용

⑤ Setting : Offset Method의 경우 Symmetric와 Asymmetric
- Offset Method : Offset 거리로 모따기 면의 모서리를 정의하는 방법을 지정한다.
  - Apex : 정점으로부터의 Offset 거리를 측정하여 모따기 면의 가장자리를 정의한다.
  - Offset Face : 선택한 모서리에 인접한 면을 지정된 거리만큼 Offset 하고 원래 면에 수직으로 Offset Face의 교차점을 투영하여 모따기를 정의한다. 이 옵션을 사용하면 특히 복잡한 단면의 경우 모따기의 정확도를 더 잘 제어할 수 있다.

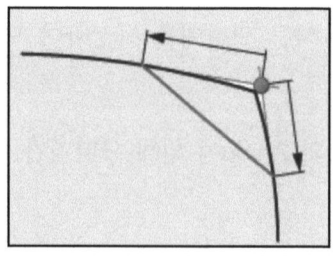

Apex의 적용

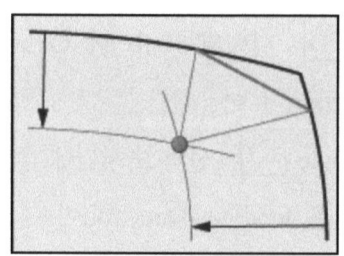

Offset Faces의 적용

## 6.11 속 빈 객체 만들기

Insert ➡ Offset/Scale ➡ Shell...

Solid Body를 선택하여 속이 빈 피처나 Solid Body를 감싸는 두께를 가진 피처를 생성한다.

① Open (Remove Faces) : Shell 작성에서 제거할 면을 선택한다.
  • Open Region of the Shell : 면을 선택하여 속이 빈 피처 또는 관통된 피처를 생성한다.

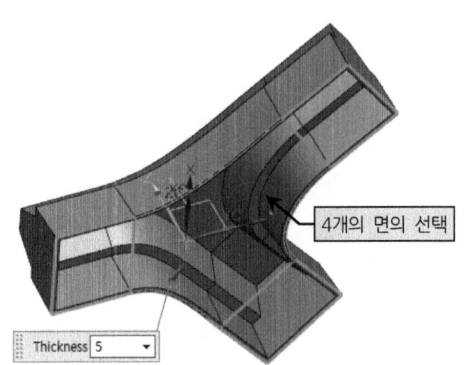
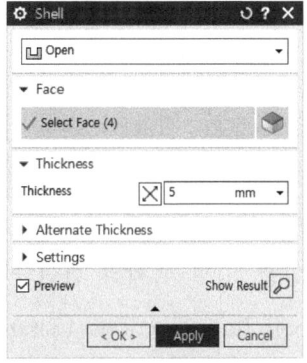

Pierce 면과 두께정의

**그림 6.44** Face에 의한 Hollow 객체작성

• Alternate Thickness : 선택된 객체의 임의의 면을 Add New Set을 이용하여 선택하고 새로운 Thickness에 의해 벽면의 두께를 다르게 정의할 수 있다.

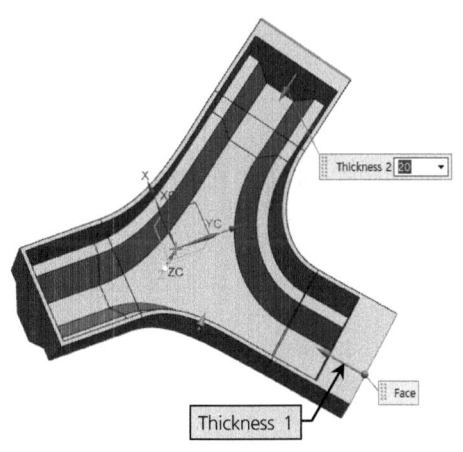
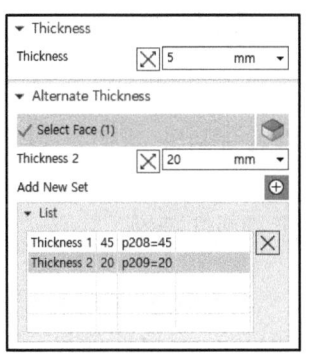

Thickness1, 2에 의한 부분두께의 재정의

Shell 대화상자

**그림 6.45** Alternate Thickness를 이용한 객체의 변경

② Closed : Solid Body를 선택하여 속이 빈 피처나 Solid Body를 감싸는 두께를 가진 피처를 생성한다.

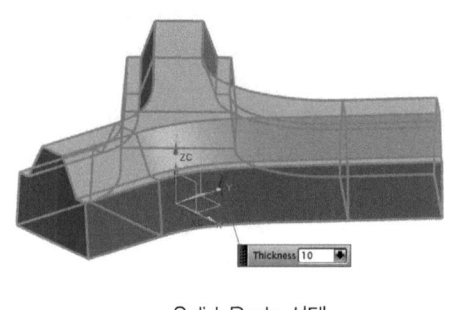
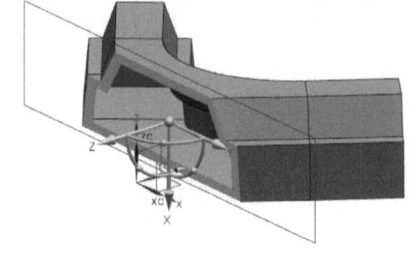

Solid Body 선택          Edit Section에 의한 객체 확인

**그림 6.46** Body에 의한 Shell All Faces의 작성

- Reverse Direction : Thickness에 입력된 값의 방향성을 내부방향 또는 외부방향으로 Solid Body를 생성한다.

③ Setting : 작성될 Shell 객체의 접선 특성을 설정할 수 있다.
  - Resolve Self Inter-sections Using Patches : 선택되어진 복잡한 객체의 Offset 면에서 간섭교차면(Self Inter-sections)을 NX 소프트웨어가(B-Surface Patches) 수정하여 새로운 객체를 생성한다.
  - Tangent Edges : 선정된 객체의 접선특성을 선택할 수 있다.
    - Extend Shelf Face at Tangent Edge : 선택되어진 객체에서 Offset 전에 접선면을 제거하고 Smooth Boundary Edge를 따라 모서리면의 생성을 허용한다.
    - Extend Tangent Face : 선택된 접선면들이 제거되어 모서리를 생성하지 않고 연장된다.

## 6.12 엠보스 추가하기

Insert ➡ Design Feature ➡ Emboss...

곡면상에 도드라진 무늬의 객체를 추가할 수 있어 객체에 강성을 주는데 유효하다.

① Draft에 의한 객체의 특성

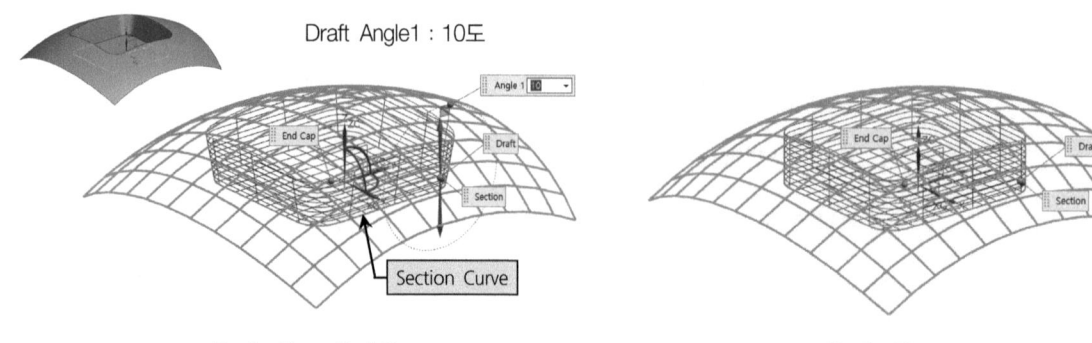

Draft : From End Cap          Draft : None

② End Cap에 의한 객체의 특성

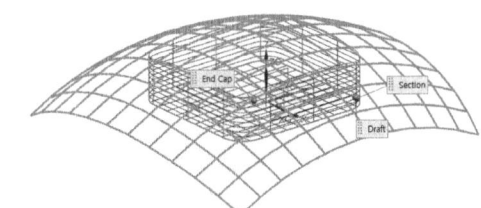

End Cap(Geometry) : Plane of Section

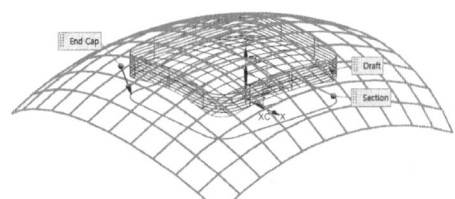

End Cap : Embossed Faces
(Distance : 5mm)

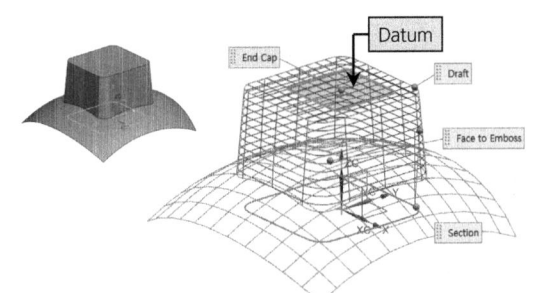

End Cap(Geometry) : Datum Plane
(Location : In Place)

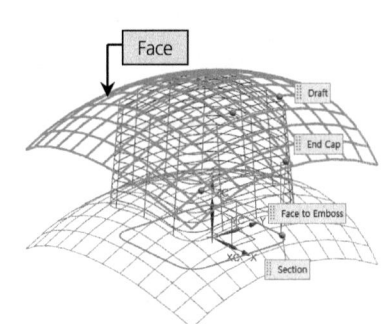

End Cap : Selected Faces
(Location : In Place)

그림 6.47  Emboss에 의한 객체의 추가

## 6.13 엠보스의 옵셋

Insert ➡ Design Feature ➡ Offset Emboss...

곡면상에 파형무늬를 선택곡선에 따라 객체를 추가할 수 있어 객체에 강성을 주는데 유효하다.

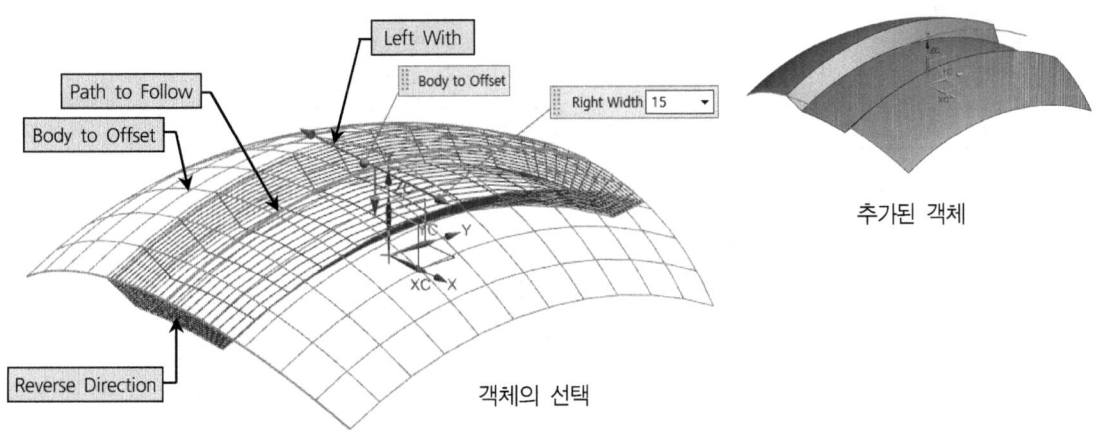

객체의 선택     추가된 객체

그림 6.48  Emboss Offset에 의한 객체의 추가

## 6.14 리브 만들기

Insert ➡ Design Feature ➡ Rib...

Rib 명령을 사용하여 교차하는 평면 단면을 압출하여 실체에 얇은 벽 리브 또는 리브 그룹을 추가하며 리브는 곡선의 평면 단면을 기준으로 작성되고 단면은 곡선의 여러 객체로 조합될 수 있다.

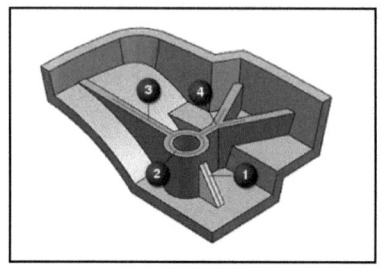

① 원곡선의 끝점이 연결되지 않은 열린 단일곡선
② 단일 폐곡선 또는 스플라인
③ 연결된 곡선은 열리거나 닫힐 수 있다.
④ Y 접합

Walls(리브 벽)이 단면 평면에 수직이거나 평행한 벽 방향을 지정할 수 있다.

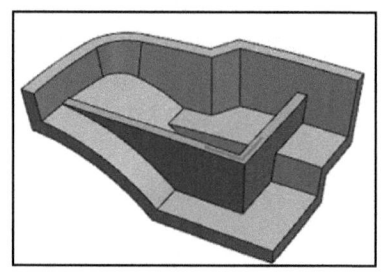
Perpendicular

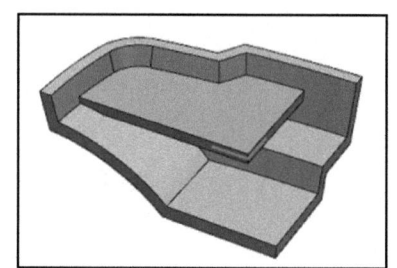
Parallel

단면을 기준으로 두께를 적용하는 방법을 지정할 수 있습니다.

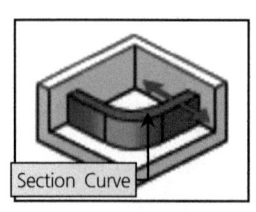
Symmetric

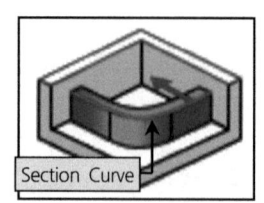
Asymmetric

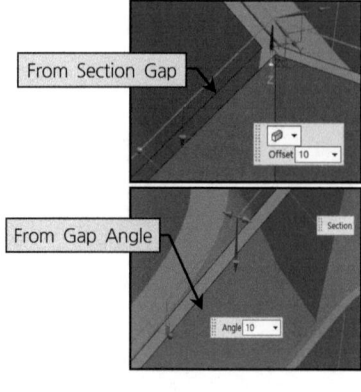

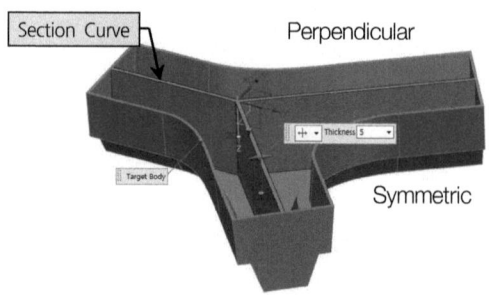

**그림 6.49** Rib에 의한 객체의 추가

## 6.15 윤곽 리브 만들기

Insert ➡ Design Feature ➡ Contour Rib...

Contour Rib 명령을 사용하여 면 또는 여러 면에 수직인 곡선 또는 모서리 집합을 추가할 수 있다.

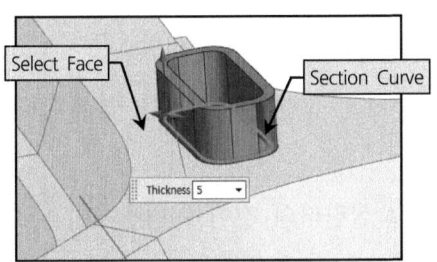

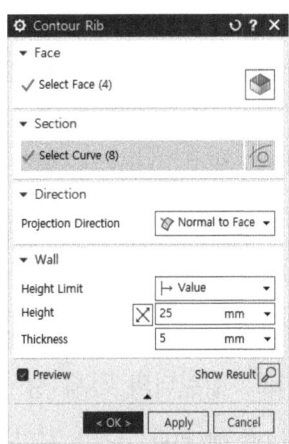

Contour Rib 대화상자

그림 6.50  Contour Rib에 의한 객체의 추가

## 6.16 나사 객체 만들기

Insert ➡ Design Feature ➡ Thread...

Solid Body에 암나사나 수나사를 작도하며, Detail 또는 Symbol로 작성할 수 있다.

① Symbolic : 원기둥 또는 구멍을 선택하고 대화상자에서 나사의 회전방향과, 암나사의 경우 드릴의 크기 또는 수나사는 나사의 골경을 정의한 후 나사의 길이를 입력하면 나사의 형상이 나타난다.

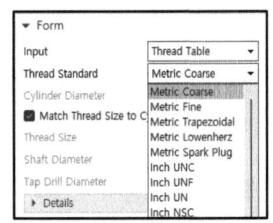

Thread Table의 적용

- Thread Table : Thread Standard에 의해 나사의 규격이 결정된다.
- Manual : 나사 규격을 사용자 입력하여 나사객체를 생성한다.
  - Major Diameter : 나사의 외경을 정의하며 암나사에서는 골지름을 정의한다.
  - Minor Diameter : 나사의 골지름을 정의하며 암나사에서는 내경을 의미한다.
  - Pitch : 나사의 피치를 나타낸다.
  - Angle : 나선의 각도를 정의한다.

- Detail : 나선의 제조방법과 줄수 및 나선방향 등을 설정한다.
  - Handedness : 나사의 회전방향을 정의하며 대부분 오른나사이다.
  - Number of Start : 나선의 줄수의 형태를 정의한다.

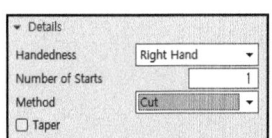

Detail의 적용

- Method : 나사의 가공방법을 정의하며 절삭, 전조, 연삭 및 창성방법을 선택할 수 있다.
- Taper : Manual에서 테이퍼 나사를 허용하며 이 옵션은 모형에 영향을 미치지 않지만 도면에서 적용된다.

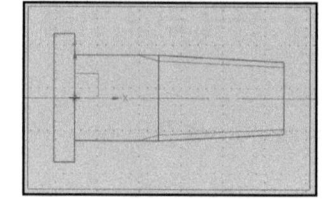

Taper의 적용

- Select Start : 나사의 시작 위치를 정의할 수 있다.
- Select Start : 나사길이를 결정하는 방법을 지정할 수 있다.
  - Value : 나사산은 지정된 거리로 적용되고 실린더의 길이를 변경해도 나사산의 길이는 그대로 유지된다.
  - Full : 실린더의 전체 길이에 적용되고 실린더의 길이를 변경하면 나사산의 길이가 수정된다.
  - Short of Full : 나사 길이는 지정한 피치 다중값에 의해 길이가 축소되고 실린더의 길이를 변경하면 스레드의 길이는 업데이트된다.

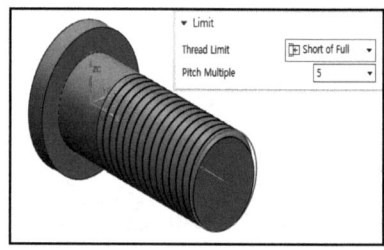

나사 길이의 제한 5피치

- Hole Size Preference : Hole Size Preference를 Major Diameter로 설정하면 소프트웨어에서 표준에서 5mm 나사를 선택하고 Hole Size Preference를 Tap Drill Diameter로 설정하면 소프트웨어가 스레드 표준에서 6mm와 같이 더 큰 직경의 나사를 선택한다.
- Shaft Size Preference : 나사의 크기와 실린더 일치를 선택할 때 사용할 수 있으며 숫 나사에 대해 실린더 면을 선택할 때 적용되고 선택된 원통 면의 직경이 Major Diameter 또는 Shaft Diameter 여부를 지정할 수 있으며 이는 소프트웨어가 선택한 나사산 크기에 영향을 준다.

② Detail : Solid Body를 선택하여 나사를 나타내며, Symbolic의 경우 단독객체의 골경으로 표시되나 Detail 나사의 모양이 표현된 새로운 객체가 생성된다.

 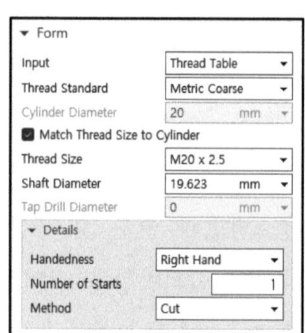

**그림 6.51** Detail 옵션에 의한 Thread 작성     Thread 대화상자

## 6.17 객체의 배열

Insert ➡ Associative Copy ➡ Pattern Feature...

객체 내의 특정 객체를 선택하여 배열하고 형상의 매개변수까지 보관하며 원본 피처를 수정할 경우 인스턴트 피처가 동시에 편집된다.

① Pattern Definition : 객체배열의 배열특성을 정의한다.

- Layout : 선택된 객체의 배열방법을 선택하며 지원되는 배열 방법에는 Linear, Circular, Polygon, Spiral, Along, General, Reference와 Helix 방법이 제공된다.

- Boundary Definition : 배열영역을 정의하며 Along, General 또는 Reference방법에는 적용되지 않는다.

Boundary Definition : Face

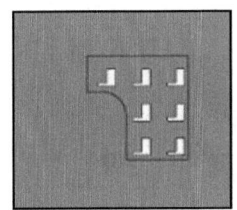
Curve

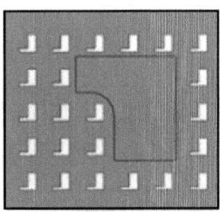
Exclude

- Pattern Increment : 인스턴스 객체에 증가특성을 정의한다.

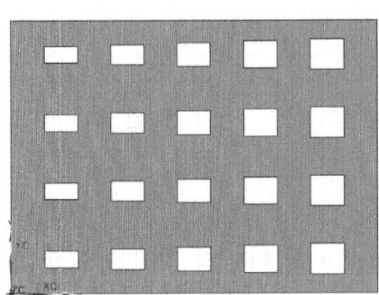

포켓 길이증분 2mm, 폭 증분1mm 실행

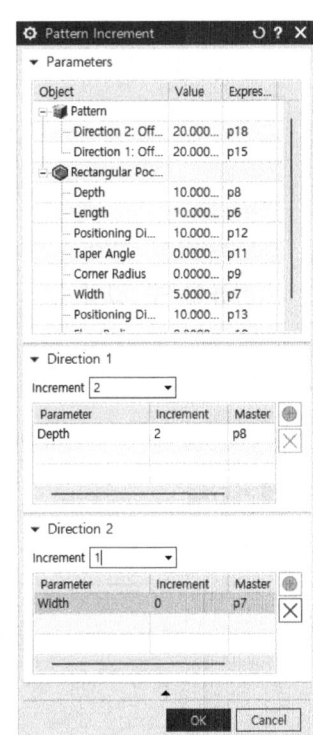

**그림 6.52** Pattern Increment에 의한 객체배열

- Instance Points : 인스턴스 객체의 배열기준점을 설정한다.

- Use Spreadsheet ⊞ : Excel 등의 스프레드시트 프로그램을 이용하여 인스턴스 객체의 위치를 확인하거나 위치정보를 수정할 수 있다.
- Orientation : 인스턴스 객체의 회전방향을 제어할 수 있다. 제어방법에는 Same as Input, Follow Pattern, Normal to Path 또는 CSYS to CSYS를 이용할 수 있다.

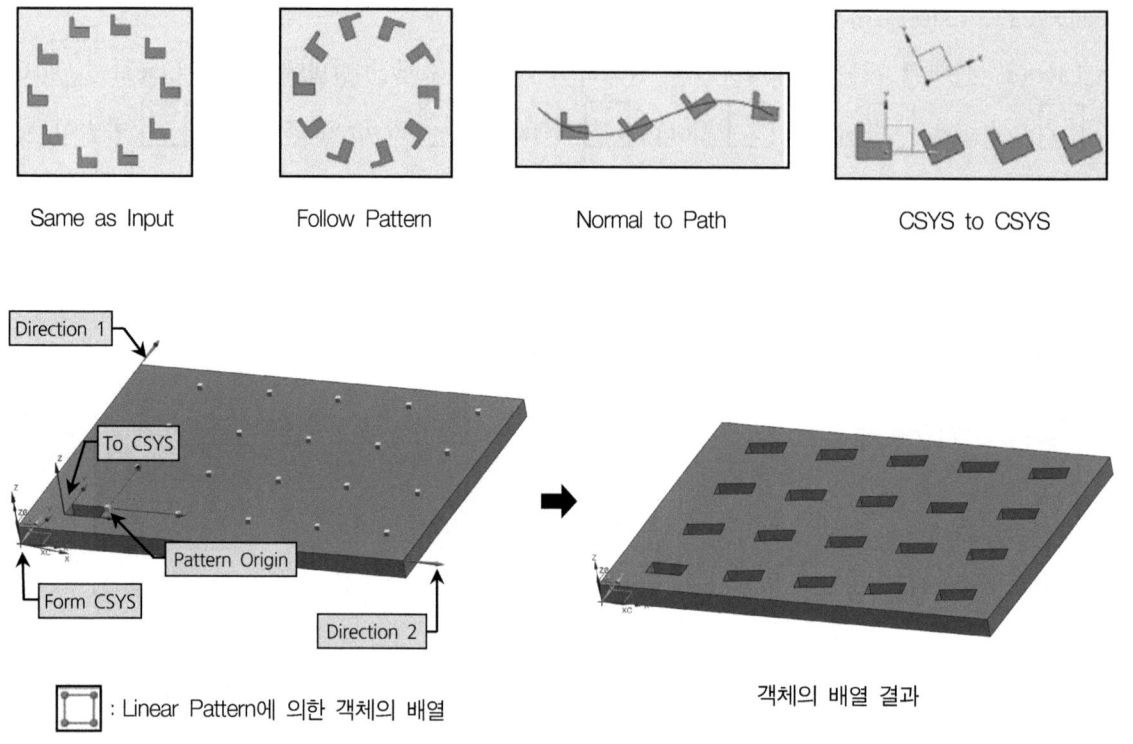

**그림 6.53** CSYS to CSYS에 의한 Orientation된 객체배열

- Pattern Settings : 인스턴스 배열의 표시형태를 조절할 수 있다. 단 Linear, Circular 또는 Along에서 적용할 수 있다.

② Pattern Method : 여러 개의 객체로 구성된 Variational, 하나의 객체인 Simple Pattern Method를 선택할 수 있으며, Variational Pattern Method에는 Reusable References를 정의하여 객체의 배열형상을 제어한다.

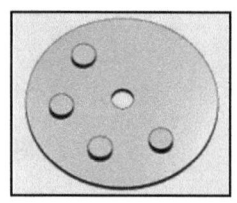
Variational Pattern Method

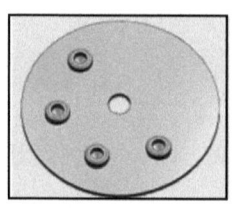
Simple Pattern Method

Reusable References 추가

③ Settings 배열객체의 배열 특성을 설정한다.
- Output : 배열객체의 배열 생성특성을 설정하며 인스턴스 배열특성인 Pattern Feature와 독립된 객체로 복사되는 Copy Features로 구성되고, 복사된 객체를 그룹으로 관리하는 Copy Features into Feature Group을 선택할 수 있다.

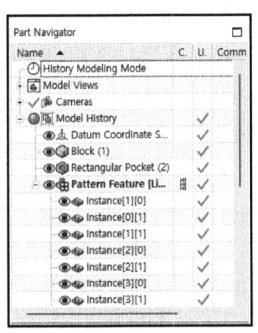
Pattern Feature

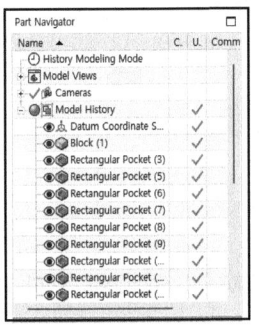
Copy Feature

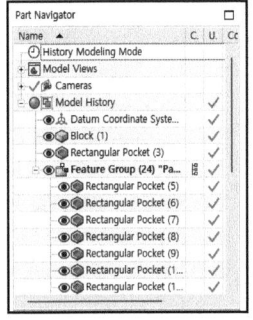
Copy Feature into Feature Group

- Expressions : Pattern Features 이외의 배열방법에서 객체의 수정특성을 정의한다. Create New는 새로운 객체로 복사되어 기존객체에 형상이 변경되지 않은 Link to Original 배열에 이용된 객체만을 이용하여 형상을 수정한다. 또한 Reuse Original의 경우 배열된 객체 전체에서 수정을 허용한다.

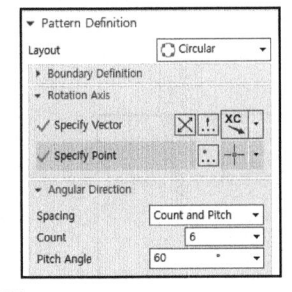

 : Circular에 의한 배열 정의

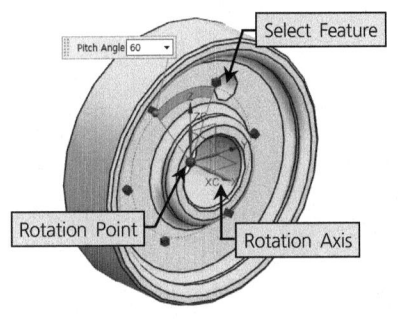

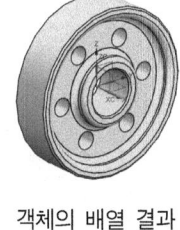
객체의 배열 결과

**그림 6.54** Circular에 의한 객체배열

## 6.18 면의 대칭 복사

Insert ➡ Associative Copy ➡ Mirror Face...

복사 또는 대칭 복사할 Plane을 선택하여 객체를 생성하여 선택한 면은 다음 기준을 충족해야 한다. 각각의 면은 모서리로 연결된 체인을 형성해야 하고 선택한 모든 면은 동일한 Solid 또는 Sheet Body에 존재해야 한다.

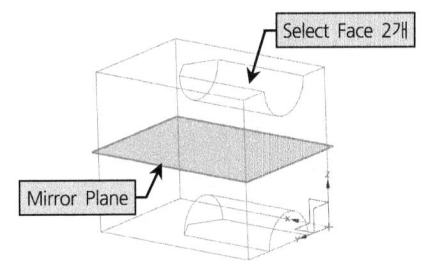

## 6.19 피처의 대칭 복사

Insert ➡ Associative Copy ➡ Mirror Feature...

Datum Plane 또는 평면을 기준으로 선택된 객체를 인스턴스 피처로 대칭복사한다.

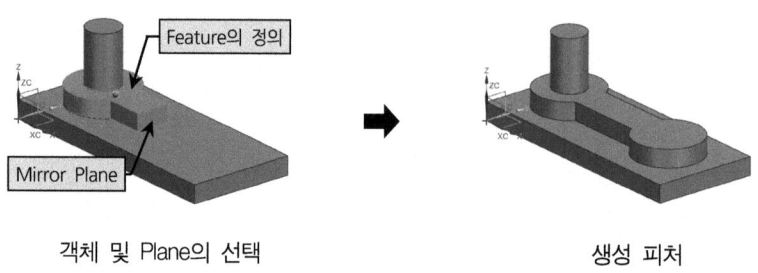

그림 6.55  Mirror Feature에 의한 객체의 복사

## 6.20 객체의 대칭 복사

Insert ➡ Associative Copy ➡ Mirror Geometry...

Datum Plane을 기준으로 선택된 객체(Solid bodies, Sheet bodies, Faces, Edges, Curves, Points와 Datums)를 대칭되게 객체를 복사한다.

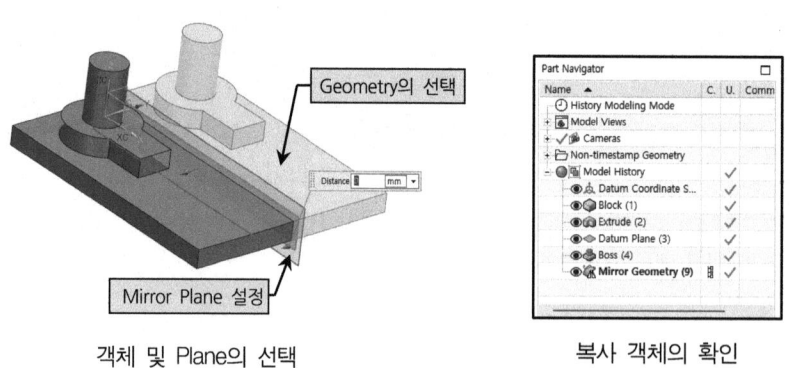

그림 6.56  Mirror Geometry에 의한 객체 복사

- Copy Threads : Thread의 Symbolic으로 작성된 나선의 복사 여부를 선택할 수 있다.

## 6.21 객체 자르기

Insert ➡ Trim ➡ Trim Body...

Solid Body 또는 Sheet Body를 Datum Plane이나 Surface에 의해 경계면의 한쪽을 삭제한다.

① Target : 작성된 Datum Plane이나 Surface에 의해 경계면의 한쪽을 삭제하여 새로운 객체를 생성하며 삭제부위 변경은 Reverse Direction을 이용한다.

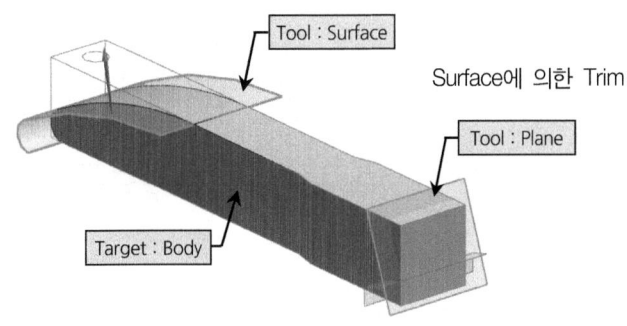

그림 6.57  Trim Body에 의한 객체의 수정

② New Plane : Datum Plane 옵션에 의해 Datum을 작성하고, 이를 기준으로 새로운 객체를 생성하며 Datum Plane의 생성방법은 4장을 참조한다.

## 6.22 객체의 분할

Insert ➡ Trim ➡ Split Body...

Solid Body 또는 Sheet Body를 Datum Plane이나 Surface에 의해 Trim Body와 달리 경계면의 한쪽을 삭제하지 않고 두 개의 조각으로 분리하는 기능이다.

- Keep Imprinted Edges : 분리될 경계면에 Edge에 대한 각인여부를 선택할 수 있다.

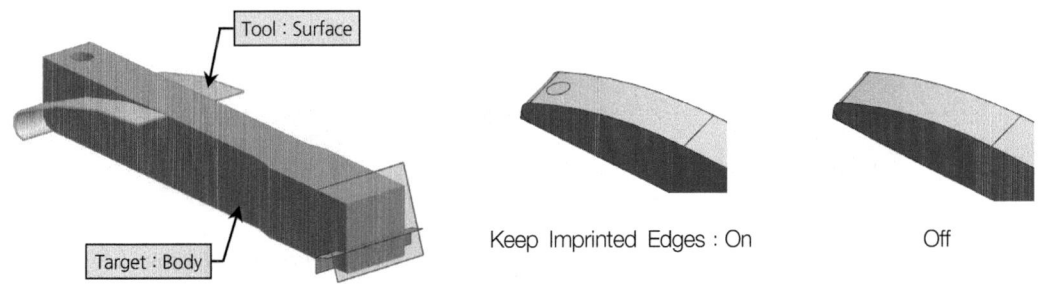

그림 6.58  Surface에 의한 Split Body

## 6.23 객체의 결합

Insert ➡ Combine ➡ Unite...

2개 이상의 솔리드 객체를 결합하여 하나의 객체를 생성시킨다. 복합솔리드는 공통체적을 제외한 체적의 합과 공통체적의 합으로 복합솔리드의 체적이 구성된다.

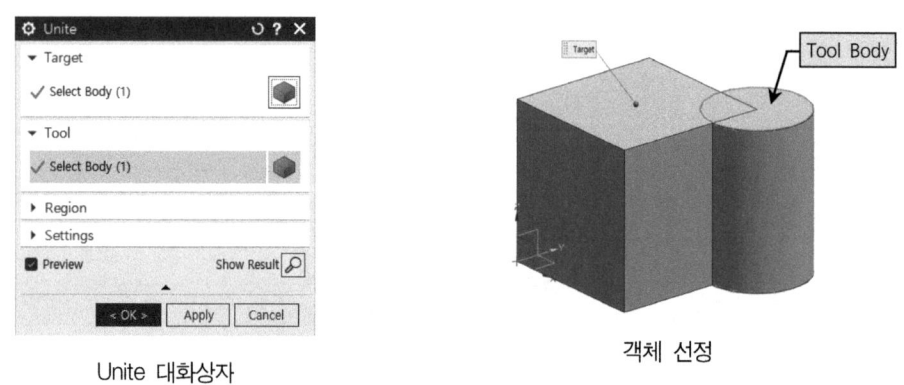

그림 6.59  Boolean Operation에 의한 객체의 결합

① Target Body : 솔리드 객체의 결합, 부분제거 또는 공통영역 작성에서 기준이 되는 객체를 선정한다.
② Tool Body : 기준객체에 결합, 제거부분 또는 공통영역을 결정하는 도구객체를 클릭한다.
③ Keep Tool/Target : 새로운 객체를 생성하고 선택된 Target과 Tool Body 객체를 유지한다.

## 6.24 객체의 부분제거

Insert ➡ Combine ➡ Subtract...

선택된 솔리드 객체에서 제거 대상 객체를 선정하고 제거 대상 객체와의 공통영역을 제거하여 새로운 객체를 생성한다. 선택 객체에서 제거 대상 공통영역을 제외한 선택 객체의 체적으로 구성된다.

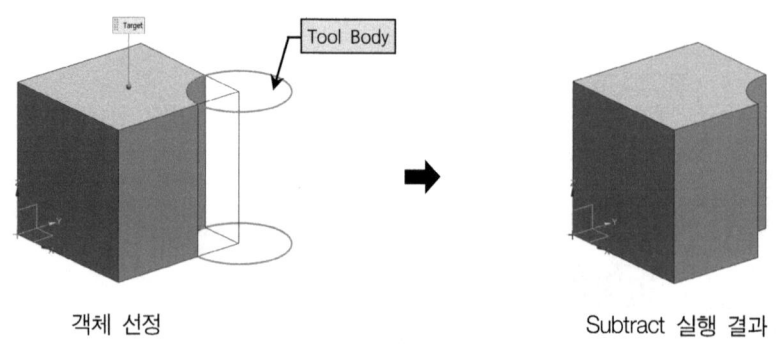

그림 6.60  Boolean Operation에 의한 객체의 부분제거

## 6.25 객체의 공통영역 생성

Insert ➡ Combine ➡ Intersect...

선택된 솔리드 객체들의 공통영역인 객체를 생성시킨다. Intersect는 2개 이상의 솔리드 객체들의 공통영역의 체적을 계산한다.

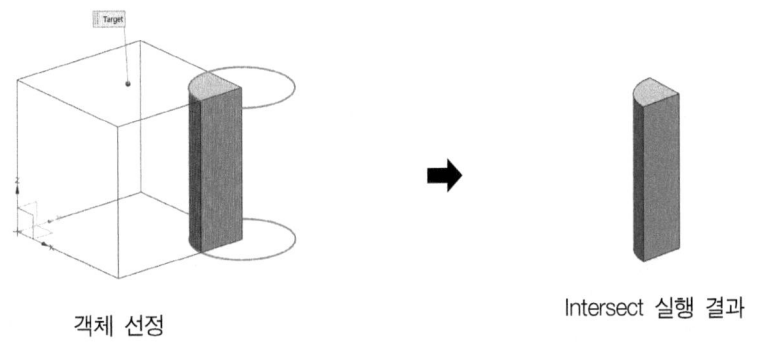

객체 선정　　　　　　　　　　Intersect 실행 결과

**그림 6.61** Boolean Operation에 의한 객체의 공통영역 생성

**예제 6.1** 아래 도면을 이용하여 서포트를 모델링하시오.

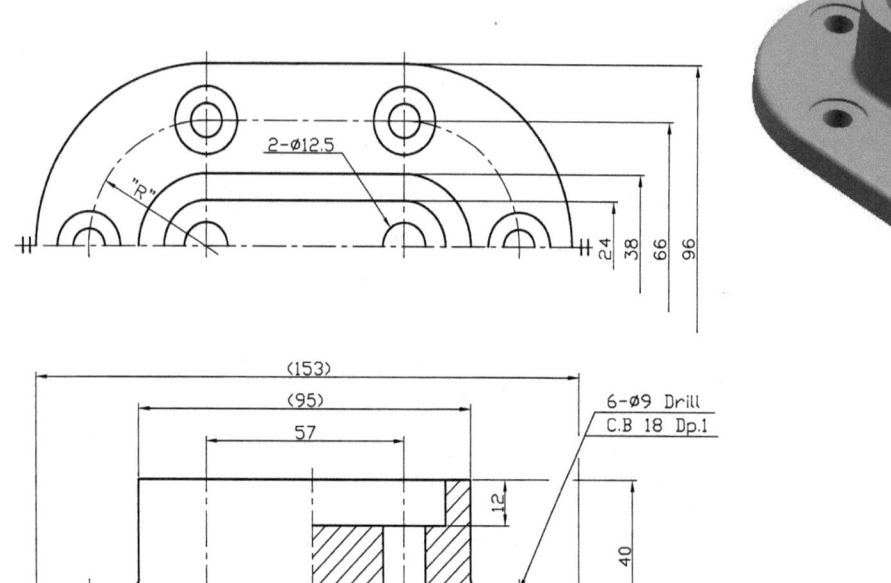

※ 주어지지 않는 모깎기는 R3으로 처리할 것.

 **예제 6.2** 아래 도면을 이용하여 플렌저를 모델링하시오.

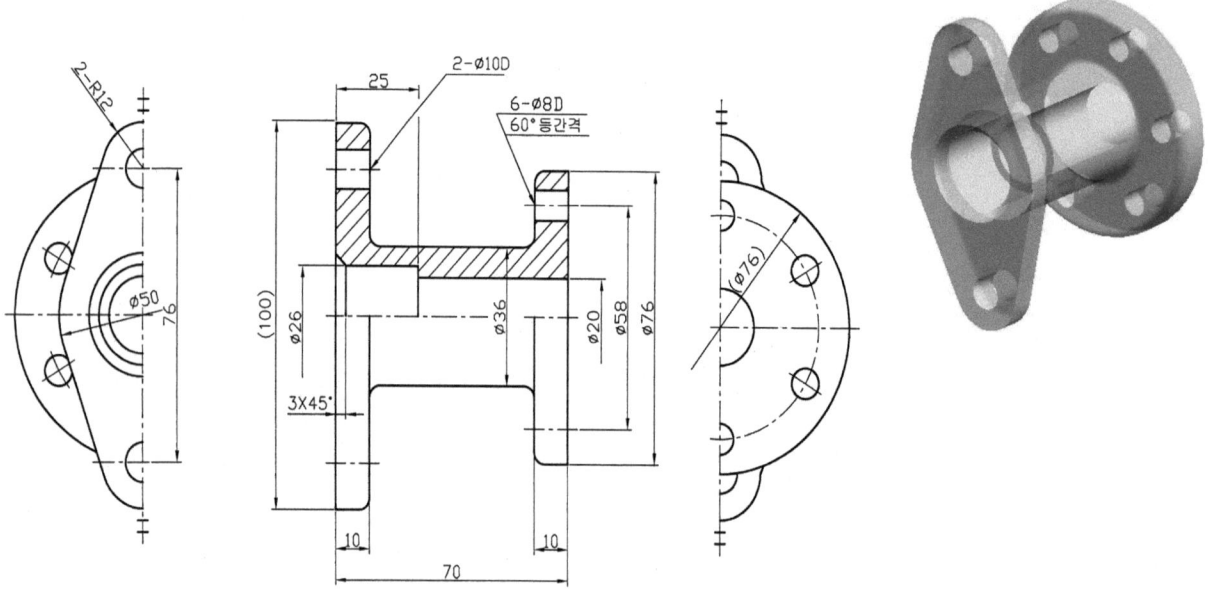

※ 주어지지 않는 모깎기는 R3으로 처리할 것.

아래 도면을 이용하여 브라켓을 모델링하시오.

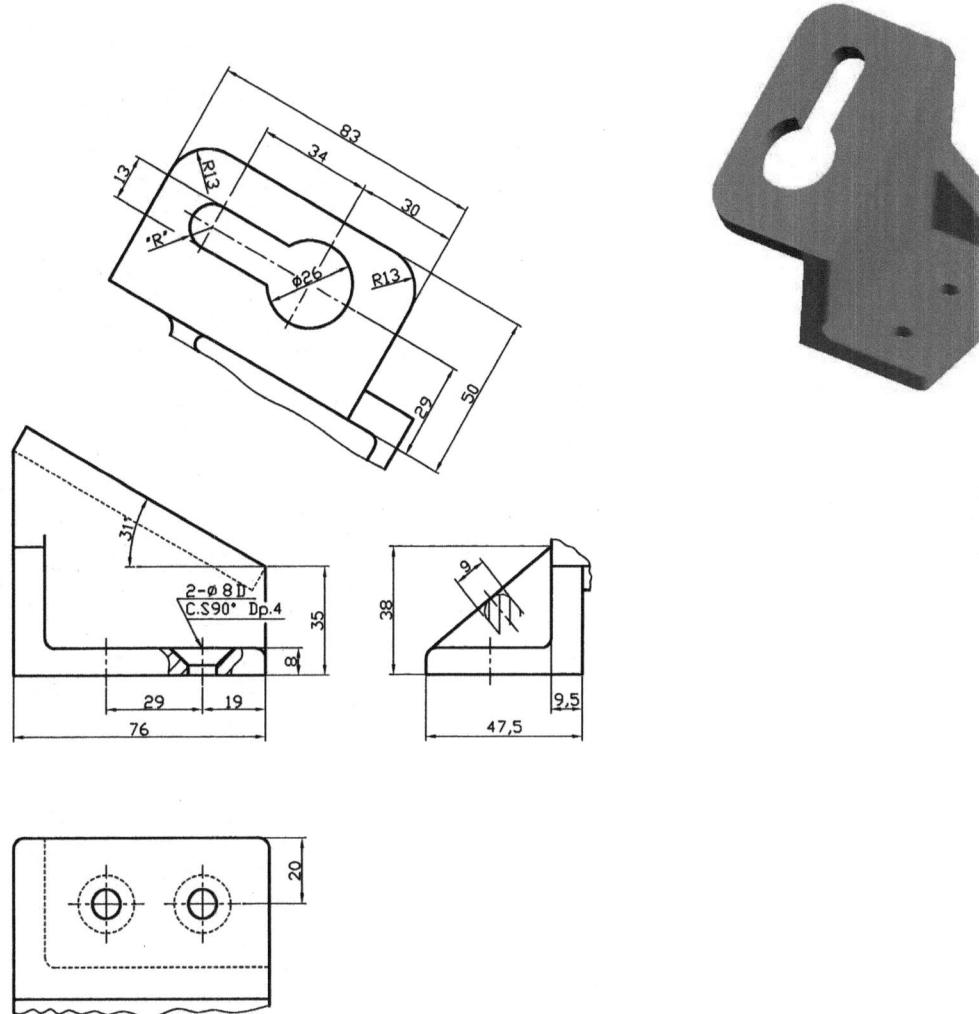

※ 주어지지 않는 모깎기는 R3으로 처리할 것.

아래 도면을 이용하여 링크 브라켓을 모델링하시오.

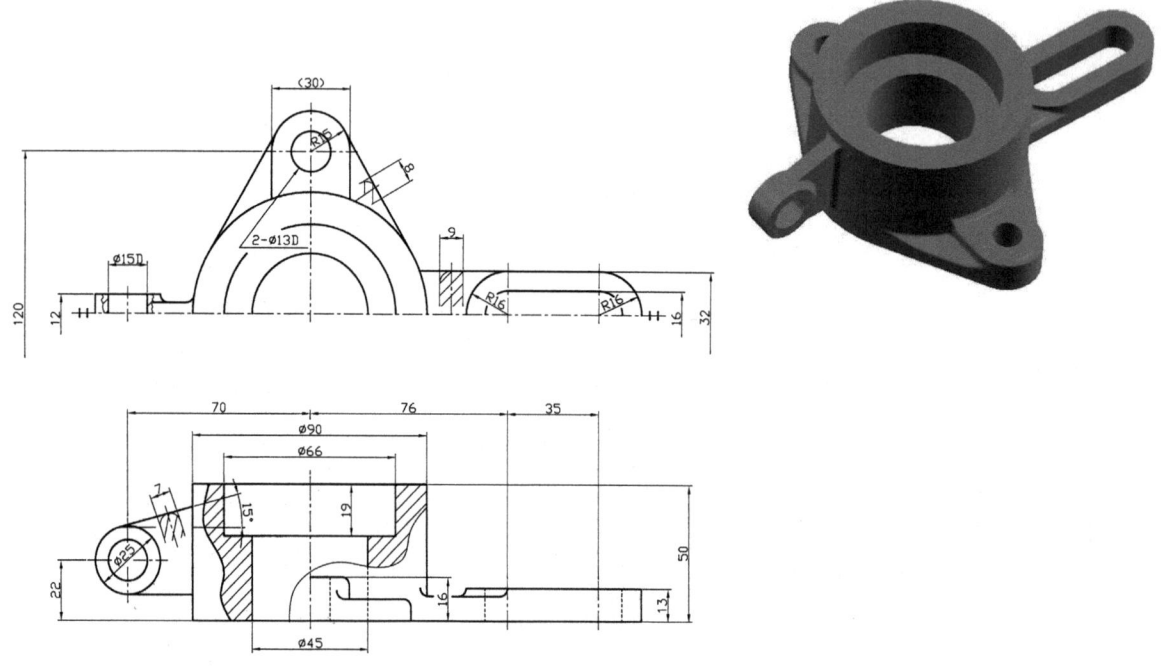

※ 주어지지 않는 모깎기는 R3으로 처리할 것.

# 작성된 객체의 수정 II

chapter 07

작성된 객체의 복사, 크기 조절 및 회전 등의 객체 수정 방법을 설명한다.

## 7.1 Transform

Edit ➡ Transform...

### 7.1.1 Scale

선택 객체의 척도(Scale)를 조절하여 객체의 크기를 변경하며 객체가 가지고 있는 파라미터값은 삭제되므로 주의하여야 한다.

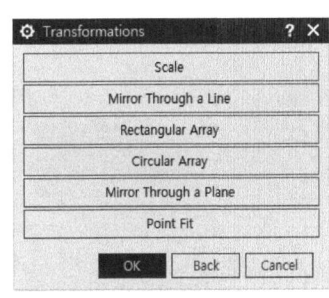

Transform 대화상자

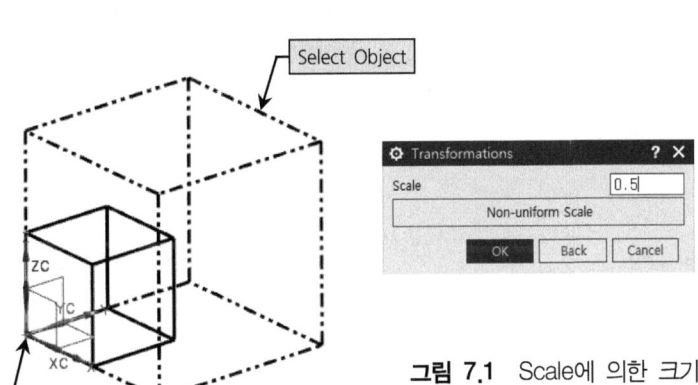

**그림 7.1** Scale에 의한 크기 변경

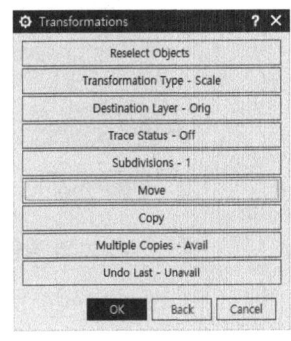

① Move : 선택된 객체를 확대 또는 축소해 정렬한다.
② Copy : 선택 객체의 확대 또는 축소한 객체로 복사한다.
③ Multiple Copies-Avail : 선정 조건 객체의 복사 수량을 입력하여 실행한다.
④ Undo Last-Unavail : 객체의 실행 결과를 취소한다.

⑤ Non-uniform Scale : 선택 객체를 WCS의 XC, YC와 ZC에 척도를 다르게 적용할 수 있으며 복사에만 적용된다.

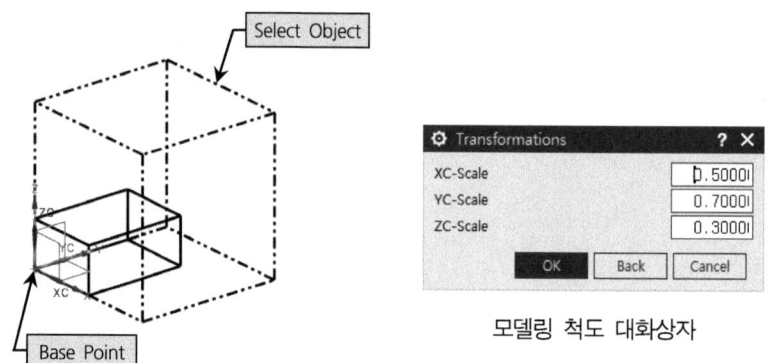

**그림 7.2** Non-uniform Scale에 의한 척도의 조절

## 7.1.2 Mirror Through a Line

작업 좌표계(WCS)의 XC-YC 평면을 기준으로 정의된 선 또는 두 점을 기준으로 객체를 대칭되게 복사하거나 이동시킨다.

① Two Points : 작성된 선을 선택하여 객체를 대칭되도록 배열한다.

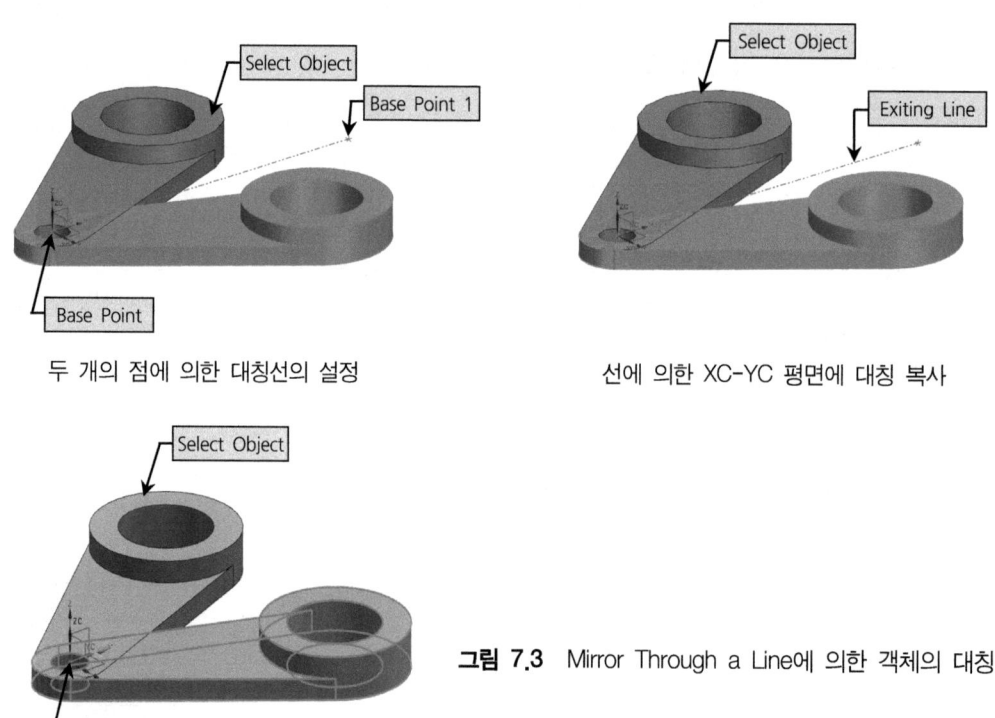

**그림 7.3** Mirror Through a Line에 의한 객체의 대칭

② Existing Line : 작성된 선을 선택하여 객체를 대칭되도록 배열한다.
③ Point and Vector : 기준점과 Vector의 방향을 대칭선으로 객체를 정렬한다.

### 7.1.3 Rectangular Array

작업 좌표계(WCS)의 XC-YC 평면을 기준으로 선택 객체를 XC-YC 평면에 사각형으로 배열하며, Move의 경우 선택 객체가 통합되어 나타난다.

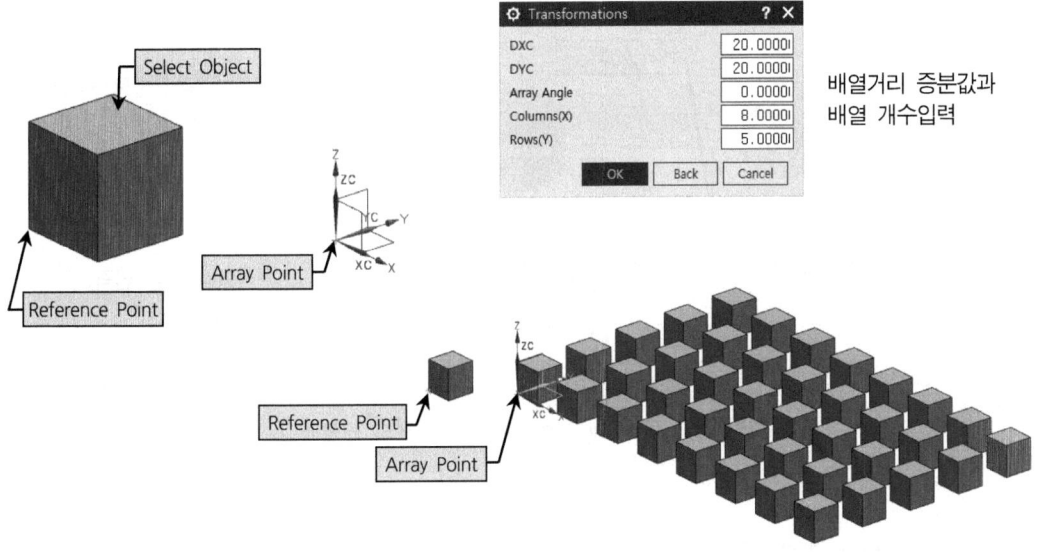

**그림 7.4** Rectangular Array에 의한 객체배열

- Array Angle : XC-YC 평면에 배열된 객체들을 Array Origin을 이용하여 회전시킨다. 그림 7.5는 그림 7.4와 같은 조건에서 Array Angle을 10도 입력한 결과이다.

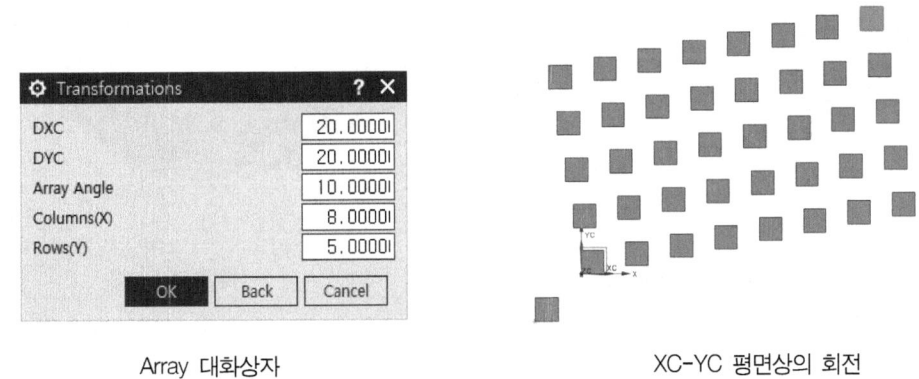

Array 대화상자      XC-YC 평면상의 회전

**그림 7.5** Array Angle에 의한 객체의 회전

### 7.1.4 Circular Array

작업 좌표계(WCS)의 XC-YC 평면에서 선택 객체의 기준점과 회전 기준점을 정의하여 객체가 원형으로 배열된다.

① Radius : 원형배열의 반경을 설정한다.
② Start Angle : 원형배열의 시작각도를 결정한다.
③ Angle Increment : 배열될 객체의 내부각도를 정의한다.
④ Number : 배열될 객체의 수를 설정한다.

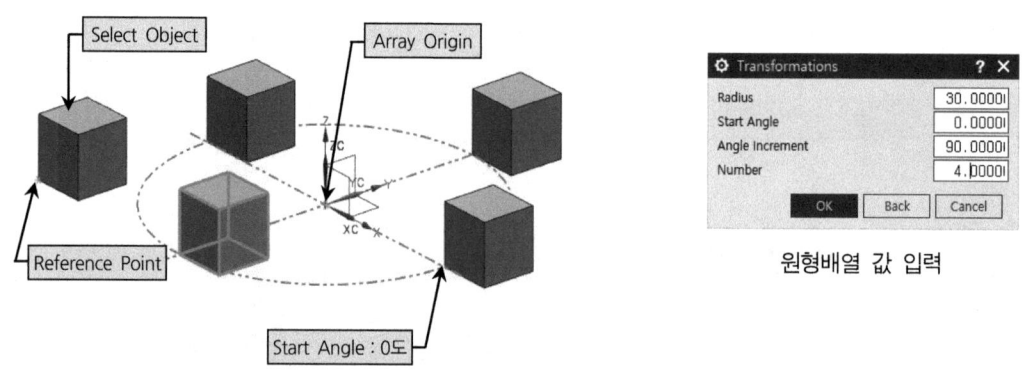

**그림 7.6** Circular Array에 의한 객체의 원형배열

### 7.1.5 Mirror Through a Plane

4장의 설명에 의해 작성된 Datum Plane을 이용하거나, 하부 옵션에 의해 Datum Plane을 작성하여 선택 객체를 평면에 대칭시킨다.

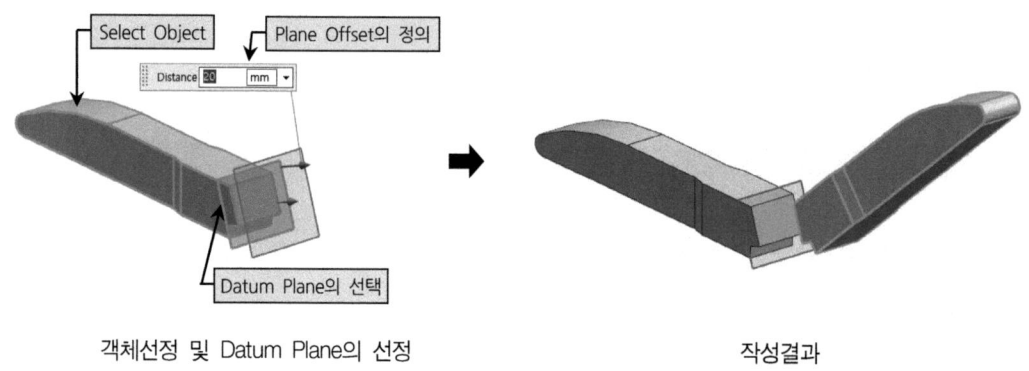

**그림 7.7** Mirror Through a Plane에 의한 객체의 대칭

① Reselect Objects : 배열 등의 명령을 실행한 후에 다른 대상객체를 선택하여 동일한 조건의 명령을 실행한다.

② Transformation Type : 대상객체를 배열 또는 복사 등을 실행한 다음 대상객체를 이용하여 다른 명령을 실행할 수 있다.

③ Destination Layer : 변환되는 객체의 Layer를 설정할 수 있으며, Specify에 Layer 이름을 지정할 수 있다.

④ Trace Status : Incremental Dynamics에서 Solid, Sheet Body 이외의 선택객체가 회전하는 경우 회전된 경로를 나타낸다.

### 7.1.6 Point Fit

선택객체의 크기와 모양을 관계 점들의 위치를 변경하여 객체의 모양을 수정한다.

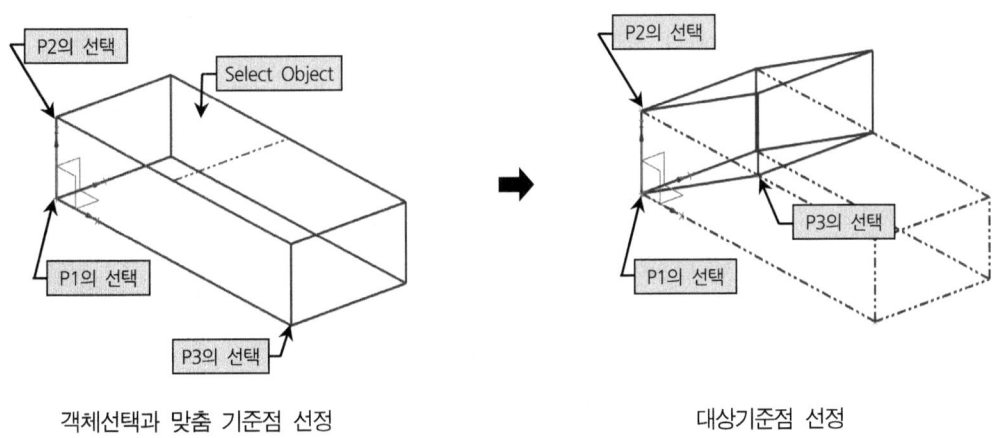

객체선택과 맞춤 기준점 선정         대상기준점 선정

**그림 7.8** 3-Point Fit에 의한 객체의 형상변경

## 7.2 Move Object

Edit ➡ Move Object... 단축키 : Ctrl + T

### 7.2.1 Dynamic

선택된 객체를 동적으로 이동하거나 객체를 이동된 위치에 복사할 수 있다.

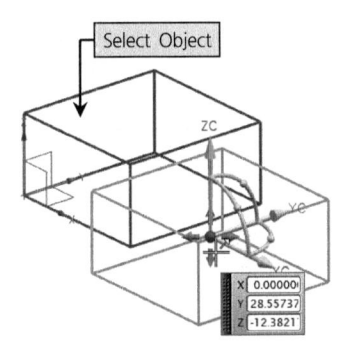

● : 원점의 이동
● : 축 기준의 회전
▶ : 축 방향의 이동

**그림 7.9** 객체의 동적이동 또는 복사

## 7.2.2 Distance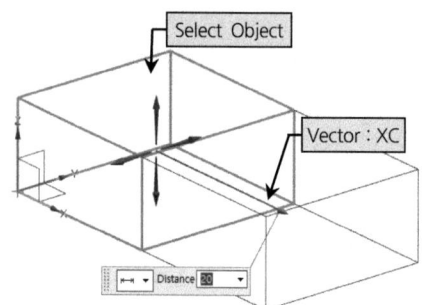

선택된 객체를 설정된 Vector 방향의 거리로 이동하거나 이동된 위치에 복사할 수 있다.

그림 7.10  객체의 거리이동 또는 이동복사

- Distance/Angle Divisions : 그림 7.10과 같이 이동거리 20mm에서 Subdivision 2인 경우 10mm가 실행되며, 이동길이(척도)/Subdivision의 거리로 실행된다.

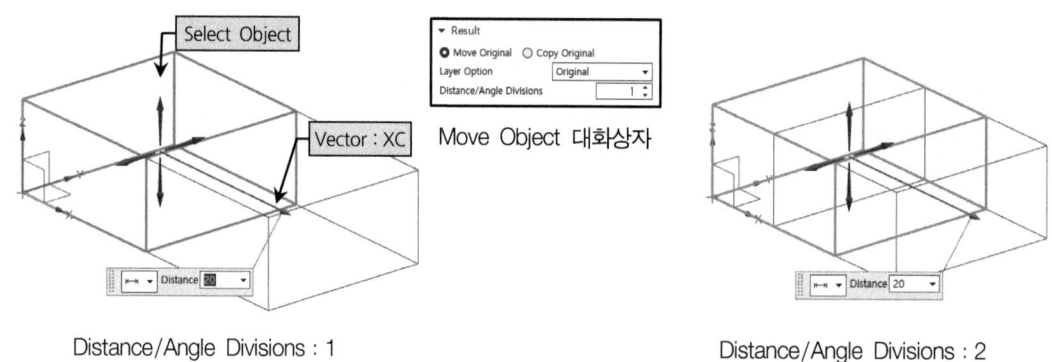

Distance/Angle Divisions : 1                    Distance/Angle Divisions : 2

그림 7.11  Distance/Angle Divisions의 형상정의

## 7.2.3 Angle

선택된 객체를 설정된 Vector 방향과 점에 의해 회전하거나 회전된 위치에 복사할 수 있다.

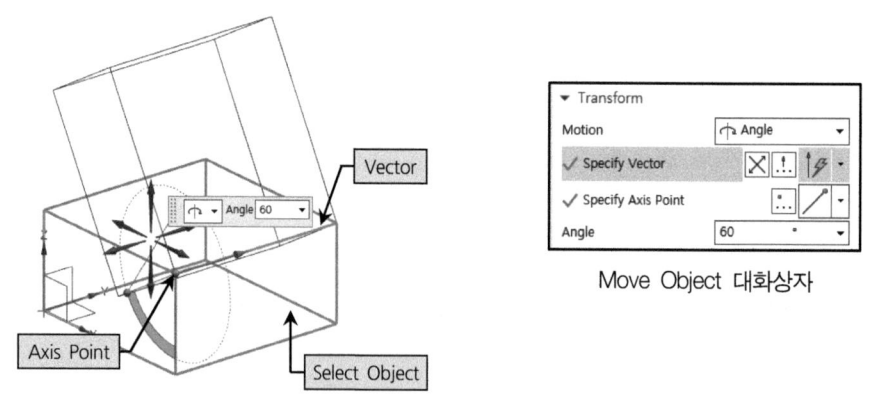

그림 7.12  객체의 회전이동 또는 회전복사

## 7.2.4 Distance between Points

선택된 객체의 Vector를 이용하고 Datum Axis 방향에 정의된 Measurement 점에 변경된 Distance를 적용하여 Vector 방향으로 이동하거나 이동된 위치에 복사할 수 있다.

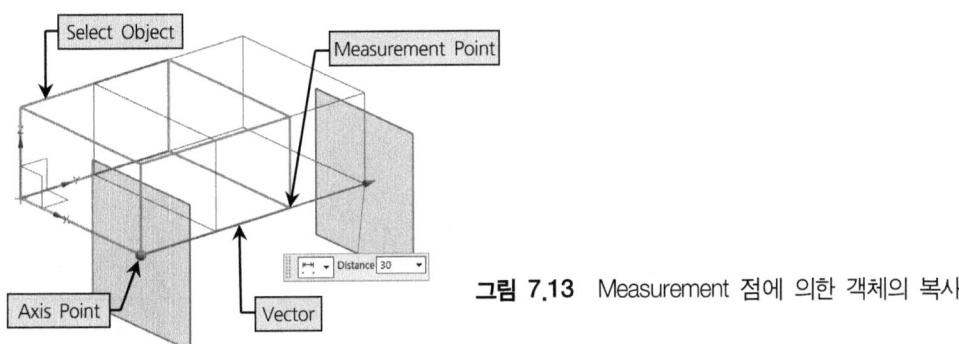

**그림 7.13** Measurement 점에 의한 객체의 복사

## 7.2.5 Radial Distance

선택된 객체를 Vector에 의해 설정된 Datum Axis를 기준으로 반지름 방향에 정의된 Measurement 점에 변경된 Distance를 적용하여 반경방향으로 이동하거나 이동된 위치에 복사할 수 있다.

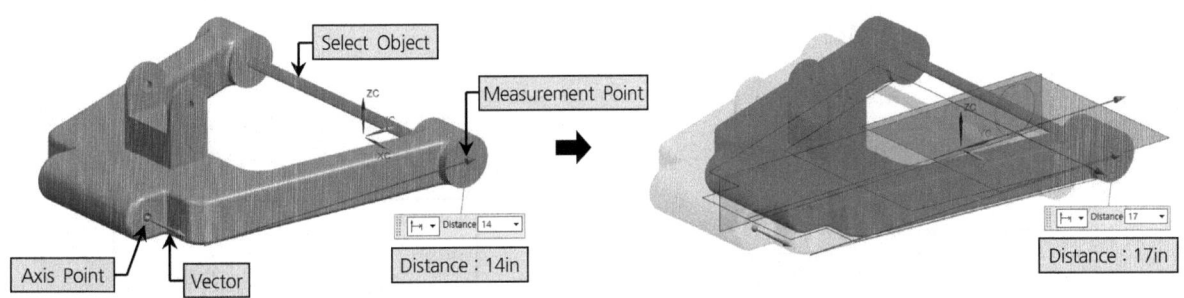

**그림 7.14** Radial Distance에 의한 객체의 복사

## 7.2.6 Point to Point

선택된 객체를 설정된 점에서 점으로 이동하거나 이동된 위치에 복사할 수 있다.

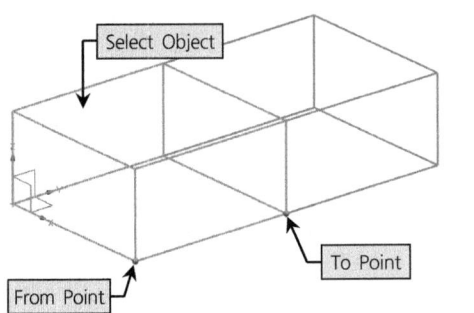

**그림 7.15** 이동점에 의한 객체의 이동

## 7.2.7 Rotate by Three Points

선택된 객체를 Vector에 의해 설정된 Datum Axis를 기준으로 회전기준점과 변경될 회전점을 정의하여 Axis Datum으로 회전하거나 회전된 위치에 복사할 수 있다.

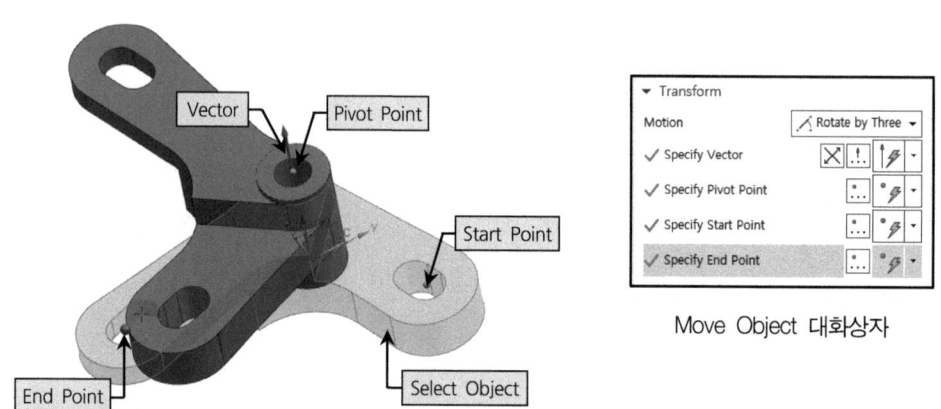

그림 7.16  Rotate by Three Points에 의한 객체의 이동

## 7.2.8 Align Axis to Vector

선택된 객체를 Vector에 의해 설정된 Datum Axis를 기준으로 회전기준점과 변경시킬 Vector에 의해 회전하여 정렬되거나 정렬된 위치에 복사할 수 있다

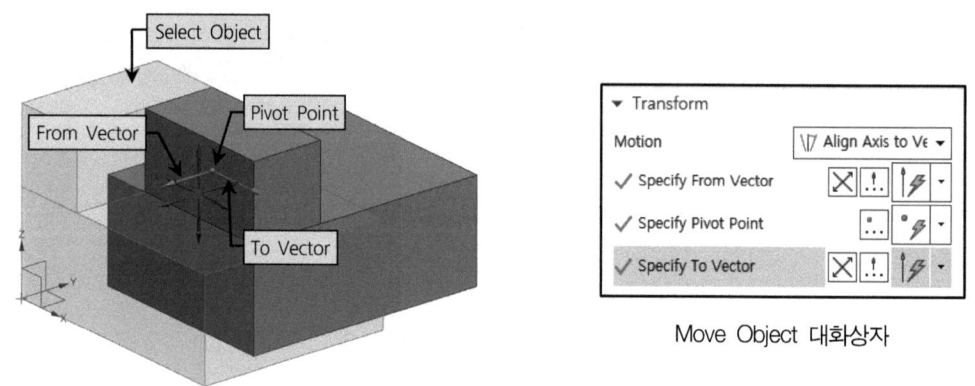

그림 7.17  Align Axis to Vector에 의한 객체의 이동

## 7.2.9 CSYS to CSYS

위치를 변경할 객체를 선택한 다음 CSYS Constructor 대화상자를 이용하여 좌표계를 설정하고 변경할 위치의 대응좌표계를 선정하여 객체의 위치를 변경한다.

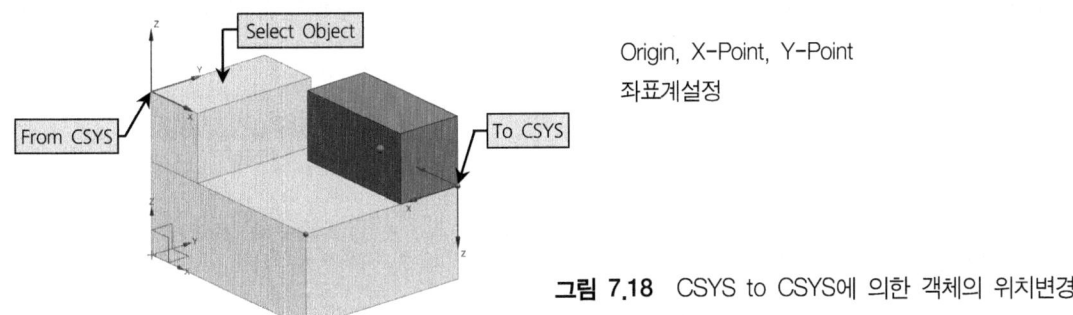

**그림 7.18** CSYS to CSYS에 의한 객체의 위치변경

## 7.2.10 Delta XYZ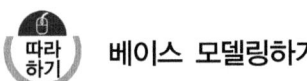

위치를 변경할 객체를 선택한 다음 증분 대화상자를 이용하여 이동할 위치의 증분값을 입력하여 이동하거나 이동된 위치에 객체를 복사할 수 있다.

### 베이스 모델링하기

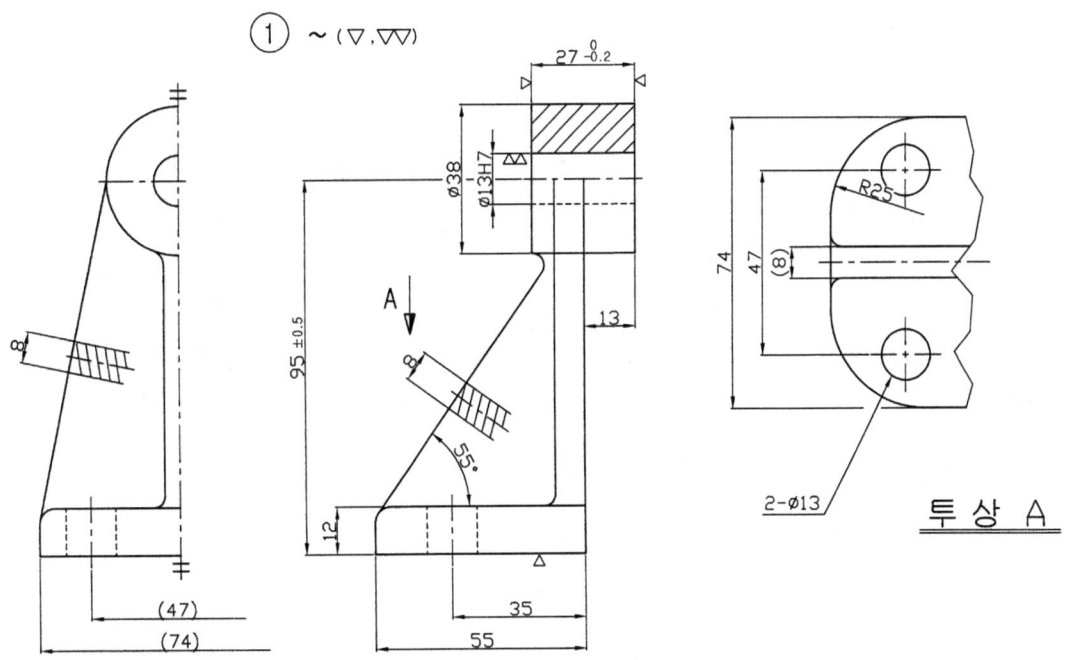

※ 주어지지 않는 모깎기는 R3으로 처리할 것.

**Step.1** 절대좌표의 원점을 이용하여 Block 을 작성하고 3개의 모서리에 반경 3mm Edge Blend 하시오.

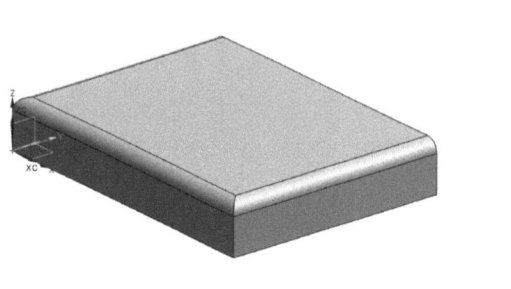
Block과 Blend의 작성

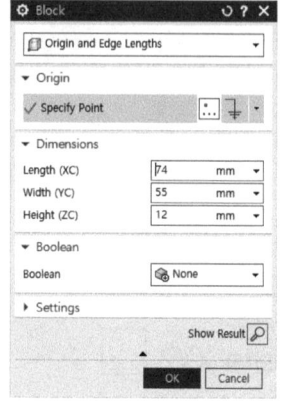
Block 대화상자

**Step.2** Cylinder를 이용해 보스 부분을 작도한다.

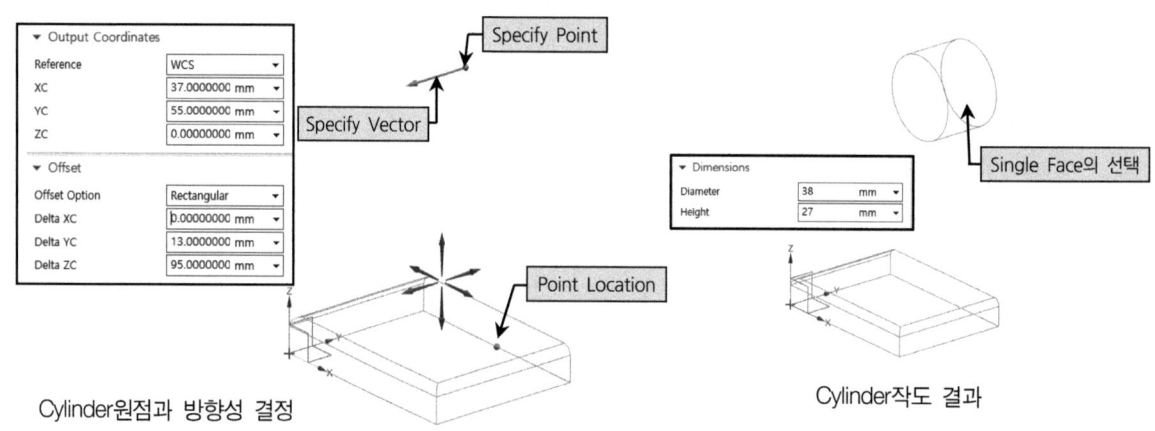

Cylinder원점과 방향성 결정     Cylinder작도 결과

**Step.3** Intersection Curve 작성을 위하여 Datum Plane을 설정하여 Intersection Curve를 작성한다.

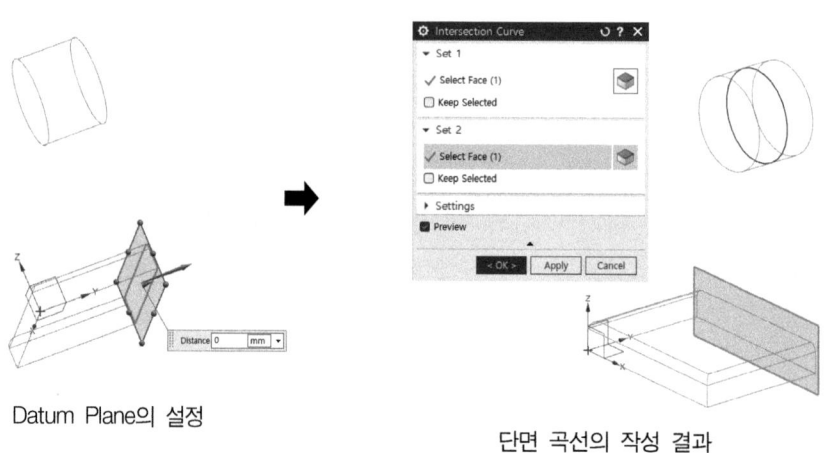

Datum Plane의 설정     단면 곡선의 작성 결과

**Step.4** Line Curve 이용하여 윤곽곡선을 작성한다.

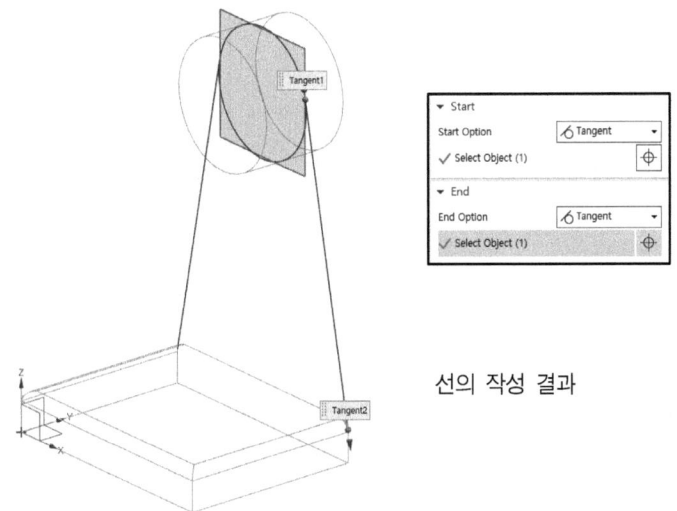

선의 작성 결과

**Step.5** Extrude를 이용한 객체의 생성, Connected Curves를 이용하고 Stop at Intersection 기능을 사용하며 원기둥 객체에 Unite를 적용한다.

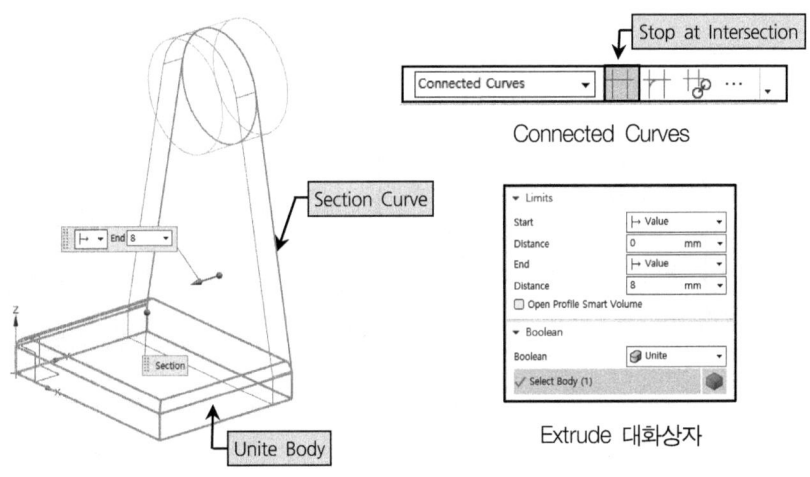

Extrude 대화상자

**Step.6** Datum Plane(Bisector)을 설정하고 Intersection Curve를 작성한다.

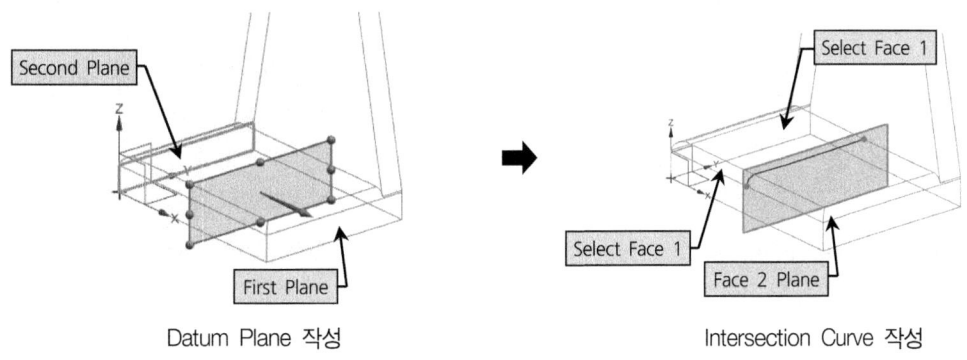

Datum Plane 작성    Intersection Curve 작성

Step.7 Line Curve 이용하여 윤곽 곡선을 작성하고 Extrude를 이용하여 객체를 생성한다.

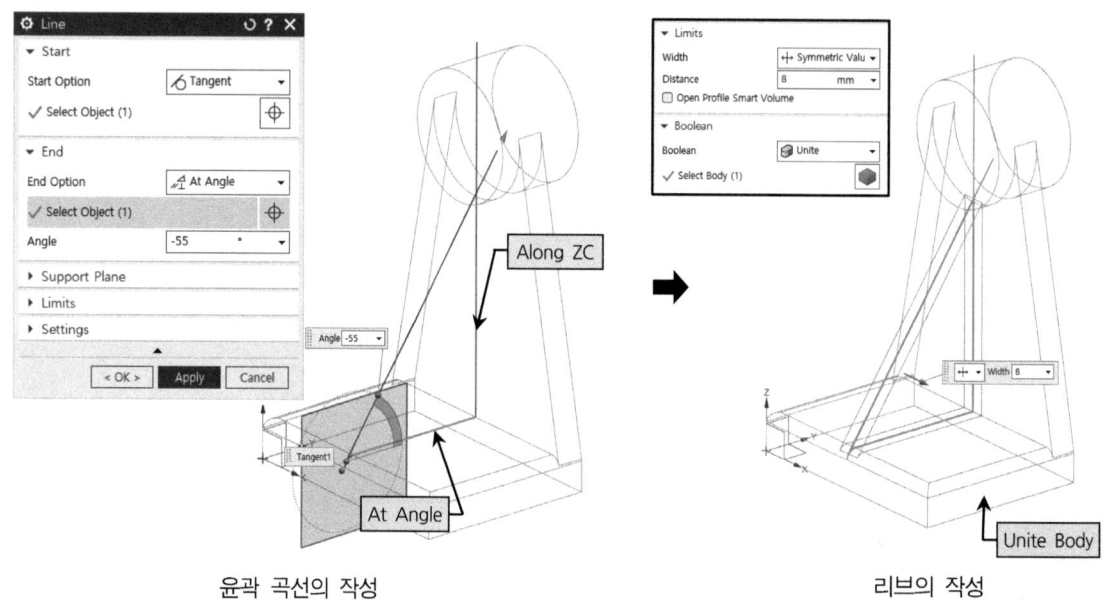

윤곽 곡선의 작성      리브의 작성

Step.8 Point Constructor 이용하여 객체의 부착 구멍의 위치를 설정하고 Hole을 적용한다.

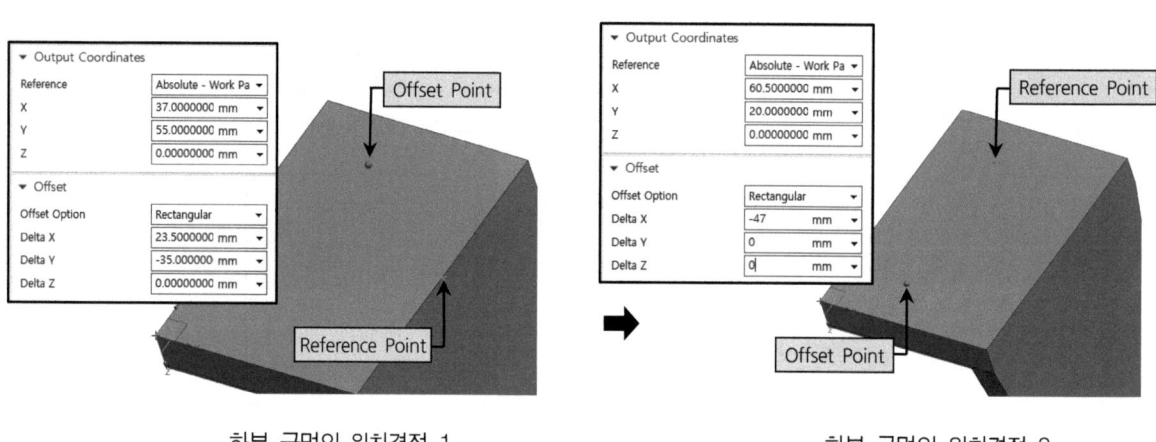

하부 구멍의 위치결정 1      하부 구멍의 위치결정 2

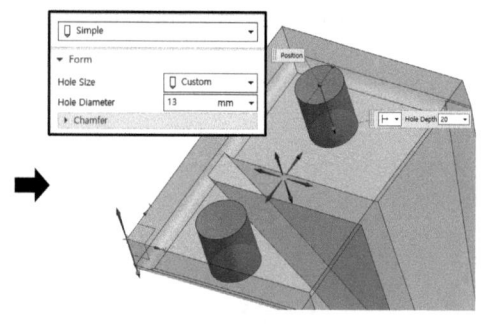 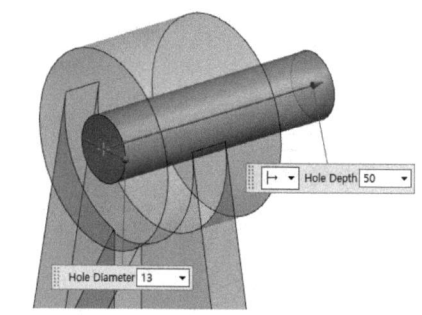

하부 구멍의 적용      상부 구멍의 적용

Step.9 작성된 객체에 Edge Blend 를 이용하여 반경 3, 25mm로 모깎기 한다.

모델링된 베이스

Edge Blend 대화상자

**예제 7.1** 아래 도면을 이용하여 부싱 서포트를 모델링하시오.

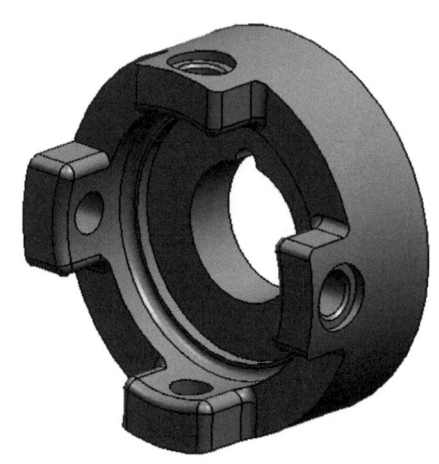

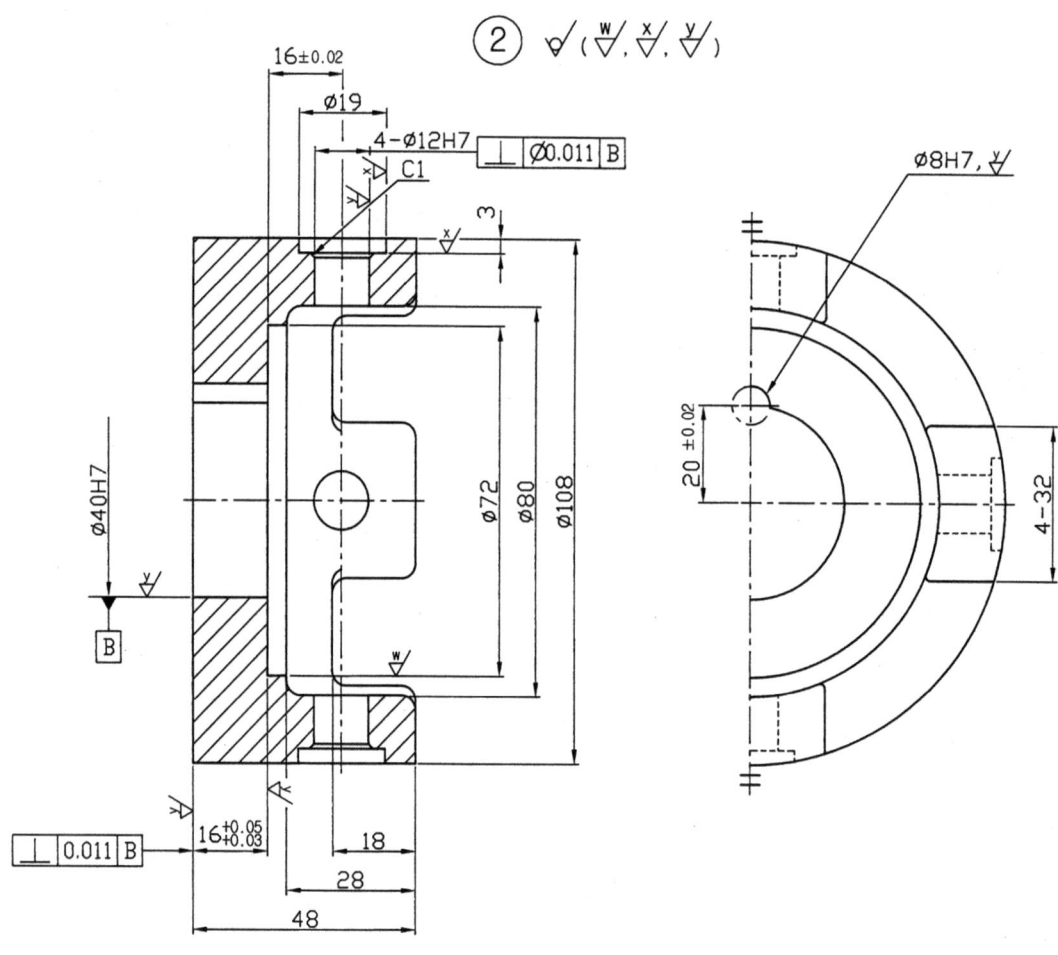

※ 주어지지 않는 모깎기는 R3으로 처리할 것.

아래 도면을 이용하여 하우징을 모델링하시오.

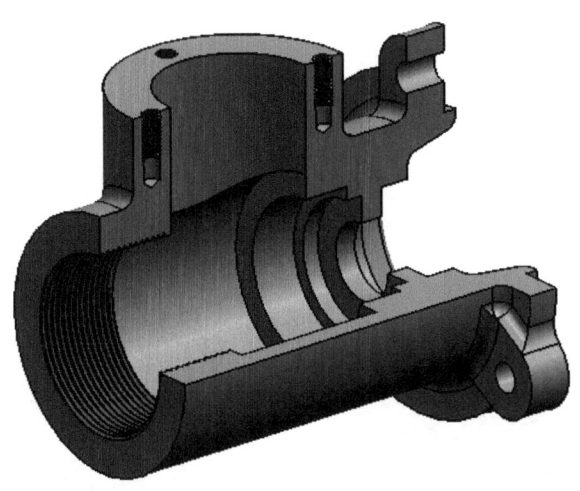

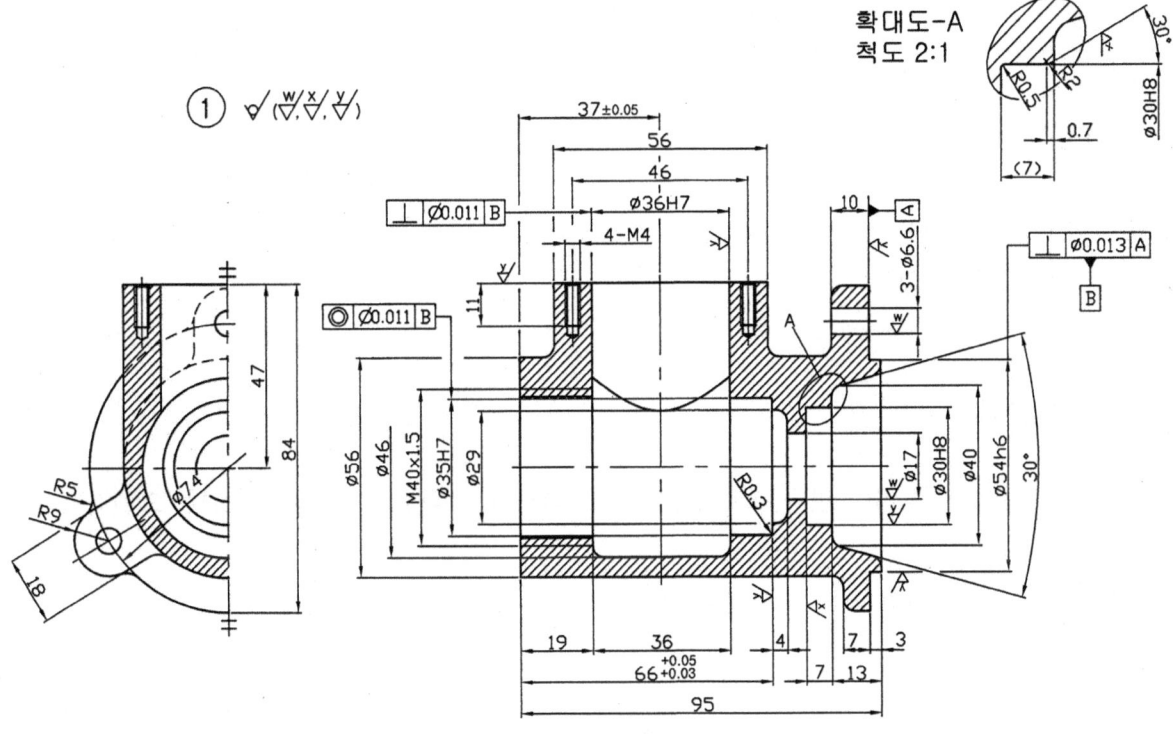

※ 주어지지 않는 모깎기는 R3으로 처리할 것.

## 7.3 Synchronous Modeling

Insert ➡ Synchronous Modeling...

### 7.3.1 Move Face

Insert ➡ Synchronous Modeling ➡ Move Face...

작성된 객체의 면을 이용하여 면의 이동 또는 회전 등에 의해 객체의 형상을 변경할 수 있으나 모델객체의 형상조건에 영향을 받는다.

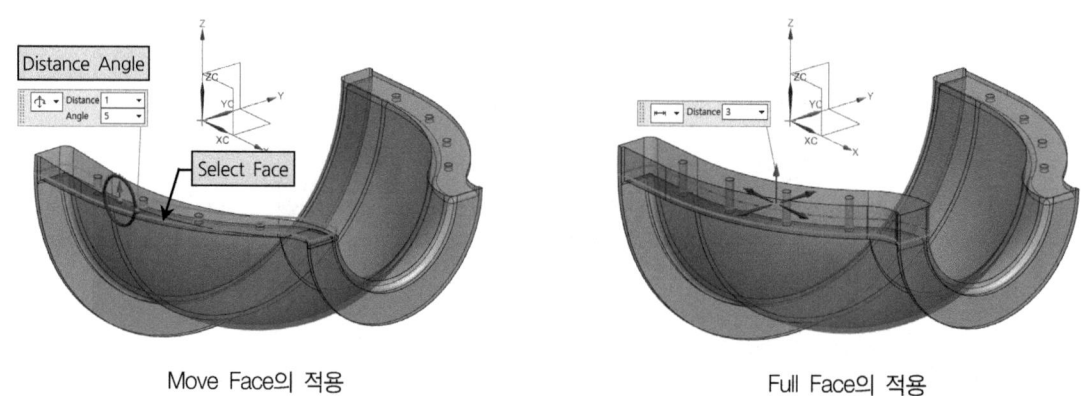

Move Face의 적용　　　　　Full Face의 적용

**그림 7.19** 객체 면의 선택에 의한 형상변경

### 7.3.2 Pull Face

Insert ➡ Synchronous Modeling ➡ Pull Face...

작성된 객체의 면을 이용하여 면의 법선방향 이동에 의해 객체의 형상을 변경할 수 있으며, 모델객체의 구속조건에 영향을 받지 않는다.

### 7.3.3 Offset Region

Insert ➡ Synchronous Modeling ➡ Offset Region...

작성된 객체의 면을 이용하여 면의 거리이동에 의해 객체의 형상을 변경할 수 있으나, 모델객체의 형상조건에 영향을 받는다.

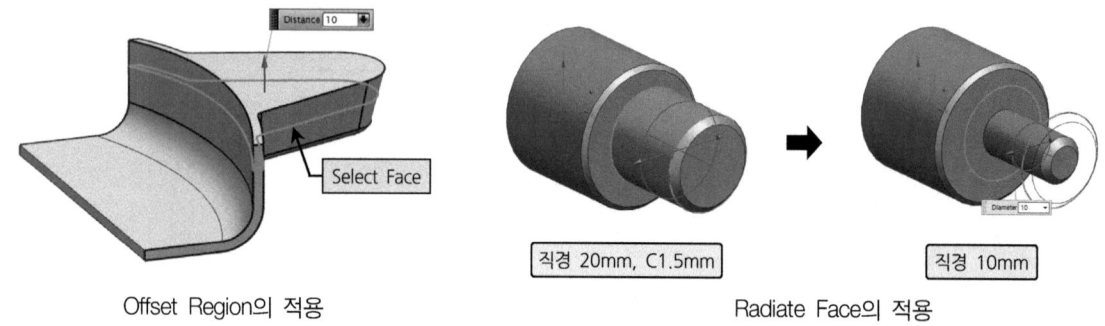

Offset Region의 적용　　　　　Radiate Face의 적용

**그림 7.20** 객체 면의 선택에 의한 형상변경

### 7.3.4 Radiate Face

Insert ➡ Synchronous Modeling ➡ Radiate Face...

작성된 객체의 면을 이용하여 정의된 치수의 변경을 통해 모델객체의 형상이 변경되며 과도한 치수변경은 상관객체의 변경을 억제한다.

### 7.3.5 Replace Face

Insert ➡ Synchronous Modeling ➡ Replace Face...

작성된 객체의 면을 이용하며 변경기준이 되는 Replace Face 면을 기준으로 Face to Replace 면을 이동하여 형상을 변경할 수 있으나 모델객체의 형상조건에 영향을 받는다.

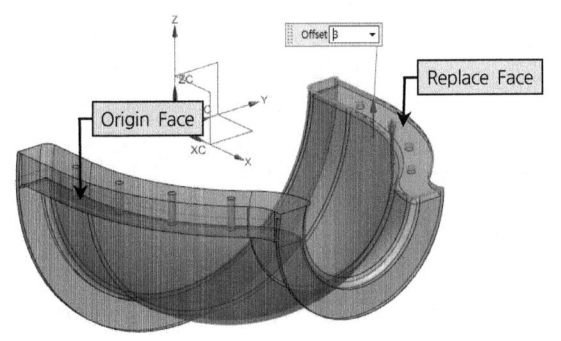

Replace Face의 적용     Replace Face 대화상자

**그림 7.21** Replace Face에 의한 형상변경

### 7.3.6 Delete Face

Insert ➡ Synchronous Modeling ➡ Delete Face...

작성된 객체의 면을 이용하여 모델면을 삭제할 수 있으나, 모델객체의 형상조건에 영향을 받는다. 또한 Part Navigator에 등록된 객체의 매개변수(Parameter)는 그대로 유지된다.

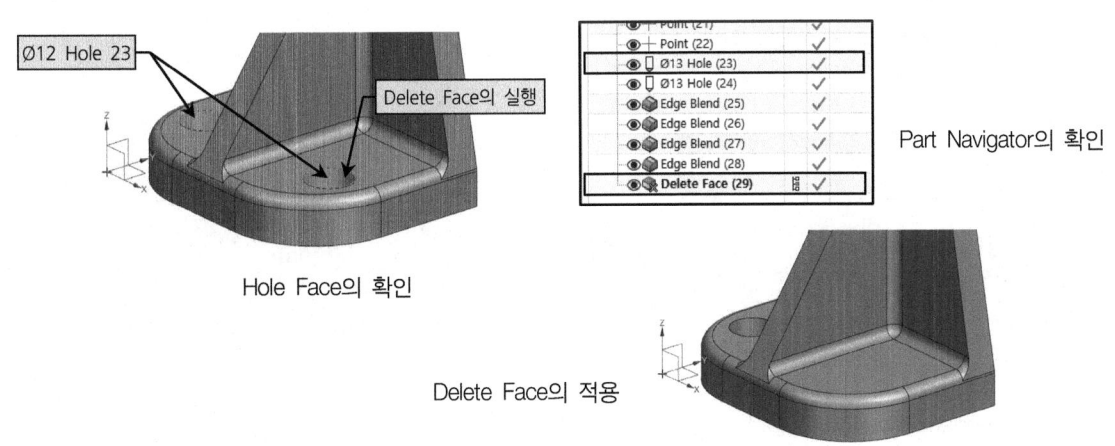

Hole Face의 확인     Part Navigator의 확인

Delete Face의 적용

**그림 7.22** Delete Face에 의한 객체 삭제

### 7.3.7 Group Face

Insert ➡ Synchronous Modeling ➡ Group Face...

작성된 객체의 면에 그룹 특성별 선택조건 및 검색조건을 주어 그룹화하여 동일한 명령을 동시 적용 하거나 그룹별 객체를 확인할 수 있다.

### 7.3.8 Edit Cross Section

Insert ➡ Synchronous Modeling ➡ Edit Cross Section...

작성된 객체의 단면에 Plane을 설정하면 Sketch 기능을 수행할 수 있어 단면의 형상을 수정할 수 있다.

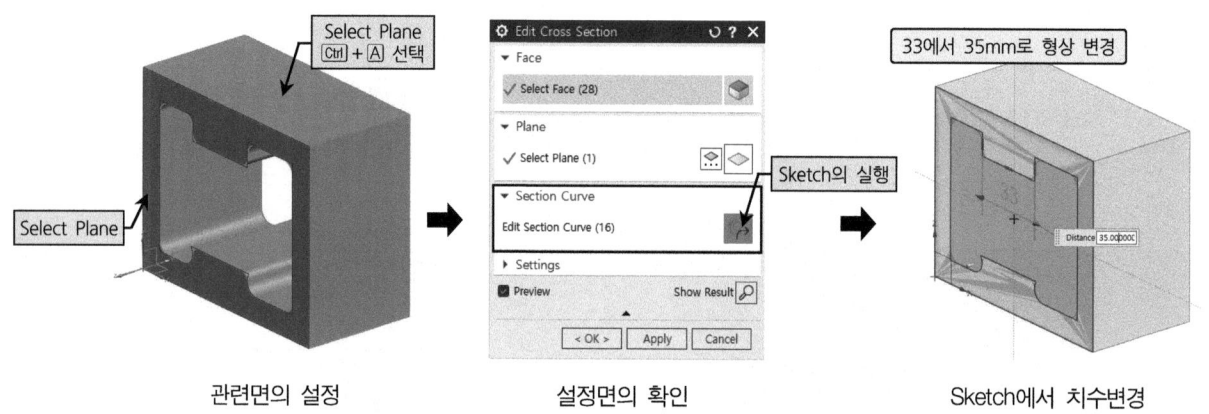

관련면의 설정     설정면의 확인     Sketch에서 치수변경

**그림 7.23** Edit Cross Section에 의한 형상변경

### 7.3.9 Detail Feature

Insert ➡ Synchronous Modeling ➡ Detail Feature...

작성된 객체의 모깎기 또는 모따기 형상정의를 수정하며 기존의 History는 변경되지 않는다.

① Resize Blends : 작성된 객체의 모깎기 치수를 변경할 수 있다.

② Reorder Blends : 다른 형상의 모깎기(Opposite Convexity)를 재생성하며, Overflow된 두 개의 모깎기 형상을 한 점의 면적으로 변경한다.

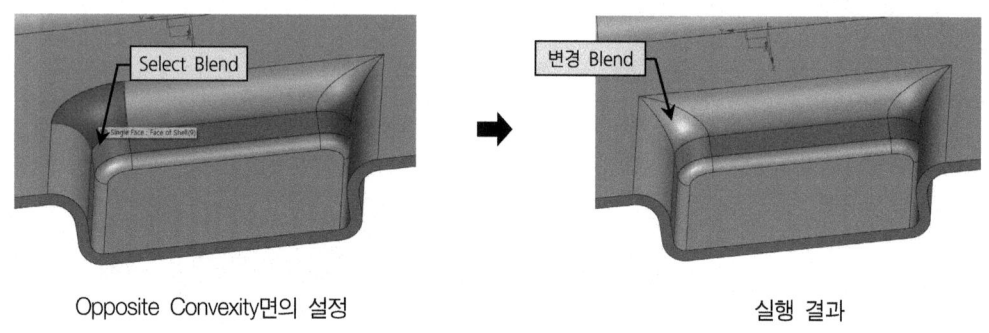

Opposite Convexity면의 설정     실행 결과

**그림 7.24** Reorder Blend에 의한 모깎기 형상변경

③ Resize Chamfer ![] : 작성된 객체의 모따기 치수를 변경할 수 있다.

④ Label Chamfer ![] : Sheet Body에 결합된 객체 등에는 Chamfer 속성이 존재하지 않으므로 Chamfer 속성을 정의하며, Move Face 또는 Pull Face 등을 이용하여 모따기 부분을 억제할 수 있다.

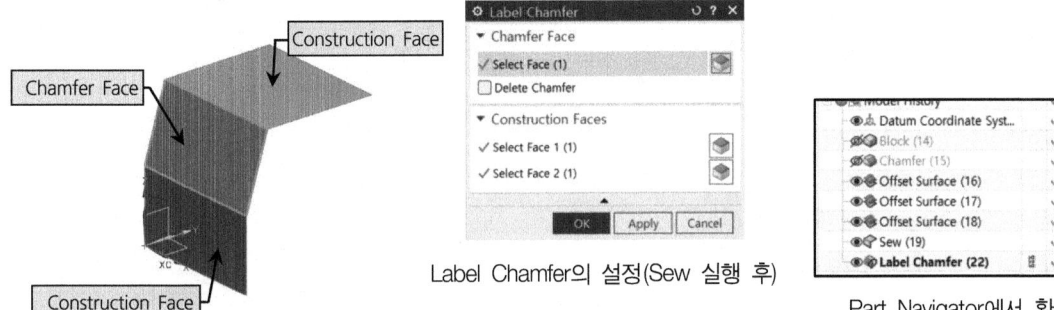

**그림 7.25** Label Chamfer에 의한 모깎기 형상변경

⑤ Label Notch Blend ![] : 레이블이 지정된 면은 부품 탐색기에 레이블 노치 혼합으로 나타낸다.

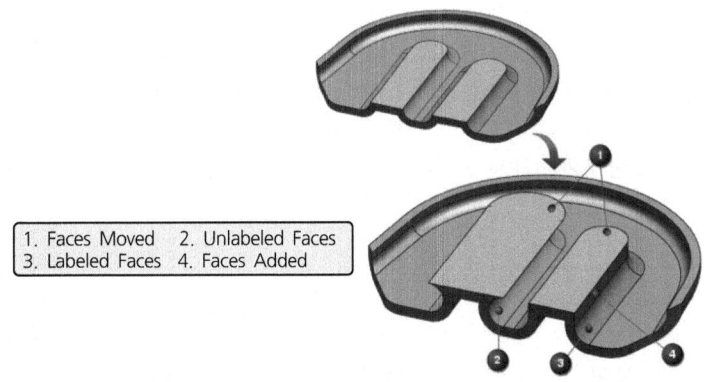

**그림 7.26** Label Notch Blend의 적용

⑥ Resize Hole  : 모델링 객체에서 매개변수가 있는 구멍에서 구멍 크기 조정 명령을 사용할 수 있다.

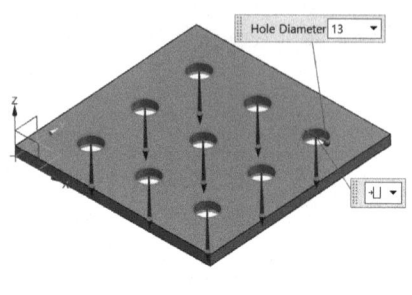

Hole Size 대화상자  Hole 직경의 변경

**그림 7.27**  Resize Hole에 의한 구멍 형상 변경

⑦ Resize Pattern 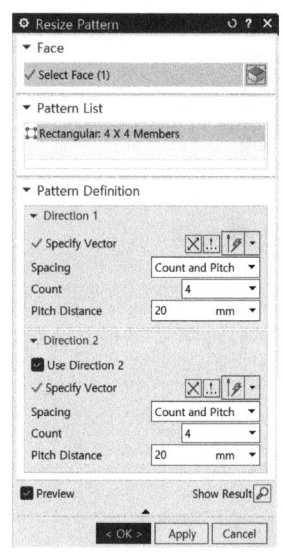 : 모델링 객체에서 Pattern Feature의 배열된 객체 면을 선택하여 형상을 제어할 수 있다.

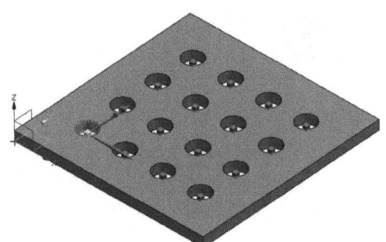

Pattern Feature의 면의 선택

**그림 7.28**  Resize Pattern에 의한 구멍의 배열 형상 변경

### 7.3.10 Reuse

Insert ➡ Synchronous Modeling ➡ Reuse...

작성된 객체를 이용하여 형상의 치수변경과 속성변경 옵션을 제공한다.

① Copy Face : 객체의 일부 면을 복사하여 새로운 면으로 생성한다.

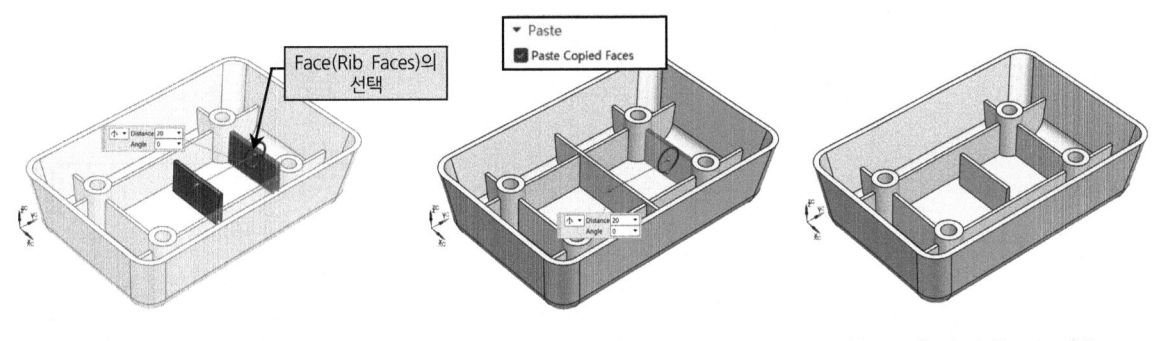

Rib의 선택 및 이동거리 입력     Paste Copied Faces : On     Paste Copied Faces : Off

**그림 7.29** Copy Face에 의한 리브 형상 변경

② Cut Face : 객체의 일부 면을 잘라내기하여 새로운 면으로 생성한다. 그림 7.30은 그림 7.29에서와 같이 Paste Copied Faces(Off) 상태로 적용하여 실행한 결과이다.

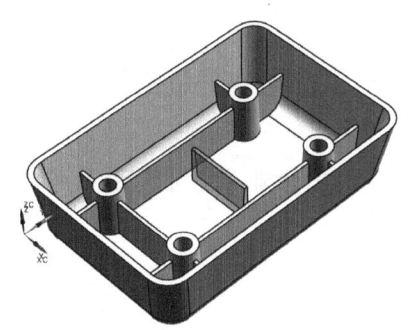

**그림 7.30** Cut Face에 의한 객체 특성변경

③ Paste Face : Solid Body에 작성된 Sheet Body를 Solid Body로 통합한다.

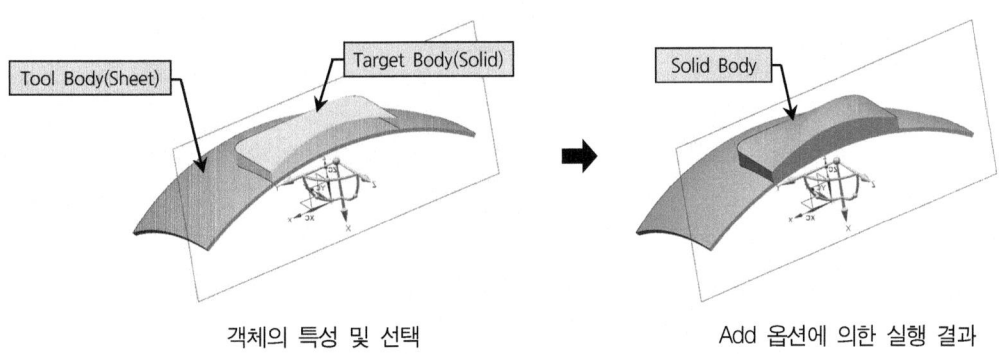

객체의 특성 및 선택     Add 옵션에 의한 실행 결과

**그림 7.31** Paste Face에 의한 객체 특성변경

④ Mirror Face : 객체의 일부 면을 Plane으로 대칭 복사하여 새로운 면을 생성한다.

⑤ Pattern Face : 객체의 일부 면을 사각, 원형배열 또는 대칭으로 복사한다.
- Rectangular Pattern : 선택된 면을 이용해 사각형 배열로 복사한다.

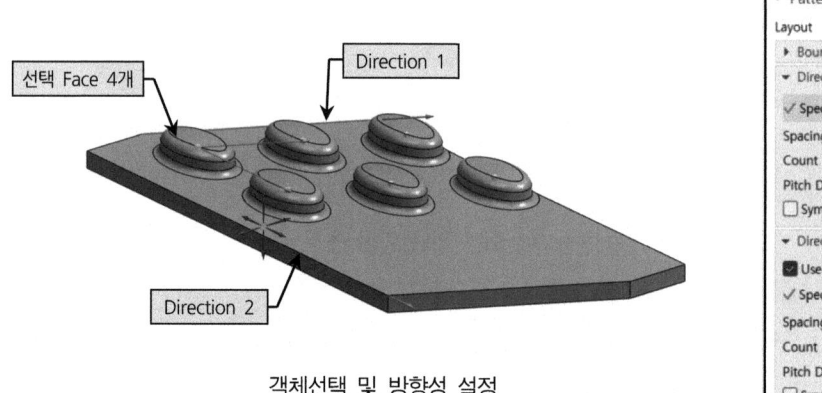

그림 7.32  Rectangular Pattern에 의한 형상변경

- Circular Pattern : 선택된 면을 이용해 원형배열로 복사한다.

### 7.3.11 Relate

Insert ➡ Synchronous Modeling ➡ Relate...

작성된 객체를 이용하여 구속조건에 의한 형상변경 옵션을 제공한다.

① Make Coplanar : 객체의 일부 면(Motion Face)을 Datum Plane 등의 평면에 일치시킨다.

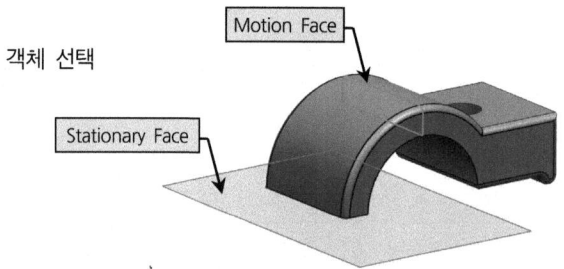

그림 7.33  Make Coplanar 의한 형상변경

② Make Coaxial : 편심된 객체의 면(Motion Face)을 동축의 객체 특성으로 변경한다.

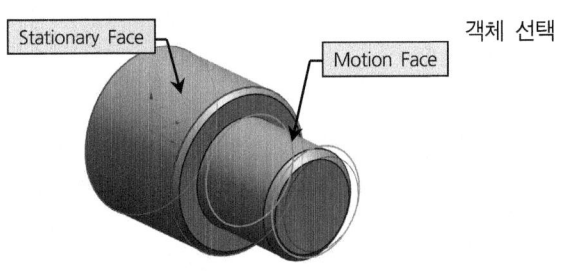

그림 7.34  Make Coaxial에 의한 동축정렬

③ Make Tangent : 접선특성을 가진 객체의 면(Motion Face)을 고정면(Stationary Face)의 접선에 일치시켜 형상이 정의되며 변경될 객체가 경유점(Through Point)을 지나간다.

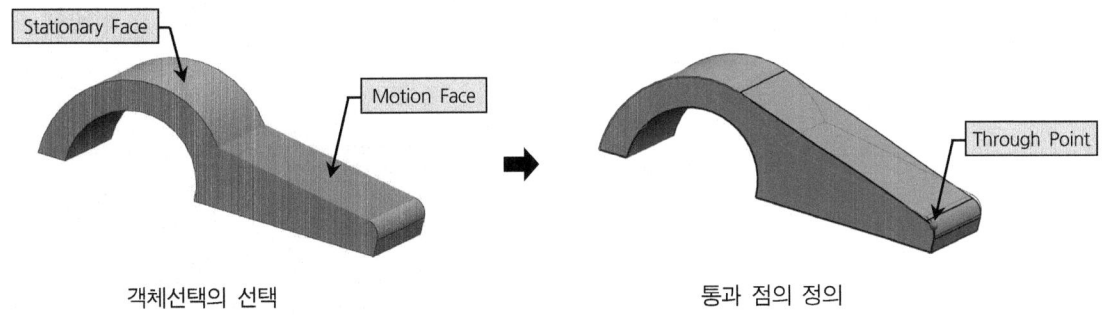

객체선택의 선택 　　　　　　　　　　　통과 점의 정의

그림 7.35  Make Tangent에 의한 형상변경

④ Make Symmetric : 대칭특성을 가진 객체의 면(Motion Face)을 선택하여 고정면(Stationary Face)의 특성을 상속받아 형상을 변경한다.

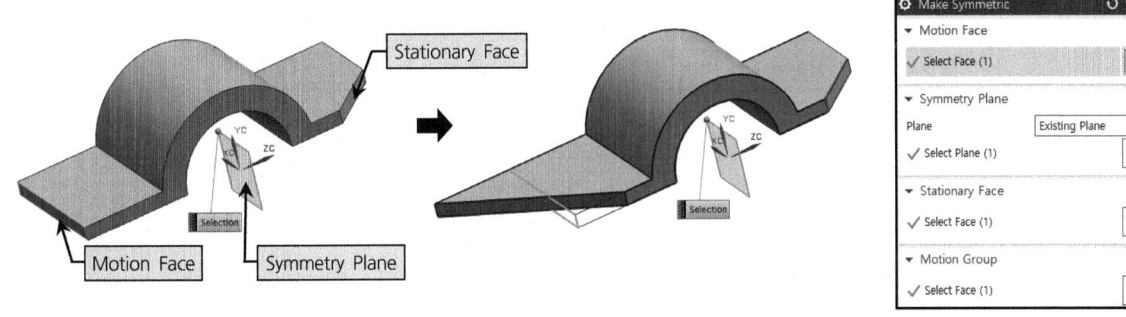

객체선택 및 고정면의 설정　　　　　　　Make Symmetric 대화상자

그림 7.36  Make Symmetric에 의한 형상변경

⑤ Make Parallel : 평행특성이 필요한 객체의 면(Motion Face)을 선택하고 고정면(Stationary Face)의 특성을 상속받아 형상이 정의되며 변경될 객체가 경유점(Through Point)을 지나간다.

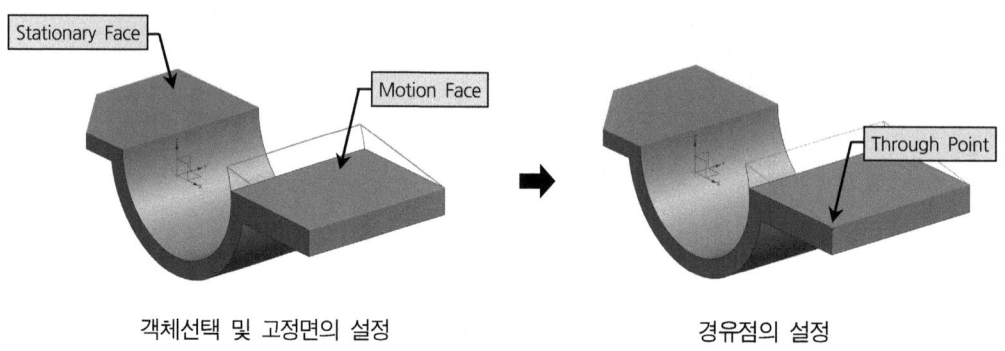

객체선택 및 고정면의 설정　　　　　　　경유점의 설정

**그림 7.37**　Make Parallel에 의한 형상변경

⑥ Make Perpendicular : 수직특성이 필요한 객체의 면(Motion Face)을 선택하고 고정면(Stationary Face)의 특성을 상속받아 형상이 정의되며, 변경될 객체가 경유점(Through Point)을 정의할 수 있다.

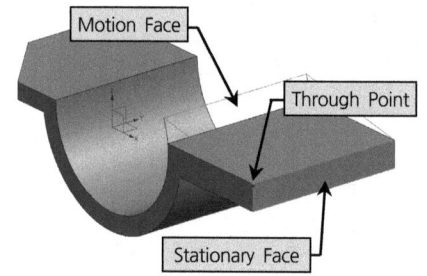

**그림 7.38**　Make Perpendicular에 의한 형상변경　　객체선택 및 고정면의 설정

⑦ Make Offset : 얇은 벽면과 같은 면을 이용하여 객체의 면의 두께를 조절할 수 있다.

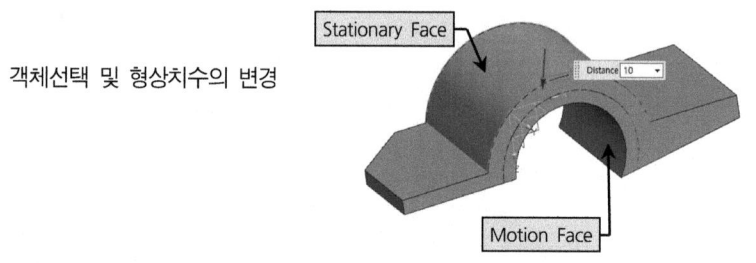

객체선택 및 형상치수의 변경

**그림 7.39**　Make Offset에 의한 형상변경

## 7.3.12 Dimension　　　　　　　　　　　　　　Insert ➡ Synchronous Modeling ➡ Dimension...

작성된 객체를 이용하여 형상의 치수변경 옵션을 제공한다.

① Linear Dimension : 객체의 일부 면(Measurement Object)과 Origin Object를 기준으로 수평 또는 수직치수를 주어 형상을 변경할 수 있다.

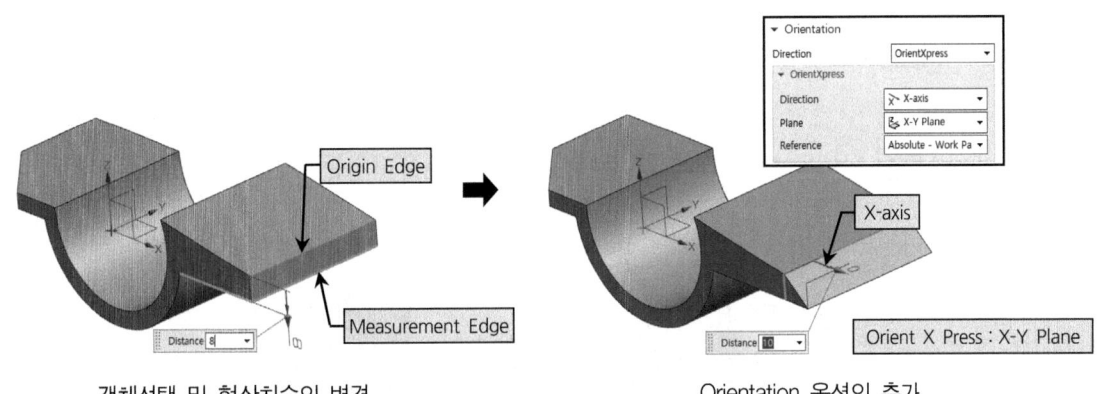

객체선택 및 형상치수의 변경          Orientation 옵션의 추가

**그림 7.40**  Linear Dimension에 의한 형상변경

② Angular Dimension : 객체의 일부 면(Measurement Object)과 Origin Object를 기준으로 각도치수를 주어 형상을 변경할 수 있다.

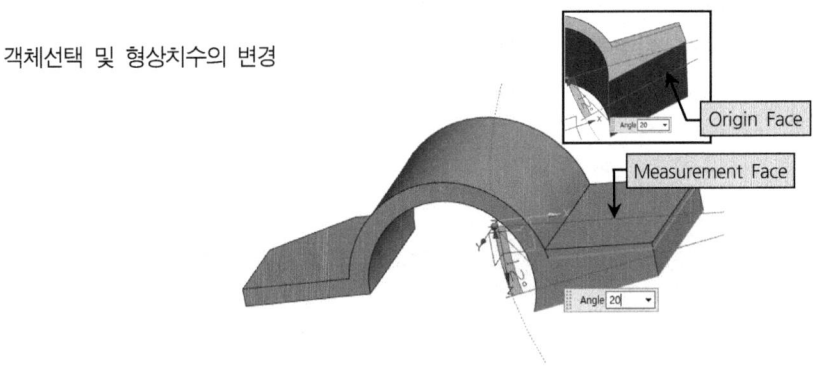

**그림 7.41**  Angular Dimension에 의한 형상변경

③ Radial Dimension : 객체의 일부 원호면(Measurement Object)을 기준으로 반경 또는 직경치수를 주어 형상을 변경할 수 있다.

객체선택 및 형상치수의 변경

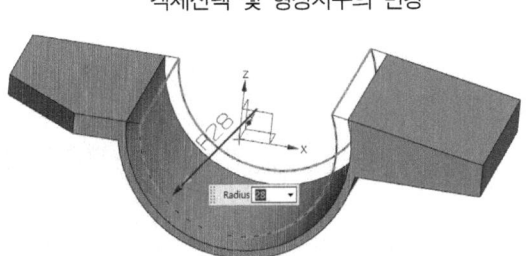

**그림 7.42**  Radial Dimension에 의한 형상변경

### 7.3.13 Optimize
Insert ➡ Synchronous Modeling ➡ Optimize...

Synchronous Modeling 명령에서 사용할 수 있으며 객체의 형상을 최적화한다.

① Optimize Face : 객체면의 단순화, 면의 합병, 모서리의 정밀도 개선과 모따기 부위의 검증 등을 수행한다.
② Replace Blend : B-Surface 면으로 모따기된 면을 어울려지는 모따기 면으로 다시 정의한다.

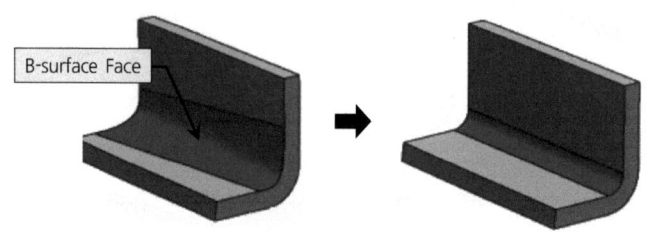

그림 7.43  Replace Blend에 의한 형상정의

### 7.3.14 Move Edge
Insert ➡ Synchronous Modeling ➡ Edge ➡ Move Edge...

작성된 객체를 이용하여 모서리에 의한 형상변경 Move 옵션이 제공된다.

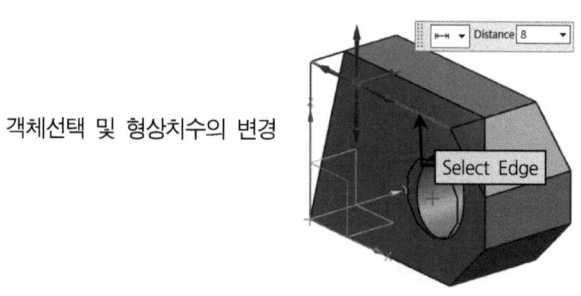

그림 7.44  Move Edge에 의한 형상변경

### 7.3.15 Offset Edge
Insert ➡ Synchronous Modeling ➡ Edge ➡ Offset Edge...

작성된 객체를 이용하여 모서리에 의한 형상변경 Offset 옵션을 제공한다.

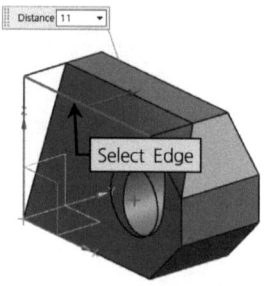

그림 7.45  Offset Edge에 의한 형상변경

### 7.3.16 History Mode     Insert ➡ Synchronous Modeling ➡ History Mode...

History Mode에서는 Part Navigator 상에 객체의 작성절차가 표시되는 NX의 고유한 모델링 기법이 지원되며 객체생성의 순서, 객체 또는 작성된 스케치에 정의된 Parameter를 이용하여 수정할 수 있다. 그림 7.46은 작성된 모델의 History Mode를 History-Free Mode로 변경하고 다시 History Mode로 변경한 상태이다.

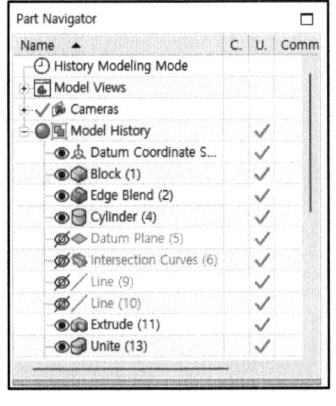 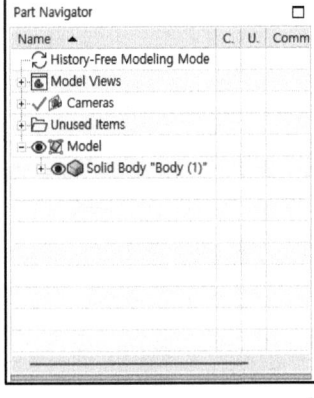 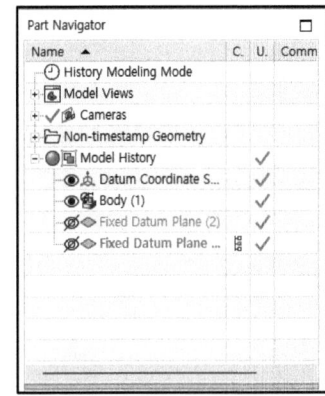

History Mode의 Part Navigator     History-Free Mode     History-Free Mode ➡ History Mode

**그림 7.46** History Mode와 History-Free Mode에서의 Part Navigator의 비교

### 7.3.17 History-Free Mode     Insert ➡ Synchronous Modeling ➡ History-Free Mode...

History Mode는 상세객체 생성 및 수정에 의한 모델링 방법이다. History-Free Mode에서는 작성된 객체들은 순차적인 모델기법이 적용되지 않으며, History-Free Mode에서는 History Mode와 같은 모델링 명령이 이용된다.

그러나 History-Free Mode에서 History Mode로 변경되면 작성된 객체를 포함한 모든 객체를 하나의 객체로 생성되어 Parameter에 의한 객체수정 및 수정에 따른 객체의 업데이트가 수행되지 않는다.

# 피처의 편집과 곡선의 작성

chapter 08

## 8.1 피처의 편집

Edit ➡ Feature

### 8.1.1 Edit Feature Parameters

Edit ➡ Feature ➡ Edit Parameters...

매개변수를 이용하여 작성된 피처의 Parameter를 수정하여 객체의 형상을 변경한다.

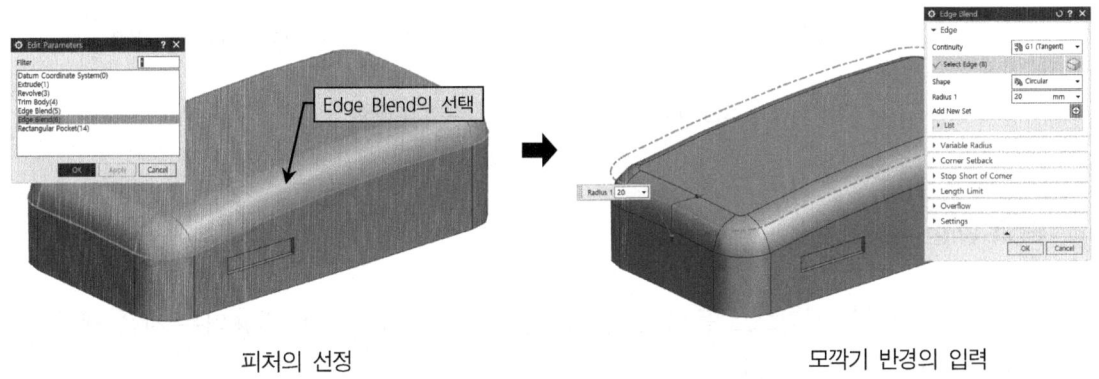

피처의 선정 　　　　　　　　　　　　　　　모깎기 반경의 입력

**그림 8.1** 매개변수에 의한 객체의 수정

### 8.1.2 Feature Dimension

Edit ➡ Feature ➡ Feature Dimension...

작성된 피처의 매개변수의 치수변경을 통해 크기를 변경하며, 사용되는 치수는 스케치상의 치수 또는 작성된 피처에 정의된 치수가 이용된다.

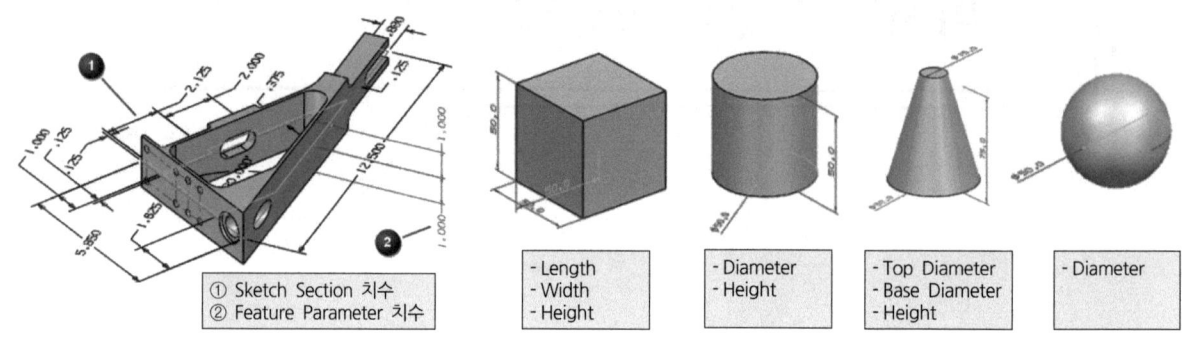

피처 특성에 따른 비교　　　　　표준피처의 치수 표시 특성

**그림 8.2** 작성객체의 매개변수 특성

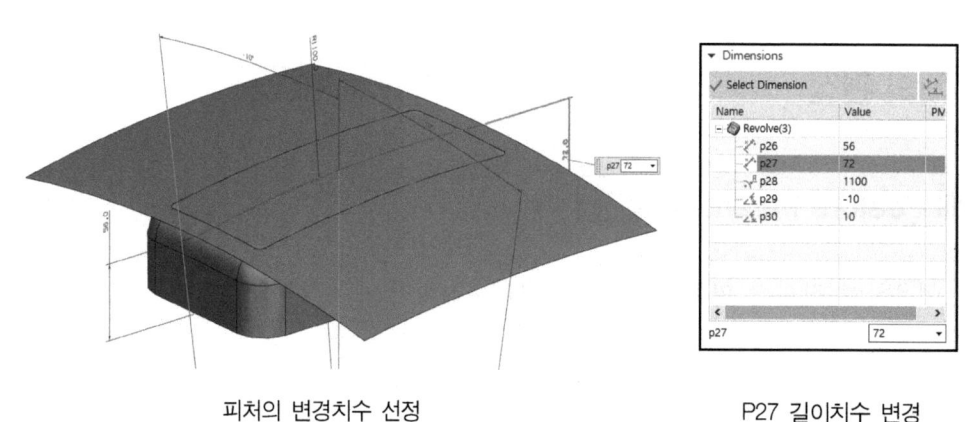

피처의 변경치수 선정　　　　　P27 길이치수 변경

**그림 8.3** 매개변수에 의한 객체의 수정

### 8.1.3 Edit with Rollback

Edit ➡ Feature ➡ Edit with Rollback...

생성된 객체를 생성당시의 시점으로 돌려 수정하는 명령이다. Rollback이 적용되는 것을 제외하고는 Edit Feature Parameters 명령과 유사하다.

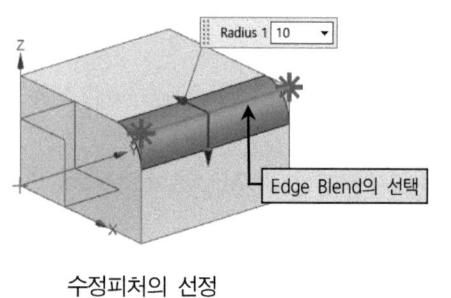 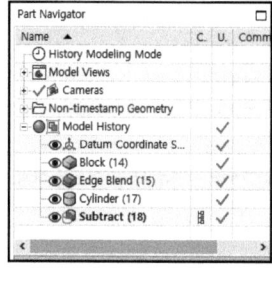 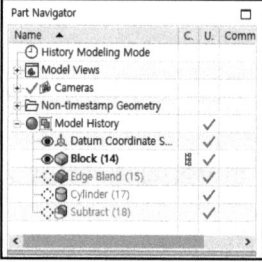

수정피처의 선정　　　　수정 전, 후　　　　수정작업

**그림 8.4** 매개변수에 의한 객체의 수정

## 8.1.4 Edit Positioning

Edit ➡ Feature ➡ Edit Positioning...

작성된 피처(Hole, Slot, Pad, Pocket 등)의 매개변수에 의해 위치를 수정하거나 추가 또는 삭제가 가능하다.

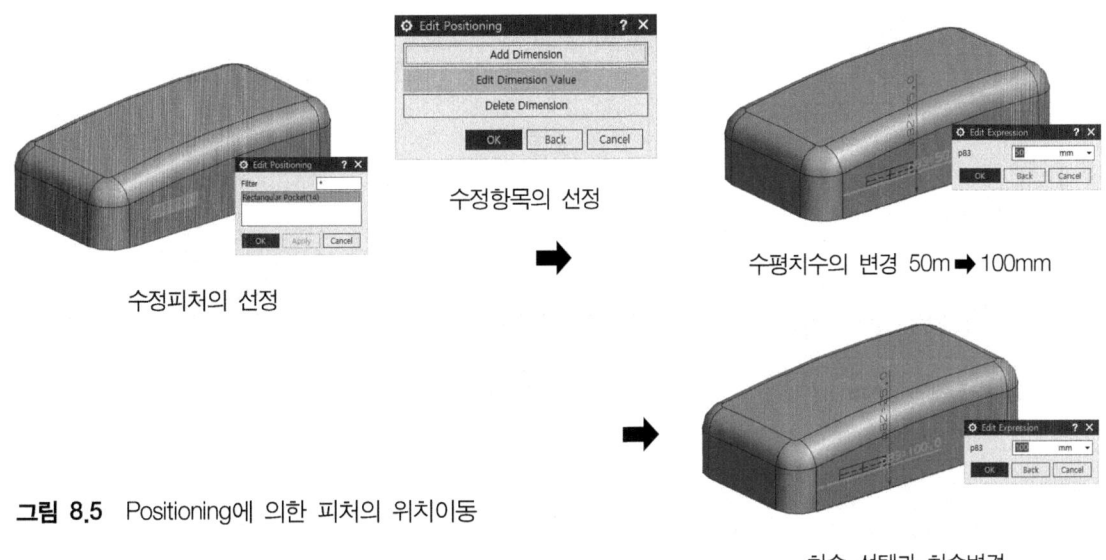

**그림 8.5** Positioning에 의한 피처의 위치이동

① Add Dimension : 피처의 위치정의에 필요한 치수를 Positioning 대화상자를 이용하여 정의할 수 있다.
② Delete Dimension : 피처의 위치가 정의된 치수를 삭제할 수 있다.

## 8.1.5 Move Feature

Edit ➡ Feature ➡ Move...

비연관성 객체의 위치를 변경한다. 비연관성 객체는 매개변수가 삭제된 객체(Unparameterized Feature)나 Line, Edge 또는 Face 등에 구속되어 있지 않는 형상의 객체를 의미한다.

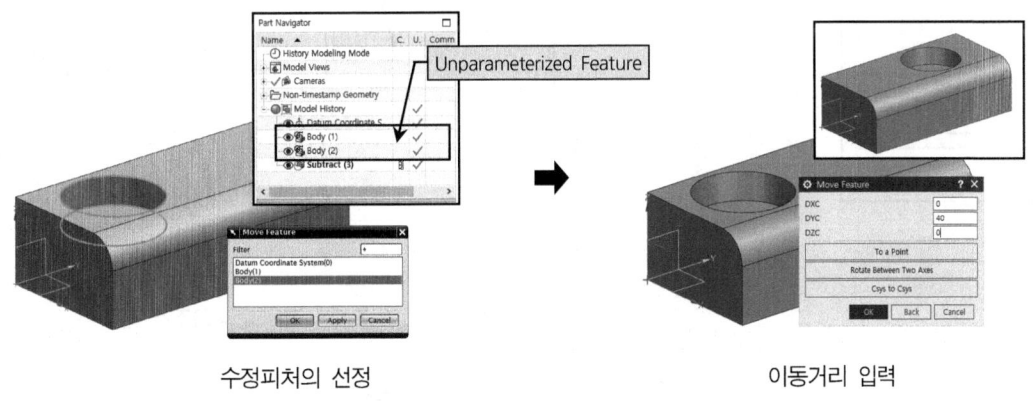

**그림 8.6** Move Feature에 의한 비연관성 객체의 위치이동

## 8.1.6 Reorder Feature

Edit ➡ Feature ➡ Reorder...

객체생성을 위한 피처의 생성 순서가 History에 저장되며, Reorder Feature를 이용해 작성된 피처의 작업 순서를 변경할 수 있다. 또한 Part Navigator의 History를 드래그하여 Reorder Feature와 같은 작업을 수행할 수 있다.

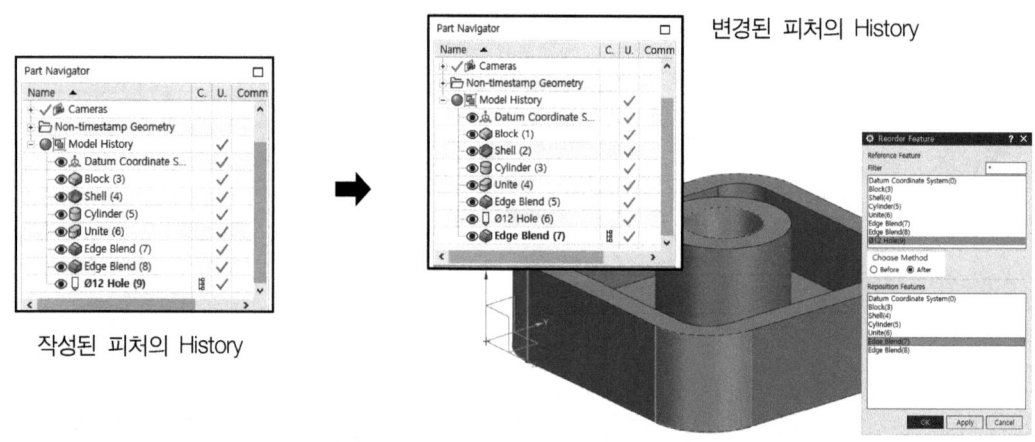

**그림 8.7**  Reorder Feature에 의한 History 변경

## 8.1.7 Replace Feature

Edit ➡ Feature ➡ Replace...

불필요한 객체의 피처를 상속받아 다른 객체에 적용하며 변경된 피처는 객체의 특성을 유지한다.

① Original Feature : 상속받을 객체의 상속피처를 선택한다.
② Replacement Feature : 상속받은 객체를 적용할 객체를 선정한다.
③ Parent Mapping : 상속받은 객체를 적용할 객체를 설정한다.

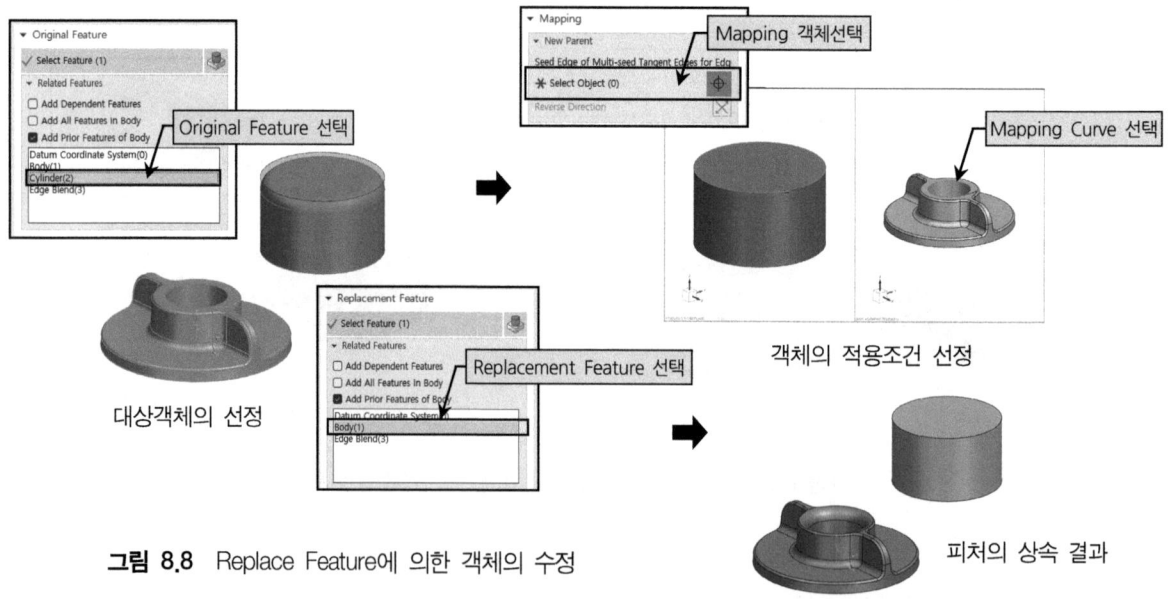

**그림 8.8**  Replace Feature에 의한 객체의 수정

## 8.1.8 Replace with Independent Sketch

Edit ➡ Feature ➡ Replace with Independent Sketch...

어셈블리와 같이 여러 객체의 제품이 존재하는 경우에 Wave Geometry Linker 등에 의해 작성된 Linked Composite Curve를 독립된 Sketch로 생성시킨다.

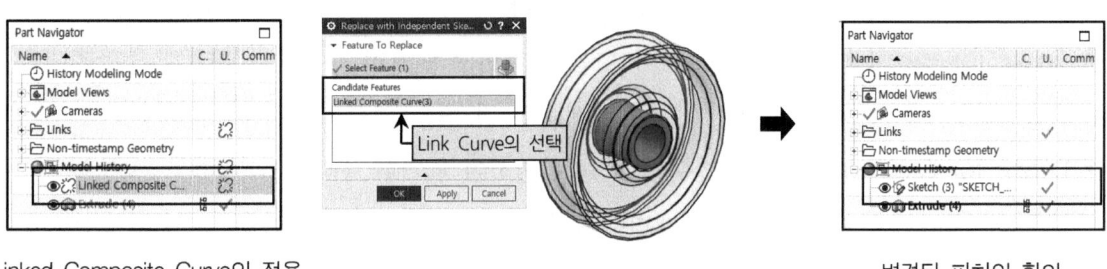

Linked Composite Curve의 적용  Independent Sketch의 적용  변경된 피처의 확인

**그림 8.9** Replace with Independent Sketch에 의한 Sketch의 작성

## 8.1.9 Suppress/Unsuppress Feature

Edit ➡ Feature ➡ Suppress.../Unsuppress...

생성된 객체의 피처형상을 편리한 작업을 위해 일부 피처를 보이지 않게 억제시키거나 이를 해제시킬 수 있다.

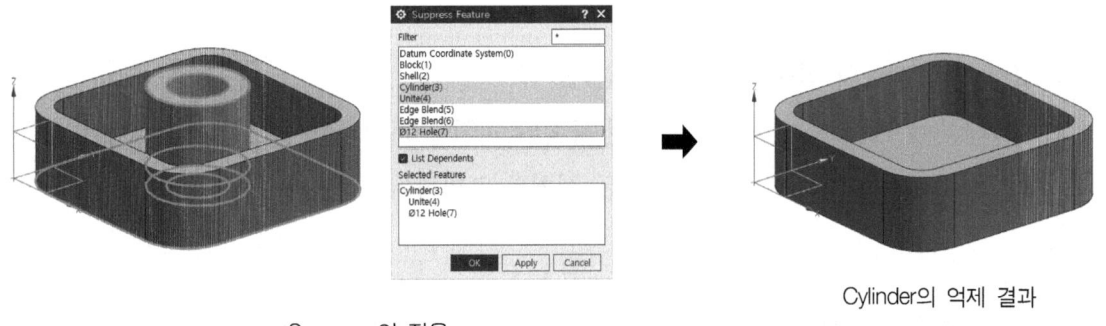

Suppress의 적용  Cylinder의 억제 결과

**그림 8.10** Suppress Feature에 의한 피처의 억제

Part Navigator의 체크박스를 이용하여 피처를 억제 또는 해제시킬 수 있다.

※ Suppress를 실행하면 모델의 크기를 줄일 수 있어 작업이 빠르게 간섭형상이 있는 객체를 작도할 수 있으며, 선택피처에 연관성 있는 피처들이 함께 선정된다.

## 8.1.10 Suppress by Expression

Edit ➡ Feature ➡ Suppress by Expression...

생성된 객체를 선택하여 객체별 변수를 정의하고 Expression 명령에 의해 피처를 억제하거나, 객체의 형상을 수정할 수 있다.

① Expression Option : 객체의 선택 방식을 정의한다.
- Create for each : 선택된 피처에 각각 다른 매개변수 번호를 부여한다.
- Create shared : 선택된 피처에 하나의 매개변수 번호를 부여한다.
- Delete for each : 부여된 매개변수 번호를 선별하여 제거할 수 있다.
- Delete shared : 부여된 공통의 매개변수 번호를 제거한다.

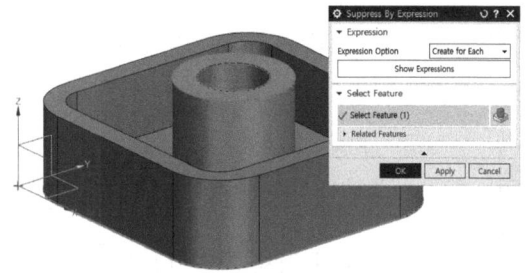
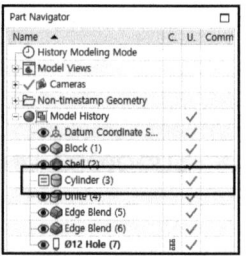

Expression 대화상자　　　객체의 선택　　　처리결과

**그림 8.11** Suppress by Expression의 적용

② Related Feature : 피처의 선택 특성을 정의한다.
- Add Dependent Features : 선택된 피처의 종속된 피처를 포함하여 매개변수를 부여한다.
- Add All Features in Body : 객체상의 모든 피처를 포함하여 매개변수를 부여한다.

③ Expression　　　　　　　　　　　　　　　　　　　Tools ➡ Expression...　단축키 : Ctrl + E

Expression은 객체의 특성을 변경하기 위해 사용되며 대수식 또는 산술식을 이용하여 작성 객체의 치수관계를 정의한다.

또한 Expression을 이용하여 객체를 편집하고 연관되어 있는 객체들이 업데이트 기능을 가지고 있으며 Excel 등의 스프레트시트를 이용해 매개변수를 관리할 수 있다.

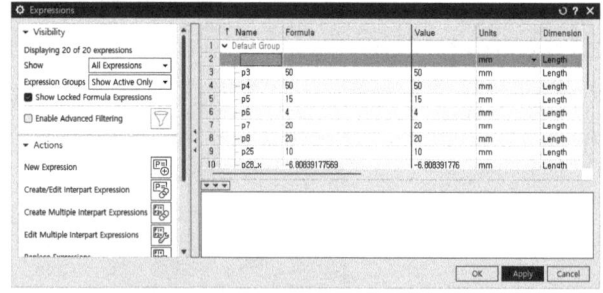

**그림 8.12** Expression 대화상자

## 8.1.11 Resize Datum Plane

Edit ➡ Feature ➡ Resize Datum Plane...

작성된 Datum Plane의 크기를 다시 설정할 수 있다.

## 8.1.12 Remove Parameters

Edit ➡ Feature ➡ Remove Parameters...

작성된 객체의 Parameter를 제거하며, 제거된 객체는 Parameter에 의한 객체편집을 할 수 없다.

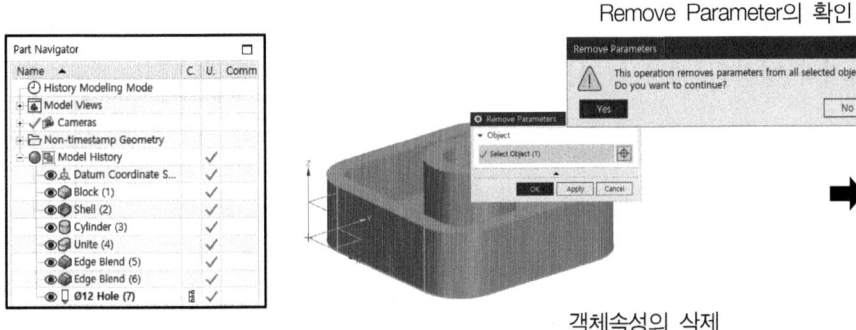

그림 8.13 Remove Parameters에 의한 실행

## 8.1.13 Solid Density

Edit ➡ Feature ➡ Solid Density...

작성된 객체의 밀도를 정의할 수 있어 체적에 의한 질량(Mass)을 환산할 수 있다.

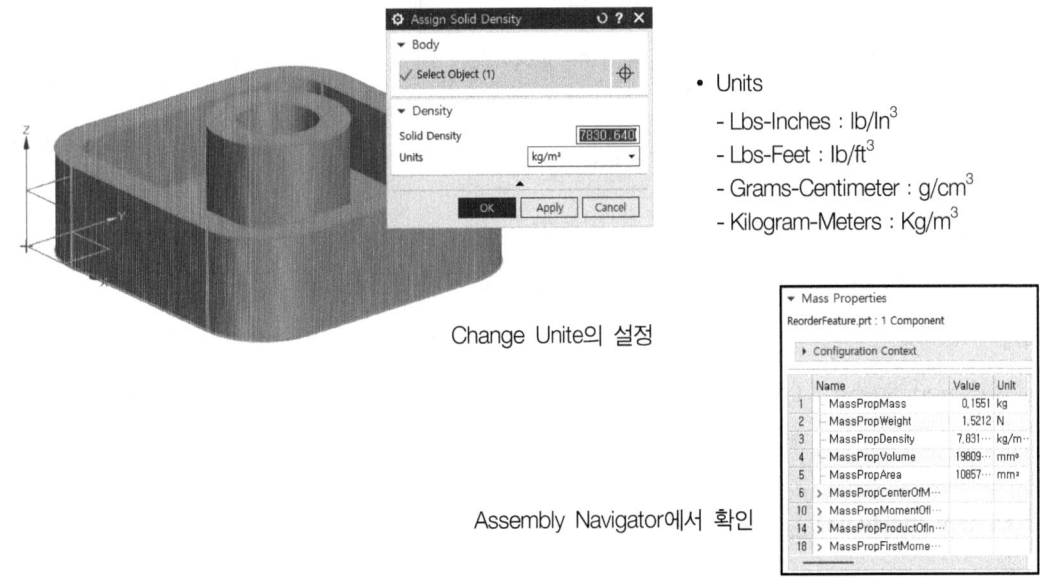

• Units
 - Lbs-Inches : $lb/In^3$
 - Lbs-Feet : $lb/ft^3$
 - Grams-Centimeter : $g/cm^3$
 - Kilogram-Meters : $Kg/m^3$

그림 8.14 작성 객체에 밀도의 정의

### 8.1.14 Assign Feature Color

Edit ➡ Feature ➡ Assign Feature Color...

작성된 객체의 면에 색상 특성을 할당한다. 색상은 선택된 형상에 적용되며 수정된 모든 면에 상속된다. 객체의 면을 여러 번 수정하면 수정에 사용한 마지막 형상의 색상이 적용된다.

### 8.1.15 Assign Feature Group Color

Edit ➡ Feature ➡ Assign Feature Group Color...

작성된 객체그룹에 색상 특성을 할당한다. 색상은 선택된 그룹 형상에 적용되며 수정된 모든 면에 상속된다. 객체의 면을 여러 번 수정하면 수정에 사용한 마지막 형상의 색상이 적용된다.

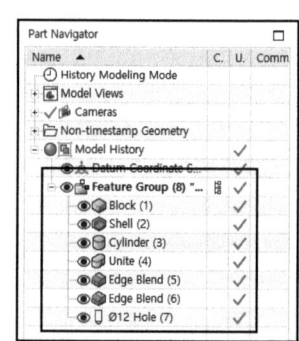

Part Navigator에서 그룹 확인

### 8.1.16 Feature Replay

Edit ➡ Feature ➡ Replay...

작성된 객체를 피처의 작성순서를 이용하여 수정작업을 할 수 있다.

- Play : 작성 객체의 마지막 작성순서까지 수행하며, 실패한 과정은 생략하고 나타낸다.
- Start : 작성객체의 피처 작성 순서의 처음으로 이동한다.
- End : 작성객체의 피처 작성 순서의 마지막으로 각 단계를 재생하지 않고 종료 기능 또는 첫 번째 오류 조건으로 바로 이동한다.
- Next : 현재 피처에서 다음 피처로 이동한다.
- Previous : 현재 피처에서 이전 피처로 이동한다.
- Next Boolean : 현재 피처에서 불연산(boolean) 피처까지 이동한다.
- Timestamp Number : 재생을 시작할 피처의 타임스탬프 번호를 지정할 수 있다.
- Seconds Between Steps : 피처 재생의 각 단계 사이에 일시 중지할 시간(초)을 지정한다.

**그림 8.15** Replay 대화상자

### 8.1.17 Renew Feature

Edit ➡ Feature ➡ Renew Feature...

이전 버전에서 작성된 객체들을 사용하고 있는 새로운 버전의 기능으로 계산하여 새로운 객체로 표시한다.

① Sort : 작성된 객체를 목록 창의 기능을 유형 또는 시간 스탬프로 정렬한다.
② Feature Type : 작성된 객체에 확장 가능한 기능 유형의 트리와 같은 구조로 나열 창에 표시한다.

## 8.2 곡선의 작성

Insert ➡ Curve

### 8.2.1 Studio Spline

Insert ➡ Curve ➡ Studio Spline....

스플라인은 자동차나 항공기와 같은 자유곡선이나 곡면을 설계할 때 부드러운 곡선을 그리기 위하여 사용되는 도구이다. 이것은 통과하기 원하는 몇 개의 점을 고정하여 놓으면 나머지 위치에서도 부드러운 곡선으로 연결된다. 부드러운 곡선의 기준은 정해진 점을 지나면서 곡선의 모든 점에서 곡률의 합이 최소가 되도록 한 것이다. 또한 곡선의 형상을 변화시켰을 때도 곡선의 식을 기준으로 다시 계산되므로 연결성에는 아무런 문제가 없게 된다.

① By Poles : Spline 곡선을 작성하기 위하여 Poles의 정의에 의해 Spline이 작성되며 Curve Degree보다 1개 이상의 Pole이 필요하다.

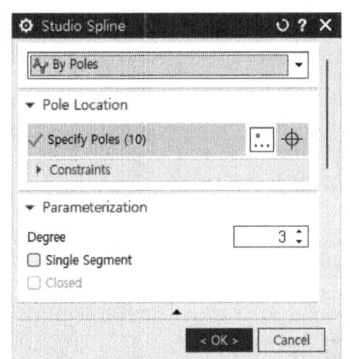

그림 8.16  Poles에 의한 Spline 대화상자

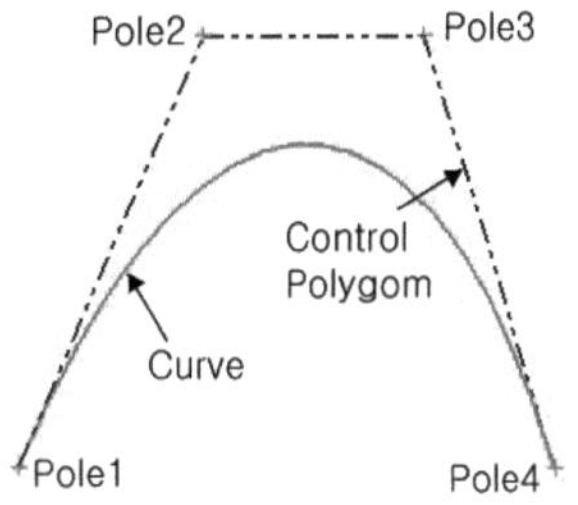

그림 8.17  Spline과 Pole의 이해

- Curve Degree : 곡선의 모양과 Poles 위치에 의한 B-Spline 곡선이 결정된다.
  - First Curve Degree : 선형 Segment들로 구성된 Spline 곡선으로 연결되어 있다.
  - Second Curve Degree : 원뿔형태의 단면에 의한 곡선으로 연결되며 접선형태의 연결을 유지한다.
  - Third Curve Degree 이상 : 다항식(Polynomial)의 Segment로 구성되며 접선형태의 연결과 동일한 곡률(Curvature)을 갖는다.

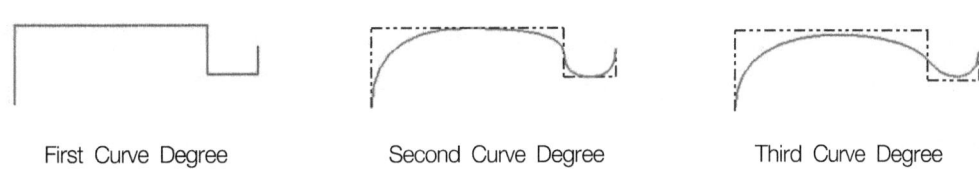

그림 8.18  Curve Degree에 의한 Spline

- Curve Type : 곡선상의 2개의 가상선의 점(Pole 점)에 Knot을 가지며 옵션에 의해 하나의 세그먼트 또는 다중 세그먼트로 선택이 가능하다.
  - Polynomial segment의 수 = Pole의 수 − Curve Degree

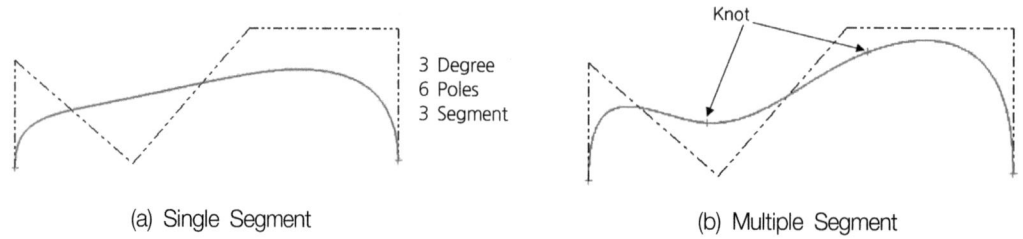

그림 8.19  Spline에서의 Segment

- Close Curve : Pole을 이용하여 닫힌 Spline을 작성하며 시작점과 끝점의 기울기 및 곡률을 일치시킨다. 그림 8.19의 (b)를 Close Curve로 작성하면 아래 그림과 같다.

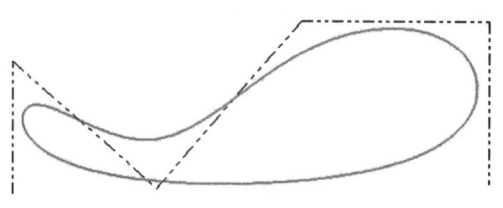

그림 8.20  Close Curve에 의한 Spline

② Through Points : 선정된 점들을 지나는 Spline을 작성할 수 있으며 점의 기울기, 곡률 또는 점 위치의 변경 및 삭제가 가능하다.

- Specify Points/Specify Poles : 지정된 평면에서 스플라인 점 또는 폴 위치를 정의하고 기존 객체를 참조할 때 Specify Poles의 경우 점을 지정한 직후 첫 번째 스플라인 점에 대한 G1, G2 및 G3의 구속조건을 정의할 수 있다.

- Continuity Type : 점이나 정의된 폴에 구속조건을 정의한다.
  - None : 점이나 정의된 폴에 구속조건이 없고 사용된 점이나 폴에 대한 구속조건이 삭제된다.
  - G1(Tangent) : 선택한 스플라인 점에 접선 구속조건을 적용하며 G1의 크기는 Pop-up 기능을 이용하여 수정한다.
  - G2(Curvature) : 선택한 스플라인 점에 곡률 구속조건을 적용하며 G2 Radius 상자에서 구속조건에 대한 반경을 지정한다.

- G3(Flow) : 선택한 스플라인 점에 흐름 구속조건을 적용한다.
- Symmetric Modeling : 끝점이 지정된 방향과 대칭되도록 Spline Curve를 복사하고 Spline을 미러링할 수 있어 복사본에 연속적으로 적용할 수 있다.

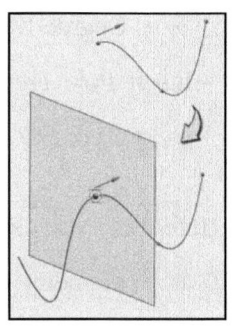
Symmetric Modeling

- Specify Tangent : None, G2 또는 G3인 경우 연속성 유형을 G1으로 변경한다.

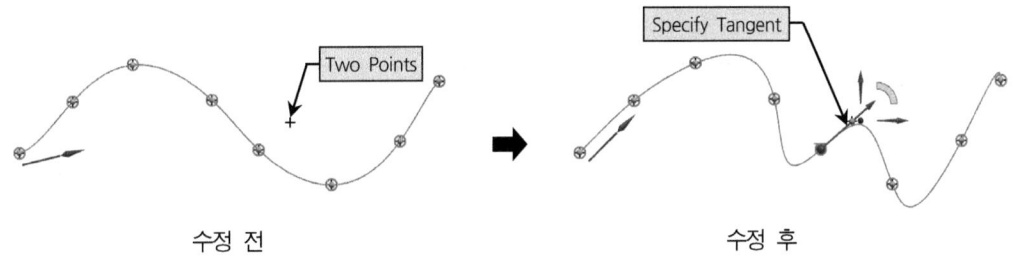

수정 전 → 수정 후

**그림 8.21** Specify Tangent에 의한 Spline의 변경

- Reverse Tangent Direction : Continuity Type이 G1, G2 또는 G3으로 설정되었을 때 사용하며 Tangent Direction을 변경할 수 있다.

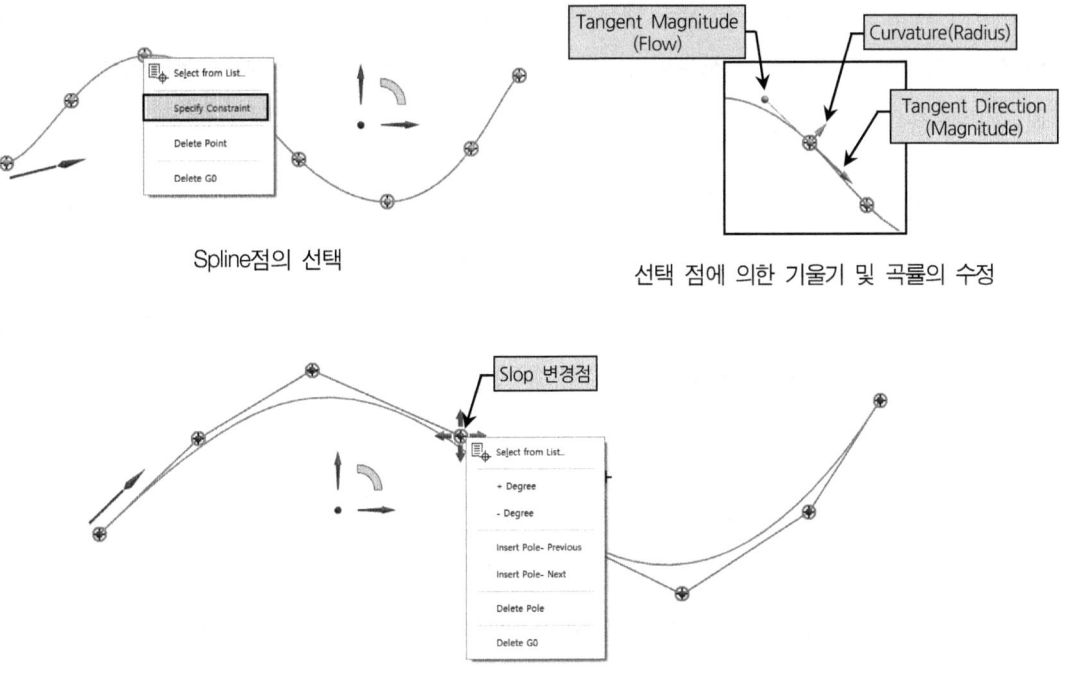

Spline점의 선택

선택 점에 의한 기울기 및 곡률의 수정

**그림 8.22** Assign Slope/Curvatures에 의한 Spline의 변경

- +/- Degree : 작성될 곡선의 Curve Degree 수정할 수 있다.
- Insert Pole Previous/Next : 선택된 Pole 위치 전 또는 후에 새로운 Pole을 삽입한다.
- Delete Pole/G0 : 정의된 Spline의 Pole Point를 선택하여 삭제할 수 있다.

• Inferred Type : 점 또는 노드에 G0 구속조건이 적용되고 객체와 관련되었을 때 사용한다.
- Iso-parametric : 곡면에 U 방향 및 V 방향으로 구속조건으로 제어한다.
- Sectional : 단면에 통과하는 스플라인의 경우 모든 위치에서 이 옵션을 사용할 수 있으며 Pole 스플라인의 경우 이 옵션은 시작 Pole과 마지막 Pole에서만 사용할 수 있다. 또한 곡면객체를 구속할 때 사용하며 구속조건은 임의의 방향으로 정렬할 수 있다.
- Normal : 곡선상의 법선을 기반으로 구속조건을 추론하고 G1 구속조건에서만 사용할 수 있다.

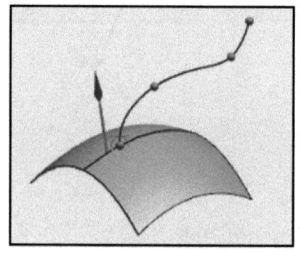
Normal Spline

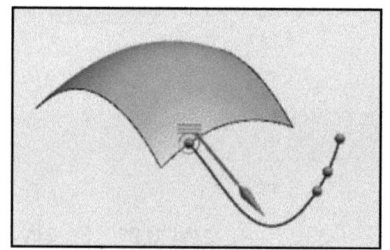
Perpendicular to Curve or Edge

**그림 8.23** Normal과 Perpendicular to Curve or Edge의 비교

• Constrain to Attachment Parent : 점 또는 노드에 G0 구속조건이 있거나 Curve on Surface 명령을 사용하여 작성된 모서리 또는 곡면에 스플라인이 연결되었을 때 사용할 수 있으며 점의 첨부 객체의 상위 객체에 구속조건이 적용된다. 이 체크박스를 선택하지 않으면 스플라인에 연결된 개체로부터 구속조건을 상속받지 않는다.

• Fix Tangent Orientation : 추론된 G1 구속조건이 방향을 제어하고 점에 접선 구속조건이 정의되면 스플라인 모양 변경을 최소화하기 위해 가능한 최적의 방향이 선택된다. 이 체크박스를 선택하면 주변 점에 대해 구속된 점의 이동은 방향에 영향을 미치지 않으며 방향은 정적으로 유지된다. 이 체크박스를 선택하지 않으면 주변 점에 대해 제한된 점의 이동으로 방향을 변경할 수 있다.

• Degree : 스플라인의 정도를 지정한다.
- Matched Knot Position : Through Points로 설정되었을 때 사용할 수 있으며 사용자가 정의하는 점을 찾는 곳에만 Knot을 정의한다.
- Closed : 스플라인의 시작점과 끝점이 같은 점에 있으며 폐 루프를 형성하도록 지정할 수 있다.

- Drawing Plane : 스플라인을 작성하고 구속할 평면을 지정한다. 이 체크박스를 선택하지 않은 경우 모델링 화면의 평면으로 구속할 수 있다.

- Movement : 스플라인의 점과 Pole을 지정된 방향으로 또는 지정된 평면을 따라 이동할 수 있다.

- Extension : 스플라인을 연장하거나 단축하며 확장은 스플라인의 정의된 끝점을 변경하지는 않으며. 확장은 편집하는 동안 변경할 수 있다.

- Proportional Update : 스케치에서 사용할 수 없으며 상위 구속조건이 수정될 때 스플라인이 업데이트되는 방법을 지정할 수 있다. 업데이트된 점과 다음 고정점 사이의 모든 점 또는 Pole은 비례적으로 이동하며 이 확인란을 선택하지 않으면 업데이트된 구속조건의 점만 이동하고 주변의 정의된 점은 위치를 유지한다.

- Use Orientation Tool : XC, YC 또는 ZC 축을 따라 스플라인 점과 Pole을 끌어 회전하고 방향을 조정할 수 있는 3축 조작기를 사용할 수 있으며 스플라인 점과 Pole에 대한 좌표값을 입력할 수 있다. 축의 증분값을 입력할 수 있습니다.

- Microposition : 핸들을 끌 때 점이나 막대를 이동할 상대적인 양을 설정하며 이 옵션은 곡선 점을 미세하게 편집할 때 유용하다.

## 8.2.2 Fit Curve

주어진 점들을 이용하여 부드러운(Fitting) Spline를 생성하며 면 또는 곡선, Facet 객체와 연결된 점들에 의해 귀속된 점들을 상속받는다. 또한 선, 원 또는 타원에 지정된 데이터점에 생성한다.
또한 상속 받은 점들의 구속조건과 Fit의 형상과 정밀도 등을 제어할 수 있다.

① Fit Spline : Type 구속조건을 설정한다.

- Degree and Segments : 정밀한 Spline 작성을 위해 Curve Degree와 Segment를 제어한다.

- Degree and Tolerance : 정밀한 Spline 작성을 위해 Curve Degree의 Tolerance를 제어한다.

- Template Curve : 생성되어진 곡선을 이용하여 매개 변수를 상속받아 Fit Spline을 작성한다.

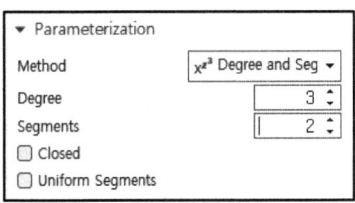

Fit Spline 대화상자

② Fit Line 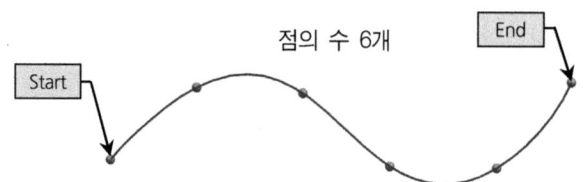, Fit Circle, Fit Ellipse : 점을 추론하고, 점을 선택하거나 지정하거나, 점 체인을 대상 소스로 사용하며 적합 곡선의 시작과 끝을 개별적 또는 대칭적으로 연장한다. 또한 원형 및 타원은 열린 형상 또는 닫힌 형상에 적용한다.

### 8.2.3 Point Set

Insert ➡ Datum ➡ Point Set...

곡선이나 곡면에 점들을 작성하는 명령어이다.

① Curve Points : 선택한 곡선에 여러 가지 옵션을 이용하여 점들을 작성한다.
- Equal Arc Length : 곡선에 동일간격의 점들을 작성한다.
  - Number of Points : 점의 수를 정의한다.
  - Start Percentage : 시작점의 위치를 설정한다.
  - End Percentage : 끝점의 위치를 설정한다.

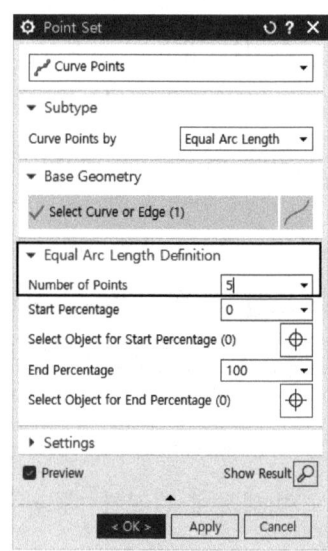

Point Set 대화상자

**그림 8.24** Equal Arc Curve에 의한 점의 작도

- Equal Parameters : 시작과 끝점에 위치를 정의하고 점의 수에 곡선 Spacing(X축 방향)으로 동등한 매개변수를 적용한다.

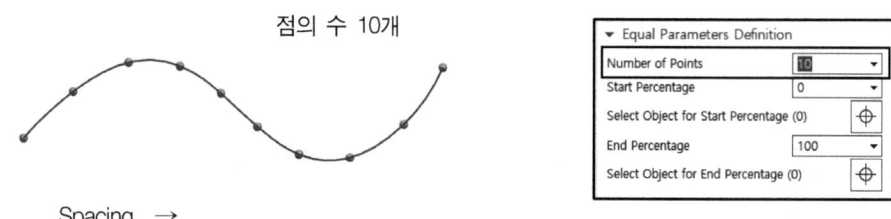

**그림 8.25** Equal Parameters에 의한 점의 작도

- Geometric Progression : 점의 수, 시작과 끝점의 위치를 정의하고 첫 번째 점과 두 번째 점의 곡선 거리에 Ratio를 곱하여 다음 점의 곡선길이를 정의한다.

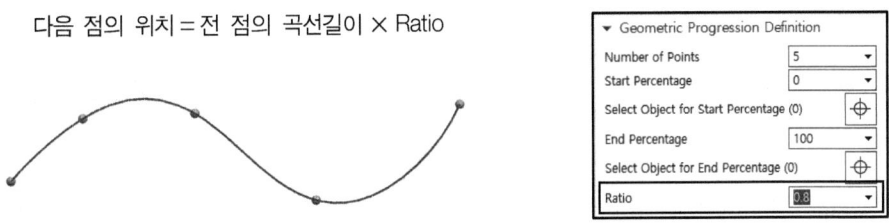

그림 8.26  Geometric Progression에 의한 점의 작도

- Chordal Tolerance : 점과 점에 대한 가상의 현의 공차 값에 의해 점의 수와 위치가 결정된다.

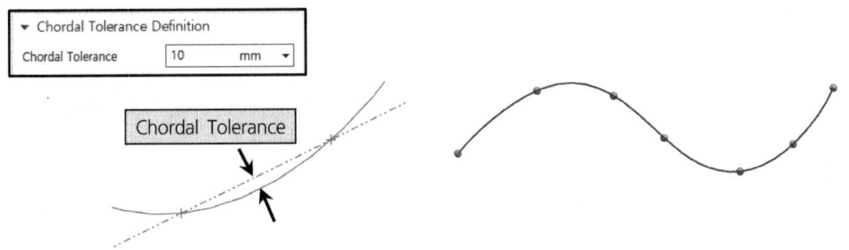

그림 8.27  Chordal Tolerance에 의한 점의 작도

- Incremental Arc Length : 곡선의 길이를 입력하여 점의 수를 결정하고 시작점부터 점을 나타낸다.

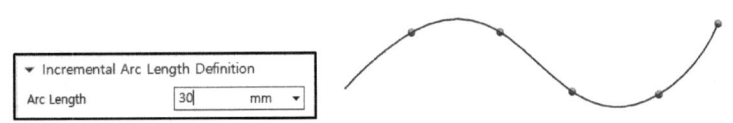

그림 8.28  Incremental Arc Length에 의한 점의 작도

- Projecting Points : 공간상의 점을 선택하여 곡선에 투영된 위치에 점을 작도한다.

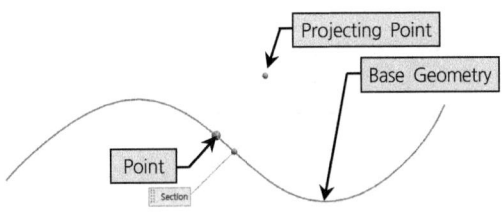

그림 8.29  Projecting Points에 의한 점의 작도

- Curve Percentage : 선택된 곡선상에 주어진 퍼센트 위치에 점을 작도한다.

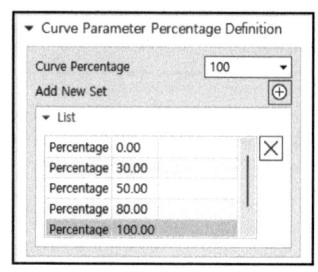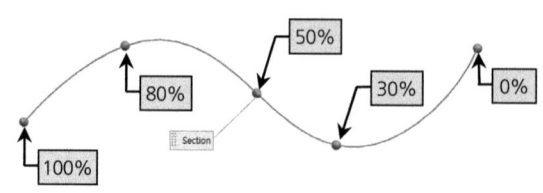

**그림 8.30** Curve Percentage에 의한 점의 작도

② Spline Points : 곡선의 By Poles 기능을 이용하여 점을 작도한다.
- Defining Points : 점을 이용한 Spline Point에서 사용된 점을 이용하여 점을 작도한다.
- Knot Points : 그림 8.19의 (b)와 같이 세그먼트에 Knot 점을 나타낸다.
- Spline Poles : 그림 8.17과 같은 Pole을 작성된 곡선의 Pole 점에 세트점을 작도한다.

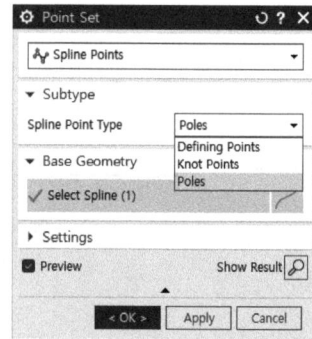

**그림 8.31** Spline Points 대화상자

③ Face Points : 곡면상에 점들을 작도할 수 있다.
- Pattern : 면을 선택하여 U와 V방향에 선정된 점의 수에 의해 시작위치(Start)와 끝나는 위치(End)에 입력된 비율로 세트 점을 작성한다.
  - Percentage : 선택된 곡면의 영역에 U와 V방향의 길이 비율로 세트 점을 작성한다.

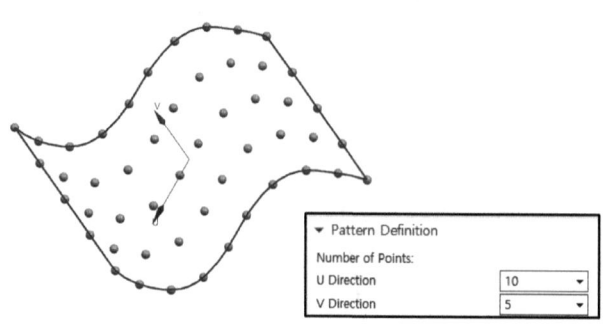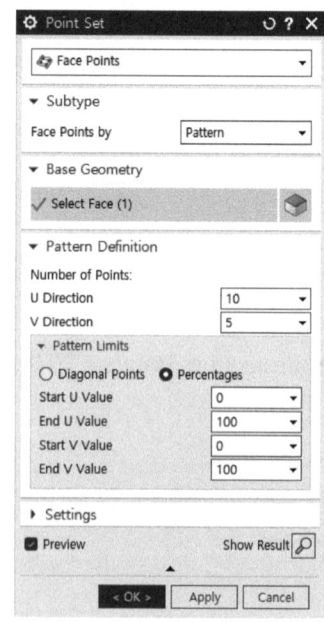

**그림 8.32** Percentage에 의한 점의 작도

Pattern Points 대화상자

- Diagonal Points : 선택된 면에 Point Constructor를 이용해 사각형 영역에 U와 V 방향에 세트 점을 작도한다.

• Face Percentage : 선택된 곡면에 U와 V위치의 비율에 의해 점을 나타낸다.

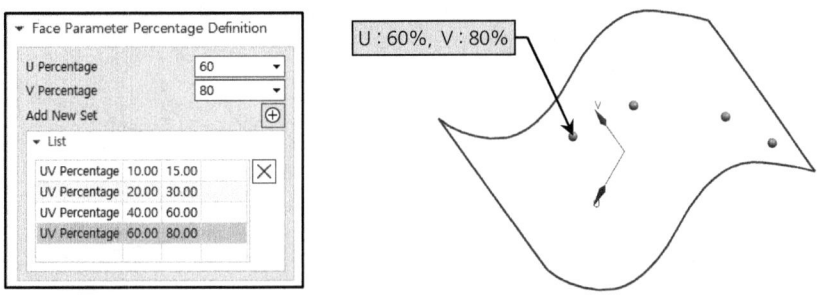

그림 8.33 Face Percentage에 의한 점의 작도

④ B-Surface Poles : B-Surface 곡면모서리 Spline의 Pole에 위치한 세트 점을 작도한다.

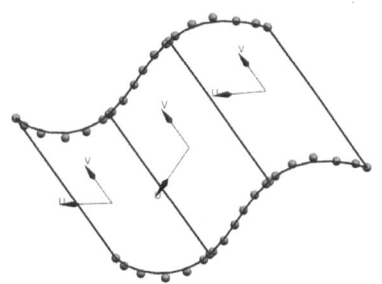

그림 8.34 B-Surface Poles에 의한 점의 작도

## 8.2.4 Parabola

Insert ➡ Curve ➡ Parabola...

포물선의 정점(Vertex)을 이용하여 포물선을 작도한다.

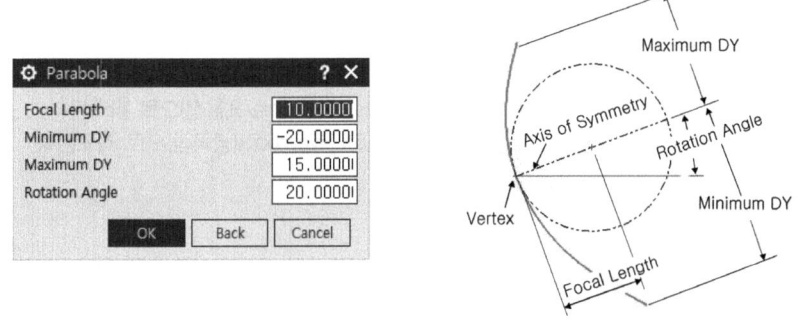

그림 8.35 Vertex를 이용한 포물선의 작도

### 8.2.5 Hyperbola

Insert ➡ Curve ➡ Hyperbola...

쌍곡선의 중심을 선정하고 쌍곡선 대화상자에 의해 쌍곡선을 작도한다.

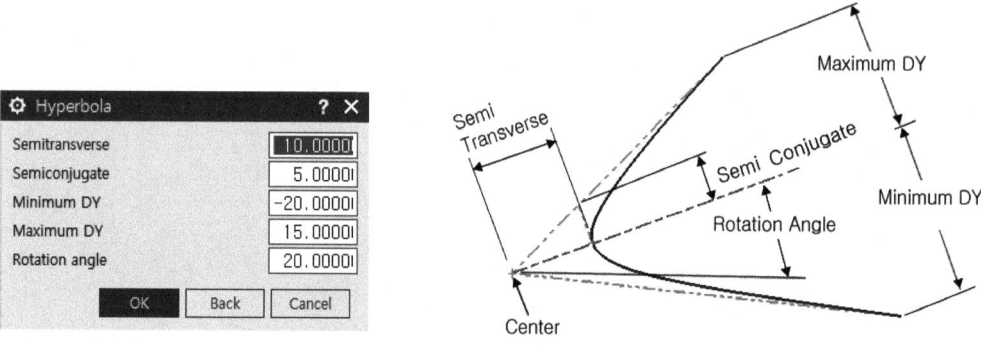

그림 8.36 중심에 의한 쌍곡선의 작도

Cone(원뿔)에 의한 Conic(원추곡선)은 아래와 같이 정의할 수 있다.

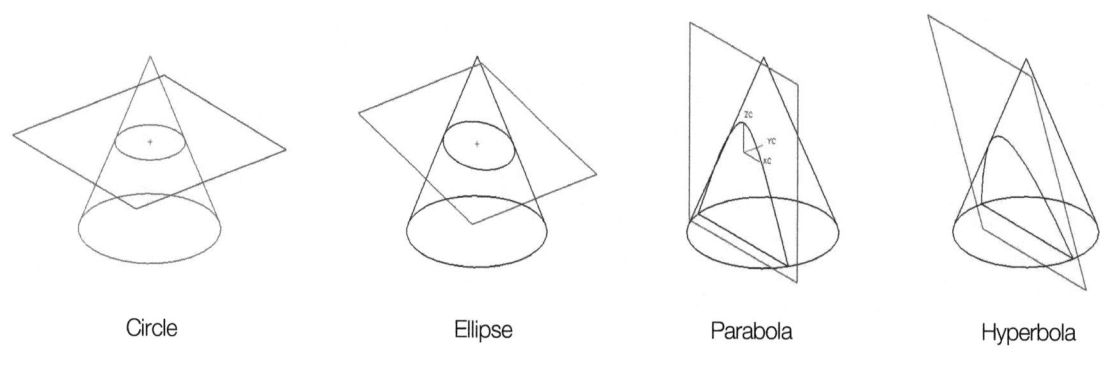

$$-\rho = \frac{L}{L1}$$

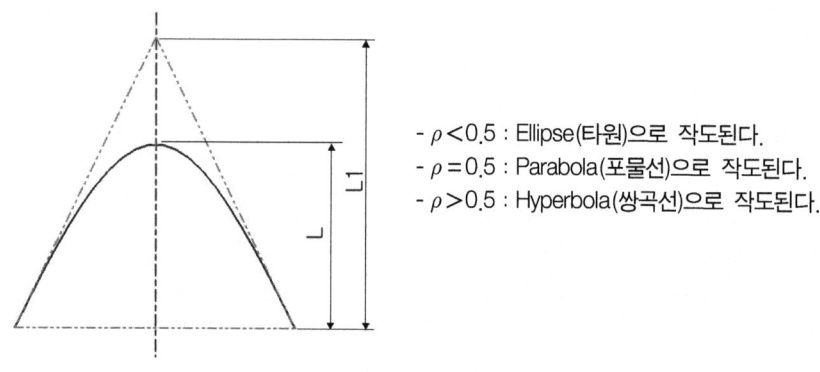

- $\rho < 0.5$ : Ellipse(타원)으로 작도된다.
- $\rho = 0.5$ : Parabola(포물선)으로 작도된다.
- $\rho > 0.5$ : Hyperbola(쌍곡선)으로 작도된다.

그림 8.37 Cone에 의한 Conic의 정의

## 8.2.6 General Conic

Insert ▶ Curve ▶ General Conic...

점이나 기울기, $\rho$ 또는 Anchor 등을 이용하여 원추곡선을 작성할 수 있다.

① 5 Points : 5개의 점을 정의하여 원추곡선을 정의한다.

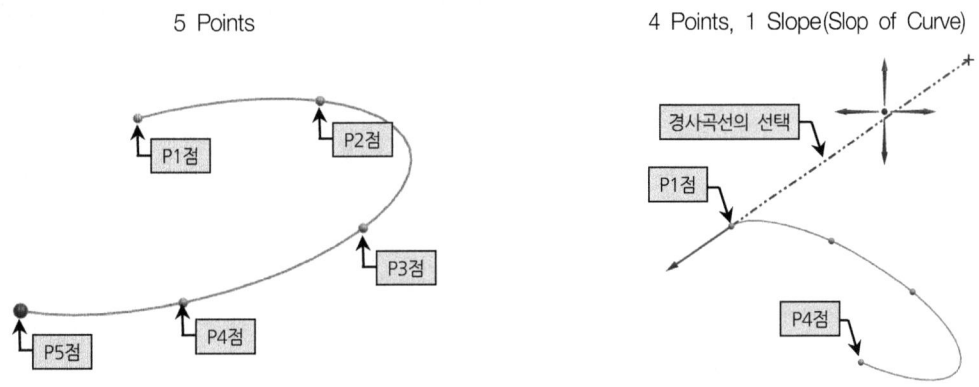

그림 8.38 General Conic에 의한 원추곡선의 정의

② 4 Points, 1 Slope : 시작점과 점, 선 등에 의해 Slope이 결정되고 나머지 3점에 의해 원추곡선이 정의된다.
- Vector Components : 원추곡선의 Slope을 Vector의 방향성으로 이용한다.
- Direction Point : 시작점과 정의 점에 의해 Slope이 결정된다.
- Slop of Curve : 작성된 곡선에 의해 Slope이 결정된다.
- Angle : 시작점과 각도에 의해 Slope이 결정된다.

③ 3 Points, 2 Slope : 시작점과 점, 선 등에 의해 Slope이 결정되고 나머지 하나의 점에 의해 원추곡선이 정의된다.

④ 3 Points, Anchor : 3점과 Anchor(꼭지점)에 의해 원추곡선이 정의된다.

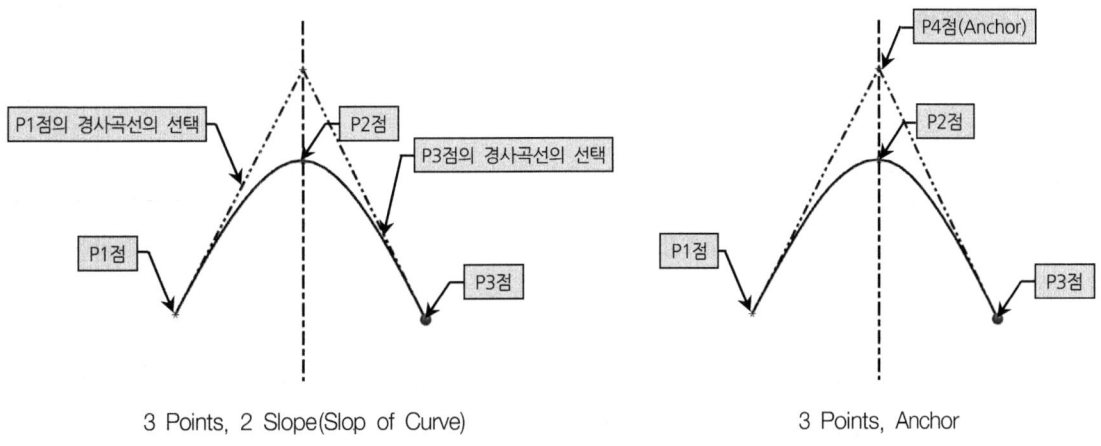

그림 8.39 General Conic에 의한 원추곡선의 정의

⑤ 2 Points, Anchor, Rho : 2점, Anchor(꼭지점)와 Rho에 의해 원추곡선이 정의된다.
⑥ 2 Points, 2 Slope, Rho : 2점에 의한 기울기와 Rho에 의해 원추곡선이 작도된다.

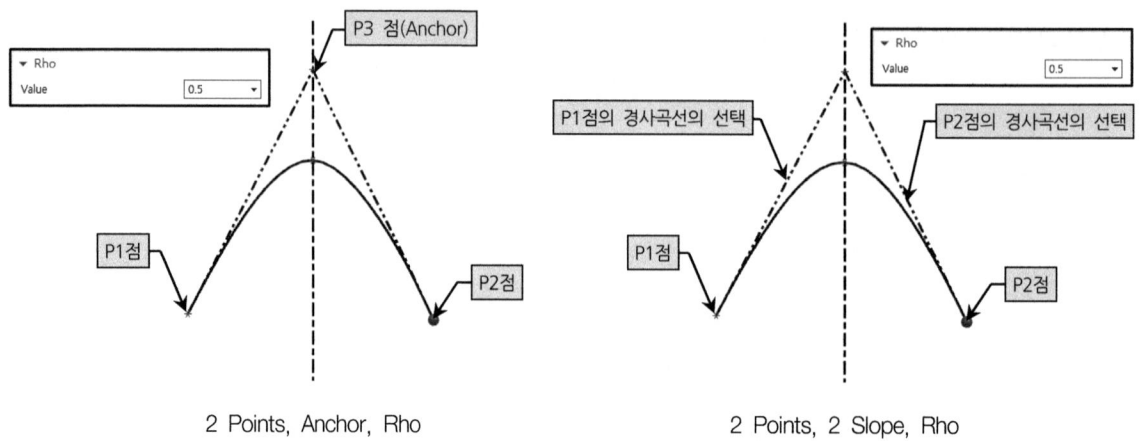

**그림 8.40** General Conic에 의한 원추곡선의 정의

⑦ Coefficients : 2차원 상에서 다음 식에 의해 원추곡선을 나타낸다.

$$f(x, y) = Ax^2 + Bxy + Cy^2 + Dx + Ey + F$$

## 8.2.7 Helix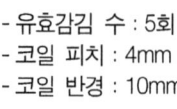

Insert ➡ Curve ➡ Helix...

① Along Vector : 벡터 방향에 따라 코일이 작도된다.
코일의 반경과 피치 등을 입력하여 나선 형태의 객체를 작성할 수 있다.
- Number of Turns : 코일의 감김 수를 설정한다.
- Pitch : 나선의 피치값을 입력한다.
- Radius : 코일의 반경값을 설정한다. (Enter Radius에 유효)
- Turn Direction
  - Right Hand : 반시계 방향의 코일을 작성한다.
  - Left Hand : 시계방향의 코일을 작성한다.

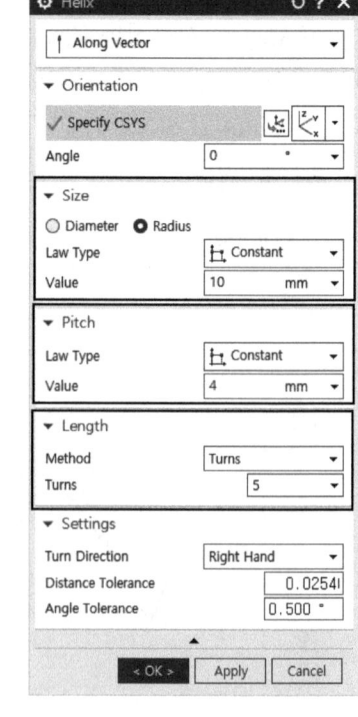

- 유효감김 수 : 5회
- 코일 피치 : 4mm
- 코일 반경 : 10mm

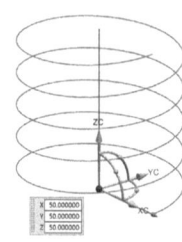

**그림 8.41** Helix에 의한 코일 작성

② Along Spine : Spine 곡선에 의해 나선의 방향을 결정하고 코일 중심의 시작 위치를 Spine 곡선에 의해 결정한다.

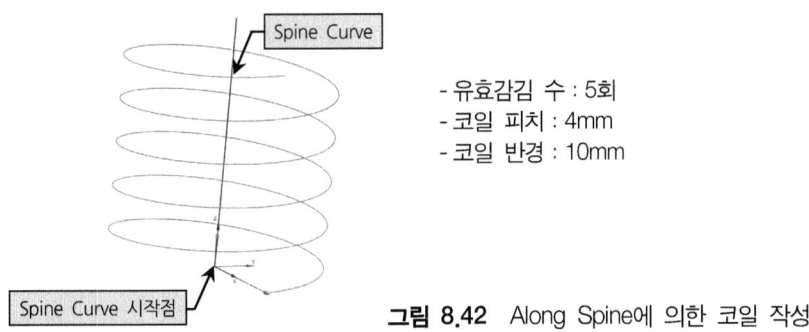

그림 8.42 Along Spine에 의한 코일 작성

③ Use Law : 정의된 법칙에 의해 곡선을 작성하는 보조기능을 지원한다.

- Constant : 전체 정의함수에 동일한 상수 값으로 곡선을 정의하며, 그림 8.43은 Constant에 의해 전체 코일이 동일한 반경값으로 작성된다.
- Linear : 시작점에서 끝점까지 선형변형률에 의해 곡선을 정의하며, 그림 8.44의 (a)는 Linear에 의해 코일의 시작과 끝의 반경을 정의하였다.
- Cubic : 시작점에서 끝점까지 3차 곡선에 의해 곡선이 정의된다. 그림 8.44의 (b)는 Cubic에 의해 시작과 끝의 코일 반경을 정의한 결과이다.

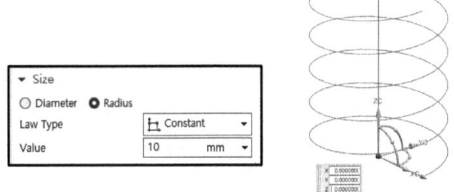

그림 8.43 Constant에 의한 코일작성

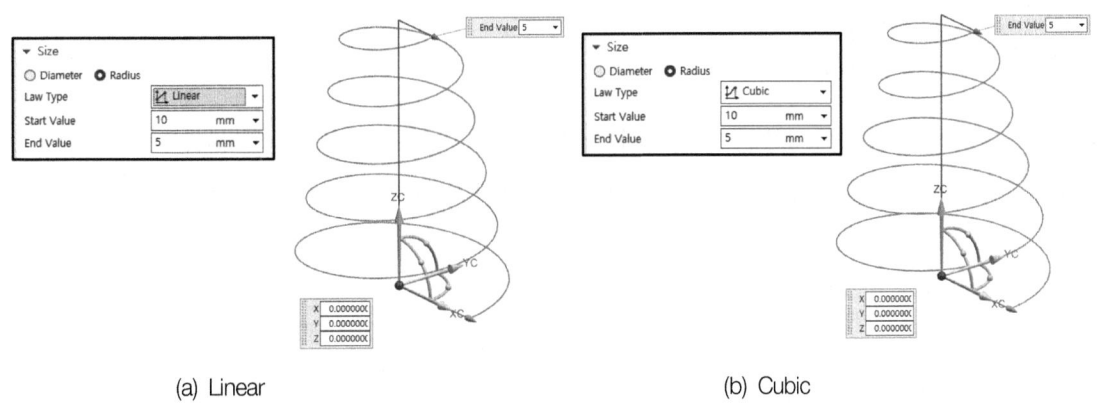

(a) Linear        (b) Cubic

그림 8.44 Linear/Cubic에 의한 코일 작성

- Line Along Spine, Cubic : Spine 곡선을 선택하고 Spine상의 점들을 선정하여 각각의 값을 정의하고, 곡선을 선형 또는 3차 곡선을 선택할 수 있다. 그림 8.45는 Spine 곡선상의 코일 반경값을 설정하여 코일을 작도하였다.

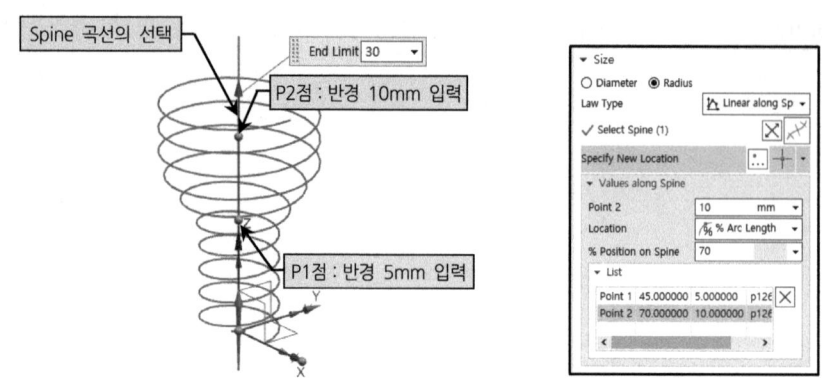

그림 8.45  Line Along Spine에 의한 코일 작성

- By Law Curve : 선택된 Law Curve를 정의하여 코일을 작성한다.

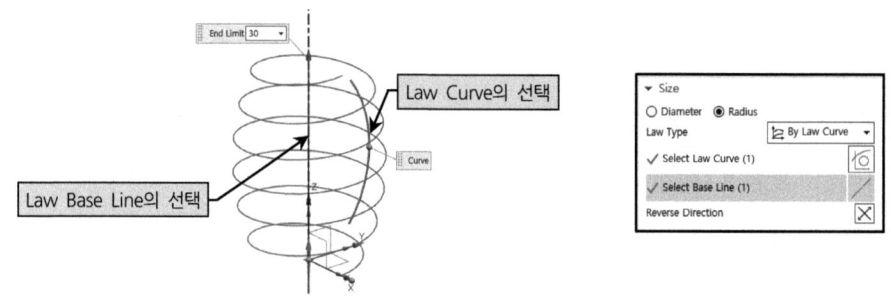

그림 8.46  Law Curve에 의한 코일 작성

- By Equation : Expressions를 이용한 방정식에 의해 매개변수를 주어 정의한 객체를 생성한다.

## 8.2.8 Law Curve

Insert ➡ Curve ➡ Law Curve...

By Equation : Expressions를 이용한 방정식에 의해 매개변수를 주어 정의한 객체를 생성한다.
Tools ➡ Expression... 또는 단축키 Ctrl+E를 이용해 방정식을 입력하여 준다.

- t : 초기상수를 정의한다. (0<=t<=1)
- Xt : X축의 위치변수
- Yt : Y축의 위치변수

```
t = 0
xt = -sqrt(8)*(1-t)+sqrt(8)*t
yt = 2-(0.25*xt^2)
zt = 0
```

이 방정식에 의해 Polynomial한 Spline에 의한 곡선이 정의된다.

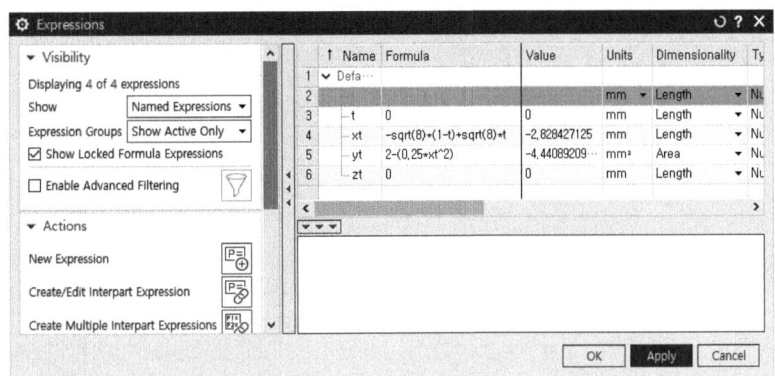

그림 8.47  Expressions을 이용한 방정식의 정의

• Law Curve [XYZ=]를 이용한 곡선의 확인

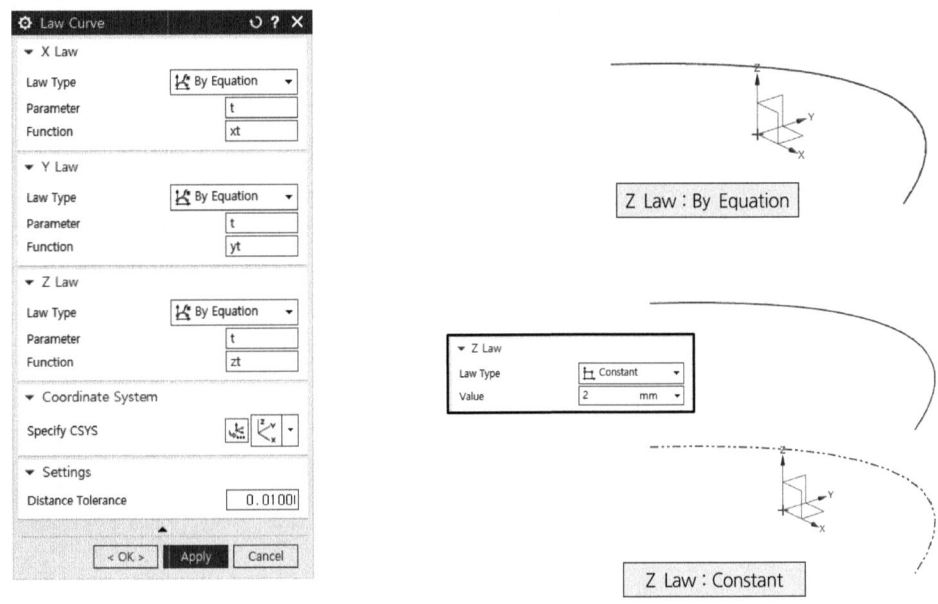

그림 8.48  Equation에 의한 곡선의 작도

# 곡선편집과 작성객체에서 곡선추출

chapter 09

## 9.1 곡선의 간격 띄우기

Insert ➡ Derived Curves ➡ Offset...

Offset은 곡선을 일정간격으로 띄워서 나타내거나 곡선의 모서리부분을 새로운 모양으로 정의할 수 있다.

① Offset by : WCS의 XC-YC면에서 옵셋방식을 설정한다.
- Distance : WCS의 XC-YC면에 Distance 값만큼 옵셋시킨다.
- Draft : 선정된 객체의 XC-YC면에 높이값과 구배각도에 의해 선택객체를 옵셋한다.
- Law Control : 8장의 Law Curve와 같이 정의하여 다른 형태의 곡선을 정의하고 이를 옵셋한다.
- 3D Axial : 공간상에 정의된 객체를 이용하여 축을 정의하고 선택된 객체를 옵셋시킨다.

- Distance

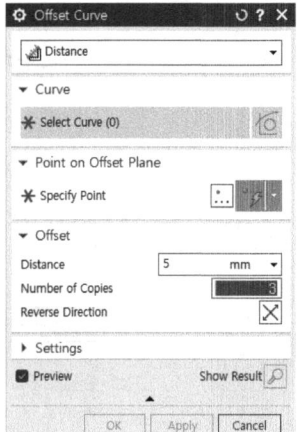

Offset 대화상자

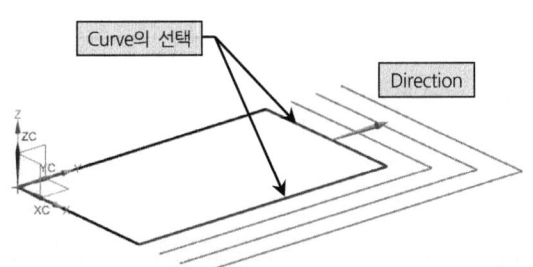

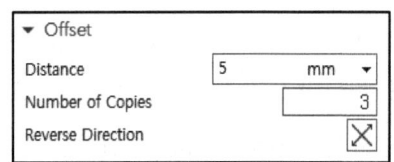

객체의 선택 및 Offset 예측

- Draft

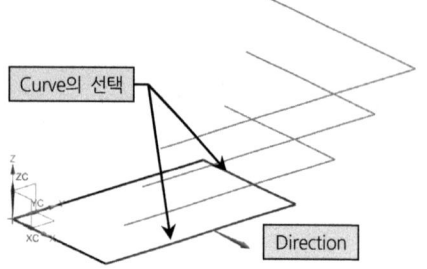
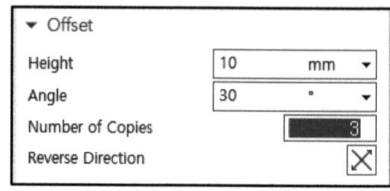

객체의 선택 및 Offset 예측

- Law Control

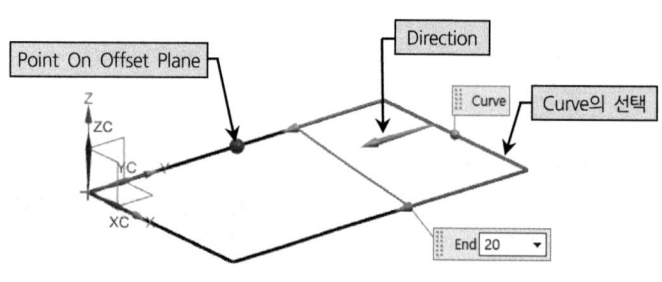
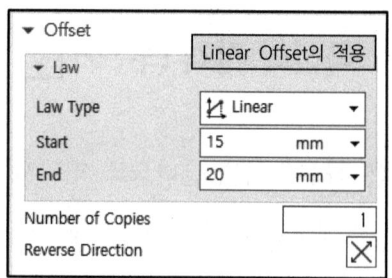

객체의 선택 및 Offset 예측

- 3D Axial

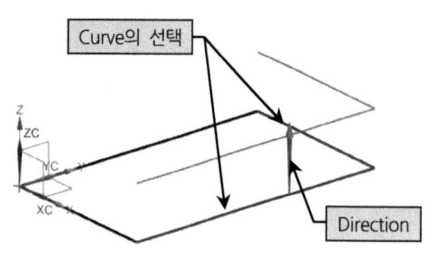
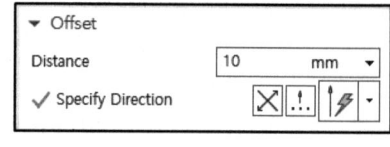

Offset 거리 및 방향설정

객체의 선택, 투영방향 및 옵셋 적용 결과 확인

**그림 9.1** Offset에 의한 객체의 복사

② Setting : 투영곡선의 처리속성을 설정한다.

- Associative Output : 옵셋된 객체에 연관관계를 부여하며 체크박스를 On하는 경우 Model History에 포함되고 작성객체를 Group화 한다.
- Input Curve : 선택된 곡선의 처리여부를 결정한다.
  - Keep : 선택된 곡선을 유지하고 옵셋된 곡선을 생성한다.

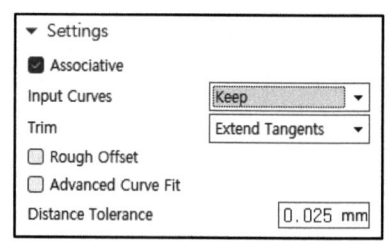

Offset Setting 대화상자

- Hide : 기존의 곡선을 Hide 처리하여 준다.
- Delete : 옵셋 전의 곡선을 삭제하며 Associative Output을 Off하여 이용할 수 있다.
- Replace : 작성된 곡선을 기존의 곡선으로 대체하며 Associative Output을 Off하여 사용한다.

• Trim : 옵셋되는 곡선 모서리의 연결형상을 정의한다.
- None : 선택된 곡선을 그대로 옵셋한다.
- Extended Tangents : 옵셋된 곡선의 모서리 부위를 Trim처리한다.
- Fillet : 옵셋된 곡선의 모서리 부위를 Distance 값으로 모깎기한다.

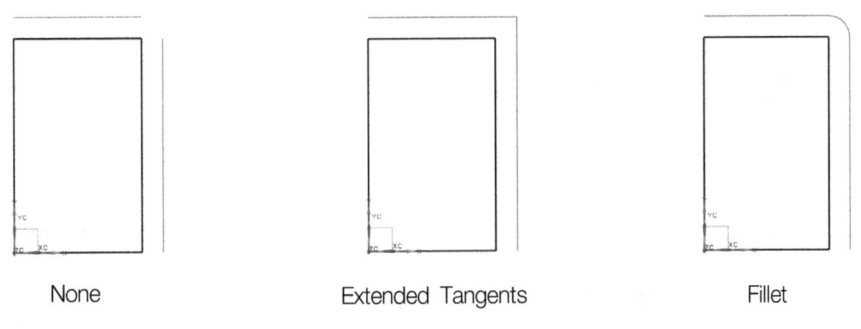

그림 9.2  Trim 옵션에 의한 객체의 옵셋

## 9.2 곡면 상의 곡선 간격 띄우기

Derived Curves ➡ Offset Curve in Face...

곡면 상에 연결된 모서리 또는 곡선을 이용하여 하나 이상의 Offset된 곡선을 작성하며 Offset 곡선은 기존 곡선 또는 모서리 단면에서 지정된 거리에 있다. 면에 생성되며 선택된 곡선과 수직인 단면을 따라 결정 된다.

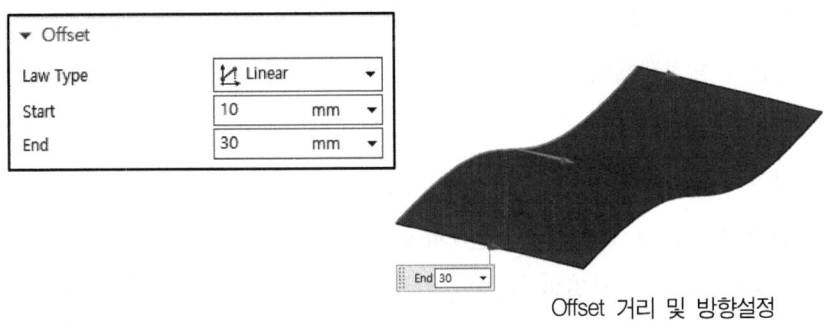

그림 9.3  Offset Curve in Face에 의한 객체의 옵셋

## 9.3 객체 상의 곡선 간격 띄우기

Derived Curves ➡ Offset 3D Curve...

Offset 3D Curve 명령을 사용하여 3차원 곡선 또는 모서리를 지정된 방향에 수직인 방향으로 지정된 거리만큼 Offset 하며 여러 평면(Offset Multiple), 비 평면형(Non-planar), 폐쇄형(Closed) 또는 개방형(Open) 곡선을 동시에 Offset 할 수 있다.

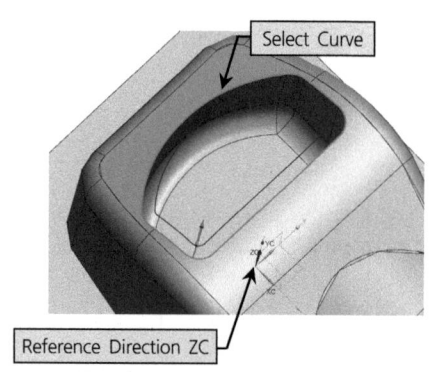

Offset 거리 및 방향설정

그림 9.4 Offset 3D Curve에 의한 객체의 옵셋

## 9.4 선택곡선의 연결

Insert ➡ Derived Curves ➡ Bridge...

떨어져있는 두 곡선을 부드럽게 연결하며 곡선의 기울기나 깊이 등을 조절하여 연결곡선을 제어할 수 있다.

① Selection Steps
- Start Object : 시작객체에 Section(Curves, Edges), Object(Faces, Points) 선택한다.
- End Object : 곡선의 종점객체에 Section(Object, Datum, Vector)을 선정한다.
- Start/End : 편집할 점을 지정할 수 있으며 연속성(Continuity), 위치(Position) 및 방향 옵션(Direction Options)은 브리지 곡선의 시작점과 끝점에 대해 독립적으로 설정할 수 있다.

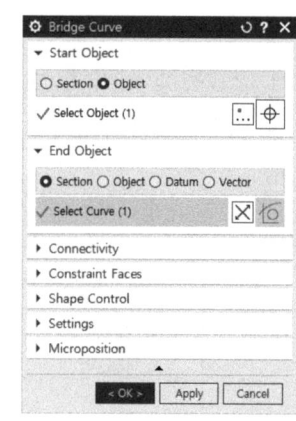
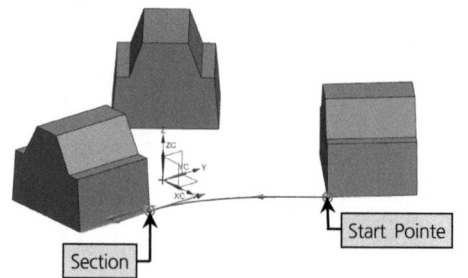

그림 9.5 Bridge 곡선의 생성

② Shape Control : 연결곡선의 모양을 조절할 수 있다.
- Tangent Magnitude : 선택곡선의 끝점을 이용하여 연결곡선의 모양을 조절하며 접선을 유지한다.

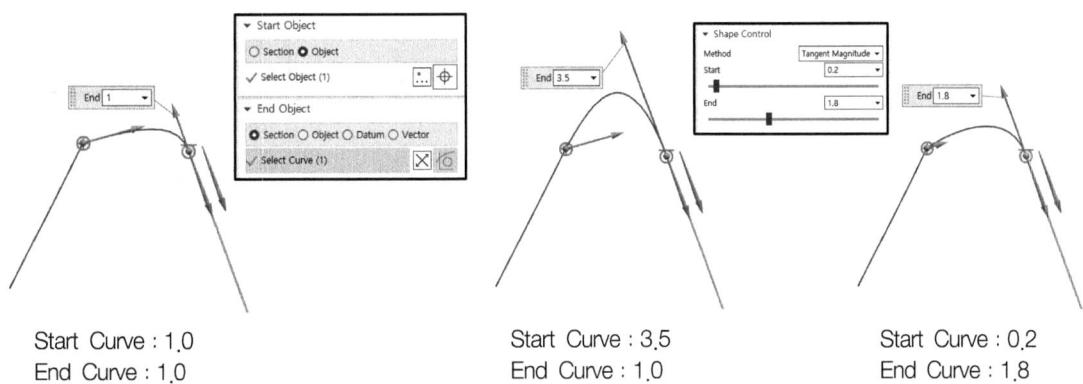

- Depth and Skew : 연결곡선의 Peak Point를 조절하거나 Skew에 의한 기울기를 제어한다.

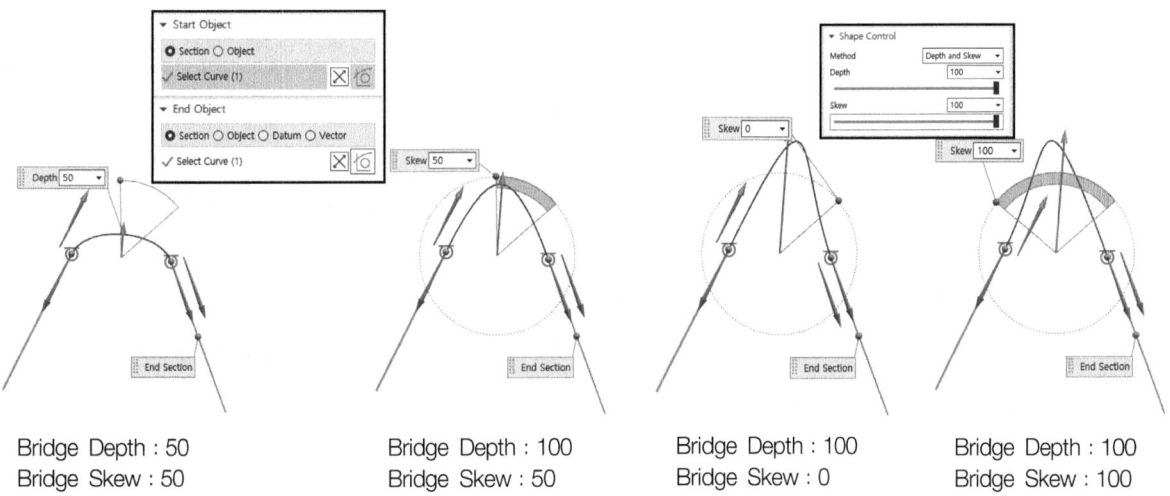

- Conic : 원추곡선의 Rho($\rho$)에 의해 연결곡선을 정의한다.

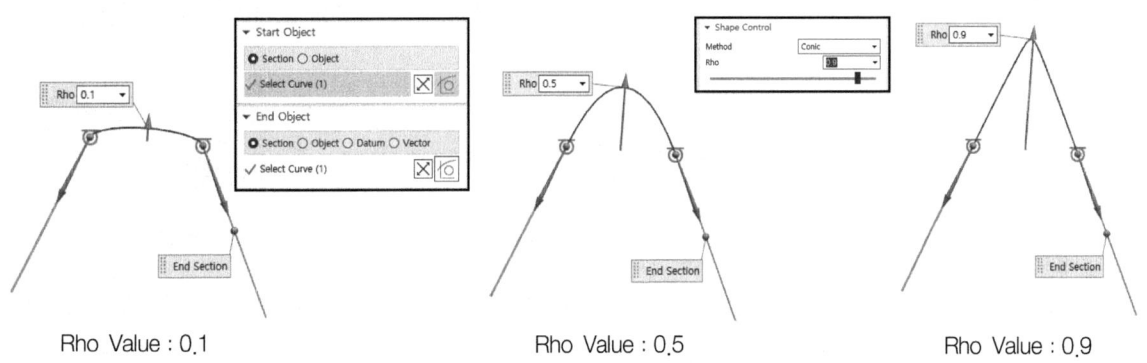

**그림 9.6** Shape Control에 의한 연결곡선의 제어

③ Connectivity : 연결곡선의 시작위치를 제어할 수 있으며, 시작(Start) 또는 끝(End) 객체의 선택은 Start/End Object를 이용하고 시작위치는 Position 슬라이스 바를 이용하여 제어한다.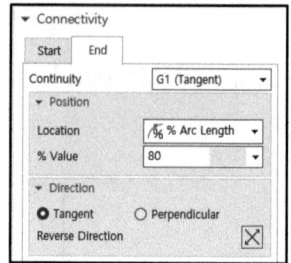

- Continuity : 연결곡선의 속성을 설정하며 연결속성에는 G0(Position), G1(Tangent), G2(Curvature) 또는 G3(Flow)를 설정할 수 있다.
- Position : Start/End에서 설정된 시작 또는 종료 위치를 슬라이스 바를 이용해 제어한다.

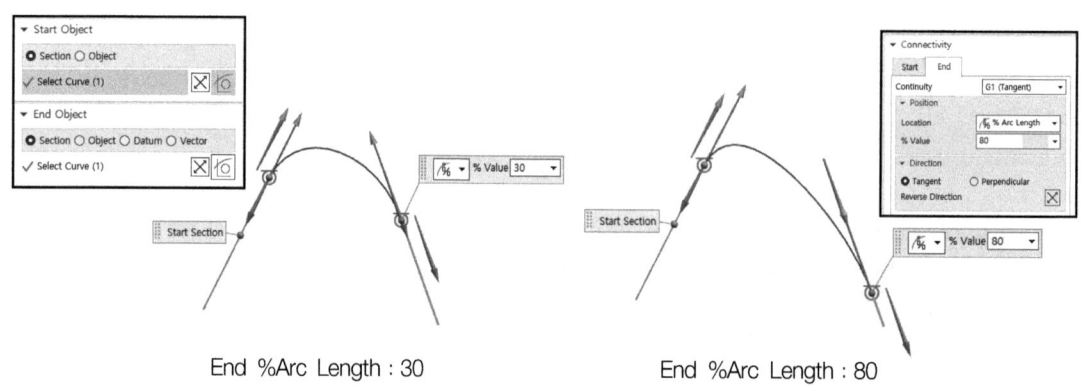

그림 9.7 Position에 의한 연결곡선의 제어

- Direction : 선택객체의 접선방향인 Tangent와 수직방향인 Perpendicular을 선택할 수 있다.

④ Constraint Faces : 연결곡선에 대한 구속면을 설정할 수 있다.
⑤ Radius Constraint : Shape Control의 Depth and Skew에 한해 Radius Constraint를 설정할 수 있으며 Minimum(최소) 또는 Peak(최대) 값으로 반경을 정의한다.

## 9.5 선택곡선의 단순화

Insert ➡ Derived Curves ➡ Simplify...

선택한 곡선에서 원호(Arc)와 선(Line) 등을 이용하여 단순화된 근사곡선을 생성한다.

① Maintain : 선택된 곡선을 유지하고 근사곡선을 생성한다.
② Delete : 기존의 곡선을 삭제하고 기존곡선을 근사곡선으로 대체한다.
③ Hide : 기존의 곡선을 Hide 처리하고 생성된 근사곡선만을 나타낸다.

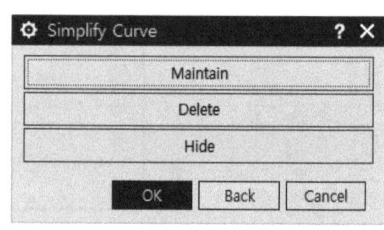

그림 9.8 Simplify 대화상자

## 9.6 선택곡선의 최적화

Insert ➡ Derived Curves ➡ Smooth Curve String...

Smooth Curve String 명령을 사용하여 작도된 곡선들을 단일 형상의 곡선으로 작도한다. 고정 곡선(Fixed Curves)은 곡선을 수정하지 않으려면 선택된 곡선을 고정 곡선으로 선택할 수 있다.

## 9.7 선택곡선의 추출 및 결합

Insert ➡ Derived Curves ➡ Composite Curve...

곡선의 결합은 객체의 곡선 및 모서리를 추출하며 추출된 곡선 및 모서리는 모따기 및 블렌드와 같은 세부 형상이 추가되고 기존 곡선은 유지된다. 동일 어셈블리의 다른 부분에서 곡선과 모서리를 추출하려면 Wave Geometry Linker 명령에서 Composite Curve 옵션을 사용한다.

① Join Curves : 결합된 곡선의 세그먼트를 단일 곡선으로 결합 여부를 지정할 수 있다.
- No : 결합된 곡선의 세그먼트를 결합하지 않는다.
- Cubic : 곡선을 결합하여 3차 다항식 스플라인 곡선을 만든다.
- General : 일반 스플라인 곡선으로 구성된 곡선으로 결합하여 스플라인을 만든다. 이 옵션은 Cubic 또는 Quintic보다 높은 차수의 곡선을 만들 수 있다.
- Quintic : 곡선을 결합하여 5차 다항식 스플라인 곡선을 만든다.

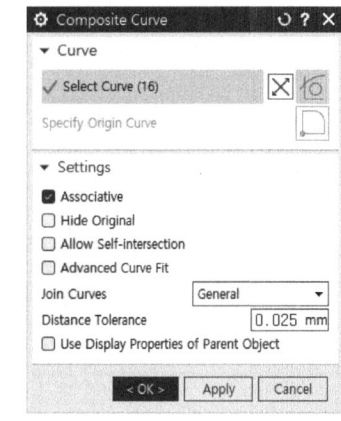

그림 9.9 Composite Curve 대화상자

② Use Display Properties of Parent Object : Wave Geometry Linker를 이용해 객체에 연결된 하위 객체에 Composite Curve 옵션에 의해 변경된 디스플레이 특성을 반영한다.

## 9.8 실린더를 이용한 곡선의 모깎기

Derived Curves ➡ Circular Blend Curve...

연결된 모서리 또는 3차원 곡선간에 정의된 실린더를 이용하여 모깎기를 수행한다.

① Cylinder : 정의에 사용되는 실린더의 속성을 정의한다.
- Direction Option : 실린더의 축을 정의한다.
  - Best Fit : 입력된 곡선에 의한 평면 법선방향에 실린더의 축을 정의한다.
  - Variable : 입력된 곡선과 모깎기 원호 접점의 평행선에 실린더의 축을 정렬한다.

- Vector : 실린더의 축을 정의된 Vector에 정렬시킨다.
- Current View : Current View의 법선방향에 실린더의 축을 정의한다.

• Radius Option : 실린더의 직경을 정의한다.
- Point on Curve 1 또는 2 : 입력된 곡선을 기준으로 실린더를 정의한다.
- Value : 정의될 실린더의 반경을 정의한다.

• Location : Point on Curve 1/2의 접점 위치를 설정할 수 있다.
- Arc Length : 선택된 곡선의 길이에 의해 접점을 정의한다.
- % Arc Length : 선택된 곡선의 길이 비율에 의해 접점을 정의한다.
- Through Point : Graphics Screen에 정의한 점에 의해 접점을 결정한다.

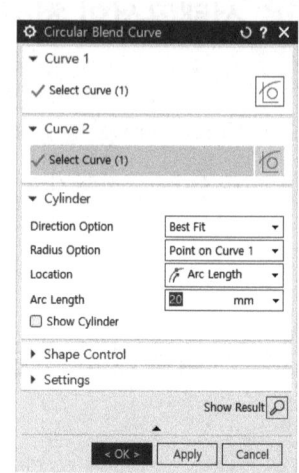

그림 9.10  실린더 모깎기 대화상자

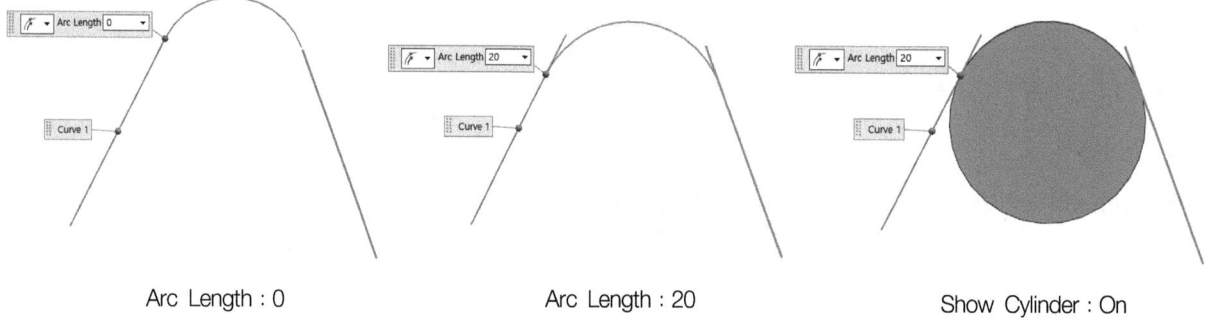

그림 9.11  Arc Length 변경에 의한 실린더의 직경변경(Best Fit)

• Show Cylinder : 정의된 실린더를 표시한다.

② Shape Control : Curve 1 또는 2의 곡률과 편차를 제어한다.

③ Complement Arc : 표시된 모깎기의 여각(반대) 부위만을 표시한다.

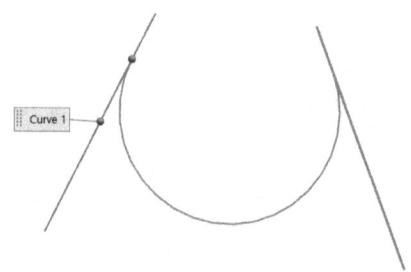

그림 9.12  Complement Arc의 적용

## 9.9 곡선의 편집

Edit ➡ Curve

작성된 곡선의 모서리 제거, 분할, 신축과 모깎기 등의 편집기능을 이용할 수 있다.

### 9.9.1 Trim

Edit ➡ Curve ➡ Trim...

객체의 특정부분을 상대객체의 경계로 일부를 제거하거나 연장한다.

### 9.9.2 Divide Curve

Edit ➡ Curve ➡ Divide...

곡선을 선택하여 선택옵션에 의해 정해진 간격으로 곡선을 등분한다.

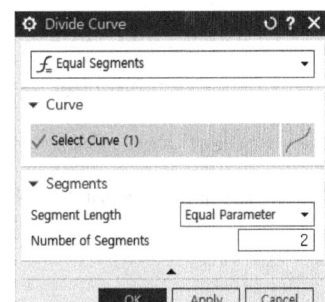

① Equal Segments : 간격값을 입력하여 선택된 곡선을 등분한다.
- Equal Parameters : 곡선의 매개변수에 의해 같은 거리의 Spacing으로 분할된다.
- Equal Arc Length : 입력된 분할 수에 의해 동일한 원호의 길이로 선택곡선을 분할시킨다.

그림 9.13 Divide 대화상자

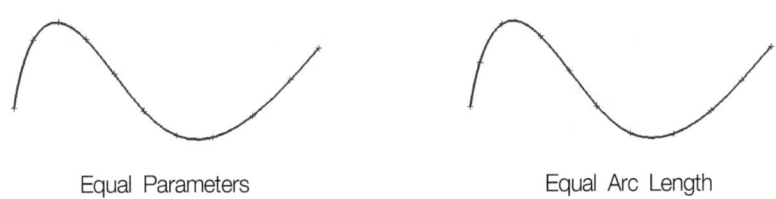

그림 9.14 Equal Segments에 의한 곡선분할

② By Bounding Objects : 경계객체(점, 곡선과 평면 등)에 의해 선택된 곡선을 분할시킬 수 있다

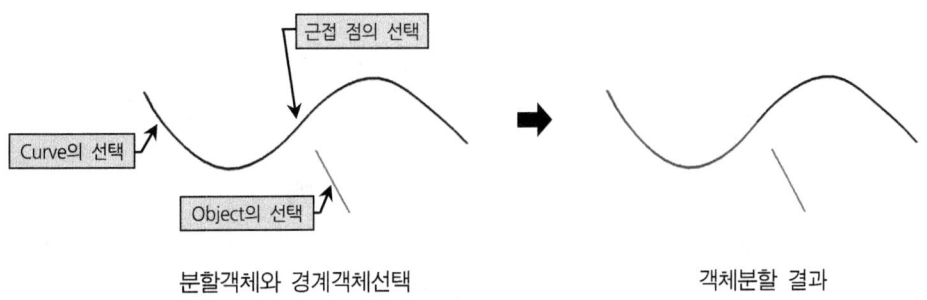

그림 9.15 Segments by Bounding Objects에 의한 곡선분할

③ Arc Length Segments : 입력된 분할 길이에 의해 선택곡선이 시작점을 기준으로 분할된다.

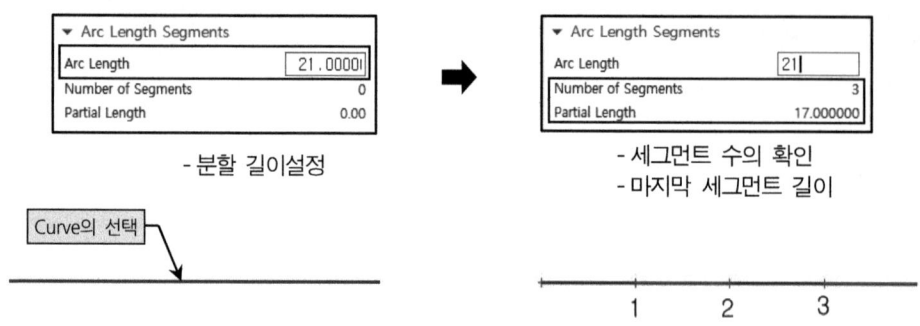

**그림 9.16**  Input Arc Length Segments에 의한 곡선분할

④ At Knot Point : Spline에서 세그먼트의 시작과 끝점의 Knot 점을 이용하여 곡선을 분할할 수 있다.
- By Knot Number : 곡선의 Knot의 번호를 입력하여 해당 번호부위의 Knot을 기준으로 분할한다.
- Select Knot Point : 선택된 곡선의 Knot 부위 점을 선택하여 곡선을 분할시킨다.
- All Knot Point : 선택된 곡선의 전구간 Knot을 이용하여 분할시킬 수 있다.

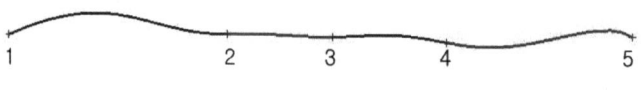

**그림 9.17**  All Knot Points에 의한 곡선분할

⑤ At Corners : Join명령에 의해 작성된 곡선에서 모서리(Corner)점을 이용하여 곡선을 분할하며 하부옵션은 At Knot Point와 동일하다.

### 9.9.3 Stretch Curve

Edit ➡ Curve ➡ Stretch...

작성된 객체의 일부를 선택하여 객체를 늘이거나 줄일 수 있으며 전체 객체선택의 경우 선택객체가 이동된다.

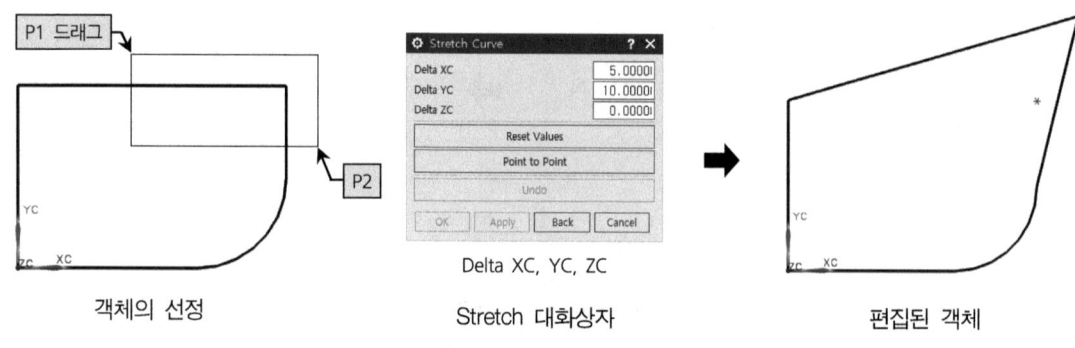

**그림 9.18**  Stretch에 의한 객체의 신장

① Delta XC, YC, ZC : 선택객체에 대한 변경시킬 상대거리를 입력한다.
② Point to Point : 점과 점의 위치에 의해 변경거리가 결정된다.

### 9.9.4 Curve Length

Edit ➡ Curve ➡ Length...

선택된 곡선의 길이를 재지정할 수 있다.

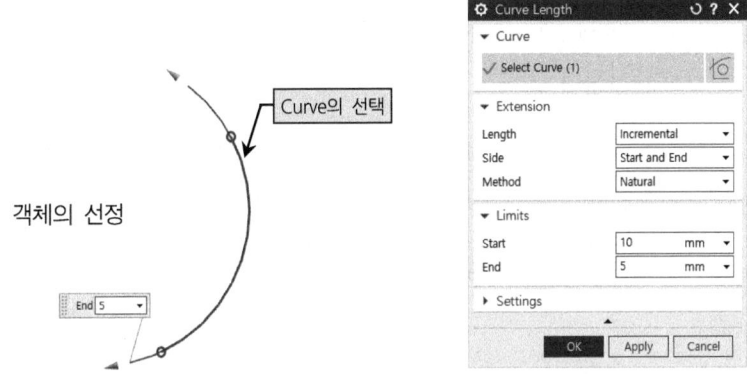

**그림 9.19** Curve Length 대화상자

① Extension : 곡선의 증분방법을 설정한다.
- Length : 선택된 객체의 길이를 Total 또는 Incremental로 변경한다.
  - Total : 선택된 객체의 전체길이를 조절한다.
  - Incremental : 곡선의 증분 또는 감소량을 입력하여 선택객체를 변경한다.

- End : 선택된 곡선의 시작길이와 종료길이를 선정하는 Start and End 또는 변경될 시작길이와 종료길이를 같게 하는 Symmetric을 적용할 수 있다.
- Method : Spline연장의 경우 연장될 곡선의 형상을 정의하며 그림 3.20을 참조한다.
  - Natural : Spline 형상과 같이 부드럽게 연장된다.
  - Linear : Spline 끝에서 접선방향의 선으로 연장시킨다.
  - Circular : Spline 끝에서 원형으로 Spline이 연장된다.

② Limits : 곡선의 변경길이를 정의하며 Start, End 또는 Total로 정의할 수 있다.

### 9.9.5 Smooth Spline

Edit ➡ Curve ➡ Smooth Spline...

선택된 곡선의 매끄러운 정도를 조절한다.

① Smoothing Type : B-Spline 곡선의 매끄러움을 결정하는 알고리즘을 선택한다.

- Curvature : 최소 Curvature Magnitude를 이용하여 매끄러운 곡선을 정의한다.
- Curvature Variation : 최소 Curvature Variation을 이용하여 매끄러운 곡선을 정의한다.

② Constraint : 구속조건의 단계를 설정하며 시작과 종료에서 G0 ~G3까지 선택할 수 있다.

③ Smoothing Factor : 선택된 곡선을 매끄러운 정도를 슬라이드바를 이용하여 조절한다.

④ Modification Percentage : Smoothing Factor의 제어한도를 슬라이드 바를 이용하여 설정한다.

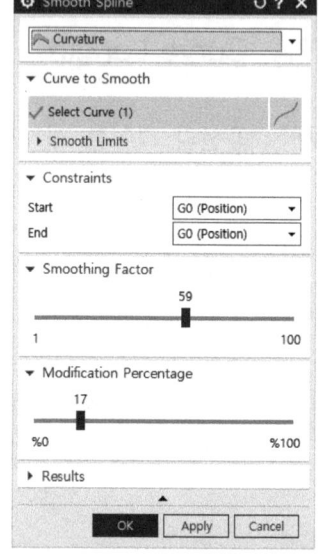

그림 9.20   Smooth Spline 대화상자

## 9.9.6 Edit Curve Parameters

Edit ➡ Curve ➡ Parameters...

선택된 곡선의 Parameter 수정을 위해 Line, Arc 또는 Studio Spline 대화상자를 이용하여 곡선을 편집한다.

## 9.9.7 Shape by Template

Edit ➡ Curve ➡ Shape by Template...

선택된 객체 스플라인의 시작점과 끝점을 유지하면서 Template 스플라인의 모양과 특성에 맞게 스플라인을 변환한다.

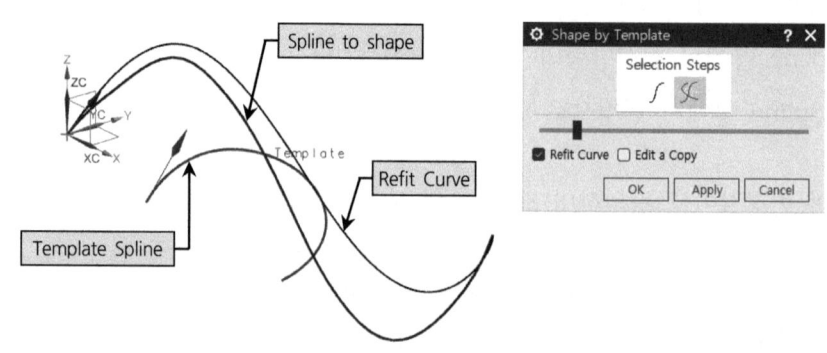

그림 9.21   Shape by Template의 적용

## 9.10 곡면 상의 투영곡선

Insert ➡ Derived Curves ➡ Project...

작성된 곡선을 곡면, Sheet Body 또는 Datum Plane에 투영하여 새로운 곡선을 생성한다.

① Curves or Points to Project : 투영곡선을 정의할 곡선 또는 곡면의 모서리 등을 선택한다.
  • Select Curve or Point : 투영될 곡선 또는 점을 선정한다.

② Object to Project To : 곡면, Sheet Body 또는 Datum Plane 등의 투영곡면을 선정한다.

③ Projection Direction : 곡선의 투영방향을 정의한다.
  • Along Face Normals : 선택곡면에 법선방향의 투영방향을 적용한다.

그림 9.22  Projection Curve 대화상자

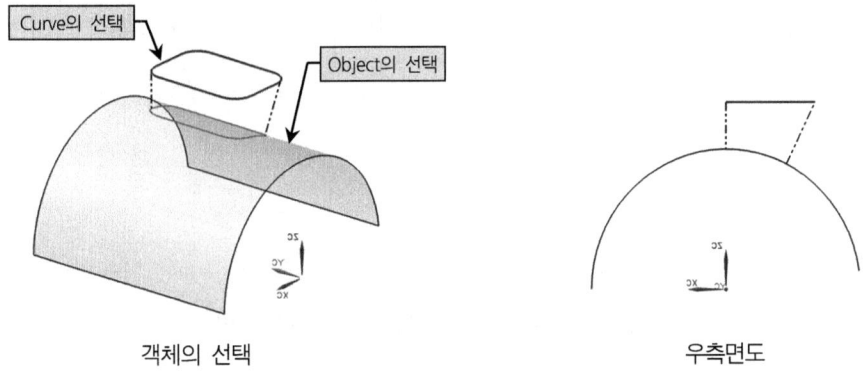

그림 9.23  Along Face Normals에 의한 곡선의 투영

  • Toward Point : 투영곡선을 선택하고 임의의 꼭지점을 선정하여 투영곡면에 새로운 곡선을 투영한다.

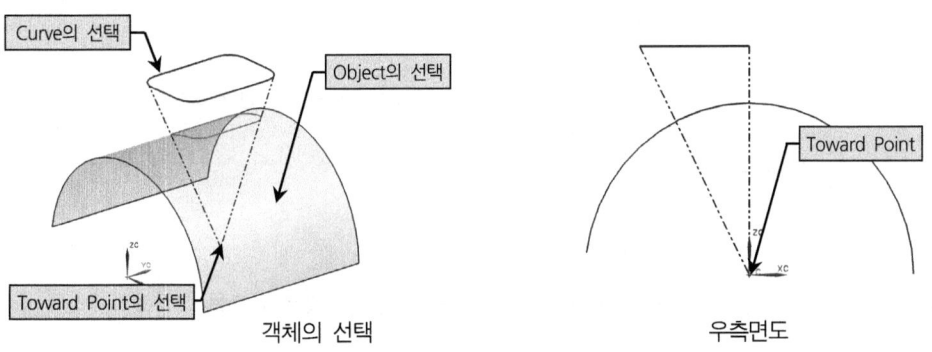

그림 9.24  Toward a Point에 의한 곡선의 투영

- Toward Line : 선택곡선을 투영선(Toward Line)을 기준으로 투영곡면에 새로운 곡선으로 정의한다.

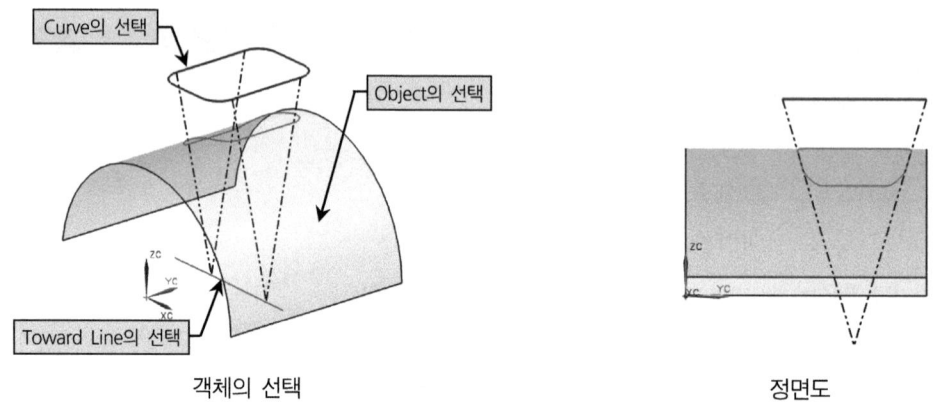

**그림 9.25** Toward a Line에 의한 곡선의 투영

- Along Vector : 투영될 선택곡선을 투영곡면과 Vector에 의해 투영방향이 정의된 곡선을 작성한다.

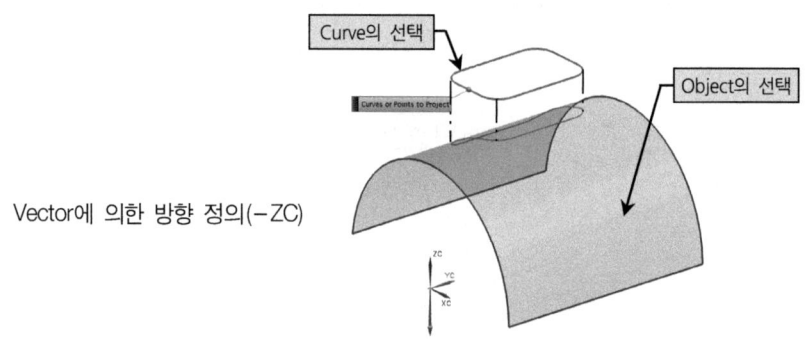

**그림 9.26** Along Vector에 의한 곡선의 투영

- Project Both Sides : Along Vector에서 투영곡선의 방향을 정의하며 선택곡면의 양쪽방향으로 투영곡선을 작성한다.

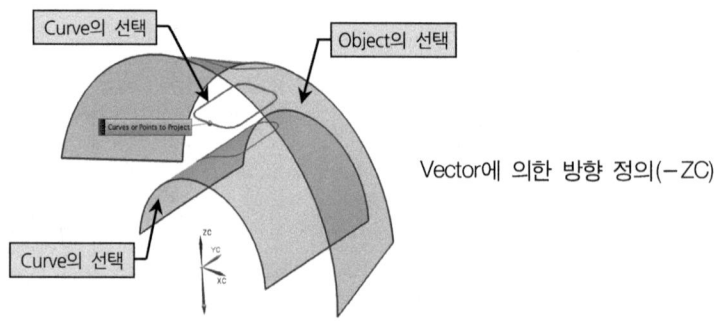

**그림 9.27** Project Both Sides에 의한 곡선의 투영

- Equal Arc Length : WCS의 XC-YC에서 작성된 선택곡선을 투영곡면(U-V등사곡선)에 호의 길이가 유지되도록 투영한다.

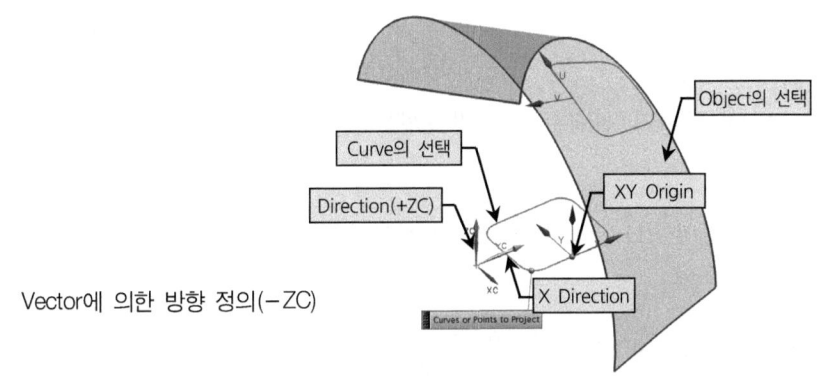

**그림 9.28** Equal Arc Length에 의한 곡선의 투영

※ Vector의 방향을 정의할 경우 X-Y와 U-V방향을 일치시켜야 한다.

- Both X and Y : X와 Y 방향의 거리를 U와 V원호길이에 적용한다.
- First X, then Y : 먼저 X의 거리에 의해 U를 결정하고 Y거리에 의해 V가 결정된다.
- First Y, then X : 처음 Y의 거리에 의해 V를 결정하고 X거리에 의해 U가 결정된다.
- X Only : X의 길이를 원호(U)에 적용하고 적용된 U의 길이를 기준으로 나머지 원호(V)의 길이에 적용한다.
- Y Only : Y의 길이를 원호(V)에 적용하고 적용된 V의 길이를 기준으로 나머지 원호(U)의 길이를 결정한다.

• Angle to Vector : 선택곡선을 투영곡면과 Vector에 의한 투영방향 각도에 의해 투영곡선을 정의한다.

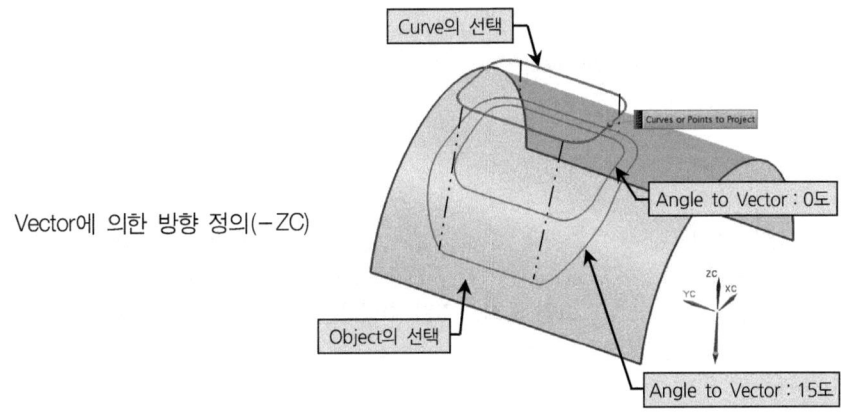

**그림 9.29** Angle to Vector에 의한 곡선의 투영

## 9.11 곡선조합에 의한 투영곡선

Insert ➡ Derived Curves ➡ Combined Project...

WCS의 같은 평면에서 작성되지 않은 2개의 곡선을 이용하여 투영곡선을 교차된 위치에 곡선을 작도한다.

① Selection Step : 조합곡선의 선택순서와 방향성을 설정한다.
  - First Curve String(Curve1) : 첫 번째 투영곡선을 선택한다.
  - Second Curve String(Curve2) : 두 번째 투영곡선을 선택한다.

② Projection Direction : 투영방향을 지정하는 기능이 주어진다.
  - Normal to Plane of Curves : 작성된 WCS의 XC-YC 평면에 수직방향으로 투영된다.
  - Specified Vector : 정의된 Vector에 의해 투영방향을 결정한다.

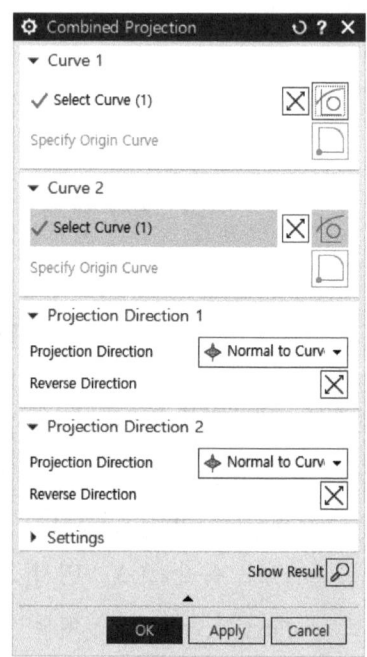

그림 9.30 조합투영 대화상자

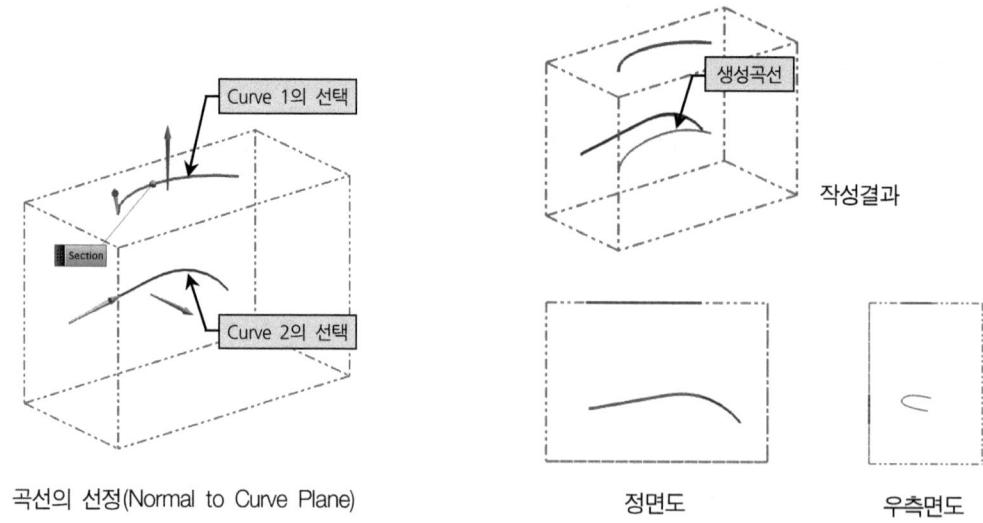

그림 9.31 조합 투영곡선의 적용

## 9.12 교차곡면에 의한 곡선 생성

Derived Curves ➡ Intersection Curve...

교차된 곡면(Solid, Sheet Body, Datum Plane 등)을 이용하여 교차된 부분의 형상곡선을 작성한다.

① Set 1 : 첫 번째 교차곡면을 선택한다.
② Set 2 : 두 번째 교차곡면을 선택한다.
③ Keep Selected : 선택된 Set을 이용해 다른 교차곡면에 적용할 수 있다.

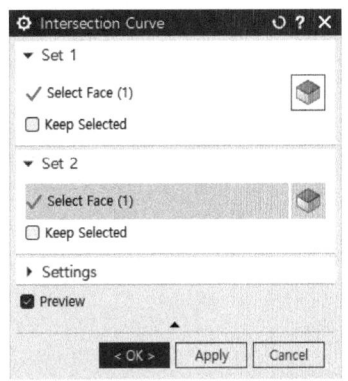

교차곡선의 대화상자

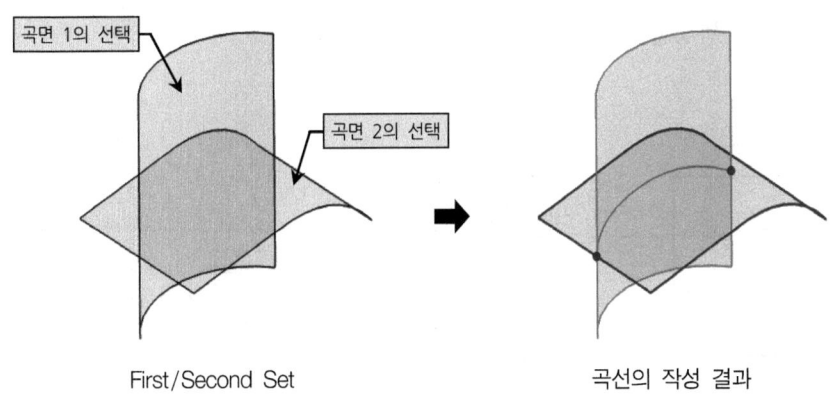

First/Second Set  →  곡선의 작성 결과

**그림 9.32** 교차곡면에 의한 곡선 생성의 예

## 9.13 곡면에 의한 단면곡선의 생성

Derived Curves ➡ Section Curve...

선택된 곡면 또는 Solid를 이용하여 선정된 평면을 이용하여 단면곡선을 생성한다.

① Section Method
  - Select Plane : 작성된 곡면과 Plane을 선택하여 곡면의 단면곡선을 작성한다.
    - Objection to Section : 작성된 곡면을 선택한다.
    - Section Plane : 단면곡선을 작성할 부위의 Datum Plane을 선정한다.

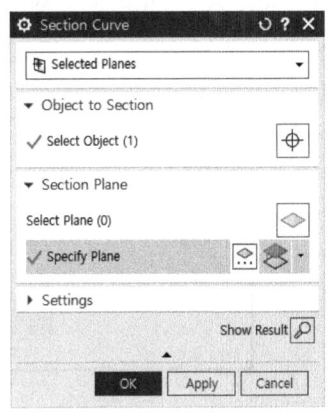

단면곡선의 대화상자

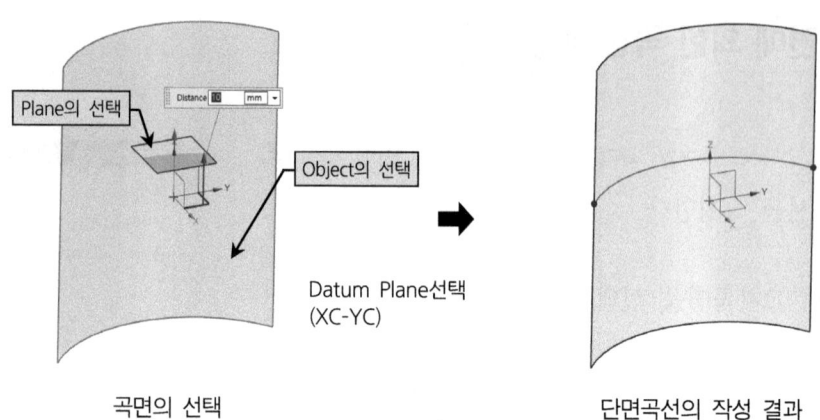

그림 9.33  Select Plane에 의한 단면곡선

- Parallel Plane  : 단면곡선의 작성에 사용되는 Datum Plane을 이용하여 Datum Plane의 평행이동 값에 단면곡선을 생성한다.

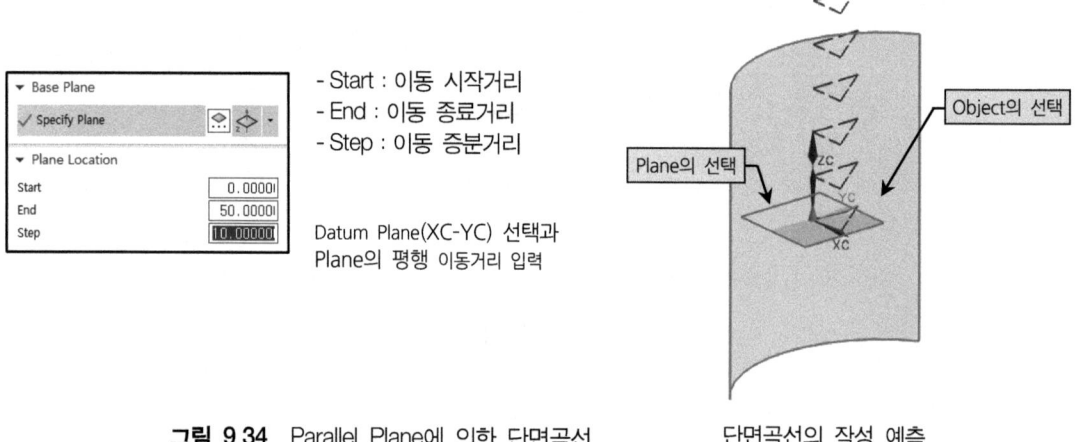

그림 9.34  Parallel Plane에 의한 단면곡선

- Radial Plane  : 단면곡선의 작성에 사용되는 Vector(Radial Axis)를 기준으로 Datum Plane을 회전시켜 단면곡선을 생성하며 Point on Reference Plane에 의해 회전방향이 결정된다.

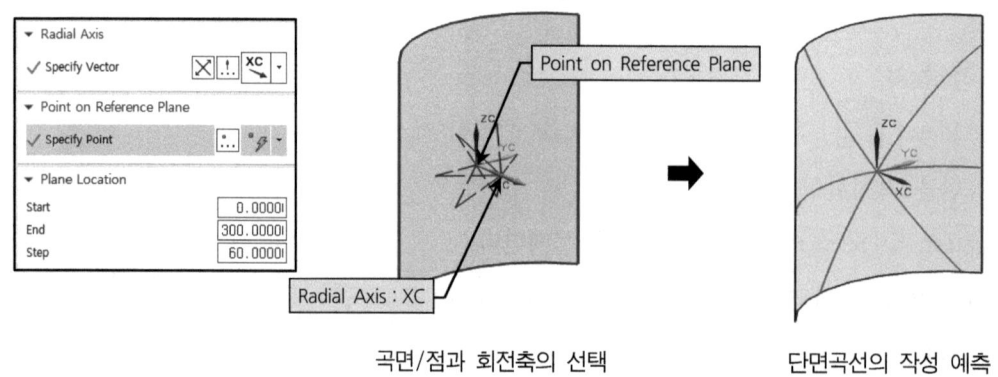

그림 9.35  Radial Plane에 의한 단면곡선

- Radial Axis : Radial Plane의 회전축을 정의하며 그림 9.35는 +XC로 Vector 방향을 정의하였다.
- Point on Reference Plane : 선정 Plane상의 기준점을 선정한다.

• Plane Perpendicular to Curve : 곡면의 선택과 선택된 곡선의 Plane 수와 위치를 선택하면 수직방향의 Plane들이 정의되어 단면곡선이 생성된다.

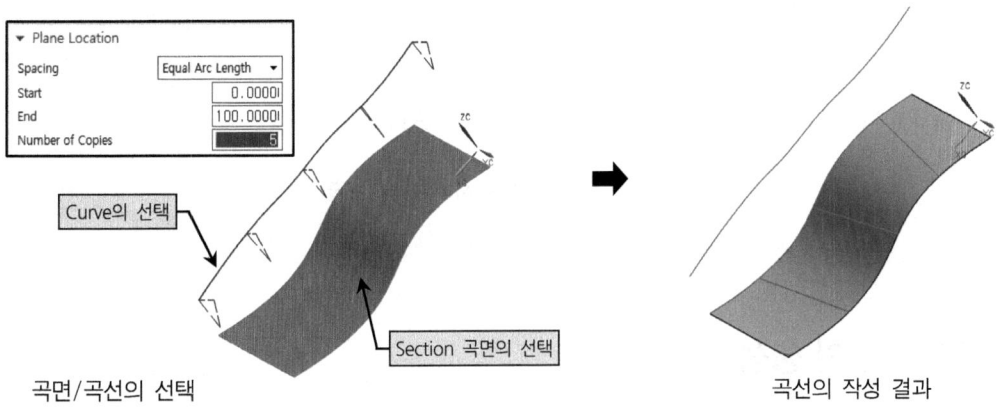

곡면/곡선의 선택 → 곡선의 작성 결과

**그림 9.36** Plane Perpendicular to Curve에 의한 단면곡선

- Spacing : 선택곡선상의 Plane 배치방법을 설정하며, 그림 8.24의 Point Set의 하부옵션을 참고하시오.
- Number of Copies : 단면곡선의 수를 설정한다.
- Start : 단면곡선의 시작위치를 Percentage로 선정한다.
- End : 단면곡선의 종료위치를 Percentage로 선정한다.

## 9.14 U, V에 의한 곡선의 생성

Derived Curves ➡ Isoparametric Curve...

선택객체에 U 또는 V의 추출곡선 수를 설정하여 추출곡선을 작도하거나, 한 점을 지나는 U와 V 추출곡선을 생성할 수 있다. 또한 선택된 점의 영역 안에 추출곡선을 생성시킨다.

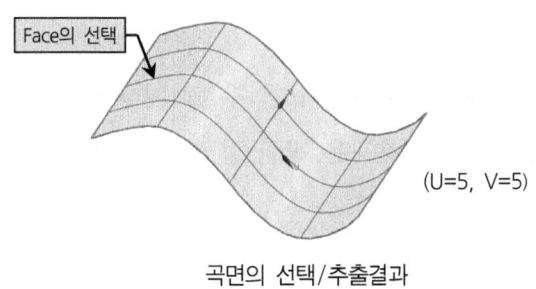

곡면의 선택/추출결과

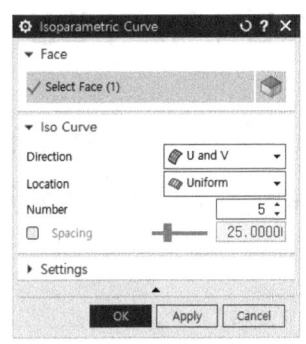

U and V 옵션

- Location : 추출곡선의 위치를 제어하며 Uniform의 경우 Spacing에 의해 간격을 제어할 수 있다.

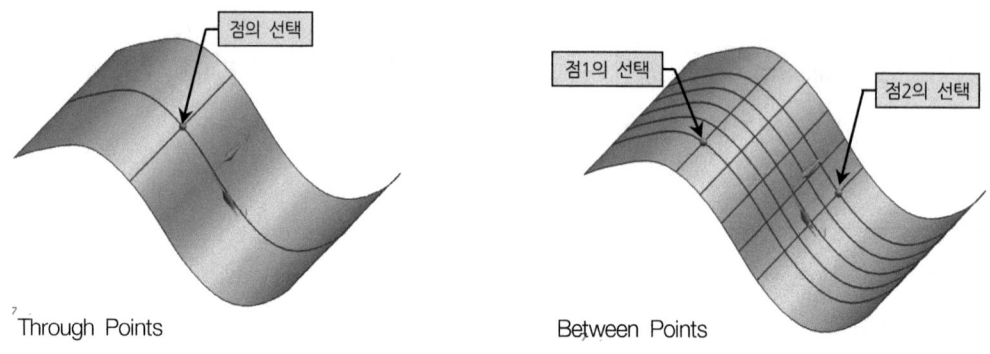

그림 9.37 곡면에서 곡선의 추출

## 9.15 등사 곡선의 생성

Derived Curves ➡ Isocline Curve...

기준 방향에 의해 표면에 일정한 각도로 등사 곡선을 작성하려면 Isocline Curve를 이용하여 곡선을 작성한다.

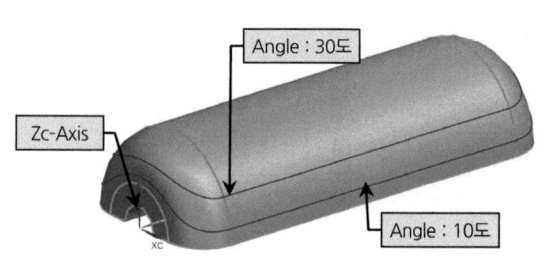
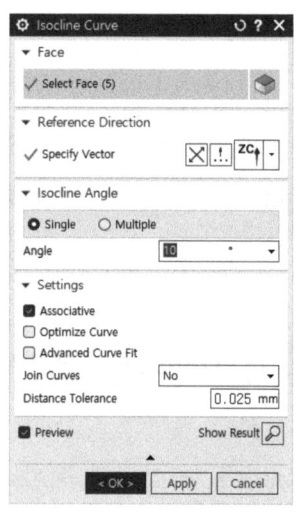

Solid의 선택(All in Body) 및 Vector에 의한 방향정의

그림 9.38 등사 곡선의 추출

## 9.16 그림자 곡선의 생성

Derived Curves ➡ Shadow Curve...

그림자 곡선 명령을 사용하여 물체에서 실루엣 곡선(Silhouette Curve)을 추출하거나 객체의 그림자 곡선을 다른 방법에 의해 투영할 수 있다. 실루엣 곡선과 그림자 윤곽은 광원 점 또는 벡터를 따라 생성된다.

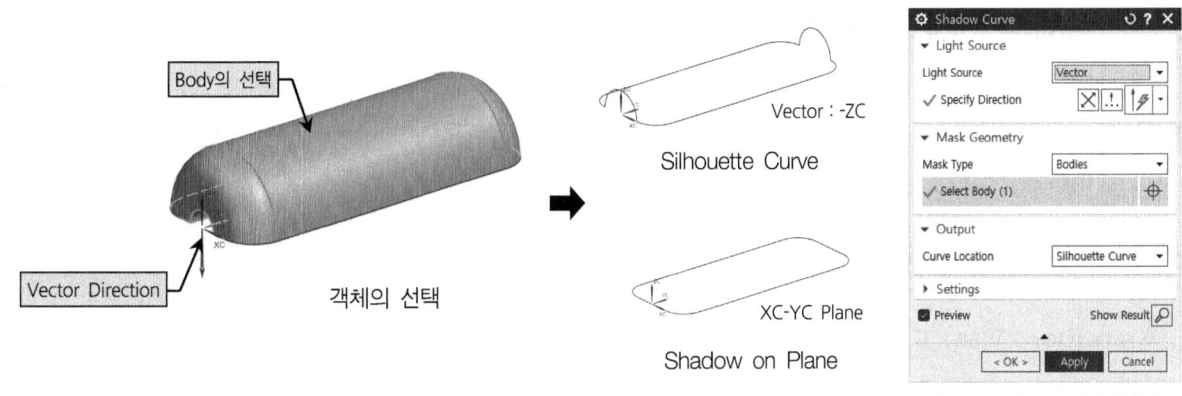

그림 9.39 그림자 곡선에 의한 추출 곡선

## 9.17 가상 추출곡선의 생성

Insert ➡ Derived Curves ➡ Extract Virtual Curve...

선택된 객체의 회전중심(Rotation Axis), 모깎기의 중심선(Blend Centerline) 또는 가상의 교차 모서리선(Virtual Intersection)을 새로운 객체로 추출할 수 있다.

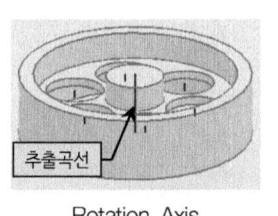
Rotation Axis

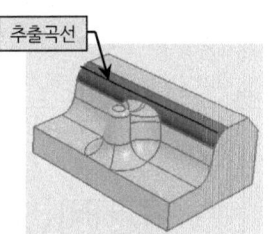
Blend Centerline

Virtual Intersection

그림 9.40 가상 추출곡선의 작성 예

## 9.18 회전 추출곡선의 생성

Derived Curves ➡ Revolve Outline...

Revolve Outline을 사용하여 하나 이상의 물체의 회전 윤곽선을 만들 수 있다. 윤곽선은 지정된 스핀 축에 대해 작성되며 곡선객체로 저장할 수 있다.

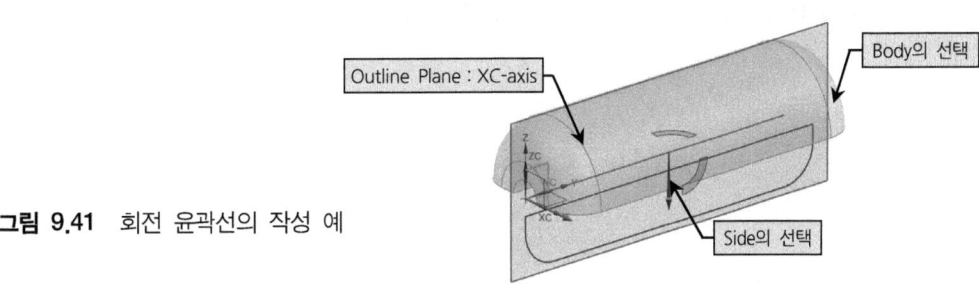

그림 9.41 회전 윤곽선의 작성 예

## 9.19 객체의 전개도 작성하기

Insert ➡ Curve from Curves ➡ Warp/Unwrap...

중심축을 가진 원기둥이나 원뿔 등의 객체에 접하는 Datum Plane에 작성된 객체를 Wrap(감싸기)하거나 Unwrap(전개)하여 Cubic Spline으로 상관객체를 생성한다.

① Wrap Face : Warp 또는 Unwrap의 기준이 되는 상관 객체(원기둥, 원뿔 등)를 선택한다.
② Warp Plane : Warp/Unwrap에서 Wrap Face에 접하는 Datum Plane을 선정한다.
③ Curves : 전개부위 또는 시작위치(용접부위) 등을 선정한다.

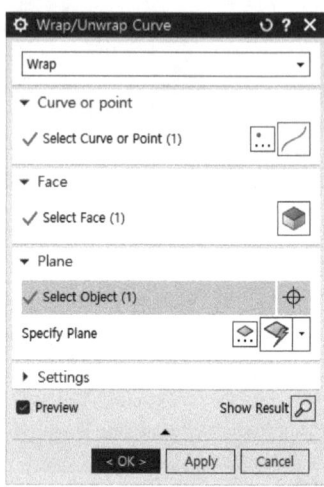

그림 9.42  Warp/Unwrap 대화상자

### 9.19.1 Warp

Datum Plane상에 작성된 곡선을 선택된 면에 감싸기 한다.

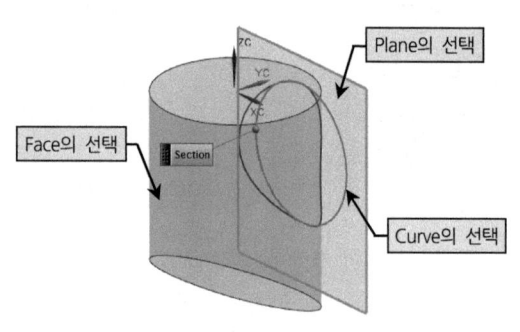
Wrap Face, Plane과 Curve의 선택

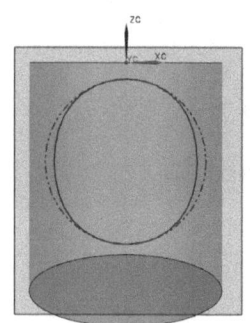
작성 결과의 우측면도

그림 9.43  Wrap Curve의 작성

### 9.19.2 Unwrap

Wrap Face의 상관곡선을 Datum Plane에 선택 곡선을 전개시킨다.

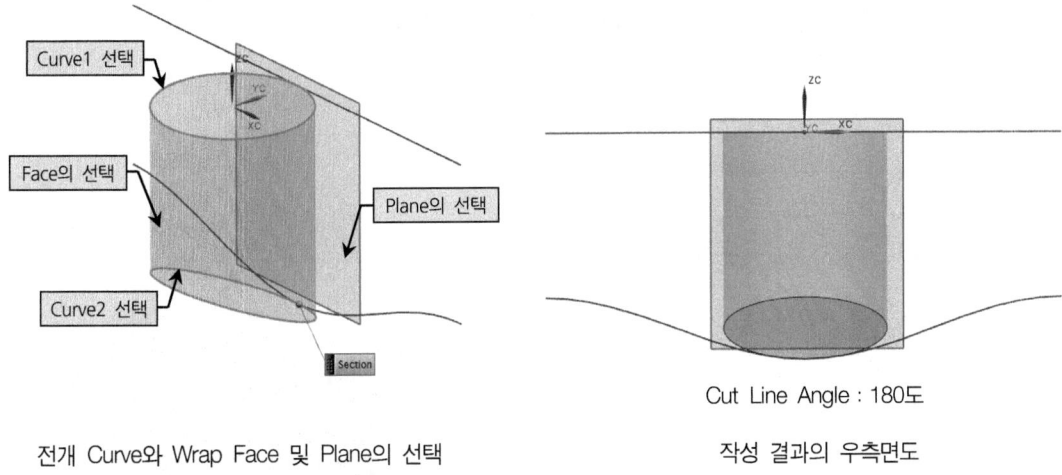

| 전개 Curve와 Wrap Face 및 Plane의 선택 | 작성 결과의 우측면도 |

**그림 9.44** Unwrap Curve의 작성

- Cut Line Angle : Unwrap에서 선택된 Curve를 기준으로 Cut Line Angle에 의해 전개부위의 위치를 변경할 수 있다.

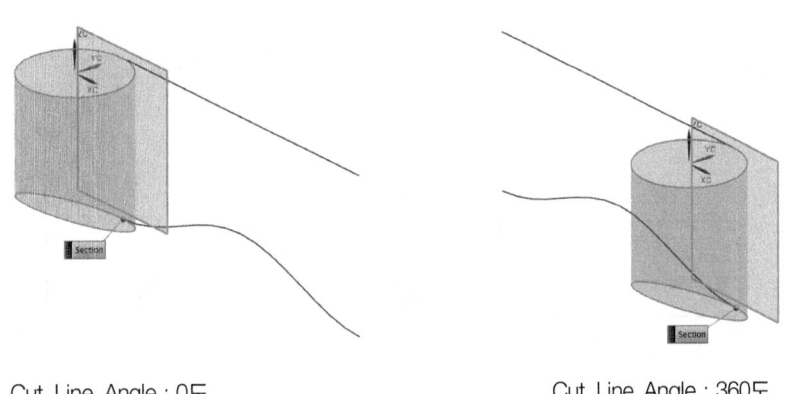

Cut Line Angle : 0도      Cut Line Angle : 360도

**그림 9.45** Wrap Curve의 작성

다음 도면의 객체를 이용하여 제작용 전개도를 작성하시오.

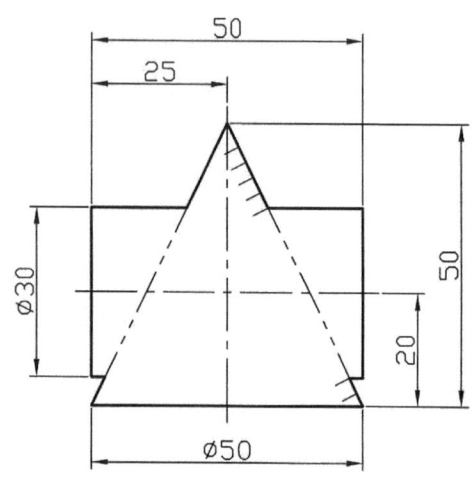

**Step.1** 원뿔과 원기둥을 작도한다.

◻ : 원뿔의 작성    ◻ : 원의 작도

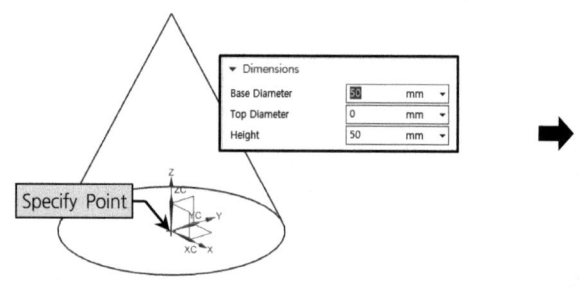
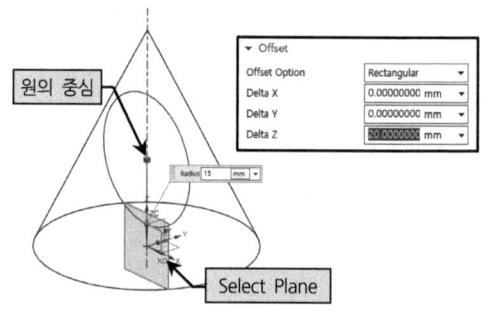

◻ : Extruded Body의 작성    ◻ : 라인의 작도

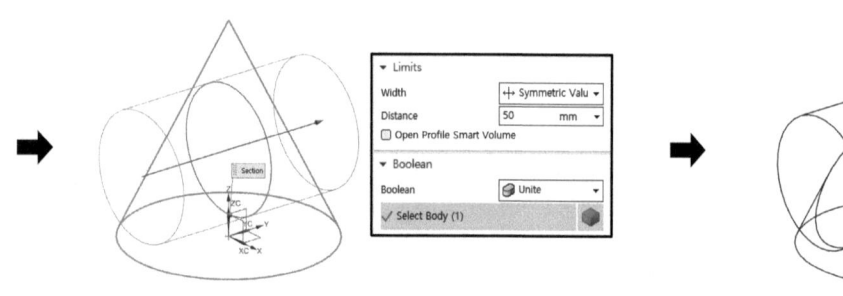

◆ : 작업 Plane의 작성

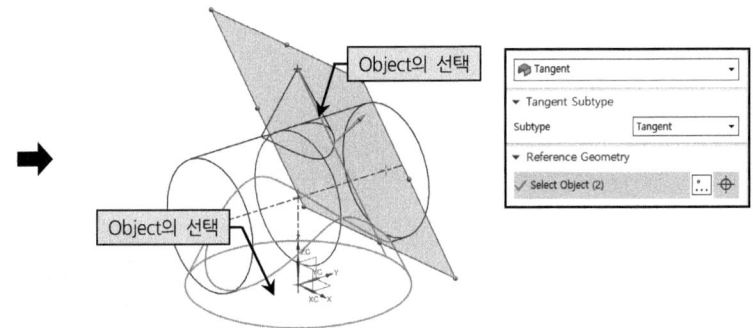

### Step.2 객체를 전개시킨다.

▷ : Unwrap의 실행

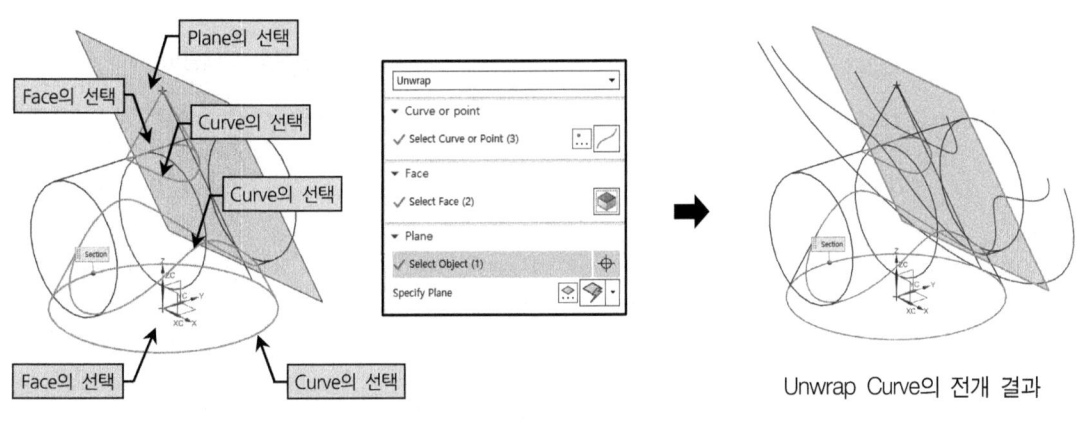

Unwrap Face, Plane과 Curve의 선택

Unwrap Curve의 전개 결과

전개결과 확인은 Sketch 명령을 이용해 화면을 Sketch화면으로 변경한 후에 전개부위 이외의 객체를 Hide 처리하여 확인한다. Sketch의 종료에는 Finish 아이콘을 이용하여 복귀한다.

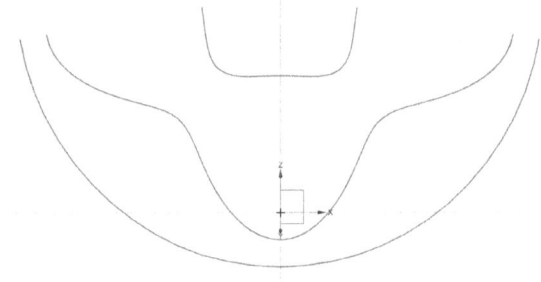

아래 도면을 이용하여 경사로 절단된 원추의 전개도를 작성하시오.

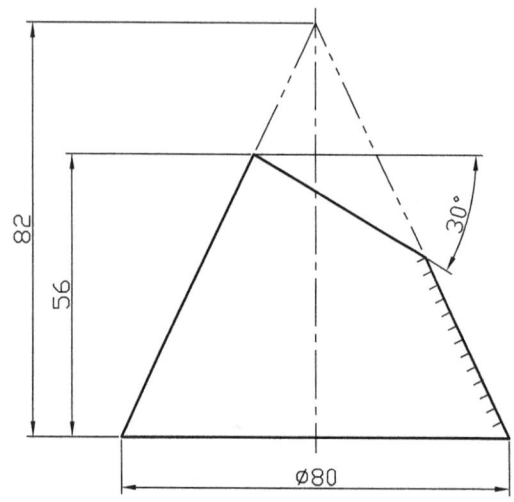

원추의 모델링도

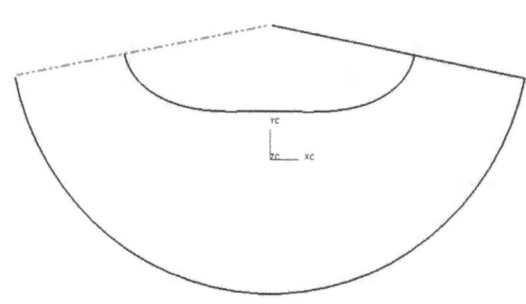

원추의 전개도

아래 도면을 이용하여 원추에 직립하는 정육각통의 전개도를 작성하시오.

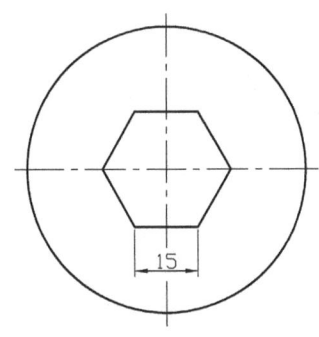

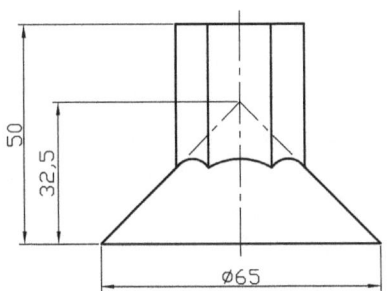

원추에 직립하는 정육각통

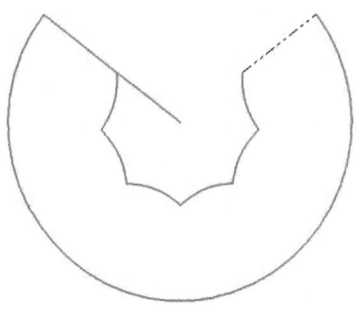

직립하는 육각통에 직립하는 원추의 전개도

아래 도면을 이용하여 원추에 편심으로 직립하는 원통의 전개도를 작성하시오.

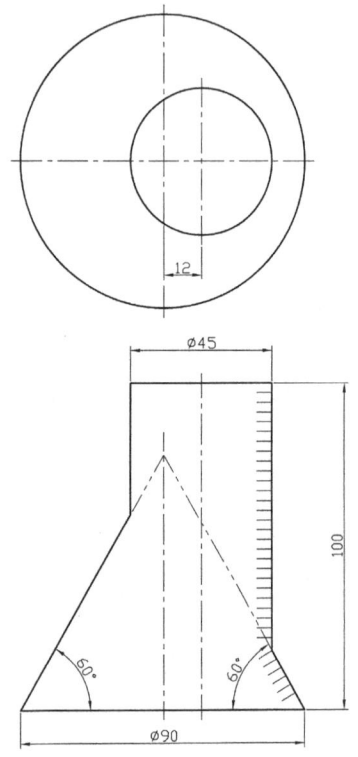

원추에 편심으로 직립하는 원통

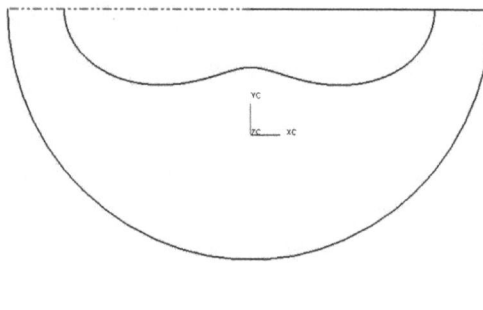

원추의 전개도

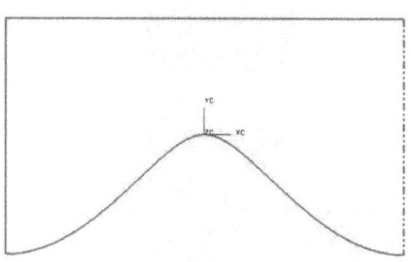

편심으로 직립하는 원통의 전개도

# 자유 형상(Free Form) 피처의 생성 I

chapter **10**

## 10.1 Through Points

Insert ➡ Surface ➡ Through Point...

작도된 점 또는 작업자에 의해 직접 정의하거나 점의 위치가 정의된 파일자료를 이용하여 정의된 점을 통과하는 Sheet Body 곡면을 정의한다.

일반적으로 Solid Body는 체적을 가지나 Sheet Body는 체적이 없는 곡면을 의미하며, Sheet Body의 사용처는 다음과 같다.

- 기본 Solid Feature를 이용하여 생성하기 어려운 윤곽을 작성한다.
- Solid Body를 Trim하기 위한 경계로 이용된다.
- 닫힌 Sheet Body를 이용하여 Solid Body를 작성한다.

### 10.1.1 Patch Type

Patch란 동일한 속성을 갖는 최소면의 단위를 말하며, 단일패치(Single Patch)와 다중패치(Multiple Patch)가 있다.

① Single : 하나의 Patch를 생성하며 2점 V(Column, 행) 방향과 U(Row, 열) 방향의 점들에 의해 곡면이 정의되며, Row-1의 차수(Degree)를 갖는다.

② Multiple : 단일 Patch는 직사각형 배열로 구성되며 U, V의 차수는 1부터 24까지 정의되고 기본값은 "3"으로 설정된다. 그림 10.4는 U=3과 V=2의 곡면 작성결과이다.

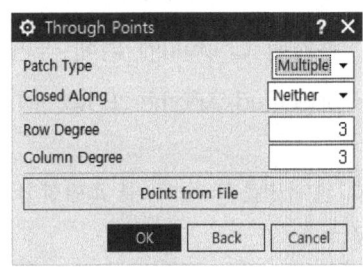

**그림 10.1** Through Point 대화상자

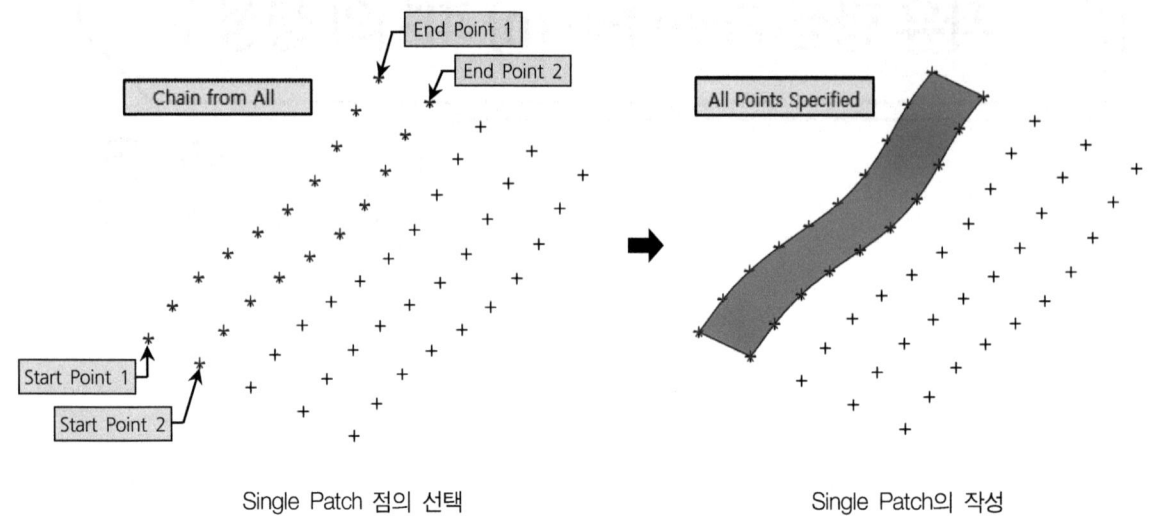

**그림 10.2** Through Point에 의한 Single Patch곡면의 작성

③ 곡면 점의 선택
- Chain from All : 시작점과 끝점을 지정하고 두 점 사이에 존재하는 점을 이용하여 곡면을 정의한다.
- Chain within Rectangle, Polygon : 사각 또는 다각형박스 내의 점들을 이용하여 곡면을 작성한다.

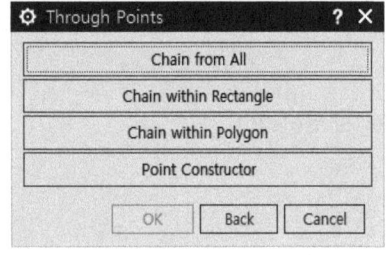

**그림 10.3** Through Points 대화상자

- Point Constructor : Point Constructor에 의해 곡면 점을 정의한다.

④ 곡면 점의 추가여부 선택
- All Points Specified : 최소 필요조건의 Column(V)이 만족되는 경우 Specified Another Row에 의해 추가된 Column에 의해 곡면을 작성한다.
- Specified Another Row : 최소 필요조건 이외의 점을 추가하여 곡면을 작성한다.

※ UG의 곡면은 B-Spline을 조합한 B-Surface형태의 곡면을 생성하며 U=3, V=2인 경우 최소점의 수는 12개가 필요하다.

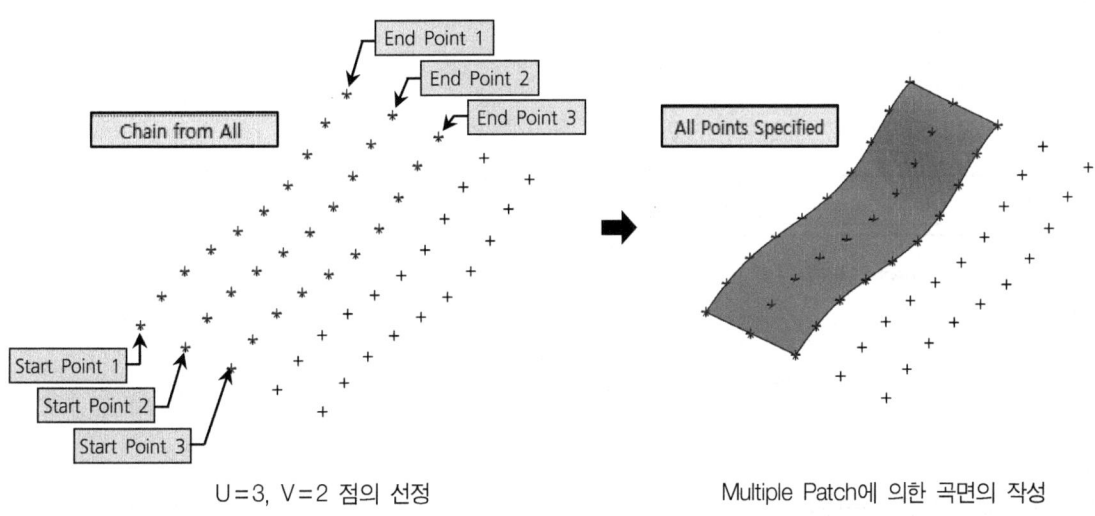

그림 10.4  Through Point에 의한 Multiple Patch 곡면의 작성

## 10.1.2 Closed Along

Multiple Patch에서 닫힌 Sheet Body를 작성한다.

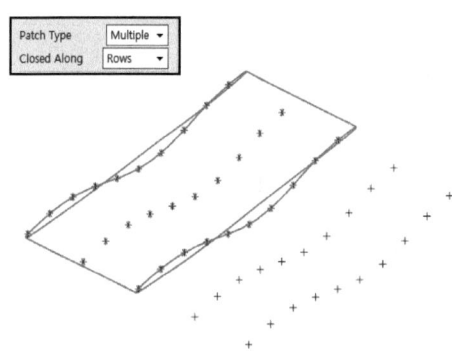

① Neither : 정의한 시작과 끝점에 그림 10.4와 같이 Sheet Body를 작성한다.

② Row : 정의한 점의 시작과 끝점을 Row 방향으로 연결하며, 그림 10.5는 그림 10.4를 Row에 의한 Sheet Body를 작성한 결과이다.

③ Columns : 정의한 점의 시작과 끝점을 Column 방향으로 연결하며, Column 방향의 점들을 매핑하여 연결한다.

④ Both : Row와 Column에 모두 닫힌 Body를 생성한다.

그림 10.5  Row에 의한 닫힌 Sheet Body

## 10.2 작성객체의 속성 정의

### 10.2.1 U, V Grid의 조정                              Preference ➡ Modeling...

Sheet Body나 Solid Body의 U, V Grid 밀도를 설정하며 Grid의 밀도는 수학적 정밀도와 관계가 없다. 그림 10.6은 Grid 수를 정의하고, 그림 10.4를 다음 조건으로 Sheet Body를 작성한 결과이다.

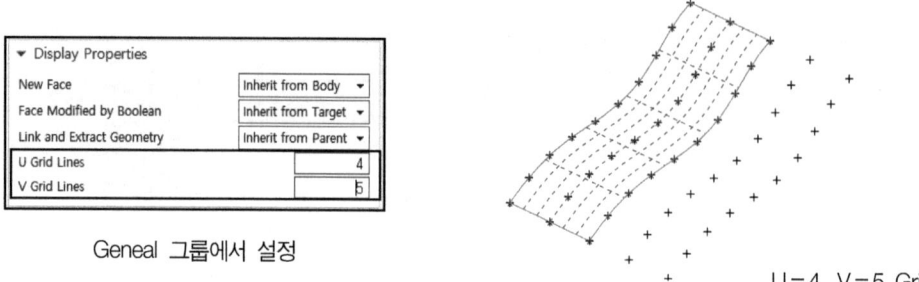

그림 10.6  U, V Grid에 의한 Sheet Body의 작성

## 10.2.2  U, V Grid의 수정

Edit ➡ Object Display...  단축키 : Ctrl + J

작성된 곡면의 Grid를 변경하기 위해 Object Display의 Grid Count를 이용하며 Apply to all faces의 체크박스 On상태에서 상관된 면에 동일한 Grid를 적용한다.

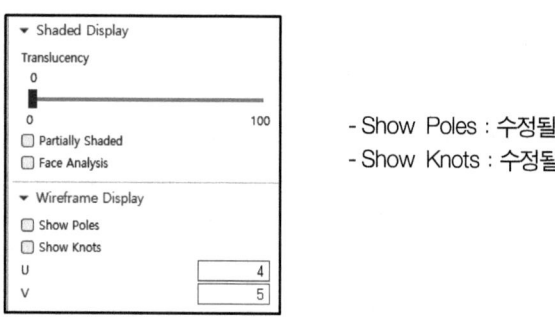

- Show Poles : 수정될 곡면에 Pole을 표시한다.
- Show Knots : 수정될 곡면에 Knot을 표시한다.

그림 10.7  U, V Grid 수정 대화상자

## 10.2.3  작성객체의 종류 설정

Preference ➡ Modeling...

Free Form Construction Results 옵션으로 Through Curve, Through Curve Mesh, Sweep 및 Ruled 명령에서 객체의 종류를 그림 10.8의 (a)에서와 같이 Solid 또는 Sheet로 선택할 수 있으며, 그림 10.8의 (b)에서와 같이 B-Surface를 선택한 경우에는 작성객체가 평면이더라도 언제나 B-Surface로 작성된다.

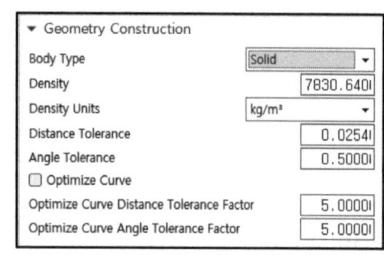

(a) General 수정상자

(b) Free Form 수정상자

그림 10.8  Modeling Preferences 대화상자

### 10.2.4 자유형상의 정도 규제

작성된 곡면의 정밀도를 그림 10.8의 (a) General 수정상자에서 변경할 수 있다.
① Distance Tolerance : 이론적 작성 결과와 계산된 Sheet 사이의 최대허용거리를 정의한다.
② Angle Tolerance : 이론법선과 계산된 법선의 허용각도를 설정한다.

## 10.3 Form Poles

Insert ➡ Surface ➡ Form Poles...

작업자가 직접 Pole들의 위치를 정의하여 Sheet Body의 곡면을 작성한다.

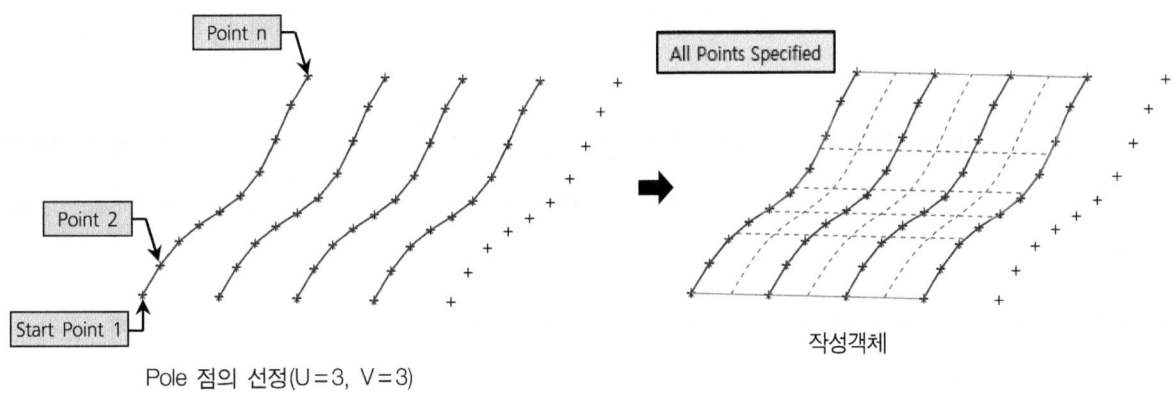

그림 10.9 Pole에 의한 Sheet Body의 작성

## 10.4 Fit Surface

Insert ➡ Surface ➡ Fit Surface...

Fit Surface 명령을 사용하면 역 설계공학적인 공정으로 Facet Body, 곡선 객체 또는 그룹(점 세트 또는 점 그룹)에 표면을 일치시킨다.

시트 또는 솔리드 객체로 하나 또는 여러 면의 객체로 작성되며 Facet Body에 하나의 객체를 작성한다.

① Fit Freeform : 패치의 정도와 개수, 패치 균일도, 피팅 방향 등을 조절할 수 있다. Fitting된 표면의 경계 정의 및 평활도를 조절할 수 있다.

② Fit Plane : 평면 법선이 지정된 방향과 평행하도록 평면 Facet Body 표면에 대한 방향 제약 조건을 지정할 수 있다.

그림 10.10  Facet Body를 이용한 평면의 작성

Fit Surface 대화상자

③ Fit Sphere ![icon] : 구면에 대한 반지름값 제약 조건을 지정할 수 있으며 객체의 특성을 개방형 또는 폐쇄형 구를 만들 수 있다.

④ Fit Cylinder ![icon] : 원기둥 표면에 대한 반지름값 조건을 지정할 수 있으며 방향 구속조건을 적용하면 원기둥의 중심선에 적용된다. 원기둥 모양의 객체는 열려 있거나 닫힌 원기둥 모양의 Sheet Body로 만들 수 있다.

⑤ Fit Cone ![icon] : 원뿔에 대해 각도 구속조건을 지정할 수 있으며 각도 구속조건이 있을 때, 반각은 지정한 값으로 고정된다. 방향 구속조건을 적용하면 원뿔의 중심선에 적용되고 원뿔모양의 객체는 개방형 또는 폐쇄형 원뿔 모양의 Sheet Body로 만들 수 있다.

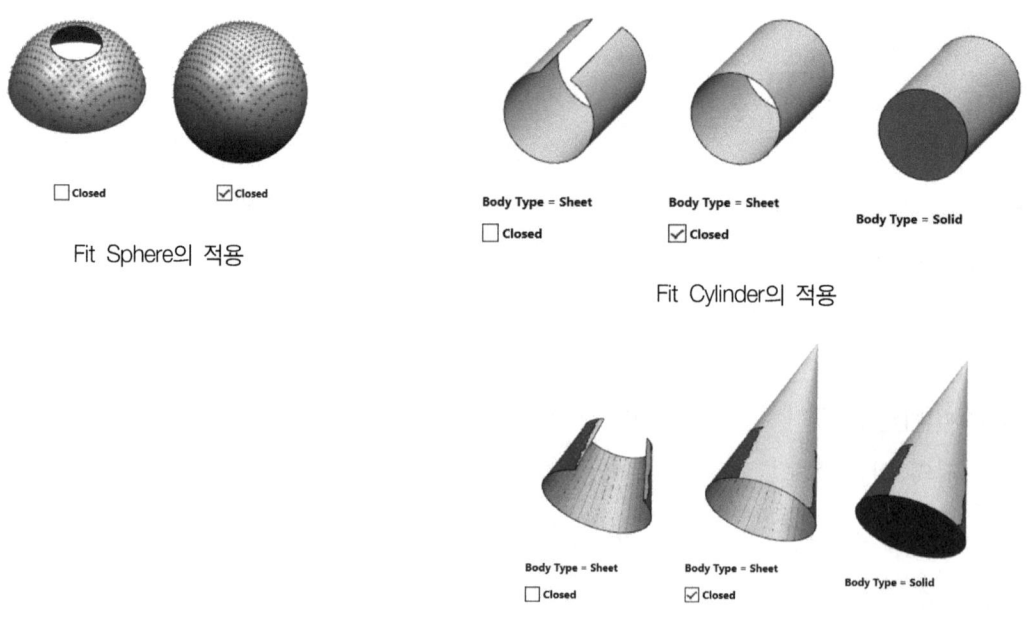

그림 10.11  Fecet Body를 이용한 객체의 작성

## 10.5 Rapid Surfacing

Insert ➡ Surface ➡ Rapid Surfacing...

Rapid Surfacing 명령을 사용하면 표면 품질보다 속도가 중요한 표면 형상을 가진 Sheet Body를 빠르게 역설계할 수 있으며 원하는 정도와 세그먼트를 지정하고 Facet Body에 의해 곡선이 작성된다. NX에서는 곡선 네트워크를 사용하여 Facet Body의 G1 연속 표면으로 모델을 생성한다.

## 10.6 Four Point Surface

Insert ➡ Surface ➡ Four Point Surface...

4개의 점을 지정하여 Surface를 모델링 하며 표면 기반의 작업순서를 지원하는 Surface를 생성하는 데 유용하다. 또한 정도를 증가시켜 원하는 형상을 갖는 더 복잡한 표면으로 패치를 적용함으로써 표면을 쉽게 수정할 수 있다. 조건을 지정하려면 다음 사항을 따라야 한다. 선택한 두 점은 공간에서 같거나 같은 위치에 있을 수 없으며 Surface 만들려면 4개의 점을 지정해야 하고 3개 이하의 점을 지정하면 오류 메시지가 표시된다.

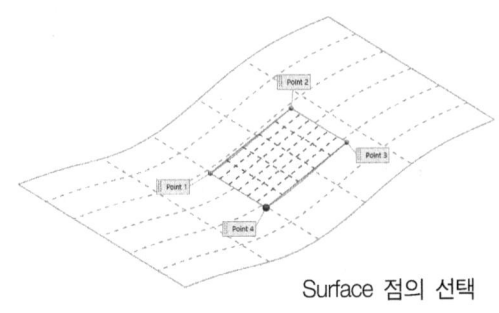
Surface 점의 선택

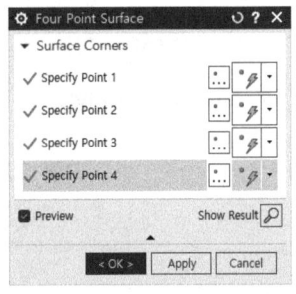
Four Point Surface 대화상자

그림 10.12 Four Point Surface를 이용한 객체의 작성

## 10.7 Bounded Plane

Insert ➡ Surface ➡ Bounded Plane...

Planar Sheet Body에서 연결된 평면 곡선들의 선택으로 둘러싸인 평면 시트 몸체를 생성한다. 곡선들은 단면이어야 하고 닫힌 형상이어야 한다.

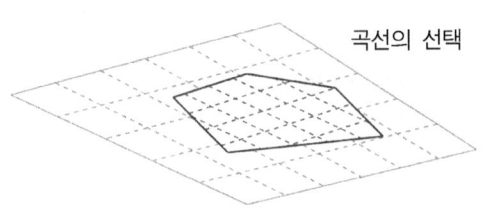
곡선의 선택

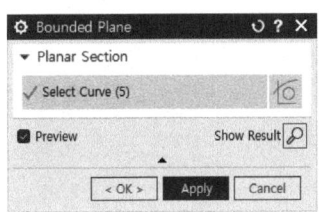

그림 10.13 Bounded Plane을 이용한 객체의 작성

## 10.8 Fill Surface

Insert ➡ Surface ➡ Fill Surface...

곡선 또는 모서리 경계를 이용하여 높은 품질의 Single Surface 만드는 데 이용한다. 경계는 닫아져야 하며, 표면에서 선택한 곡선을 통과하도록 강제할 수 있고 Facet Body 표면을 통과하도록 제어할 수 있다. Surface는 상호작용으로 밀거나 당겨서 표면을 평평하게 하거나 더 배부르게 만들 수 있다.

여러 형상이 교차하는 영역을 단순화하여 복잡한 면 집합을 형성할 수 있다. 또한 감산 마디로 영역을 잘라낸 다음 하나의 Surface로 영역을 채울 수도 있다.

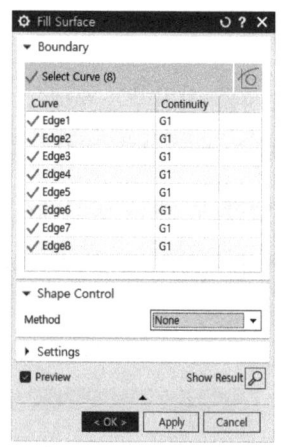

Fill Surface 대화상자    Close Curve의 선택

그림 10.14  Fill Surface를 이용한 객체의 작성

## 10.9 Sheet from Curve

Insert ➡ Surface ➡ Sheet from Curve...

선택한 곡선을 이용해 Sheet Body 만들 수 있습니다.

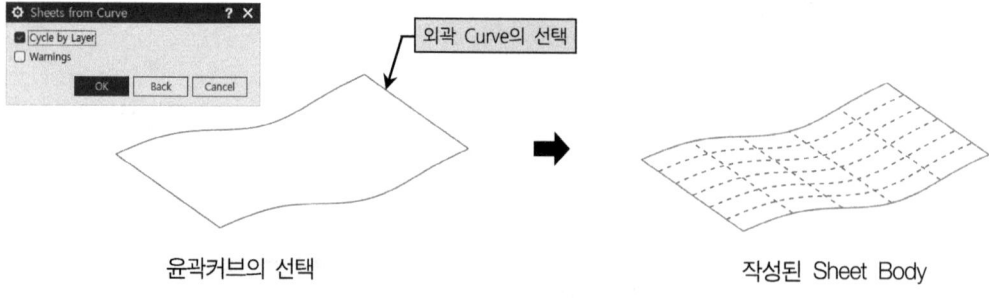

윤곽커브의 선택    작성된 Sheet Body

그림 10.15  Sheet from Curve를 이용한 객체의 작성

## 10.10 Ribbon Builder

Insert ➡ Surface ➡ Ribbon Builder...

Ribbon Builder 명령을 사용하여 Input Profile과 Offset Profile 사이에 Sheet Body를 작성한다.

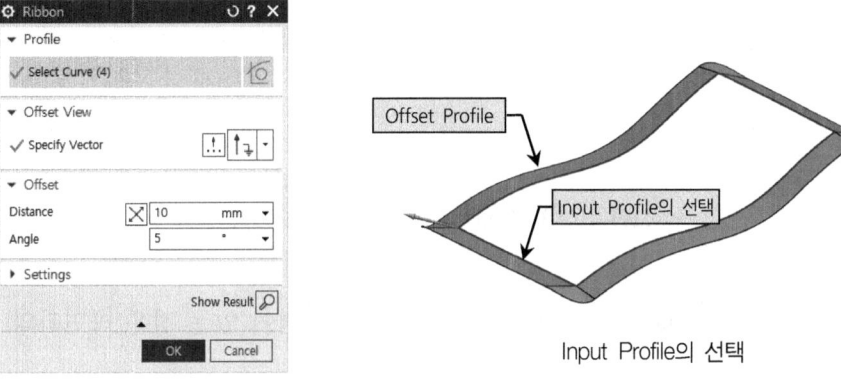

그림 10.16 Ribbon Builder를 이용한 객체의 작성

## 10.11 Through Curves

Insert ➡ Mesh Surface ➡ Through Curves...

마주보는 두 개 이상의 단면 연속선을 이용하여 Sheet Body 나 Solid Body를 생성한다.

① Add New Set : Section 곡선을 선택곡선으로 이용하여 단면 셋을 정의한다.

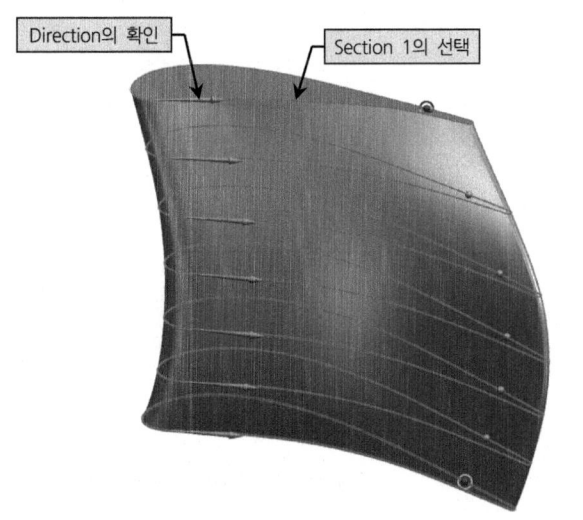

그림 10.17 Add New Set에 의한 Through Curves

② Continuity : 곡면과 생성되는 곡면간의 연결속성을 정의하며 G0(Position), G1(Tangent) 또는 G2 (Curvature)로 설정되고 Flow 설정에는 Parametric과 Perpendicular로 정의할 수 있다.

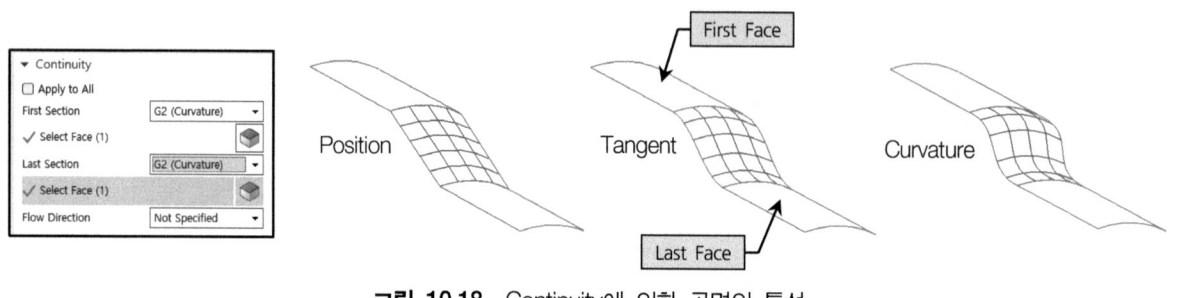

그림 10.18 Continuity에 의한 곡면의 특성

또한 First/Last Section String은 단면 연속선과 접해있는 곡면이 있는 경우 곡면과의 연결상태를 정의할 수 있다.

- Tangency : 그림 9.5의 Bridge 연결특성과 같이 연결곡면이 Tangency하게 부드러운 곡면을 작성한다.
- Curvature : Bridge 연결특성과 같이 연결곡면의 곡률이 서서히 변화하는 연결곡면을 생성시킨다.

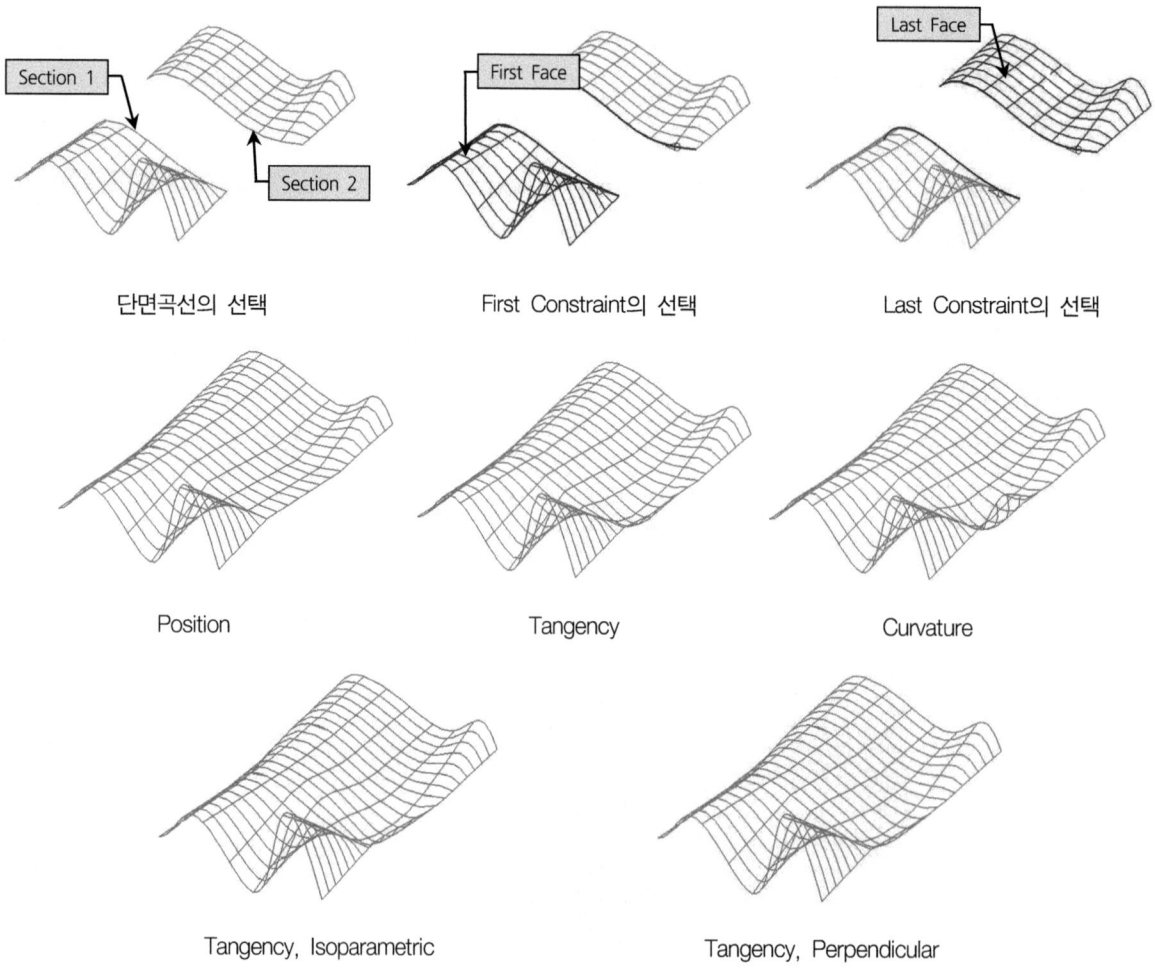

그림 10.19 Constraint에 의한 곡면의 연결특성

- Flow Direction : Section String에서 방향설정 방법에는 Isoparametric과 Perpendicular 방법이 있으며, Isoparametric은 곡면상에 존재하는 U, V값에 의해 정의되는 곡면이다.

③ Alignment : 작성될 객체의 생성 점의 정렬방식을 정의한다.
- Parameter : 그림 10.20의 곡선에서와 같이 생성곡선이 매개변수에 의해 같은 거리의 Spacing을 유지한다.
- Arclength : 생성곡선이 대화상자의 공차(Tolerance)를 유지하면 동일한 원호길이의 곡면을 생성한다.

| | Parameter | Arclength |
|---|---|---|
| | Face Attributes: | Face Attributes: |
| | Grid Count - U 0 | Grid Count - U 0 |
| | Grid Count - V 0 | Grid Count - V 0 |
| | Translucency 0% | Translucency 0% |
| | Partially Shaded No | Partially Shaded No |
| | Face Analysis No | Face Analysis No |
| | Degree in u 2 | Degree in u 3 |
| | Degree in v 1 | Degree in v 1 |
| | Rational status Rational (Tol.=0) | Rational status Polynomial |
| | Number poles in u 3 | Number poles in u 7 |
| | Number poles in v 2 | Number poles in v 2 |
| | Number C0 seams u 0 | Number C0 seams u 0 |
| | Number C1 seams u 0 | Number C1 seams u 0 |
| | Number C2 seams u 0 | Number C2 seams u 3 |
| | Number C0 seams v 0 | Number C0 seams v 0 |
| | Number C1 seams v 0 | Number C1 seams v 0 |
| | Number C2 seams v 0 | Number C2 seams v 0 |
| | Number patches in u 1 | Number patches in u 4 |
| | Number patches in v 1 | Number patches in v 1 |

2개의 단면을 이용한 Through Curves

Parameter에서 Tolerance가 0일 때 Rational을 유지하며 Arclength의 경우는 Tolerance가 0에서 곡면이 작성되지 않는다.

**그림 10.20** Through Curves에 의한 객체의 특성 비교

- By Points : 단면의 연속성이 서로 다를 때 각 단면의 Section String의 점을 Match시켜 원하는 객체를 생성하며 그림 10.21은 By Points에 의해 객체의 형상을 변경하는 예제이다.

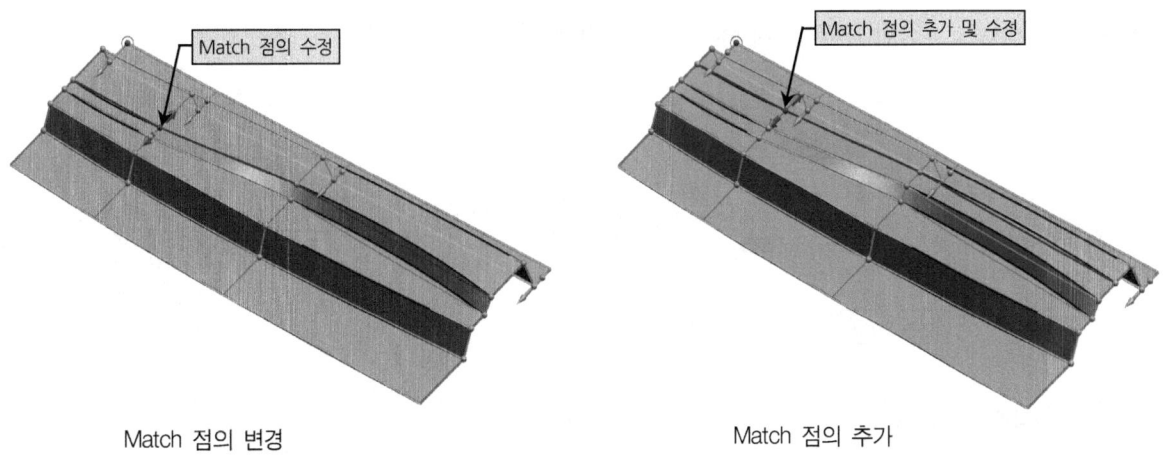

Match 점의 변경      Match 점의 추가

**그림 10.21** By Points에 의한 Through Curves 수정

- Distance : Preserve 체크박스가 Off상태에서 Parameter Curve와 같은 절차로 정의하고, 두 개의 Section에 정의된 교차 단면과 선택된 Vector의 수직방향으로 곡면의 생성방향이 정의된 곡면이다.

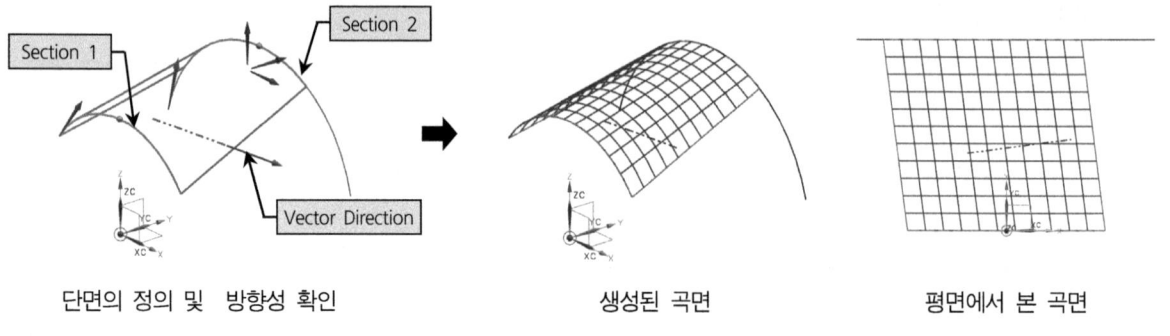

그림 10.22  Distance에 의한 곡면작성

- Angle : Preserve 체크박스가 Off상태에서 Parameter Curve와 같은 절차로 정의하고 Vector를 이용하여 적은 단면의 내부각 내에 곡면의 형상을 정의한다. 그림 10.23은 Angles에 의한 Through Curves의 곡면이다.

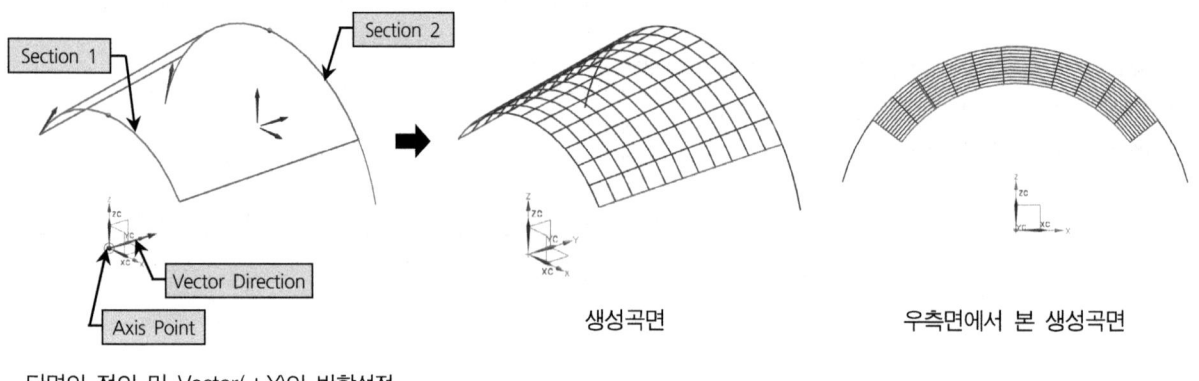

그림 10.23  Angles에 의한 Through Curves

- Spine Curve : 선정된 단면을 Spine 곡선에 의해 곡면을 생성한다.

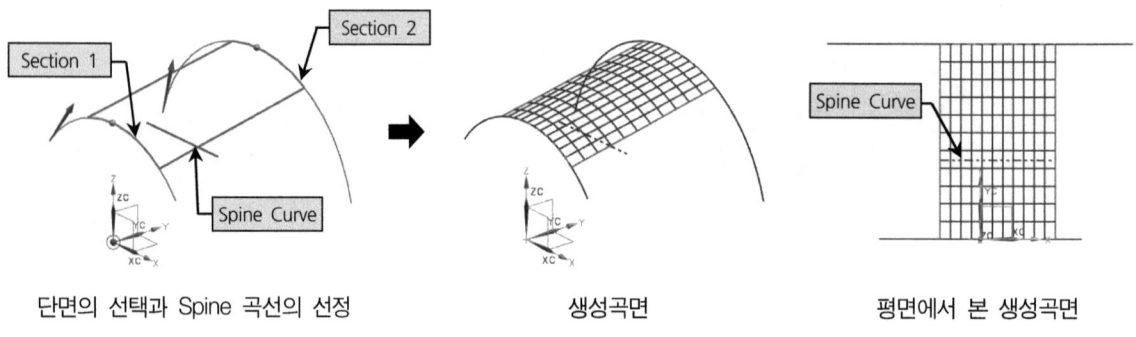

그림 10.24  Spine Curve에 의한 Through Curves

- By Segments : 각각의 곡선의 Segment 수가 같은 경우에 효과적이며 Parameter 정렬방법과 유사한 특징을 갖는다.

④ Output Surface Options
- Close in V : 처음 선택한 연속선과 마지막 연속선의 연결여부를 설정한다.

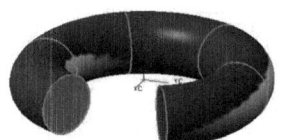

**그림 10.25** Through Curves에서 Close in V의 특성

- Normal to End Sections : 마지막 선택된 곡선에 대한 법선방향을 적용한다.

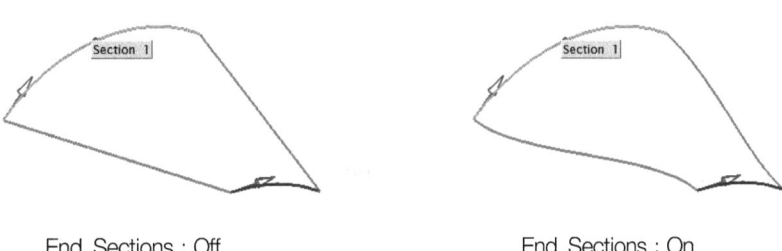

**그림 10.26** Through Curves에서 Close in V의 특성

- Construction : Mesh Surface 곡면의 작성절차를 설정한다.
  - Normal : Mesh Surface 곡면의 표준절차를 적용한다.
  - Spline Points : 선택된 곡선에 접선방향의 점을 이용하여 곡면을 생성시킨다. 단일곡선의 B-Spline 곡선에 같은 수의 점이 정의되어야 한다.
  - Simple : 선택된 곡선을 단순화시켜 곡면을 작성하고, Select Section Template를 이용하여 단순화된 객체를 상속받아 곡면을 작성할 수 있다.

⑤ Settings
- Preserve Shape : 정렬 Parameter 또는 By Points에서만 적용되며 형상의 공차를 허용하지 않는다.
- Rebuild : 곡면의 법선방향을 곡면 작성에 적용한다.
  - None : Rebuild를 적용하지 않는다.
  - Degree and Tolerance : 곡면에 주어진 차수와 허용공차를 적용한다.
  - Auto Fit : 부드러운 곡면을 생성하기 위해 최대차수와 최대 세그먼트 수를 제한한다.

## 10.12 Through Curve Mesh

Insert ➡ Mesh Surface ➡ Through Curves Mesh...

서로 다른 2개 이상의 연속곡선(Primary Curve)과 단면(Cross Curve)을 선택하여 Sheet Body 또는 Solid Body를 작성하며 작성곡면의 차수는 "3"으로 생성된다.

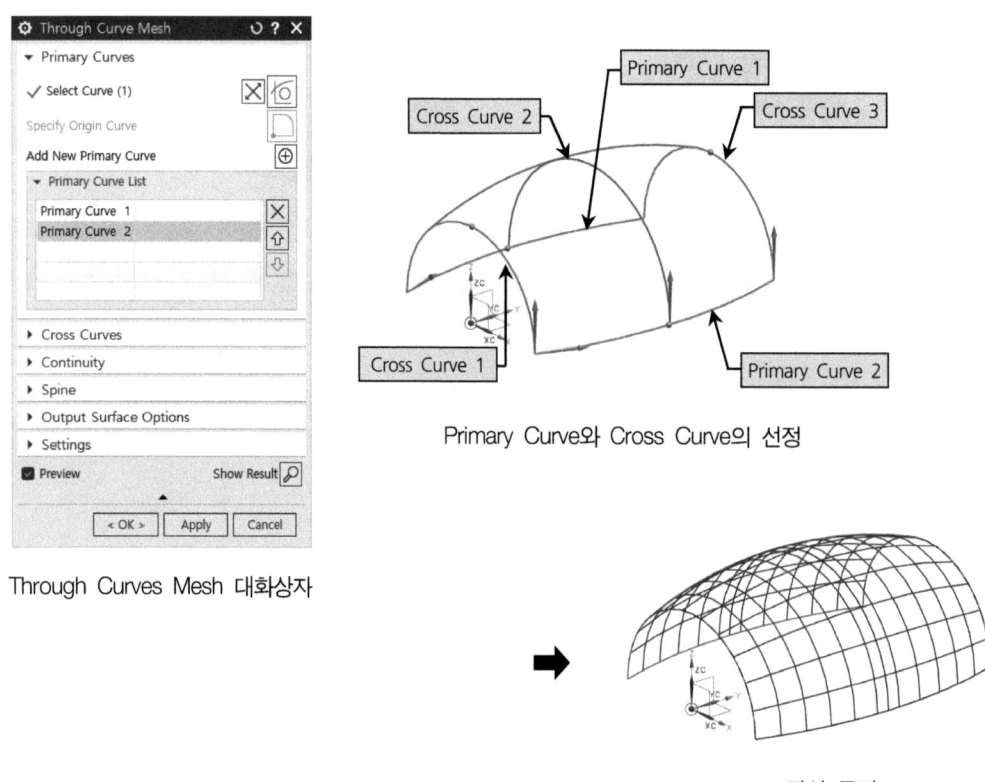

Through Curves Mesh 대화상자

Primary Curve와 Cross Curve의 선정

작성 곡면

**그림 10.27** Through Curves Mesh에 의한 곡면작성

① Output Surface Options
- Emphasis : Primary String과 Cross 곡선이 교차하지 않는 경우 Curve Mesh Body의 영역을 제어한다.
  - Both : Primary String과 Cross 곡선이 교차하지 않는 양의 중심값을 통과하는 곡면을 작성한다.
  - Primary : Primary String과 Cross 곡선이 교차하지 않는 경우 Primary 곡선을 지나는 곡면을 생성한다.
  - Cross : Primary String과 Cross 곡선이 교차하지 않는 경우 Cross 곡선범위 내의 곡면을 정의한다.

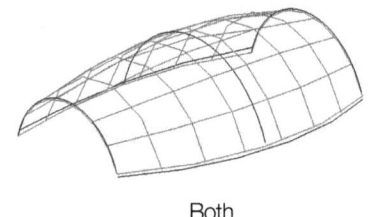
Both

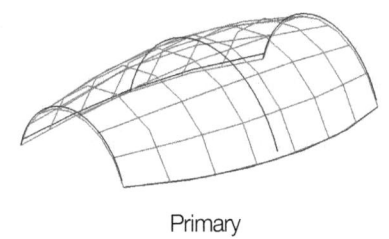
Primary

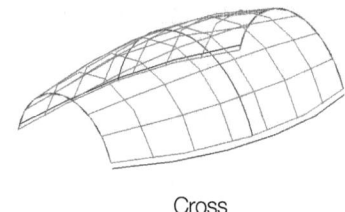
Cross

그림 10.28  Emphasis에 의한 곡면 특성

- Construction Options : Through Curves Mesh의 작도방법을 정의한다.
  - Use Spline Points : Primary String과 Cross 곡선의 Spline점을 이용해 곡면을 생성한다.
  - Simple : Primary String과 Cross 곡선을 선택한 후에 Primary String Template와 Cross Template를 이용하여 단순곡면을 작성한다.

## 10.13 Studio Surface

Insert ➡ Mesh Surface ➡ Studio Surface...

Through Curve Mesh와 동일하게 적용하나 Output Surface Options의 Alignment에서 Parameter 또는 Arclength 방법이 이용되고, 단일객체 선택(Single Selection)의 경우에는 Rebuild 기능이 적용된다. 또한 작도된 곡면의 모서리 또는 곡선을 이용하여 Section과 Guide로 선정하여 새로운 곡면을 생성한다.

① Studio Surface 1×1 : Section 곡선 하나와 Guide 곡선 하나로 곡면을 작성한다.
② Studio Surface 1×2 : Section 곡선 하나와 Guide 곡선 두 개로 곡면을 정의한다.
③ Studio Surface 2×0 : 두 개의 Section 곡선으로 곡면을 정의할 수 있다.
④ Studio Surface 2×2 : 두 개의 Section 곡선과 두 개의 Guide로 새로운 곡면을 정의한다.
⑤ Studio Surface n×n : n개의 Section 곡선과 n개의 Guide를 이용해 곡면을 생성한다.

Studio Surface 대화상자

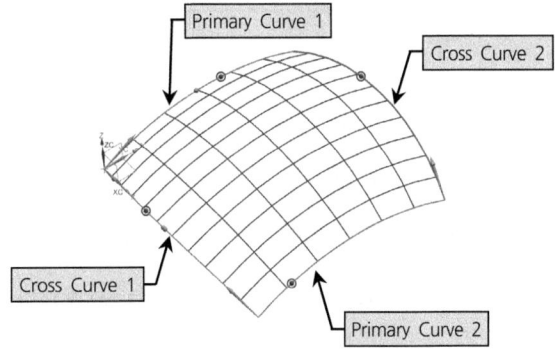
Primary와 Cross Curve의 선택(2×2)

그림 10.29  Studio Surface에 의한 곡면

## 10.14 N-Sided Surface

Insert ➡ Mesh Surface ➡ N-Sided Surface...

곡면의 잘려진 부분이나 여러 개의 Patch 곡선의 모서리를 이용하여 곡면을 부드럽게 메어주는 기능이다.

① Type : N-Sided Surface에 의한 유형을 결정한다.
- Trimmed : 닫힌 곡선과 닫힌 모서리 면을 선택하여 곡선에 의한 부드러운 곡면을 작성한다.
- Triangular : 닫힌 곡선이나 곡면을 이용하여 뚫린 부분에 여러 개의 Patch로 매끄러운 곡면을 작성한다.

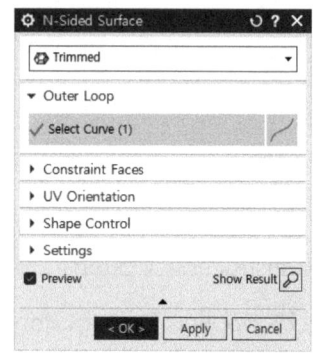

N-Sided 대화상자

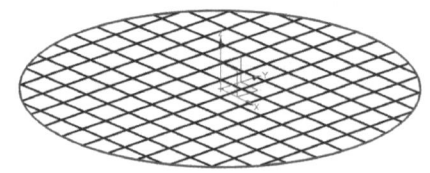
Trimmed Single Sheet

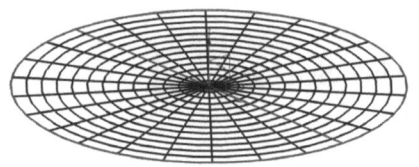
Multiple Triangular Patches

**그림 10.30** Type에 의한 N-Sided Surface

② Outer Loop : N-Sided Surface 작성을 위한 선택 곡면이나 곡선의 방향성을 정의한다.
- Boundary Curves : 곡면의 경계를 선정하며 Trim to Boundary 체크박스에 의해 경계곡선에 의한 곡면의 제거여부를 결정한다.

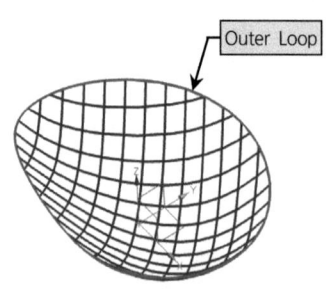
Trim to Boundary : On

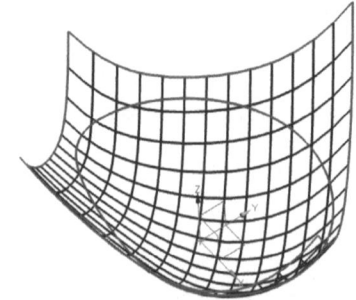
Trim to Boundary : Off

**그림 10.31** Boundary Curve에 의한 N-Sided Surface

- Constraint Faces : 생성곡면을 Loop Curve와 경계곡면의 구속조건에 의해 새로운 곡면을 생성한다.

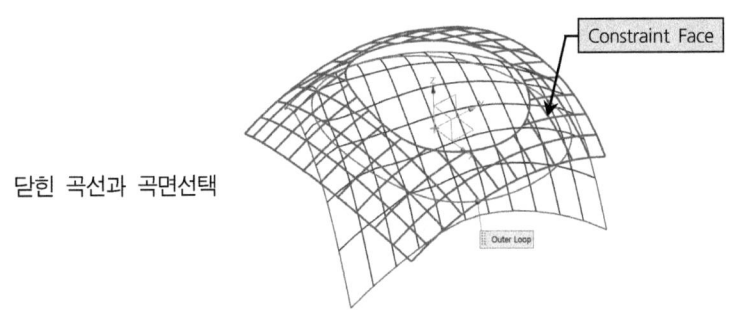

그림 10.32  Constraint Faces에 의한 N-Sided Surface

- Center Flat : 곡면의 중심부위 위치를 조절하여 곡면의 형상을 제어한다.

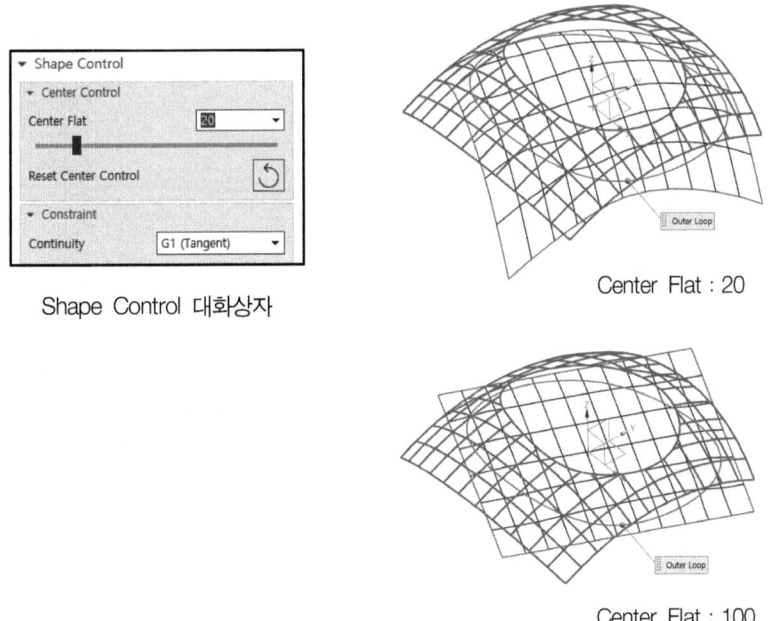

그림 10.33  Center Flat에 의한 N-Sided Surface의 제어(UV Orientation, Vector : XC)

- UV Orientation : 아래 옵션을 이용하여 UV Grid의 방향을 변경할 수 있다.
  - Spine : Spine 곡선을 이용하여 곡선의 수직방향에 V Grid를 수평정렬하며, 그림 10.34의 Spine은 U=5와 V=10의 Grid를 나타내었다.
  - Vector : Vector를 이용하여 Vector의 수직방향에 V Grid를 정렬하며, 그림 10.34의 Vector는 YC 방향의 Vector를 선정한 결과이다.
  - Area : XC-YC 평면의 필요부에 직사각형 창으로 선정하여 곡면을 작성한다. 그림 10.34의 Area는 Trim to Boundary가 Off상태이다.

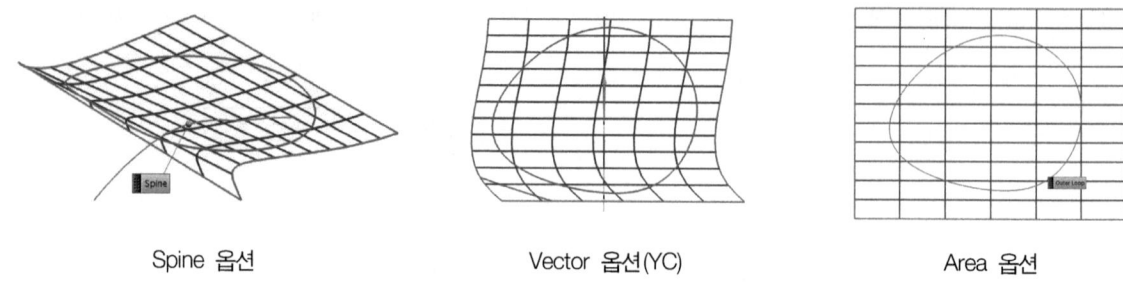

그림 10.34 UV Orientation에 의한 N-Sided Surface

③ Center Control : Triangular(Multiple Triangular Patches)에서 곡면의 중심위치를 변경하며 Position 방법과 X축 또는 Y축을 기준으로 Tilting 기능을 이용할 수 있다.

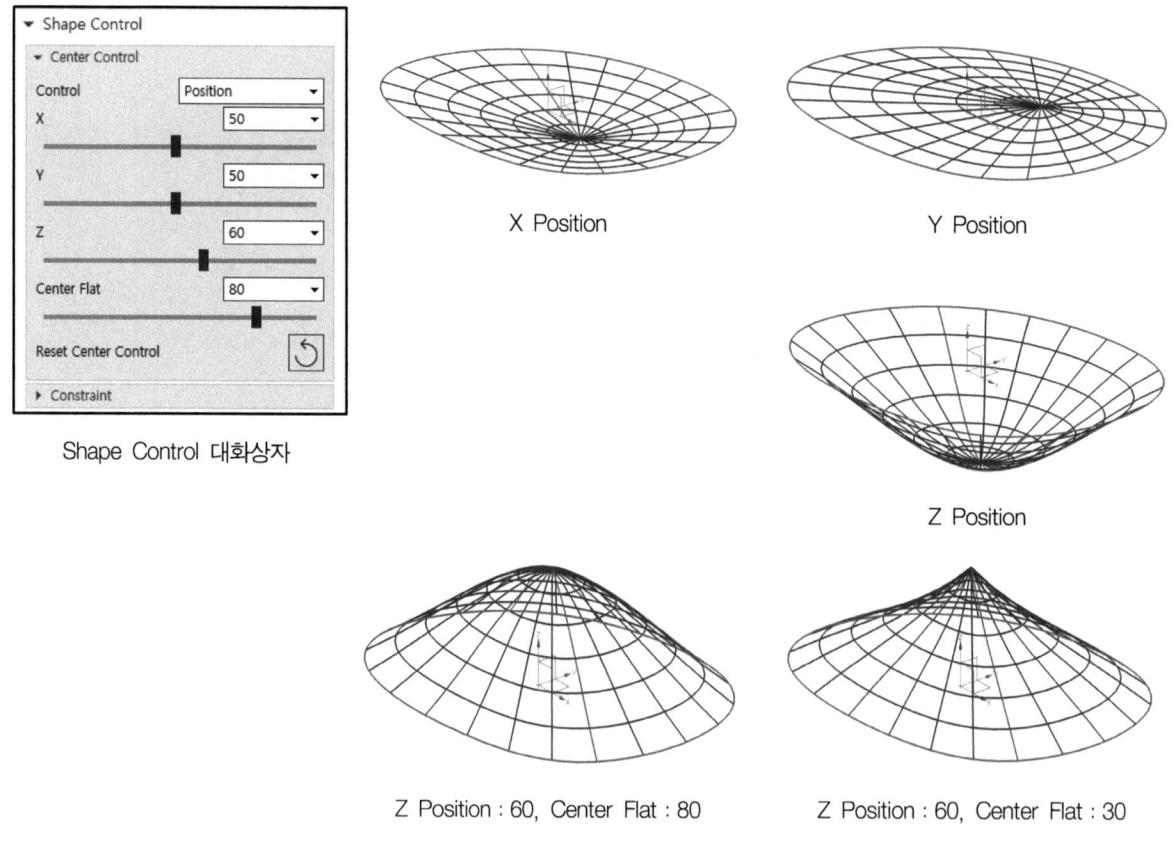

그림 10.35 Center Control에 의한 N-Sided Surface

※ 작성된 N-Sided Surface 객체는 UV Grid를 Edit ➡ Object Display...(단축키 : Ctrl+J)를 이용하여 수정하고, Model Navigator의 해당객체를 더블클릭하여 N-Sided Surface 대화상자의 Drag 아이콘을 이용하여 수정한다.

## 10.15 Swept

Insert ➡ Sweep ➡ Swept...

Swept 곡면의 생성은 안내곡선(Guide Curve)과 교차단면(Section Curve)을 선택하면 교차단면이 안내곡선을 따라 곡면이 생성된다. Swept 곡면에 사용되는 안내곡선은 3개까지 선택되며, 교차단면은 1개 이상을 선택할 수 있다.

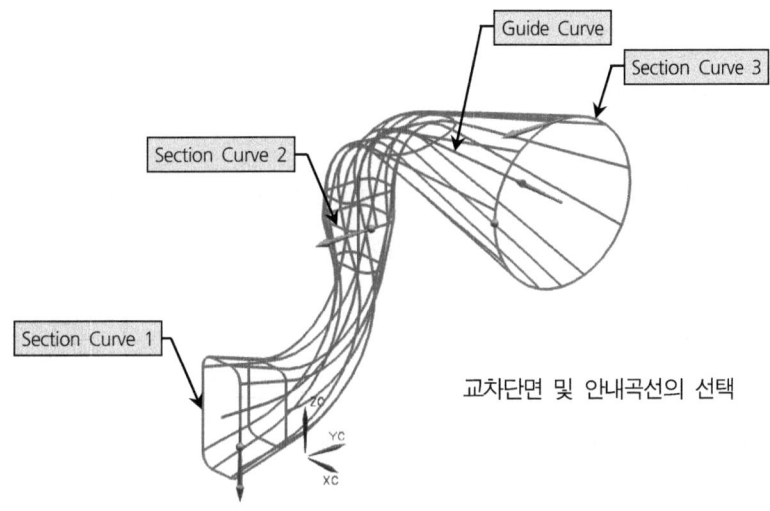

**그림 10.36** Swept에 의한 Solid Body

① Section Option
- Section Location : 교차단면(Section Curve)의 위치를 정의한다.
- Interpolation Method : 2개 이상의 교차단면을 선택하여 연결할 경우 단면의 연결방법을 선정하며, 연결방법에는 Linear(1차) 또는 Cubic(3차)의 보간방법이 이용된다.

Linear        Cubic

**그림 10.37** Swept에 의한 Solid Body

② Alignment Method : 작성될 객체의 생성점의 정렬방식을 정의하며 Parameter 방법과 Arclength 방법이 있으며 10.11절의 Alignment를 참고하시오.
③ 방향제어(Orientation Method) : 하나의 안내곡선을 선택한 경우 곡면의 방향을 제어할 수 있다.
- Fixed : 방향을 제어를 하지 않는 것으로 가정하고 고정된 방향의 곡면을 정의한다.

- Face Normals : 선택된 안내곡선과 교차단면에 선택된 Orientation Face의 법선방향으로 정의된 두 번째 안내곡선으로 변화된 곡면이 생성된다.

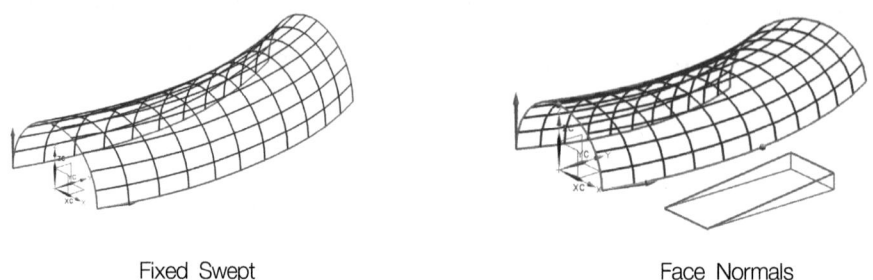

Fixed Swept        Face Normals

- Vector Direction : 지정된 Vector에 의해 두 번째 안내곡선으로 변화된 곡면이 생성되며 정의된 Vector는 안내곡선에 접하지 않도록 정의하여야 한다.

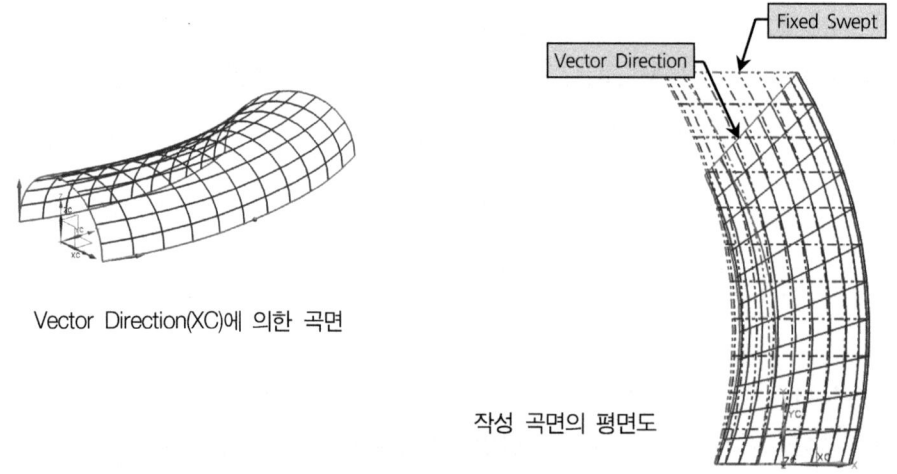

Vector Direction(XC)에 의한 곡면        작성 곡면의 평면도

- Another Curve : 이 옵션은 정의된 Swept에 다른 곡선이나 Solid Edge를 정의하여 방향성을 제어할 수 있다. 추가곡선은 경유하는 안내곡선으로 다른 안내곡선들과 교차하지 않아야 한다.

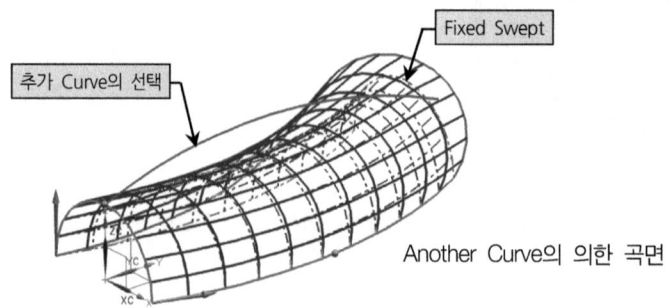

Another Curve의 의한 곡면

※ Another Curve는 선택된 교차 단면에 수직이 되도록 정의하며 안내곡선의 곡률 변화에 의해 잘못 정의되는 경우에 Another Curve를 사용하면 방향 및 배율제어에 효과적이다.

- A Point : Another Curve와 사용하는 것이 비슷하나, 생성되는 안내곡선의 방향을 결정하는 점에 의해 곡면이 정의된다. 이 방법은 3차 곡선을 이용한 Ruled 곡면의 정의와 유사하다.

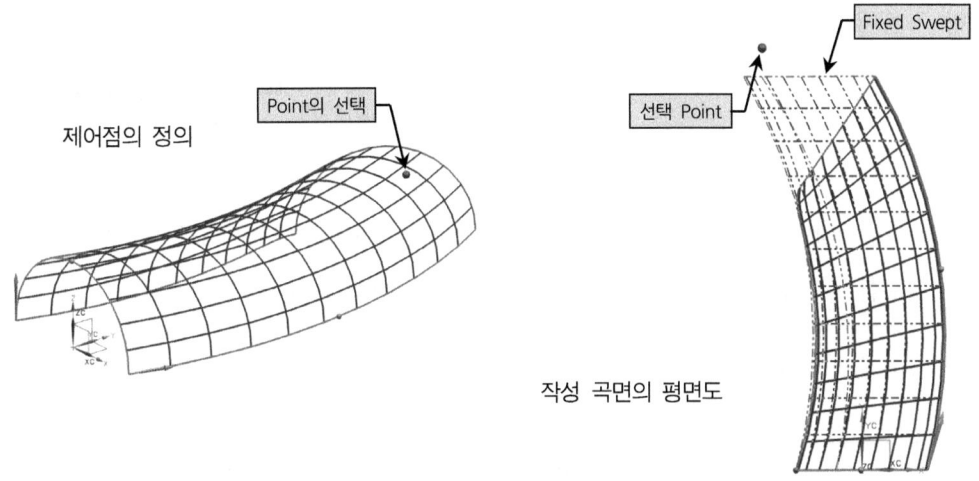

- Angular Law : 하나의 안내곡선에서 사용되며 교차단면의 방향성에 의해 회전된 곡면을 작성한다.

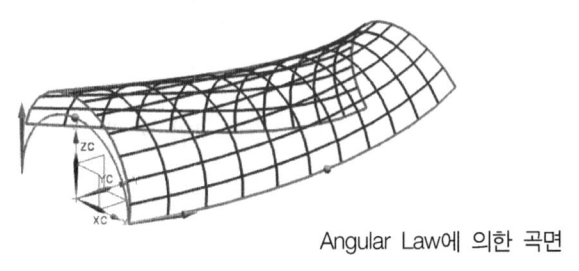
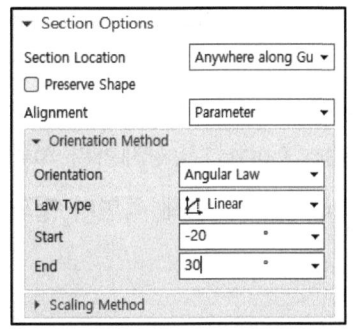

- Forced Direction : 교차단면이 안내곡선을 따라 회전할 때 Vector를 사용하여 평면의 방향을 고정시킬 수 있다. 이 기능은 안내곡선의 곡률 반지름이 급격히 변할 때 곡면 교차를 방지한다.

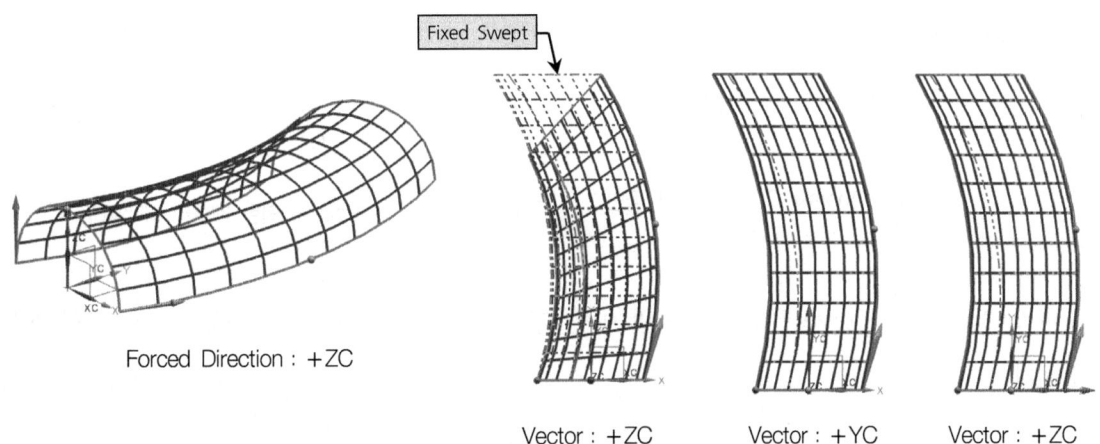

④ 배율제어(Scaling Method) : 안내곡선 하나만 지정할 때 배율 제어가 가능하고, 교차단면이 안내곡선을 따라 회전할 때 생성객체의 크기를 늘리거나 줄일 수 있다.

- Constant : 안내곡선에 의해 생성객체가 확대 또는 축소되며 기본배율은 "1"이다.

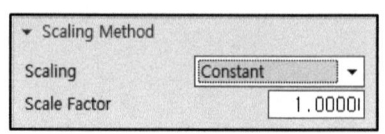

Scaling Method(Constant)

- Blending Function : 곡면의 시작과 끝의 연결 특성은 Linear 또는 Cubic 특성을 이용하고 곡면의 배율을 설정할 수 있다.

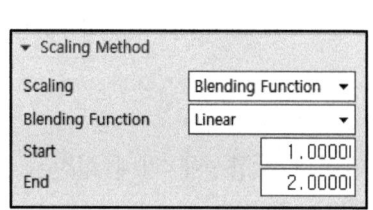

곡면의 시작과 끝 배율

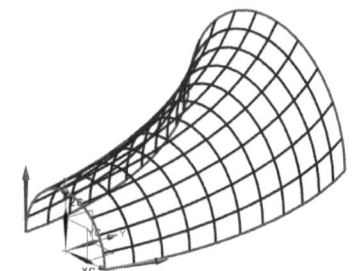

Linear 곡면

- Another Curve : 방향제어의 Another Curve를 사용하는 것과 비슷하지만 안내곡선과 다른 곡선의 Scaling 배율에 의해 곡면이 정의된다.

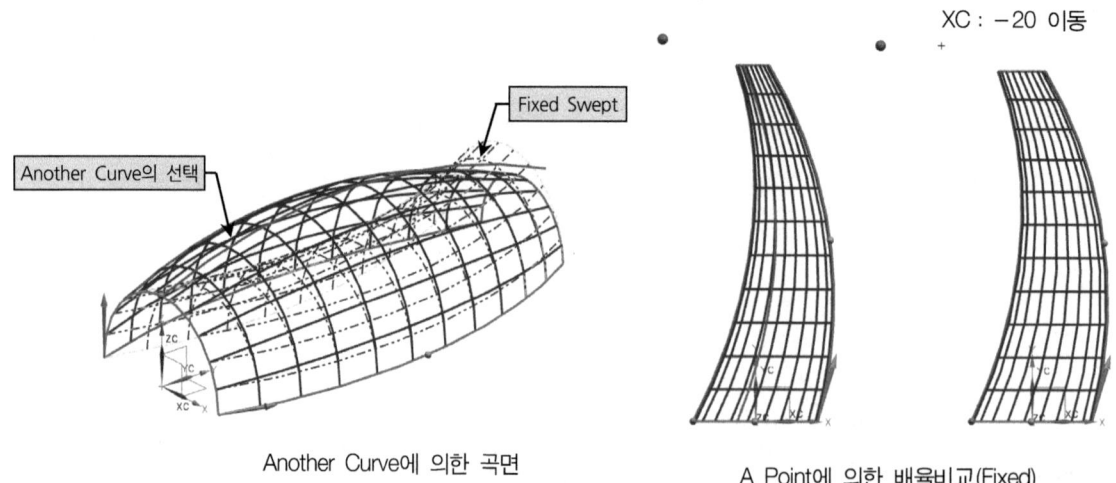

Another Curve에 의한 곡면          A Point에 의한 배율비교(Fixed)

- A Point : Another Curve 옵션과 같지만 곡선 대신 점을 사용하고 점에 의해 종료곡면의 배율이 결정된다.
- Area Law : 닫힌 교차단면을 이용하여 Swept 단면의 면적을 제어할 수 있다.

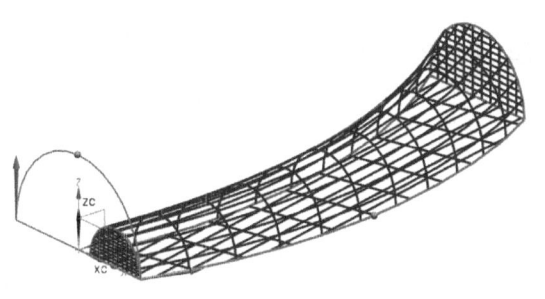

Area Law에 의한 곡면

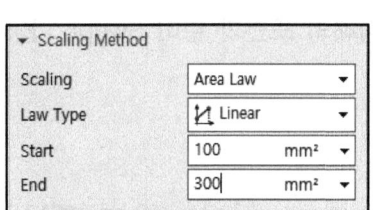

Scaling 대화상자

- Perimeter Curve : 선택된 교차단면을 이용하여 주어진 둘레를 Law 곡선을 기준으로 새로운 객체를 생성한다.

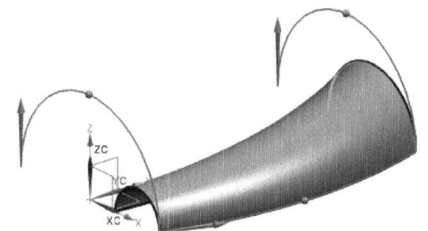

Perimeter에 의한 곡면정의

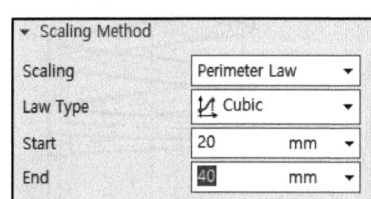

Scaling 대화상자

예제 10.1 아래의 도면과 같이 Through Curve 기능을 이용하여 제품을 모델링하시오.

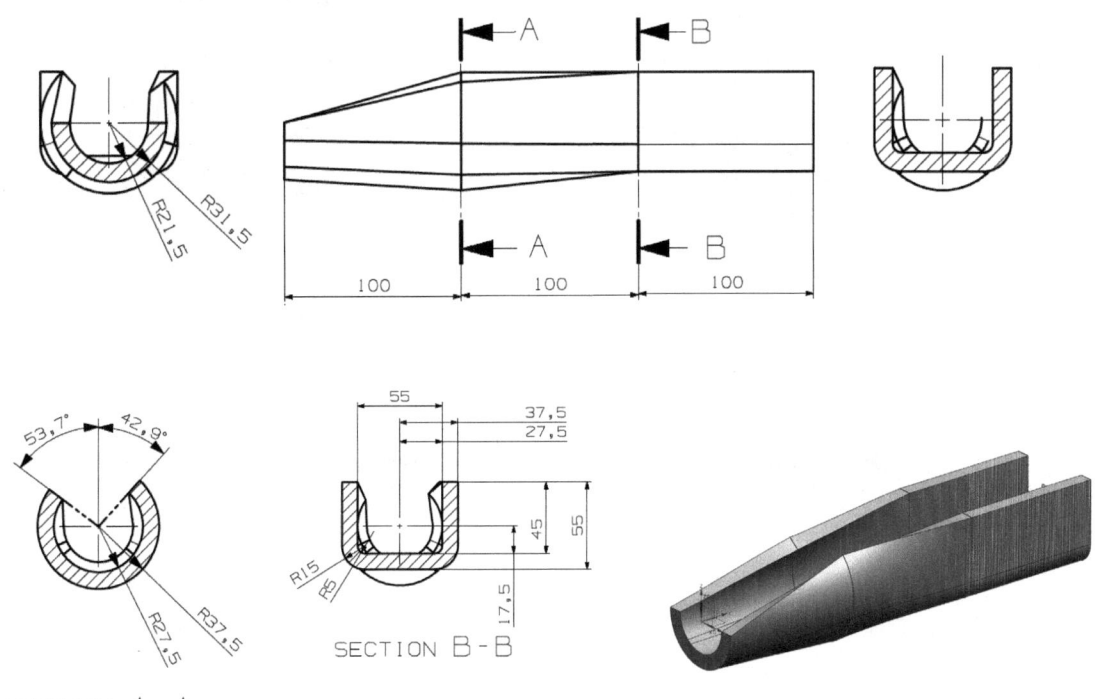

**예제 10.2** 아래의 도면과 같이 Swept 기능을 이용하여 제품을 모델링하시오.

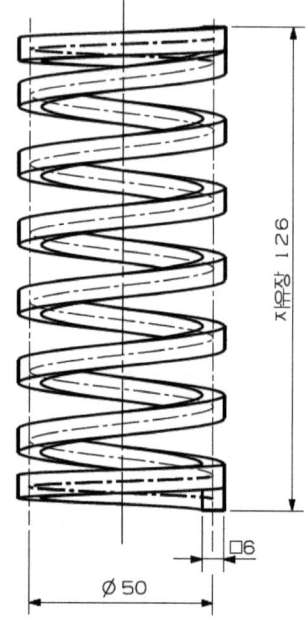

- 총 감김수 : 9회
- 유효감김수 : 7회
- 코일의 치수 : 6mm×6mm
- 자유높이 : 126mm
- 압축장 : 120mm
- 부착부 가공 : 크로스 앤드

방향제어(Orientation Method)에 따른 코일의 형태

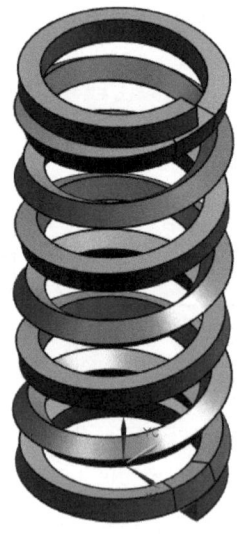

Orientation Method : Fixed

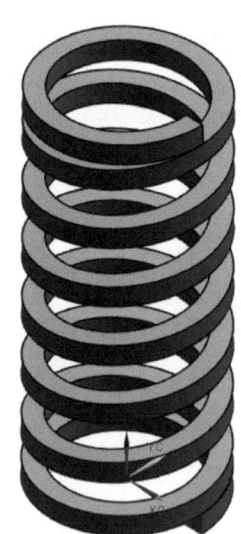

Orientation Method : Forced Direction(+ZC)

아래의 도면과 같이 Swept 기능을 이용하여 제품을 모델링하시오.

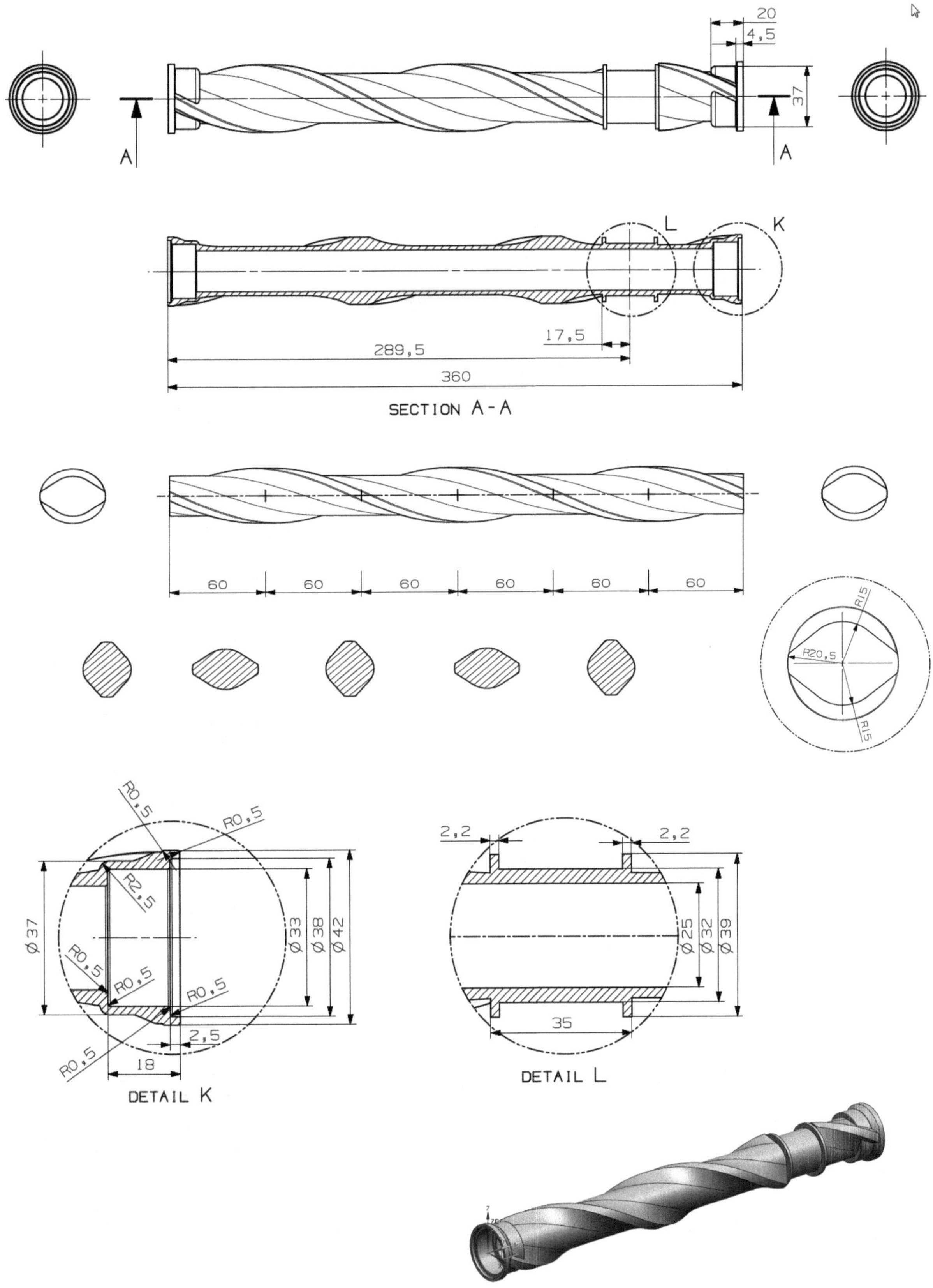

## 10.16 Styled Sweep

Insert ➡ Sweep ➡ Styled Sweep...

　Styled Swept 곡면은 높은 품질의 곡면을 제공하며 두 개 이내의 안내곡선(Guide String)과 여러 개의 곡면(Section String)을 선택하여 곡면을 작성한다. 또한 안내곡선상의 단면을 회전할 수 있으며 정의된 안내곡선상과 단면곡선의 이동 없이 Sweep 곡면을 변경할 수 있고 회전, 확대/축소 또는 곡면경계를 정의한다. 또한 터치곡선(Touch Curve) 또는 회전곡선(Orientation Curve)에 의해 곡면의 형상을 정의할 수 있다.

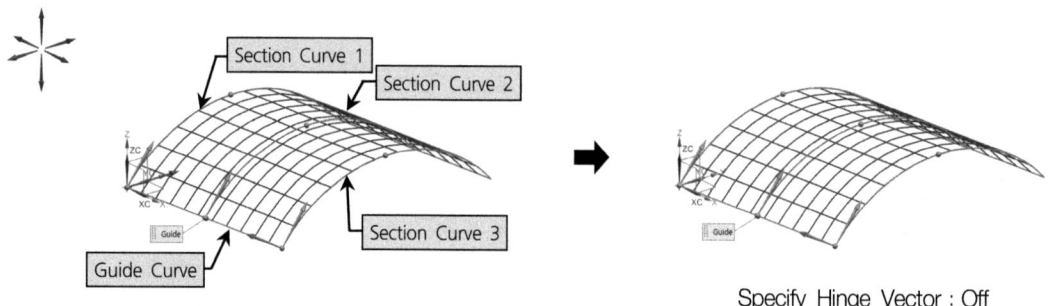

Guide와 Section 곡선의 선택
(Specify Hinge Vector : On)

Specify Hinge Vector : Off

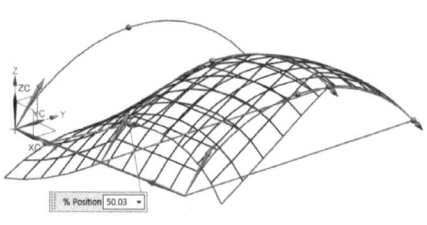

Pivot Point Position의 제어

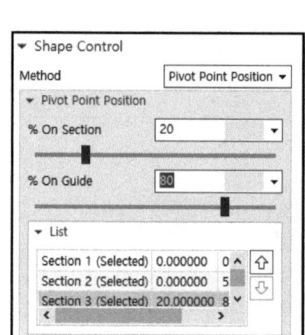

Section 3의 Pivot Point 제어

Rotation의 제어

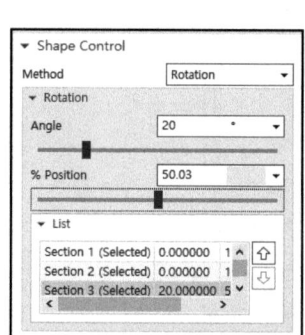

Section 3의 Rotation 제어

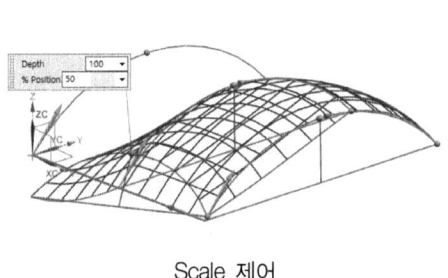
Scale 제어

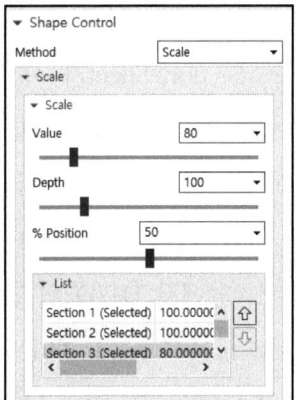
Section 3의 Scale 제어

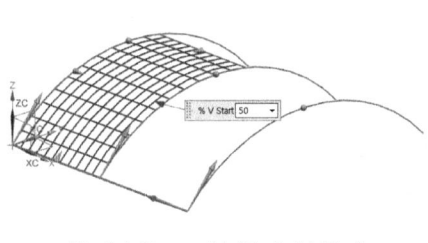
Partial Sweep(U Start, V End)

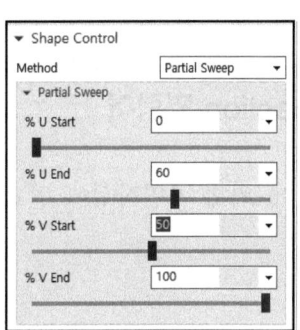
Partial Sweep 제어

**그림 10.38** Shape Control에 의한 곡면의 제어 특성

## 10.17 Section Body

Insert ➡ Mesh Surface ➡ Section...

Sheet Body를 이용하여 객체 사이에 Conic Surface를 만들 때 이용된다.

### 10.17.1 Section의 용어 해설

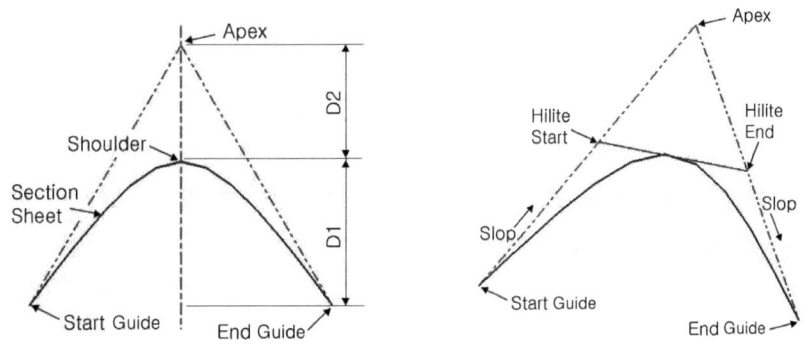

**그림 10.39** Section에 필요한 용어 정의

① Apex : Start Slope과 End Slope가 만나는 교차점이다.
② Start Guide : Section Sheet가 시작하는 곡선이나 Edge를 의미한다.
③ End Guide : Section Sheet가 끝나는 곡선이나 Edge를 의미한다.
④ Start Slope : Start Edge의 곡선이나 Edge에 의한 기울기벡터이다.
⑤ End Slope : End Edge의 곡선이나 Edge에 의한 기울기벡터이다.
⑥ Rho : 그림 10.39에서 D1/D2의 값을 의미하며 $0<\rho<1$의 값을 가진다.
⑦ Shoulder : Section Sheet가 지나는 곡선을 의미한다.
⑧ Hilite(Highlight Conic) : Shoulder를 지정하는 하나의 방법으로 Section Sheet가 접하는 면을 정의한다.

### 10.13.2 Section 명령어

Section 명령에 의해 곡면작성에 필요한 하부옵션을 지원하여 준다.

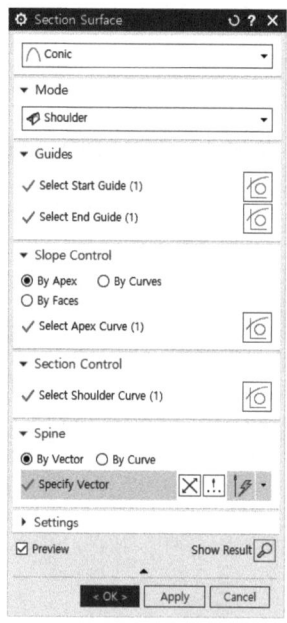

**그림 10.40** Section 하부옵션 대화

① ▨ : Shoulder

Sheet Body의 시작곡선(Edge)을 지나 Shoulder 곡선을 경유하여 종료곡선으로 곡면을 생성하며, Apex와 Spine Curve에 의해 곡면특성이 결정된다.

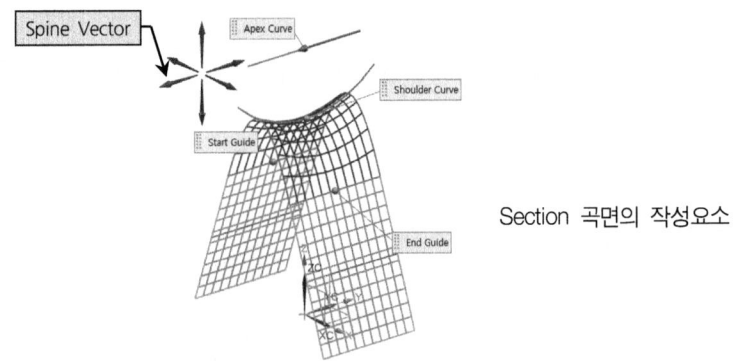

그림 10.41 Ends-Apex-Shoulder에 의한 곡면

② ▱ : Rho

시작 Edge와 종료 Edge를 선택한 후 Apex와 Spine을 정의하고 Rho의 값에 의해 Spine 곡선을 기준으로 곡면을 작성한다.

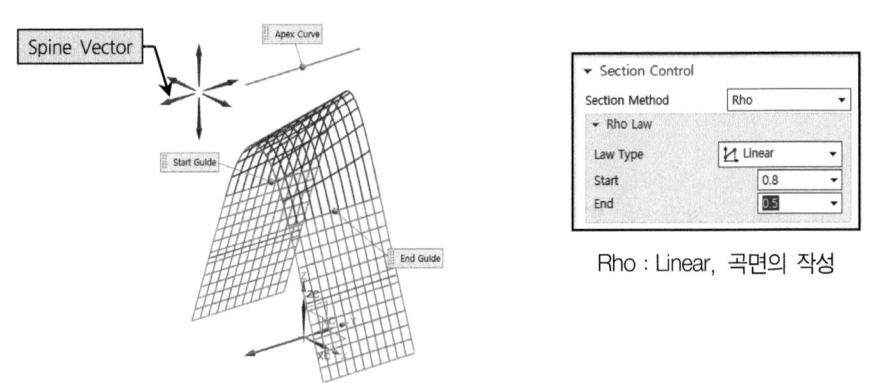

그림 10.42 Ends-Apex-Rho에 의한 곡면

③ ▱ : Highlight

곡면의 시작모서리와 종료모서리를 선택하고 Apex와 단면을 정의하는 Highlight Start, End 순으로 정의한 후 Spine을 선택하면 Spine 곡선을 기준으로 곡면이 작성된다.

곡면의 작성요소

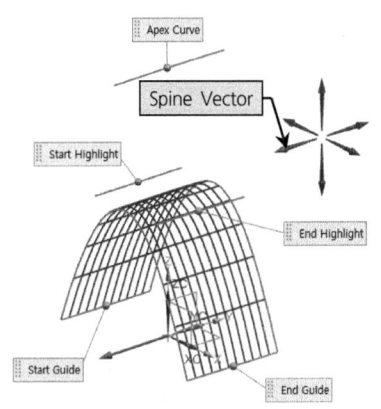

그림 10.43 Ends-Apex-Hilite에 의한 곡면

④ ![icon] : Four Points Slope

시작모서리와 접선방향(Slope)에 두 번째 곡선과 세 번째 곡선을 통과하여 종료모서리까지의 곡면을 작성하며 작성곡면은 Apex를 가져야 한다.

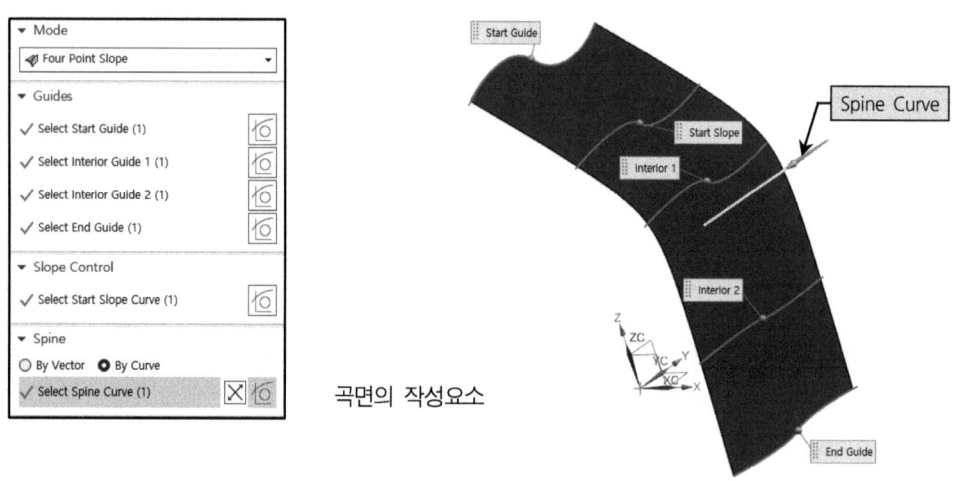

그림 10.44 Four-Points-Slope에 의한 곡면

⑤ ![icon] : Five Points

시작모서리와 첫 번째 곡선과 두 번째, 세 번째 곡선을 통과하여 종료모서리까지의 곡면을 Spine을 기준으로 곡면을 작성하며 작성곡면은 Apex를 가져야 한다.

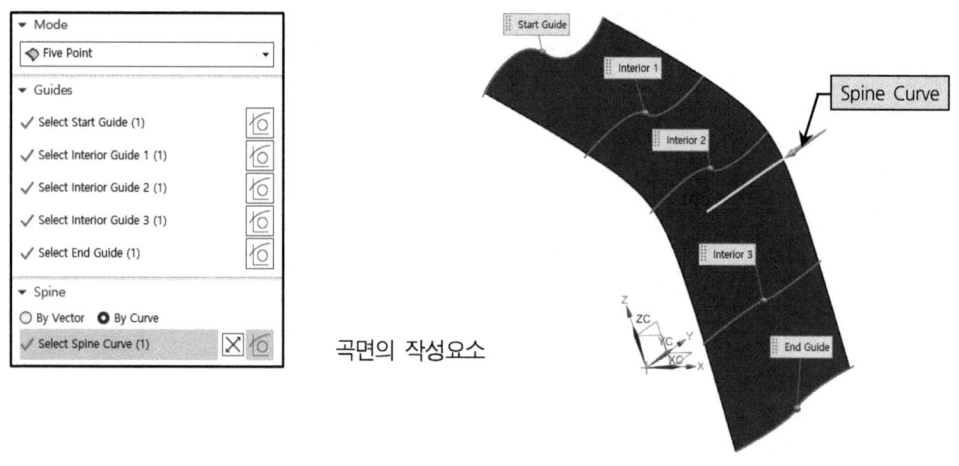

그림 10.45 Five-Points에 의한 곡면

## 10.18 Variational Sweep

Insert ➡ Sweep ➡ Variational Sweep...

Variational Swept 곡면의 생성은 안내곡선(Guide Curve)에 기본단면(Primary Cross Section)을 생성하여 안내곡선 상에서 변형된 단면을 적용할 수 있다. 또한 Variational Sweep은 하나의 기본단면에 의해 다른 형상의 객체를 생성하며, 기본단면은 Sketch Section 기능을 이용하여 정의할 수 있다.

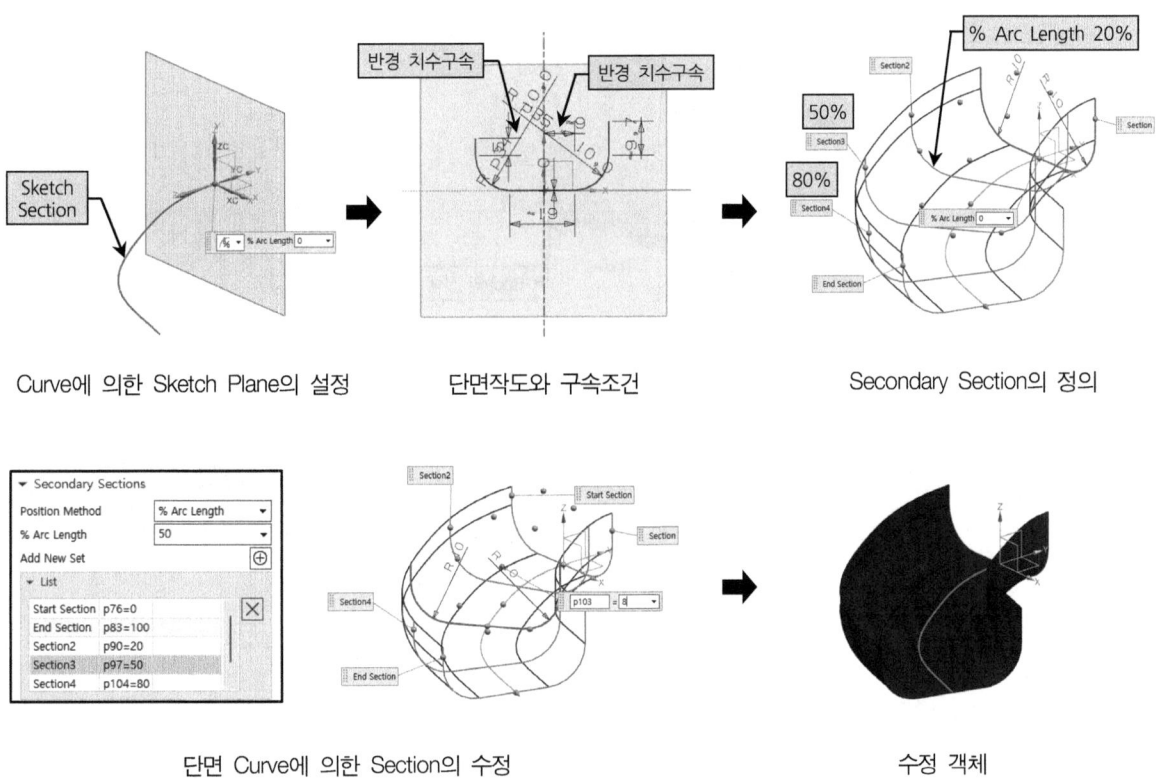

그림 10.46 Variational Sweep 곡면의 생성

① Show Sketch Dimensions : 기본단면에 작성된 치수를 표시한다.
② Merge Faces if Possible : 안내곡선에 따라 면(Face) 표시가 가능한 최소 부위의 면으로 표시한다.

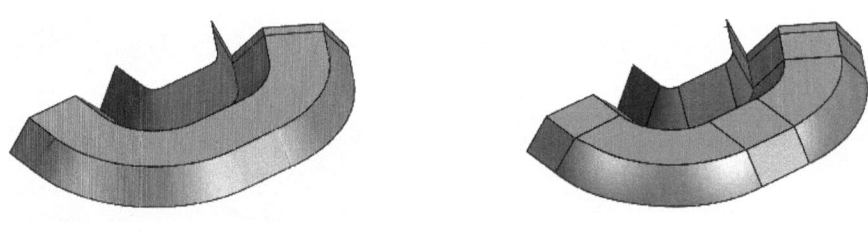

그림 10.47 Variational Sweep 곡면의 특성

## 10.19 Swept Volume

Insert ➡ Mesh Surface ➡ Swept Volume...

Swept Volume 명령을 사용하여 객체의 경로를 따라 Swept 한다. 경로에 대한 도구의 방향을 제어할 수 있으며, Swept 된 객체를 대상 객체에서 빼거나 교집합 시킬 수도 있다.

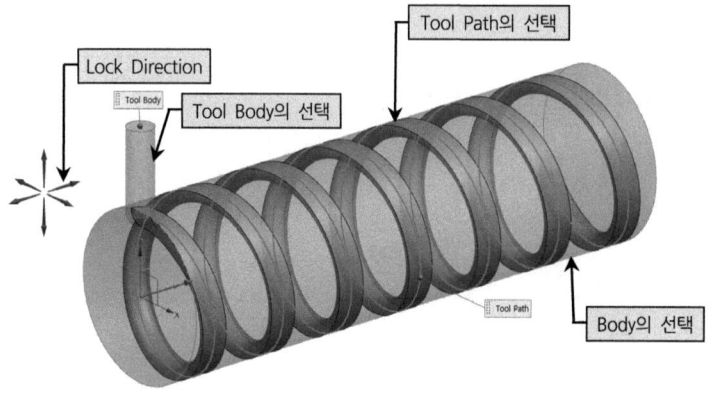
Swept Volume의 객체의 선택

Swept Volume 대화상자

**그림 10.48** Swept Volume의 작성

**예제 10.4** 아래 도면을 이용하여 Ruled 곡면을 작성하시오.

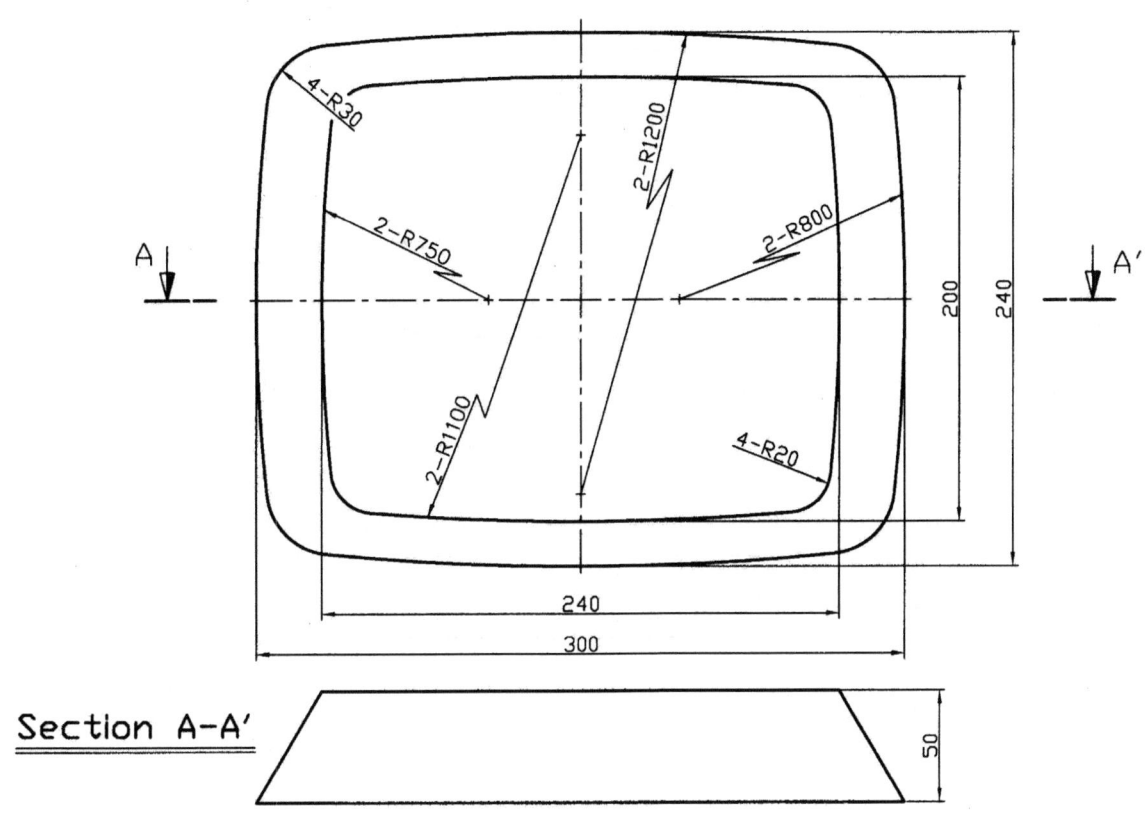

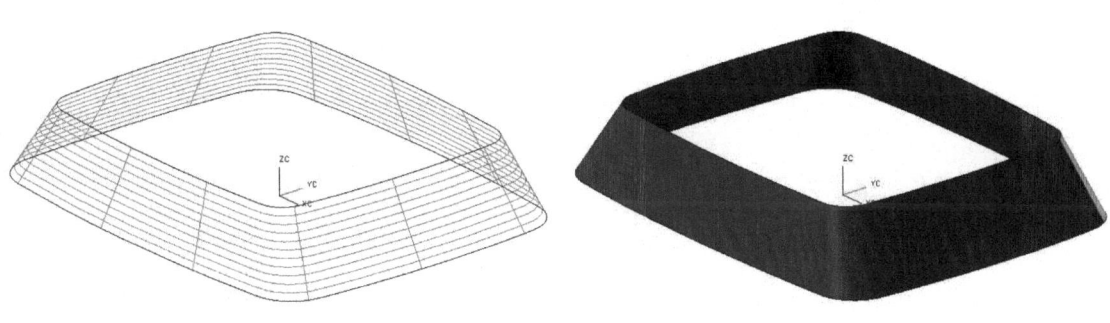

작성된 Ruled 곡면

**예제 10.5** 아래 도면을 이용하여 Ruled 곡면을 작성하시오.

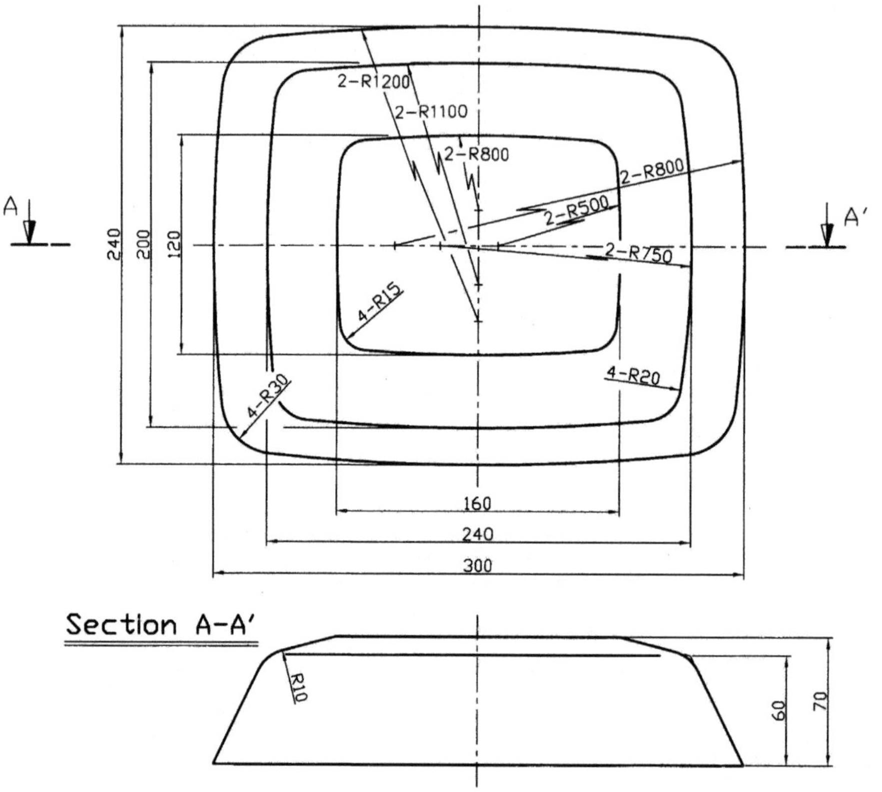

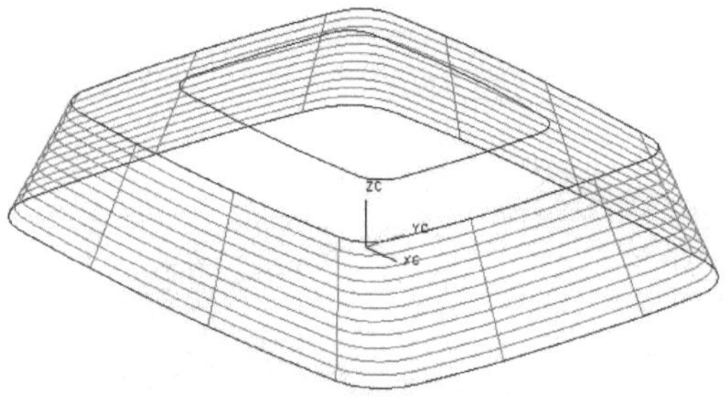

Section A-A'

1차 Ruled 곡면의 생성 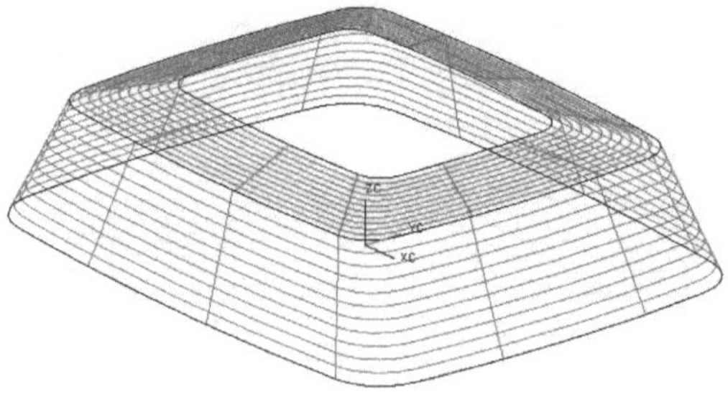　　→　　2차 Ruled 곡면의 생성

생성곡면의 결합 모깎기는 11장의 설명에 의해 작성한다.

아래 도면을 이용하여 Swept 곡면을 작성하시오.

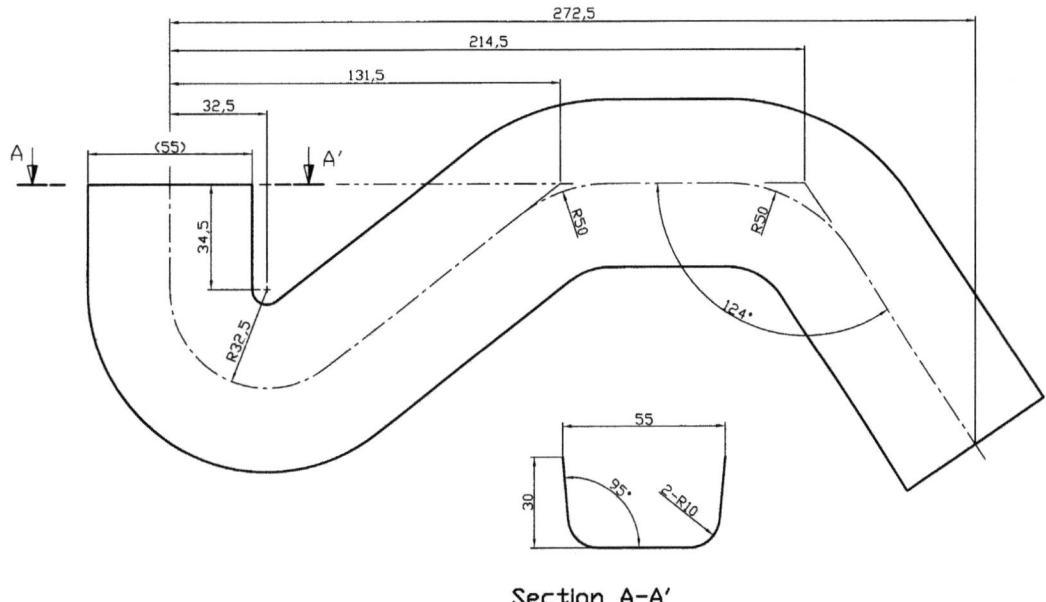

Section A-A'

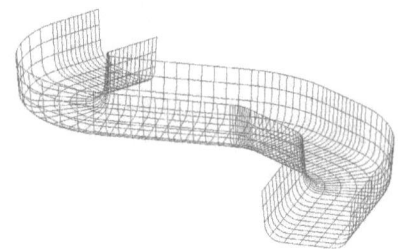 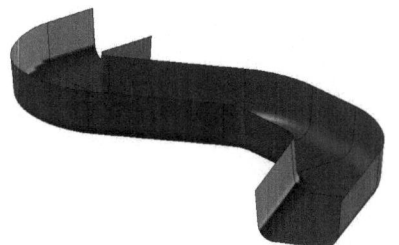

Swept에 의한 생성곡면          Shaded된 Swept 곡면

# 자유 형상(Free Form) 피처의 생성 Ⅱ

chapter 11

## 11.1 Extension

Insert ➡ Flange Surface ➡ Extension...

작성된 곡면을 이용하여 새로이 연장된 곡면을 작성할 수 있다.

① Edge(Extension) : 선택된 모서리를 이용하여 곡면을 생성한다.
- Method : 연장 곡면의 특성을 선택한다.
  - Tangential : 연장할 곡면과 모서리에 의해 접선방향으로 새로운 곡면을 정의한다.
  - Circular : 연장하고자 하는 곡면과 모서리를 선택하여 곡면의 형상이 부드러운 원형인 곡면을 생성하며, Fixed Length와 Percentage 방법이 지원된다.

- Distance : 연장곡면의 길이를 정의한다.
  - By Length : 곡면의 접선방향으로 입력된 길이로 새로운 곡면을 생성한다.
  - By Percentage : 연장할 곡면의 길이에 대한 백분율에 의해 생성되는 곡면의 길이가 결정된다.

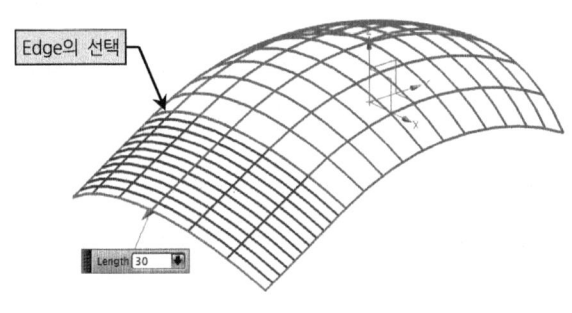

Tangential, By Length = 30mm

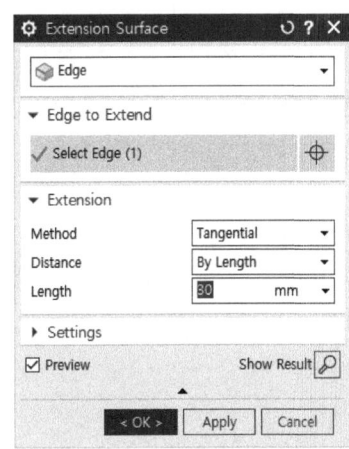

Extension Surface 대화상자

**그림 11.1** Edge Extension에 의한 곡면의 연장

② Corner(Extension) : 선택된 곡면의 모서리를 이용하여 연장곡면을 생성한다.

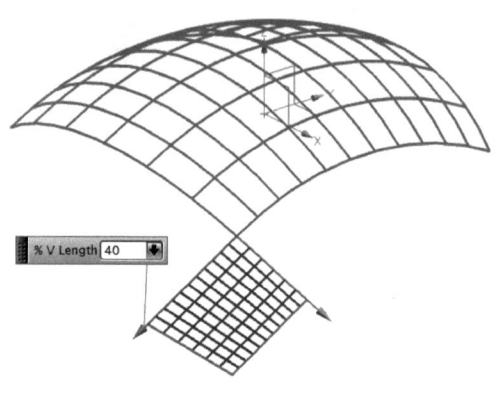
Corner, %U Length=30, %V Length=40

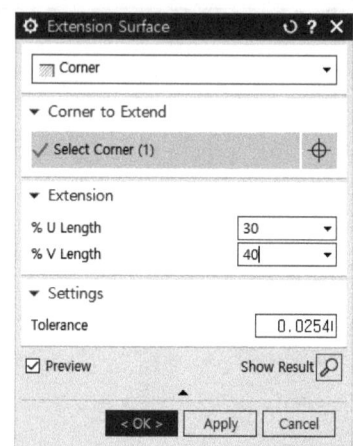
Extension Surface 대화상자

그림 11.2  Corner Extension에 의한 곡면의 연장

## 11.2 Silhouette Flange

Insert ➡ Flange Surface ➡ Silhouette Flange...

작성된 곡면을 이용하여 곡면의 기울기, 매끄러운 곡면의 예술적인 형상 등이 최적화된 새로운 곡면을 작성할 수 있다.

① Basic : Flange와 Fillet 요소를 수정하여 우수한 품질의 곡면을 정의할 수 있다.

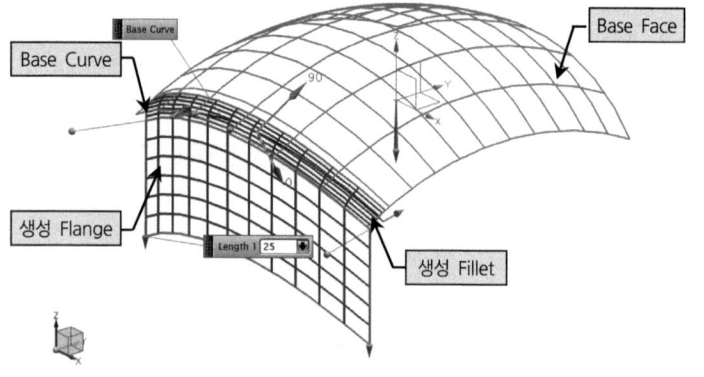
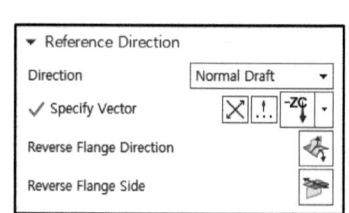
Direction : Normal Draft, Vector : -ZC

그림 11.3  Silhouette Flange의 구성요소

- Flange Parameters : 생성 곡면의 Fillet 반경 특성 정의와 Flange의 길이 특성을 정의할 수 있다.
  - Radius : 생성곡면의 Fillet의 반경특성을 정의하며 Face Blend 방법과 동일하다. 그림 11.4는 그림 11.3과 같은 조건에서 Radius 특성만을 변경한 결과이다.

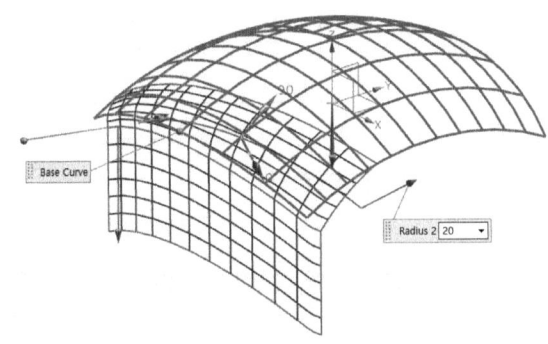 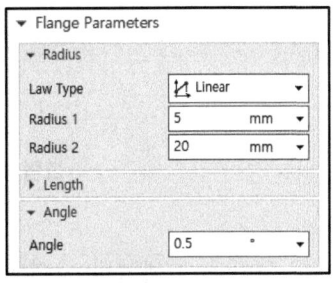

Fillet 정의 대화상자

**그림 11.4** Flange Parameters(Radius)의 정의

  - Length : 생성 Flange의 길이특성을 정의하며, Face Blend 방법의 길이 정의와 동일하다. 그림 11.5는 그림 11.3과 같은 조건에서 Length 특성만을 변경한 결과이다.

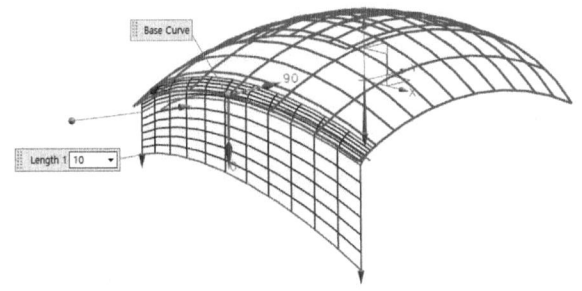 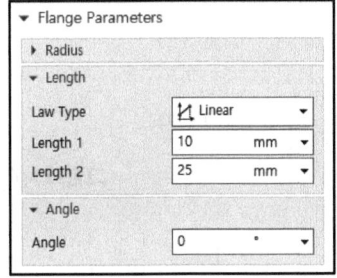

Length 정의 대화상자

**그림 11.5** Flange Parameters(Length)의 정의

  - Angle : 생성 Flange의 경사특성을 정의한다. 그림 11.6은 그림 11.3과 같은 조건에서 Angle 특성만을 변경한 결과이다.

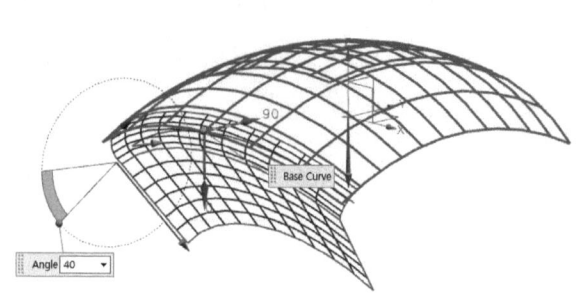 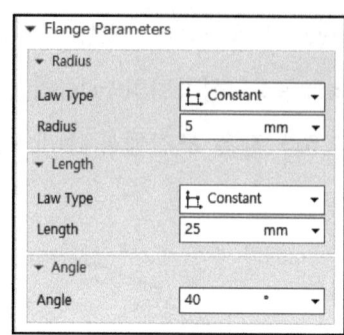

Angle 정의 대화상자

**그림 11.6** Flange Parameters(Angel)의 정의

- Output Surface : 생성될 곡면의 특성을 정의한다. 그림 11.7은 그림 11.3과 같은 조건에서 Output Surface 특성만을 변경한 결과이다.

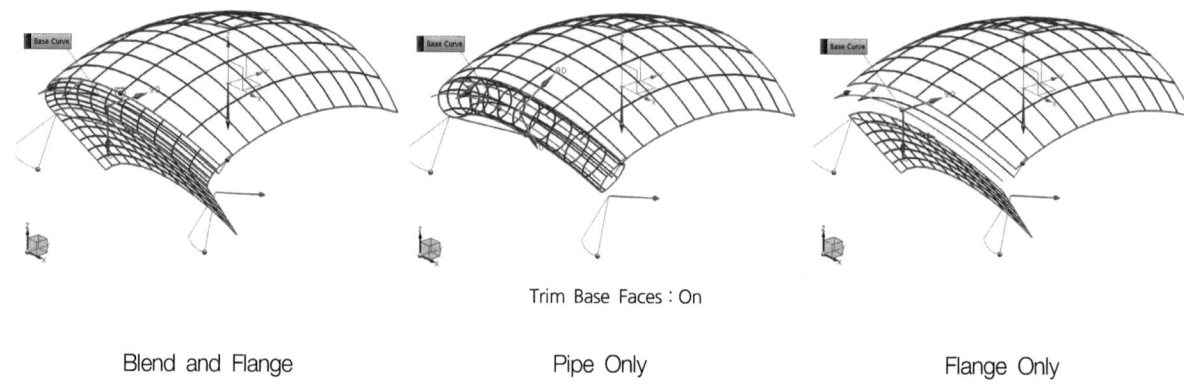

**그림 11.7** Output Surface 특성에 의한 곡면의 작성

② Absolute Gap  : 격리된 Flange 객체를 생성하기 위해 주어진 Gap의 위치에 선택된 Silhouette Flange 객체와 상관되는 Silhouette Flange 객체를 추가한다. 선택된 곡면에 접하여 생성될 Flange Pipe는 반경과 두 곡면 Flange에 근접거리를 계산하여 작도된다.

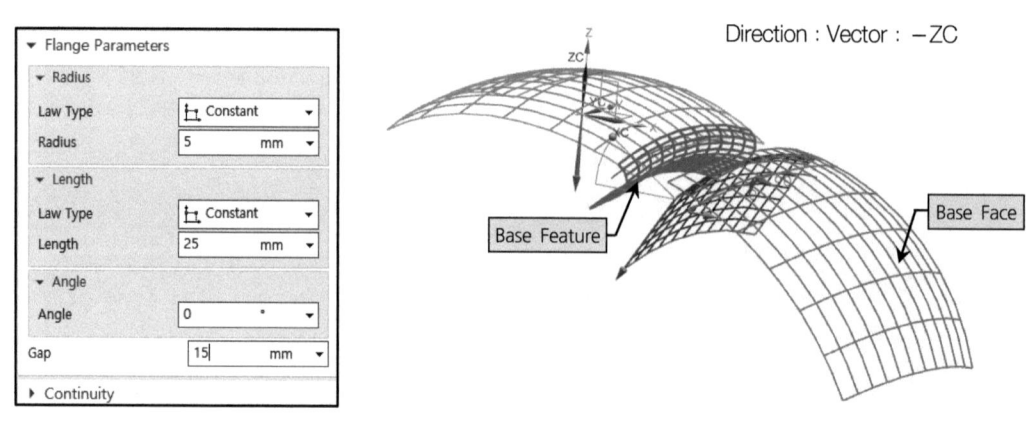

**그림 11.8** Absolute Gap에 의한 곡면의 작성

③ Visual Gap : 격리된 Flange 객체를 생성하기 위해 주어진 Visual Gap의 위치에 선택된 Silhouette Flange 객체와 상관되는 Silhouette Flange 객체를 생성한다. 주어진 Gap의 결정은 사용자 뷰(Designer View, Graphic View)에서 Silhouette Flange 사이로 결정되어 방향성이 정의된다.

## 11.3 Law Extension

Insert ➡ Flange Surface ➡ Law Extension...

Sheet Body나 Solid Body의 모서리를 선택하여 새로운 연장 곡면을 동적방법 또는 대화상자를 이용해 연장조건을 정의할 수 있다.

① Type : 연장곡면의 정의방법을 선정한다.
- Faces : 곡면을 이용하여 새로운 곡면을 작성한다.
- Vector : 작성된 곡면을 대신하여 모서리와 Vector 등을 이용하여 연장곡면을 정의할 수 있다.

② Curve : Faces 또는 Vector에 의한 곡면작성에서 생성 연장곡선의 기준곡선을 정의한다.

③ Reference Face : Face에 의한 곡면작성에서 연장곡선에 기준곡면을 정의한다.

그림 11.9  Law Extension 대화상자

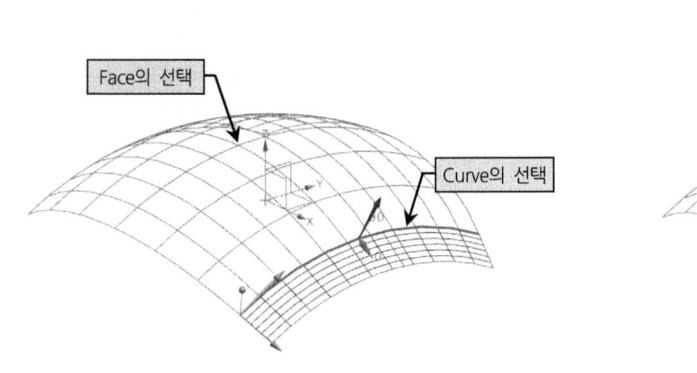

Type : Faces, Reference Faces

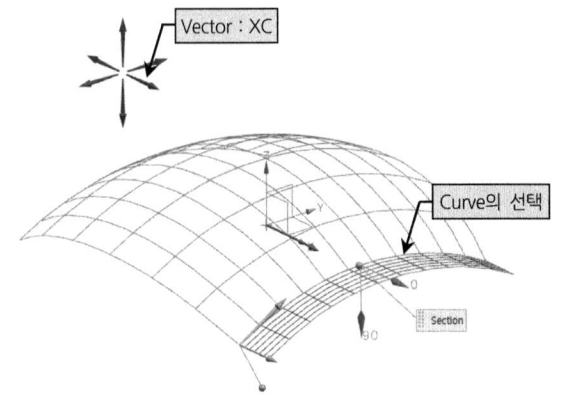

Type : Vector XC

그림 11.10  Law Extension에 의한 연장곡면

④ Law Specification Method : 길이와 각도에 대해 동적제어를 제공하거나 General에서 길이와 각도를 Law Controlled 대화상자를 이용하여 정의할 수 있으며, 그림 11.11은 Dynamic에 의한 곡면작성 결과를 설명한다.

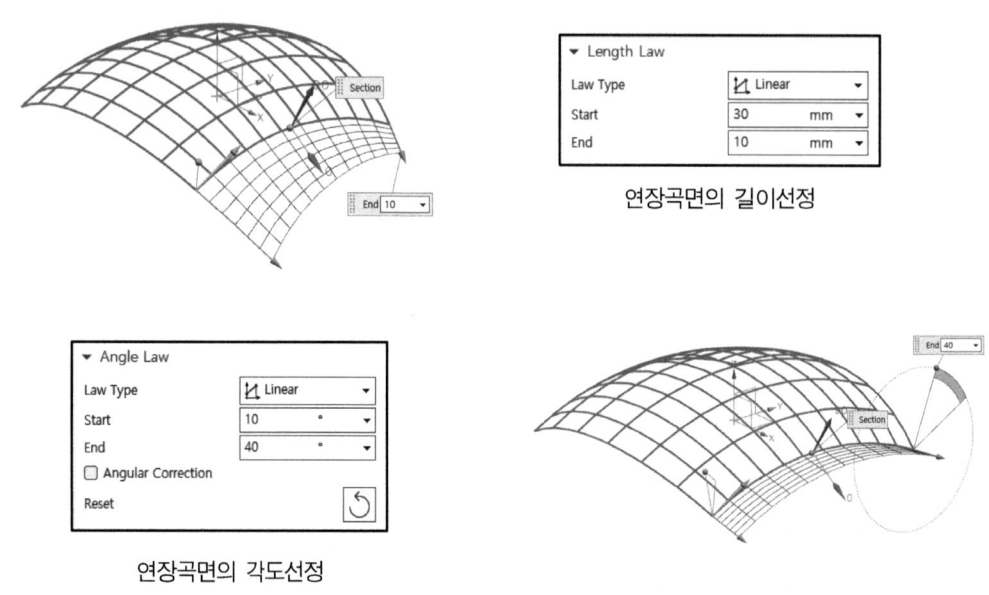

그림 11.11  Law Extension에 의한 연장곡면

⑤ Opposite Side Extension : 연장객체의 방향을 양쪽방향으로 유지하며, 동일한 길이를 적용하는 Symmetrically를 이용하거나 다른 치수의 적용은 Asymmetrically를 이용할 수 있다.

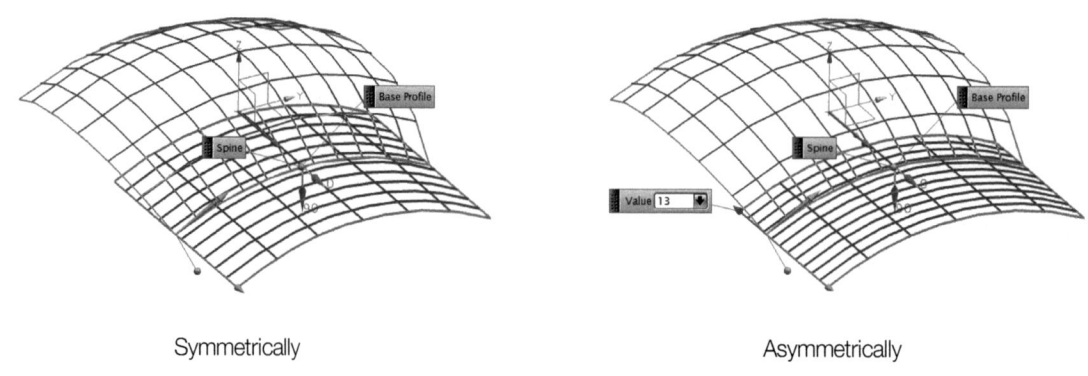

그림 11.12  Opposite Side Extension에 의한 연장곡면

⑥ Spine : Law Specification Method 모드에서 연장곡선을 정의하는 Spine 곡선을 선택할 수 있다.
⑦ Setting : 곡면생성 특성을 정의한다.
  • Merge Face if Possible : 선택된 객체에 연결객체를 통합하여 관리할 수 있다.

## 11.4 Offset Surface

Insert ➡ Offset/Scale ➡ Offset Surface...

선택곡면을 법선거리로 이동하고 모서리공차에 의해 새로운 곡면이 작성된다.

① Face to Offset : Offset시킬 곡면을 선택하고 방향성을 결정한다.
② Feature : 선택된 객체의 제어특성을 선택한다.
- Output : 결합된 곡면에서 생성된 객체가 연결된 면을 만드는 One Feature for All Face와 개별적인 객체로 선택되는 One Feature for Each All 방법이 있다.

그림 11.13  Offset 대화상자

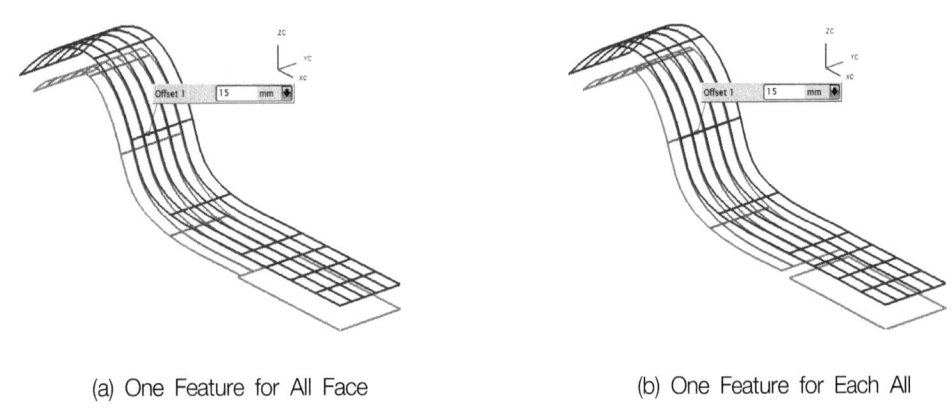

(a) One Feature for All Face    (b) One Feature for Each All

그림 11.14  Output 옵션에 의한 곡면의 옵셋

- Face Normal : 선택된 면의 법선방향에 따라 생성 곡면의 Vector 방향이 결정되는 Use Existing 방법과 선택된 점에 의한 From Interior Point 방법이 적용된다.

③ Setting : 옵셋의 정밀도 또는 접선의 연결방법을 설정한다.
- Tangent Edges : 다른 옵셋값에 의해 발생되는 단(Step)의 처리방법을 결정하며 Add Shelf Face at Tangent Edge 또는 Do Not Add Shelf Face 옵션이 이용된다.

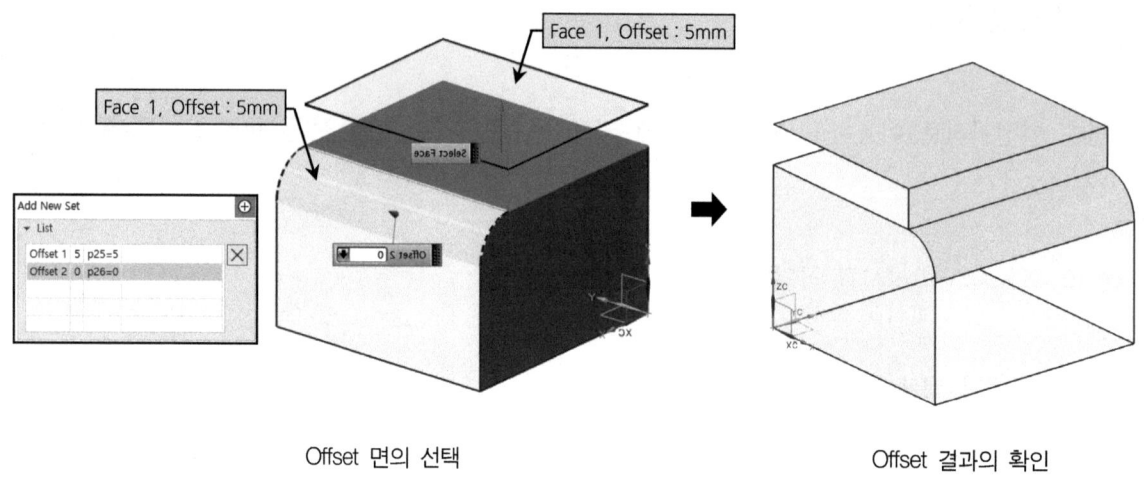

Offset 면의 선택        Offset 결과의 확인

**그림 11.15** Add Shelf Face at Tangent Edge에 의한 곡면의 옵셋

## 11.5 Variable Offset

Insert ➡ Offset/Scale ➡ Variable Offset...

선택곡면에 4개의 Vertex(정점)에 각각의 거리를 주어 가변거리상에 곡면을 생성한다.

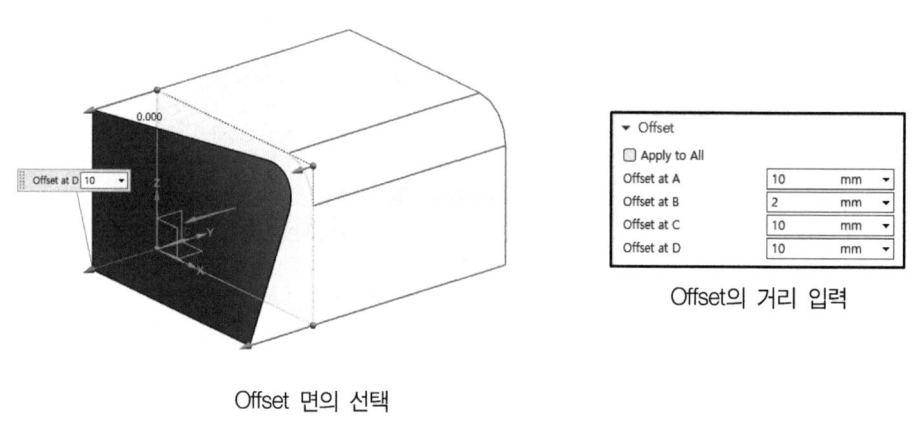

Offset의 거리 입력

Offset 면의 선택

**그림 11.16** Variable Offset에 의한 곡면의 옵셋

## 11.6 Offset Face

Insert ➡ Offset/Scale ➡ Offset Face...

선택된 Sheet Body 또는 Solid Body의 면을 선택하여 일정거리만큼 Offset할 수 있다.

① Sheet Body를 이용한 Offset으로 곡면외부의 법선방향의 거리로 곡면이 이동된다.

② Feature를 이용한 Offset은 Feature 표면을 선정하여 객체의 중심부로 객체를 변경한다.
③ Solid Body를 면을 이용한 Offset은 선택객체의 외부방향으로 객체가 변경된다.

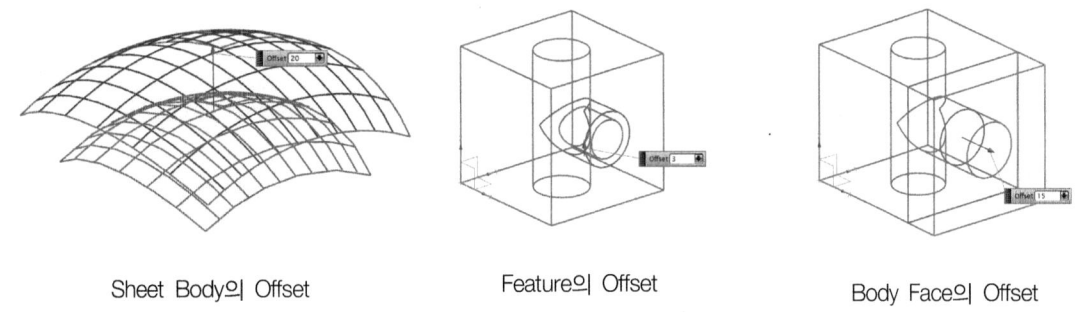

그림 11.17  Offset Face에 의한 객체의 수정

## 11.7 Variable Offset Face

Offset/Scale ➡ Variable Offset Face...

Variable Offset Face 명령을 사용하여 일정한 거리에서 여러 영역을 빠르게 Offset한 다음 객체의 다른 영역 부분 집합을 사용하여 Offset 영역을 연결한다.

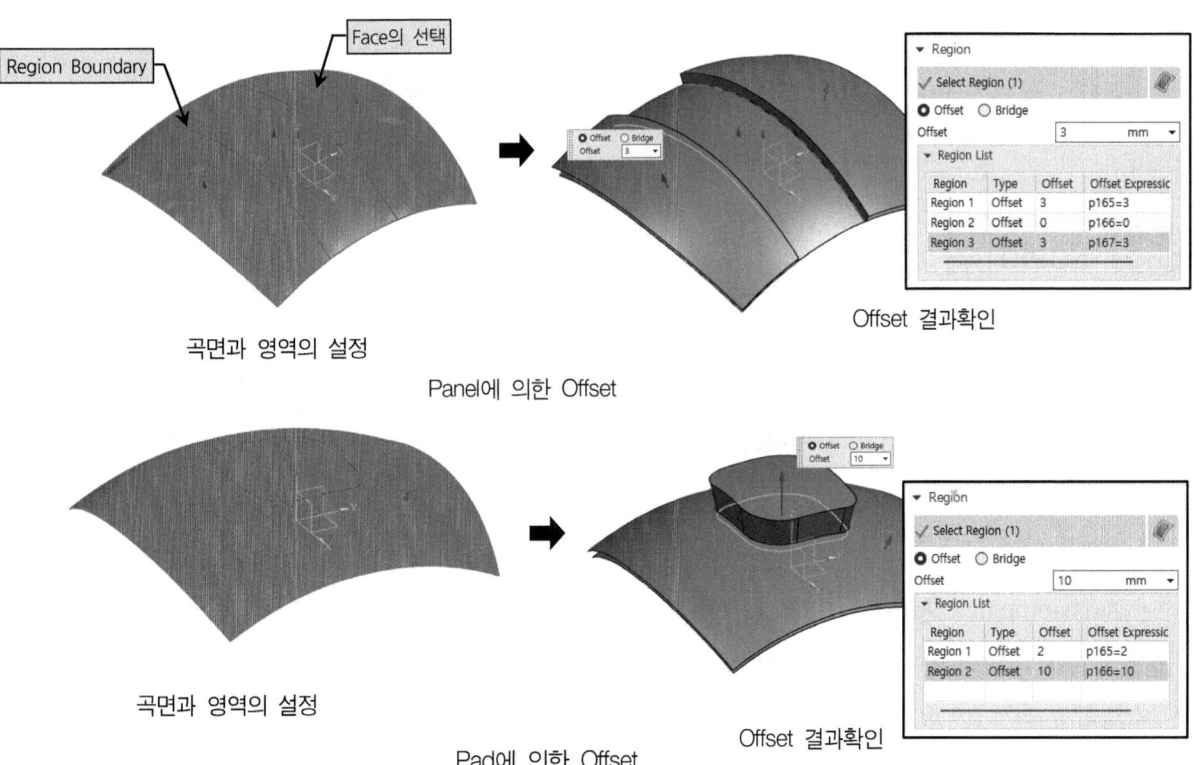

그림 11.18  Variable Offset Face의 Panel에 의한 Offset

## 11.8 Thicken Sheet

Insert ➡ Offset/Scale ➡ Thicken...

선택곡면을 이용하여 Solid Body를 작성할 수 있으며, 기존의 Solid Body와 부울연산(Unite, Subtract, Intersect)이 가능하다.

① Face : 객체 작성에 기준이 되는 곡면을 선택할 수 있다.
② Boolean : 선택곡면과 관련된 Solid Body를 선택하여 부울 연산을 수행한다.

Thicken Sheet 대화상자

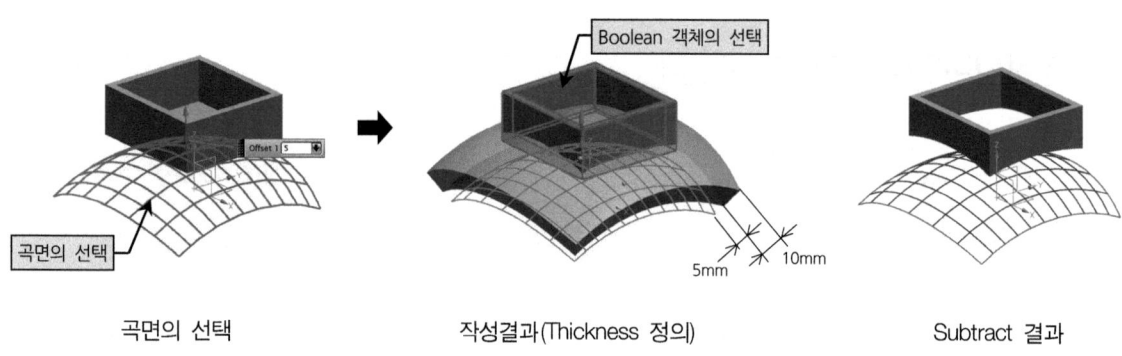

곡면의 선택     작성결과(Thickness 정의)     Subtract 결과

**그림 11.19** Thicken Sheet에 의한 Solid Body의 작성

## 11.9 Scale

Insert ➡ Offset/Scale ➡ Scale Body...

선택된 Solid Body 또는 Sheet Body를 확대하거나 축소할 수 있다.

① Type : 척도의 적용방법을 설정한다.
 • Uniform : XC, YC와 ZC 방향으로 균일한 척도를 적용하여 객체를 변경한다.
 • Axisymmetric : Vector Method를 이용해 선정된 축 방향의 척도와 이외의 척도를 이용하여 객체를 축소 또는 확대한다.
 • Non-uniform : XC, YC와 ZC 방향으로 각기 다른 척도를 적용하여 객체를 변경하며 Reference CSYS를 이용할 수 있다.

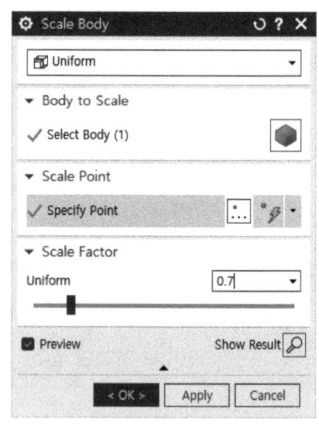

**그림 11.20** Scale Body 대화상자

② Selection Step : Scale 적용 순서에 의해 아이콘이 활성화된다.
- Scale Point : 선정된 점을 기준으로 축소 또는 확대시킨다.
- Scale Axis : Axisymmetric에서 Vector Method를 이용해 축을 설정하여 객체를 변경한다.
- Scale CSYS : General에서 WCS 이외에 CSYS Method를 이용하여 설정된 좌표계에 의해 객체를 수정한다.

- Uniform에 의한 객체의 수정

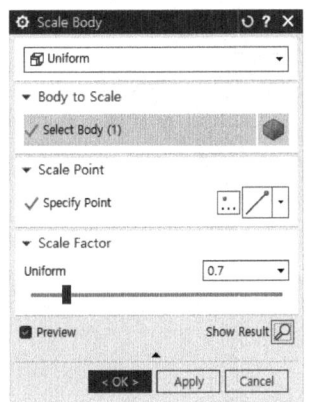
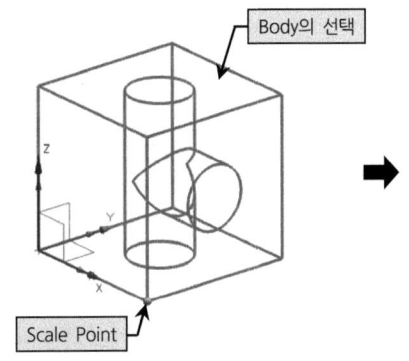
Solid Body/Scale Point 선정
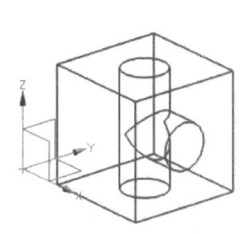
실행결과(Scale Factor : 0.7)

- Axisymmetric에 의한 객체의 수정

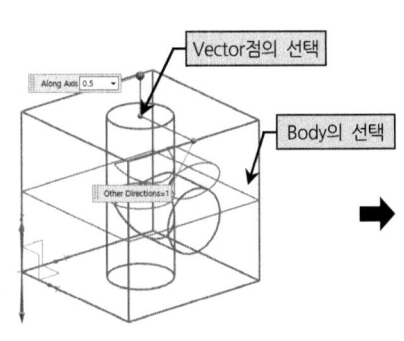
Solid Body/Scale Axis 선정
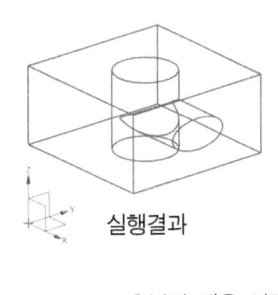
축부위 배율 입력

- General에 의한 객체의 수정

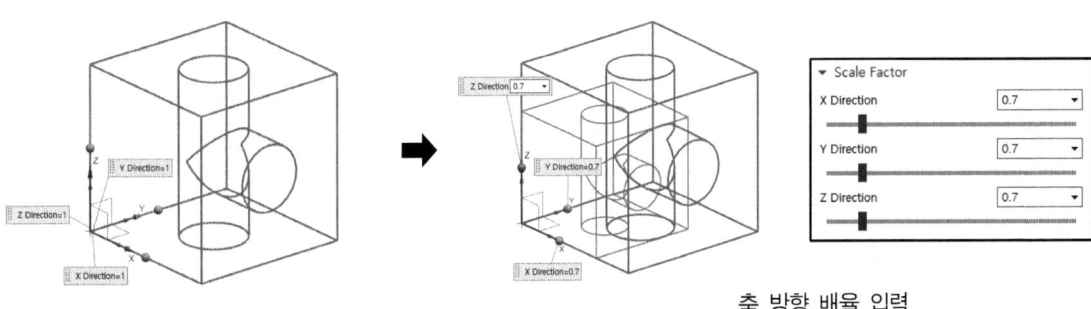

그림 11.21  Scale에 의한 객체의 수정

## 11.10 Bounding Body

Insert ➡ Offset/Scale ➡ Bounding Body...

Bounding Body 명령을 사용하여 Face, Solid Body, Sheet Body, Facet Body, Point, Edge 및 Curve을 선택하여 상자나 원기둥을 경계로 빠르게 작성한다. 가공에서 Bounding Box를 이용하여 모델의 부분 영역으로 분리할 수 있다.

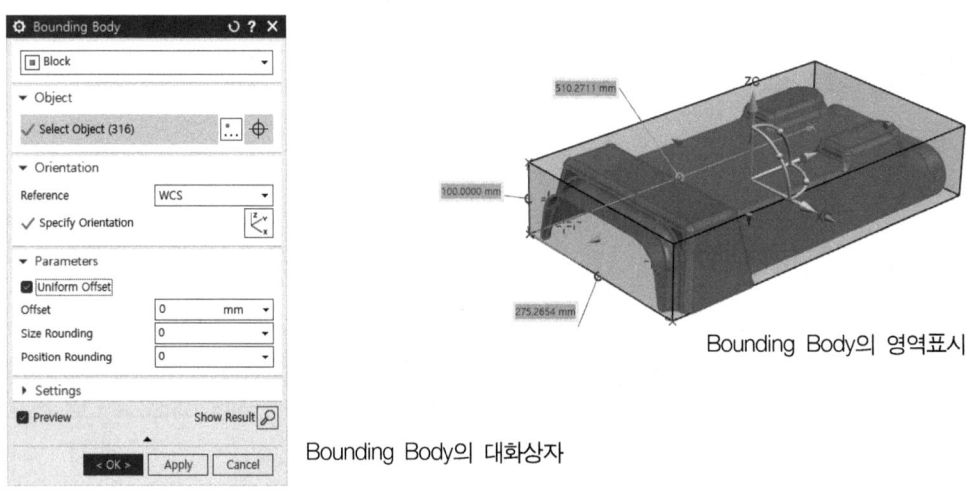

Bounding Body의 대화상자

Bounding Body의 영역표시

**그림 11.22** Bounding Body에 의한 객체의 작성

## 11.11 Wrap Geometry

Insert ➡ Offset/Scale ➡ Wrap Geometry...

선택된 Solid Body를 에워싸는 객체를 생성하는 기능을 가지고 있다.

① Geometry Warp : 에워쌀 Solid Body를 선택한다.
- Close Gaps : 작성된 객체의 모서리 처리방식을 정의하며 Sharp, Beveled와 No Offset 방법을 지원한다.
- Distance Tolerance : Wrap Geometry의 외부모서리에 대한 거리를 정의한다.
- Additional Offset : 선택된 객체(Splitting Plane)의 면에서 Wrap Geometry에 대한 거리를 설정한다.

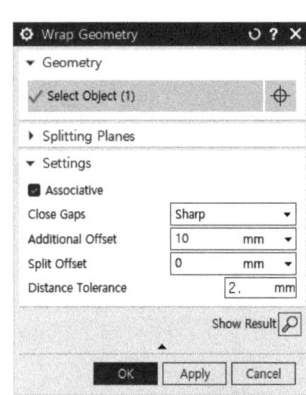

Wrap Geometry 대화상자

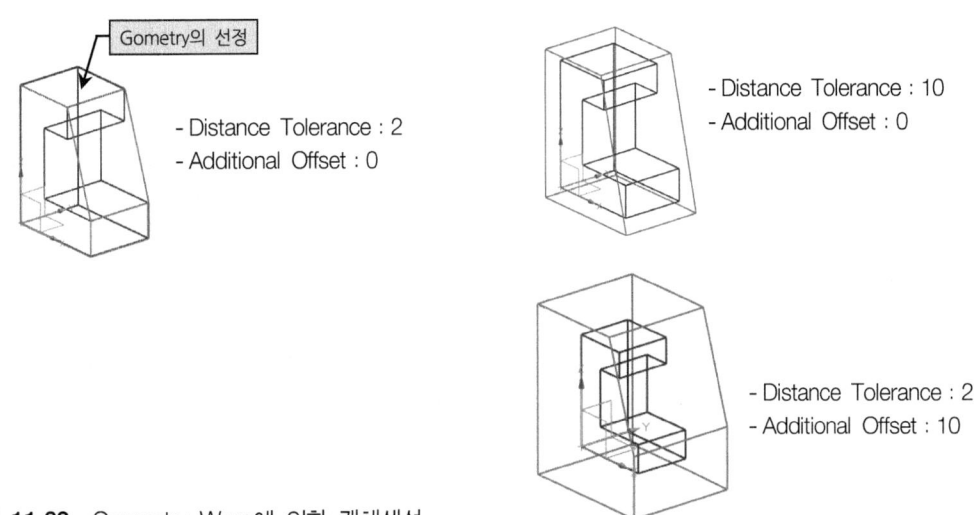

**그림 11.23** Geometry Warp에 의한 객체생성

② Splitting Plane : Wrap Geometry의 형상을 Datum Plane을 이용하여 Datum Plane상의 형상을 제어한다. 그림 11.24는 그림 11.23에 Splitting Plane를 추가하여 Split Offset한 결과이다.

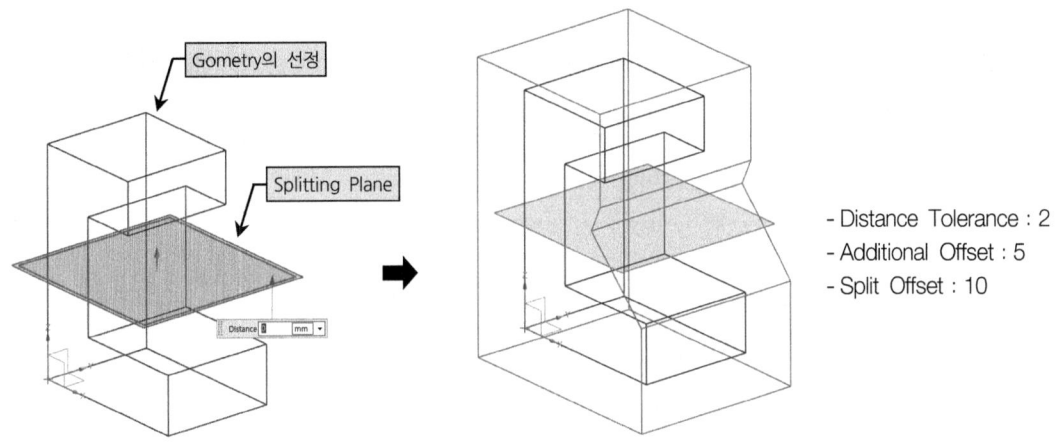

**그림 11.24** Splitting Plane을 이용한 생성객체 수정

## 11.12 Combine

Insert ➡ Combine ➡ Combine...

Combine 명령을 사용하여 여러 교차하는 시트 본체의 영역을 잘라내고 결합하며 객체를 유지거나 제거할 영역을 선택하고 볼륨 찾기를 사용하여 닫힌 볼륨이 있을 때 영역을 선택할 수 있다.

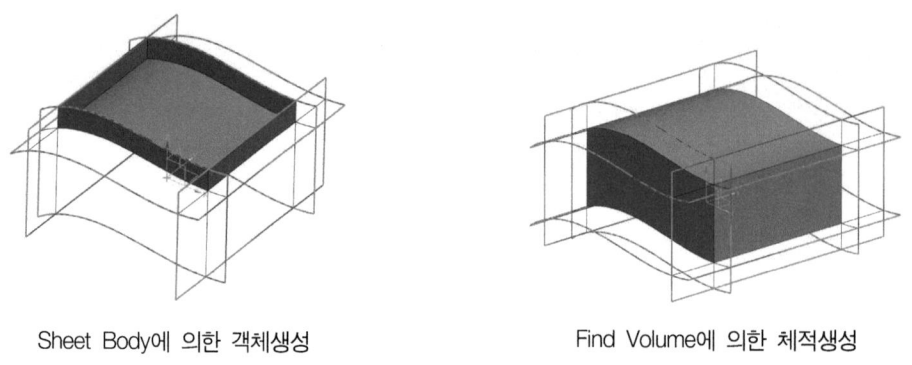

Sheet Body에 의한 객체생성　　　　　Find Volume에 의한 체적생성

그림 11.25 Combine을 이용한 생성객체 수정

## 11.13 Emboss Body

Insert ➡ Combine ➡ Emboss Body...

Emboss Body를 사용하여 교차하는 다른 Solid Body 또는 Sheet Body 영역을 결합하여 Solid Body 또는 Sheet Body로 표현할 수 있다.

① Solid Body 또는 Sheet Body를 이용하여 Solid Body 또는 Sheet Body로 엠보싱 한다.
② 대상이 Sheet Body 경우 소재 측과 엠보싱 방향을 반대로 한다.
③ Tool과 대상체 사이의 간격을 지정한다.
④ Target이 Solid Body 경우 두께를 지정할 수 있다.
⑤ 여러 형태로 엠보싱할 수 있을 때 생성 영역을 지정할 수 있다.

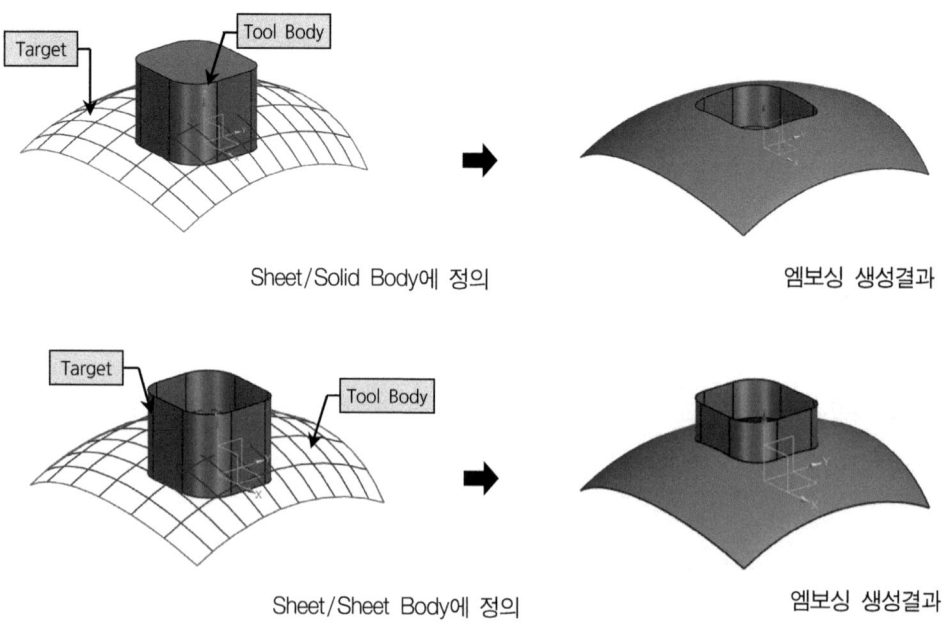

Sheet/Solid Body에 정의　　　　　엠보싱 생성결과

Sheet/Sheet Body에 정의　　　　　엠보싱 생성결과

그림 11.26 Emboss Body를 이용한 생성객체 수정

## 11.14 Assembly Cut

Insert ➡ Combine ➡ Assembly Cut...

Assembly Cut 명령을 사용하여 어셈블리의 여러 구성요소에 구멍이나 다른 유형의 잘라내기를 추가한다. 이 명령을 사용하려면 어셈블리를 작업 부품으로 만들어야 하고 마스터 파일을 수정하지 않고 조립품에 단면 컷을 작성하여 작성된다.

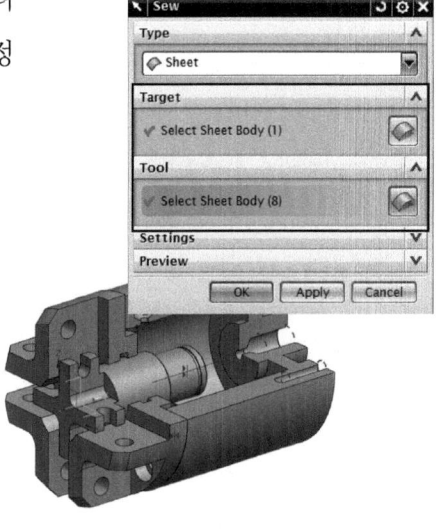

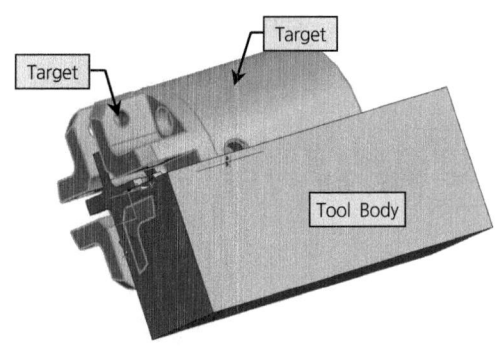

Target/Too Body의 정의        단면 생성결과

**그림 11.27** Assembly Cut을 이용한 생성객체 수정

## 11.15 Sew

Insert ➡ Combine ➡ Sew...

둘 이상의 Sheet Body 또는 Solid Body를 하나의 Sheet Body나 Solid Body의 객체로 변경시킬 수 있다.

① Type : 결합객체의 형식을 정의한다.
  - Sheet : Sheet Body의 결합에 사용한다.
  - Solid : Solid Body의 결합에 사용한다.

Sew 대화상자

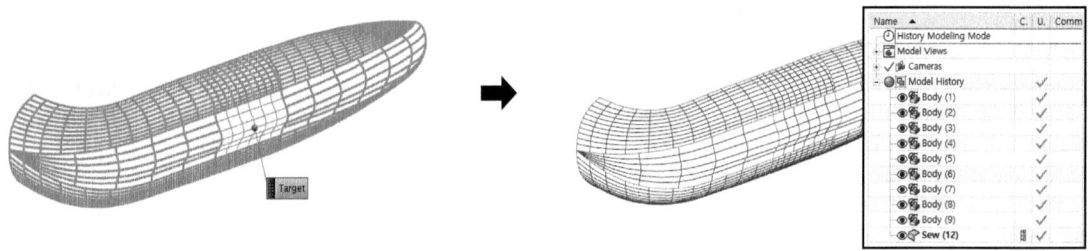

곡면의 선택        결합된 하나의 Sheet Body

**그림 11.28** Sheet Body에 의한 곡면의 결합

그림 11.28과 같이 Sheet Body의 모서리는 동일한 곡선상에 있어야 하며, 그림 11.29의 Solid Body는 마주보는 면과 동일한 면이어야 한다.

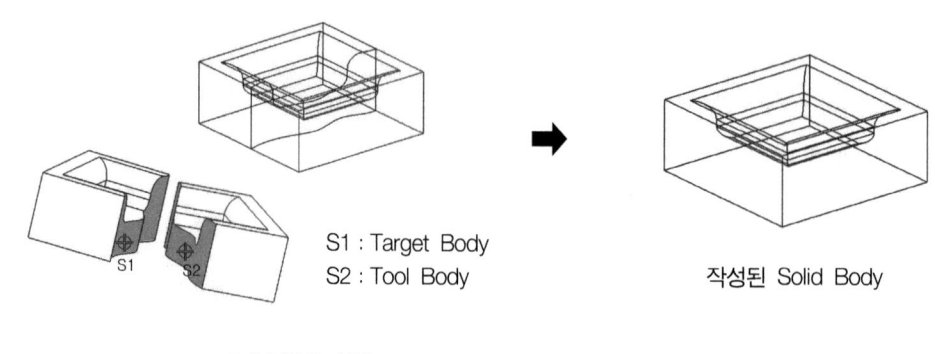

**그림 11.29** Solid Body에 의한 객체의 결합

## 11.16 Unsew

Insert ➡ Combine ➡ Unsew...

Sew를 이용해 결합한 하나의 Sheet Body 또는 Solid Body의 객체를 분리시킬 수 있다.

## 11.17 Patch

Insert ➡ Combine ➡ Patch...

선택된 Solid Body에 경계곡면을 이용하여 한쪽을 잘라내는 기능이며 사용된 곡면은 화면에서 제거된다. 이것은 Solid Body에서 Sheet Body를 이용해 곡면을 수정하는 기능이다.

Patch 대화상자

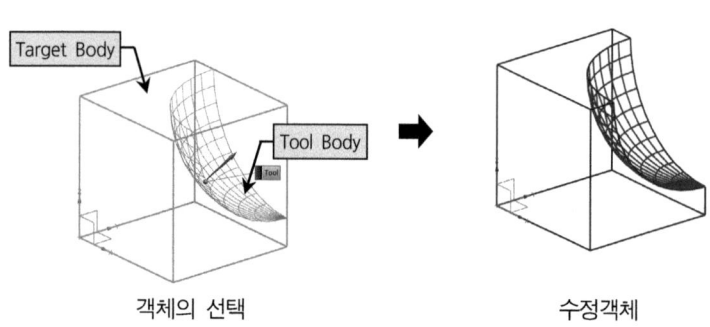

**그림 11.30** Patch에 의한 객체의 수정

## 11.18 Quilt

Insert ➡ Combine ➡ Quilt...

작성된 곡면이 서로 분리되어 있는 면을 이용하여 새로 연결된 새로운 곡면을 작성하거나, B-Surface 이용하여 선택된 Target Face들의 형상으로 곡면을 작성할 수 있다.

① Mesh of Curve : 경계곡면을 기준(Drive Type)으로 내부에 작성된 곡면을 이용하여 새로운 곡면을 작성하며, 내부에 비어있는 형상에는 적용되지 않는다.
작성된 곡면은 B-Surface 구조를 갖는다.

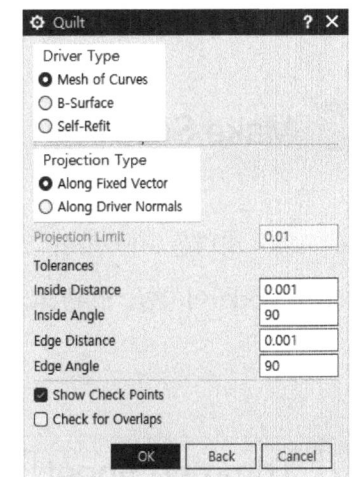

Quilt 대화상자

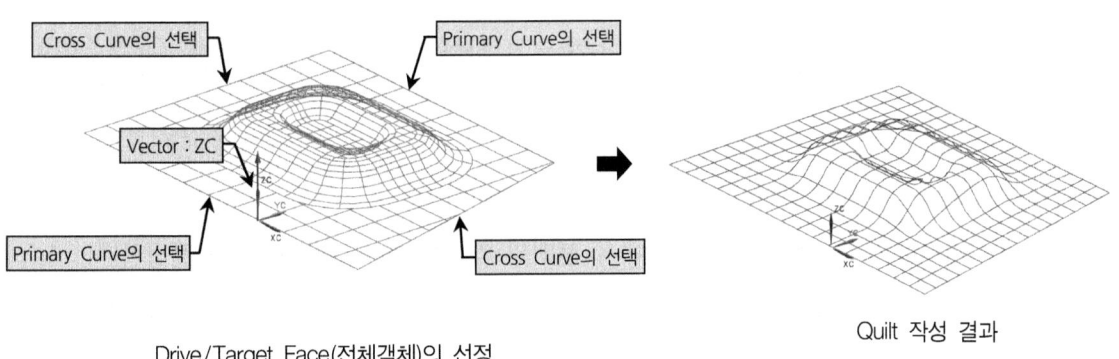

**그림 11.31** Mesh of Curve 의한 곡면의 작성

② B-Surface : 작성된 B-Surface를 Driver로 이용하여 Target Face 상에 새로운 B-Surface 형태의 곡면을 작성할 수 있다.
③ Self-Refit : 수정되지 않는 B-Surface를 이용하여 곡면을 최적화시켜 곡면의 정도를 높여 주는 기능을 수행한다.
④ Projection Type : Driver 곡면을 Target Face에 투영하는 방향을 정의한다.
  • Along Fixed Vector : Vector Constructor 대화상자를 이용하여 투영방향을 결정한다.
  • Along Driver Normals : Driver 곡면에 수직(법선)방향의 투영방향이 선택된다.
⑤ Tolerance : 곡면생성에 필요한 거리와 각도공차를 Driver 곡면을 따라 적용되며, 굴곡이 심한 곡면에서 높은 각도공차를 적용하면 많은 수의 Patch가 생성된다. 여기에서 각도공차가 90도인 경우 각도에 의한 편차를 계산하지 않아 처리속도가 빨라진다.
⑥ Show Check Points : 체크박스가 On인 경우 곡면작성에 필요한 계산된 점을 표시한다.

⑦ Check for Overlap : Target Face의 겹치는 표면을 검사하여 처리하며, 투영 Vector의 방향에 의해 가까운 Target Face가 이용된다.

## 11.19 Make Solid

Insert ➡ Combine ➡ Make Solid...

Make Solid 명령을 사용하여 밀폐된 객체(Solid)로 변환하며 생성된 객체는 기본으로 비연관성(Non-associative Mode)이지만, 연관성(Associative Mode)을 가질 수 있다.

## 11.20 Trimmed Sheet

Insert ➡ Trim ➡ Trim Sheet...

작성된 곡면의 영역곡선을 이용하여 선정곡면을 자르기 한다.

① Target Sheet Body : Trim 처리할 곡면을 선택한다.
② Boundary Objects : Trim 경계를 정의할 곡선을 선정한다.
③ Projection Direction : Boundary Objects에서 선택된 객체에 의한 투영방향을 결정한다.
④ Region : 곡면의 남길 부분을 선택할 수 있으며, Keep 또는 Discard를 사용할 수 있다.

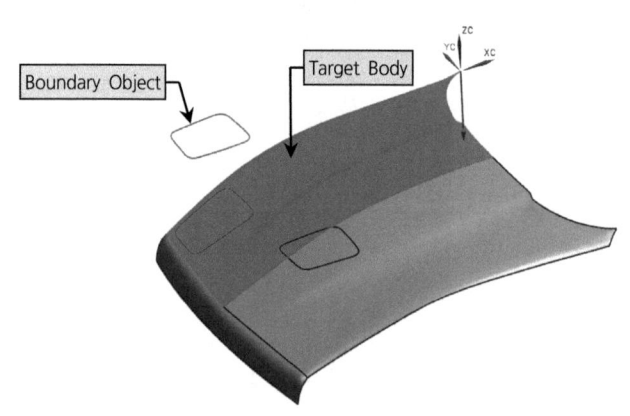

(a) Trim 곡면과 경계영역의 선택

Trimmed Sheet 대화상자

⑤ Region의 적용 : Trim된 곡면의 남기는 영역과 삭제하는 영역을 정의할 수 있다. 그림 11.32는 그림 (a)의 선택 결과에 Region 옵션에 따른 작성 결과이다.

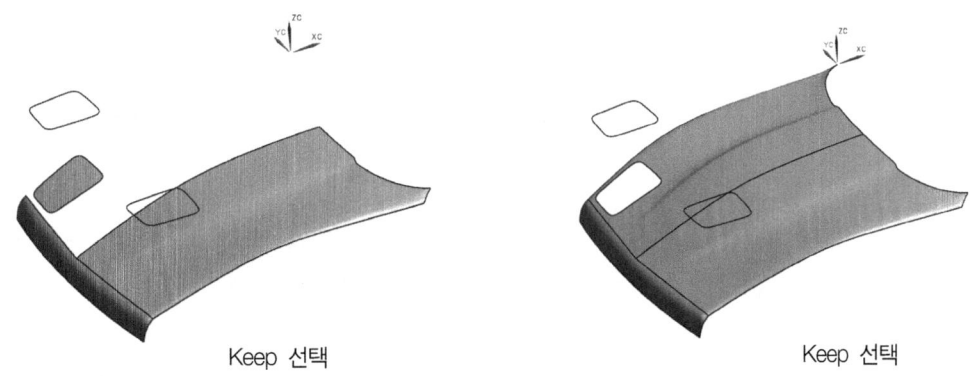

Keep 선택　　　　　　　　　　　　　　Keep 선택

(b) Region의 적용에 의한 Trim 곡면 비교

그림 11.32  Trim Sheet에 의한 Trim 된 곡면

## 11.21 Extend Sheet

Insert ➡ Trim ➡ Extend Sheet...

Extend Sheet를 사용하여 Solid 또는 Sheet Body를 연장하거나 Trim 한다. Offset를 이용하여 시트의 가장자리에서 지정된 거리만큼 시트를 Trim 하거나 연장한다. Until 선택에서는 정의된 Face 및 Datum 등을 경계로 형상을 연장한다.

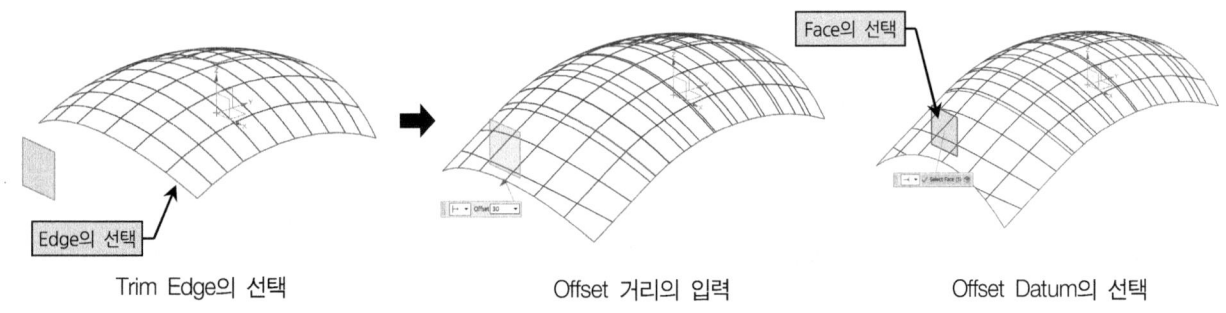

Trim Edge의 선택　　　　　　　Offset 거리의 입력　　　　　　　Offset Datum의 선택

그림 11.33  Extend Sheet에 의한 연장된 곡면

## 11.22 Trim and Extend

Insert ➡ Trim ➡ Trim and Extend...

작성된 곡면을 자르(Trim)거나 연장된 객체로 수정할 수 있다.

① Until Selected : 선택된 모서리 또는 면을 Tool로 이용하여 곡면을 자르거나 연장할 수 있다.
② Make Corner : Target 면과 Tool 면 사이에 모서리 형상을 생성한다.

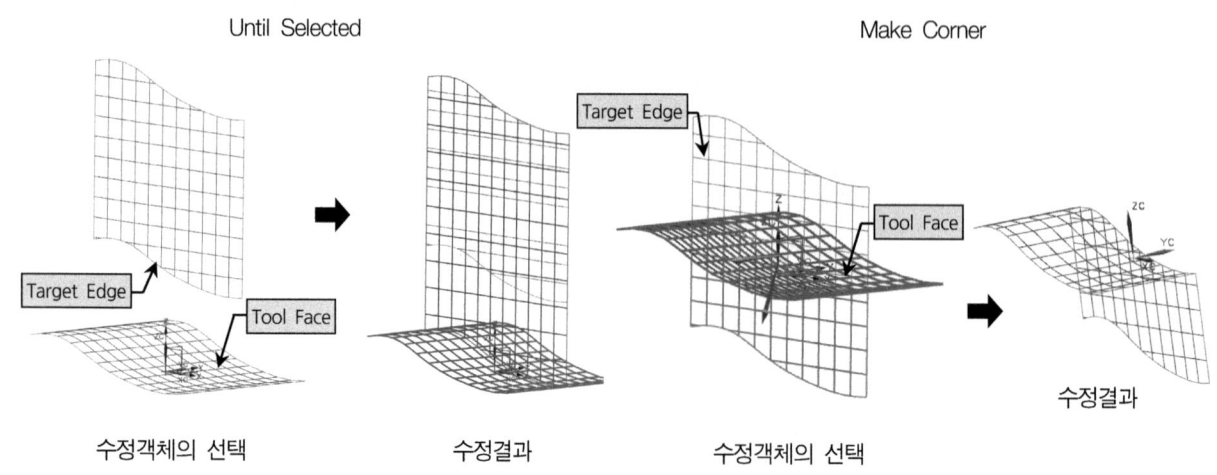

그림 11.34  Until Selected/Make Corner에 의한 Trim 곡면

## 11.23 Untrim

Insert ➡ Trim ➡ Untrim...

선택된 Sheet 객체 또는 Solid 객체를 이용하여 선택객체와 연관특성이 주어진 객체로 복사되고 Untrim 된 객체특성을 가진다.

## 11.24 Divide Face

Insert ➡ Trim ➡ Divide Face...

선택된 객체를 하나 또는 여러 개로 분할할 수 있으며 분할에는 솔리드객체, 면, 모서리 또는 곡선 등이 이용된다. 특히 몰드 금형설계에서 분할면을 생성하는데 사용할 수 있다.

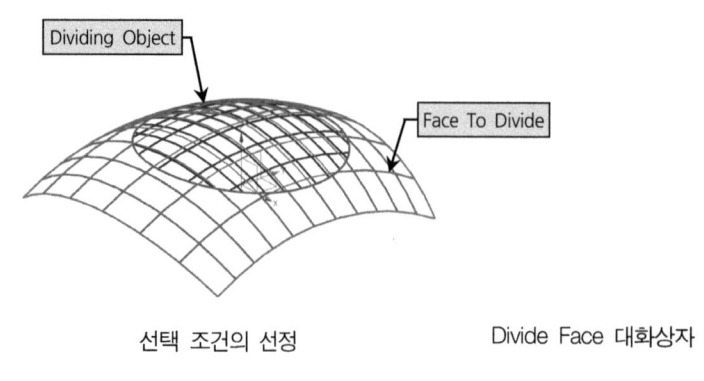

그림 11.35  Divide Face에 의한 곡면의 분할

## 11.25 Delete Edge

Insert ➡ Trim ➡ Delete Edge...

선택된 곡면상에 곡선을 이용하여 삭제된 객체로 복원한다.

## 11.26 Delete Body

Insert ➡ Trim ➡ Delete Body...

Delete Body 명령을 사용하여 하나 이상의 Body를 선택하여 삭제한다. 명령을 실행하고 삭제할 Body를 선택하면 Delete Body 기능이 생성된다. Delete Body 기능을 억제하거나 삭제하여 삭제를 취소할 수 있다. 선택된 Body를 유지하도록 선택할 수도 있다. 특정 Body가 작성 순서에 적용되지 않도록 Body 삭제하거나 객체 설계에 실제로 필요한 것보다 더 많은 Body를 출력되었을 때 Body 삭제에 사용된다.

예제 11.1    10장에서 작성된 Ruled 곡면을 이용하여 곡면을 결합하고 모깎기하여 객체를 완성하시오.

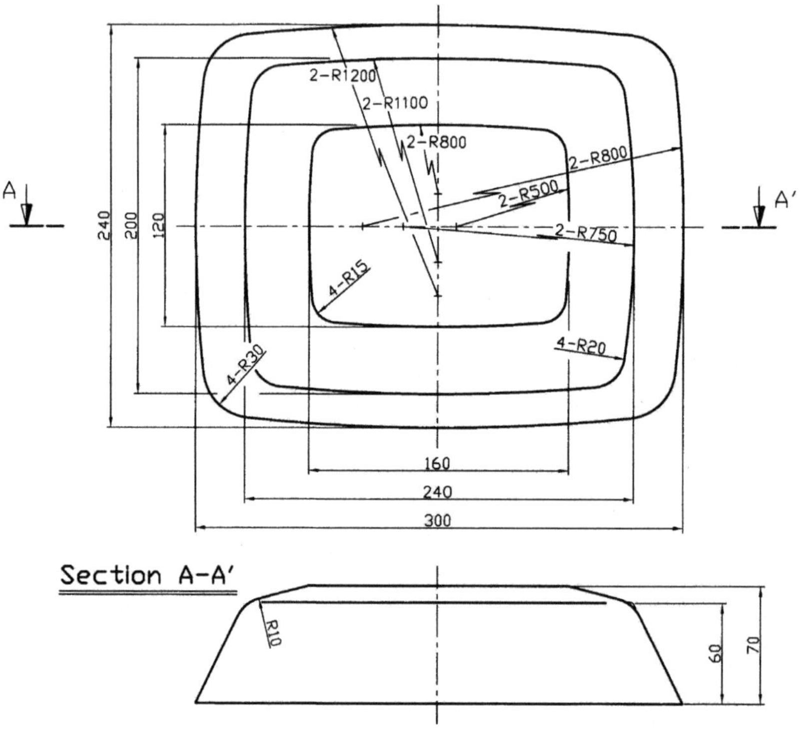

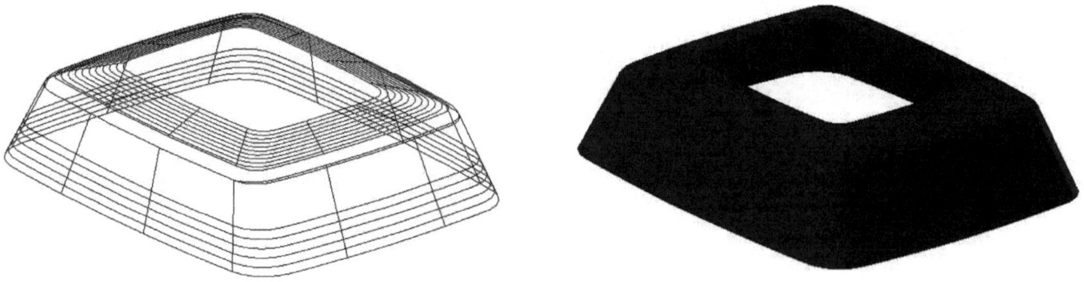

완성 객체

# 자유 형상(Free Form) 피처의 편집

chapter **12**

## 12.1 X-Form

Edit ➡ Surface ➡ X-Form...

작성된 곡선(Spline)이나 곡면(B-Surface)을 선택하여 Pole 또는 Control Polygon을 이용하여 사용자가 원하는 곡면으로 성형하는 기능이 지원된다.

① Movement Type
- Move : 8.2절에서 설명한 Spline 곡선이나 B-Surface 곡면을 선택하여 Pole 또는 Control Polygon을 드래그 하여 새로 이동된 곡면으로 수정할 수 있다.

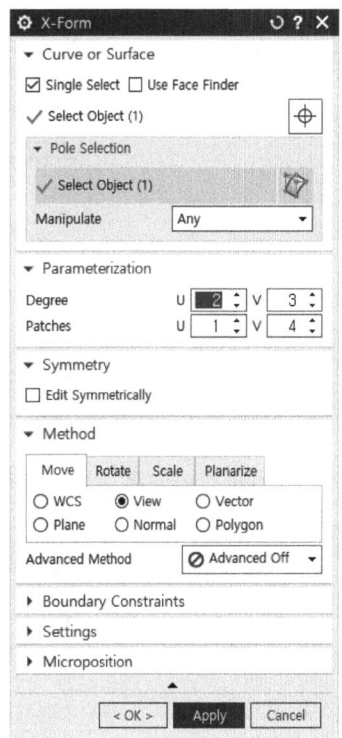

X-Form 대화상자

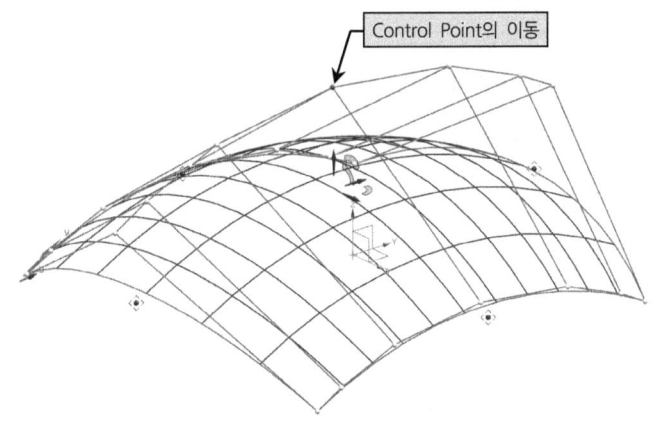

Control Point의 선정

**그림 12.1** B-Surface 곡면의 Move

- Rotate : Spline 곡선이나 B-Surface 곡면을 선택하여 Pole 또는 Control Polygon을 드래그하여 회전된 곡면으로 수정하며 회전을 추가하기 위해 Rotation Pivot 기능을 이용한다.

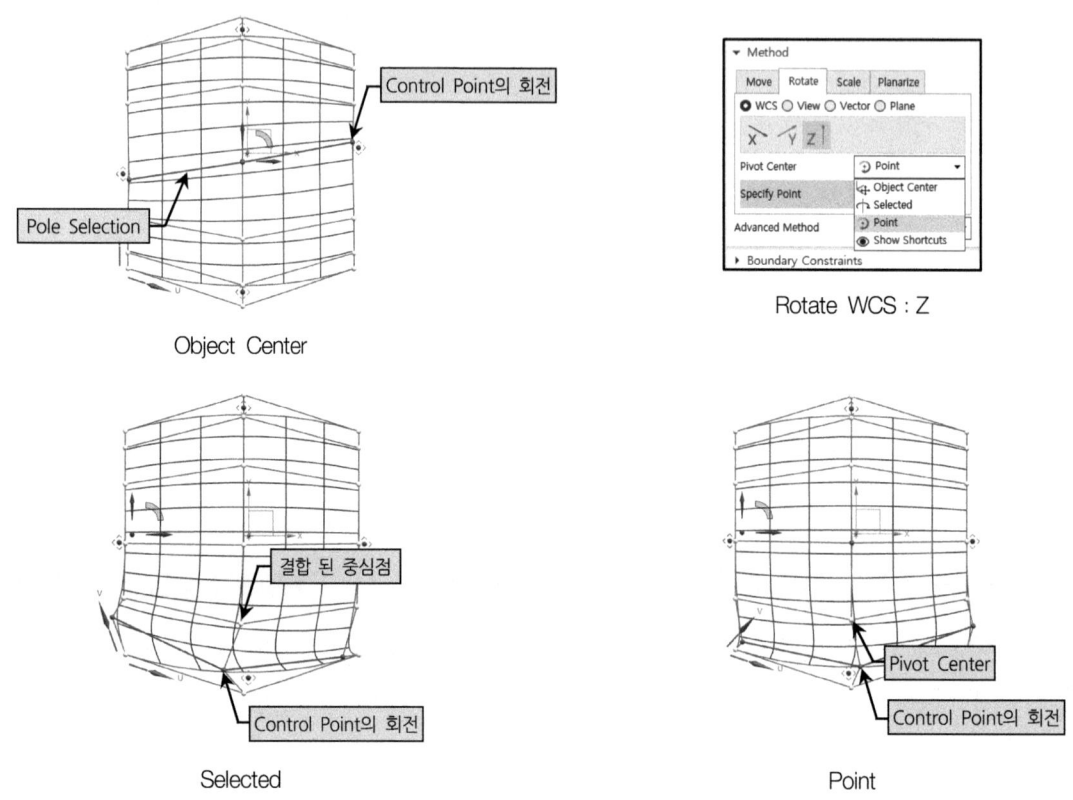

그림 12.2 B-Surface 곡면의 Rotate

- Object Center : WCS의 위치를 기준으로 Pole을 회전한다.
- Selected : 선택한 모든 개체의 결합 된 중심을 기준으로 Pole을 회전한다.
- Point : Pole을 선택한 점을 중심으로 회전한다.

- Scale : Spline 곡선이나 B-Surface 곡면을 선택하여 Pole 또는 Control Polygon을 드래그하여 변경된 곡면 또는 곡선을 수정하며, 축척의 기준점은 Scale Center 기능을 이용할 수 있다.

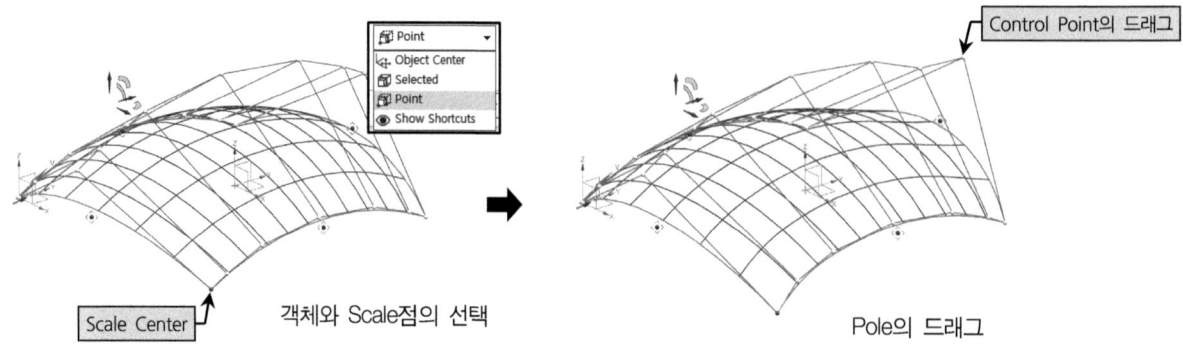

그림 12.3 B-Surface 곡면의 Scale

- Planarize : At Plane 등을 이용하며 Plane의 경우에 Plane 위치와 방향에 Control Polygon을 정렬한다.

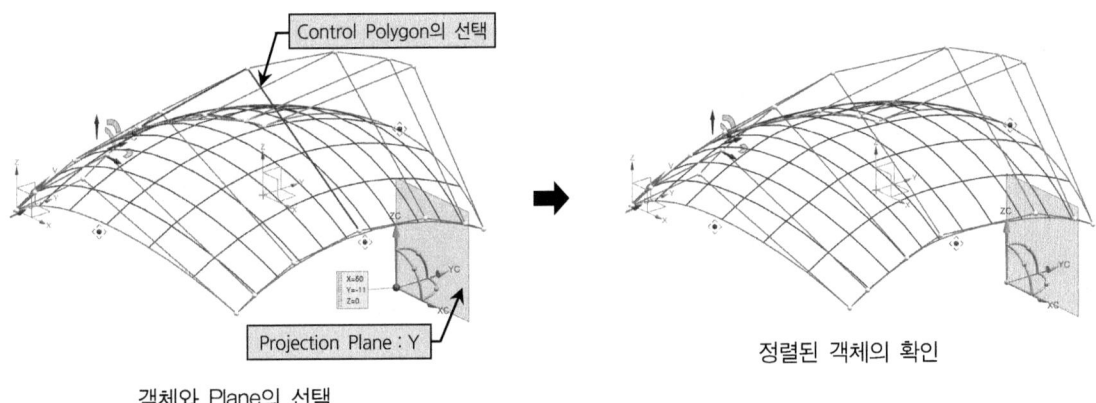

객체와 Plane의 선택 → 정렬된 객체의 확인

**그림 12.4** Planarize를 이용한 Control Polygon의 정렬

- Parameterization : 선택 객체의 차수(Degree)와 패치(Patch) 수를 변경하여 적용한다.

② Advanced Method
- Proportional : 객체의 Control Polygon 또는 Pole을 드래그하여 형상을 변경한 후에 이동이 적용된 비례량에 의해 곡면이 오목(Concave)과 볼록(Convex)함을 슬라이드바를 이용하여 수정되며 선택된 Control Polygon은 수정되지 않는다.

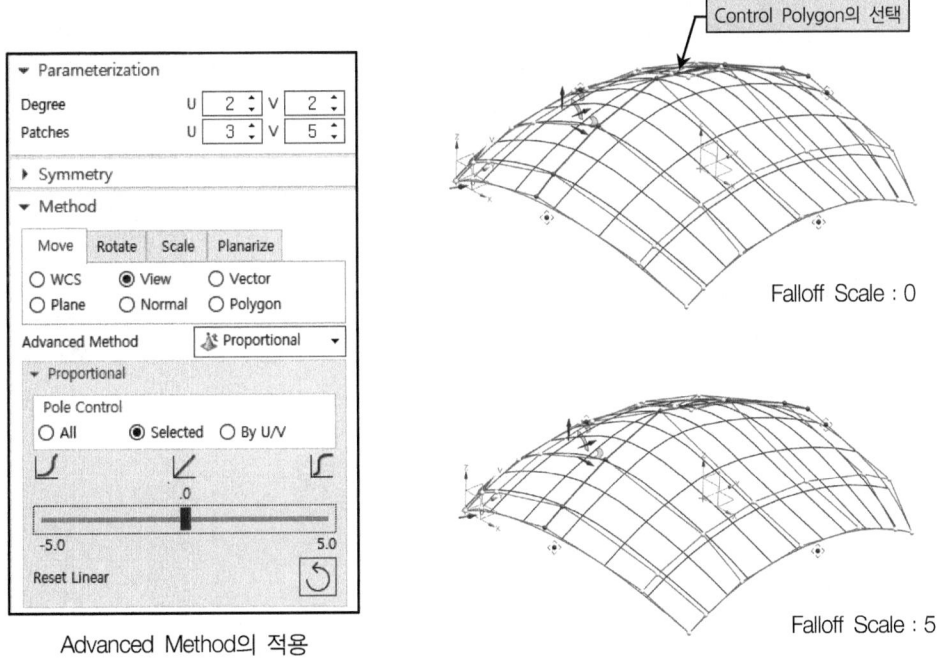

Advanced Method의 적용

Polygon의 Move 후 Proportional 적용

**그림 12.5** Proportional Movement를 이용한 Control Polygon의 변경

- Keep Continuity : 선택된 객체의 기울기 또는 곡률을 유지하면서 선택객체를 새로운 객체로 변경한다.

- Lock Region : 선택된 객체 U와 V 방향의 수정이 불가능한 영역을 설정하고 U와 V의 가변영역(Flexibility)을 주어 변경 영역과 방향을 지정할 수 있다.

- Insert Knot : 그림 8.19에서 설명한 것과 같이 Knot을 선택 객체에 추가할 수 있다.

## 12.2 I-Form

Edit ➡ Surface ➡ I-Form…

작성된 곡면을 이용하여 Isoparametric Curve를 이용하여 곡면을 동적으로 변경하며, B-Surface 곡면 이외에도 사용할 수 있다.

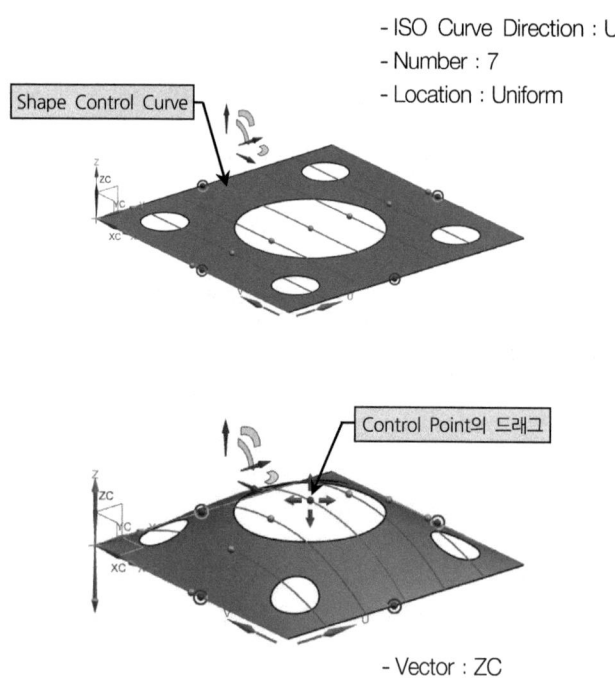

- ISO Curve Direction : U
- Number : 7
- Location : Uniform

- Vector : ZC

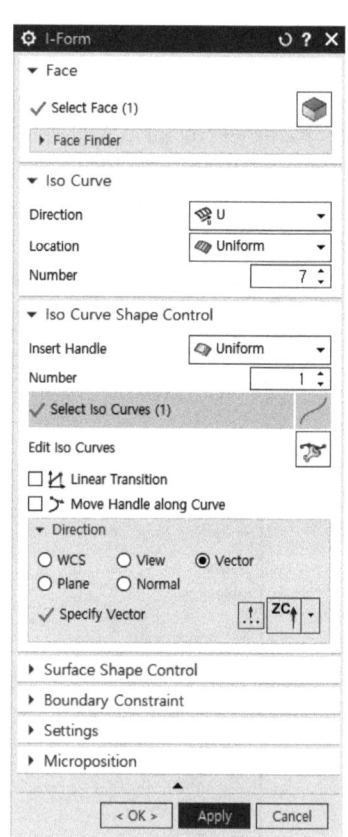

I-Form 대화상자

**그림 12.6** I-Form에 의한 곡면의 변경

## 12.3 Match Edge

Edit ➡ Surface ➡ Match Edge...

작성된 곡면(B-Surface)을 이용하여 면이나 모서리에 일치시키는 기능을 지원한다.

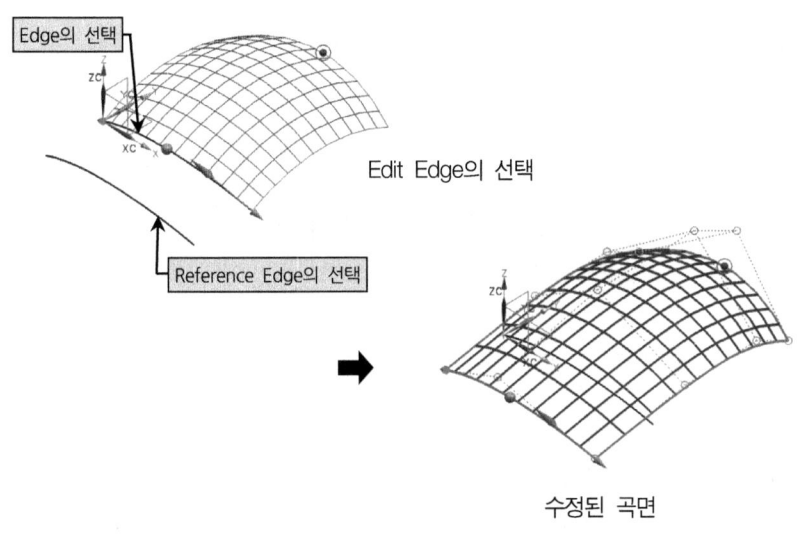

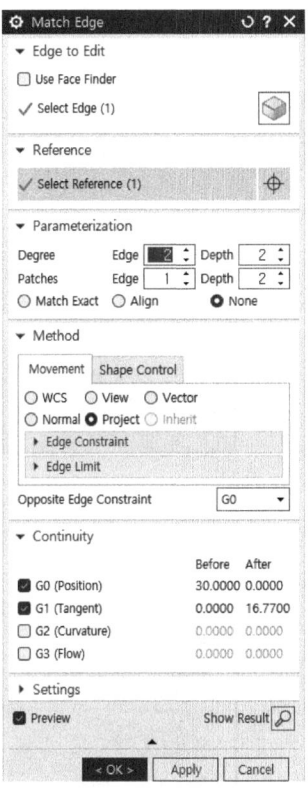

그림 12.7  Match Edge에 의한 곡면의 수정

Match Edge 대화상자

## 12.4 Edge Symmetry

Edit ➡ Surface ➡ Edge Symmetry...

곡면(B-Surface)을 이용하여 Symmetry Plane의 법선방향으로 곡면을 일치시켜 Offset 한다.

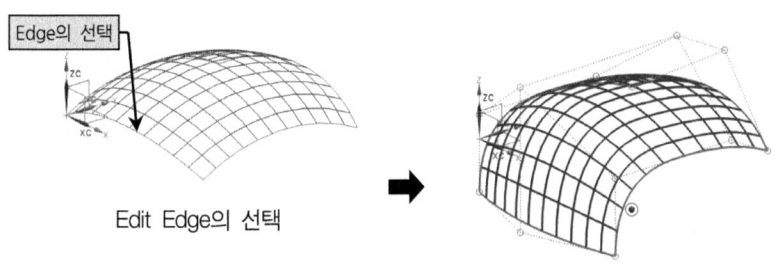

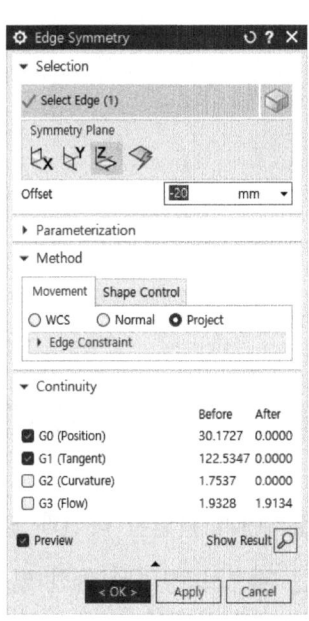

그림 12.8  Symmetry Plane에 의한 곡면의 수정

Edge Symmetry 대화상자

## 12.5 Heal Surface

Edit ➡ Surface ➡ Heal Surface...

Heal Surface 명령을 이용하여 Sheet 및 Solid Body 객체의 곡면을 최적화할 수 있다.

① 시트 객체의 틈새를 Gash Distance 내에서 틈새를 제거할 수 있다.

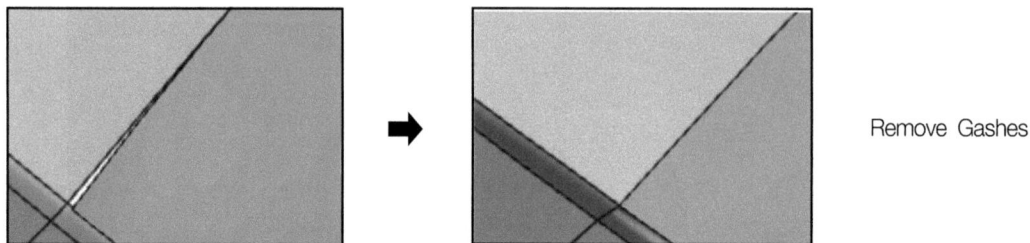

Remove Gashes

② 변경할 모서리(heal internal edge)를 수정하고 모서리 연속성을 준다.

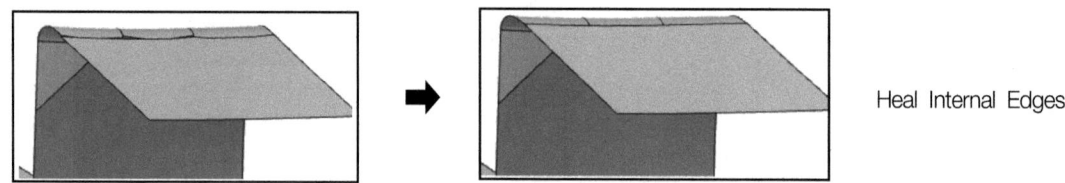

Heal Internal Edges

③ 최대 불연속성을 축소하기 위해 공차를 적용하여 제어한다.

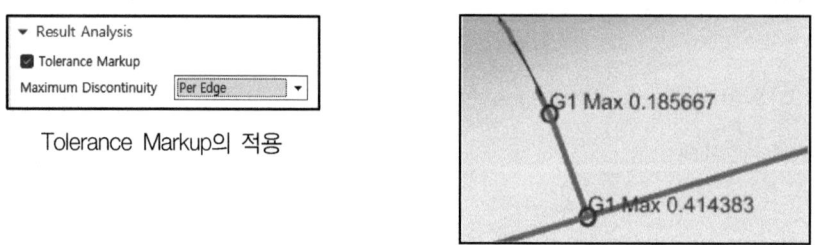

Tolerance Markup의 적용

그림 12.9  Heal Surface에 의한 곡면의 수정


## 12.6 Flattening and Forming

Surface ➡ Flattening and Forming...

3D 면과 관련된 곡선과 점이 하나 이상의 객체에서 2D 평면에 전개할 수 있으며, 여기에 새로운 곡선 또는 점으로 정의된 곡선 및 점을 처음의 3D 면에 다시 표현할 수 있다.

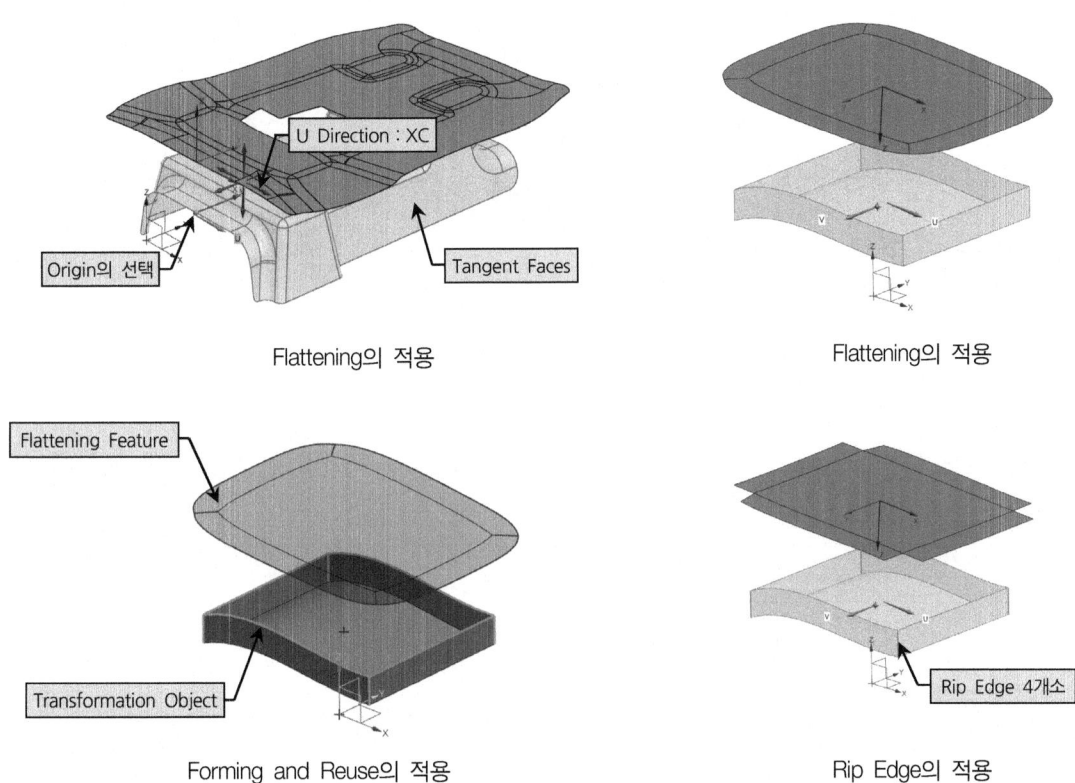

Flattening의 적용     Flattening의 적용

Forming and Reuse의 적용     Rip Edge의 적용

**그림 12.10** Flattening and Forming에 의한 곡면의 전개

## 12.7 Global Shaping

E̲dit ➡ Su̲rface ➡ G̲lobal Shaping...

Geometry와 영역 값의 조합, 두 곡선의 관계, 또는 두 표면의 관계를 이용하여 표면 영역을 변형하려면 Global Shaping이 사용된다. Geometry와 영역 값의 조합은 11가지 Global Shaping 유형이 제공된다. 전역 형상화를 통해 표면을 완전한 연관성을 가지고 예측할 수 있는 방식으로 변형할 수 있고, 객체의 특성을 보존하면서 객체 변경에 사용된다. 또한 금속 성형 중 스프링 백의 효과를 주기 위해 표면을 수정 용도로 사용할 수 있다.

① Type : 곡면의 작성방법을 설정한다.

- To Point  : 선정된 점의 최대높이를 정의하여 Overcrown 을 작성한다.

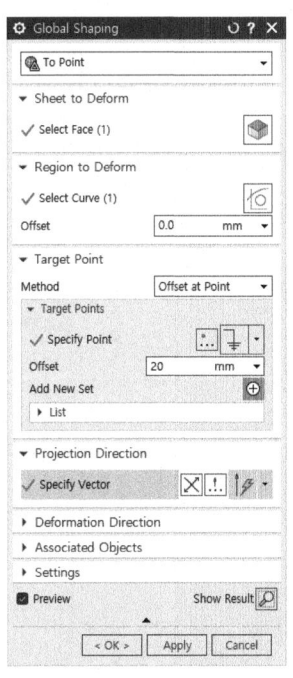

Global Shaping 대화상자

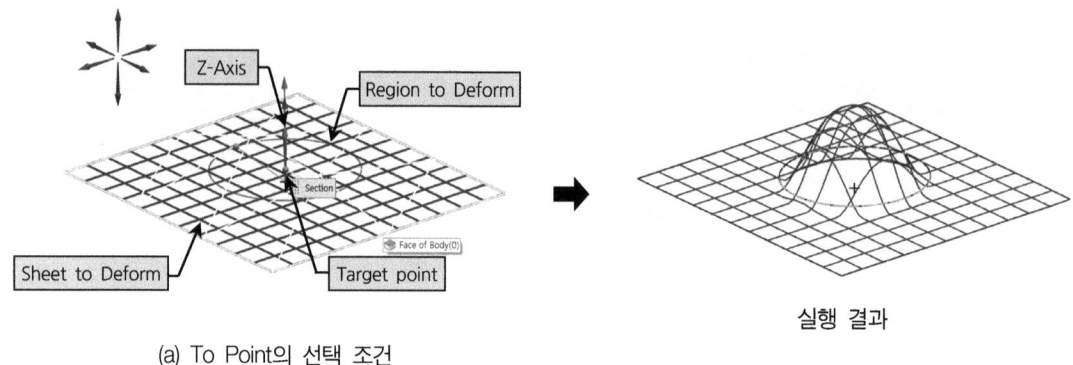

(a) To Point의 선택 조건

실행 결과

- To Curves ⊙ : Overcrown을 정의하는 두 개의 곡선과 곡선별 옵셋을 정의하여 새로운 곡면을 작성한다.

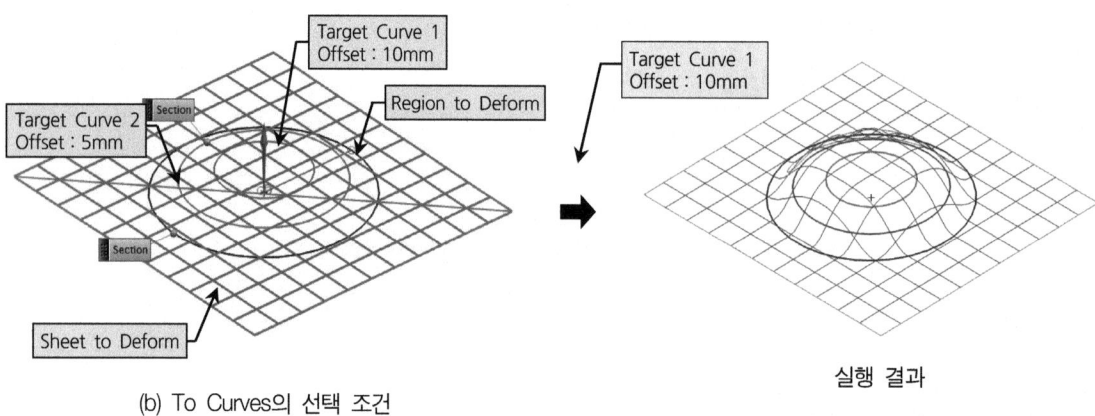

(b) To Curves의 선택 조건

실행 결과

**그림 12.11** Global Shaping에 의한 곡면의 Overcrown 작성

- Open Region ⊙ : 선택된 곡면(Face 또는 Sheet Body)을 이용하고 두 개의 열린곡선과 접선 곡선을 이용하여 Overcrown을 작성할 수 있다.

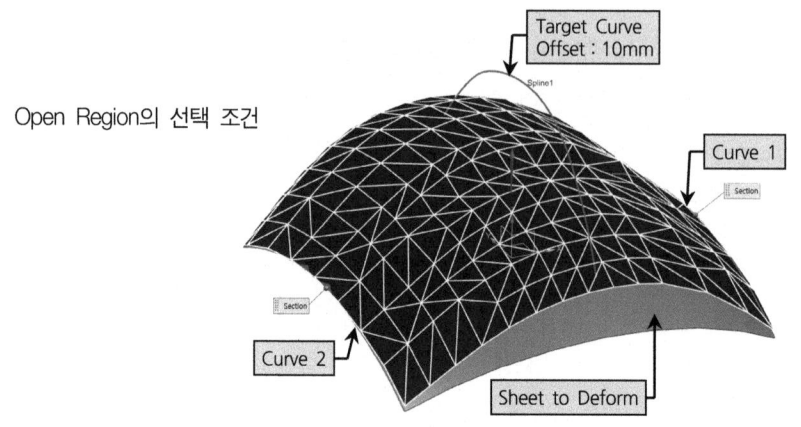

**그림 12.12** Open Region에 의한 곡면의 Overcrown 작성

- Wall Deformation : 벽면 모깎기에 접선방향을 따라 새로운 열린곡면을 작성할 수 있다.

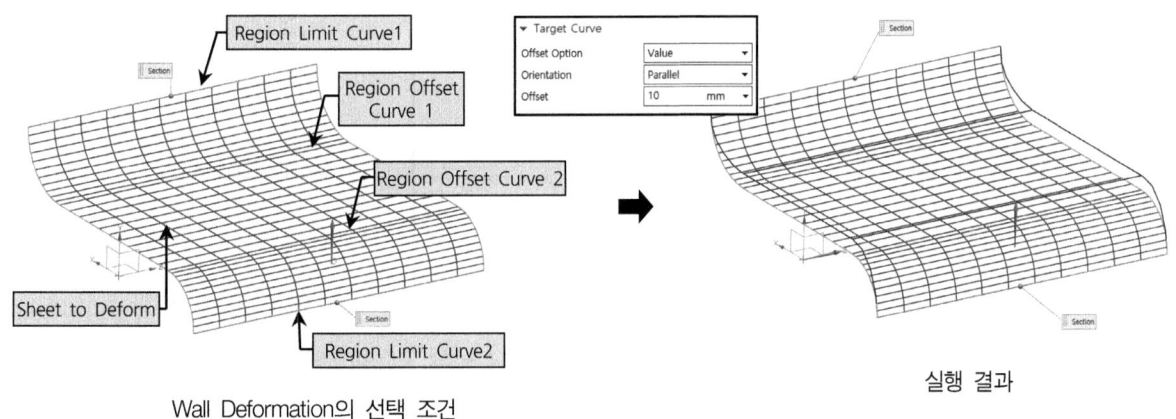

그림 12.13  Wall Deformation에 의한 곡면의 변형

- Overbend : 선택된 개방곡면의 Bend 라인을 이용하여 회전된 새로운 곡면을 작성할 수 있다.

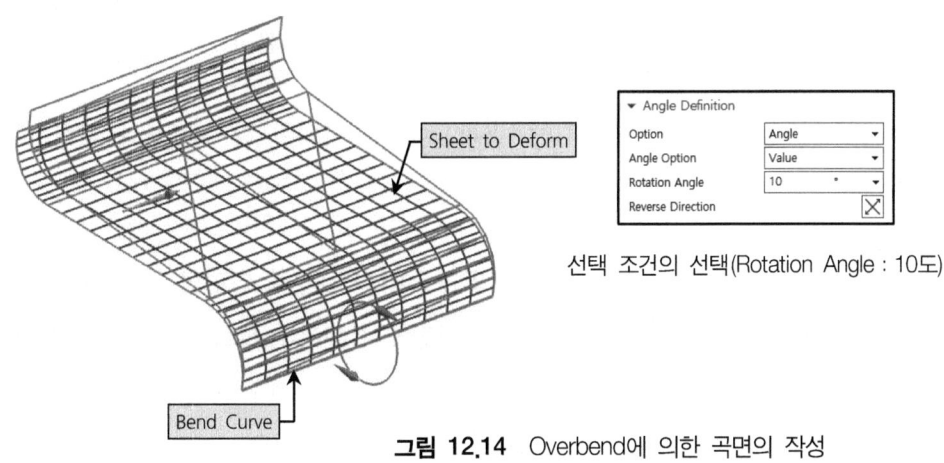

그림 12.14  Overbend에 의한 곡면의 작성

- Match to Sheet : 선택된 곡면을 이용하여 연결곡면(Target Sheet)의 곡선에 접선방향으로 새로운 곡면을 작성한다.

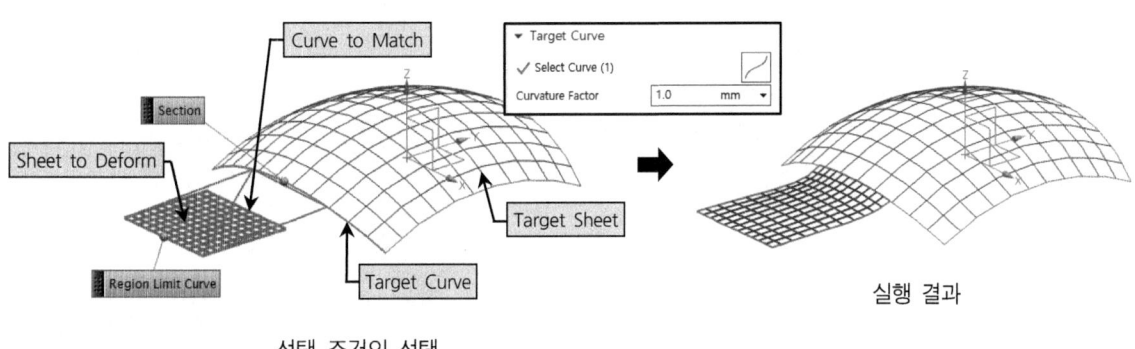

그림 12.15  Match to Sheet에 의한 곡면의 작성

- Stretch to Point ![icon] : Overcrowns, Stretch된 면 또는 Sheet 객체의 최대점 내에서 새로운 객체를 생성시키며 Region Boundary는 개방되지 않아야 한다.

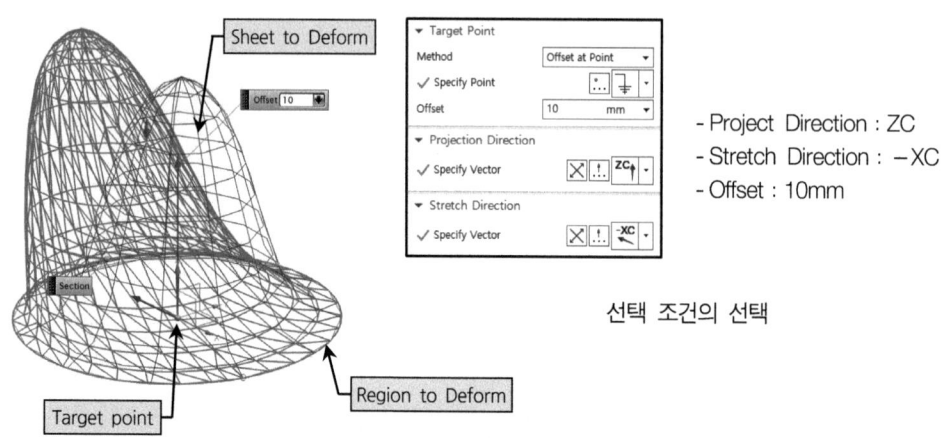

그림 12.16 Stretch to Point에 의한 곡면의 작성

- Stretch to Curve ![icon] : Overcrowns, Stretch된 면 또는 Sheet 객체의 개방된 높이 곡선에 의해 새로운 객체를 생성시키며 Region Boundary는 개방되지 않아야 한다.

- Radius Reduction ![icon] : 절단 기능을 위한 Clearance 및 재료의 입자 흐름을 고려하기 위해 판금 몸체에 자유 형태 블렌드의 반경을 줄인다.

- By Surface ![icon] : 기준 Surface로 Sheet Body 또는 Facet Body를 변형한다. 기준 Surface와 선택된 Surface를 선택하여 기준 편차에 임의의 주어진 지점에서 새로운 Facet Body에 적용하여 오프셋의 양을 결정한다. 기준 Surface를 선택한 다음 해당 모양을 편집하여 관리 지표면을 생성하거나 기준 Surface와 Control Surface를 모두 선택한 다음 Control Surface의 형상을 편집할 수 있다.

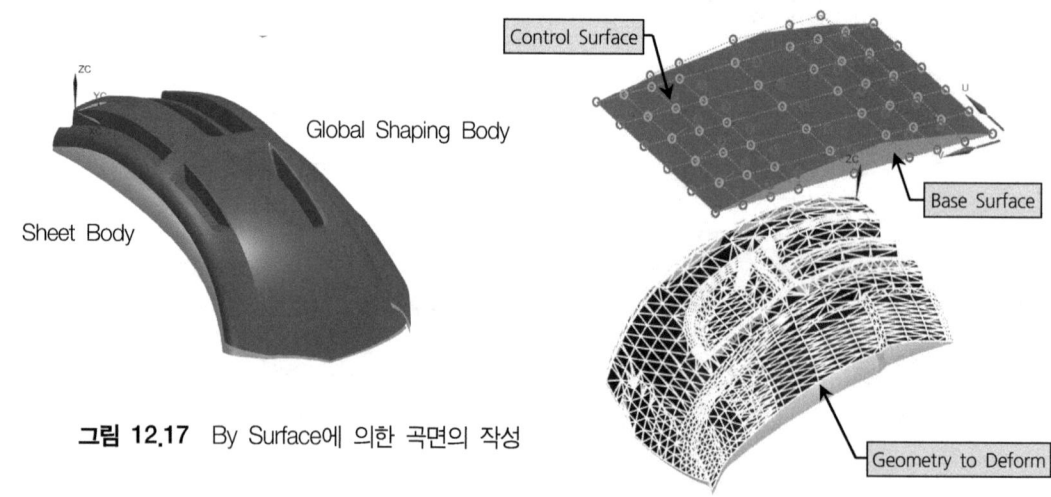

그림 12.17 By Surface에 의한 곡면의 작성

- By Curve ∫ : Reference Curve로 Sheet Body 또는 Facet Body를 변형한다. Reference Curve와 선택적으로 Control Curve를 선택하여 곡선 사이의 편차를 주어 새로운 Sheet Body에 적용되는 Offset 양을 결정한다. Reference Curve를 선택하고 다른 모양을 편집하여 Control Curve을 생성하거나, 작성된 Control Curve의 모양을 편집할 수 있다.

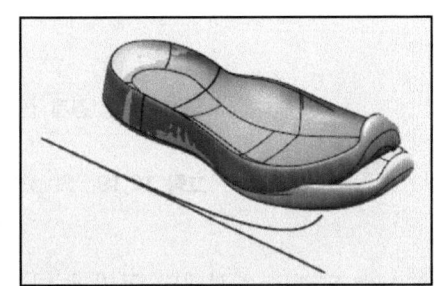

그림 12.18 By Curve에 의한 곡면의 작성

## 12.8 Global Deformation

Edit ➡ Surface ➡ Global Deformation...

CAE 분석이나 물리적 시도와 같은 작업흐름에 따른 설계 또는 생산 공정 제약 조건의 변경을 수용하기 위해 기존 제품 설계를 수정하려 할 때 Global Deformation 명령이 사용된다. 지정한 기능에서 다음 데이터를 가져와 사용한다.

- 제품 시트(Product Sheet)
- 제품 파셋(Product Facets)
- 스프링 파셋(Sprung Facets)
- 초기 그리기 방향(Initial Draw Direction)

## 12.9 Snip Surface

Edit ➡ Surface ➡ Snip Surface...

작성된 곡면(B-Surface)을 경계곡선 또는 면을 이용해 자르는 기능이며 Refit Controls를 이용하여 곡면에 대한 정의 항목을 수정할 수 있다. 또한 파라미터 내용을 수정하거나 새로운 곡면을 생성한다.

① Snip Surface Type
- Snip with Curve : 곡선을 경계로 곡면을 수정한다.

Snip Surface 대화상자

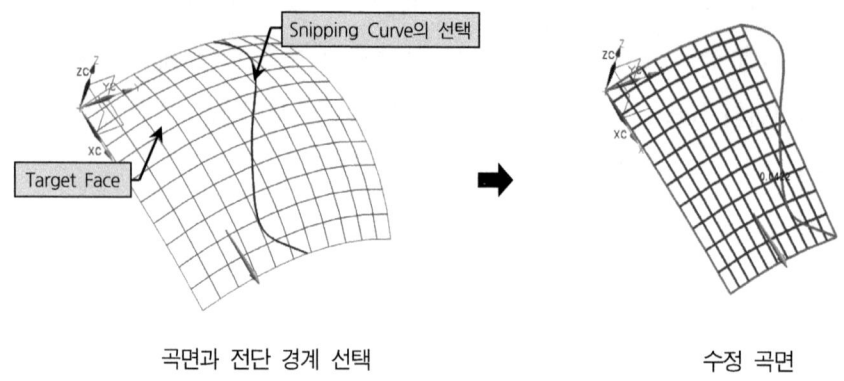

그림 12.19 Snip with Surface를 이용한 객체 자르기

- Snip with Surface : 선택된 곡면과 다른 곡면을 경계로 새로운 곡면으로 수정한다.
- Snip at Plane : 선택된 곡면과 선정된 Plane을 기준으로 새로운 곡면으로 수정한다.
- Snip at Isoparameter : 선택된 곡면을 Isoparameter 방향 경계로 새로운 곡면으로 수정한다.

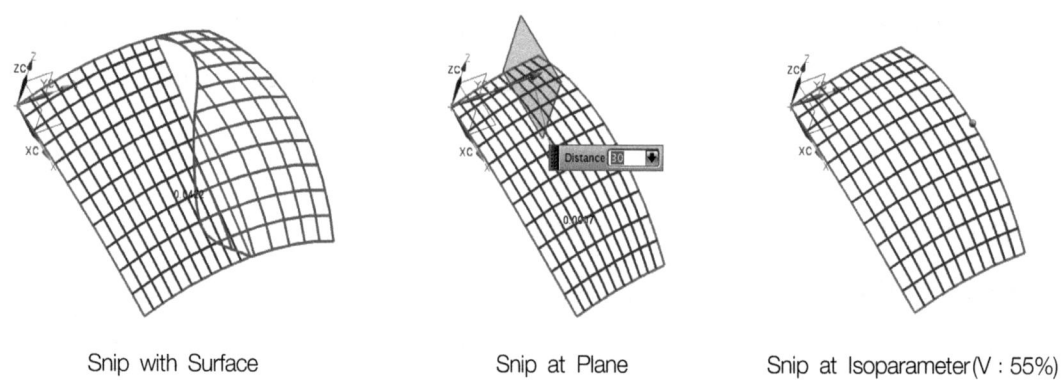

그림 12.20 Snip with Surface를 이용한 객체 자르기

② Refit Controls
- As Origin
- Degree and Patch Count
- Degree and Tolerance
- Patch Count and Tolerance

선택된 객체의 차수, 패치의 수 또는 곡면의 공차 등을 지정하여 수정된 곡면을 작성한다.

## 12.10 Enlarge

Edit ➡ Surface ➡ Enlarge...

Enlarge 기능은 작성된 B-Surface에서 곡면의 크기를 확대하거나 축소할 수 있으며, 크기 조절의 방법에는 Linear 방법과 Natural 방법이 적용된다.

① Reset : 선택 시 초기조건으로 복귀한다.
② Reselect Face : 선택된 곡면을 취소하고 새로운 곡면을 선택한다.

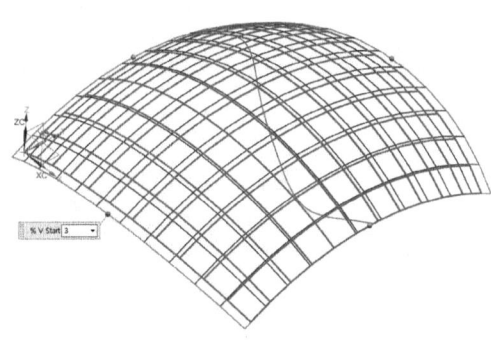
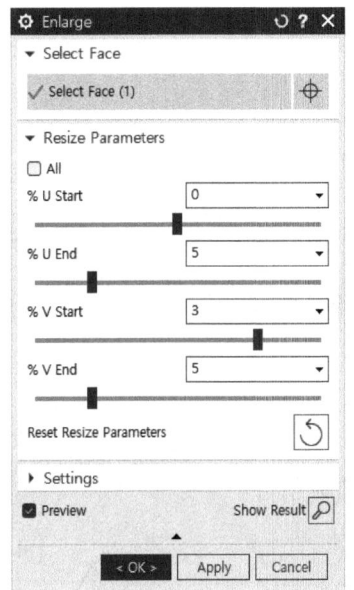

객체의 선택에 의한 수정곡면    Enlarge 대화상자

**그림 12.21**  Enlarge에 의한 곡면의 수정

## 12.11 Replace Edge

Edit ➡ Surface ➡ Replace Edge...

Replace Edge 명령을 사용하여 시트 객체의 기존 경계를 수정하거나 변경한다.

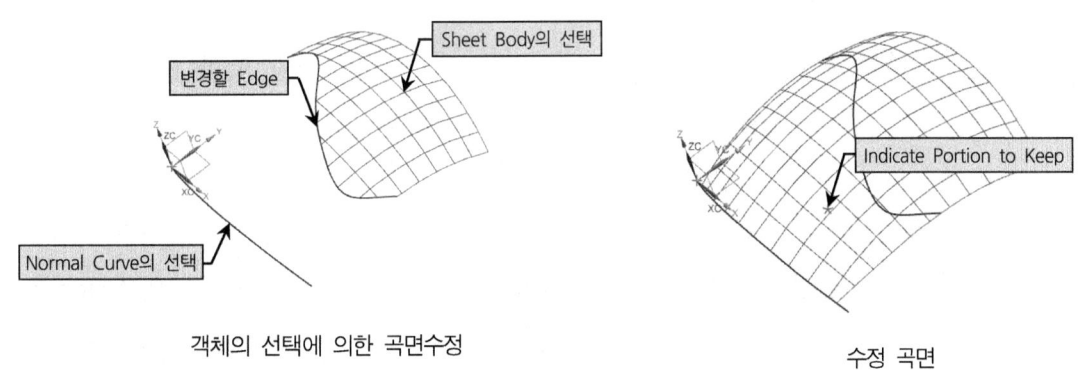

객체의 선택에 의한 곡면수정    수정 곡면

**그림 12.22**  Replace Edge에 의한 곡면의 수정

## 12.12 Change Edge

Edit ➡ Surface ➡ Change Edge...

곡면의 모서리나 Solid Body의 모서리에 선택된 곡면의 모서리 또는 곡면이 일치되도록 곡면을 수정할 수 있다.

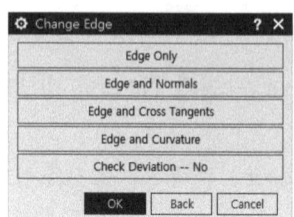

그림 12.23  Change Edge 대화상자

① Edge Only : 곡선, Solid Body의 모서리 또는 곡면의 모서리 등을 이용하여 선택된 곡면의 모서리 부분만을 일치시킬 수 있다.

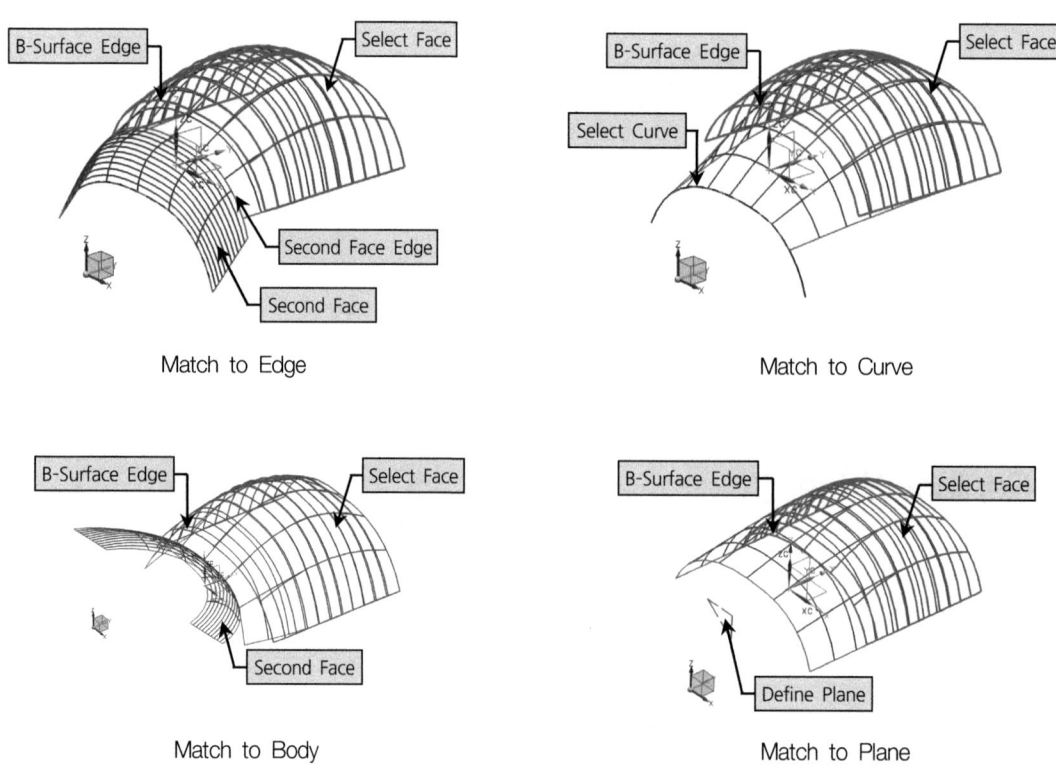

그림 12.24  Edge Only에 의한 Change Edge

② Edge and Normal : 선택된 곡면의 모서리를 곡선, Solid Body의 모서리 또는 곡면의 모서리 등을 이용하여 선택된 곡면을 법선 방향으로 수정하며 Match to Edge, Match to Surface와 Match to Plane이 지원된다. 그림 12.25는 그림 12.24와 같은 객체를 선택하여 Match to Body를 선택하여 Edge Normal 곡면을 생성한 결과이다.

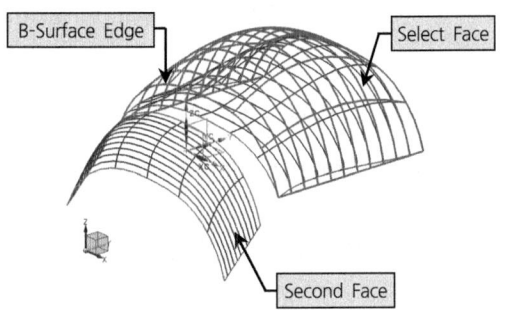
Edge and Normal(Match to Body)

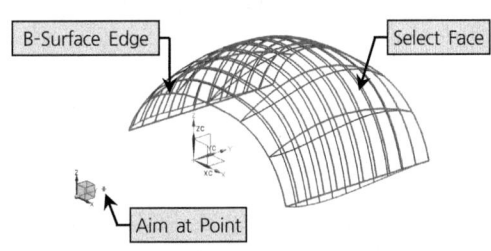
Edge and Cross Tangents(Aim at Point)

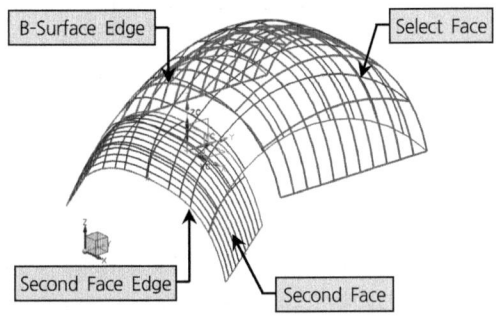
Edge and Curvature

그림 12.25  Change Edge에 의한 곡면의 특성

③ Edge and Cross Tangents : 수정할 곡면의 모서리를 점, Vector 또는 객체 모서리의 접선 방향으로 선택 곡면을 수정하여 나타낼 수 있으며 옵션에는 Aim at Point, Match to Vector와 Match to Edge가 있다. 그림 12.25는 Match to Edge를 이용한 결과이다.

④ Edge and Curvature : 선정된 모서리에 의해 선택된 곡면을 같은 곡률의 곡면으로 수정한다.

⑤ Check Deviation : 곡면의 편향성에 대한 검사 여부를 선정할 수 있다.

## 12.13 Snip into Patches

Edit ➡ Surface ➡ Snip into Patches...

곡면에 Snap into Patch를 사용하여 다듬지 않은 B-Surface Face에 대해 두 가지 고유한 기능을 수행하며 Surface의 Patch 정의에 해당하는 별도의 Sheet Body로 분할한다. 처음 Sheet Body에서 하나 이상의 Patch를 삭제하며 큰 시트의 작은 면적을 복구할 수 있고 이를 통해 공백을 메울 새로운 Surface를 생성할 수 있다.

## 12.14 Local Untrim and Extend

Surface ➡ Local Untrim and Extend...

Local Untrim and Extend 명령을 사용하여 Sheet Body의 Single Surface을 확장하거나 다듬는다. 표면의 가장자리의 모서리 하나 이상을 선택하여 표면을 정리하거나, 내부 구멍 또는 표면의 가장자리를 제거하며 기존 Surface를 수정하지 않고 새로운 면을 만들 수 있다.

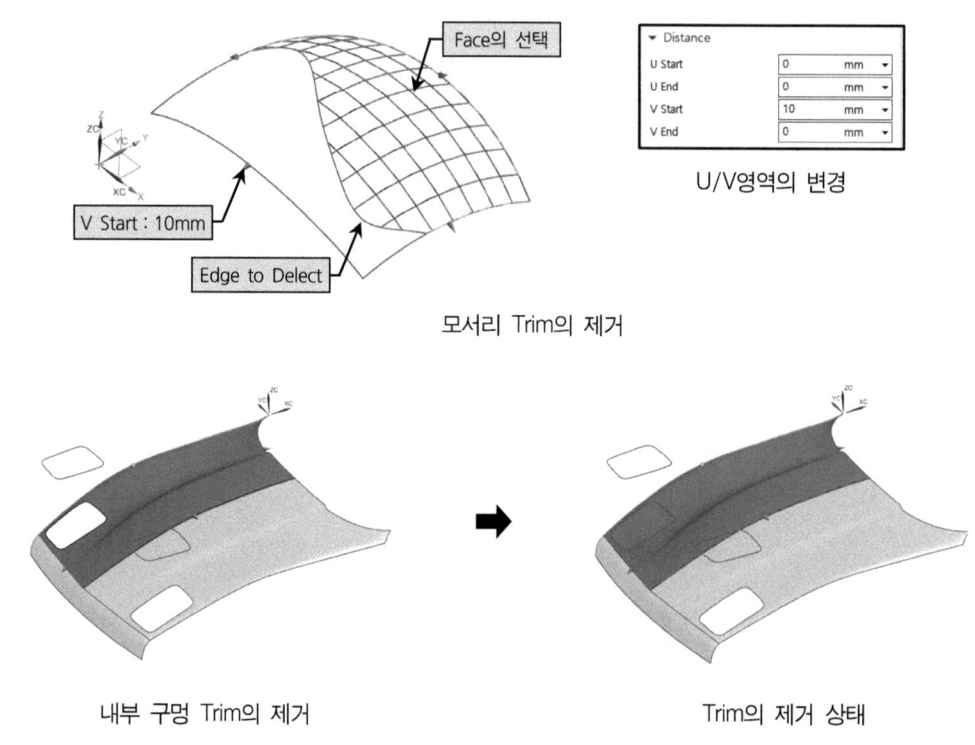

그림 12.26 Local Untrim and Extend에 의한 곡면의 수정

## 12.15 Refit Face

Edit ➡ Surface ➡ Refit Face...

작성된 곡면의 차수, 패치의 수 또는 곡면의 공차 등을 지정하여 곡면을 수정하거나 새로운 곡면을 생성한다. 또한 Fit to Target에서는 Pole Smoothing 기능을 이용하여 매끄러운 곡면으로 변경할 수 있다.

① Type : Refit(차수, 패치 수 또는 공차를 변경하여 Surface를 수정) 또는 Fit to Target(Surface를 대상 객체와 일치시켜 수정) 기능을 선택할 수 있다.

② Refit Control
  - Degree and Patch : 현재의 차수와 패치의 수를 확인하고 변경할 수 있다.
  - Degree and Tolerance : 차수와 곡면의 공차를 수정하여 적용한다.

- Patch Count and Tolerance : 패치와 곡면의 공차를 변경한다.
- Keep Parameterization : 곡면의 정도와 패치를 그대로 유지하고 필요에 따라 공차를 변경하며 지정된 Edge의 구속 조건을 유지한다.
- Refit Direction : 수정할 곡면의 방향성을 지정할 수 있다.

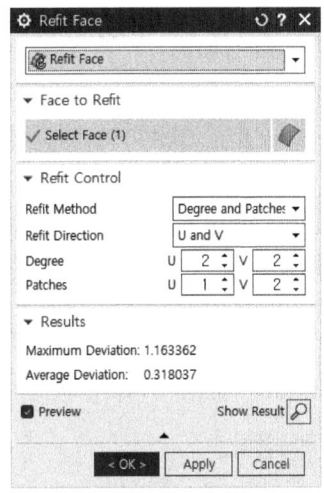

그림 12.27  Refit Face 대화상자

## 12.16 Degree

Edit ➡ Surface ➡ Degree...

선택된 곡면의 U와 V의 차수를 변경하며 기존의 설정값에 비해 입력값이 고차일 경우 Pole의 수가 증가하고 저차의 경우 Pole의 수를 적게 나타낼 수 있다.

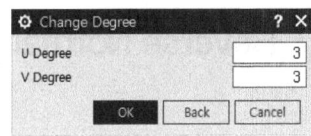

그림 12.28  Change Degreed 대화상자

## 12.17 Stiffness

Edit ➡ Surface ➡ Stiffness...

작성된 곡면의 강성을 그림 12.28과 같이 차수를 변경하여 조절할 수 있으며, 저 차수는 Pole의 감소로 정의 점에 근접하는 곡면을 작성하나 강성이 떨어진다. 그림 12.29는 Pole에 의한 Control Polygon을 나타내었다.

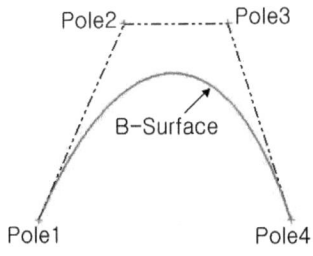

그림 12.29  Pole에 의한 Degree의 영향

## 12.18 Smoothing Pole

Edit ➡ Surface ➡ Smoothing Pole...

작성된 곡면을 이용하여 매끄러운 곡면으로 변경할 수 있다.

① Smoothing Factor : Smoothing 계수의 슬라이드바로 수정하여 적용할 Smoothing Pole 계수를 나타낸다.
② Modification Percentage : 수정비율 슬라이드바로 수정하여 Surface 또는 선택한 Pole에 적용되는 Smoothing 백분율을 제어한다.

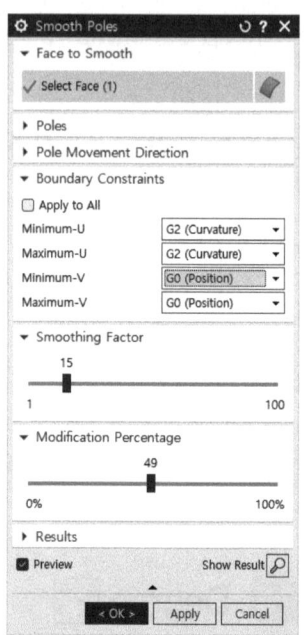

그림 12.30  Smoothing Poles 대화상자

## 12.19 Reverse Normal

Edit ➡ Surface ➡ Reverse Normal...

선택된 곡면의 법선 방향을 변경시킬 수 있다.

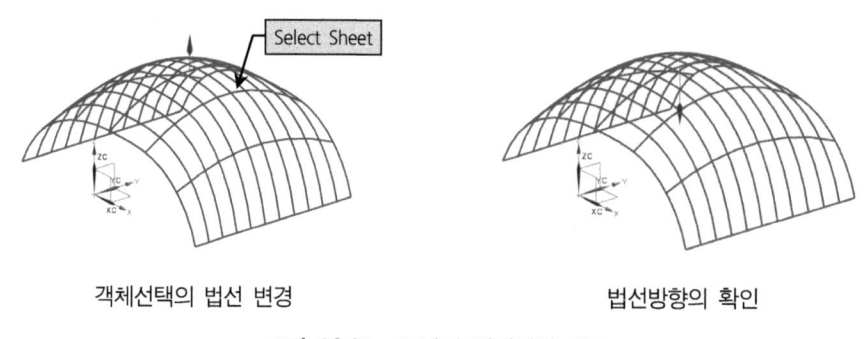

객체선택의 법선 변경          법선방향의 확인

그림 12.31  곡면의 법선방향 변경

## 12.20 U/V Direction

Edit ➡ Surface ➡ U / V Direction...

형상 전체의 B-Surface의 U 및 V 방향을 수정하려면 Edit UV Direction 명령을 사용한다.

① Reverse U : U 방향만 반전한다.
② Reverse V : V 방향만 반전한다.
③ Swap U and V : U와 V 방향을 함께 반전한다.

아래 도면을 이용하여 CAM 가공용 객체를 모델링하시오.

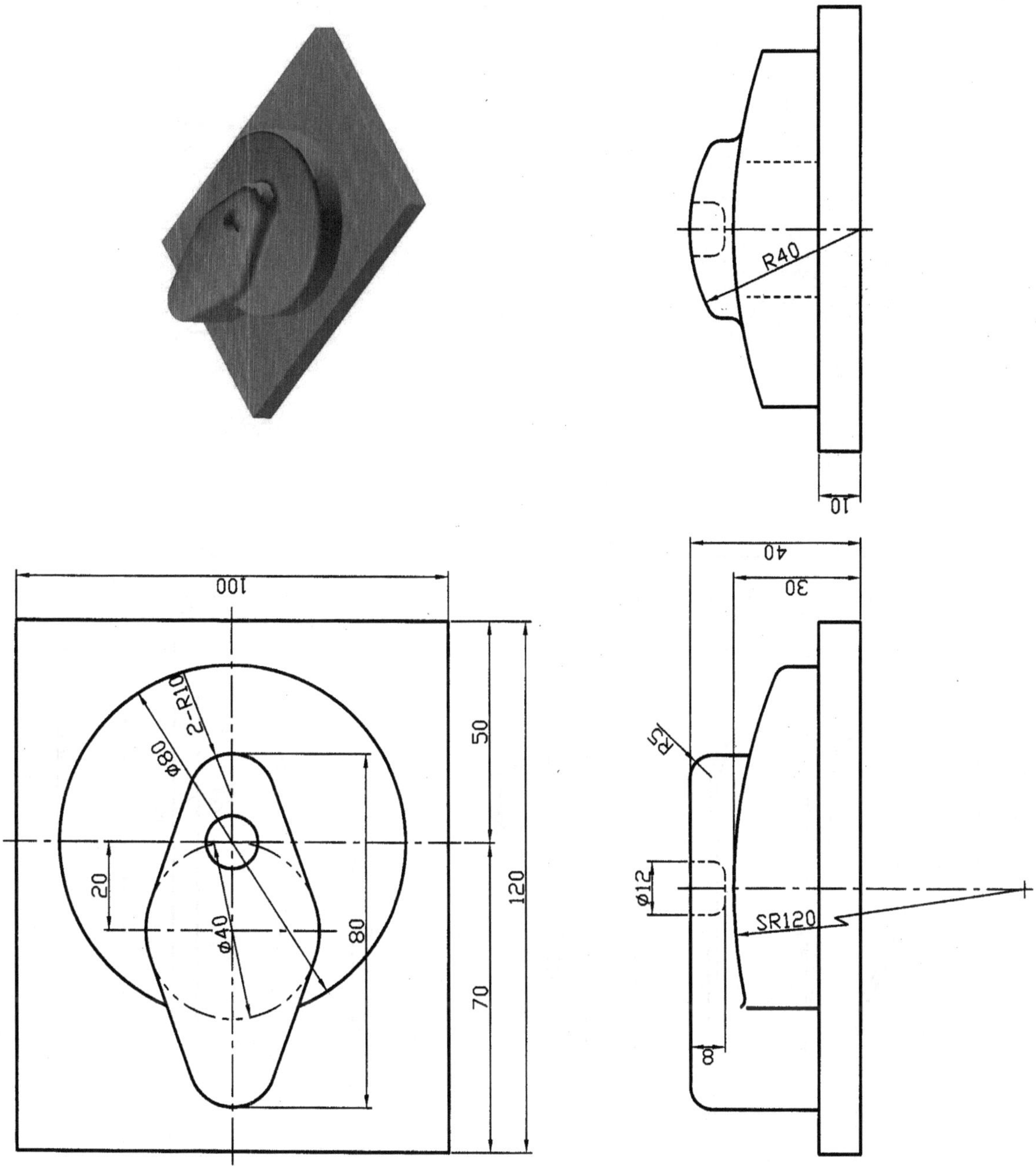

아래 도면을 이용하여 CAM 가공용 객체를 모델링하시오.

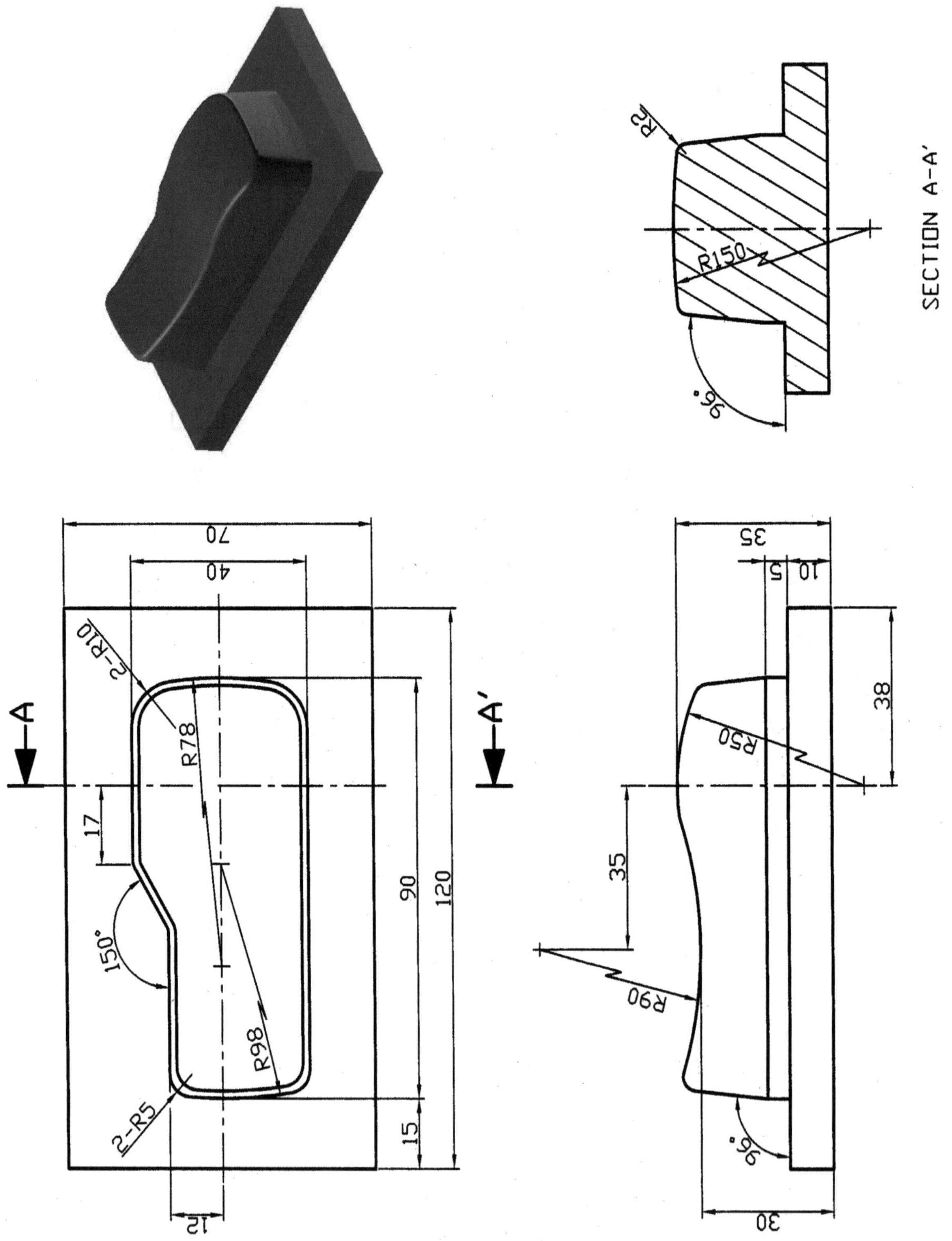

아래 도면을 이용하여 CAM 가공용 객체를 모델링하시오.

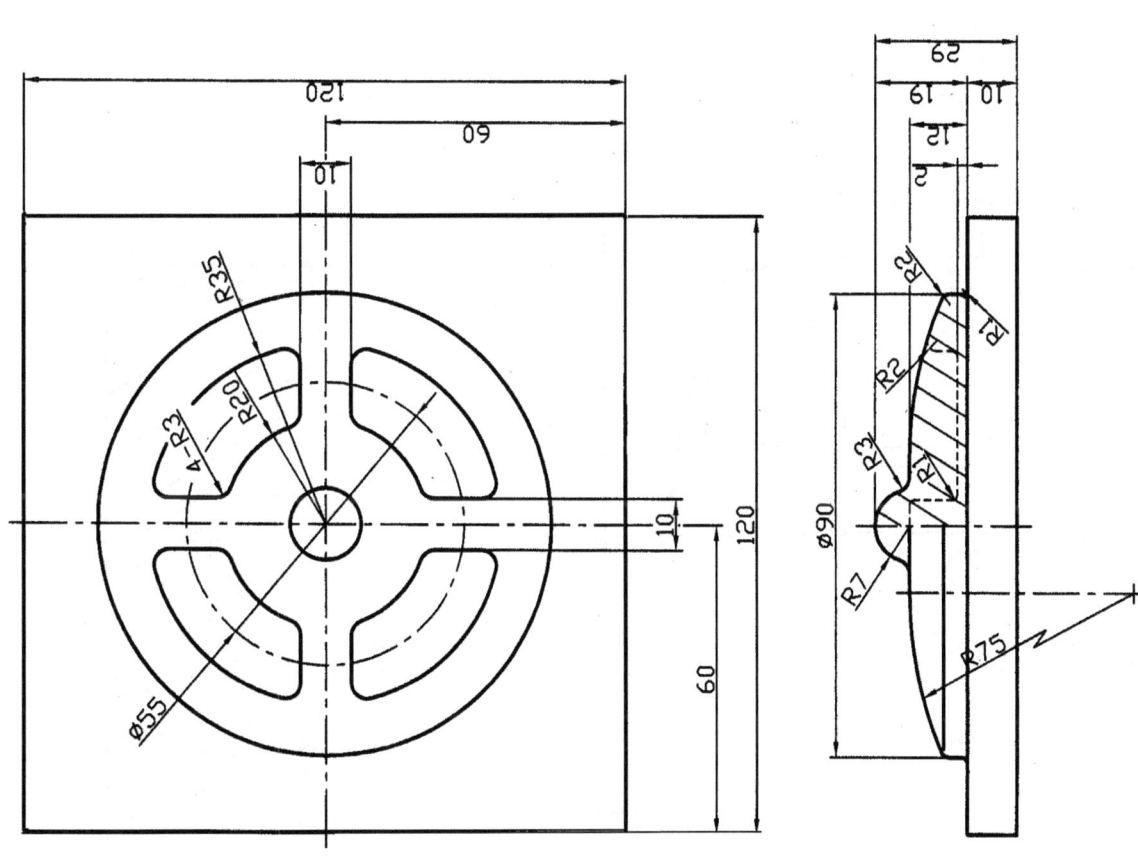

**예제 12.4** 아래 도면을 이용하여 CAM 가공용 객체를 모델링하시오.

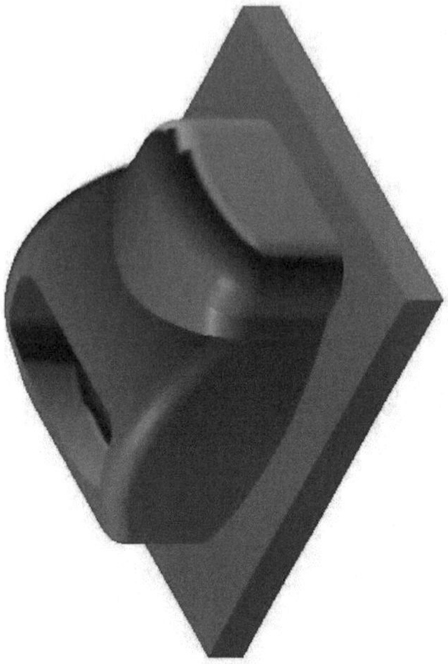

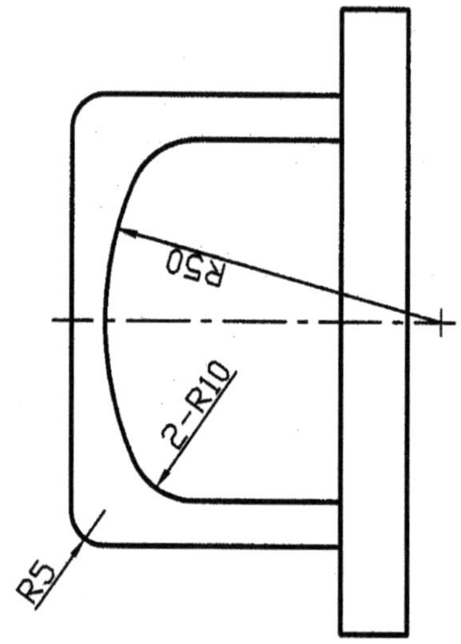

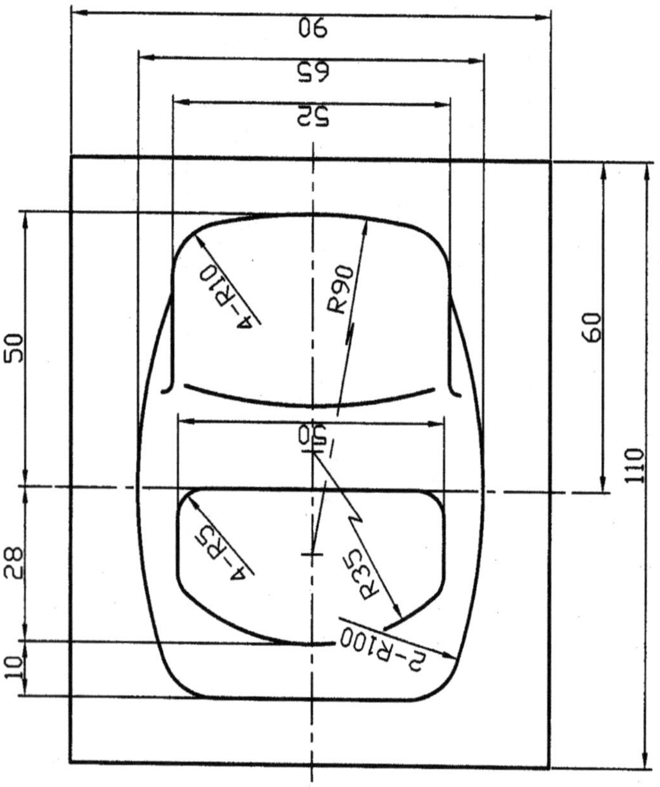

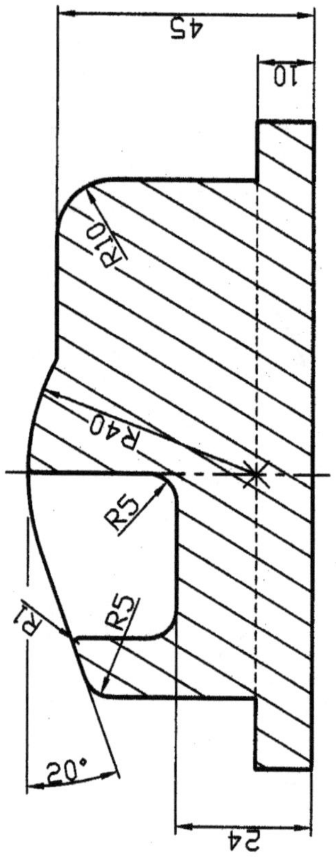

아래 도면을 이용하여 CAM 가공용 객체를 모델링하시오.

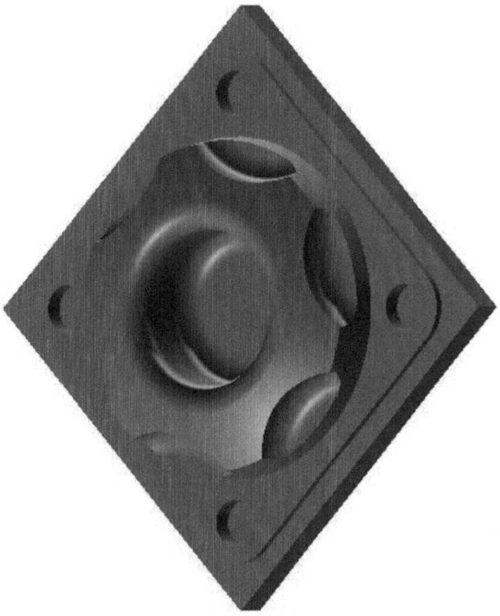

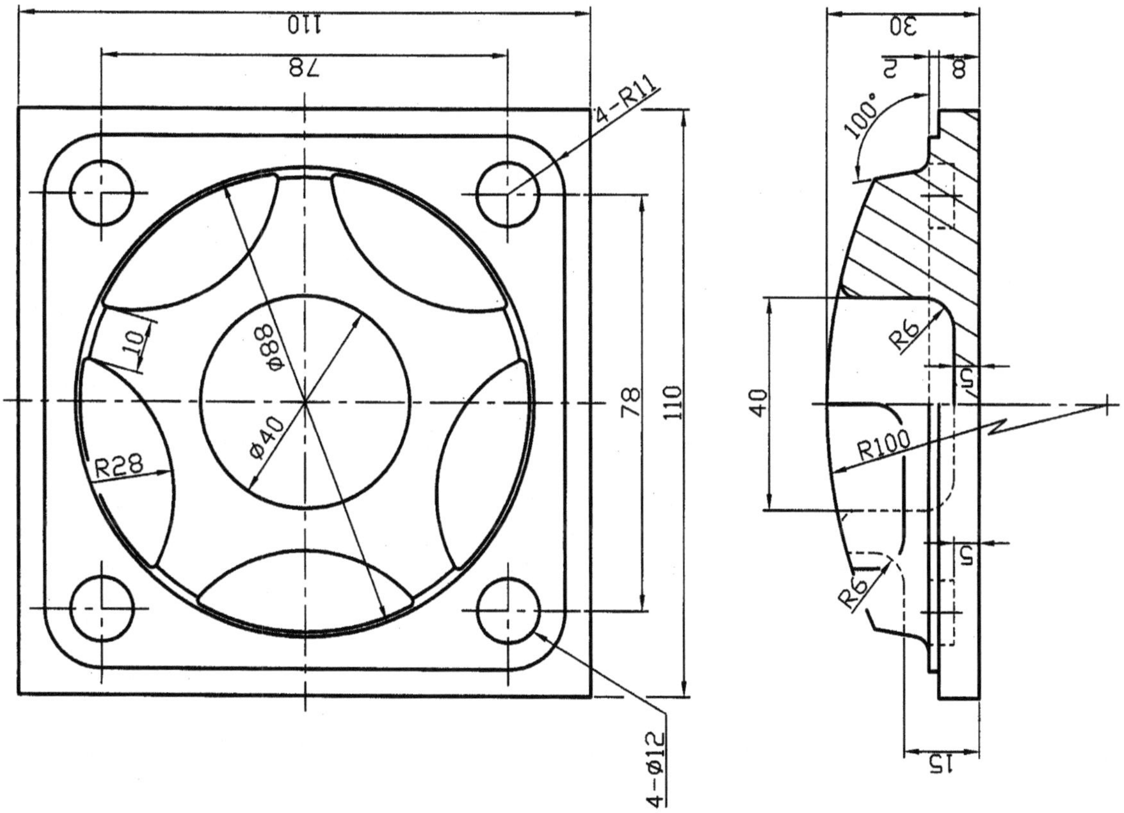

# 스케치(Sketch)의 활용

chapter 13

스케치는 기하학적 형상정의에 도움을 주는 기능으로 선택된 작업면에 윤곽을 작성하여 돌출, 회전 또는 Swept 등의 객체를 정의하는데 이용되며 작성된 윤곽을 이용해 구속조건에 따른 매개변수에 의해 수정 가능하다. 구속조건은 치수(Dimension)와 형상(Geometry)을 이용해 정의할 수 있으며 스케치에 의한 형상정의는 다음과 같은 장점을 가진다.

① 정의한 형상의 제어가 용이하며 변경된 내용을 자동으로 업데이트한다.
② UG에서 주어지지는 않는 Primitive(기본객체)의 형상정의 기능을 가진다.
③ 정의된 형상의 매개변수를 이용하여 객체의 형상수정이 용의하다.
④ 작성된 형상의 Geometry를 신속하게 변경할 수 있다.
⑤ 작성된 스케치를 이용하여 객체의 작성이 용이하다.

## 13.1 스케치의 시작

스케치에 필요한 메인화면을 표시하는 기능으로 취소에는 Cancel을 스케치면의 확인에는 Ok를 이용하며 스케치화면의 종료에는 ![Finish] 를 이용한다.

### 13.1.1 스케치 평면의 설정

① On Plane ◆ : 선택평면을 기준으로 스케치 평면을 정의한다.
  • Select Sketch Plane or Face : 작성된 Datum Plane 또는 Face를 Sketch 평면으로 사용한다.

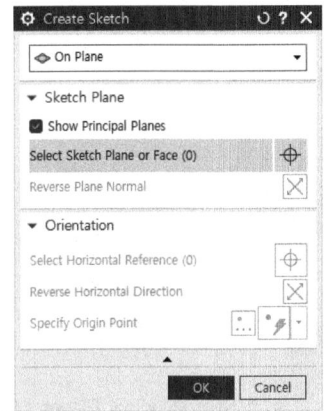

**그림 13.1** 스케치 작성 대화상자

- Datum Plane : 작성된 Datum CSYS의 Datum Plane을 클릭하여 스케치 평면을 정의한다.
  - XC-YC Plane(Top) : Datum Coordinate System의 XC-YC 평면을 선택하여 스케치 평면으로 설정한다.
  - YC-ZC Plane(Right) : Datum Coordinate System의 YC-ZC 평면을 선택하여 스케치 평면으로 설정한다.
  - XC-ZC Plane(Front) : Datum Coordinate System의 XC-ZC 평면을 선택하여 스케치 평면으로 설정한다.
- Select Sketch Plane or Face : 작성된 Datum Plane 또는 Face를 Sketch 평면으로 사용한다.

② On Path : 선택된 곡선상에 스케치 평면을 정의한다.

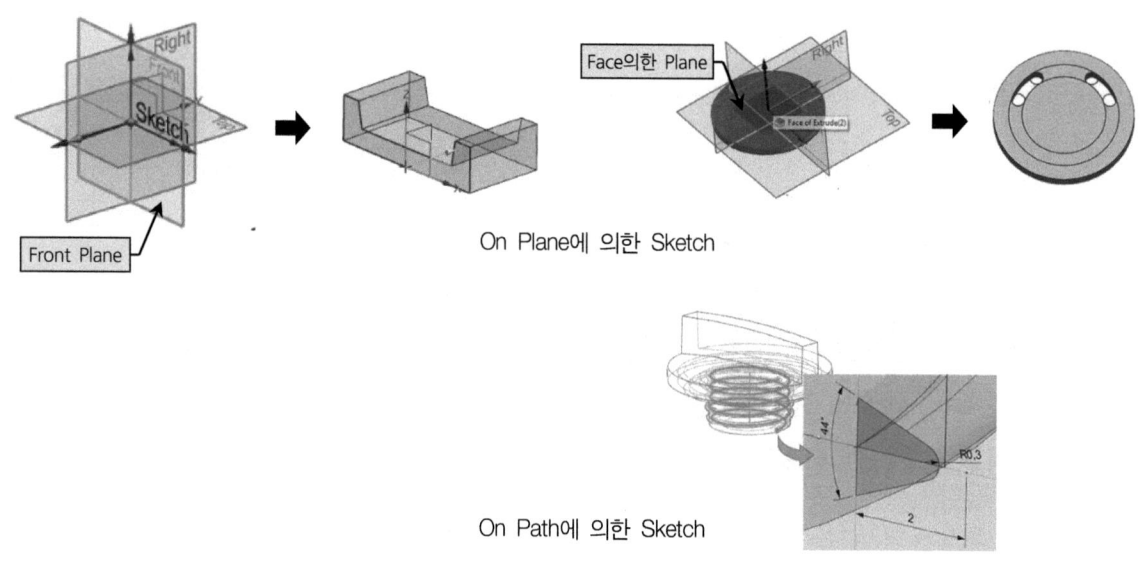

그림 13.2  Create Sketch의 적용

③ Sketch Plane의 선정
- Show Principal Planes

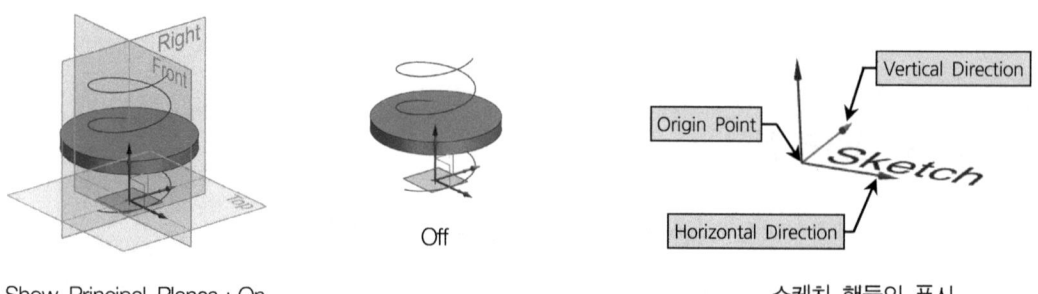

그림 13.3  Create Sketch의 적용

- Select Horizontal Reference : 스케치에 대한 수평 참조를 지정하며 면, 모서리, 기준점 축 또는 기준점 평면을 선택할 수 있다. 모서리를 선택하면 기준 되는 축에 가장 가까운 끝점을 정의한다.
- Specify Origin Point : 스케치 평면 또는 면을 선택하여 스케치 원점을 변경한다.

## 13.2 스케치 곡선의 작성

스케치 평면에서 객체의 윤곽곡선을 작성하는 기능을 지원한다.

### 13.2.1 스케치 곡선의 작성　　　　　　　　　　　　　　　　　　　　Insert ➡ Curve ➡ Profile...

Insert의 풀다운 메뉴를 이용하거나 스케치 곡선의 도구상자를 이용하여 선, 원호, 스플라인 등의 곡선을 작성한다.

① Profile : 객체 작성에 필요한 윤곽 곡선의 작성 기능을 지원한다. (단축키 : Z)
- Coordinate Mode : 윤곽작성 중 선의 경우 길이와 각도 입력에서 점의 위치입력으로 변경할 수 있으며, 다시 길이와 각도로 변경할 경우 Parameter Mode의 아이콘을 이용한다.
- Parameter Mode : Coordinate Mode와 교대로 입력 방법을 변경한다.

② Line : 선을 작성할 수 있다.　　　　　　　　　　　　　　　　　　　　　　　　　Curve ➡ Line...

③ Arc : 단일원호의 작도를 지원한다. (단축키 : A)　　　　　　　　　　　　　　　　Curve ➡ Arc...
- Arc by 3 Points : 원호상의 3점을 이용하여 원호를 작도한다.
- Arc by Center and Endpoints : 원호의 중심 시작과 끝점으로 원호를 정의한다.

④ Circle : 단일 원의 작도를 지원한다.　　　　　　　　　　　　　　　　　　　　Curve ➡ Circle...
- Circle by Center and Diameter : 원의 중심과 직경 값에 의한 원을 작성한다.
- Circle by 3 Points : 원주상의 3점에 의한 원을 작도할 수 있다.

⑤ Fillet(단축키 : F)　　　　　　　　　　　　　　　　　　　　　　　　Insert ➡ Curve ➡ Fillet...
평행하지 않는 두 개의 선택객체를 이용하여 모깎기할 수 있으며 동일한 스케치 평면의 객체이어야 한다.

⑥ ◩ Chamfer    Insert ➡ Curve ➡ Chamfer...

객체의 교차부위의 모따기를 작성하며 두 객체가 평행하지 않아야 한다

⑦ ▭ Rectangular(단축키 : R)    Insert ➡ Curve ➡ Rectangular...

사각형 객체를 작도할 수 있으며 By 2 Points, By 3 Points와 From Center 작도방법이 지원된다.

⑧ ⬡ Polygon    Insert ➡ Curve ➡ Polygon...

스케치 평면에 다각형을 작도한다.

⑨ ⌇ Spline    Insert ➡ Curve ➡ Spline...

Sketch 평면에서 Spline을 작성하며 작성 방법에는 Through Points ⌇ 와 By Poles ⌇ 의 기능이 지원된다. Spline에 대한 자세한 설명은 8.2절을 참고한다.

⑩ ⸬ Fit Curve    Insert ➡ Curve ➡ Fit Curve...

주어진 점들을 이용하여 부드러운(Fitting) Spline를 생성하며 면 또는 곡선, Facet 객체, 연결된 점들에 의해 귀속된 점들을 상속받는다. 또한 선, 원 또는 타원 등의 지정된 데이터점에 맞추어 생성한다.

⑪ ◯ Ellipse    Insert ➡ Curve ➡ Ellipse...

타원작성 기능을 이용하여 타원을 작성할 수 있다

⑫ ⌒ Conic    Insert ➡ Curve ➡ Conic...

점이나 기울기, $\rho$ 또는 Anchor 등을 이용하여 원추곡선을 작성할 수 있다.

⑬ Trim ⊠    Edit ➡ Curve ➡ Trim...

Trim 명령을 이용하여 커브를 다음 중 하나에서 가장 가까운 물리적 교차점 또는 가상 교차점으로 제거한다. 마우스 왼쪽 버튼(MB1)을 누르고 여러 곡선을 끌어 한꺼번에 제거할 수 있다.

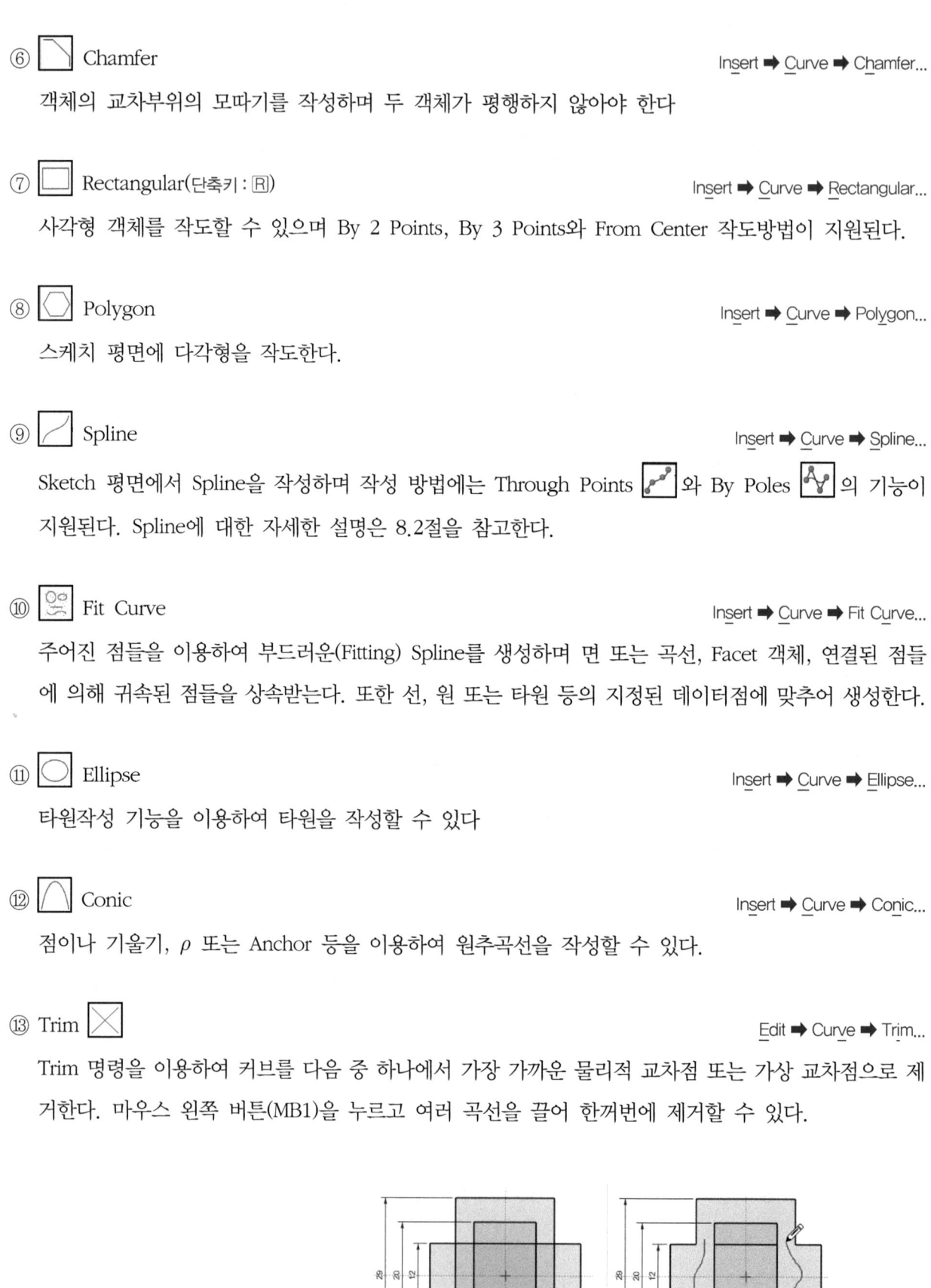

**그림 13.4** 연속 Trim의 적용

⑭ Corner ▱    Edit → Curve → Corner...

Corner 명령을 이용하여 두 입력 곡선을 공통 교차 지점까지 연장하거나 제거하여 모서리를 생성한다.

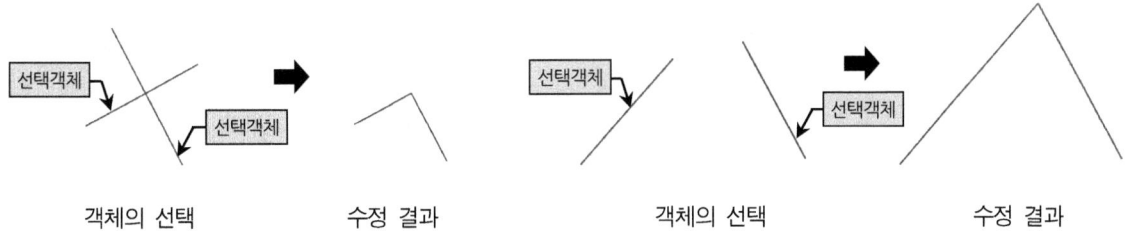

그림 13.5  Corner의 적용

⑮ Extend ◹    Edit → Curve → Extend...

Extend 명령을 이용하여 곡선을 다른 곡선과 물리적 또는 가상 교차하는 지점으로 연장한다. 마우스 왼쪽 버튼(MB1)을 누르고 여러 곡선을 끌어 한꺼번에 연장할 수 있다.

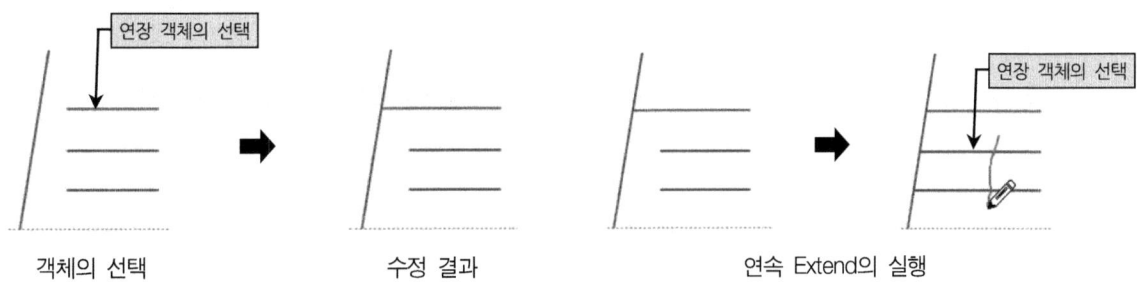

그림 13.6  Extend의 적용

⑯ Fix Curve ⊥    Tools → Fix Curve...

스케치를 편집할 때 이동하지 않도록 곡선을 고정한다. 곡선의 고정을 해제하려면 고정 곡선을 시작하고 세트에서 제거할 곡선을 Shift 키를 누른 상태에서 클릭한다.

⑰ Show Movable ▱

스케치를 평가하며 끌어서 이동할 수 있는 곡선을 식별하여 다른 색으로 표시한다.

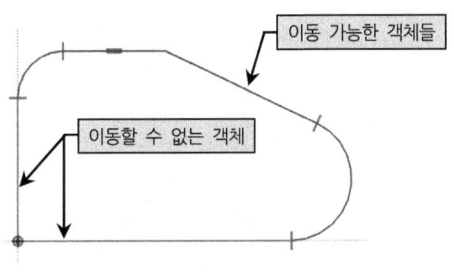

그림 13.7  Show Movable의 적용

⑱ Relax Dimensions

스케치를 작성할 때 치수 구속을 완화하여 적용된 치수 값을 변경할 수 있다.

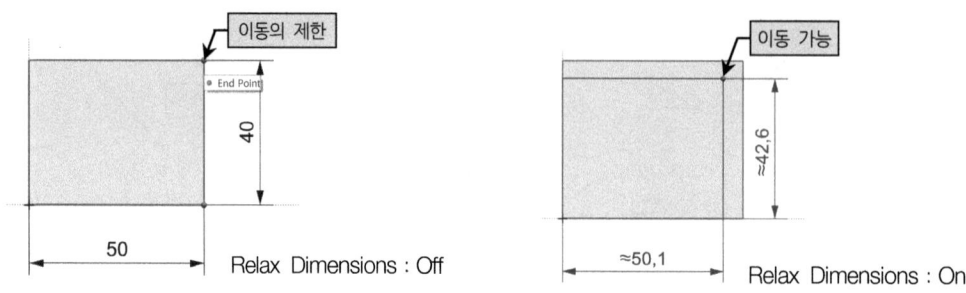

그림 13.8  Relax Dimensions의 적용

⑲ Relax Relation

치수 또는 형상 구속이 많을 때 스케치 된 프로파일의 모양을 변경할 수 있도록 관계를 이완한다.

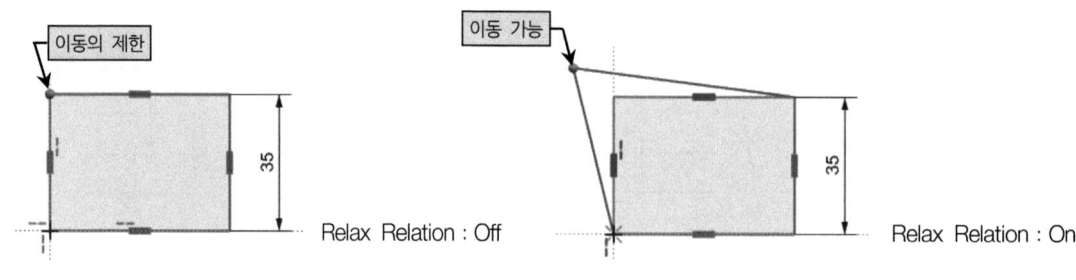

그림 13.9  Relax Relation의 적용

**예제 13.1**  아래 도면을 이용하여 XC-YC 평면에 스케치하시오.

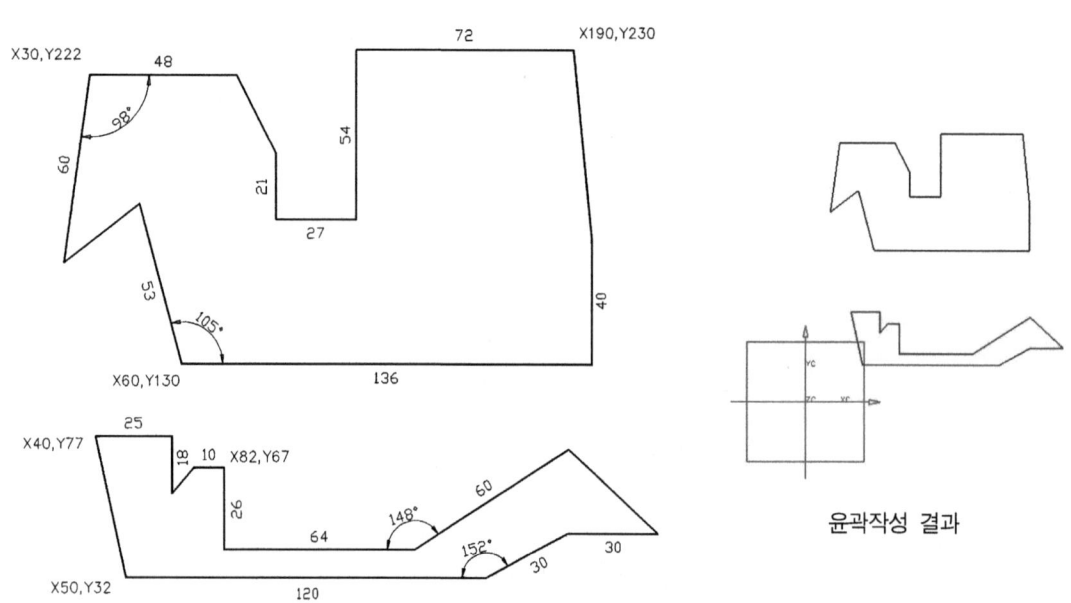

윤곽작성 결과

## 13.2.2 스케치 곡선의 생성

Insert ➡ Curve from Curves

① Offset Curve

Curve from Curves ➡ Offset Curve...

투영된 모서리 객체를 선택하여 객체를 Offset하여 새로운 투영객체를 작성한다. 그림 13.10은 Convert Input Curves to Reference에 의해 투영된 객체의 작성 결과이다.

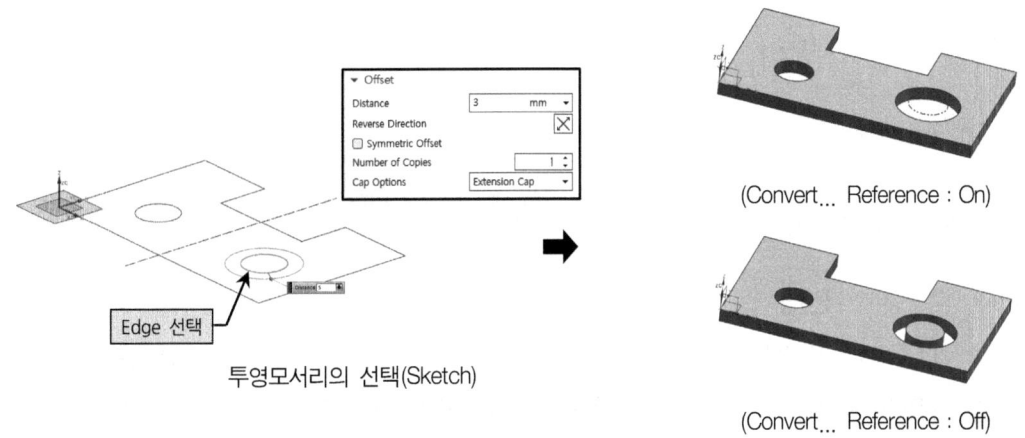

그림 13.10 Offset Curve에 의한 형상의 추가

② Pattern Curve

Curve from Curve ➡ Pattern Curve...

스케치 평면상에 작성된 곡선객체를 배열하며 6.17절 Pattern Feature를 참고한다.

③ Mirror Curve

Curve from Curve ➡ Mirror Curve...

작성된 스케치 객체의 중심선을 선택하여 대칭 복사할 수 있다.
- Mirror Centerline : 대칭복사 기준선을 선택한다.
- Curve to Mirror : 복사할 객체를 선정한다.

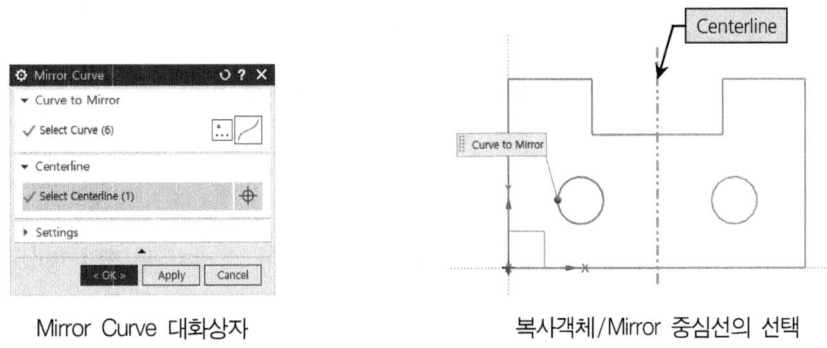

그림 13.11 스케치 평면에서의 Mirror Curve의 실행

④ Intersection Point

Curve from Curve ➡ Intersection Point...

작성된 객체과 스케치 평면상에 교차 단면점을 작성한다.

⑤ Derived Lines  : 선택된 객체들의 상관선을 작도한다.  Curve from Curves ➡ Derived Lines...

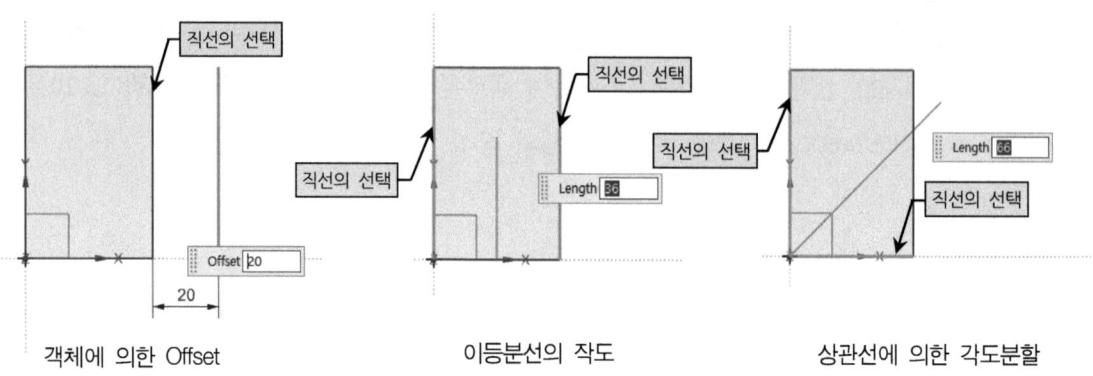

그림 13.12  Derived Line의 이용

⑥ Optimize 2D Curve  Curve from Curve ➡ Optimize 2D Curve...

Optimize 2D Curve 명령을 사용하여 가져온 곡선 형상 및 점을 정리하고 단순화하여 최적화된 2D 데이터를 더욱 효율적으로 작업할 수 있다. 최적화 공정에서 다음 작업을 수행할 수 있다.

- 스플라인을 지정된 허용오차 이내의 선 또는 호로 변환한다.
- 중복 객체를 제거한다.
- 필요 없는 점을 제거한다.
- 작은 선이나 원호를 제거한다.
- B-Spline을 정리한다.
- 선과 스플라인의 틈새와 겹침을 제거한다.
- 원호를 연결 곡선과 접선으로 정렬한다.
- 최적화된 곡선의 스케치를 생성한다.
- 스케치 및 피쳐 곡선에서 연관성을 제거한다.
- 선택한 곡선과 점은 지정된 CSYS의 XY 평면에 투영된다.
- 스케치를 가져오기 전이나 가져온 후에 최적화를 수행할 수 있다.

⑦ Include  Insert ➡ Include...

새로운 스케치에서 작성된 곡선 또는 추출된 곡선을 이용하여 스케치 평면의 형상을 추가시키는 기능이며 Include에 의해 추출된 곡선은 참고 곡선이다.

⑧ Project Curve  Insert ➡ Recipe Curve ➡ Project Curve...

모델링에서 작성된 객체를 이용하여 스케치 평면에 곡선을 투영하며, 투영된 곡선은 스케치 형상에 추가된다.

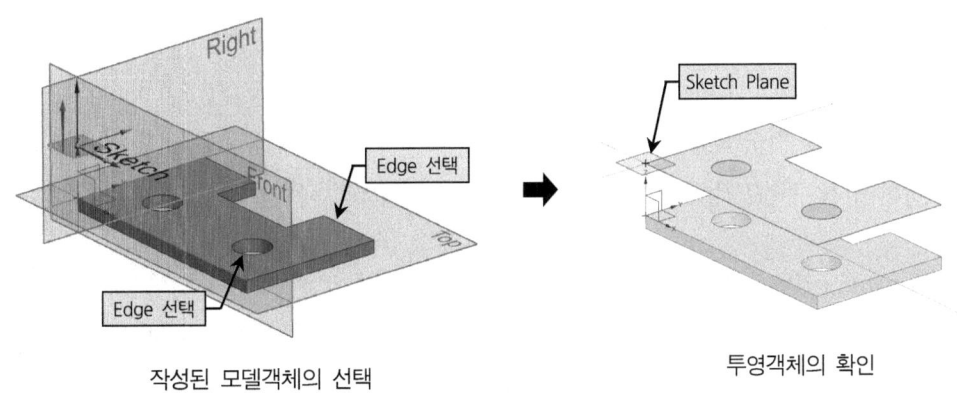

그림 13.13 Project에 의한 형상의 추가

⑨ Intersection Curve    Insert ➡ Recipe Curve ➡ Intersection Curve...

작성된 객체와 스케치 평면상에 교차 단면선을 작성한다.

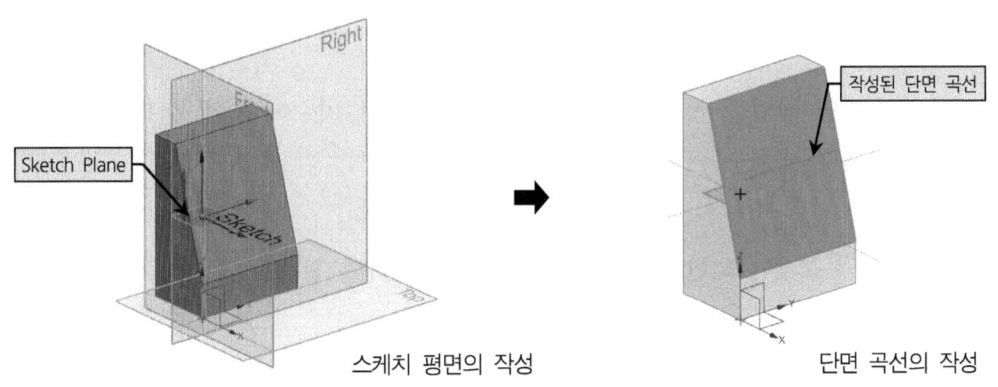

그림 13.14 Intersection Curve의 작성

⑩ Add Curve to Sketch    Curve from Curve ➡ Add Curve to Sketch...

AutoCAD 등의 CAD 소프트웨어에서 작성된 곡선 또는 객체를 XC-YC 스케치 평면에 스케치 형상을 추가시키는 기능이다.

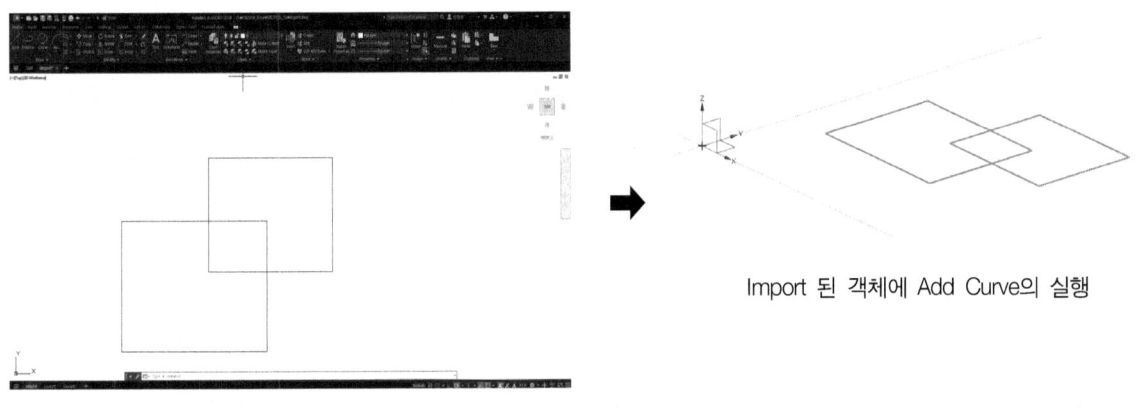

그림 13.15 Add Curve to Sketch에 의한 Sketch 형상의 추가

## 13.3 스케치의 구속조건

Insert ➡ Dimension

작성된 스케치의 윤곽에 치수(Dimension) 또는 형상(Geometric)에 구속조건을 주어 매개변수에 의해 객체의 치수를 수정하거나 구속조건에 의한 기하학적 형상을 정의할 수 있다.

① 구속조건(Constrained)의 상태
  - Fully Constrained : 최적의 구속조건으로 객체의 설계 의도에 바람직한 상태를 표시한다.
  - Under Constrained : 구속조건이 충분하지 않은 정보로 수정하지 않고 계속 작업은 가능하나, 현재 작도된 형상을 그대로 유지하기 어렵다.
  - Over Constrained : 중복된 구속조건 또는 부적절한 구속조건에 의해 노란색이나 빨간색으로 구속조건이 표시된다. 치수 구속일 때 중복된 치수기입이 있을 때 치수가 변경되지 않는다.

### 13.3.1 Dimensions

Insert ➡ Dimensions

작성된 형상에 치수기입 방법을 이용해 구속조건을 주며 형상 치수에 의해 윤곽의 크기를 조절할 수 있다.

① Inferred : 선택 객체에 의한 추정위치의 치수를 기입하며 선 또는 스케치의 점과 Spline의 Knot 점 등을 이용하여 치수를 나타낼 수 있다. (단축키 : D)
② Linear : 스케치 윤곽의 길이 치수를 기입한다.
  - Horizontal : 스케치 윤곽의 수평 치수를 기입한다.
  - Vertical : 스케치 윤곽의 수직 치수를 기입한다.
  - Point-to-Point : 정의된 두 점의 거리와 평행한 치수를 나타낸다.
  - Perpendicular : 작성된 스케치에서 선택된 객체에 수직한 거리의 치수를 기입할 수 있다.

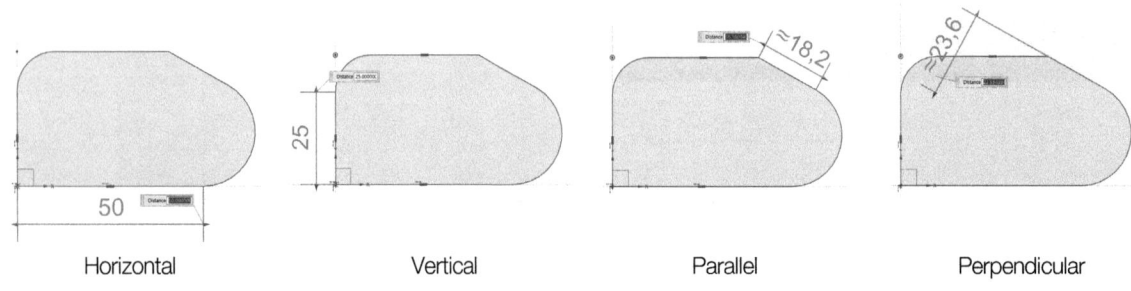

그림 13.16 스케치에서 치수기입 Ⅰ

③ ☒ Radial : 스케치된 원 또는 원호를 선택하여 치수를 기입하고 크기를 조절한다.
- ☒ Diametral : 원호나 원을 이용하여 직경 치수를 기입한다.
- ☒ Radial : 스케치 된 원 또는 원호를 선택하여 반경 치수를 기입한다.

④ ☒ Angular : 평행하지 않은 두 개의 객체를 이용하여 각도를 정의할 수 있다.

⑤ ☒ Perimeter : 선택된 스케치 객체의 둘레를 정의하여 형상을 변경하며, 직선의 경우 길이를 정의한다. 그림에서와 같이 선택된 객체를 대화상자를 이용하여 객체의 치수를 수정한다.

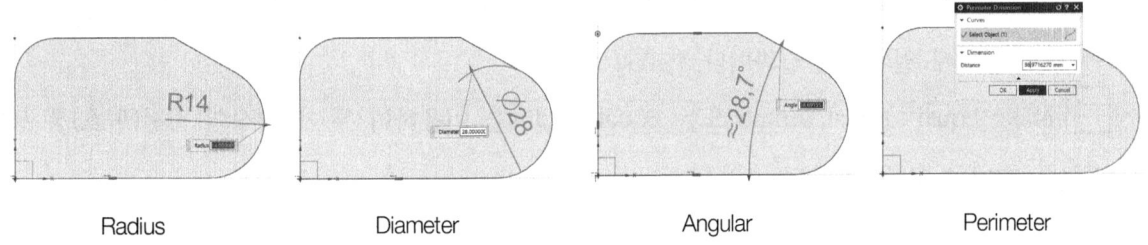

**그림 13.17** 스케치에서 치수기입 II

## 13.3.2 Geometric의 생성

Edit ➡ Curve ➡ Make Horizontal...

작성된 윤곽 곡선에 구속조건을 주어 작성하고자 하는 형상의 윤곽을 정의할 수 있다.

① 기하학적 형상의 구속조건
- ☒ Make Horizontal : 선택한 객체를 수평한 형상으로 정의한다. (단축키 : H)
- ☒ Make Vertical : 선택객체를 수직한 객체로 구속조건을 줄 수 있다. (단축키 : V)

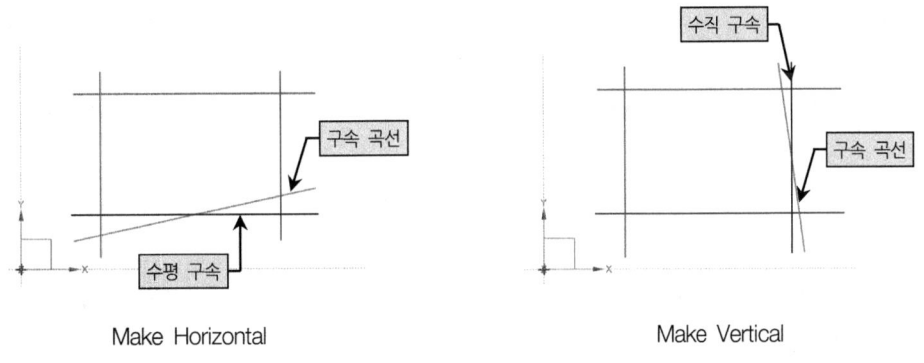

**그림 13.18** Make Horizontal/Vertical의 적용

- ☒ Make Parallel : 두 개 이상의 객체를 선택하여 객체에 평행한 구속조건을 준다. (단축키 : P)
- ☒ Make Perpendicular : 선택한 두 개 이상의 객체가 직교한다는 구속조건을 설정할 수 있다. (단축키 : L)

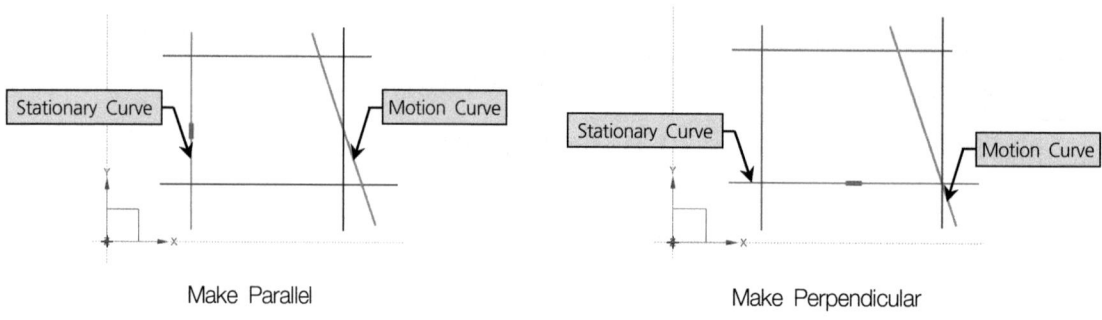

그림 13.19  Make Parallel/Perpendicular의 적용

- ✏️ Make Coincident : 객체의 점(곡선) 두 개 이상을 일치시킬 수 있다. 그림 13.20은 곡선을 선택 객체의 점에 일치시킨 결과이다. (단축키 : X)
- ═ Make Equal : Equal Length 또는 Equal Radius을 이용하여 두 개 이상의 직선(원호)을 동일한 길이로 정의할 수 있다. (단축키 : Q)

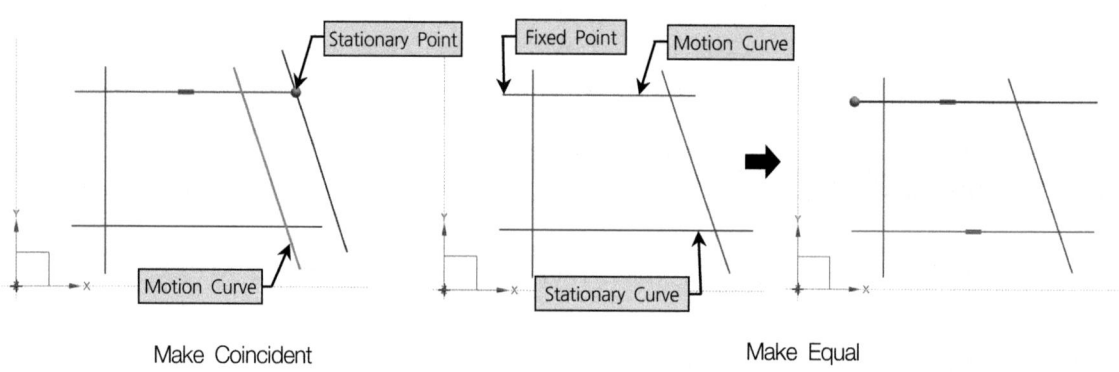

그림 13.20  Make Coincident/Equal의 적용

- ⊙ Make Tangent : 선택된 선이 원호의 중심에 법선방향으로 접하도록 구속조건을 줄 수 있다. (단축키 : O)

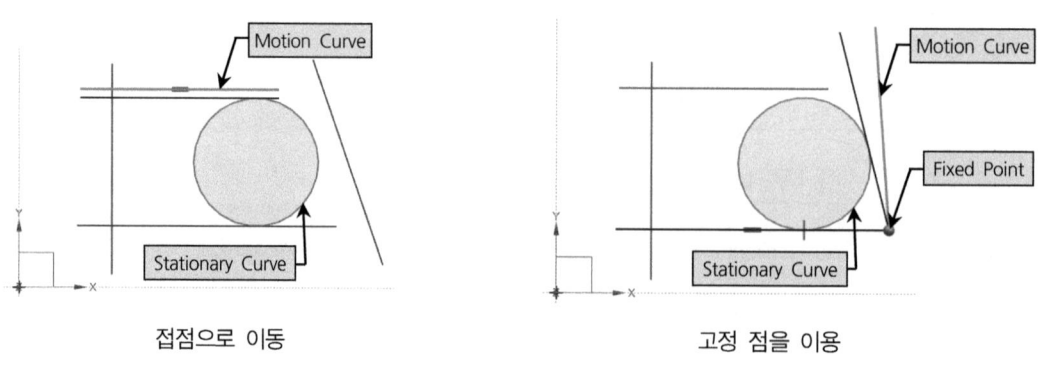

그림 13.21  Make Tangent의 적용

- ◩ Make Collinear : 스케치 평면상에 작성된 직선 객체를 동일 축 상에 배열한다. (단축키 : Ⓒ)

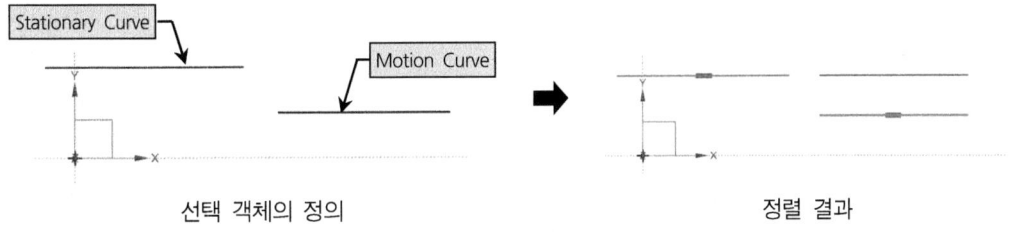

선택 객체의 정의　　　　　　　　　정렬 결과

**그림 13.22** Make Collinear를 이용한 객체의 정렬

- ◩ Make Symmetric : 스케치 평면상에 작성된 곡선 객체를 대칭으로 배열한다. (단축키 : Ⓢ)

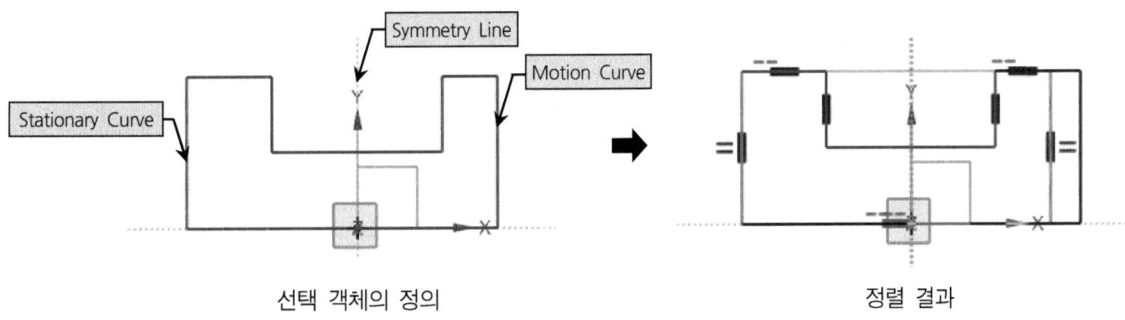

선택 객체의 정의　　　　　　　　　정렬 결과

**그림 13.23** Make Symmetric를 이용한 객체의 정렬

- ◩ Make Midpoint Aligned : 선택한 객체의 이등분 점에 다른 객체의 점을 위치시킨다. 그림 13.24는 구속조건에 의해 고정된 선에 선택된 점이 이동한 결과이다. (단축키 : Ⓨ)

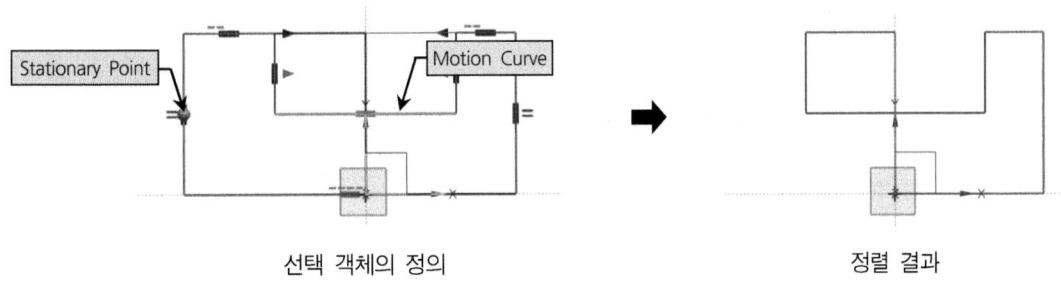

선택 객체의 정의　　　　　　　　　정렬 결과

**그림 13.24** Make Midpoint Aligned의 적용

## 13.4 스케치 곡선의 수정

스케치 된 곡선의 편집이나 대칭 복사 또는 곡선의 수정 등의 기능을 수행한다.

① Move Curve

Move Curve 명령을 이용하여 스케치 곡선 세트를 이동하거나 회전하며 필요한 경우 프로그램에서 관계를 이완하고 변경할 인접 곡선을 조정한다.

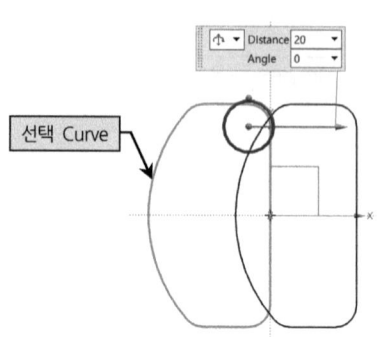

**그림 13.25** Move Curve의 적용

② Offset Move Curve

Offset Move Curve 명령을 이용하여 스케치 곡선을 지정된 거리로 Offset 하며 스케치 곡선을 함께 이동한다. 필요한 경우 프로그램에서 인접 곡선 및 관계를 조정하여 변경한다.

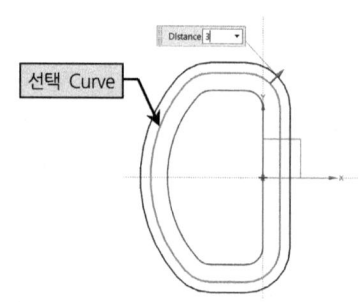

**그림 13.26** Offset Move Curve의 적용

③ Scale Curve

Scale Curve 명령을 이용하여 함께 곡선 선택의 크기를 수정하며 프로그램에서 선택한 곡선들이 구속된 경우 구동 치수를 조절하여 배율을 조정한다.

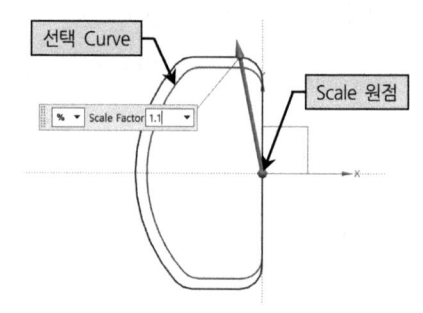

**그림 13.27** Scale Curve의 적용

④ Resize Curve

Resize Curve 명령을 이용하여 스케치 곡선의 반경을 수정하며 필요한 경우 프로그램에서 인접 곡선 및 관계를 조정하여 변경한다.

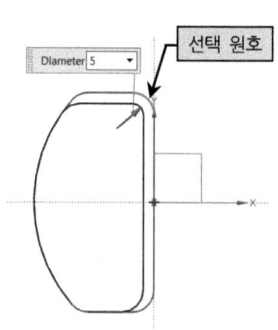

**그림 13.28** Resize Curve의 적용

⑤ Resize Chamfer Curve 　　　　　　　　　　Edit ➡ Curve ➡ Resize Chamfer Curve...

Resize Chamfer Curve 명령을 이용하여 대칭 스케치 모따기의 Offset 거리를 수정할 수 있다. 객체에서 인접 곡선을 조정하여 변경을 수행한다.

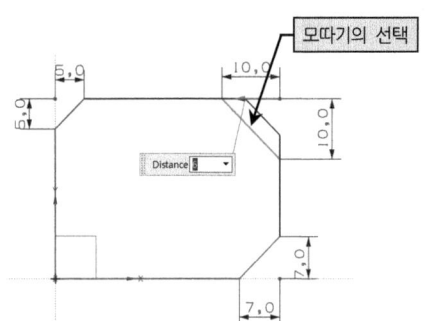

**그림 13.29** Resize Chamfer Curve의 적용

⑥ Delete Curve　　　　　　　　　　　　　　　　　　　　　Edit ➡ Curve ➡ Delete Curve...

Delete Curve 명령을 이용하여 스케치 곡선 세트를 삭제하며 필요한 경우 객체에서 인접 곡선 및 구속조건을 조정하여 변경한다.

⑦ Curve Snap Options　　　　　　　　　　　　　　　　　　Tools ➡ Curve Snap Options...

객체를 스케치할 때 적용되는 Snap 옵션을 설정할 수 있다.

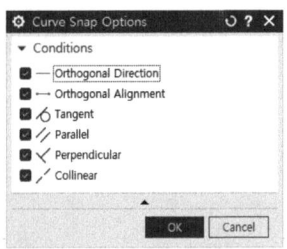

**그림 13.30** Curve Snap Options 대화상자

⑧ Relation Finder Setting　　　　　　　　　　　　　　　　Tools ➡ Relation Finder Setting...

곡선을 스케치하고 편집할 때 NX 스케치에 해당하는 Found Relations를 설정할 수 있다.

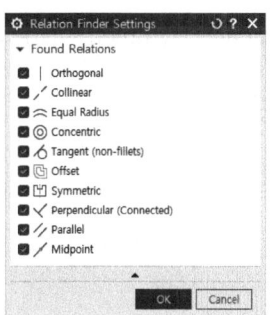

**그림 13.31** Relation Finder Setting 대화상자

⑨ Work Region　　　　　　　　　　　　　　　　　　　　　Tools ➡ Work Region...

스케치 작업에서 수정 제한 영역을 설정하며 복잡한 스케치에서 성능을 향상할 수 있다. 영역 밖의 객체는 변경되지 않는다.

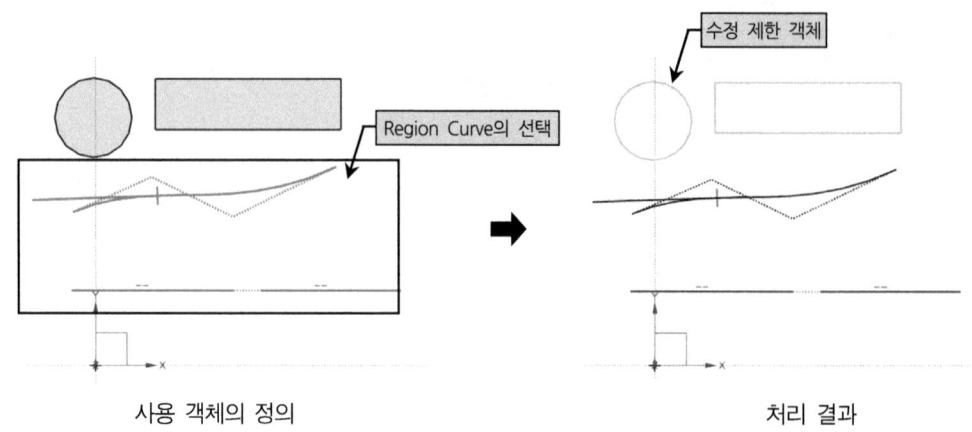

그림 13.32  Work Region의 적용

⑩ Ignore Relation ⊠   Tools ➡ Ignore Relation...

스케치 작업에서 설정된 Relation 무시하고 실행할 수 있다.

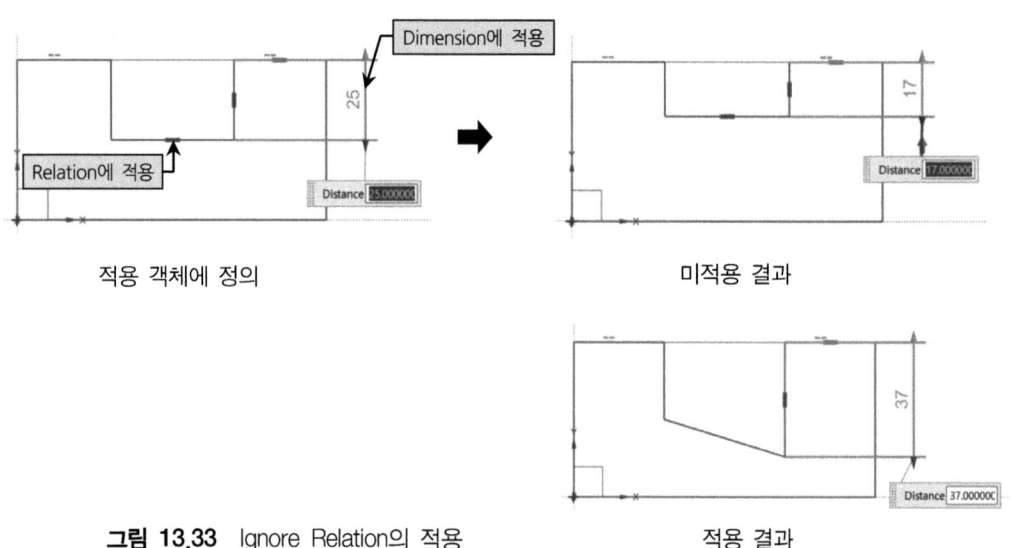

그림 13.33  Ignore Relation의 적용

⑪ Manage Symmetry Lines   Tools ➡ Manage Symmetry Lines...

Manage Symmetry Lines를 사용하여 스케치 기능에서 수평 관계식을 대칭 구속 식에서 찾지 못하게 하며, 수직 스케치 축과 수평축이 기본으로 두 축 찾기 체크박스가 켜져 있다.

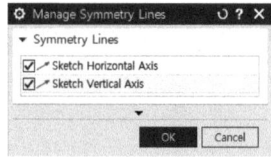

그림 13.34  Manage Symmetry Lines 대화상자

⑫ Persistent Relation Browser　　　　　　　　　　　　　　　　Tools ➡ Persistent Relation Browser...

Persistent Relation Browser를 이용하여 스케치에서 형상 관계와 치수 표시를 확인하고 제거할 수 있다.

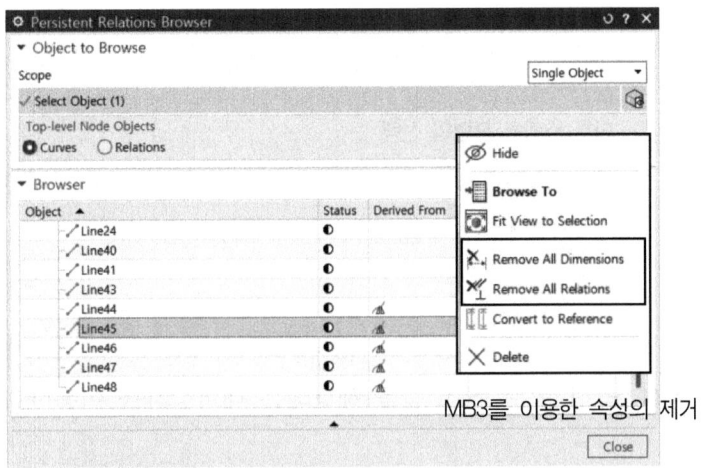

**그림 13.35** Persistent Relation Browser에서의 수정

⑬ Convert To/From Reference　　　　　　　　　　　　　　　Tools ➡ Convert To/From Reference...

스케치된 곡선이나 치수를 그림 13.36의 대화상자를 이용하여 참조속성 객체로 변환하거나 참조속성 객체를 스케치에 이용되는 활성화된 객체로 변환시킬 수 있으며, 참조속성 객체의 곡선은 가상선으로 치수는 아래 색상으로 변경된다.

　　참조 객체 대화상자　　　　　　활성화 객체　　　　　　　참조 객체

**그림 13.36** Convert To/From Reference에 의한 속성변경

⑭ Reattach　　　　　　　　　　　　　　　　　　　　　　　　Tools ➡ Reattach...

스케치평면에서 작성된 다른 객체의 평면을 이용하여 스케치평면을 변경하여 객체를 정의한다.

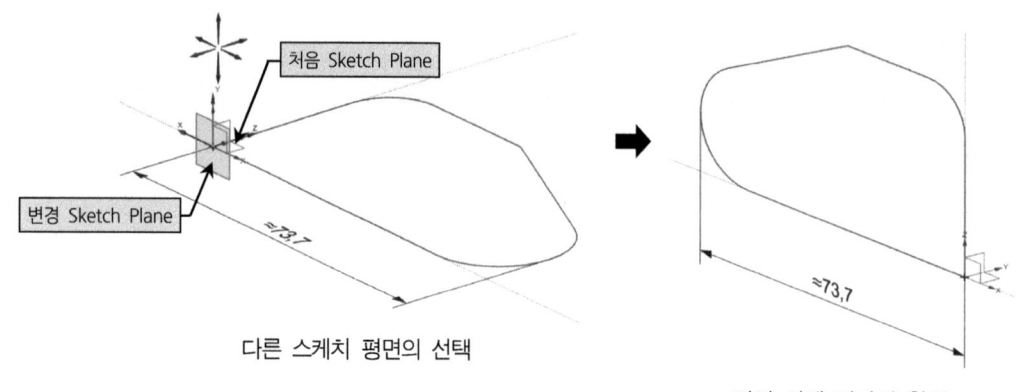

그림 13.37  Reattach에 의한 작업평면의 변경

⑮ Parameter

Edit ▶ Curve ▶ Sketch Parameter...

작성된 스케치의 직선, 곡선 또는 원호 등을 해당되는 대화상자를 이용하여 수정할 수 있다.

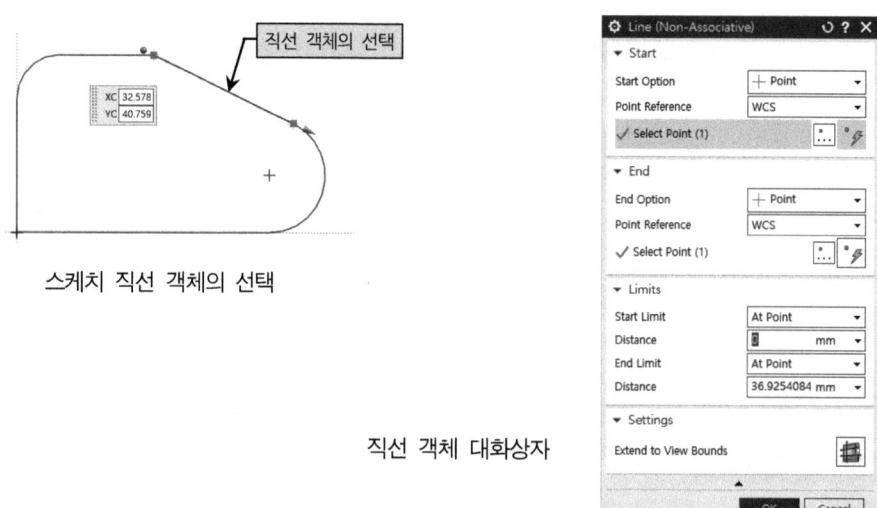

그림 13.38  Parameter에 의한 객체 수정

⑯ Edit Parameter

Edit ▶ Edit Parameter...

작성된 스케치 매개변수의 대화상자를 이용하여 편집할 수 있다.

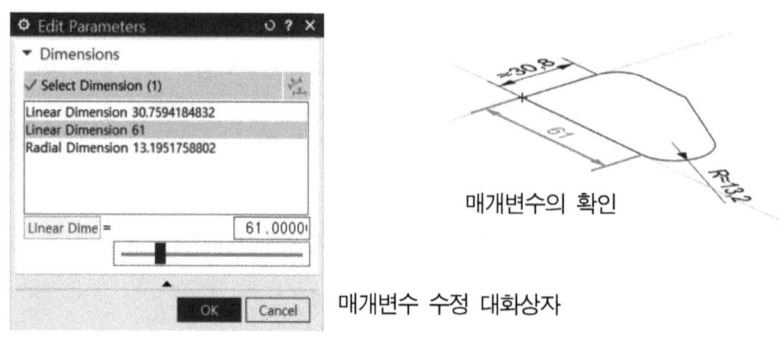

그림 13.39  Edit Parameter에 의한 객체 수정

⑰ Trim Recipe Curve    Edit ➡ Curve ➡ Trim Recipe Curve

Recipe Curve로 작성된 스케치 곡선이 스케치 곡선을 기준으로 Trim 되며 Quick Trim, Fillet, Make Corner, Chamfer 명령을 사용하여 Recipe Curve를 수정할 수도 있다.

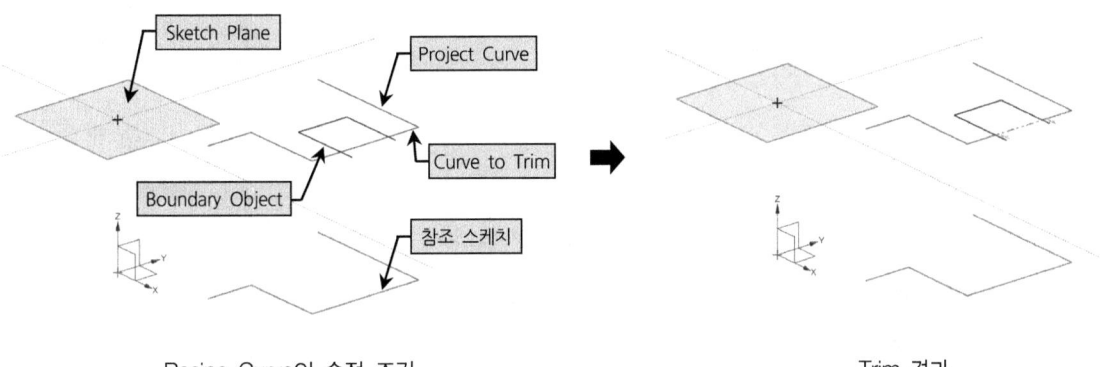

Recipe Curve의 수정 조건    Trim 결과

**그림 13.40**  Trim Recipe Curve에 의한 객체 수정

⑱ Edit Defining Section    Edit ➡ Edit Defining Section...

스케치에 의해 정의된 객체의 단면 형상을 곡선의 방향성 등을 이용하여 정의 방법을 수정할 수 있다.

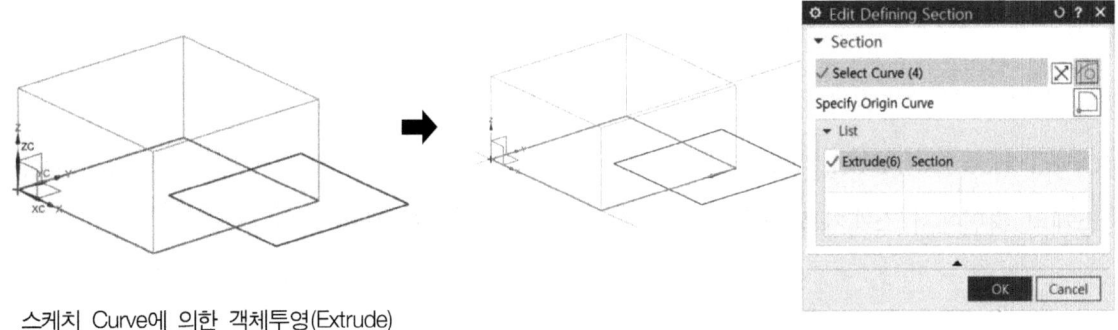

스케치 Curve에 의한 객체투영(Extrude)    Edit Defining Section에 의한 영역 결정

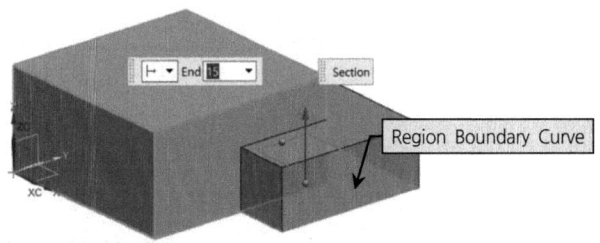

변경된 투영 단면의 적용 결과

**그림 13.41**  Edit Defining Section에 의한 형상

## 13.5 스케치 관리(Sketcher)

풀다운메뉴의 Task, View 또는 Tools에 있는 View의 선택, 스케치 위치의 재조정 등의 기능을 지원하거나, 작성된 스케치 평면의 선택과 종료를 수행할 수 있다.

(단축키 : Ctrl + Q )

① Open Sketch(단축키 : Ctrl + O )  
Task ➡ Open Sketch...

한 번에 하나의 스케치만 활성화할 수 있으며 소프트웨어는 새롭게 생성되는 객체가 활성화된 스케치에 추가된다. 스케치를 활성화하는 방법은 내부 스케치와 외부 스케치인지에 따라 달라진다.

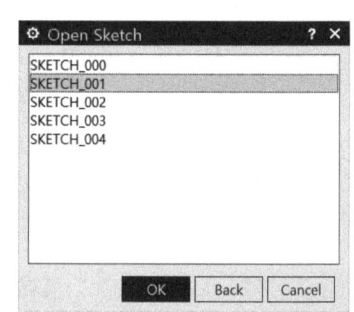

**그림 13.42** Open Sketch 대화상자

② New Sketch(단축키 : Ctrl + N )  
Task ➡ New Sketch...

스케치 상태에서 새로운 스케치를 작성한다.

③ Orient View To Sketch (단축키 : Shift + F8 )  
View ➡ Orient View to Sketch

스케치 화면을 변경하여 작업하고 Orient View To Sketch 명령에 의해 평면상태로 복귀한다.

④ Orient View To Model  
View ➡ Orient View to Model

스케치 평면에서 스케치를 사용하기 전의 모델 뷰로 스케치 뷰를 나타낸다.

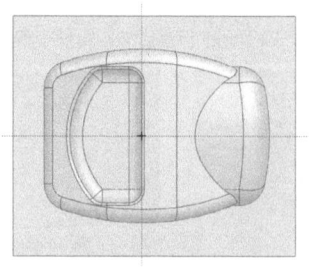
Orient View To Sketch

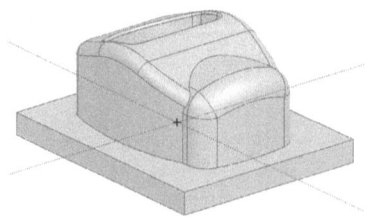
Orient View To Model

**그림 13.43** 스케치 화면의 변경

⑤ Update Model  
Tools ➡ Update ➡ Update Model from Sketch

Delay Evaluation에 의해 지연된 구속조건이나 스케치에 연관된 조건들을 작성된 모델에 적용한다.

아래 도면을 이용하여 CAM 가공용 객체를 모델링하시오.

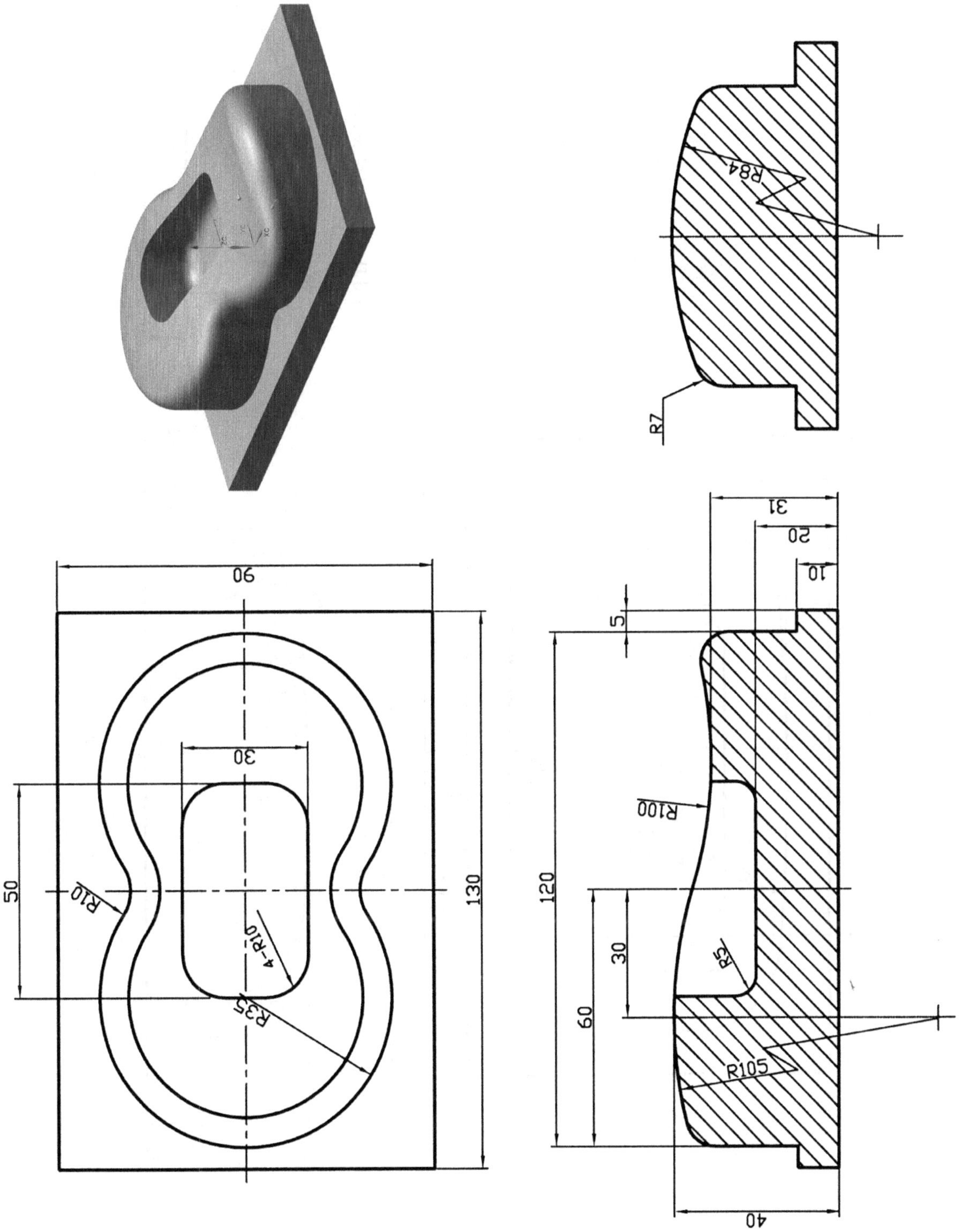

아래 도면을 이용하여 CAM 가공용 객체를 모델링하시오.

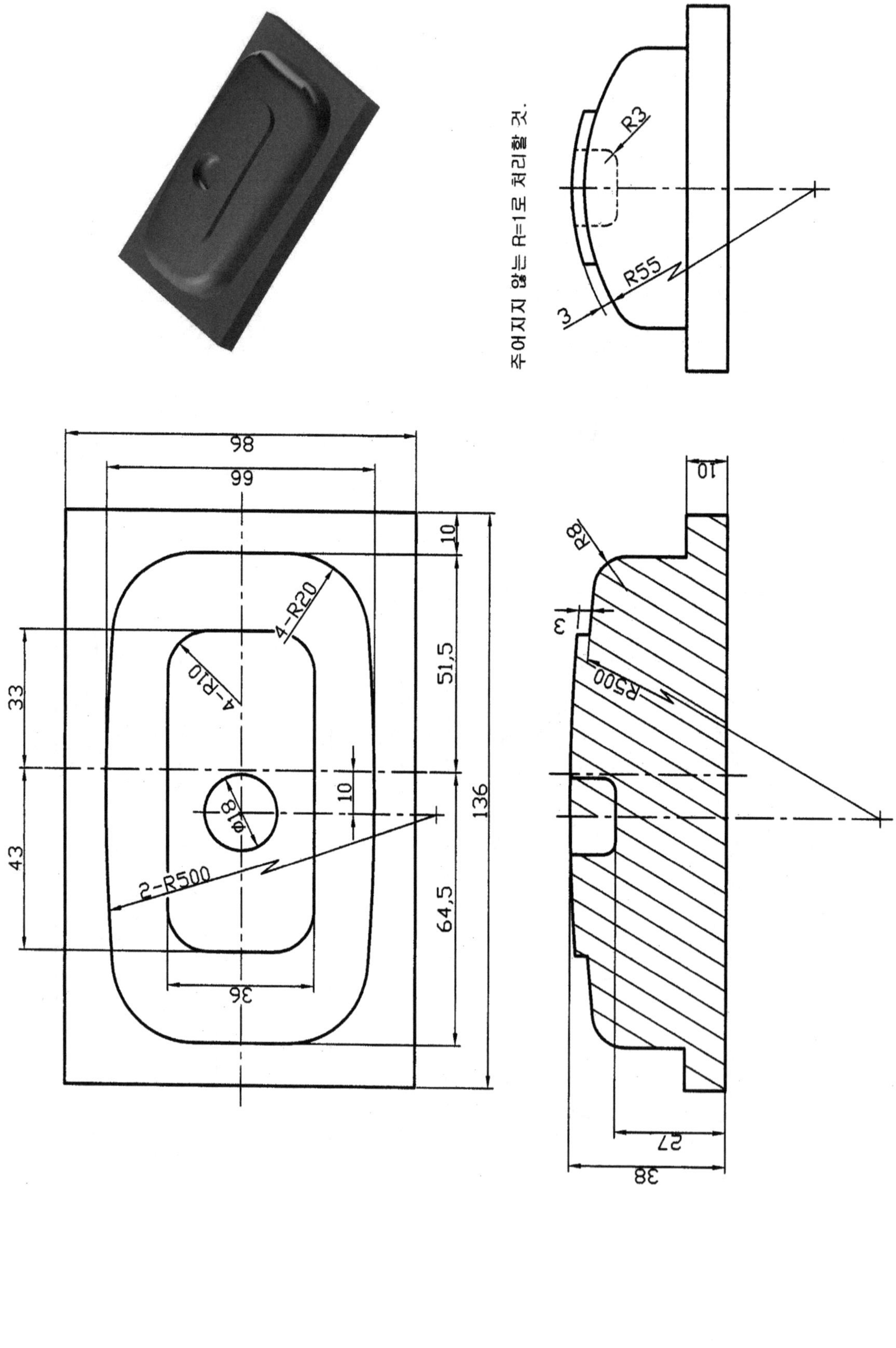

아래 도면을 이용하여 CAM 가공용 객체를 모델링하시오.

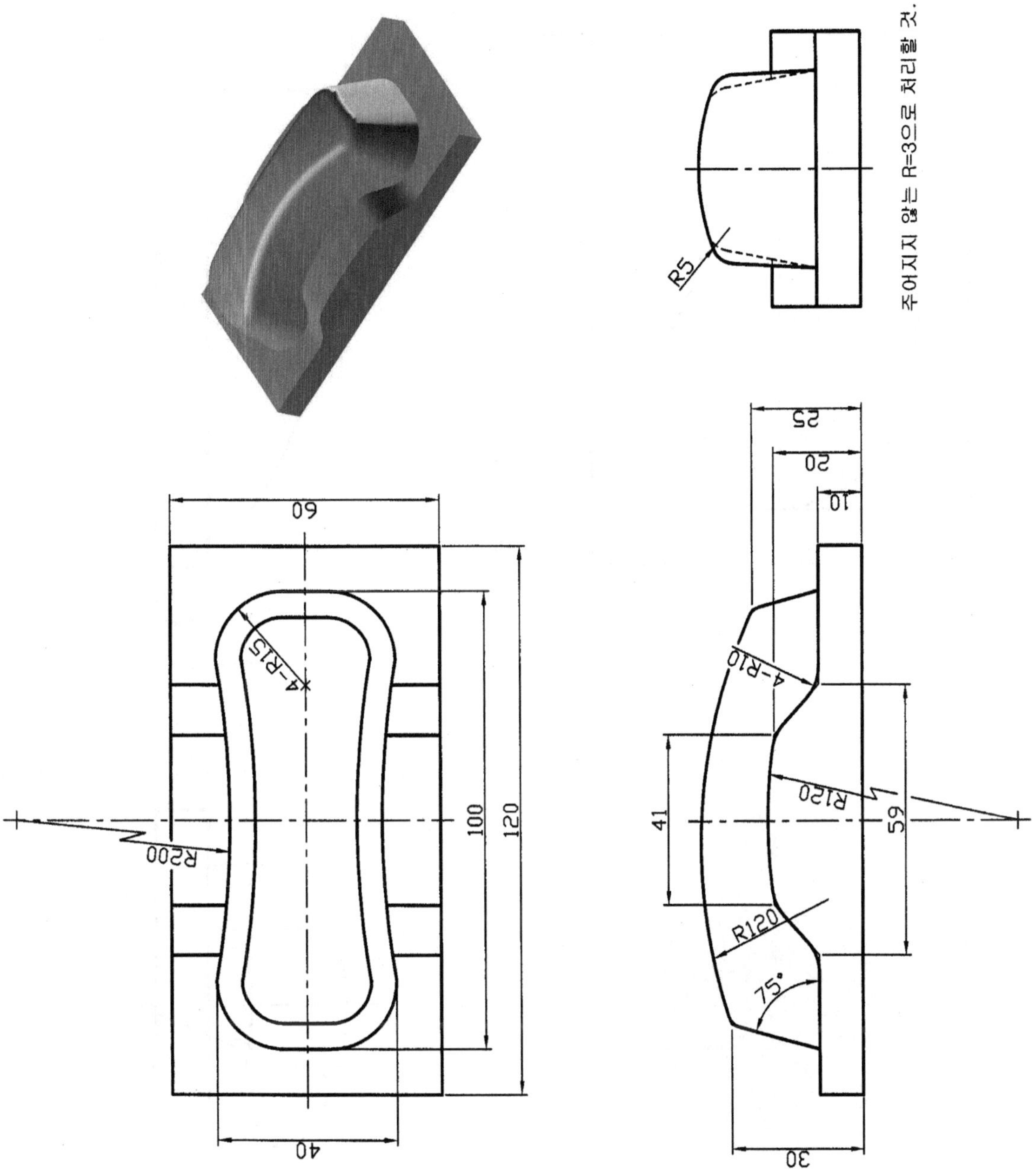

아래 도면을 이용하여 CAM 가공용 객체를 모델링하시오.

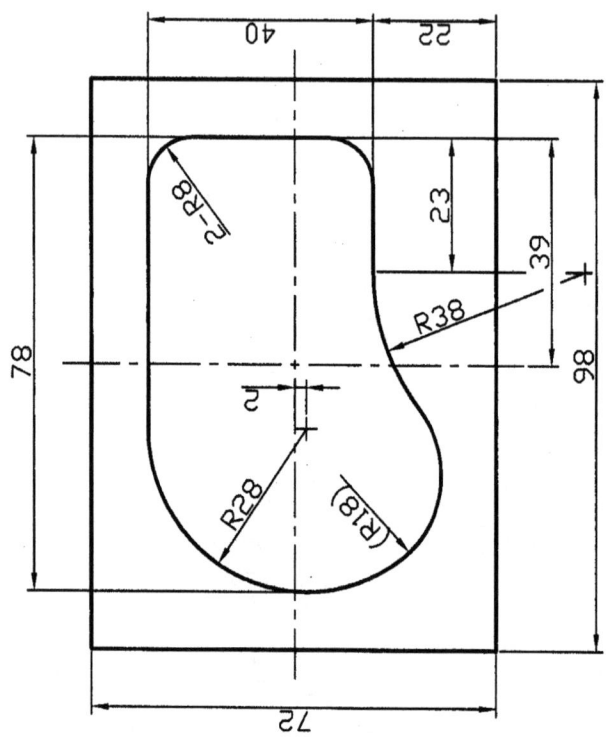
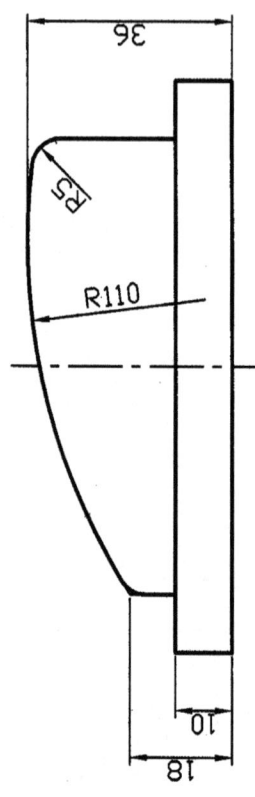

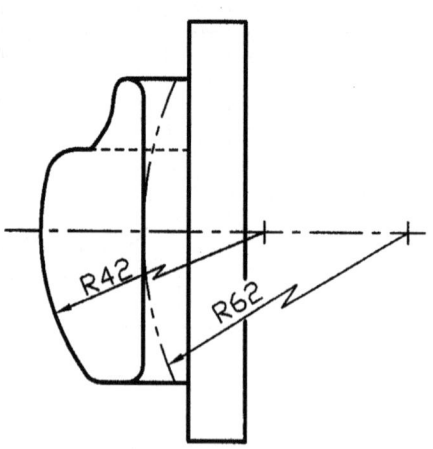

아래 도면을 이용하여 CAM 가공용 객체를 모델링하시오.

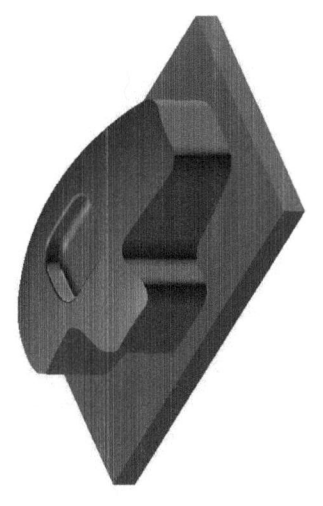
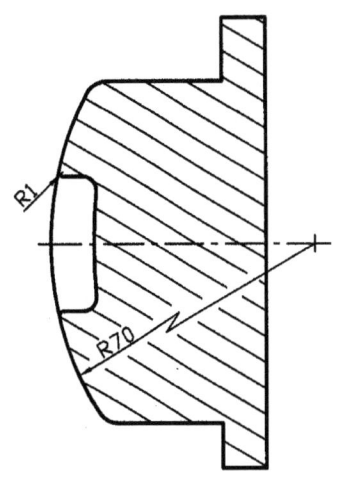
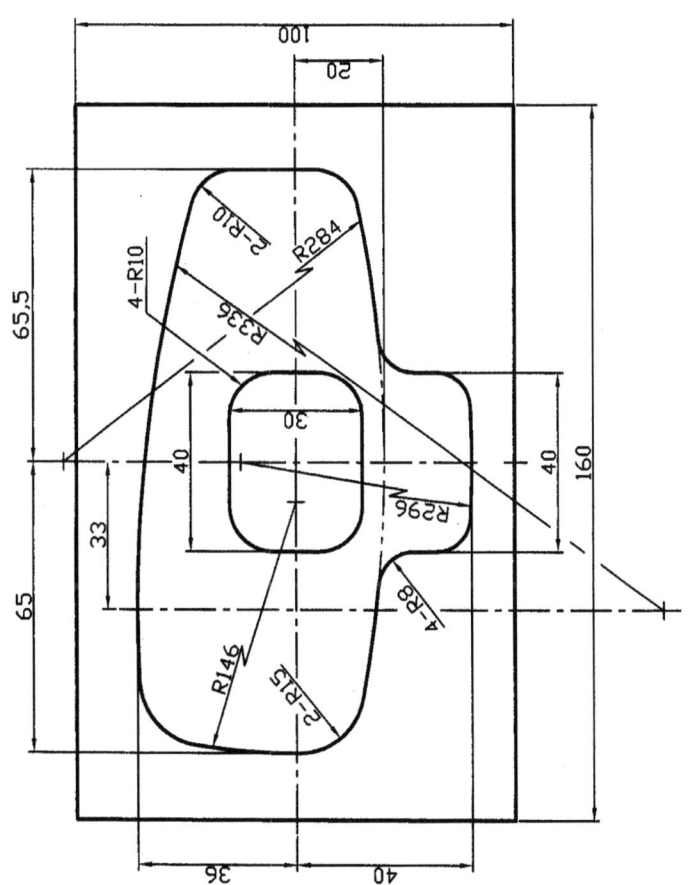
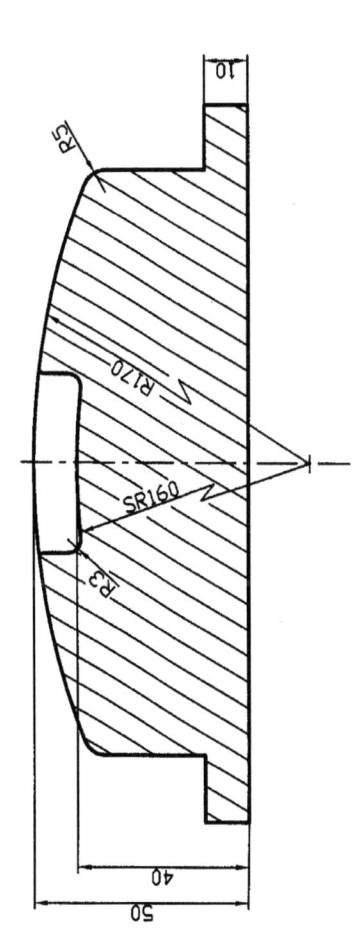

# Assembly의 이용

chapter 14

## 14.0 Assembly

어셈블리(Assembly)란 작성된 부품 모델을 이용하여 부품 간의 논리적 구조를 정의하거나 조립체의 물리적 특성, 수치적 간섭 및 애니메이션 등의 기능을 수행하고 조립 부품의 치수 관계와 조립 위치에 대한 각각의 부품들의 상관관계를 정의한다.

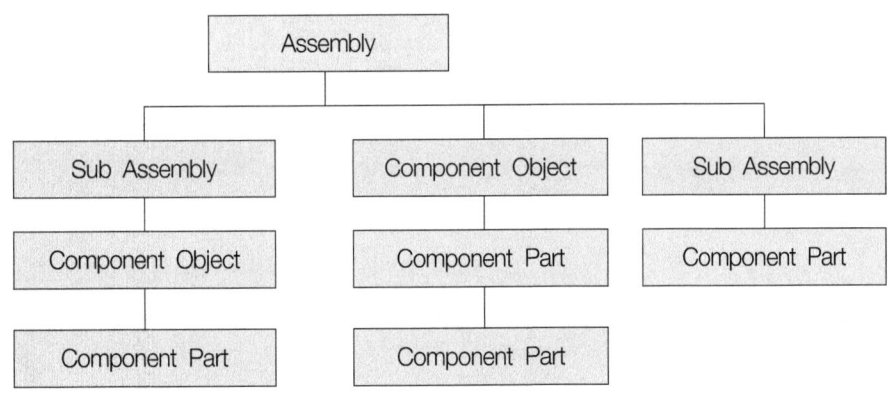

**그림 14.1** 어셈블리의 구조

① Assembly : Sub Assembly와 Component Part에 의해 구성되는 최종 조립체를 의미한다.
② Sub Assembly : Component Part들을 조합하여 하부 Assembly의 구성요소를 생성한다.
③ Component Object : Assembly를 Component Part에 연결하는 위치 속성을 가지며, 다른 구성체의 Sub Assembly나 Component Part로 구성할 수 있다.
④ Component Part : Assembly를 구성하는 구성요소이며 Master Model 부품을 복사하지 않고 조립체를 구성한다. 또한 Component Part는 조립체와 부품의 위치정보를 갖는다.

⑤ Bottom-Up Assemblies : 조립체에 필요한 부품을 모두 작성한 다음 새로운 부품 파일에 조립 순서의 하위계층에서부터 구속조건과 위치정보를 주어 Assembly를 작성한다.

⑥ Top-Down Assemblies : Assembly 조립체를 이용하여 조립체의 상위계층에서 Sub Assembly나 Component Part 등 하위계층의 구성체를 모델링할 수 있다.

⑦ Mixing and Matching : Bottom-Up Assemblies와 Top-Down Assemblies 방식을 혼용하여 조립체를 완성할 수 있으며, 새로 작성되는 구성체의 모든 Geometry는 작업파일에 추가된다.

⑧ Master Model : Master Model로 구성된 구성체는 작성된 Master Model의 추가정보가 Assembly에 업데이트된다.

아이들 풀리 도면을 이용하여 각각의 부품을 새로운 파일에 모델링하시오.

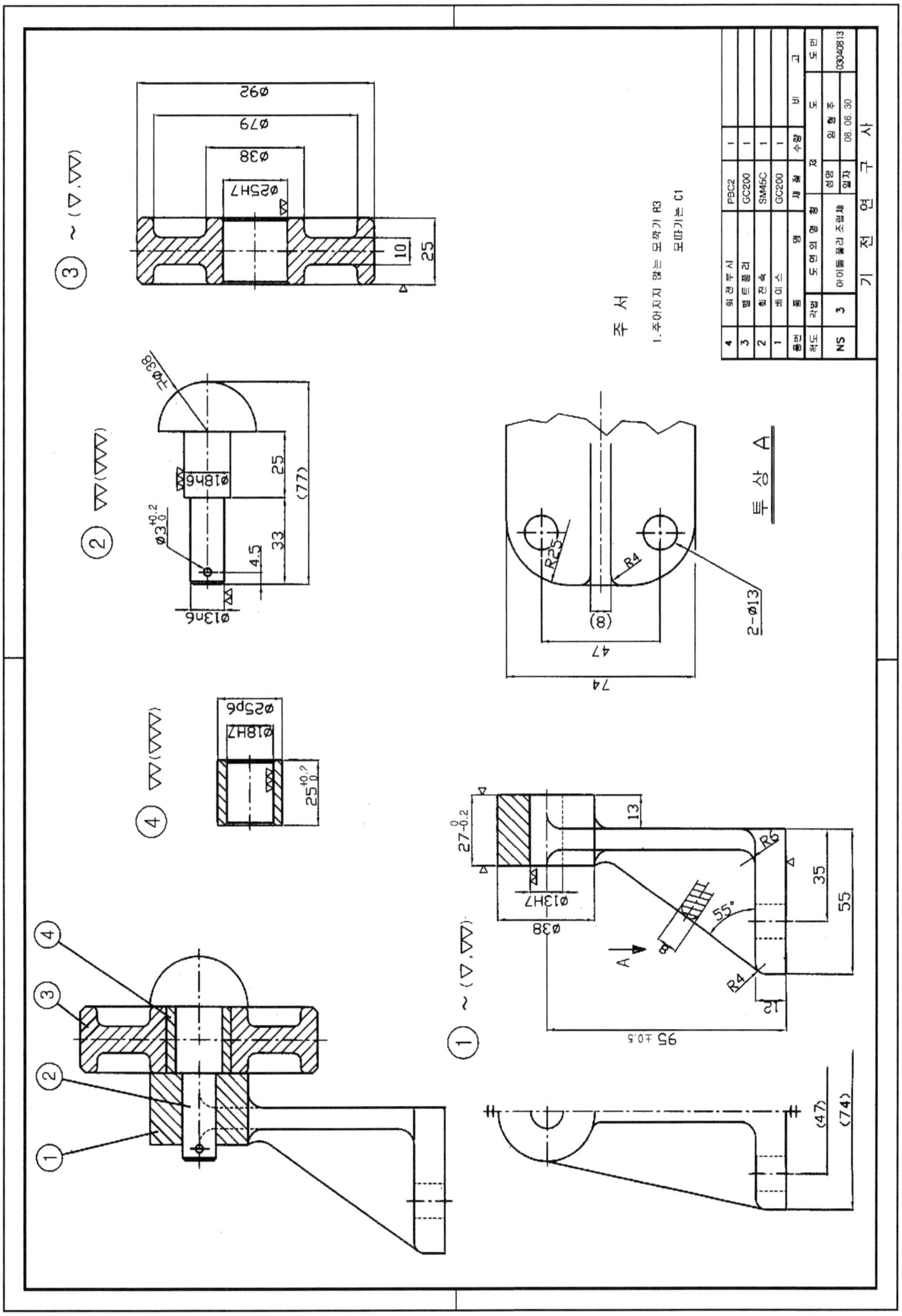

## 14.1 Components의 구성

미리 작성된 부품을 추가하는 방식인 Bottom-Up Assemblies와 상위 조립체에서 구성부품을 작성하고 관리하는 Top-Down Assemblies의 기능을 지원하며, 구성부품의 위치정보와 구속조건 등을 정의할 수 있다.

### 14.1.1 Add Components

Assemblies ➡ Components ➡ Add Components...

작성된 부품을 현재 작업 중인 조립체에 추가하는 기능을 지원한다.

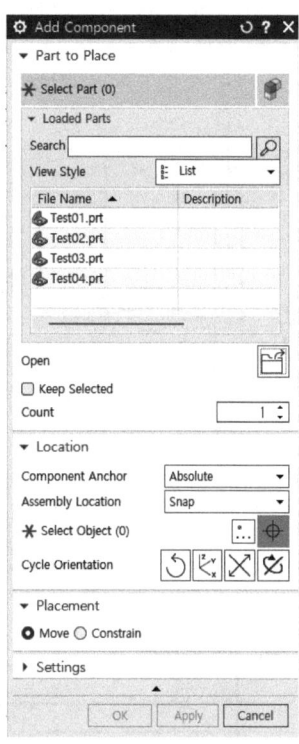

그림 14.2  Add Exiting 대화상자

① Open : 부품파일을 찾기 위한 탐색용 대화상자를 이용할 수 있다.

② Location : 추가되는 부품의 위치를 정의할 수 있다.
- Component Anchor : 단일 객체를 추가하면 절대와 객체의 모든 사용자 정의 앵커가 나열되며 Componen의 Absolute(절대) 원점이다.
- Assembly Location : Component Anchor가 어셈블리에서 처음에 배치된 위치를 선택할 수 있다.
  - Snap : 어셈블리의 방향 및 마우스 위치에 따라 배치 면을 선택할 수 있다.
  - Absolute-Work Part : Component Anchor가 작업 객체의 절대 원점에 배치된다.
  - Absolute-Displayed Part : Component Anchor가 표시된 객체의 절대 원점에 배치된다.
  - WCS : Component Anchor가 현재 WCS 위치 및 방향에 배치된다.

- Cycle Orientation : Assembly Constraints 대화상자를 이용하여 형상의 위치 정의 구속조건을 줄 수 있다.
    - Reset : Snap된 위치와 방향을 재설정한다.
    - WCS : Component 방향을 WCS로 지정합니다.
    - Reverse : Component Anchor의 Z 방향을 반대로 표시한다.
    - Rotate : Z축 주변에서 X축에서 Y축으로 Component를 90° 회전한다.

- Placement Type : Move, 점 다이얼로그 또는 CSYS Manipulator를 이용하여 객체의 방향을 지정할 수 있다. Constrain, Assembly Constraint 조건이 있는 객체를 배치할 수 있다.
- Specify Orientation : Component의 배치 점을 선택할 수 있다.
- Move Handles Only : 선택한 객체를 위치 변경하지 않고 Handle을 변경할 수 있다.

③ Setting : 선택된 부품을 여러 번 추가(Multiple Add)하는 경우의 처리특성을 정의할 수 있다.
- Enabled Constraints : 구속조건 유형 리스트에 표시되는 구속조건을 제어한다.
- Scatter Components : 추가된 객체들이 겹치지 않도록 Component를 자동으로 배치한다.
- Preview : 그래픽 윈도우에서 Component를 미리 보기로 표시한다.
- Preview Window : 별도의 Component 미리 보기 윈도우에 표시한다.

④ Reference Set : 선택된 부품 파일의 적용 방식을 선택한다.
- Model : 선택된 부품의 모델만을 구성체 화면에 나타낸다.
- Entire Part : 선택된 부품의 전체 내용(모델, Sketch 등)을 구성체 화면에 나타낸다.
- Empty : 선택된 부품의 내용을 화면에 표시하지 않으나 구성체(Associative Link)에 등록된다.

⑤ Layer Option : 추가되는 부품의 Layer 특성을 정의한다.
- Original : 선택된 부품의 Layer 특성을 유지한다.
- Work : 현재 작업 중인 Layer 속성을 상속한다.
- As Specified : 선택된 부품에 그림 14.2의 대화상자에 정의된 새로운 Layer를 적용한다.

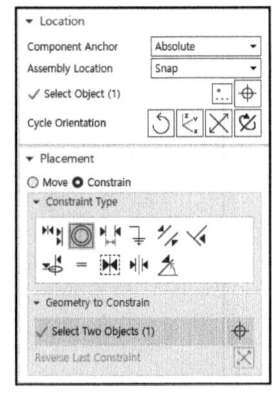

부품의 추가 대화상자

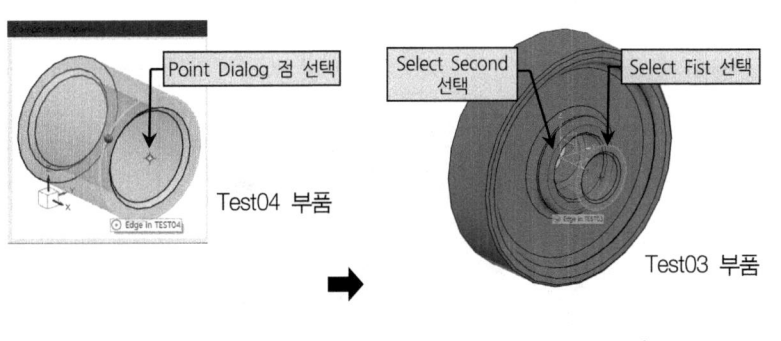

그림 14.3 Add Exiting 명령에 의한 부품의 추가

그림 14.3은 예제 14.1에서 작성된 부품을 이용하여 조립체의 구성방식을 설명한 것이며 Bottom-Up Assemblies 방식으로 벨트풀리에 부시를 추가한다.

### 14.1.2 New Component

Assemblies ➡ Components ➡ New Components...

조립체의 일부 형상을 이용하여 Top-Down Assemblies 구조의 구성부품을 작성한다.

그림 14.5는 Copy Defining Objects에 의한 구성체의 특성을 비교하였다. 그림 14.6은 그림 14.3의 결과와 같이 새로운 부품을 모델링하는 과정이다.

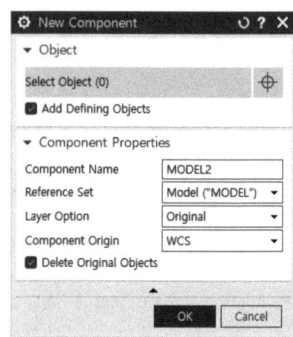

**그림 14.4** Create New 대화상자

① Component Origin : 작성부품의 위치를 정의하며 WCS 또는 Absolute 위치를 이용할 수 있다.
② Add Defining Objects : 해당 부품에 정의(Sketch, Datum 등)된 내용을 포함하여 작성한다.
③ Delete Originals : 구성체를 만들기 위해 원본 객체를 삭제할 수 있다.

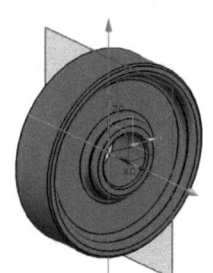

**그림 14.5** Copy Defining Object에 의한 객체특성

■ Top-Down Assemblies의 적용

Insert ➡ Associative Copy ➡ Wave Geometry Linker...

① 조립부품의 생성

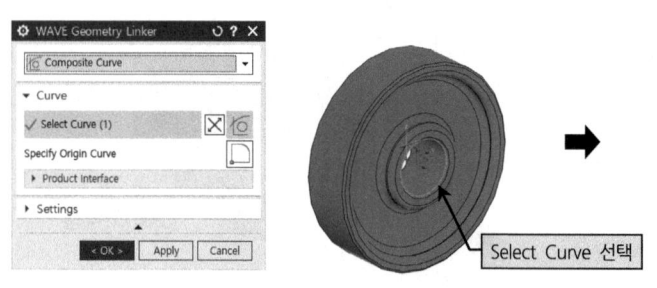

Wave Geometry Linker에 의한 곡선 추출

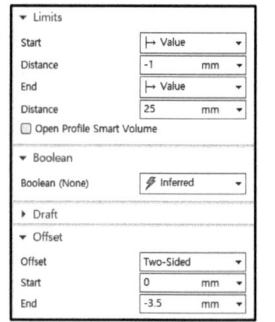
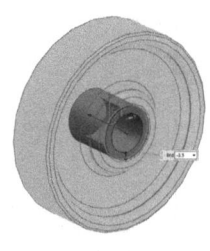

Extrude에 의한 상관부품의 작성

② 구성부품의 추가  Assemblies ➡ Components ➡ New Components...

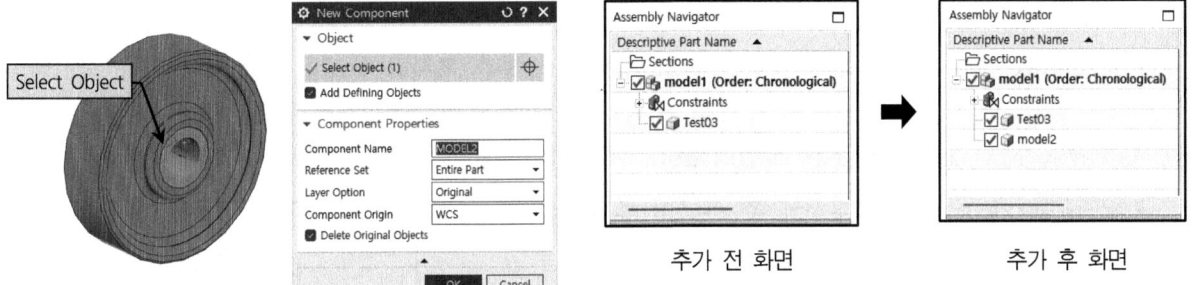

Components ➡ New Components...의 적용

③ 구성부품의 저장  Assemblies ➡ Components ➡ Make Unique...

Make Unique를 이용하여 작성된 객체에 새로운 객체 파일명으로 저장한다.

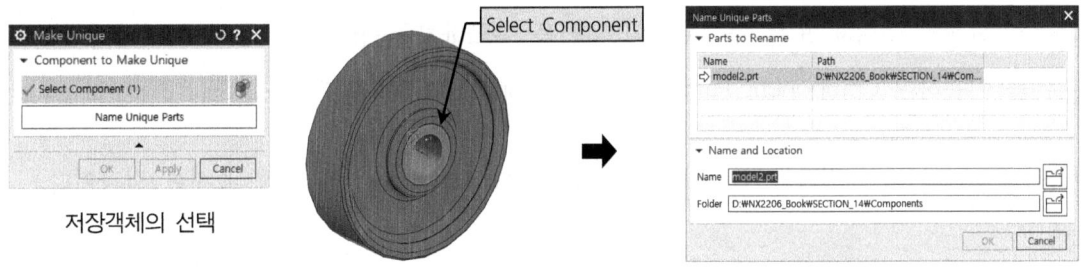

그림 14.6  Top-Down Assemblies 방식의 부품 생성 및 등록

④ Assembly Navigator의 활용

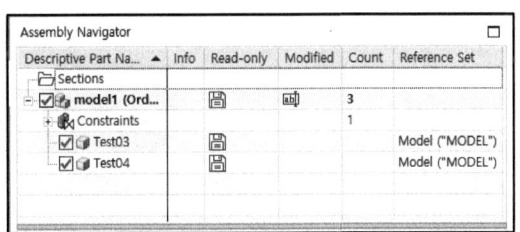

그림 14.7  Assembly Navigator 대화상자

- Descriptive Part Name : 조립체에 대한 구성부품을 확인할 수 있으며 체크박스는 Hide 사용 여부를 확인할 수 있다.
- Read-only : 디스켓의 표시로 수정된 내용을 저장할 수 있다.

- Modified : Assembly에서 부품의 수정 내용이 있는 구성품을 표시한다.
- Position : 구성부품의 위치가 변경할 수 있는 부품을 표시한다.
- Count : 조립체의 구성부품 수를 표시한다.
- Reference Set : 구성부품에 설정된 참조 내용의 특성을 표시하며 Add Exiting 명령을 참고한다.

⑤ Assembly Navigator를 이용한 화면의 조작

- Make Work Part : 하부구성체 중 하나의 부품만을 선택하여 수정할 수 있으며, 나머지 부품은 회색으로 표시되고 선택종료는 상위 조립체에 Make Work Part를 이용한다.
- Open in Window : 선택한 구성체를 단독화면에 표시하여 해당 부품을 수정하는데 편리하다.
- Open Parent in Window : Open in Window로 표시된 어셈블리 객체에서 상위 어셈블리 객체로 변경한다.
- Close : 선택된 조립체 또는 구성부품의 편집을 종료하고 구성부품을 Hide 처리하며 복구는 MB3 버튼을 이용하여 Component Partially 또는 Component Fully를 이용한다.

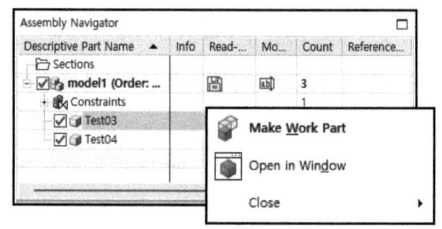

그림 14.8  Navigator의 이용

그림 14.9는 그림 14.6의 결과를 이용하여 Assembly Navigator 옵션에 의해 표시한 결과이다.

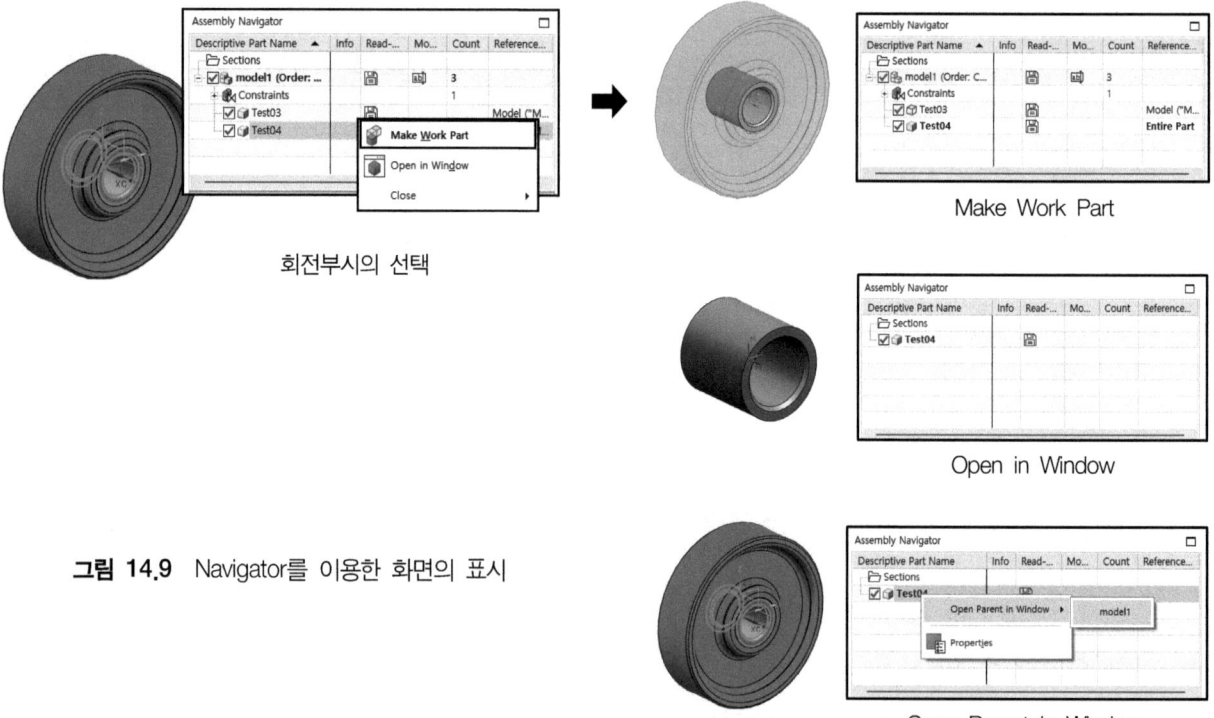

그림 14.9  Navigator를 이용한 화면의 표시

### 14.1.3 New Parent Assembly

Components ➡ New Parent Assembly...

현재 추가 된 객체에 대해 Sub Assembly를 생성하려면 New Parent Assembly 명령을 사용하며 New Parent Assembly에서는 먼저 빈 어셈블리가 생성된 다음 현재 활성 된 객체가 새로 작성된 어셈블리의 하부에 추가된다.

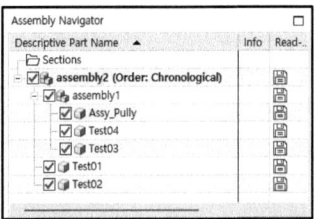

**그림 14.10** Navigator의 구조

### 14.1.4 Replace Component

Assemblies ➡ Components ➡ Replace Component...

조립체의 구성부품을 선택하여 다른 구성부품으로 대체하는 기능을 수행할 수 있으며, 선택 구성체에 Associative Link가 유지되는 Maintain Relationships 옵션에 의해 작업이 수행된다. 또한 Replace All Occurrences in Assembly는 변경된 부품에 의한 전체 조립체의 구성 조건에 적용된다.

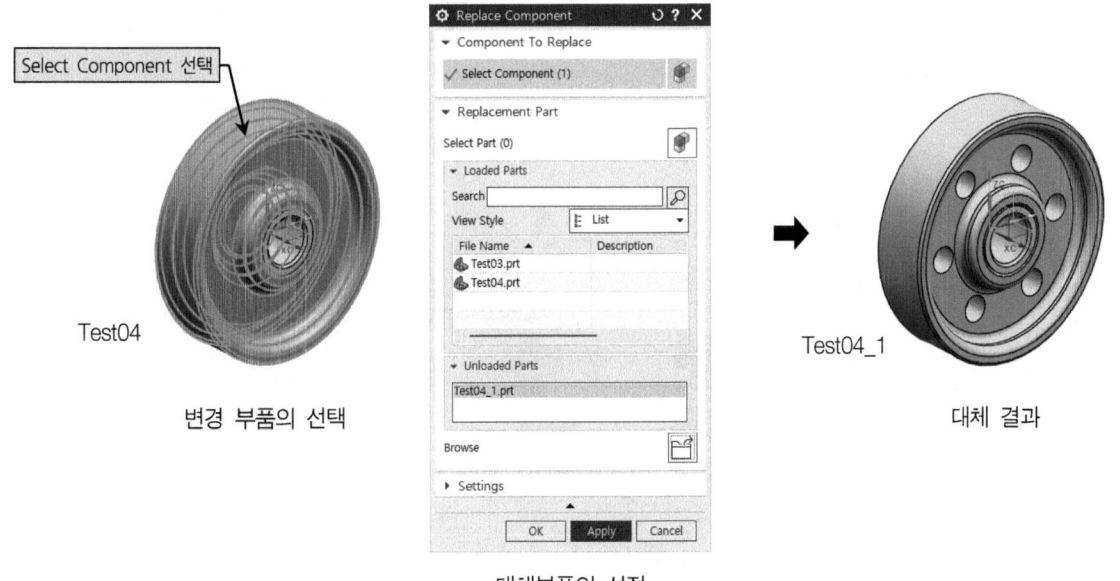

**그림 14.11** Replace Component에 의한 부품대체

## 14.1.5 Pattern Component

Assemblies ➡ Components ➡ Pattern Component...

조립체를 작성하는 경우 동일한 부품을 이용해 일정한 위치에 배열하는 기능을 지원한다.

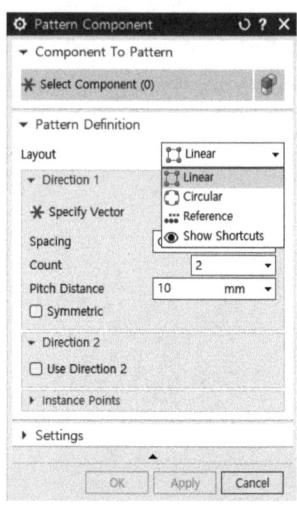

① Linear : 6.17절에서 설명한 Pattern Feature 명령의 기능을 이용해 사각형으로 배열로 조립체를 구성한다.
② Circular : 구성부품을 원형으로 배열하여 조립체를 구성한다.

**그림 14.12** Component Array 대화상자

- Linear에 의한 부품의 배열

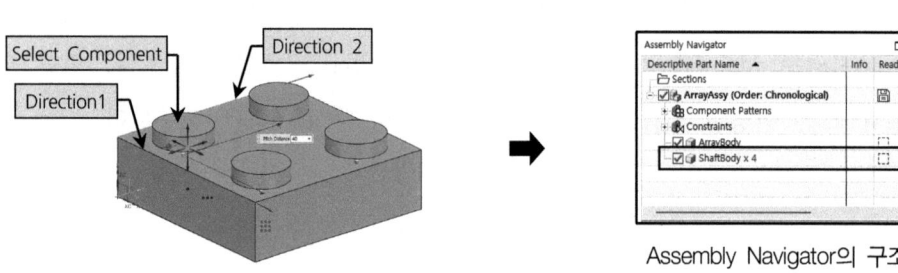

배열 부품의 선택      Assembly Navigator의 구조

- Circular에 의한 부품의 배열

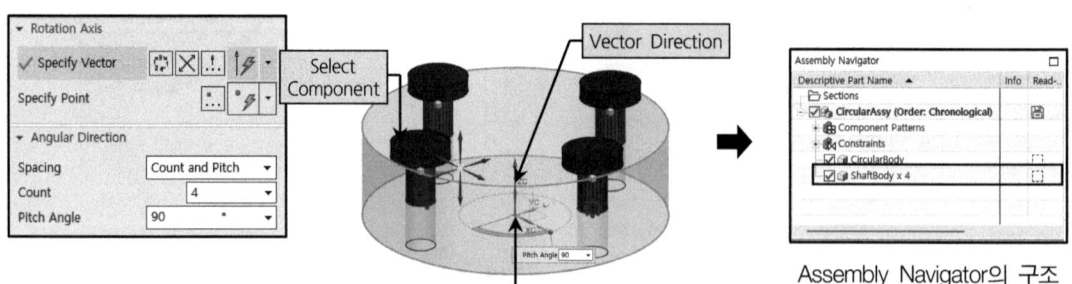

배열 부품의 선택

**그림 14.13** Linear에 의한 Create Array

### 4.1.6 Mirror Assembly

Assemblies ➡ Components ➡ Mirror Assembly...

작성된 구성체를 선택하여 작성된 Datum Plane 또는 마법사 내의 대화상자를 이용하여 구성부품을 Mirror 할 수 있다.

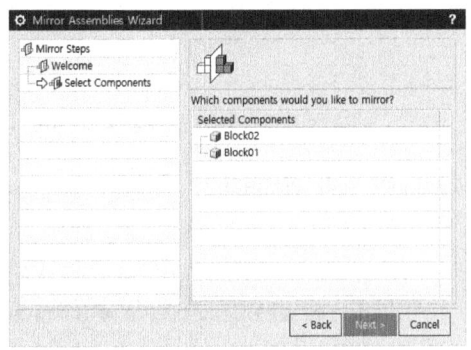
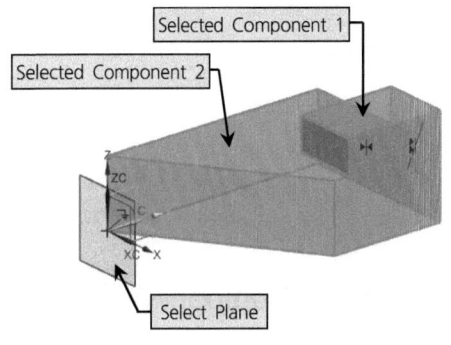

Mirror Assemblies Wizard 대화상자     Component/Plane의 선택

그림 14.14  Mirror Assembly의 마법사

① Welcome : Mirror 마법사에 대한 설명을 나타낸다.
② Selected Components : Mirror 대상 구성부품을 선택한다.
③ Select Plane : Datum Plane을 선택하거나 대화상자를 이용해 작성할 수 있다.

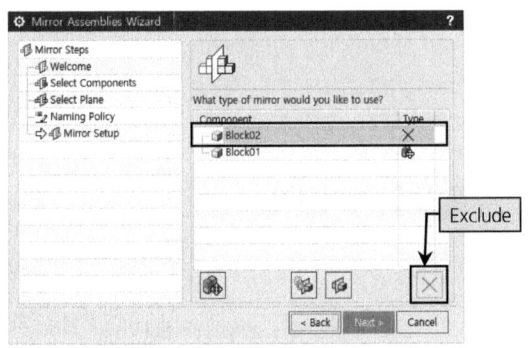
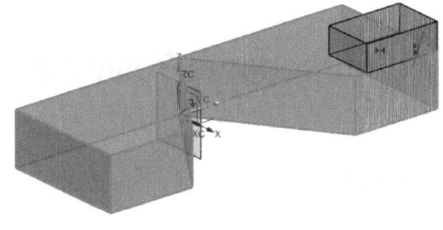

Block02에 Exclude 적용     Exclude Component에 의한 복사 제외

그림 14.15  Mirror Assembly 마법사에 의한 복사

- Cycle Reposition Solution
- Associative Mirror
- Reuse and Reposition

- Specify Symmetry Plane
- Non Associative Mirror

그림 14.16은 그림 14.14의 선택 조건에서 특정 객체에 Cycle Reposition Solution을 적용한 결과이다.

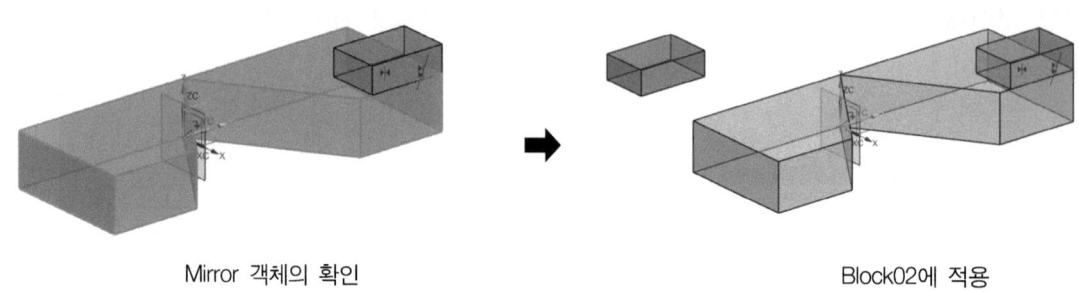

Mirror 객체의 확인 　　　　　　　　　　　　　　　Block02에 적용

**그림 14.16**　Cycle Reposition Solution에 의한 위치변경

### 14.1.7 Suppress Component　　　　　　Assemblies ➡ Components ➡ Suppress Component

작성된 구성체의 일부를 선택하여 화면과 Assembly Navigator에서 표시를 억제하며, 다시 화면에 표시하기 위해 Unsuppress Component 대화상자에서 해당 부품을 선택하여 표시할 수 있다.

### 14.1.8 Edit Suppression State　　　　　Assemblies ➡ Components ➡ Edit Suppression State...

전체 조립체에서 부분 조립체별로 분류하여 Edit Suppression State를 이용하여 관리할 수 있다.

## 14.2　Components Position의 이용

조립체의 이동, 구속조건 및 구속조건의 보이기 특성 등을 제어한다.

### 14.2.1 Move Component　　　　　　　Assemblies ➡ Components Position ➡ Move Component...

점, 선 또는 축 등을 이용하여 부품을 이동하거나 회전시킬 수 있다.

① Dynamic : 2.3.3절의 WCS의 동적변환 방법과 같이 원점이동, 회전 또는 축방향 이동을 동적으로 수행할 수 있다.

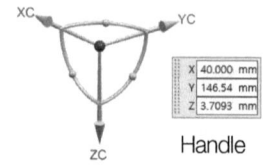

Handle

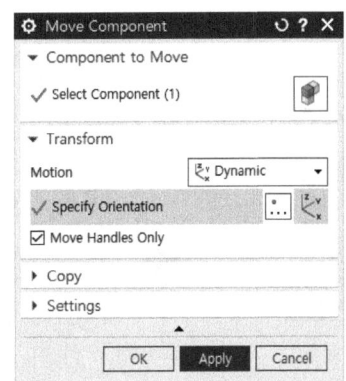

그림 14.17 Move Component 대화상자

- Move Components : Handle 또는 상부아이콘을 이용하여 구성체를 이동 또는 회전시킨다.
- Move Handle Only : 표시된 Handle만을 이동 또는 회전할 수 있다.

② Distance ![] : 선택한 객체를 Vector방향의 거리로 이동시킨다.

③ Point to Point ![] : 선택한 구성부품의 기준점과 이동점을 이용하여 선택한 부품을 이동한다.

④ Delta XYZ ![] : 상대좌표를 이용하여 선택한 구성부품을 이동시킨다.

⑤ Angle ![] : 작성된 선, 객체의 모서리 또는 Vector의 방향을 회전축으로 선택부품을 회전시킨다.

⑥ Rotate by Three Points ![] : 선택된 Vector의 방향 회전축으로 선택부품을 회전 초기점과 이동점을 이용하여 객체를 회전시킨다.

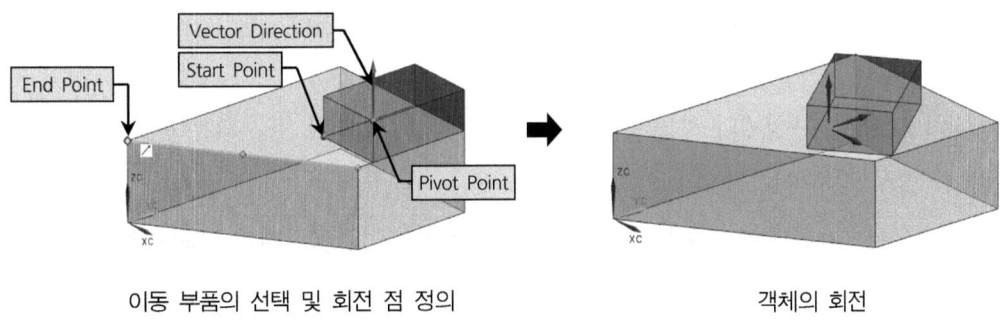

이동 부품의 선택 및 회전 점 정의 　　　　　객체의 회전

그림 14.18 Rotate by Three Point에 의한 구성부품의 회전

⑦ CSYS to CSYS ![] : 이동할 구성부품의 CSYS 결정하고 이동위치의 객체에서 CSYS 설정하여 선택된 구성부품의 좌표이동에 따라 객체가 이동한다.

(Origin, X-Point, Y-Point)

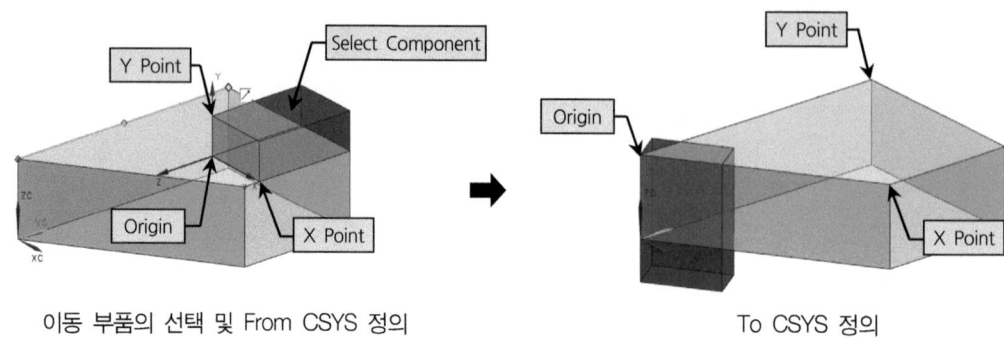

이동 부품의 선택 및 From CSYS 정의      To CSYS 정의

**그림 14.19** CSYS to CSYS에 의한 구성부품의 위치 변경

⑧ Axis to Vector : 선택된 구성부품을 기준정의 Vector를 이동하고자 하는 Vector에 축을 일치시킨다.

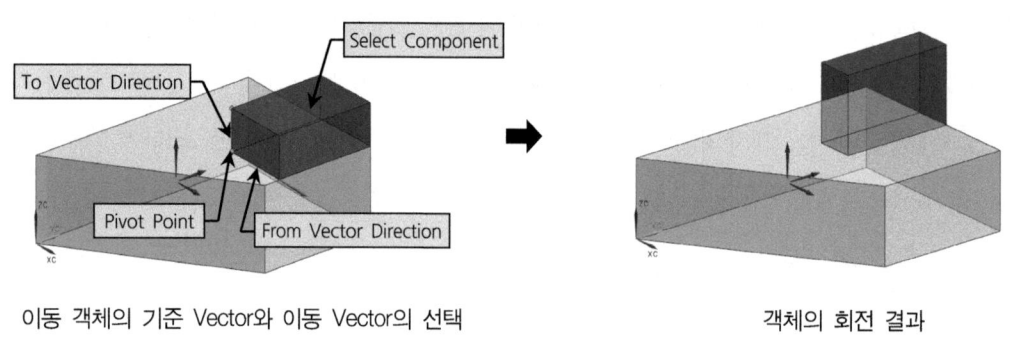

이동 객체의 기준 Vector와 이동 Vector의 선택      객체의 회전 결과

**그림 14.20** Axis to Vector에 의한 구성부품의 회전

- Collision Action : 구성체의 충돌여부를 검증하며 충돌 시 강조 표시되는 Highlight Collision과 충돌의 경우 일시 정지하는 Stop on Collision이 있다.
- Collision Checking Mode : 충돌 점검모드를 선택하며 점검모드에는 Quick Facet와 Facet/Solid 모드가 있다.

## 14.2.2 Assembly Constraints

Component Position ➡ Assembly Constraints...

새로운 조립체 작성을 위해 Add Component에 의해 추가된 조립체의 형상에 대해 구속조건을 정의한다.

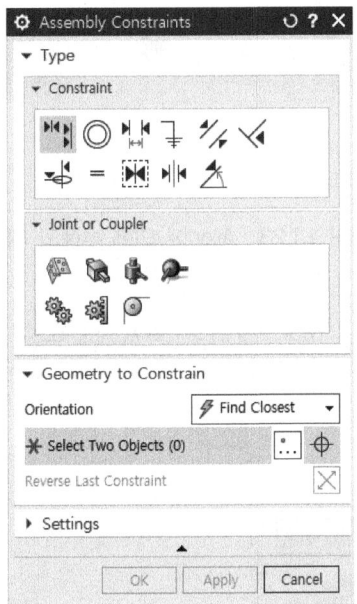

**그림 14.21** Assembly Constraints 대화상자

① Touch Align : 구성부품의 형상 정의 구속조건인 접촉, 정렬 등의 구속조건이 지원된다.
- Tough : 두 개의 면, 점, 선 또는 Datum 등을 이용해 같은 평면상에 대칭되도록 위치를 구속한다.

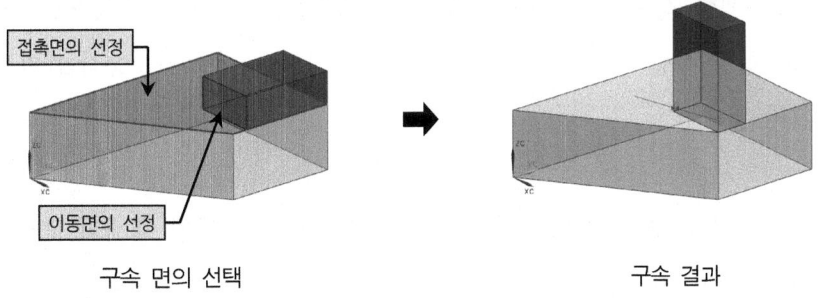

구속 면의 선택          구속 결과

**그림 14.22** Tough에 의한 부품의 대칭

- Align : 정렬시킬 대상물을 선택하여 같은 평면상에 정렬시킨다.

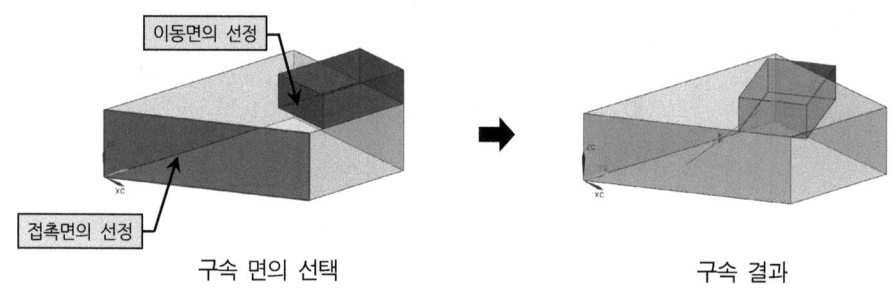

**그림 14.23** Align에 의한 부품의 대칭

- Infer Center/Axis : 선택한 객체 면을 객체의 접선 면 또는 동심 축 상에 일치시킨다.

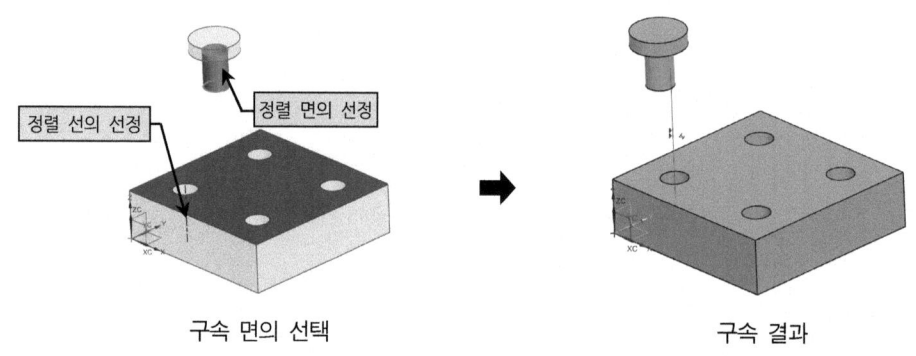

**그림 14.24** Infer Center/Axis에 의한 부품의 정렬

- Find Closest : 선택한 객체 특성의 방향에 따라 구속조건의 방향을 자동으로 할당한다.
- Prefer Touch : 형상 정렬 방법인 Touch, Align, Infer Center/Axis의 방식을 자동으로 선택하여 정렬을 수행한다.

② Concentric ◎ : 그림 14.24와 같이 선택된 객체의 모서리를 이동될 객체의 모서리에 일치시켜 동축 상에 이동 객체를 정렬한다.

③ Distance ▶◀ : 선택된 두 개 면(모서리)의 거리를 입력하여 객체의 구속된 형상을 정의한다.

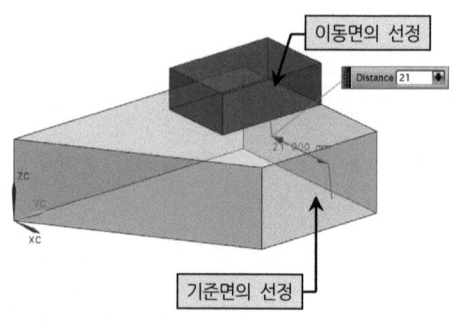

**그림 14.25** Distance에 의한 부품의 거리설정

기준면의 선정 및 거리입력

④ Fix ⏚ : 조립된 부품의 위치를 고정한다.
⑤ Parallel ∥ : 선택한 기준객체의 정의된 Vector를 고려하여 이동될 면과 평행하도록 정렬한다.

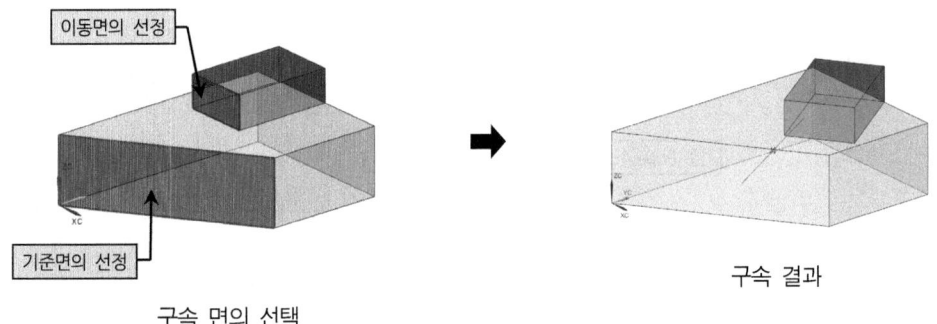

구속 면의 선택 → 구속 결과

**그림 14.26** Parallel에 의한 부품의 정렬

⑥ Perpendicular ⊥ : 선택한 객체의 면을 기준객체의 면에 수직으로 형상을 구속한다.

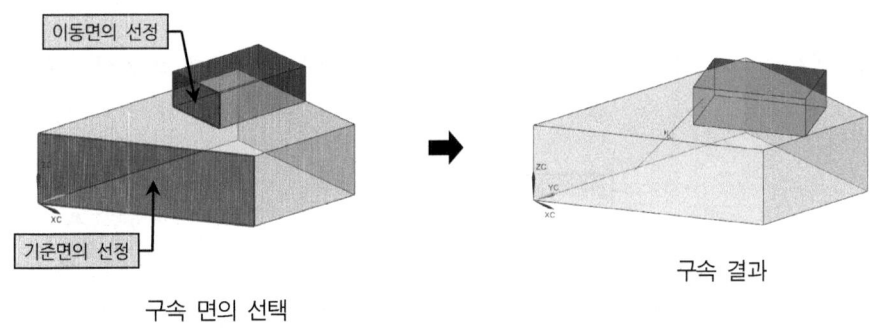

구속 면의 선택 → 구속 결과

**그림 14.27** Perpendicular에 의한 부품의 형상 정의

⑦ Align/Lock : 정렬된 객체에 고정 특성을 추가할 수 있다.
⑧ Fit = : 같은 반경의 두 면을 정렬하는 데 사용하며, 위치결정 핀 또는 볼트와 구멍 정렬에 이용한다.

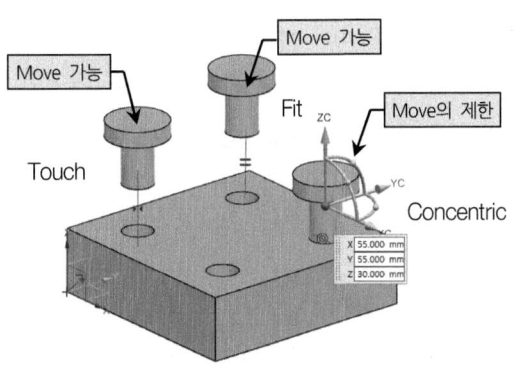

**그림 14.28** 동 축 객체의 정의 특성

⑨ Bond ▶◀ : 조립된 부품 중에 같은 구속조건이 적용되는 경우 결합(Bond)하여 같은 구속조건을 적용한다.

⑩ Center ▶|◀ : 선택한 객체 면을 선정한 객체의 면과 동심 축 상에 일치시킨다.

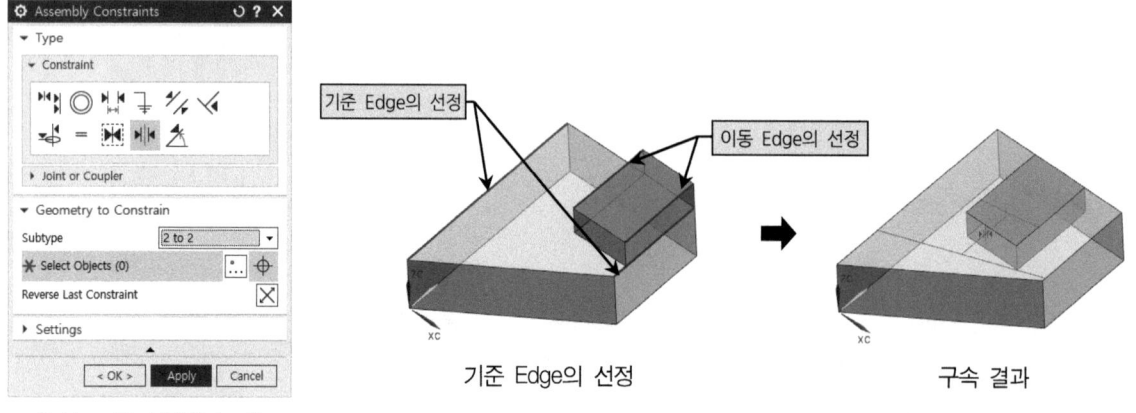

그림 14.29  Center에 의한 부품의 동심 정의

⑪ Angle : 객체를 선택하고 대상객체를 기준으로 입력된 각도만큼 회전시킨다.

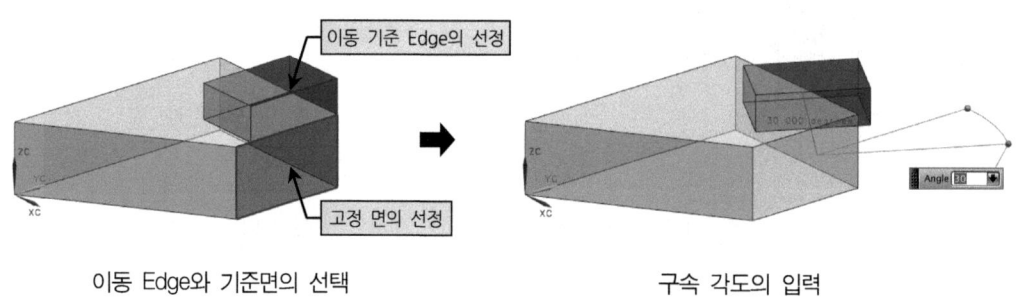

그림 14.30  Angle에 의한 부품의 회전

### 14.2.3 Show and Hide Constraints

구속조건 선택표시 및 숨기기 명령을 사용하여 다음의 가시성을 제어할 수 있으며 선택된 구속조건, 선택된 구성품과 연관된 모든 구속조건에 선택된 구성품 사이의 구속조건만을 표시 및 숨기기 등의 가시성도 제어할 수 있다.

### 14.2.4 Show Degrees of Freedom

선택된 부품의 자유도를 표시하여 준다. 구속조건이 없는 경우 3개의 병진 자유도와 3개의 회전 자유도가 표시된다.

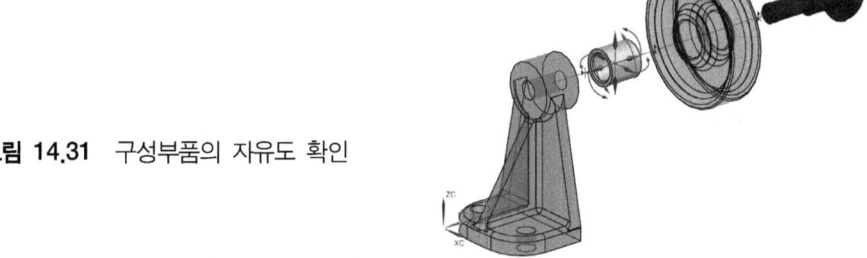

그림 14.31 구성부품의 자유도 확인

### 14.2.5 Remember Assembly Constraints

조립 객체의 위치에 영향을 미치는 선택된 조립 객체 구속조건을 저장하려면 어셈블리 구속조건 Remember Assembly Constraint를 이용하며 해당 조립체를 다른 조립체에 추가하면 조립 객체의 위치를 지정하는 데 기억된 구속조건을 사용할 수 있다.

### 14.2.6 Convert Mating Conditions

Convert Mating Conditions을 사용하여 기존 Mating Condition을 조립 객체의 구속조건으로 변환할 수 있다.

 예제 14.1의 아이들 풀리 도면을 이용해 모델링된 조립체를 작성하시오.

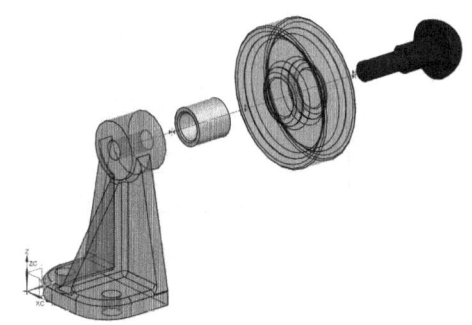

아이들 풀리 조립체

Component의 확인

## 14.3 Context Control의 이용

작성된 조립체의 Hide된 객체를 표시하거나 하나의 조립체만을 남기고 Hide시킬 수 있다. 또한 Context 과정의 저장과 복원 등의 기능을 지원한다.

### 14.3.1 Find Component

Assemblies ➡ Context Control ➡ Find Components...

조립체에 적용된 구성부품을 찾는데 유용하며 품명, 속성 또는 From List 등을 이용하여 구성부품을 선택할 수 있다.

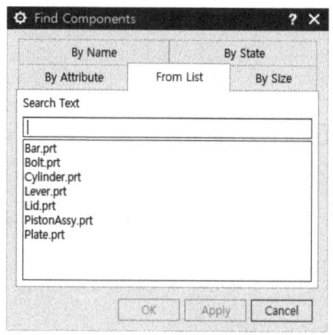

Find Component대화상자

그림 14.32 Find Component의 이용

### 14.3.2 Open Component

Assemblies ➡ Context Control ➡ Open Component...

Close Component에서 표시 억제된 구성부품을 Open Component를 이용하여 작업창에 나타내는 기능을 지원한다. 그림 14.33은 Open하고 Show를 선택한 결과이다.

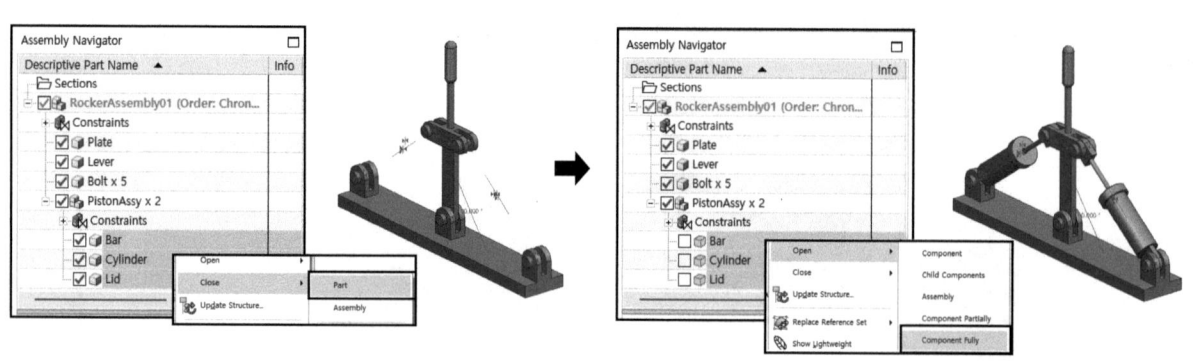

Close Component의 실행    Open Component의 실행

그림 14.33 Open Component의 이용

### 14.3.3 Open by Proximity

Assemblies ➡ Context Control ➡ Open by Proximity...

Open by Proximity 근접 파트 열기 명령을 사용하여 대형 어셈블리의 객체의 관련 영역에 있는 조립 객체를 표시하는 과정을 제어할 수 있다.

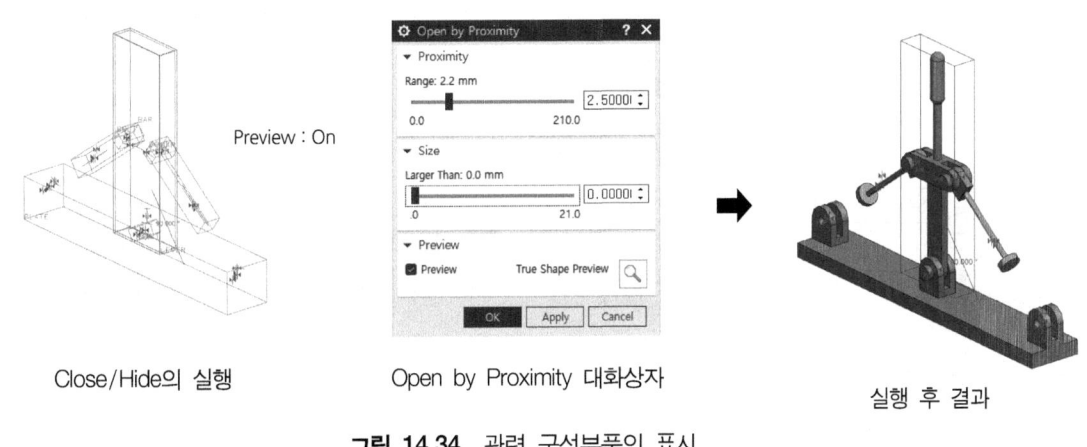

Close/Hide의 실행     Open by Proximity 대화상자     실행 후 결과

**그림 14.34** 관련 구성부품의 표시

### 14.3.4 Show Only

Assemblies ➡ Context Control ➡ Show Only

선택된 구성부품 이외의 구성부품을 Hide 처리한다.

### 14.3.5 Isolate in New Window

Context Control ➡ Isolate in New Window

Isolate in New Window 명령을 사용하면 원래 그래픽 창에서 조립체의 화면표시에 영향을 주지 않고 별도의 탭 화면에서 선택한 조립 객체를 표시할 수 있다. 조립체의 나머지 부분에 간섭받지 않고 조립 부품을 보고 조작할 수 있다.

### 14.3.6 Hide/Show Component

Hide Component in View.../
Context Control ➡ Show Component in View...

선택된 구성부품을 Hidden 처리하며, Show Component in View의 대화상자를 이용하여 표시할 수 있다.

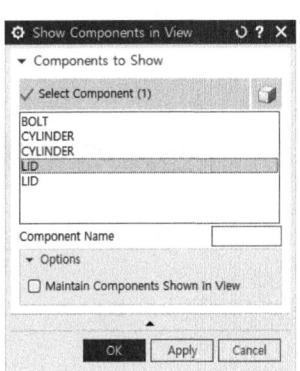

**그림 14.35** Show Component in View 대화상자

### 14.3.7 Show Product Outline

Context Control ➡ Show Product Outline...

구성부품을 선택하여 객체의 외부 윤곽선을 작성할 수 있으며, 객체는 Faceted Body의 특성을 가진다. 또한 외부 윤곽선의 제거는 Show Product Outline 토글 아이콘을 Off 시킴으로서 가능하고, Show Product Outline 토글 아이콘 On에서 Outline의 특성 변경은 Define Product Outline를 이용하여 변경할 수 있다.

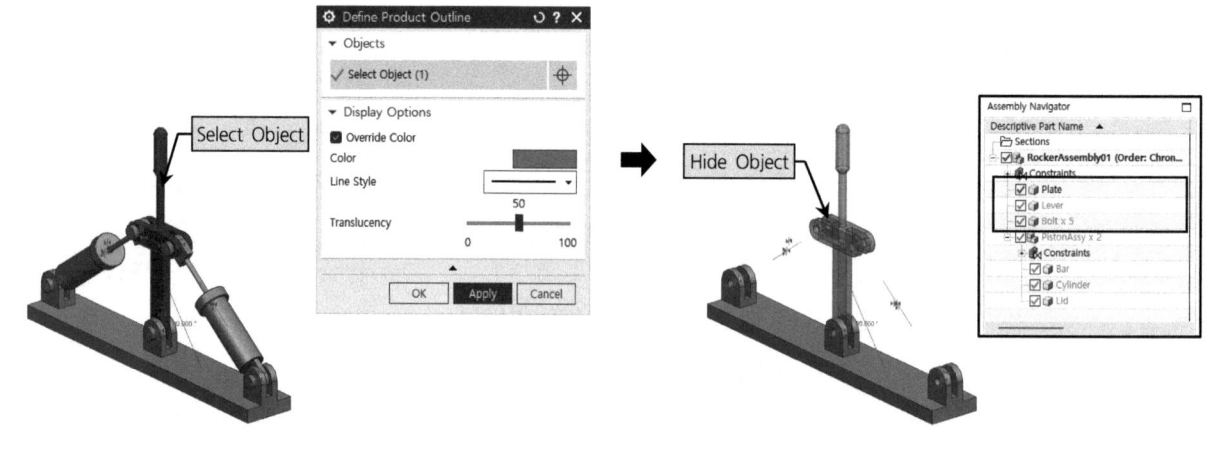

구성부품의 정의        Show Product Outline 적용 객체 확인

**그림 14.36** Show Product Outline의 작성과 확인

### 14.3.8 Save Context / Restore Context

Context Control ➡ Save Context
Context Control ➡ Restore Context

현재 작업된 상태를 저장한 다음, 다른 Part 파일에서 Restore Context를 이용하면 저장된 파일을 불러올 수 있다. 단, Restore Context는 마지막으로 Save Context된 결과만을 보여준다.

### 14.3.9 Set Work Part

Assemblies ➡ Context Control ➡ Set Work Part

그림 14.8에서와 같이 Navigator 대화상자의 Make Work Part와 같이 작업 객체 설정 대화상자 기능을 가진다.

### 14.3.10 Work on Display Assembly

Context Control ➡ Work on Display Assembly

Work on Display Assembly을 사용하여 Set Work Part 파트를 초기화할 수 있다.

### 14.3.11 Open Part in Window

Context Control ➡ Open Part in Window

대화상자에 의해 선택된 객체를 독립된 창에 Make Work Part와 같은 작업 기능을 가진다.

### 14.3.12 Show Lightweight

Context Control ➡ Show Lightweight

경량화 또는 정확한 표현으로 조립체를 호출하고 경량화된 표현을 사용하면 메모리를 크게 절약할 수 있다. 특히 대형 어셈블리에서 작업할 때 호출 및 디스플레이 성능이 향상된다.

### 14.3.13 Show Exact

Context Control ➡ Show Exact

조립체가 로드된 후에는 선택한 구성요소에서 Show Exact 및 Show Lightweight 명령을 사용하여 정확 및 Lightweight Repress 간을 수동으로 전환할 수 있다.

## 14.4 Exploded Views의 이용

Assemblies ➡ Explosion...

작성된 조립체를 이용하여 전개된 각각의 부품을 확인할 수 있다.

### 14.4.1 New Explosion의 작성

새로운 전개될 뷰를 작성하고 전개 뷰를 관리할 수 있다.

① Copy to New Explosion : 전개 뷰를 복사하여 새로운 전개 뷰를 작성한다.
② Delete Explosion : 대화상자에서 분해 명을 제거한다.
③ Show Explosion in Work View : 전개 뷰를 표시한다.
④ Hide Explosion in Visible View : 전개 뷰를 숨기기 한다.

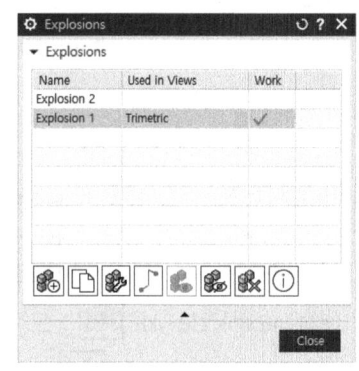

그림 14.37 Explosion 대화상자

### 14.4.2 Edit Explosion

Create Explosion에 의해 작성된 해당 뷰를 선택하여 구성부품의 분해 위치를 수정할 수 있다.

① Components to Explode
  • Select Components : 이동시킬 해당 부품을 선택할 수 있다.

② Move Components : Explosion Type에 의해 전개 뷰의 위치를 결정한다.
- Explosion Type : 방향 지정 도구를 이용하여 지정된 벡터에 대해 선택한 객체를 수동으로 이동하거나 회전할 수 있다.
- Automatic : 시스템 파생 방향을 따라 선택된 조립품을 NX에 의해 분해할 수 있으며 Auto-explode Selected 에 의해 조립체의 축 방향 중 하나에서 조립 부품이 분해되고 NX의 조립 부품의 좌표계와 구속조건을 고려하도록 하는 추가 방향(Use Additional Directions)으로 선택할 수 있다.

그림 14.38  Edit Explosion 대화상자

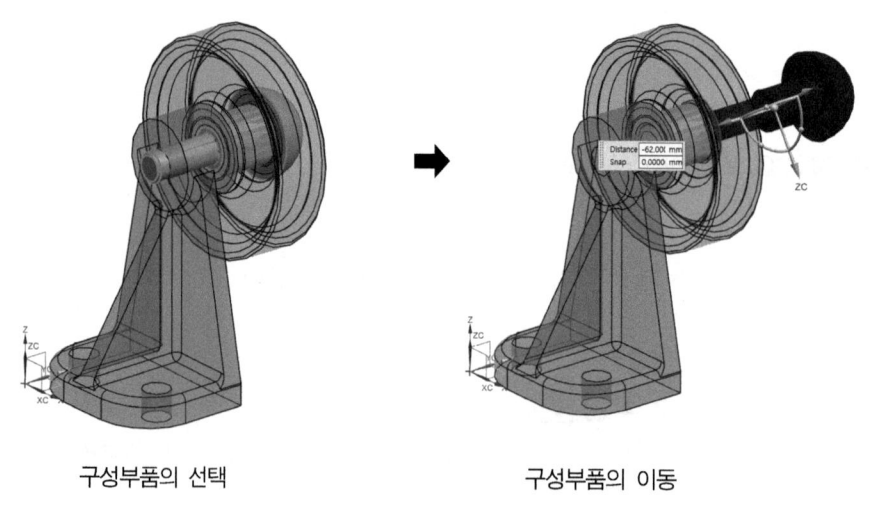

구성부품의 선택 　　　　　　　　　　구성부품의 이동

그림 14.39  Edit Explosion의 Manual 실행

③ Edit Explosion State : 분해 상태를 편집할 수 있다.
- Unexplode Selected  : 선택된 조립 부품을 분해되지 않은 위치로 다시 이동한다.
- Unexplode All  : 모든 분해된 조립 부품을 분해되지 않은 위치로 다시 이동한다.
- Original Position  : 선택된 조립 부품이 분해되지 않은 위치가 조립체의 원래 위치와 다른 경우 사용할 수 있다.

④ Settings : 분해 상태의 설정을 변경할 수 있다.
- Explosion Name : 분해상태 이름을 변경할 수 있다.
- Use Additional Directions : 조립 부품을 자동 분해할 때 NX에서 어셈블리의 좌표계 이외에 조립 부품의 좌표계와 구속조건을 고려한다.

⑤ Auto-explode Selected

Explode View에서 선택된 구성부품을 구속조건에 의해 부품의 Normal Vector에 따라 전개할 수 있다.

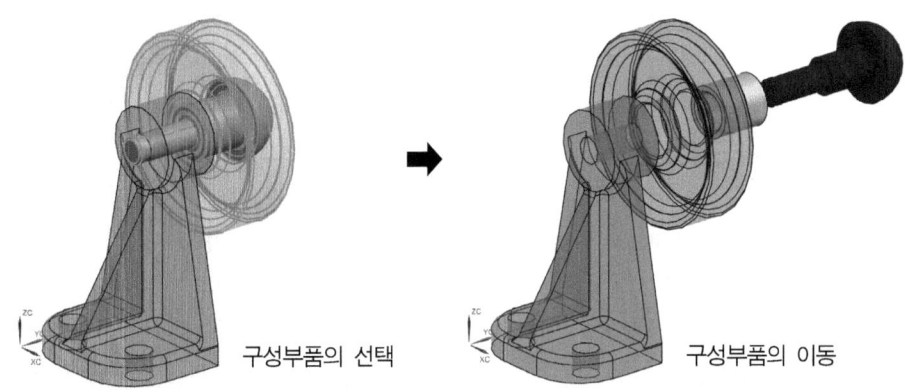

**그림 14.40** Auto-explode의 실행

## 14.4.3 Create Tracelines

작성된 전개 부품에 대한 상관선(분해, 조립경로 등)을 작도할 수 있다.

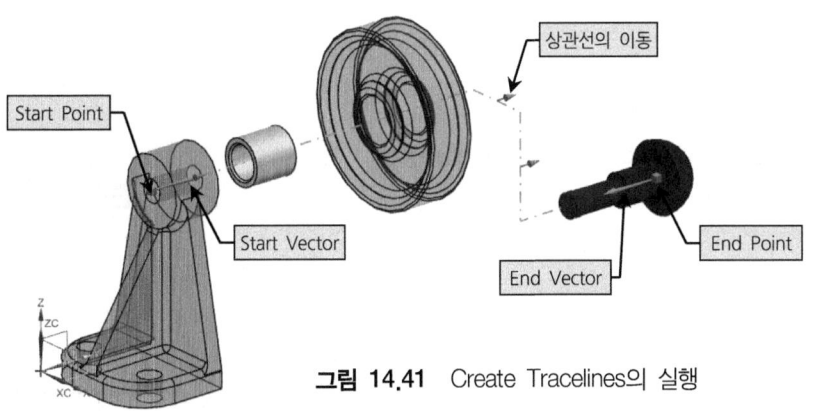

**그림 14.41** Create Tracelines의 실행

**예제 14.3** 예제 14.2의 아이들 풀리 조립체를 이용하여 전개 뷰를 작성하시오.

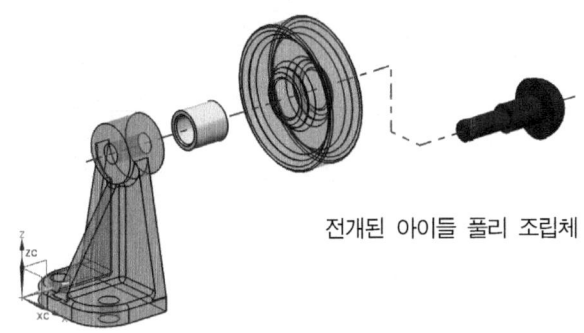

전개된 아이들 풀리 조립체

## 14.5 Assembly Sequences의 이용

Assemblies ➡ Sequence...

작성된 조립체를 이용하여 조립과 분해순서를 정의하고 Camera의 위치를 설정하여 조립과 분해 순서 (Step)에 따라 화면의 표시 방향을 결정한다.

### 14.5.1 Create New Sequence

조립체의 조립 및 분해순서에 따라 새로운 Sequence를 생성할 수 있다.

### 14.5.2 Insert Motion

Insert ➡ Motion

조립 또는 분해공정의 공정별 이동위치를 설정할 수 있다.

① Select Objects
② Move Objects
③ Move Handles Only
④ Motion Record Preferences : Sequence Step의 설정 조건을 정의한다.

그림 14.42  Insert Motion 대화상자

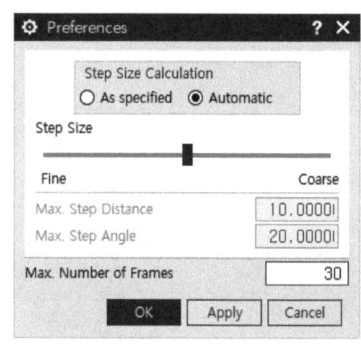

그림 14.43  Motion Record Preferences 대화상자

● Move Objects

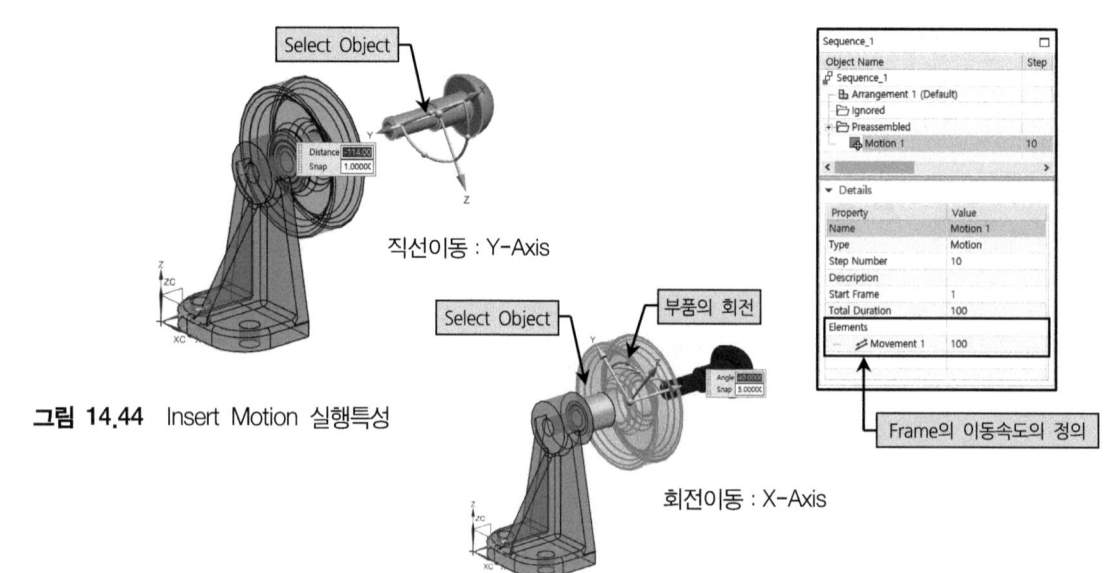

그림 14.44  Insert Motion 실행특성

### 14.5.3 Assemble

Insert ➡ Assemble

도시된 왼쪽 화면의 조립부품을 Class Selection 대화상자를 이용하여 선택하면 조립순서가 정의되고 Sequence View Work에 나타낼 수 있다.

- Assembly Together : Assembly Together를 이용해 여러 개의 조립 객체를 선택하여 조립체가 생성된다.

### 14.5.4 Disassemble

Insert ➡ Disassemble

도시된 왼쪽 화면의 조립부품을 Class Selection 대화상자를 이용하여 구성부품을 선택하면 분해순서가 정의되고 Sequence View Work에서 사라진다.

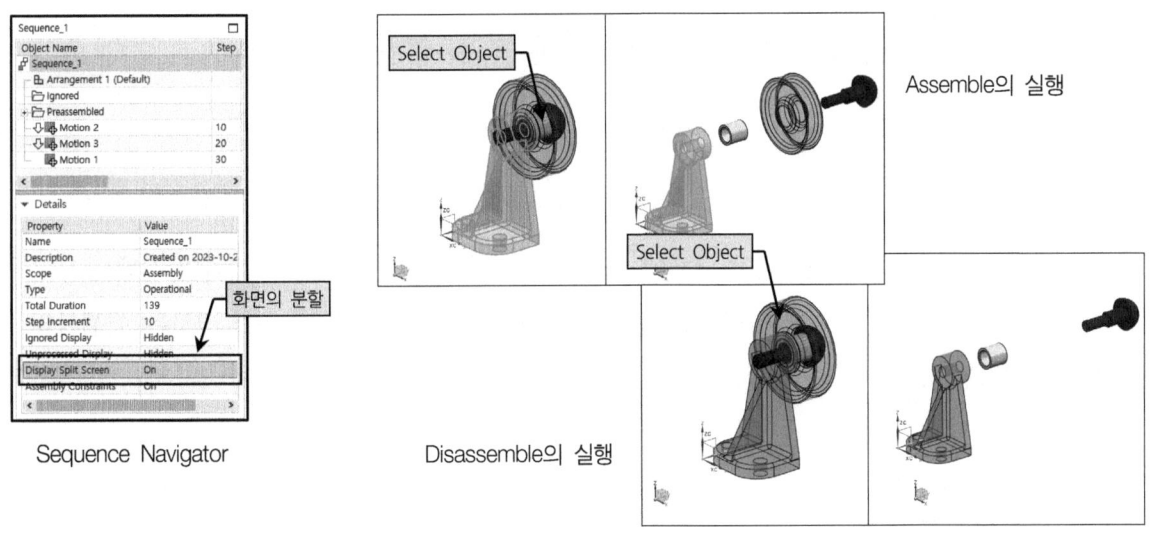

**그림 14.45** Assemble/Disassemble의 실행

- Disassembly Together : Disassembly Together를 이용해 여러 개의 조립 객체를 선택하면 각 조립체에 대해 개별 분해 단계가 생성된다.

※ Assembly Constraint에 의해 각각의 부품이동에 간섭이 발생 되면 Sequence Navigator의 Assembly Constraints를 Off시킨다.

### 14.5.5 Insert Pause

Insert ➡ Pause

공정상에 설정된 Frame에서 화면정지가 설정된 Frame(Total Duration) 수 동안 Frame이 유지한다.

## 14.5.6 Record Camera Position 📷　　　　　　　　　　　　　　　Insert ➡ Camera Position

Assemble/Disassemble Step 또는 Move Objects에 의해 선정된 공정상의 화면표시 상태를 나타내는 카메라를 설치할 수 있다.

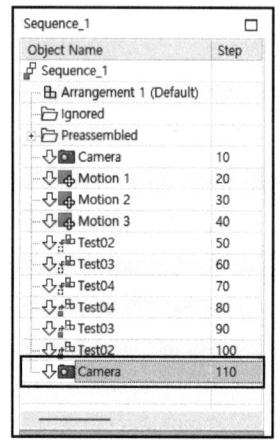
Sequence Navigator

110 공정 화면표시

**그림 14.46** Camera Position에 의한 Assembly Sequence의 확인

## 14.5.7 Extraction Path　　　　　　　　　　　　　　　　　　Insert ➡ Extraction Path...

Extraction Path를 이용하여 선택된 조립체에 충돌이 일어나지 않는 경로를 생성하며 선택된 내용을 기반으로 경로를 계산할 수 없는 경우 입력을 조정한 후 다시 시도할 수 있다. 추출 경로는 어셈블리 순서에 추출 단계로 저장된다.

## 14.5.8 Delete

Sequence Navigator의 해당 공정을 선택하여 삭제할 수 있다.

## 14.5.9 Capture Arrangement

애니메이션이 실행되는 동안 Capture Arrangement 명령을 사용하여 어셈블리 배열을 캡처하고 저장할 수 있으며 Assembly Arrangement 명령을 사용하여 모델에 적용할 수 있다.

## 14.5.10 Find in Sequence

현재 사용하고 있는 Sequence에서 선택된 조립체를 Sequence Navigator에 표시한다.

## 14.5.11 Show All Sequence

작성된 모든 Sequence를 Sequence Navigator에 표시한다.

## 14.5.12 Motion Envelope

Motion Envelope 기능을 이용해 움직임 궤적을 표시한다.

## 14.5.13 Assembly Sequencing Playback

선택된 Assembly Sequences를 확인하는 기능을 지원한다.

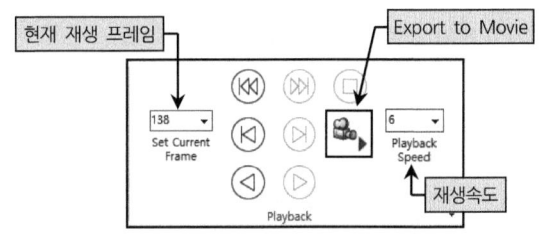

그림 14.47 Playback 대화상자

① No Checking : 조립 부품 간에 충돌 여부를 확인하지 않는다.
② Highlight Collision : 조립 부품 간에 충돌 여부를 확인하여 충돌 부품을 Highlight 처리하여 나타낸다.
③ Stop before Collision : 조립 부품 간에 충돌 전에 재생 화면을 정지한다.
④ Acknowledge Collision : 재생 화면이 정지된 상태에서 충돌 상태를 인정하고 전, 후 프레임 재생을 승인한다.

 예제 14.3의 아이들 풀리 조립체를 이용하여 조립과 분해공정의 Assembly Sequence를 작성하시오.

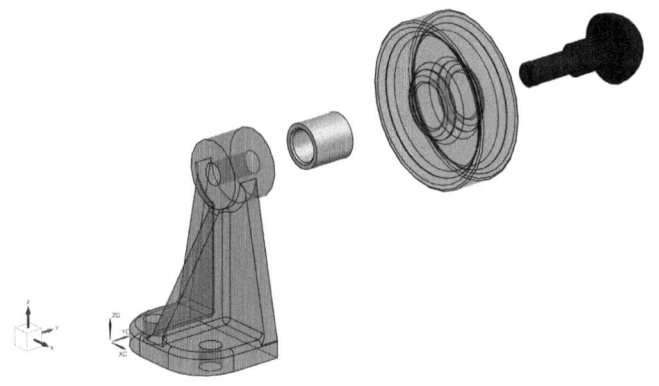

# 모델링을 이용한 도면작성 I

chapter **15**

## 15.0 Drafting

단축키 : Ctrl + Shift + D

모델링된 객체를 이용하여 새로운 도면을 작성하거나 작성된 도면을 이용한 편집기능이 지원된다.

## 15.1 Insert Drawing Sheet

Insert ➡ Sheet...

Drafting 응용 프로그램을 선택하면 새로운 도면이 작성되는 그림 15.1과 같은 대화상자가 나타나 새로운 Sheet를 작성한다. 또한 추가 Sheet 작성은 Insert Drawing Sheet 아이콘을 이용한다.

① Sheet in Drawing : 작성된 Sheet 명을 확인할 수 있다.
② Drawing Sheet Name : 작성될 Sheet의 이름을 정의한다.
③ Size : 지정된 양식을 이용하거나 사용자가 정의한 Sheet 규격을 적용시킬 수 있다.
④ Scale : 도면의 척도를 설정한다.
⑤ Units : 도면의 작성단위를 설정한다.
⑥ Angle Projection : 도면에 적용할 투상법을 설정하며, 기본값은 3각법이 정의된다.
⑦ Automatically Start View Creation : 도면에 투상도 작성을 마법사를 이용해 작성하거나, 투영기준 뷰(Base View)를 적용할 수 있다.

**그림 15.1** Drawing Sheet 대화상자

## 15.2 Open/Delete Drawing Sheet

현재 작업중인 Part에서 작성된 Sheet를 불러올 수 있으며, 작성된 Sheet 이름은 영문자로 한정하여 사용하고 작성된 Sheet를 Delete Drawing Sheet 대화상자에서 선택하여 삭제할 수 있다.

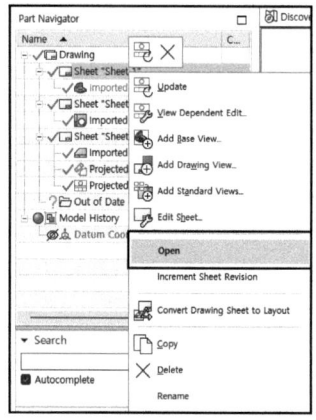
Open Drawing Sheet의 적용

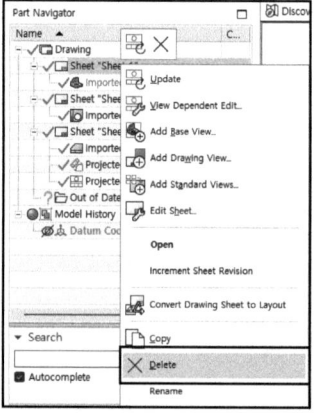
Delete Drawing Sheet의 적용

그림 15.2  Part Navigator에 의한 Drawing Sheet의 적용 및 삭제

## 15.3 View Creation Wizard

Insert ➡ View ➡ View Creation Wizard...

현재 작업 중인 Part에서 마법사 기능을 이용하여 투영 뷰를 작성할 수 있다.

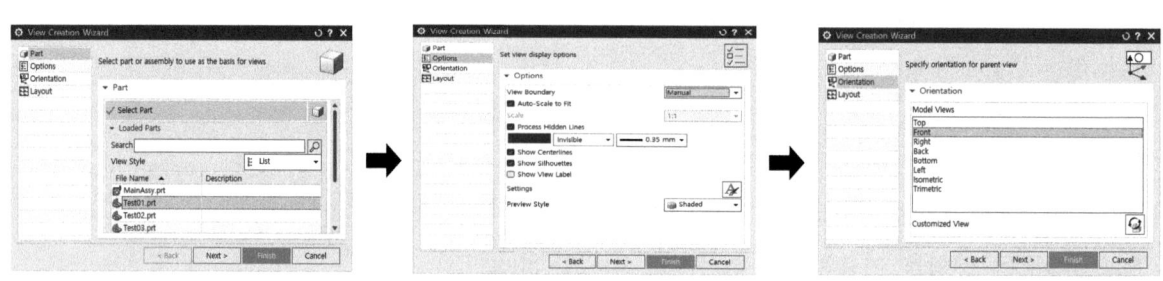

Step 1 : 투영 부품의 설정    Step 2 : 표시 특성 설정    Step 3 : 투영 뷰에 정면도 설정

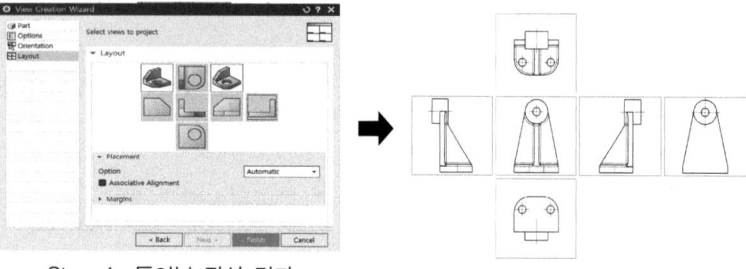

Step 4 : 투영뷰 작성 결과

그림 15.3  마법사를 이용한 투영 뷰 작성

## 15.4 Base View

Insert ➡ View ➡ Base...

작성된 Sheet에 모델링 된 객체를 이용하여 제품 제작을 위한 투상 도면을 작성하는 기능을 지원한다.

① Part : 투상에 필요한 객체를 선정한다.
② View Origin : 추가될 투영 객체의 위치를 결정한다.
③ Model View : Base View 객체의 투영 방향을 선택하며, 그림 15.6을 참조한다.
④ Orient View Tool : 투영 뷰의 투영 방향을 수정할 수 있다.
⑤ Scale : 투영된 도면의 척도를 선정한다.
⑥ Setting : 투영 뷰의 설정 조건을 수정할 수 있다.

Base View 대화상자

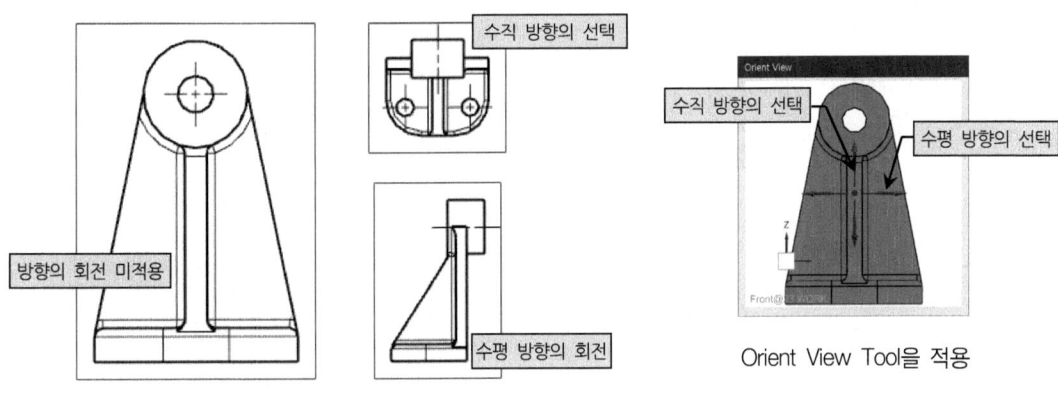

그림 15.4  Orient View Tool 명령의 적용 결과

## 15.5 Standard

Insert ➡ View ➡ Standard...

① Drawing View : Drafting에서 2D 작업 뷰를 배열하여 3D모델을 작성할 수 있다. 이러한 모델링 기능을 이용하기 위한 작업 뷰를 작성할 수 있다.
② Base View : Parent View를 기준으로 Layout에 선택된 투영 뷰를 도시한다.

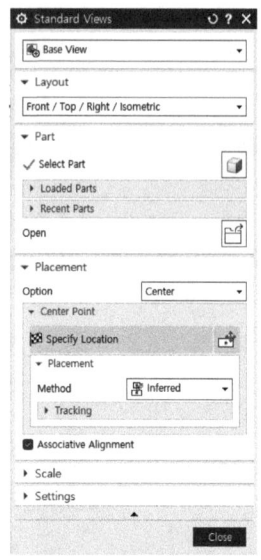
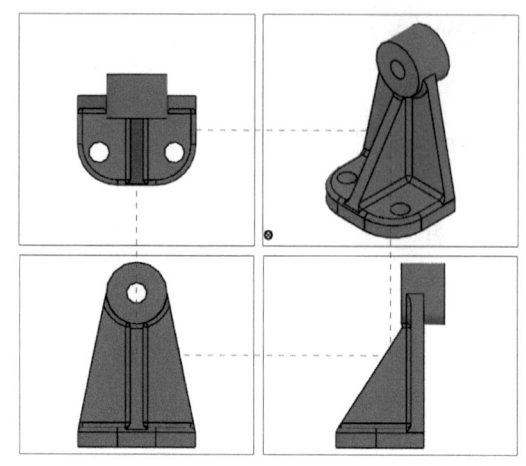

Base View 대화 상자의 적용   투영 뷰의 작성 결과

**그림 15.5** Base View에 의한 투영 뷰의 적용

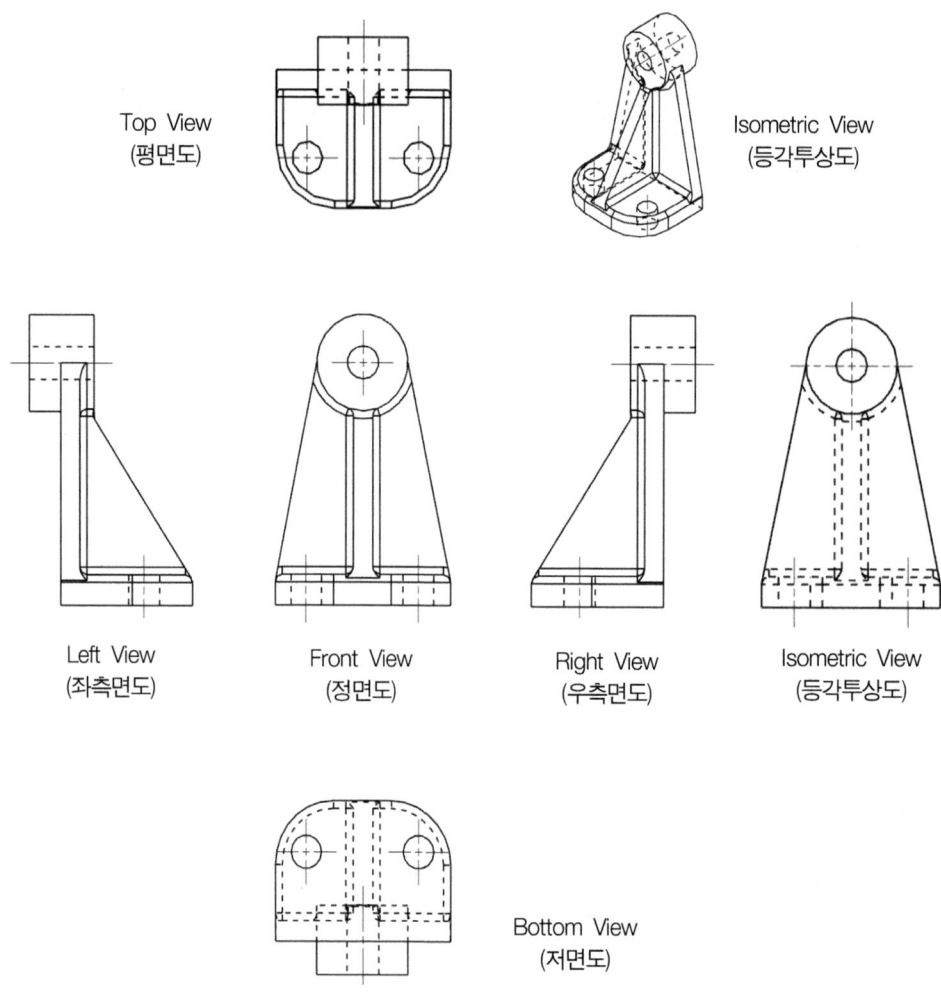

Top View (평면도)   Isometric View (등각투상도)

Left View (좌측면도)   Front View (정면도)   Right View (우측면도)   Isometric View (등각투상도)

Bottom View (저면도)

**그림 15.6** 부품을 이용한 투영 방향

※ 기준이 되는 투영 뷰의 투영 방향을 Part Navigator 대화 상자의 Setting 아이콘을 이용하거나, 해당 뷰의 테두리를 더블클릭하여 수정할 수 있다.

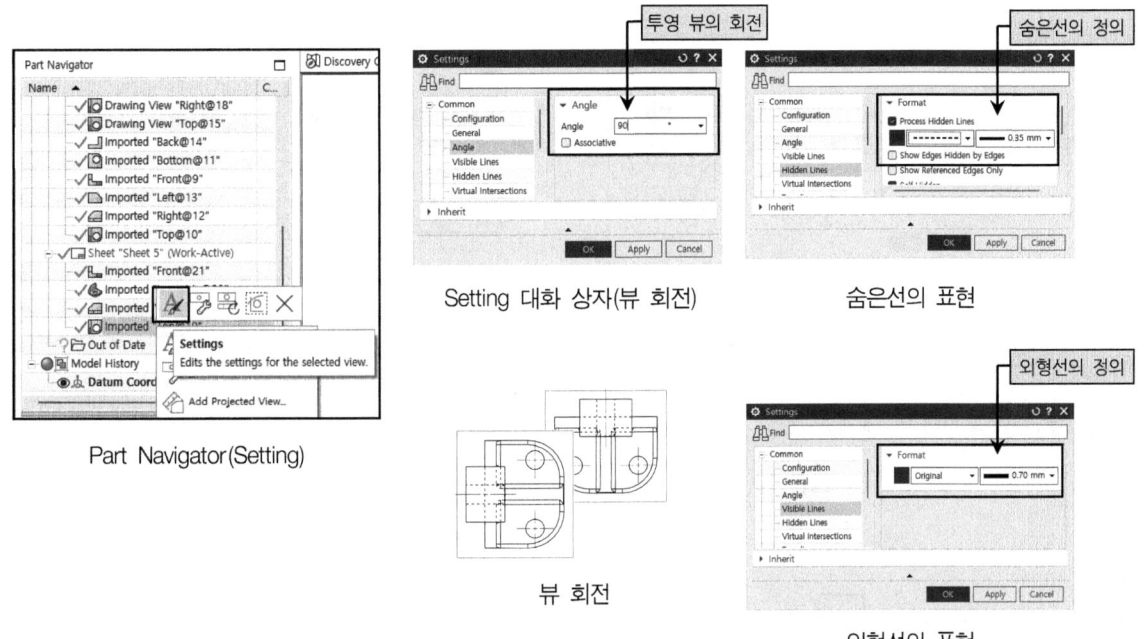

**그림 15.7** 투영 객체의 회전 및 선의 정의

## 15.5.1 Projected View

Insert ➡ View ➡ Projected View...

추가된 모델을 이용해 그림 15.8과 같이 직교 투영 방향으로 투영되는 Orthographic View(직교 투영도)와 Auxiliary View(보조 투상도)를 사용할 수 있다.

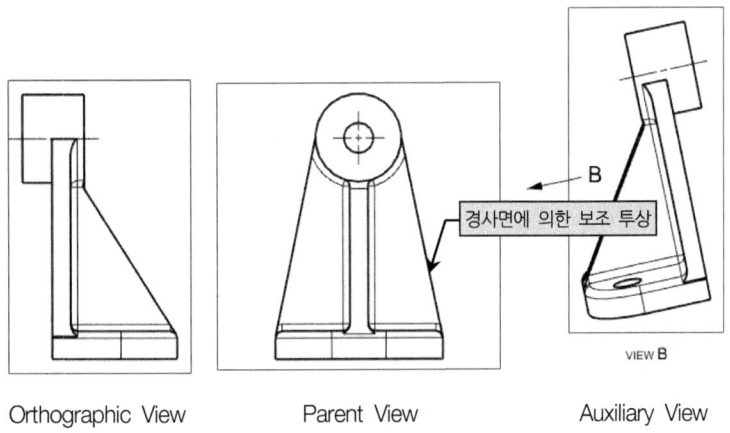

**그림 15.8** Projected View를 이용한 투상도의 작성

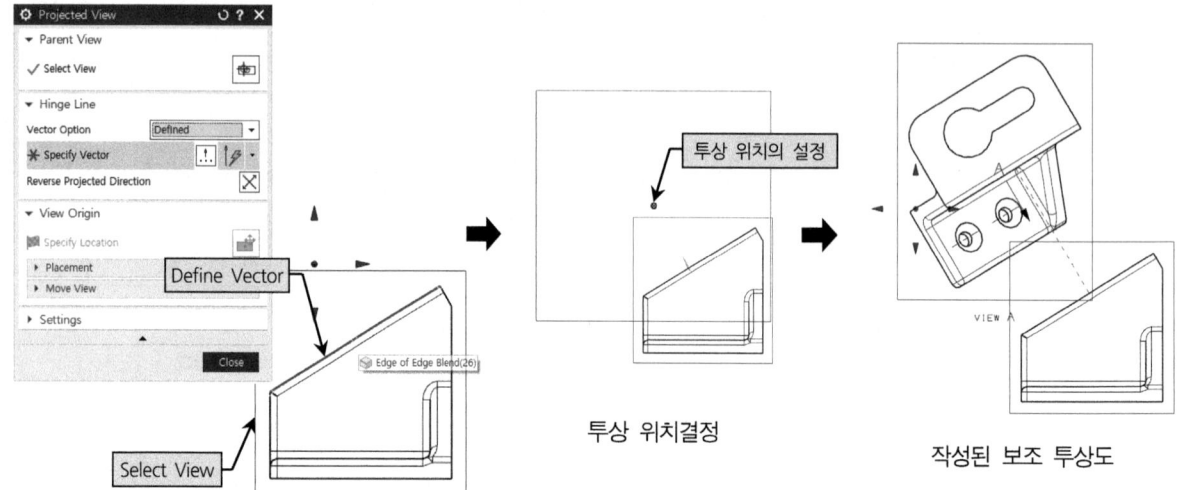

투영 뷰의 선택 및 Hinge의 정의

**그림 15.9**  Auxiliary View를 이용한 보조 투상도의 작성

## 15.5.2 Detail View

Insert ➡ View ➡ Detail View...

작성된 투영 뷰를 이용하여 특정 부위의 상세도를 작성할 수 있다.

① Circular : 상세도의 영역을 원형으로 정의한다.

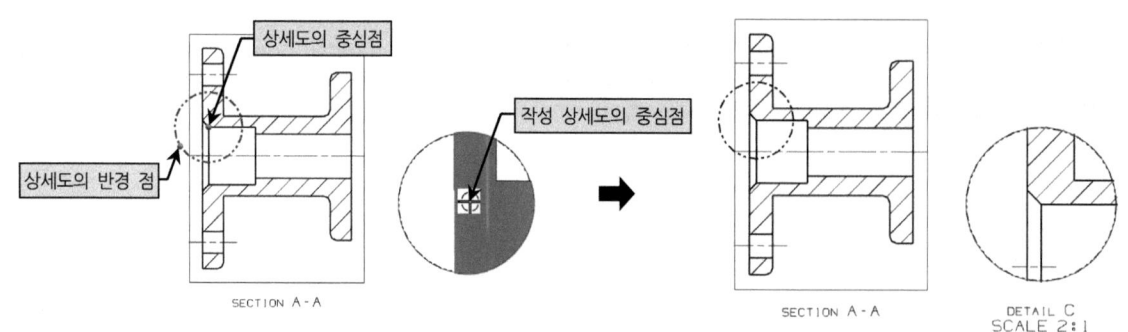

상세도의 중심 및 상세 부의 반경 정의      상세도의 작성 결과

**그림 15.10**  Detail View를 이용한 상세도의 작성

- Label on Parent : Break Line/Detail에서 선택된 상세도의 표시유형을 변경할 수 있다.
    - 🔲 : None      - 🔲 : Circle
    - 🔲 : Note      - 🔲 : Label
    - 🔲 : Embedded      - 🔲 : Boundary

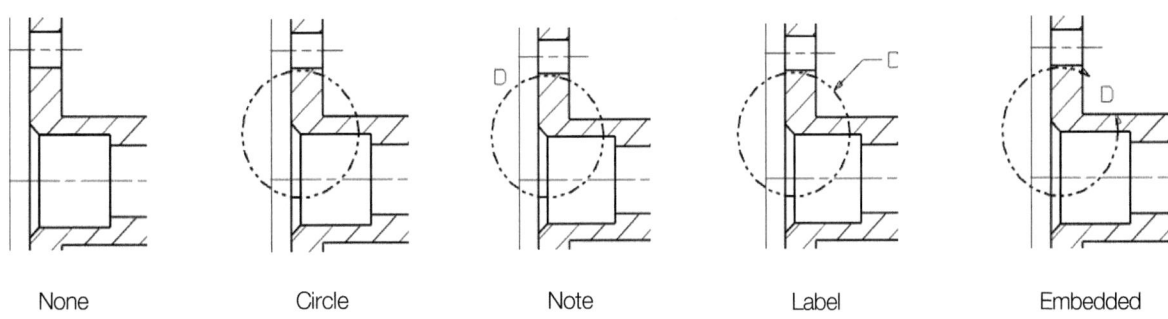

그림 15.11  Detail View를 이용한 표시유형

② Rectangle by Corners/Rectangle by Center and Corner : 상세도의 영역을 직사각형으로 정의한다.
- Boundary : Label on Parent에서 Boundary로 설정한 경우에 상세도의 표시영역을 Rectangle by Corners와 Rectangle by Center and Corner로 설정할 수 있다.

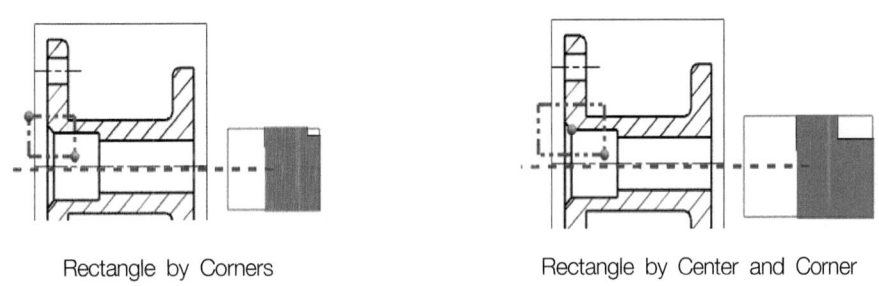

그림 15.12  Boundary 상태에서 Rectangle에 의한 표시 특성

### 15.5.3 Section Line

Insert ➡ View ➡ Section Line...

Section Line의 명령으로 단면 뷰 명령과 함께 사용하며 단면 뷰를 생성할 수 있는 독립형 단면선을 생성한다. 다음과 같은 유형의 단면선을 생성할 수 있다.

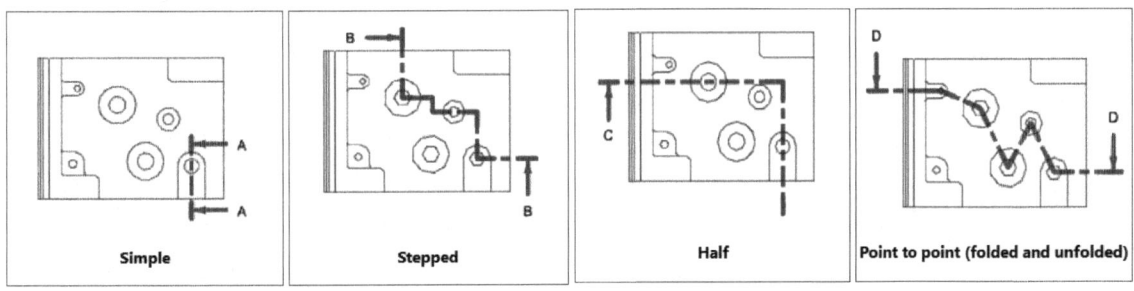

그림 15.13  Section Line의 적용 예

## 15.5.4 Section View (Select Exiting)

Insert ➡ View ➡ Section...

Section View의 Select Exiting 기능을 이용하여 도면의 단면 뷰를 생성한다.

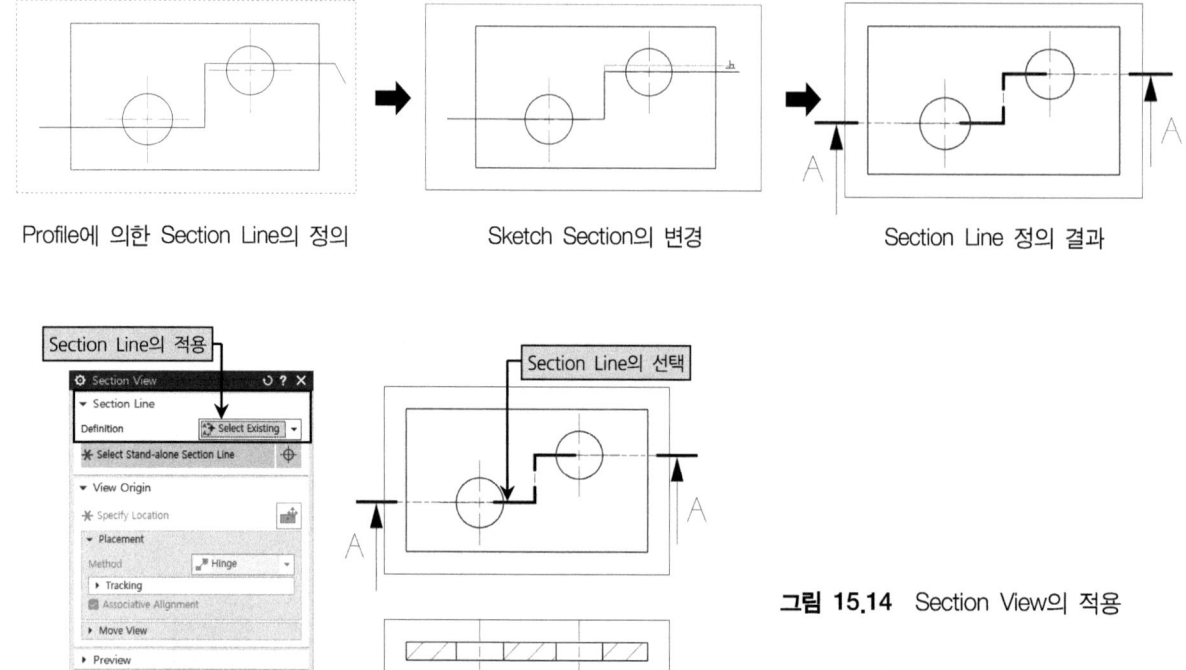

Profile에 의한 Section Line의 정의   Sketch Section의 변경   Section Line 정의 결과

Section View 대화 상자 적용

그림 15.14  Section View의 적용

① Section Line Setting

도면작성 영역에서 마우스의 MB3 버튼을 이용하여 단면 표시 화살표, 화살표의 위치와 선의 유형 등을 수정할 수 있다.

- View Label : Label 표시 문자를 설정한다.
- Display : 전단 선의 화살표 유형을 설정한다.
- Arrowhead/Arrow Line : 단면 표시 화살표의 유형과 크기 등을 설정할 수 있다.
- Label : 단면 표시 문자의 표시 여부, 위치 등을 설정할 수 있다.
- Offset : 전단 면의 표시영역을 정의한다.

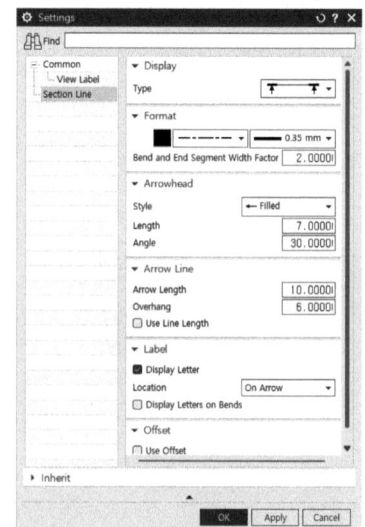

그림 15.15  Section Line 수정 대화상자

② Section Line Edit

도면작성 영역에서 마우스의 MB3 버튼을 이용하여 단면 표시위치, 화살표의 위치와 선의 유형 등을 수정할 수 있다.

### 15.5.5 Section View (Dynamic)

Insert ➡ View ➡ Section

Section View의 Dynamic 기능을 이용하여 도면의 단면 뷰를 생성한다.

① Section View                                              Simple / Stepped

작성된 투영 뷰를 이용하여 각종 전 단면도를 작성한다.

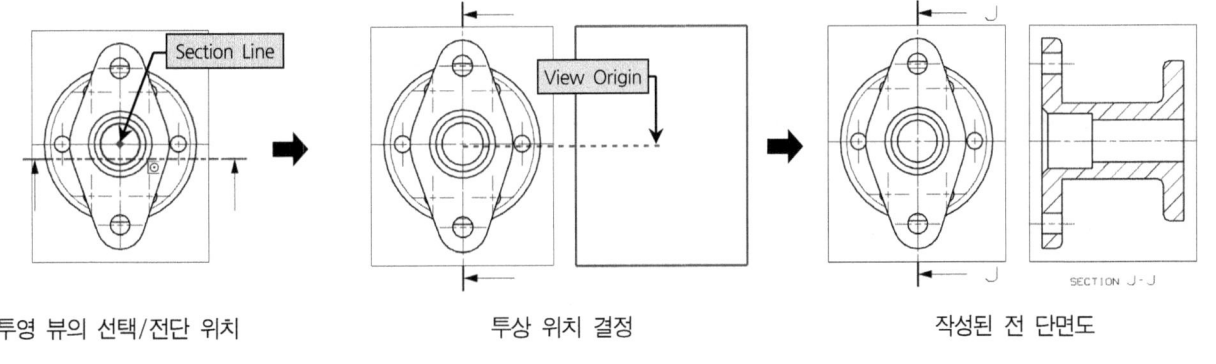

투영 뷰의 선택/전단 위치           투상 위치 결정              작성된 전 단면도

**그림 15.16** 전 단면도의 작성

② Stepped Section Cut : 작성된 투영뷰를 이용하여 계단 단면도를 작성한다.

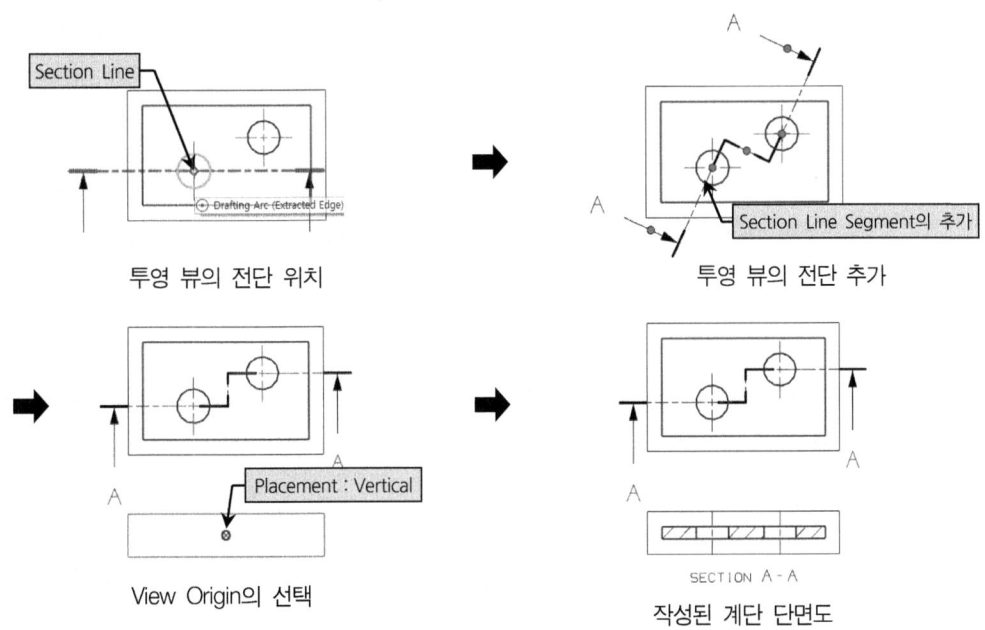

투영 뷰의 전단 위치              투영 뷰의 전단 추가

View Origin의 선택              작성된 계단 단면도

**그림 15.17** Stepped Section Cut를 이용한 계단 단면도의 작성

③ Half Section View

작성된 투영 뷰를 이용하여 반 단면도를 작성할 수 있다.

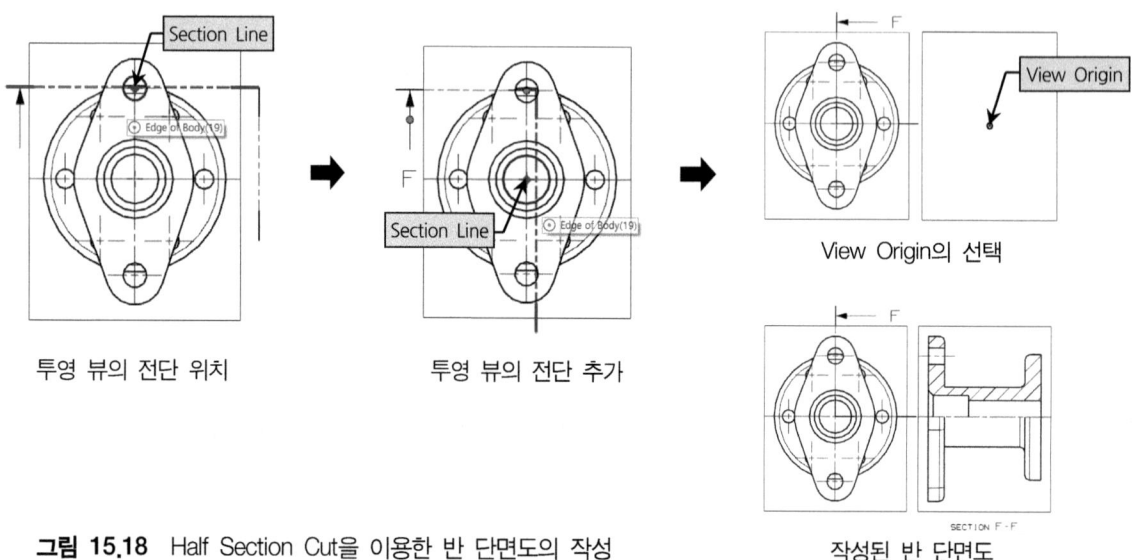

**그림 15.18** Half Section Cut을 이용한 반 단면도의 작성

④ Revolved Section View

작성된 투영 뷰를 이용하여 회전단면도를 작성할 수 있다.

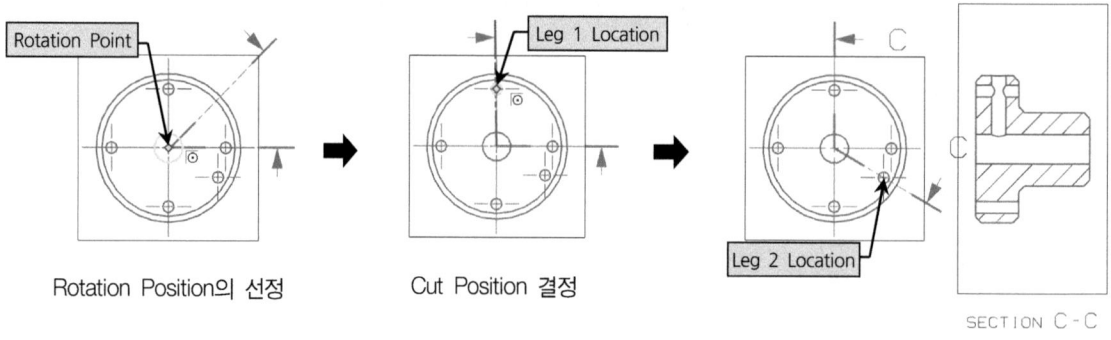

**그림 15.19** Revolved Section View를 이용한 회전단면도의 작성

⑤ Folded/Unfolded Section View

작성된 투영 뷰를 이용하여 설정된 점들에 의해 단면의 투상도를 작성할 수 있으며, 각도 부위로 전단된 위치의 투상 선이 표시된다. Unfolded Section View는 작성된 투영 뷰를 이용하여 전단된 단면을 전개하여 투상도를 작성할 수 있다.

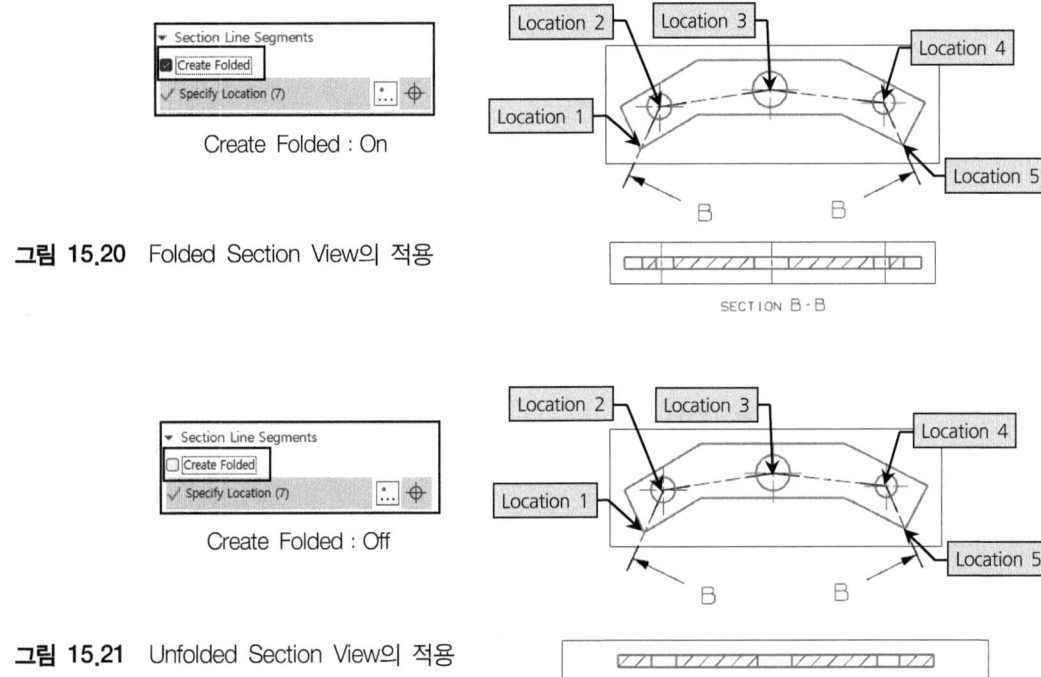

그림 15.20  Folded Section View의 적용

그림 15.21  Unfolded Section View의 적용

### 15.5.6 Unfolded Section View

Insert ➡ View ➡ Unfolded Point and Angle...

작성된 투영뷰를 이용하여 전단된 단면을 전개하여 투상도를 작성할 수 있다.

① Point to Point : 선정된 점들을 연결하여 전개 단면을 작성한다.

② Point and Angle : 점에 의해 전단 세그먼트를 결정하고 전개 각도를 정의할 수 있다.

### 15.5.7 Oriented Section View

Insert ➡ View ➡ Oriented...

작성된 직교 뷰와 등각 상태의 투영 뷰를 이용하여 단면을 작성할 수 있으며 3D Cut Option의 경우 등각 투상 상태를 기준으로 단면을 전단하나, 2D Cut Option의 경우는 직교 뷰 단면의 전단 뷰를 기준 한다. 그림 15.23은 그림 15.22와 같은 조건에서 전단 방향을 비교하였다.

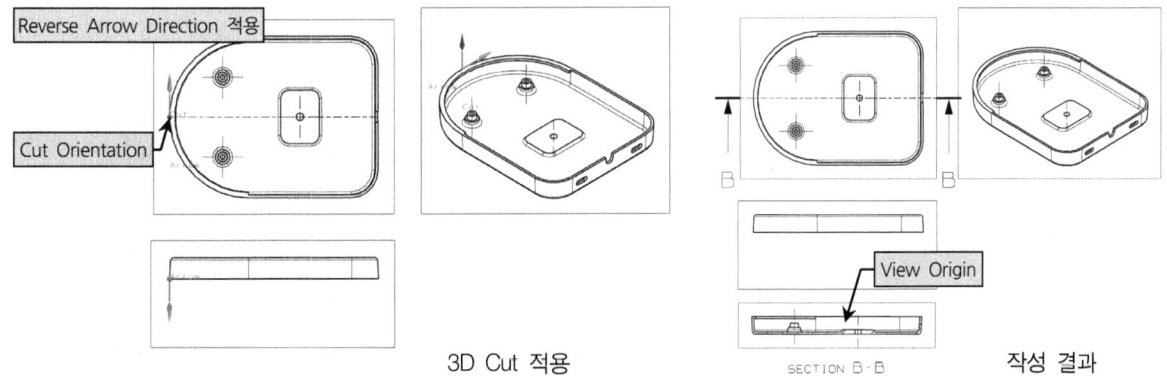

그림 15.22  Alignment에 의한 직교 단면도의 작성

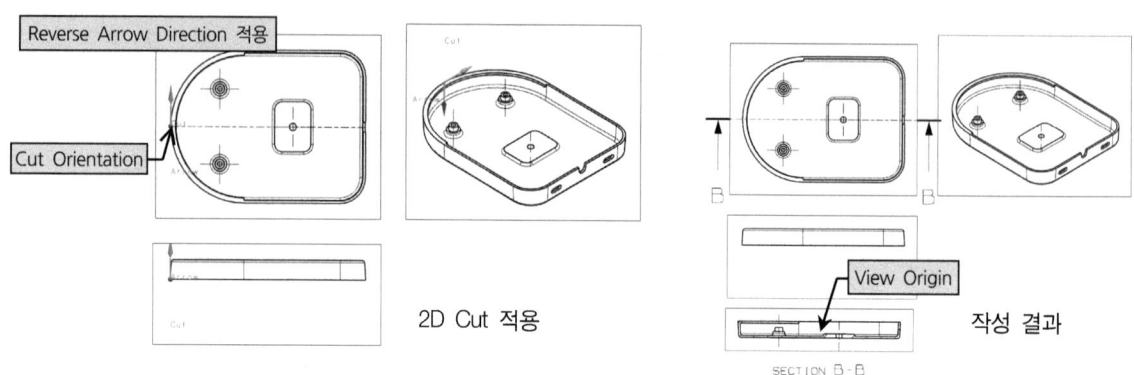

**그림 15.23** Alignment에 의한 직교 단면도의 작성

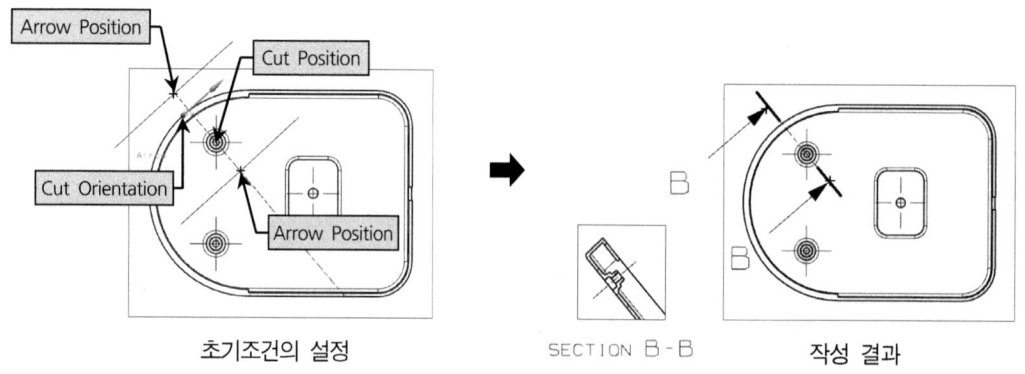

**그림 15.24** Arrow Position에 의한 부분단면도의 작성

그림 15.24는 Arrow Position 설정으로 부분 단면도를 작성한 결과이다.

### 15.5.8 Pictorial Section View

Insert ➡ View ➡ Pictorial...

작성된 등각 상태의 투영 뷰를 이용하여 전 단면도 또는 계단 단면도를 작성할 수 있다.

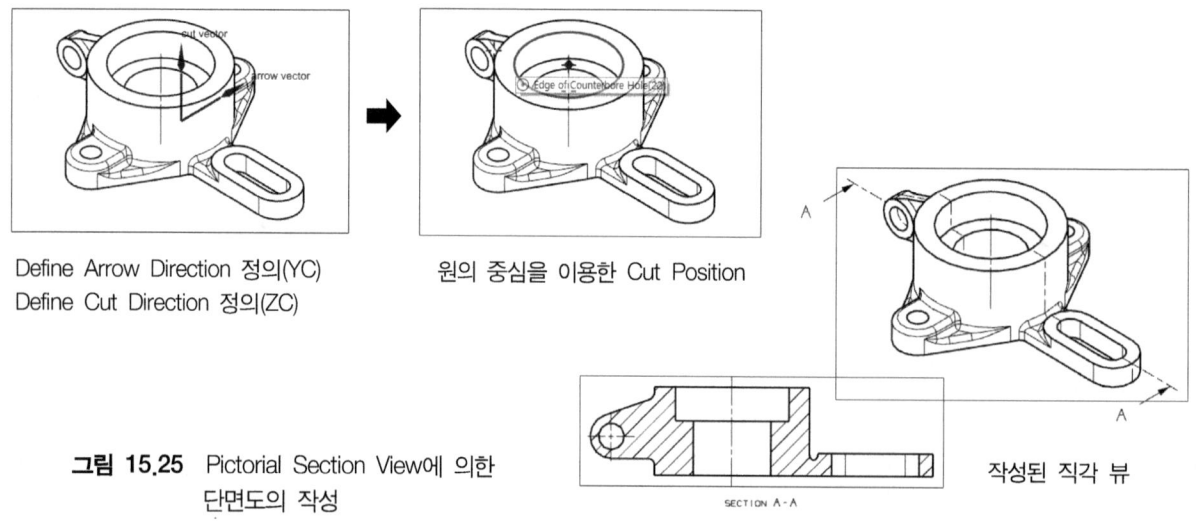

**그림 15.25** Pictorial Section View에 의한 단면도의 작성

- Section View Orientation
    - Orthographic : 선택된 등각 뷰를 이용하여 그림 15.25와 같은 직각 뷰를 작성할 수 있다.
    - Inherit Orientation : 작성된 뷰의 투상 위치를 상속받아 작성 뷰에 적용한다.
    - Use Parent Orientation : 선택된 뷰의 투상 위치를 상속받아 단면 뷰를 작성한다.
    - Section Existing View : 작성될 뷰의 특성에 이미 작성된 뷰를 선택하여 뷰의 특성을 적용한다.

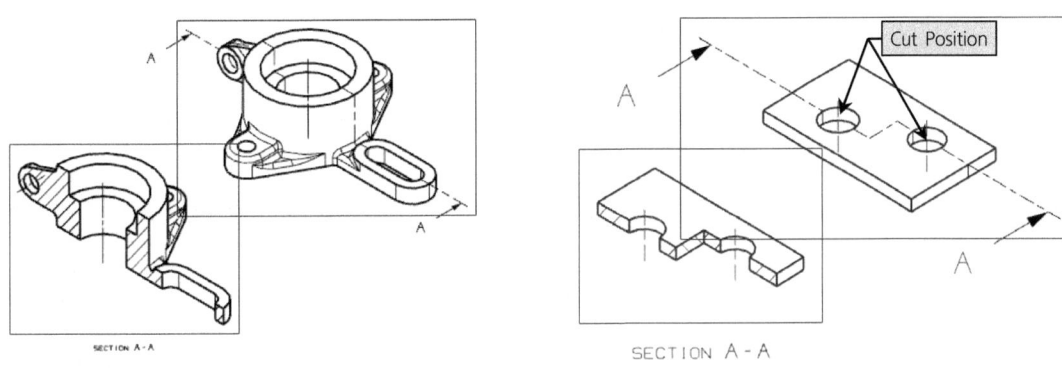

선택 뷰에 적용(Use Parent Orientation)      등각 뷰를 이용한 계단 단면

**그림 15.26** 등각뷰에 의한 단면도의 작성

## 15.5.9 Half Pictorial Section View

Insert ➡ View ➡ Half Pictorial...

작성된 등각 상태의 투영 뷰를 이용하여 반 단면도를 작성할 수 있다.

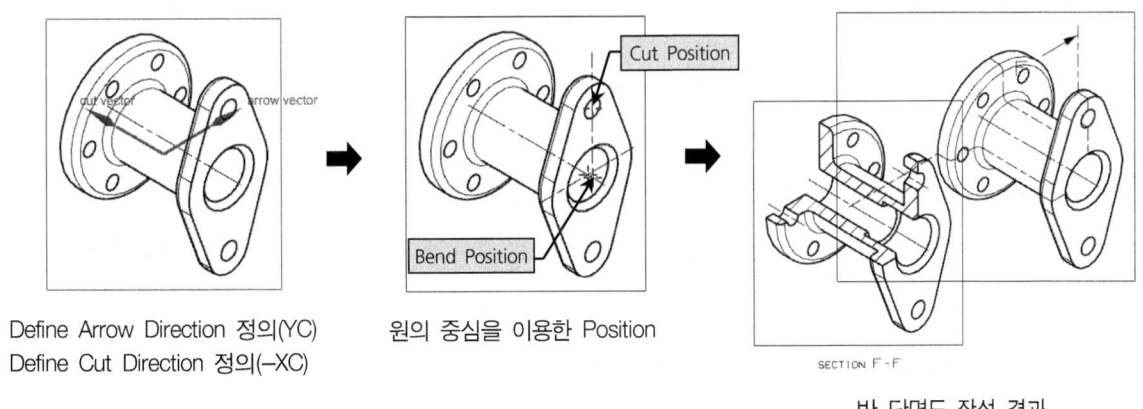

Define Arrow Direction 정의(YC)    원의 중심을 이용한 Position
Define Cut Direction 정의(-XC)

반 단면도 작성 결과

**그림 15.27** Half Pictorial Section View에 의한 단면도의 작성

## 15.5.10 Break-out Section View

Insert ➡ View ➡ Break-out...

작성된 뷰를 이용하여 부분단면을 추가할 수 있다. 그림 15.29에서와 같이 부분단면에 필요한 곡선은 도면작성 영역에서 마우스의 오른쪽 버튼을 클릭하여 해당 뷰를 Active Sketch View에서 경계 곡선을 작도한다.

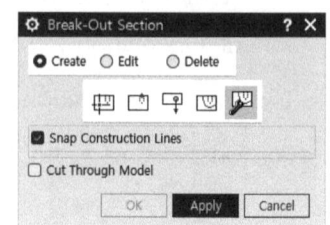

**그림 15.28** Break-out Section 대화상자

① Select View : 부분단면을 작성하거나 수정할 뷰를 선택한다.

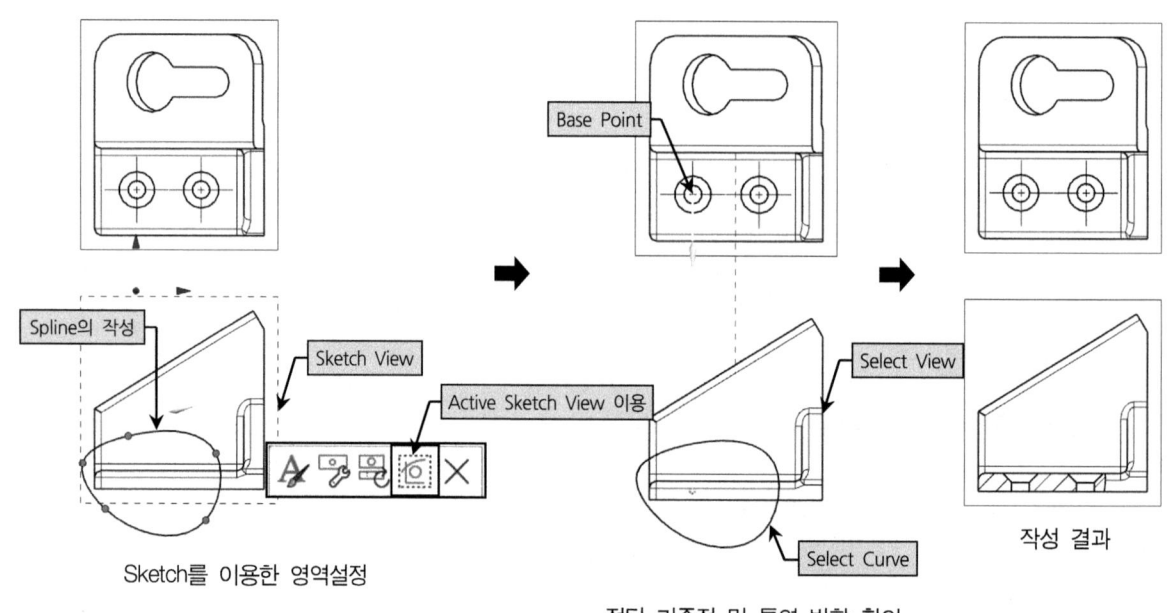

**그림 15.29** Break-Out Section View에 의한 부분 단면도의 작성

② Indicate Base Point : 부분단면의 전단 위치를 선정한다.
③ Indicate Extrusion Vector : 전단 위치(Base Point)에서의 돌출(제거) 방향을 결정한다.
④ Select Curves : Active Sketch View 상태에서 작성된 곡선을 선택하여 단면 영역을 결정한다.
⑤ Modify Boundary Curves : 선택된 단면 영역 곡선을 수정할 수 있다.

## 15.5.11 View Break

Insert ➡ View ➡ View Break...

길이가 긴 축 또는 형강 등의 작성된 뷰를 이용하여 끊긴 단면을 추가함으로써 투영된 동일 크기 객체의 길이를 생략할 수 있다.

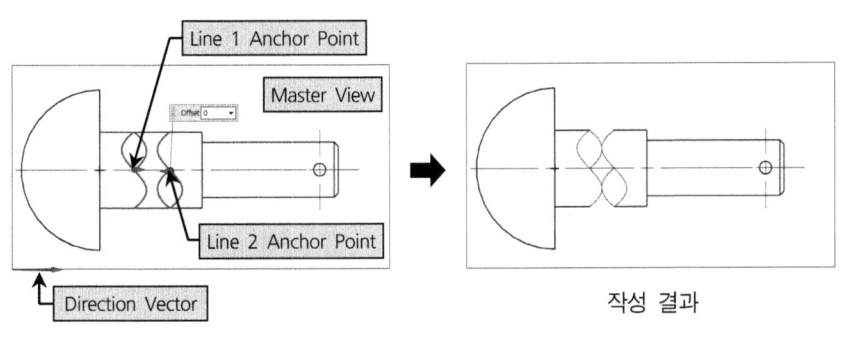
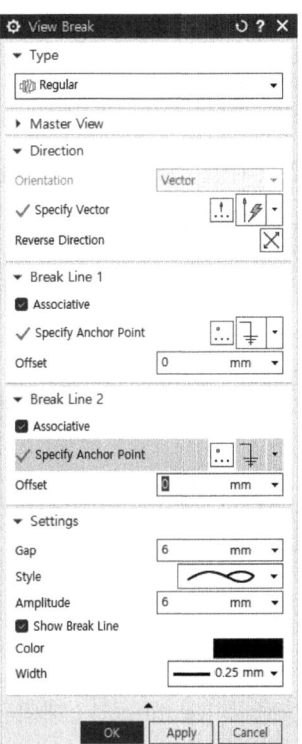

그림 15.30  View Break에 의한 파단 면의 표시

① Break Line Offset : 파단 면의 표시위치를 변경할 수 있다.

그림 15.31  View Break 대화상자

② Gap : 파단 면의 표시 간격을 설정할 수 있다.

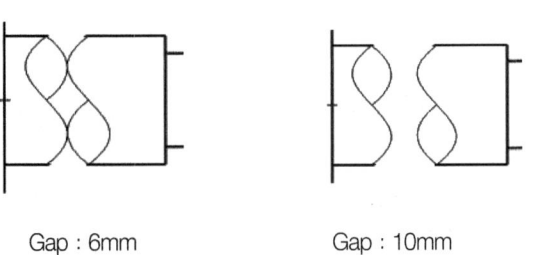

Gap : 6mm　　　Gap : 10mm　　　Gap : 10mm
　　　　　　　Amplitude : 6mm　Amplitude : 10mm

그림 15.32  Gap과 Amplitude에 의한 전단 간격 조절

③ Amplitude : 파단 면의 크기를 정의한다.
④ Style : 파단 면에 표시될 파단 유형을 선택한다.

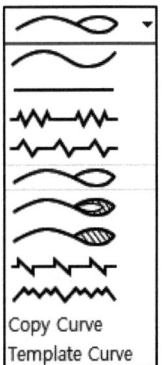

그림 15.33  View Break 대화상자의 Style 특성

### 15.5.12 Drawing View

Insert ➡ View ➡ Drawing...

도면 뷰 명령을 사용하여 조립 객체를 참조하지 않는 빈 투영 뷰를 생성한다. 투영 뷰는 모델 조립 객체에 연관되어 있지 않지만, 표준 뷰 방향(TOP, LEFT 등)으로 식별하거나 모델의 절대 좌표계를 기준으로 방향을 정의할 수 있다.

## 15.6 Section Components in View

Insert ➡ View ➡ Section...

조립도를 이용한 단면에서 단면 처리에 제외할 부품을 선택할 수 있다.

① Make Non-Sectioned : 선택된 뷰의 부품을 단면작성에서 제외하고 새로운 단면을 작성한다.
② Make Sectioned : 제외된 부품을 단면에 추가한다.
③ Remove View Specific : 선정된 뷰의 부품에 대한 단면제외 사항을 제거한다.

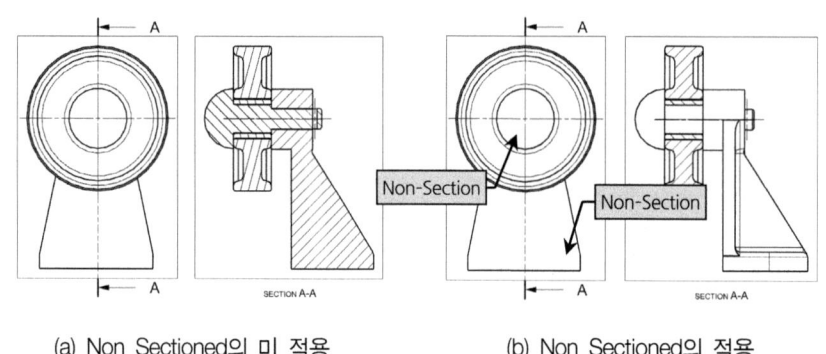

(a) Non Sectioned의 미 적용  (b) Non Sectioned의 적용

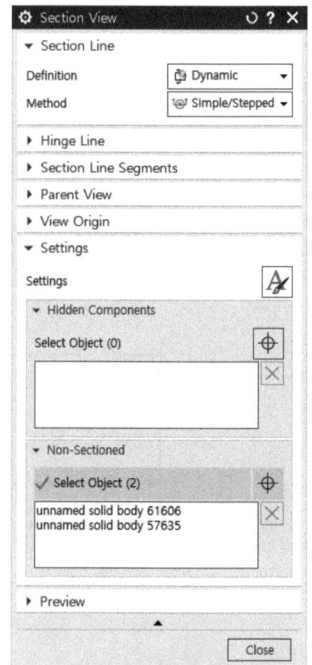

Section View 대화상자

**그림 15.34** Section Components in View에 의한 표시 특성

그림 15.34에서 (b)는 예제 14.1의 부품번호 1, 2번(회전축, 몸체)에 Non-Sectioned를 적용하여 전 단면도를 작성한 결과이다.

● 단면 처리해서는 안 되는 부품

길이 방향으로 절단하여 표시하지 않는 부품 : 리브(Rib), 기어의 암(Gear Arm), 기어의 치형(Gear Tooth), 축(Shaft), 핀(Pin), 와셔(Washer), 볼트(Bolt), 너트(Nut), 리벳(Rivet), 키(Key), 베어링의 볼(Bearing Ball), 원통 롤러(Cylindrical Roller)

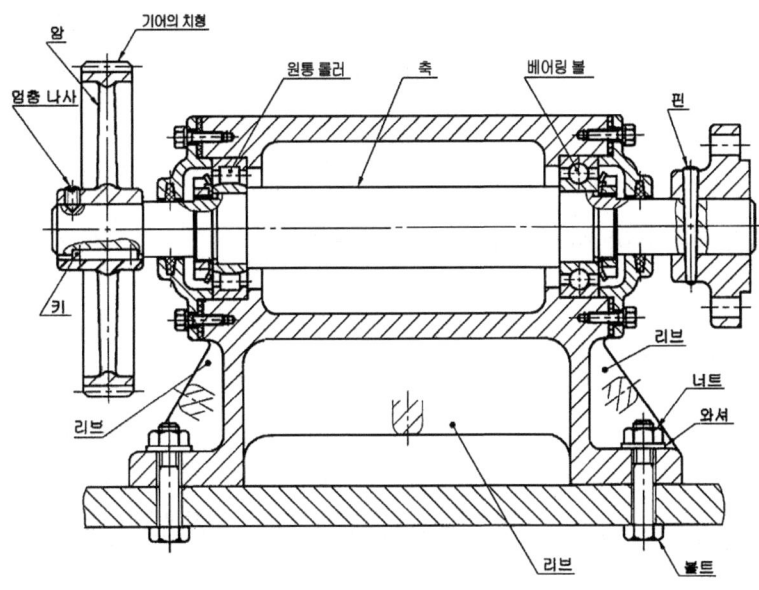

그림 15.35 단면 처리해서는 안 되는 부품

## 15.7 Update Views

Edit ➡ View ➡ Update View

모델을 변경하거나 뷰 편집에서 Update가 지연되었을 때 Update Views를 이용하여 선별 또는 전체의 뷰를 Update할 수 있다.

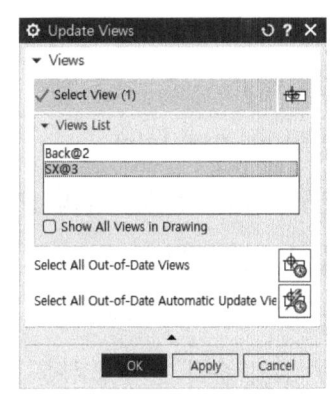

그림 15.36 Update Views 대화상자

## 15.8 Move/Copy View

Edit ➡ View ➡ Move/Copy View

작성된 뷰를 이동하거나 복사할 수 있으며, 선택된 뷰를 다른 Sheet로 이동시킬 수 있다.

① To a Point : 뷰를 선택하고 아이콘을 클릭하고 이동점을 결정하여 뷰를 이동시킨다.
② Horizontal : 선택된 뷰를 수평 방향으로 이동하며 Distance에 의해 이동 거리를 제한할 수 있다.
③ Vertical : 선택된 뷰를 수직 방향으로 이동한다.

④ Perpendicular : 이동 뷰를 선택하고 아이콘을 클릭한 후에 수직이동에 필요한 객체를 선정하여 객체의 수직 방향으로 뷰를 이동시킬 수 있다.

⑤ To Another Drawing : 선택된 뷰를 Views To Another Drawing 대화상자를 이용하여 이동시킬 Sheet를 선정하고 선택된 뷰를 이동시킬 수 있다.

⑥ Copy Views : 이동 뷰의 복사 여부를 결정하는 체크박스이며 View Name을 이용할 수 있다.

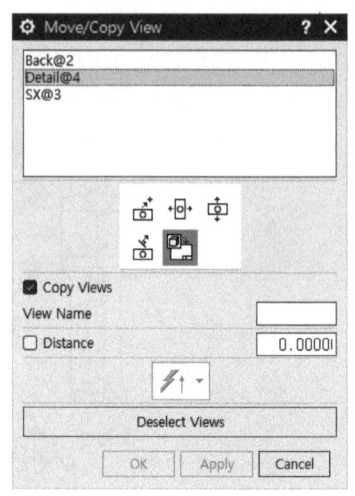

그림 15.37  Move/Copy View 대화상자

## 15.9 View Alignment

Edit ➡ View ➡ View Alignment

작성된 뷰를 기준으로 선택된 뷰를 정렬시킬 수 있다.

① Inferred : 기준 뷰의 기준점에 의해 선택 뷰에서 기준점을 추정하여 뷰를 정렬시킨다.

② Horizontal : 기준 뷰의 선정 점을 기준으로 선택된 뷰를 수평 정렬시킨다.

③ Vertical : 기준 뷰의 선정 점을 기준으로 선택된 뷰를 수직 정렬시킨다.

④ Perpendicular to a Line : 선택 뷰를 기준으로 선택된 뷰 점의 수직 위치에 뷰를 정렬시킨다.

⑤ Overlay : 선택된 뷰의 기준점에 이동시킬 뷰의 선정 점을 일치시켜 뷰를 중첩 시킨다.

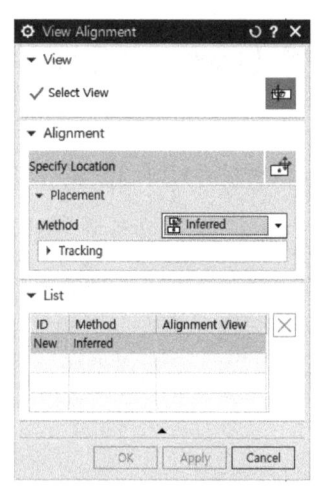

그림 15.38  Align View 대화상자

## 15.10 View Boundary

Edit ➡ View ➡ View Boundary

투영된 뷰를 이용하여 도면상에 나타낼 부위를 정의하거나 Detail View의 영역과 표시위치와 표시유형을 수정할 수 있다.

① Break Line/Detail : 상세도에 정의된 원의 크기를 변경하거나 원의 중심을 클릭하여 표시위치를 변경할 수 있다.

② Manual Rectangle : 사용자가 정의한 사각형 내의 객체를 이용하여 투상 도면을 작성한다.
③ Automatic Rectangle : Manual Rectangle된 투상을 해당 뷰의 영역으로 복원시킨다.

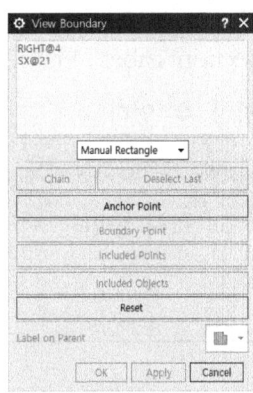

그림 15.39  View Boundary 대화상자

그림 15.39는 15.40의 투영 뷰에서 직사각형으로 드래그하여 직사각형 내의 객체를 이용해 투상도를 작성한 결과이다.

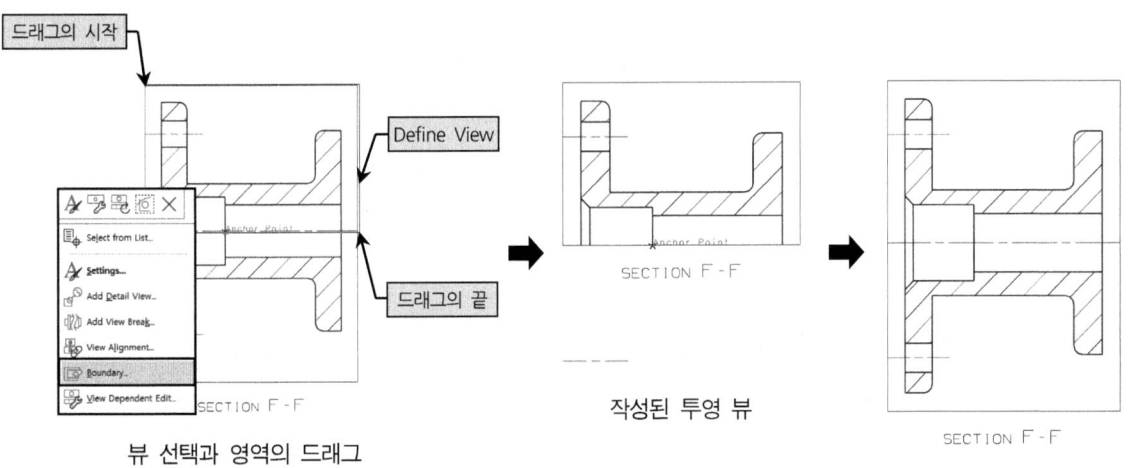

그림 15.40  Manual Rectangle과 Automatic Rectangle의 실행

④ Bound by Object : 투영 뷰 내의 선택된 객체를 이용하여 투상된 뷰를 작성한다.

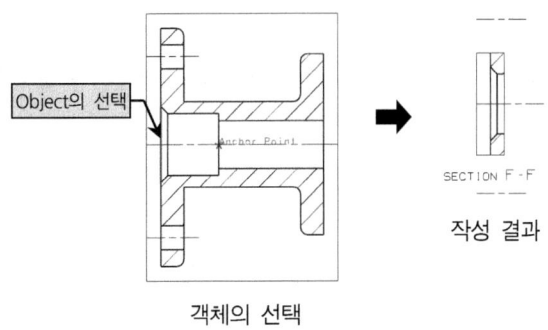

그림 15.41  Bound By Object의 실행

- Edit Label Setting : 단면도 또는 상세도의 주석내용과 표시형식을 정의할 수 있으며, 해당 주석문을 더블클릭하여 수정할 수 있다.
  - Section Label : 단면도의 표시를 변경할 수 있다.
  - View Scale : 상세도 또는 단면의 척도 표시 방법을 변경할 수 있다.

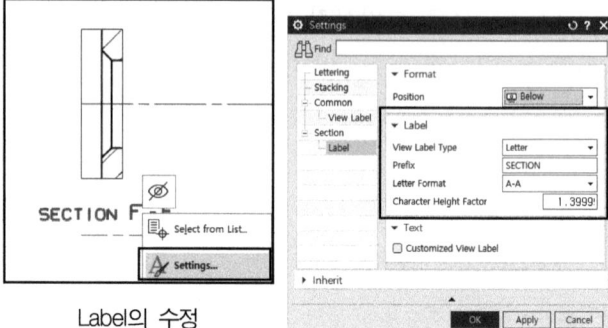

Label의 수정

단면 표시의 수정

투영 뷰의 수정

뷰의 척도 수정

**그림 15.42** Bound By Object의 실행

## 15.11 Hide Components in View

View ➡ Hide Components in View

선택된 조립 부품을 뷰에서 숨기려면 Hide Components in View 명령을 사용하며 다른 뷰에서는 조립 부품이 해당 뷰에 표시되어 있다.

## 15.12 Show Components in View

View ➡ Show Components in View

Hide Components in View 명령에 따라 뷰에 표시되어 있지 않은 구성부품을 표시한다.

## 15.13 View Dependent Edit

Edit ➡ View ➡ View Dependent Edit

작성된 뷰를 선택하여 투상된 객체의 삭제, 복원과 유형(선의 종류, 색상, 굵기)변경을 지원한다.

① Add Edits : 투영된 객체의 삭제, 유형변경 등을 지원한다.

- Erase Objects : 선택된 객체를 삭제할 수 있다.
- Edit Entire Objects : 선택된 객체의 유형을 변경한다.
- Edit Shaded Objects : 객체의 면에 Partial Shading 적용할 수 있다.
- Edit Object Segments : 선택된 뷰의 Sketch에서 작성한 경계를 이용하여 경계 내 객체의 유형을 변경한다.
- Edit Section View Background : 단면 부위를 표시하고 투상될 객체를 선별하여 나타낸다.

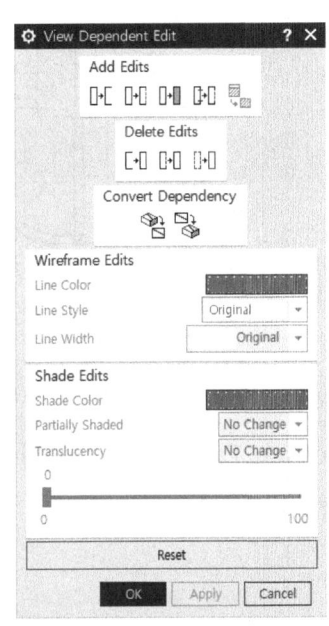

그림 15.43 View Edit 대화상자

- : Edit Entire Objects 적용

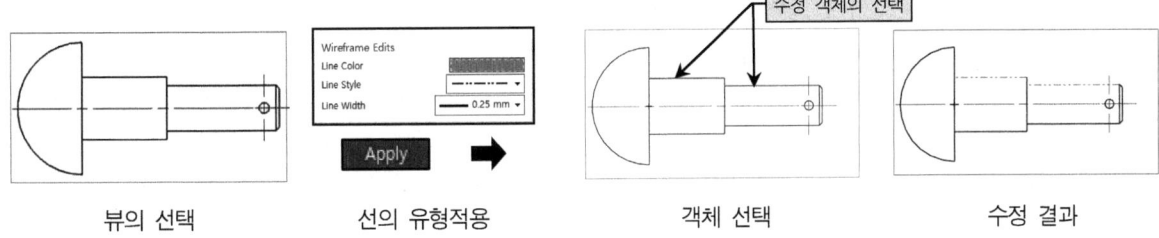

그림 15.44 Edit Entire Objects에 의한 유형변경

- : Edit Object Segments 적용

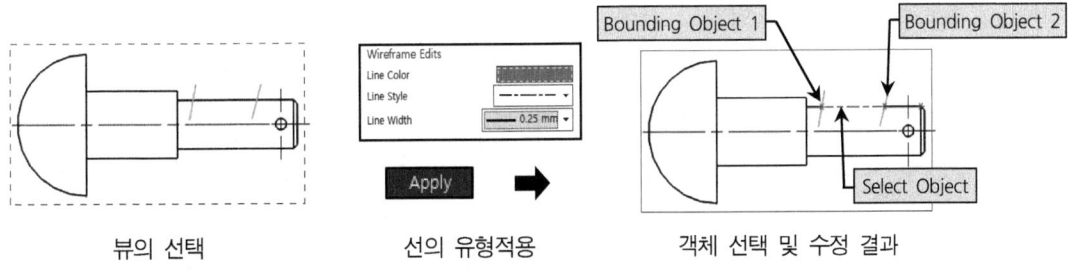

그림 15.45 Edit Object Segments에 의한 부분 유형변경

- Edit Section View Background의 적용

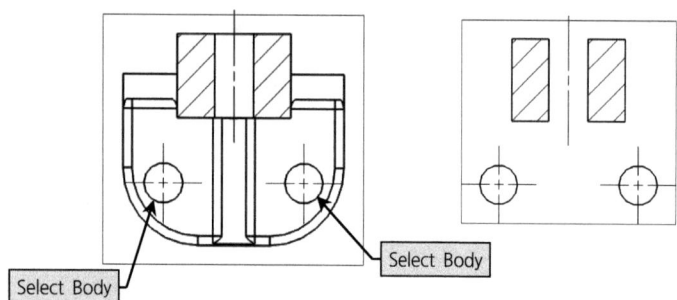

그림 15.46  Edit Section View Background의 적용

② Delete Edits : 삭제 또는 유형이 변경된 객체의 복원이 가능하다.
③ Convert Dependency : 모델링이나 Sketch 상태에서 작성된 객체가 선택된 뷰 이외에 적용 가능여부를 결정할 수 있다.

## 15.14 View Style Setting

작성된 투영뷰의 척도, 회전 또는 숨은선의 표시 등을 수정할 수 있으며, 그림 15.7에서와 같이 Part Navigator나 투영 뷰의 외부 상자를 더블클릭하여 수정할 수 있다.

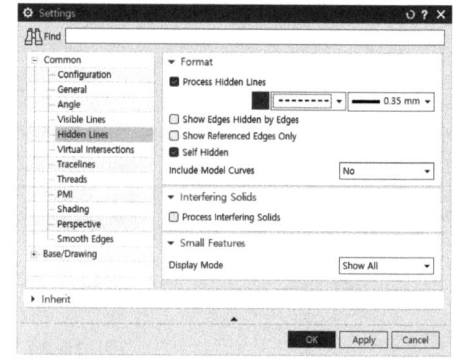

그림 15.47  View Style 대화상자

### 15.13.1 Hidden Lines

① Interfering Solids : 중복된 조립체의 간섭 부위 표시 특성을 제어할 수 있다.

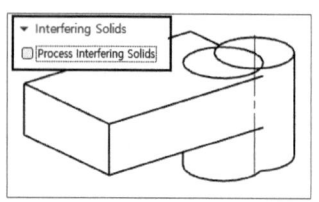 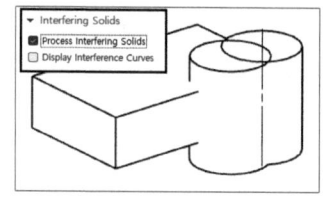 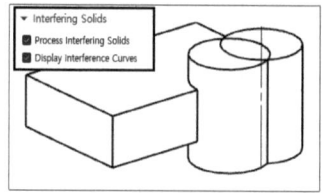

Process Interfering Solids : Off   Process : On          Process : On
Display Interfering Curves : Off   Displays : Off        Displays : On

그림 15.48  Interfering Solids의 제어 특성

② Format : 작성된 뷰의 보이지 않는 선(숨은선)을 제어할 수 있다.
- Hidden Line : 선택된 뷰에 있는 객체들의 숨은 선 적용 여부를 선택하는 체크박스이다.

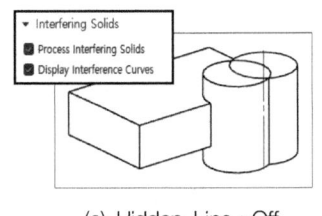
(a) Hidden Line : Off

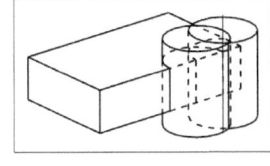
(b) Hidden Line : On
Self Hidden : Off

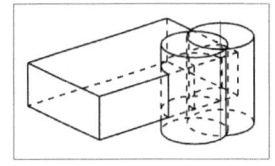
(c) Hidden Line : On
Self Hidden : On

**그림 15.49** Hidden Line에 의한 숨은선의 제어

- Invisible : 표시된 숨은선이 보이지 않도록 처리한다.
- Self Hidden : 표시 객체들이 소유한 숨은선을 표시하며, 그림 15.49의 (c)는 Self Hidden 체크박스를 On 시킨 결과이다.
- Referenced Edges Only : 복잡한 도면에서 숨은선을 표시하지 않을 때 치수 등의 위치를 나타내는 숨은 선만을 표시할 수 있다. 단, Hidden Line의 체크박스가 "On" 상태여야 한다.

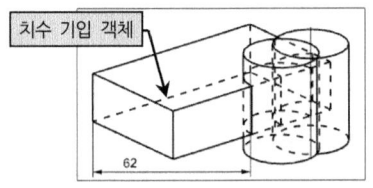
Referenced Edges Only : Off

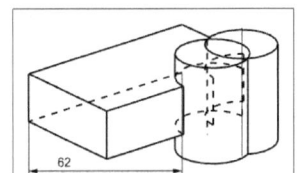
Referenced Edges Only : On

**그림 15.50** Referenced Edges Only에 의한 숨은선의 제어

- Show Edges Hidden by Edges : Edge에 의해 겹쳐 있는 숨은선을 모두 나타낸다.
- Include Model Curves : 모델링 객체의 곡선이 고려된다.
- Small Feature : 작은 객체형상을 표시하는 방법을 선정하며 Show All, Simplify와 Hide의 3가지 옵션이 있다.

## 15.13.2 Visible Lines

작성된 뷰에 나타나는 외형선의 유형을 제어할 수 있다.

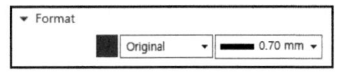
Visible Line 대화상자

### 15.13.3 Virtual Intersection

모깎기 된 부분의 가상 교차점을 나타내며 End Gap 옵션을 이용할 수 있다.

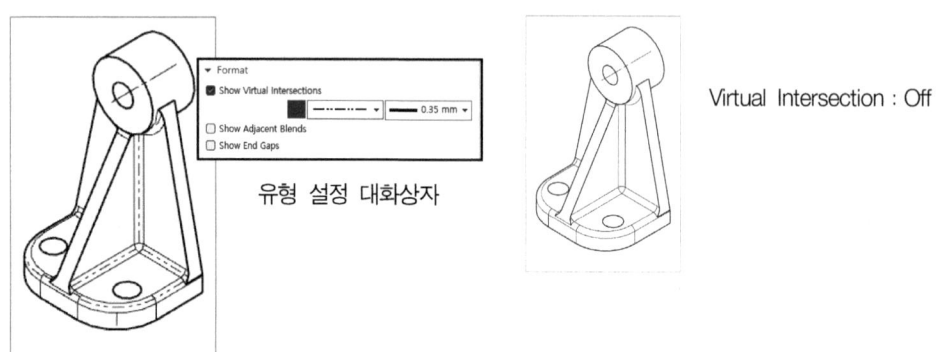

그림 15.51  Virtual Intersection의 적용

① Show Adjacent Blends : 교차 면을 식별하거나 다시 생성하여 올바른 가상 교차 곡선을 구성하며 모델에 블렌드 사이의 면이 완전히 블렌드 된(예 인접한 원통형 면이 선형으로 부드러운 모서리 공유) 해석 블렌드 면이 포함되었을 때 인접한 블렌드를 사용한다.

② End Gap : 가상의 교차점과 모서리의 틈새를 조절할 수 있다. 그림 15.52는 가상선으로 유형 설정과 2mm의 End Gap을 적용한 결과이다.

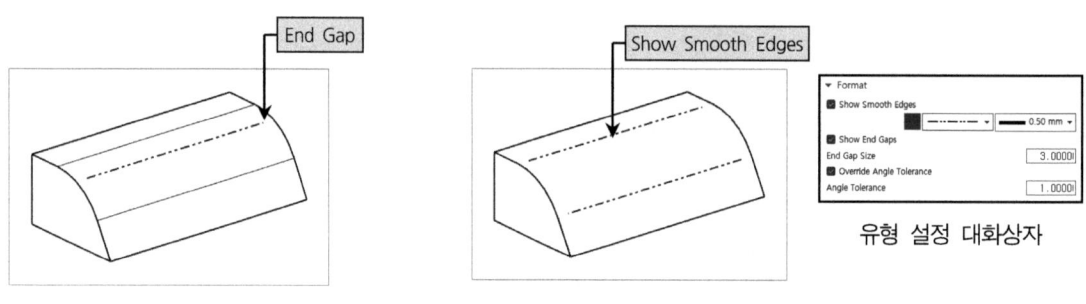

그림 15.52  End Gap의 적용                    그림 15.53  Smooth Edge의 적용

### 15.13.4 Smooth Edge

모깎기된 부분의 모깎기 시작 선과 끝 선의 유형을 제어하고 End Gap을 적용할 수 있다. 그림 15.53은 가상 선으로 유형 변경과 3mm의 End Gap을 적용한 결과이다.

### 15.13.5 Threads

Threads 명령에서 Symbolic 형식으로 작성된 나사의 투영 뷰에 적용할 표시 특성을 선정한다.

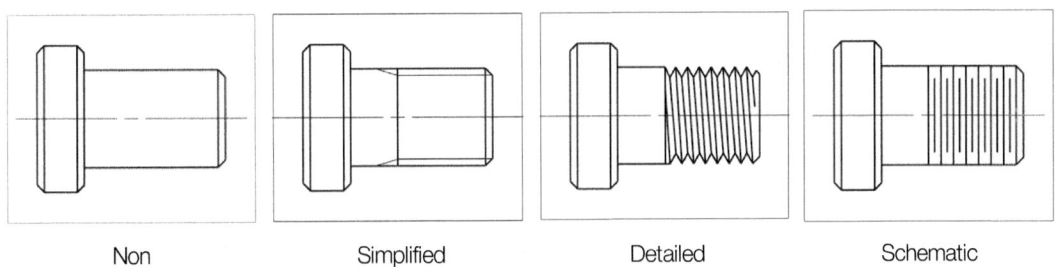

| Non | Simplified | Detailed | Schematic |

그림 15.54  Threads 옵션에 의한 나사의 표시

## 15.15 View Preference

Perferences ➡ Drafting...

작성될 투영 뷰의 환경설정을 정의하는 대화상자이다. General 이외의 대화상자는 View Style 대화상자와 같은 선택 내용이 지원된다.

① Silhouette : 실루엣 곡선은 모델링 뷰가 배치될 때마다 윤곽이 생성되며, Tangent 한 경우 실제 존재하는 모서리가 아니므로 뷰의 위치에 따라 실루엣 곡선이 정의된다.

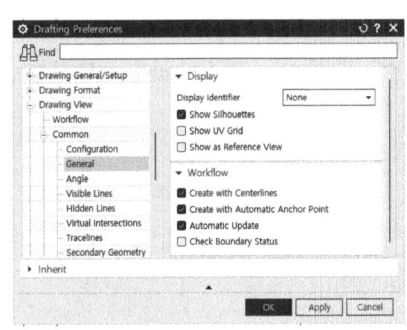

그림 15.55  Preference 대화상자

Silhouette : On

Silhouette : Off

그림 15.56  Silhouette의 특성

② Show as Reference View : 작성된 객체를 선택된 뷰에서 보이지 않게 설정할 수 있으며, 그림 15.57은 UV Grid의 On/Off 특성과 동일한 뷰에서 Reference 옵션을 실행한 결과이다.

③ UV Grid : 작성된 객체의 UV Grid의 표시 여부를 선정할 수 있다.

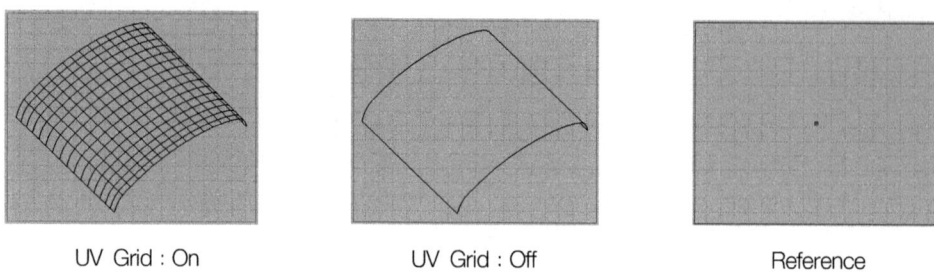

그림 15.57  UV Grid와 Reference의 특성

④ Create with Centerlines : 투상에 필요한 중심선을 작도한다.

⑤ Create with Automatic Anchor Point : 부분단면에 필요한 Anchor 점을 자동으로 정의한다.

⑥ Automatic Update : 수정모델의 업데이트를 제어하며, 투영 뷰에서 만들어진 상세도에는 영향을 미치지 않는다.

⑦ Check Boundary Status : 투상도의 상태를 확인한다.

## 분해도면 작성하기

**Step.1** 14장에서 설명한 Explode를 이용하여 예제 14.3의 분해도를 Modeling 화면에서 저장한다.

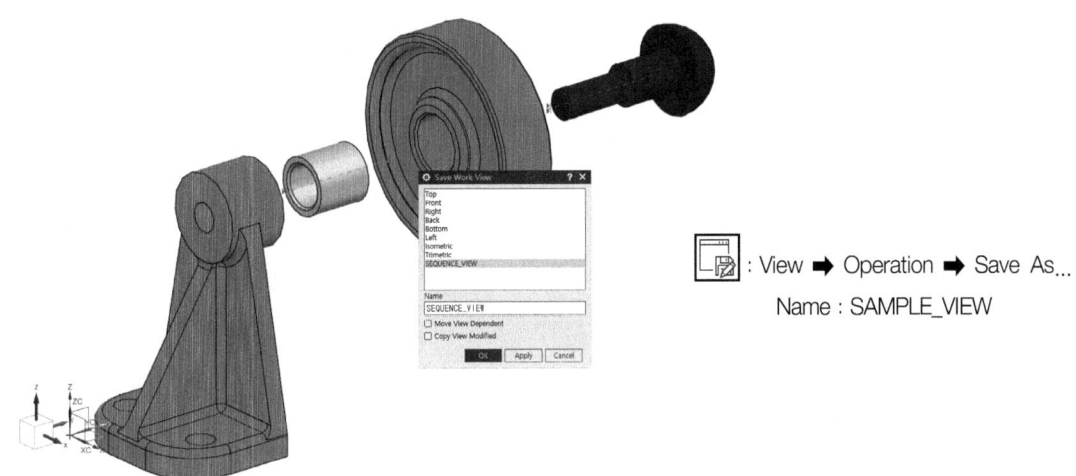

**Step.2** 도면작성을 위해 Drafting에서 새로운 A2 용지를 설정하고 Import의 Part를 이용하여 도면 양식을 불러온다. 또한 Base View를 이용해 저장된 분해 도를 나타낸다.

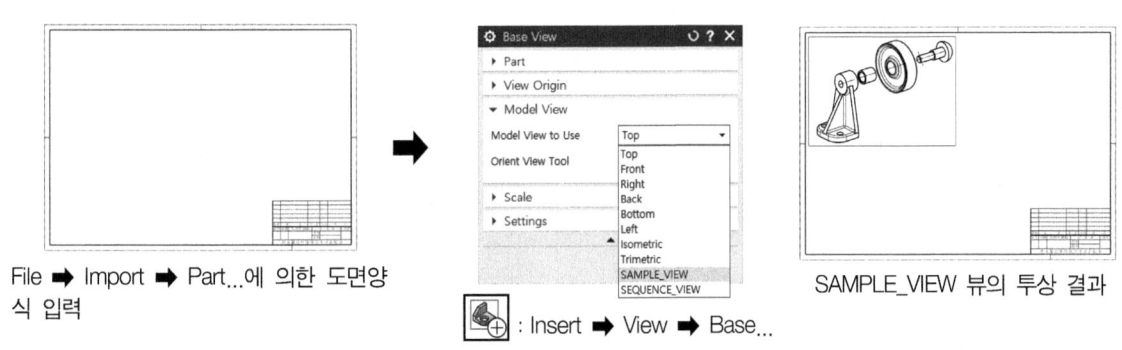

**Step.3** Base View를 이용해 저장된 부품 1번의 평면도(Top)를 나타내고 View Style을 이용하여 투영 뷰를 -90도 회전한다.

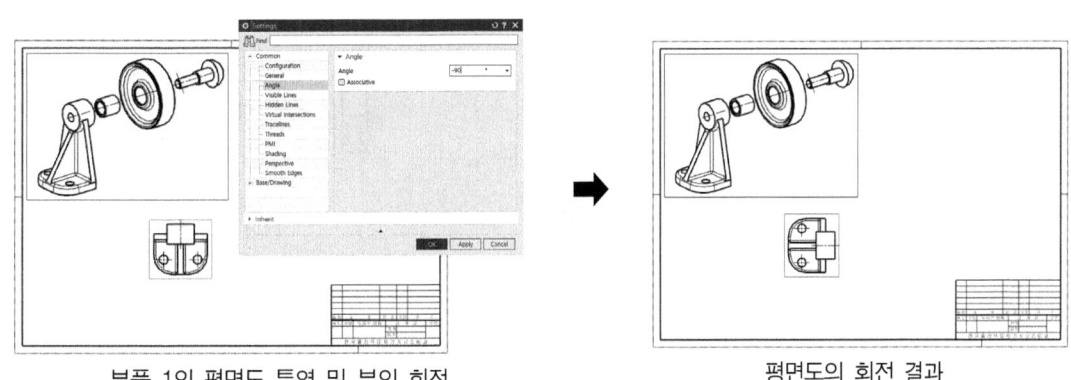

부품 1의 평면도 투영 및 뷰의 회전 → 평면도의 회전 결과

**Step.4** 회전된 베이스의 평면도를 선택하고 정면도와 좌측면도를 직각 뷰(Projected View)를 이용하여 투상하며 작성에 사용된 평면도는 삭제하여도 된다.

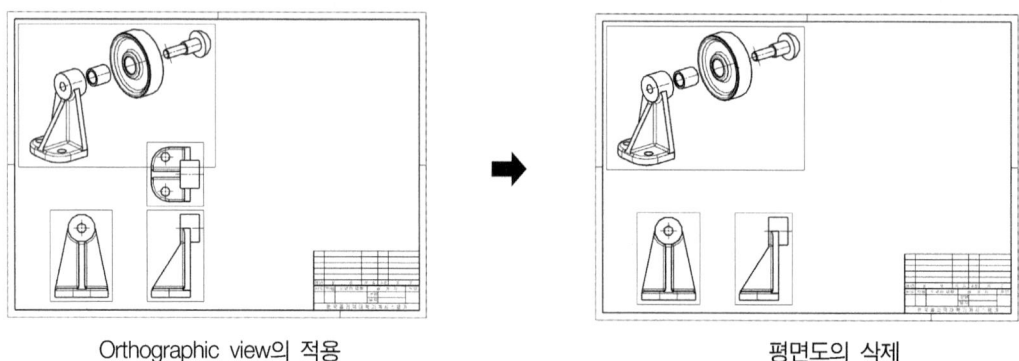

Orthographic view의 적용 → 평면도의 삭제

**Step.5** 부품 1의 정면도를 이용하여 단면도를 작성하고 Section Line을 수정한다. 또한 부품 3의 우측면도를 이용하여 전 단면도를 작성한다.

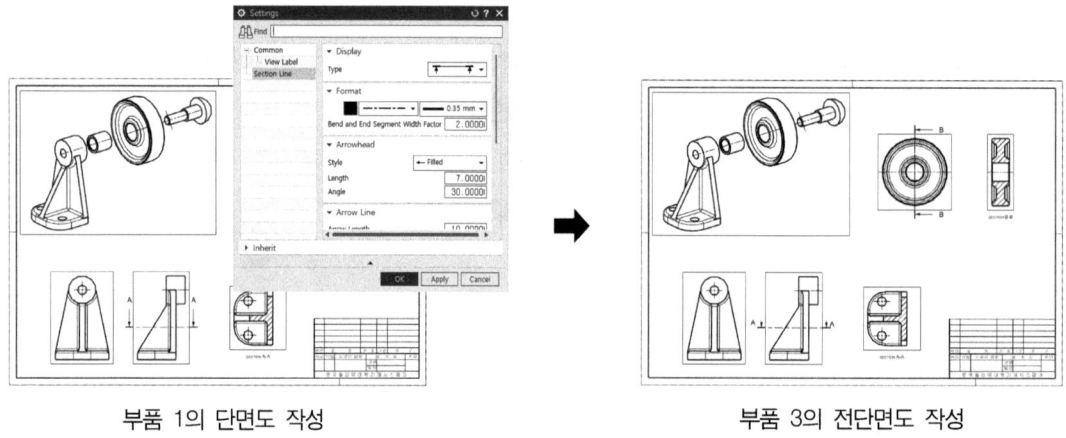

부품 1의 단면도 작성 → 부품 3의 전단면도 작성

**Step.6** 부품 3의 단면뷰의 제거는 Hide Components in View를 이용해 객체를 Remove 처리하고 나머지 객체속성은 Hide 처리한다.

Edit ➡ View ➡ Hide Components in View

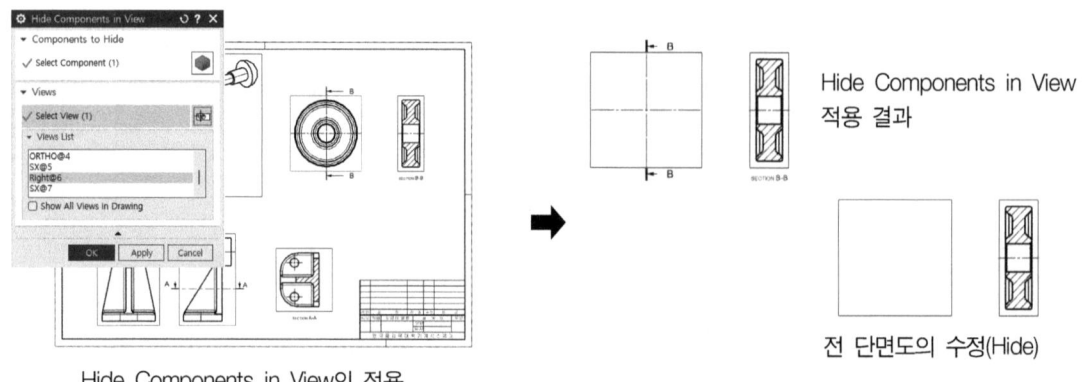

Hide Components in View의 적용

Hide Components in View 적용 결과

전 단면도의 수정(Hide)

Step.7 작성된 베이스의 정면도를 이용하여 Active Sketch에서 회전단면을 표시한다.

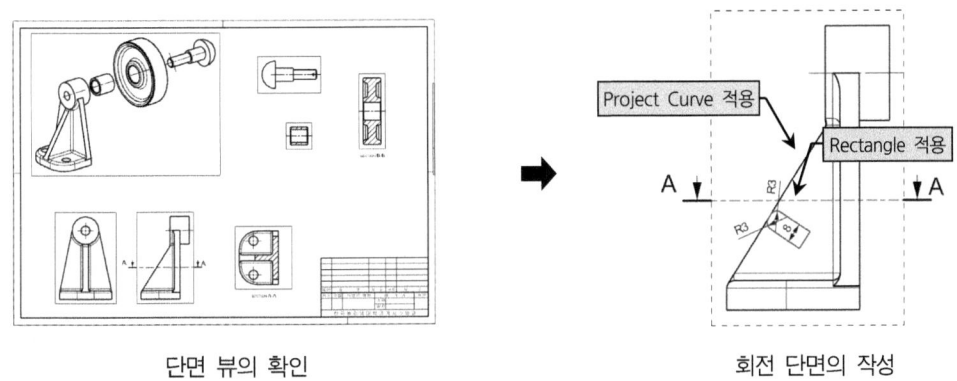

단면 뷰의 확인          회전 단면의 작성

Step.8 아래 작성된 도면과 같이 투상도면을 완성하고 Hide Components in View가 적용된 Border는 도면 바깥쪽으로 드래그한다. 또한 테두리의 표시억제를 위해 Preferences ➡ Drafting...(Drawing View ➡ Work flow)의 Borders Display 체크박스를 Off시킨다.

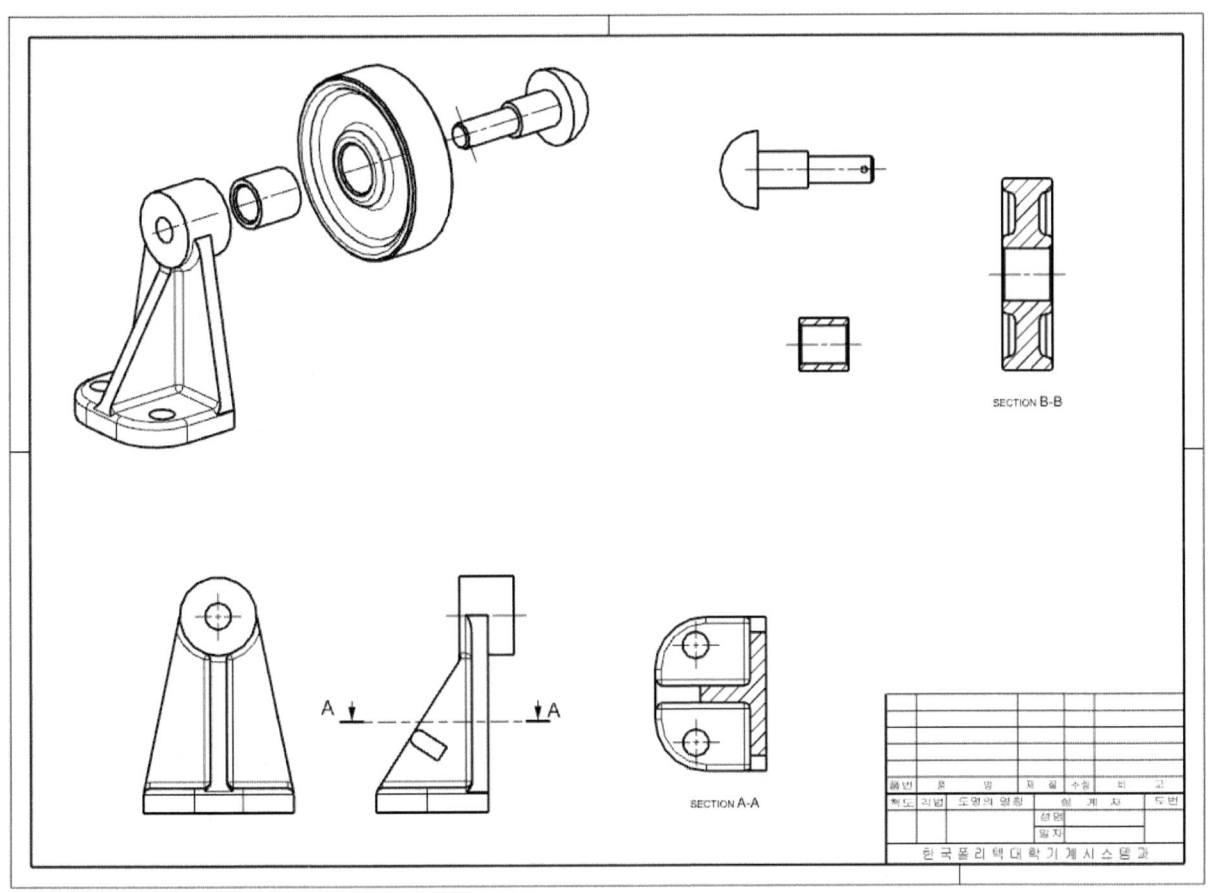

# 모델링을 이용한 도면작성 II

chapter 16

## 16.1 Hatching

Insert ➡ Annotation ➡ Crosshatch...

### 16.1.1 Crosshatch

Sheet에 작성된 객체의 단면 영역을 해치하며 점에 의한 영역 선정 또는 경계영역을 선정하여 작도한다.

① Boundary : 해치 영역을 설정한다.
  • Point in Region : 점에 의한 해치 영역을 설정한다.

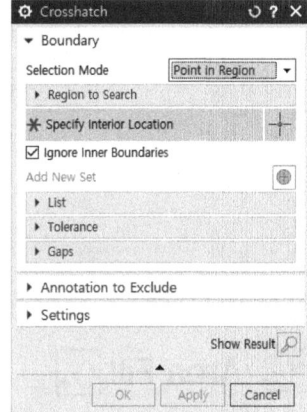

Crosshatch 대화상자

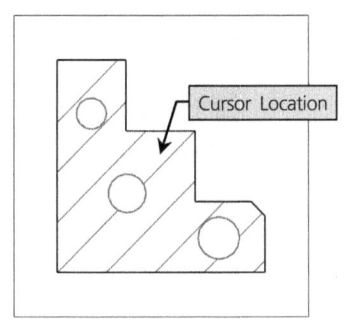
Ignore Inner Boundaries : Off

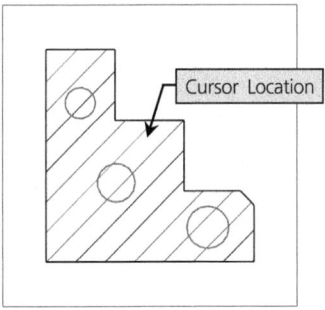
Ignore Inner Boundaries : On

**그림 16.1** Point in Region에 의한 해치 특성

  • Boundary Curves : 영역 곡선을 이용하여 해치를 수행한다.

② Annotation to Exclude : 치수선 부위의 해치 선을 억제한다.
③ Setting : 해치 유형, 간격, 각도 및 표시 색상 등을 설정할 수 있다.

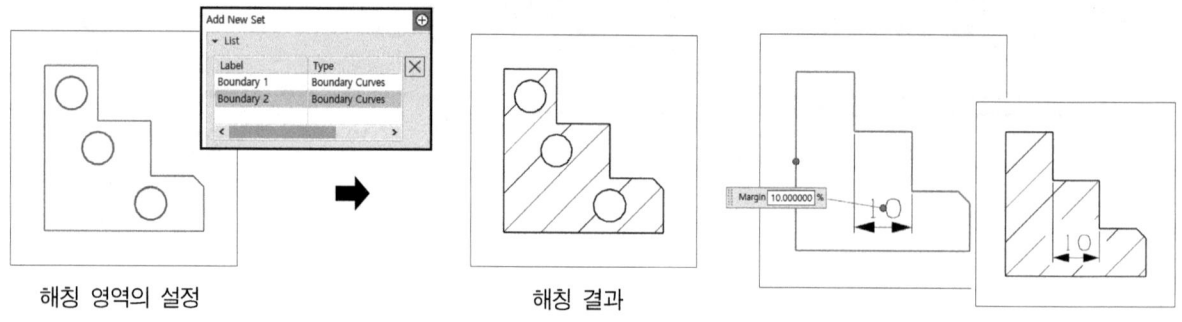

해칭 영역의 설정    해칭 결과

**그림 16.2** Boundary Curve에 의한 해칭 결과

**그림 16.3** Annotation to Exclude에 의한 해칭 제거

### 16.1.2 Hatch의 유형 설정

Perferences ➡ Drafting...

작성될 해치의 유형을 설정할 수 있다.

- Crosshatch : 해치 유형 파일의 선택, 해치 간의 거리와 적용 각도를 결정한다.

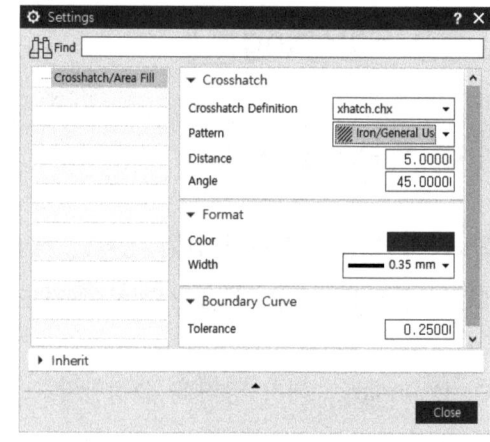

**그림 16.4** Fill/Hatch 수정 대화상자

## 16.2 Area Fill

Insert ➡ Annotation ➡ Area Fill...

Area Fill의 Pattern을 이용하여 스머징하며 사용하는 방법은 해치 작성과 같다.

## 16.3 중심선의 수정

Insert ➡ Centerline

원의 중심점, 옵셋 중심선과 대칭선 등을 작성하는 기능을 지원한다.

① Center Mark : Hole이나 암나사부의 중심선을 표시한다.
  - Set Extension Individually : Extension Line의 길이를 각각 조절할 수 있다.
  - Display as Center Point : 원호 객체의 중심선 아닌 Center Mark를 표시한다.

② Bolt Circle Centerline : 원주상에 가공 되어 있는 3점 이상의 Hole을 선택하여 피치 지름의 전체 또는 부분 중심선을 표시할 수 있다.

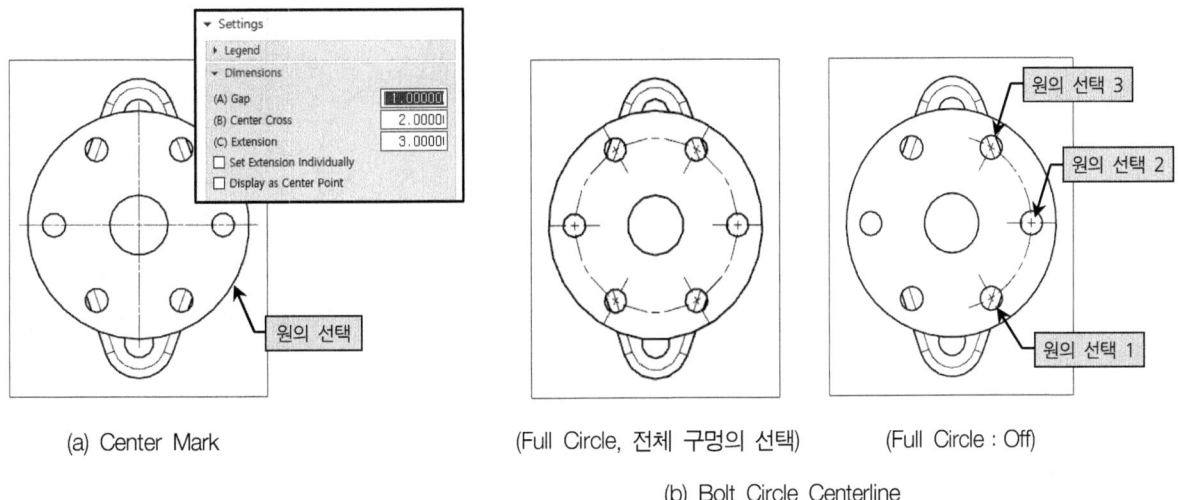

(a) Center Mark  (Full Circle, 전체 구멍의 선택)  (Full Circle : Off)

(b) Bolt Circle Centerline

③ Circular Centerline : 원주상에 가공된 3점 이상의 구멍을 선택하여 원의 중심선 전체를 작도한다.

④ Symmetrical Centerline : 대칭인 객체의 중심선을 작성하며 면의 선택에 의한 방법(From Face)과 점과 점(Start and End)에 의한 작도 방법이 제공된다.

⑤ 2D Centerline : 대칭 객체를 선택하여 중심선을 작도하며 곡선에 의한 방법(From Curves)과 점(By Points)에 의한 작도 방법이 제공된다.

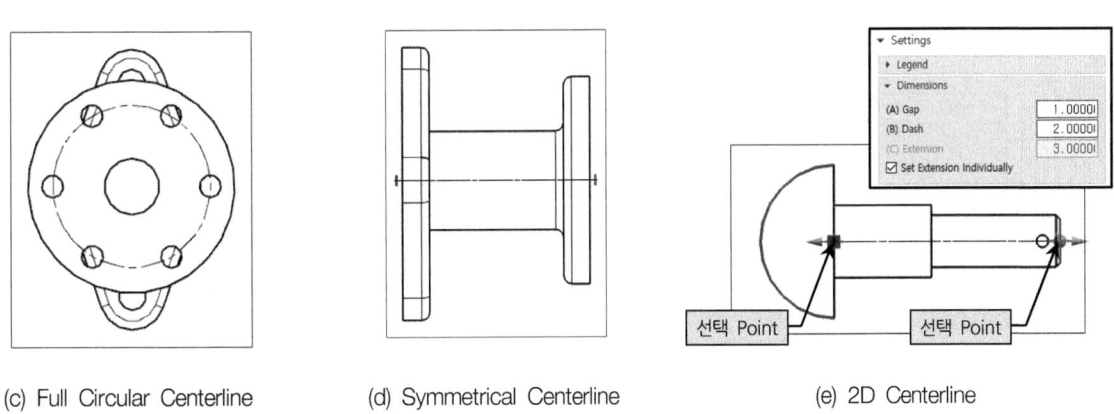

(c) Full Circular Centerline  (d) Symmetrical Centerline  (e) 2D Centerline

⑥ 3D Centerline : 원기둥의 면을 선택하여 투상 선의 이등분 점에 중심선을 작성한다.

⑦ Offset Center Point Symbol : 작성된 원의 중심을 나타내며, Offset을 이용하여 필요 위치에 중심을 표시한다.

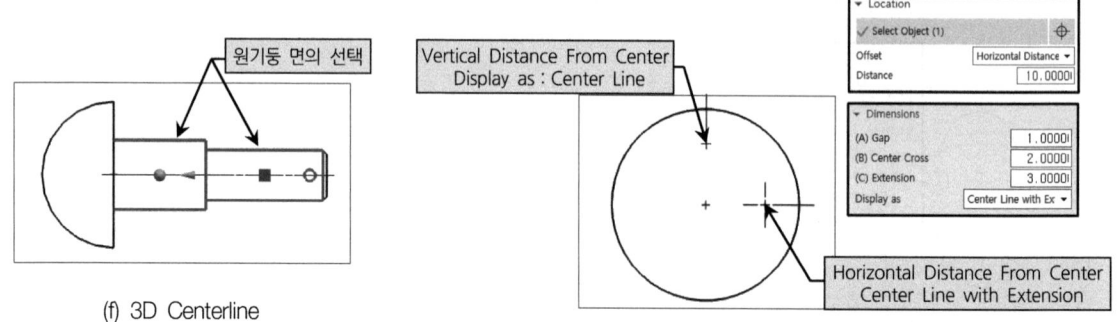

(f) 3D Centerline

(g) Offset Center Point Symbol

⑧ Automatic Centerline : 작성된 Sheet의 해당 뷰를 선택하여 자동으로 중심선을 작도한다.

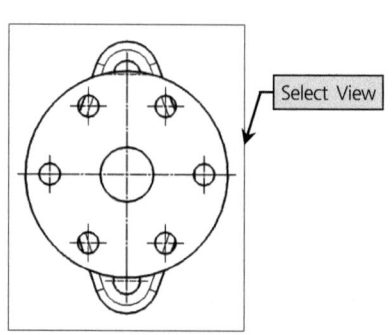

**그림 16.5**  Fill/Hatch 수정 대화상자

(h) Automatic Centerline

 Center Line을 이용하여 도면에 은선 표시, 중심선과 회전 단면 부위에 해치를 추가하시오.

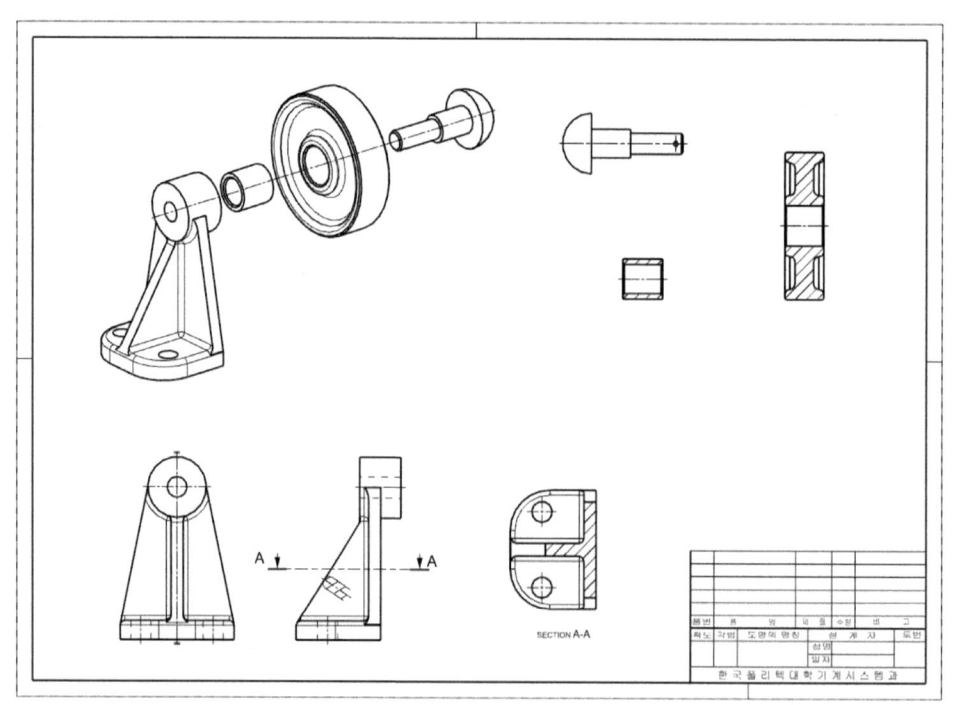

## 16.4 치수 기입하기

### 16.4.1 치수 유형 설정하기

Perferences ➡ Drafting...

치수 기입에 필요한 치수선, 치수보조선, 화살표와 문자유형 등을 설정한다.

- 치수선(Dimension Line) : 객체의 길이를 나타내는 선이다.
- 치수보조선(Extension Line) : 치수선의 시작과 끝 위치를 나타내는 보조선이다.
- 화살표(Arrow) : 거리의 시작과 끝을 나타내거나 객체의 지시에 이용된다.

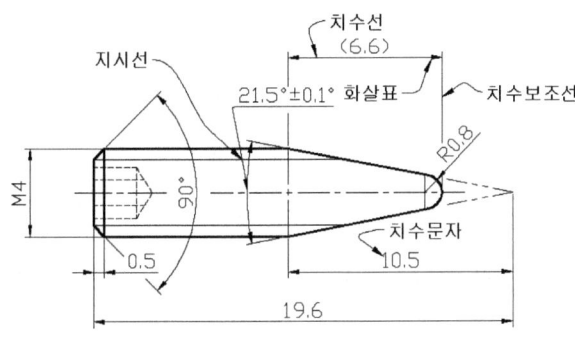

그림 16.6 치수기입의 유형

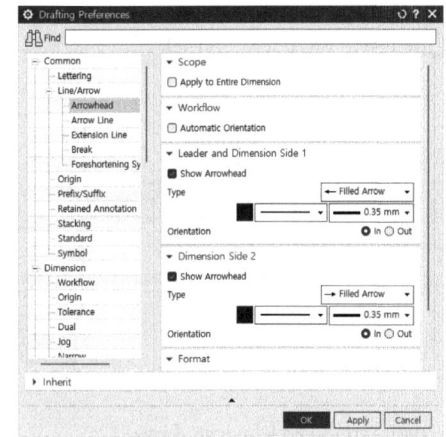

그림 16.7 치수유형 대화상자(Dimensions)

① 치수 위치의 설정
  - Place Automatically : 치수의 위치설정을 S/W가 자동으로 결정한다.

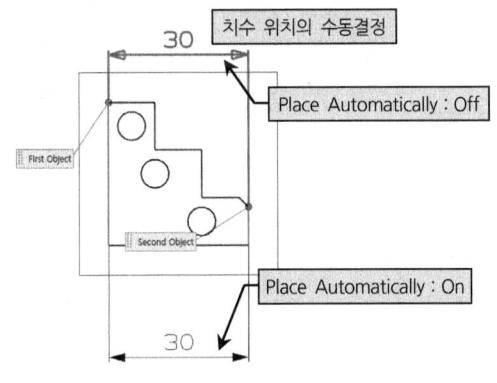

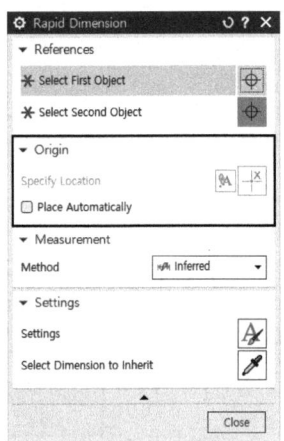

Rapid Dim 대화 상자

그림 16.8 치수 기입 위치의 특성

- Line/Arrow(Arrow Head)

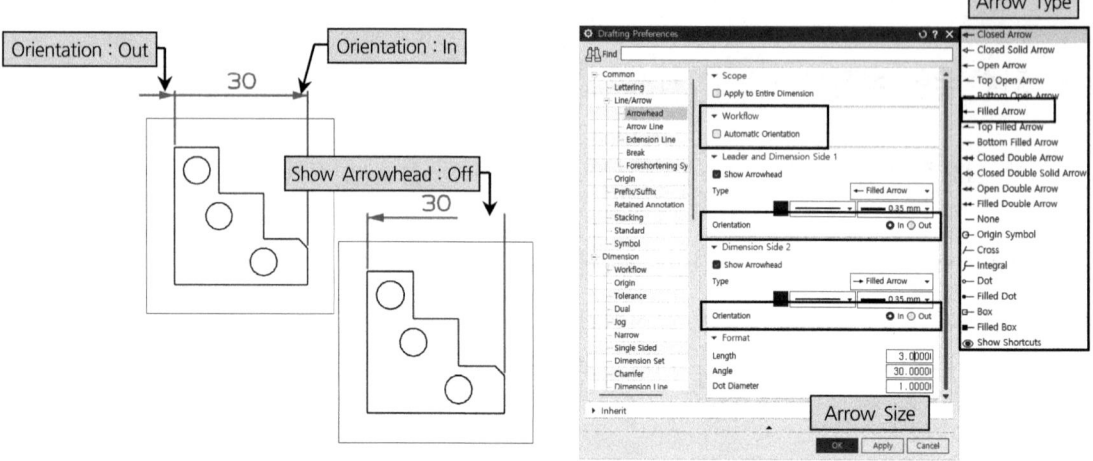

Arrow Head 선택

- Line/Arrow(Arrow Line)

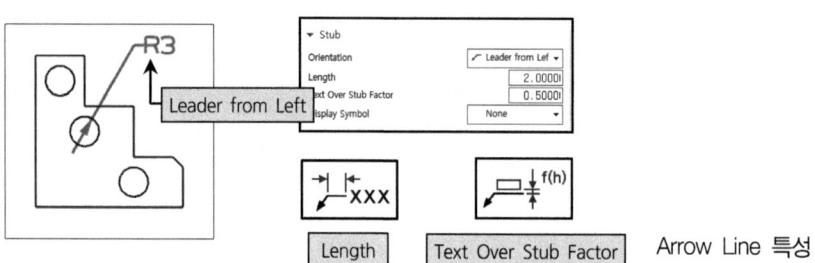

Arrow Line 특성

- Line/Arrow(Extension Line)

- Line/Arrow(Break)

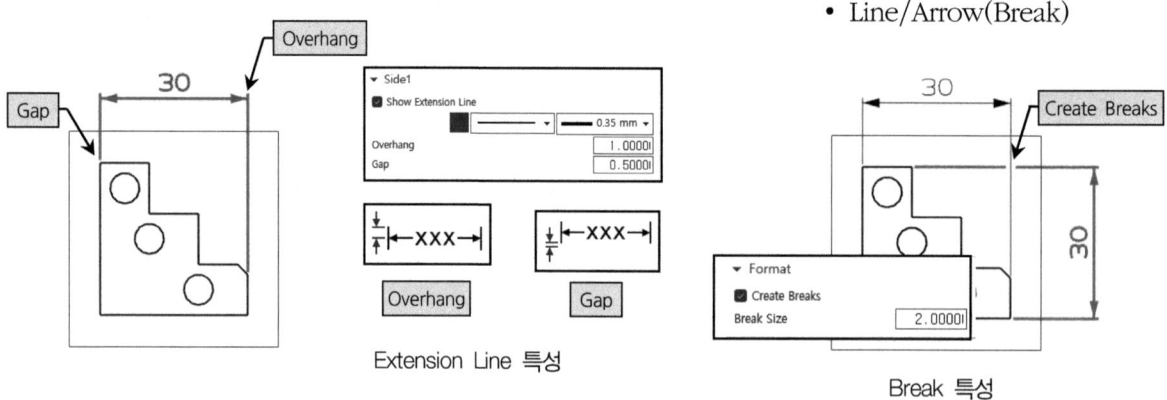

Extension Line 특성

Break 특성

- Line/Arrow(Dimension Line)

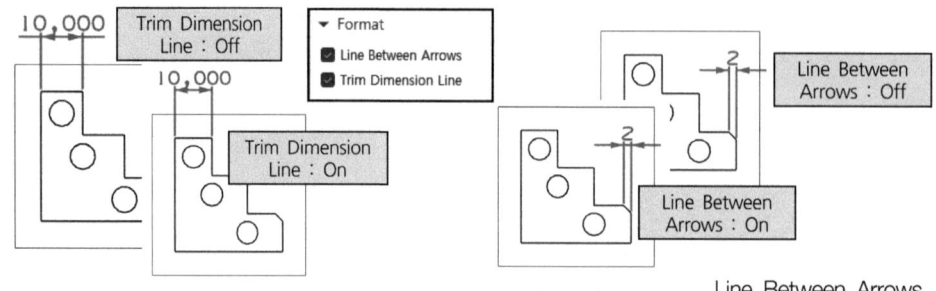

Trim Dimension Line

Line Between Arrows

**그림 16.9** 화살표와 치수 관련 선의 처리 특성

② Text : 치수 문자의 표시

- Unit : 치수 기입 단위와 표현 방식을 설정한다.
    - Decimal Places : 소수점의 자리수 표시 형태를 결정한다.
    - Decimal Delimiter : 소수점의 표시 형태를 결정한다.
    - Show Leading Zero : 치수 앞에 제로를 표시한다.
    - Show Trailing Zero : 소수점 이하 제로를 표시한다.

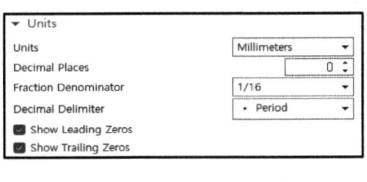
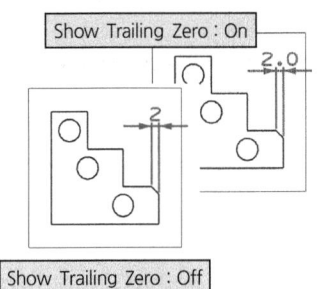

Unit 설정 특성

- Orientation and Position : 치수선과 문자의 위치

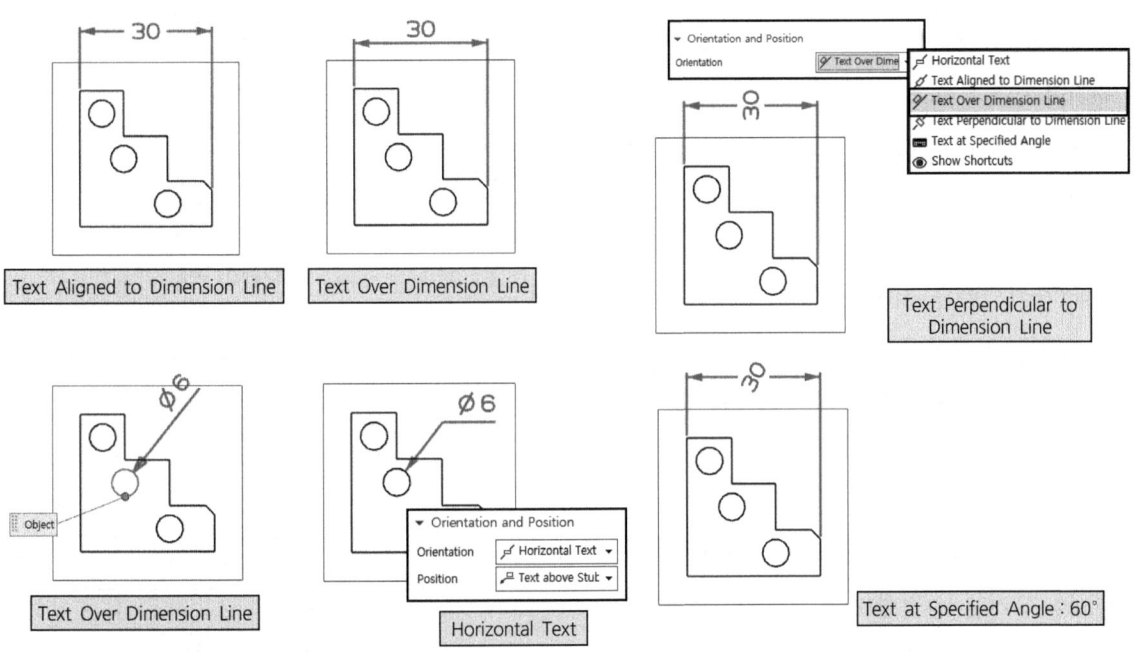

Orientation and Position의 특성

- Format : 문자의 표시 형태를 정의한다.

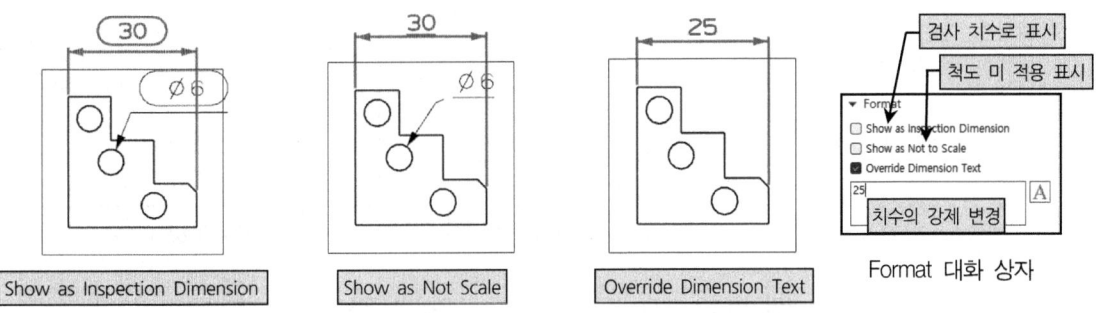

그림 16.10 치수 문자의 처리 특성

- Dimension Text : 치수 문자의 유형과 크기를 설정한다.
  - Font : 문자의 유형을 설정한다.
  - Height : 문자의 높이를 설정한다.
  - NX Font Gap Factor : NX 폰트 문자간격을 나타내는 계수이다.
  - Standard Font Gap Factor : 표준 문자간격을 나타내는 계수이다.
  - Text Aspect Ratio : 문자높이에 따른 종횡비를 결정한다.
  - Symbol Aspect Ratio : 심볼 높이에 따른 종횡비를 결정한다.
  - Line Gap Factor : 문장의 줄 간격을 나타내는 계수이다.
  - Dimension Line Gap Factor : 치수선과 치수 문자의 떨어지는 간격을 설정한다.

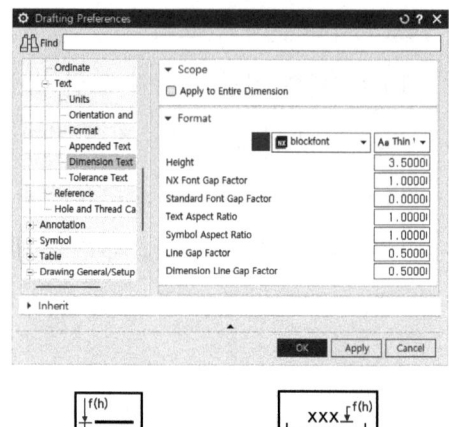

그림 16.11 Dimension Text 대화상자

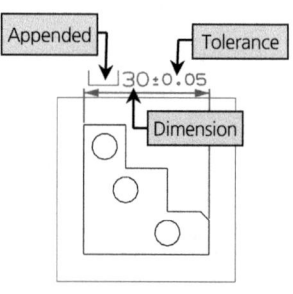

치수의 구조

- Appended Text : 치수 문자에 추가된 문자의 유형과 크기를 설정한다.
  - Text Gap Factor : 치수 문자와 추가문자의 간격을 정의하는 계수이다.

- Tolerance Text : 치수 기입에 적용된 공차 문자의 유형과 크기를 설정한다.
  - Single Line/Double Line Tolerance Text Height : 동등 양측공차 또는 한계 치수공차의 높이를 설정한다.
  - Text Gap Factor : 치수 문자와 공차의 간격을 정의하는 계수이다.

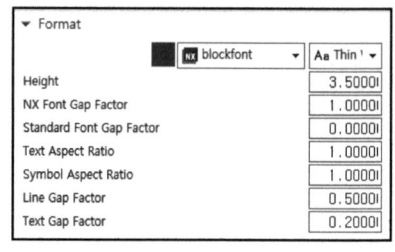

Appended Text 대화상자

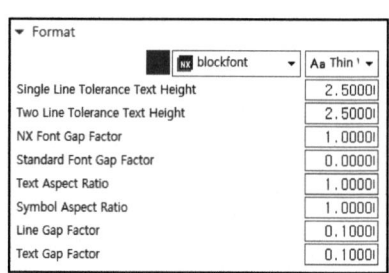

Tolerance Text 대화상자

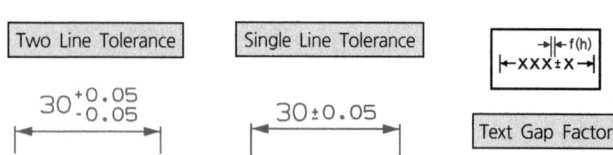

그림 16.12 Appended/Tolerance Text의 표시 특성

- Common(Lettering) : 치수 기입 문자 이외의 일반문자 유형과 크기를 설정한다.
  - Lettering Angle : 문자의 기울기를 설정한다.

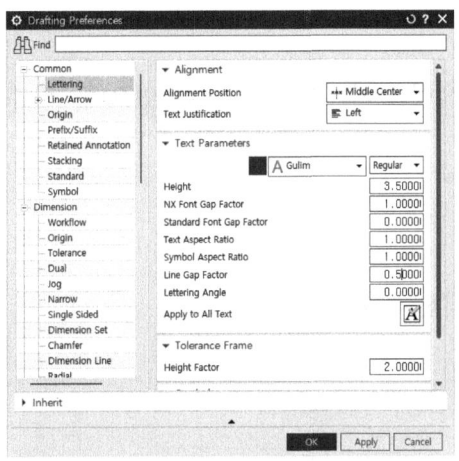

그림 16.13  Lettering 설정 대화상자

- Alignment Position : 문자의 삽입 위치를 설정한다.
- Text Justification : 문자열의 정렬 방식을 정의한다.

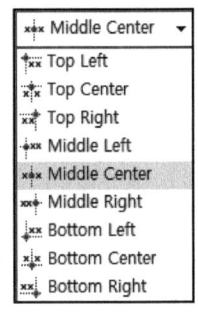

Alignment Position 선택 상자

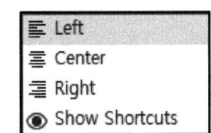

Text Justification 선택 상자

그림 16.14  Lettering 위치설정 대화상자

③ Dimension(Chamfer) : Chamfer 치수 표시 방법을 정의한다.
- Leader Format : 모깎기 치수 기입 유형을 설정한다.

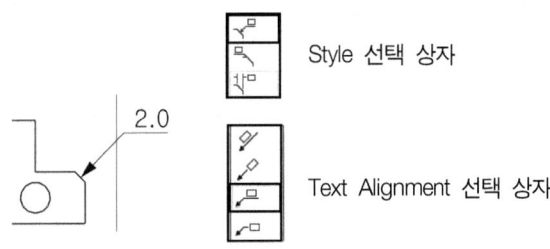

그림 16.15  모깎기 치수기입 유형 설정

## 16.4.2 치수 기입하기

Insert ➡ Dimension

제품 제작에 필요한 치수 기입 방법을 설명한다.

① Rapid

Insert ➡ Dimension ➡ Rapid... 단축키 : D

다음에 설명되는 치수 기입 유형을 빠르게 적용할 수 있으며, 표시유형은 앞 절에서 설명한 치수유형 설정하고 작업하세요.

② Linear

Insert ➡ Dimension ➡ Linear...

두 개의 선택 요소에 의해 직선 치수를 기입한다.

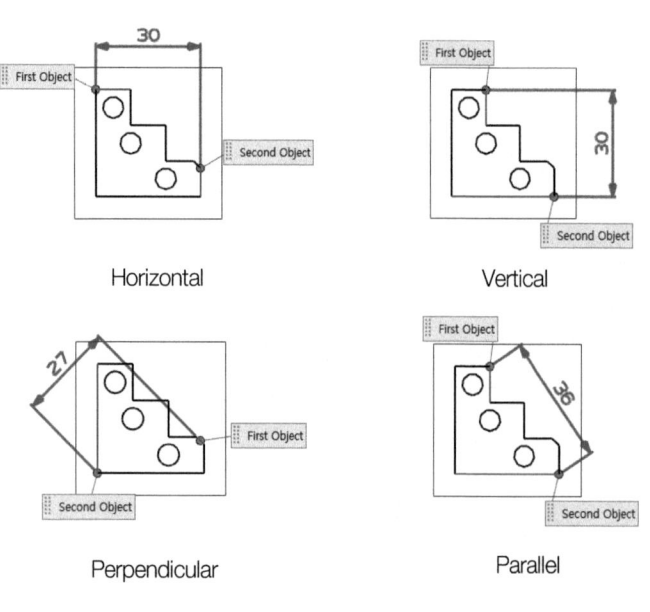
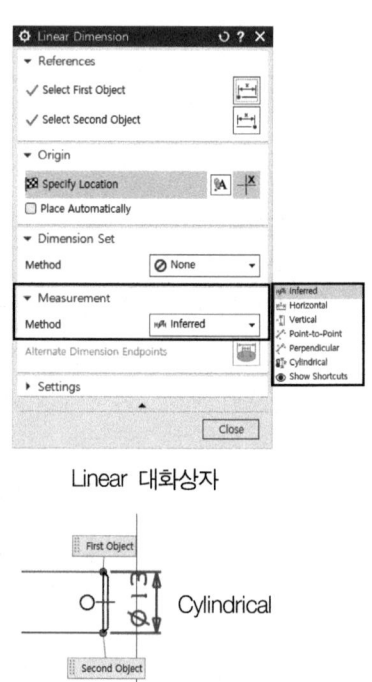

Linear 대화상자

**그림 16.16** Linear 치수 기입에서 Method의 적용

- Horizontal/Vertical Baseline(Chain) : 수평 또는 수직 방향의 기준선을 이용하여 치수를 기입하고 초기설정의 Dimension Set이 적용된다.
- 연속 치수에 적용하는 옵션
  - Chain Offset : 연속 치수 기입에서 치수별 오프셋을 적용한다.
  - Baseline Offset : 기준선에 의한 치수 오프셋을 설정한다.

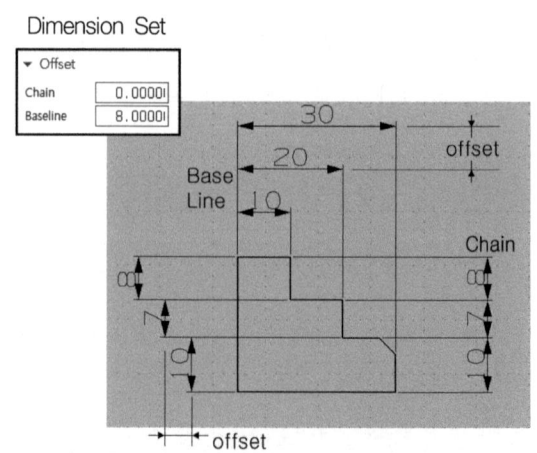

**그림 16.17** 치수 오프셋의 이용

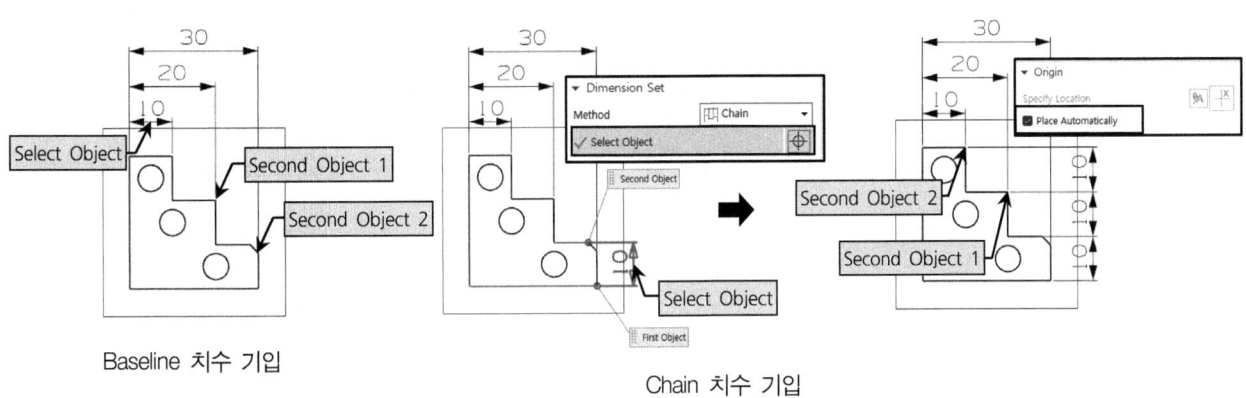

Baseline 치수 기입        Chain 치수 기입

**그림 16.18** 연속 치수의 작성

③ Radial                                              Insert ➡ Dimension ➡ Radial...

직경과 반경 치수를 기입하고 중심위치를 교차하는 치수선을 나타낸다.

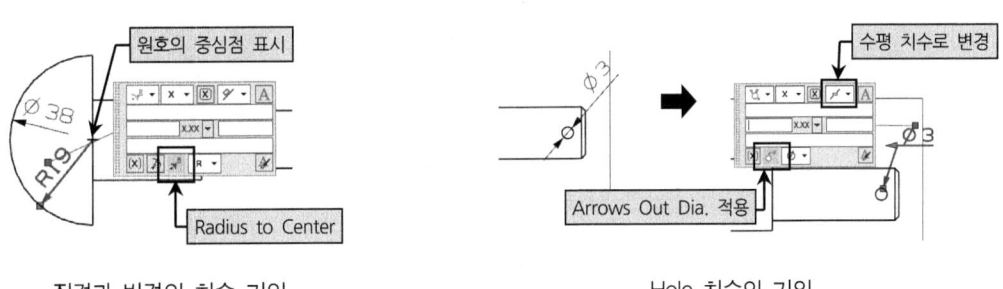

직경과 반경의 치수 기입        Hole 치수의 기입

**그림 16.19** Radial 치수 기입 적용

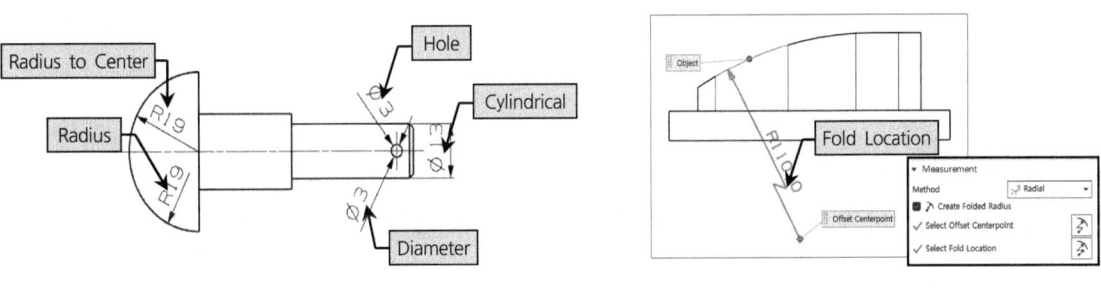

**그림 16.20** 치수 기입의 종류        **그림 16.21** Folded Radius의 생성

- Create Folded Radius : 반경 치수가 과다하여 중심 표시가 어려운 경우 임의의 점을 중심위치로 설정하여 치수를 기입하나 반경값은 변경되지 않는다.

④ Angular                                         Insert ➡ Dimension ➡ Angular...

선택된 두 개 요소의 내부 또는 외부 각도를 표시하며 표시형식은 앞 절의 Angular Dimensions을 참조하시오.

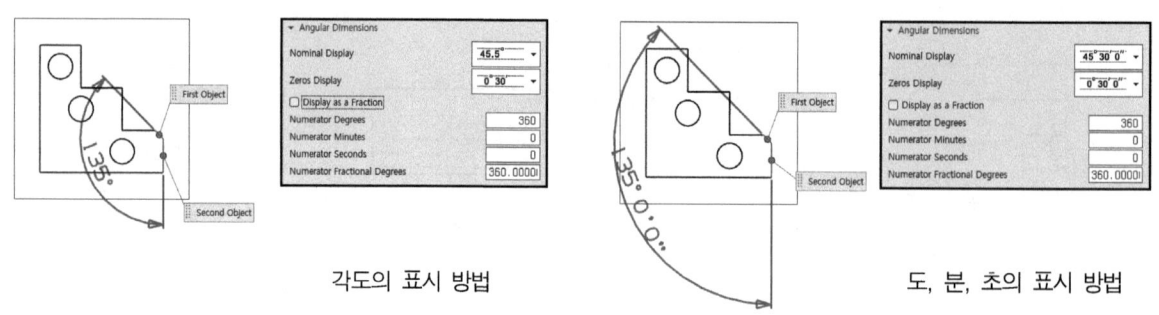

각도의 표시 방법          도, 분, 초의 표시 방법

**그림 16.22** 각도의 치수 기입

⑤ Hole and Thread Callout      Insert ➡ Dimension ➡ Hole and Thread Callout...

뷰 평면에서 구멍의 특징 형상을 매개 변수에 의해 원통형 구멍과 나사 치수를 생성할 수 있다.

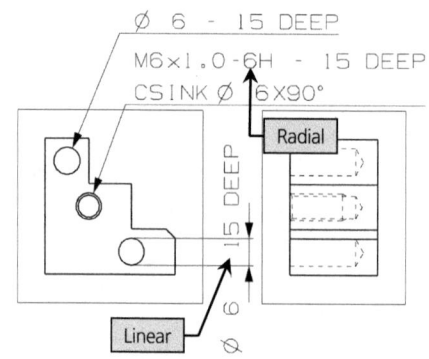

**그림 16.23** Hole and Thread Callout 치수 기입

⑥ Chamfer      Insert ➡ Dimension ➡ Chamfer...

모따기된 객체의 치수를 나타내며 표시형식은 그림 16.15를 참조할 것.

⑦ Thickness      Insert ➡ Dimension ➡ Thickness...

동일 중심의 두 개의 원 또는 원호를 선택하여 반경 차이를 치수 기입하며 치수선의 방향은 원의 중심 선상에 있다.

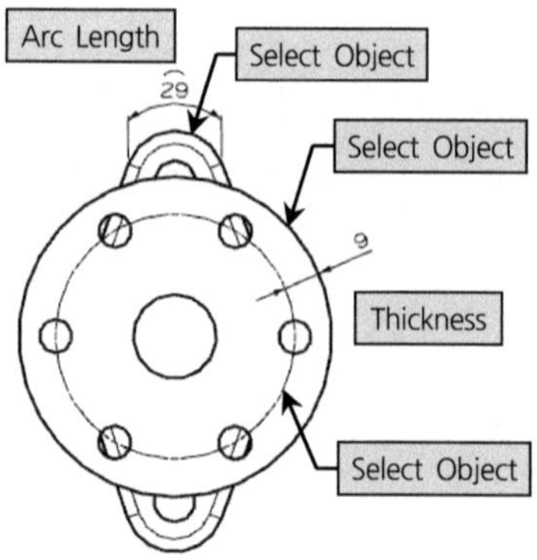

**그림 16.24** Thickness와 Arc Length의 치수 기입

⑧ Arc Length  
투상된 원호를 선택하여 원호의 길이를 표시한다.

Insert ➡ Dimension ➡ Arc Length...

⑨ Perimeter  
스케치에서 작성된 객체(Curve)를 선택하여 객체의 둘레 길이를 정의한다. 설정된 Perimeter 치수는 Expressions에서 확인할 수 있으며 Edit Parameters에서도 확인하고 수정할 수 있다.

Insert ➡ Dimension ➡ Perimeter...

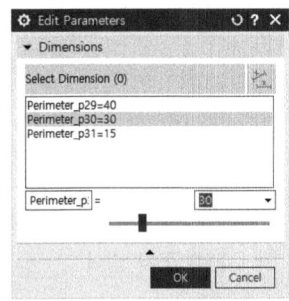

그림 16.25  Edit Parameters 대화 상자

⑩ Ordinate  
투영된 객체의 원점을 정의하여 원점으로부터 수평과 수직 위치를 표시한다.

Insert ➡ Dimension ➡ Ordinate...

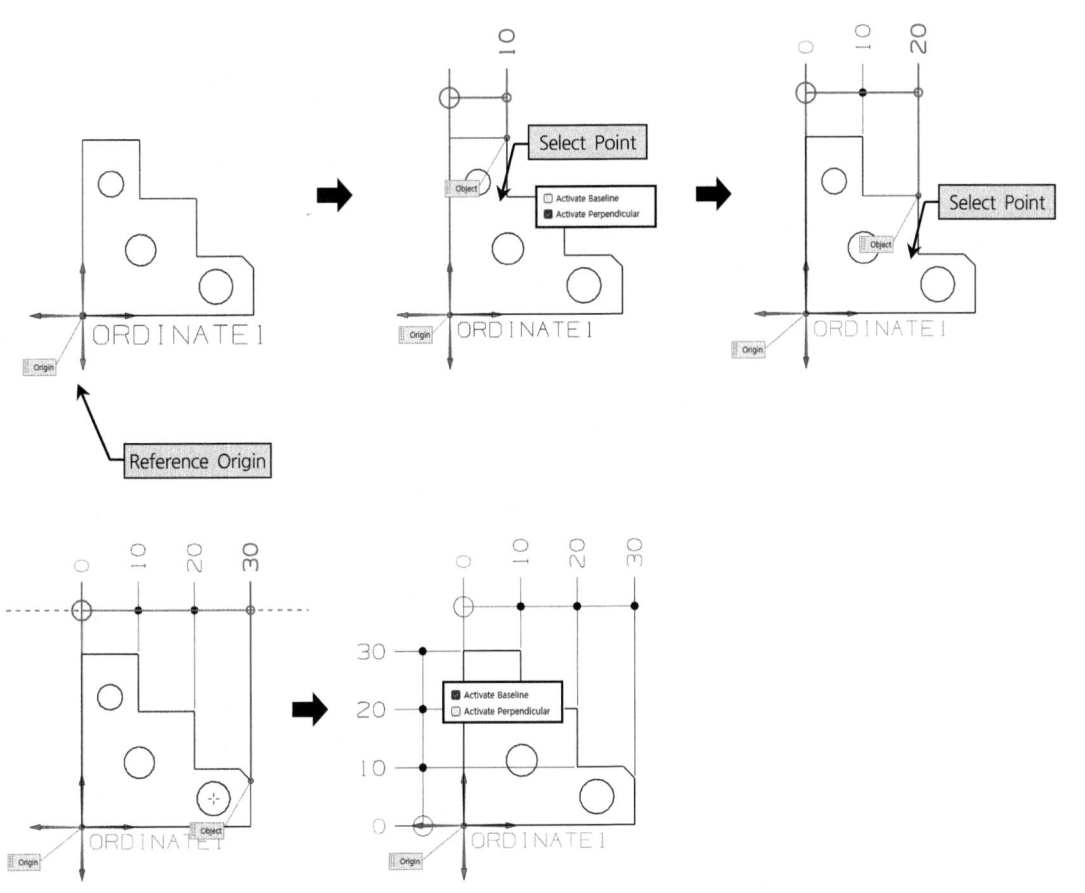

그림 16.26  Ordinate 치수기입의 절차

### 16.4.3 치수 기입 수정하기

제품 제작에 필요한 치수 수정 방법을 설명한다.

① 치수의 표시 : 치수 문자와 나타낼 공차의 형식을 설정할 수 있다.

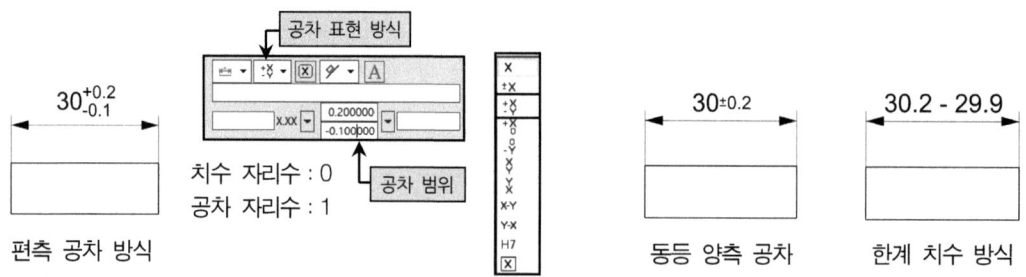

그림 16.27 치수의 표시형식

※ 작성된 치수의 수정은 Dimension 명령상태에서 아래 아이콘을 이용하여 치수의 자리수와 공차의 표시 방법 등을 변경할 수 있다.

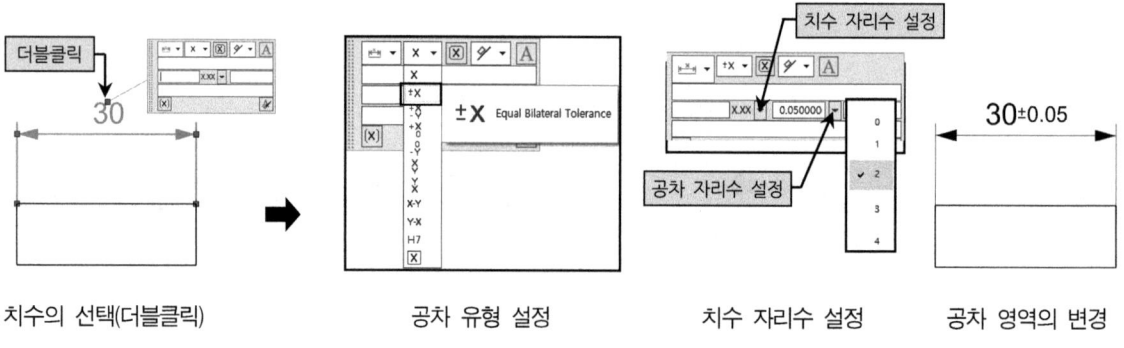

그림 16.28 작성된 치수의 수정

② Edit Appended Text A : 치수 문자에 추가문자를 설정할 수 있다.

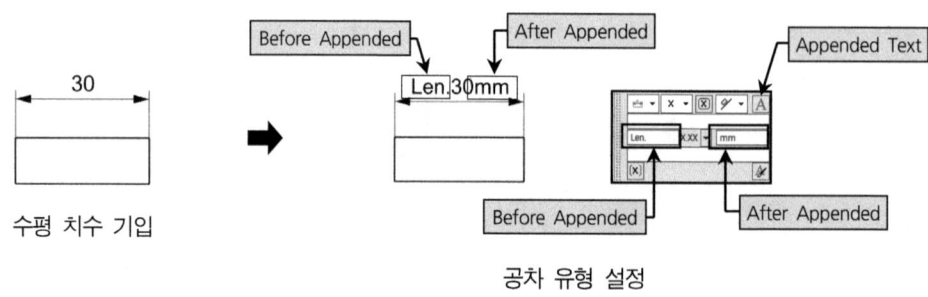

그림 16.29 치수 문자의 추가

- Appended Text 의한 문자의 수정, 그림 16.29를 참고하시오.

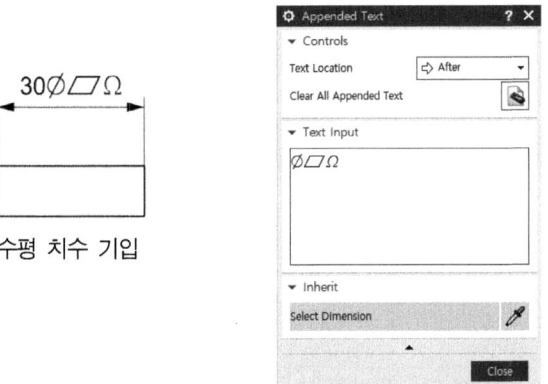

**그림 16.30** 치수 심볼 문자의 추가

③ Narrow의 이용 : 좁은 간격의 치수 기입에 이용된다.
- Text Offset : 치수선과 인출선의 거리이다.
- Leader Angle : 인출선의 각도를 설정한다.

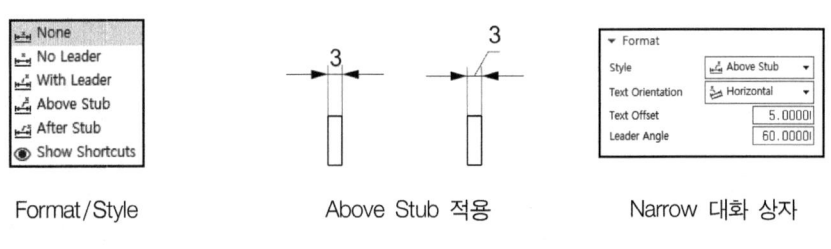

**그림 16.31** Narrow의 이용

※ Preferences의 Annotation에서 치수 기입에 필요한 유형정의가 가능하고 치수 기입 상태에서 Dimension Style을 설정할 수 있으나, 기입 상태에만 유효하며 추가 치수 기입에는 Annotation의 초기 설정치가 계속 유효하다.

## 16.5 도면의 부호 적용하기

① Balloon : 도면에 부품번호를 표시하거나 페이지의 번호 등을 나타내며 기호의 유형, 크기와 지시선의 형태를 정의할 수 있다.
- Setting/Type : 적용 Symbol의 종류를 선택한다.
- Setting/Size : 부품번호 기입용 원의 크기를 설정한다.

- Leader Format/Arrowhead Type : 지시선의 표시 심벌을 정의한다.

Annotation/Balloon

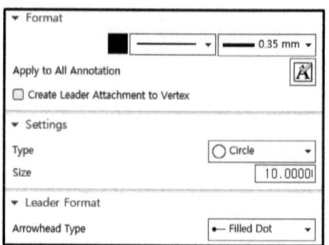

그림 16.32 Balloon 설정 대화상자

- Balloon  Insert ➡ Annotation ➡ Balloon...

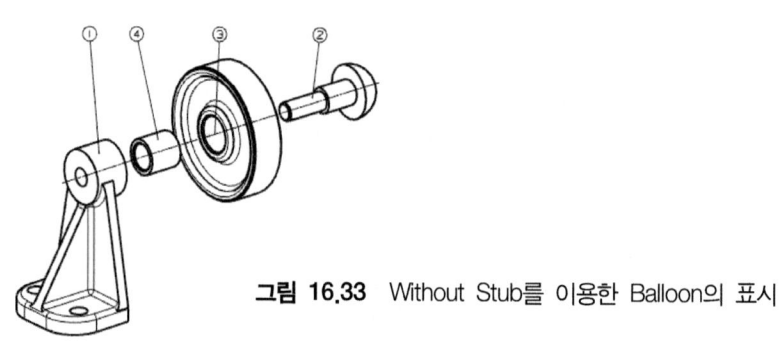

그림 16.33 Without Stub를 이용한 Balloon의 표시

② Datum Target   Insert ➡ Annotation ➡ Datum Target...

객체의 형태별 Datum Target를 정의할 수 있으며, 자동으로 Index 번호를 증가시켜 표시된다.

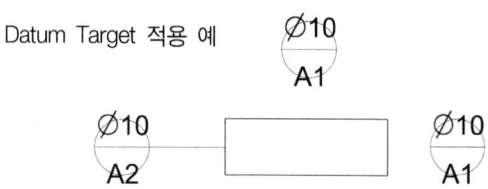

그림 16.34 Datum Target 대화상자

③ Surface Finish Symbol   Insert ➡ Annotation ➡ Surface Finish Symbol...

작성 도면 내에 표면거칠기를 정의하며, 심벌의 크기는 Lettering 크기에 의해 결정된다.

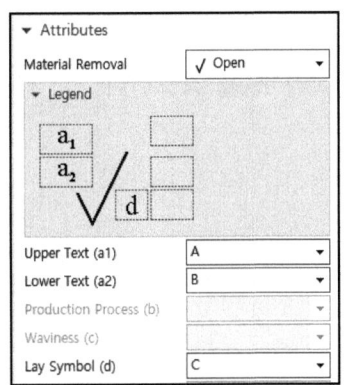

그림 16.35  Surface Finish Symbol 대화상자

④ Weld Symbol

도면 내에 용접기호, 비드의 모양과 길이, 마무리 방법 등을 도면에 기재할 수 있으며, MB1을 드래그하여 인출선의 위치를 결정한다.

Insert ➡ Annotation ➡ Weld Symbol...

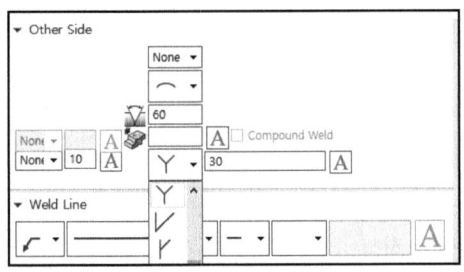

용접비드의 모양과 용접 길이

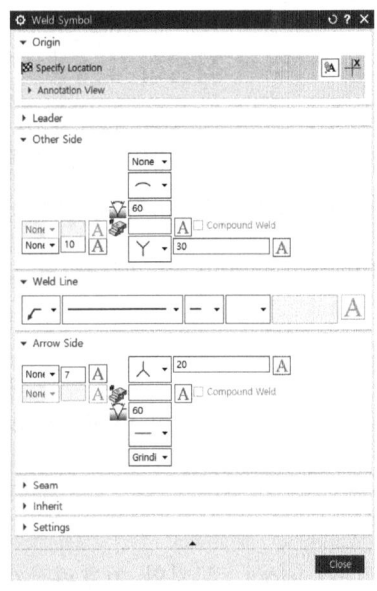

Weld Symbol 대화상자

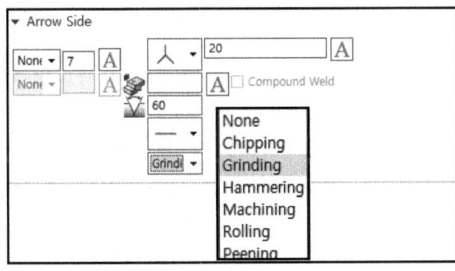

용접 후 마무리 방법

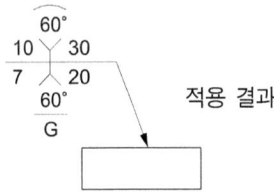

적용 결과

그림 16.36  Weld Symbol의 적용

⑤ Target Point Symbol

객체의 선택 점에 크로스 마크를 표시한다.

Insert ➡ Annotation ➡ Target Point Symbol...

⑥ Intersection Symbol  
Insert ➡ Annotation ➡ Intersection Symbol...

원호 부의 인접 객체를 선택하여 교차 선을 작도한다.

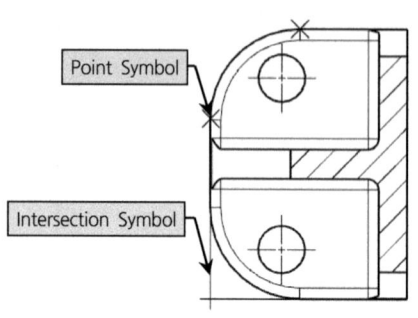

그림 16.37 Point Symbol과 Intersection Symbol의 표시

## 16.6 도면의 문자 및 부호 적용하기

### 16.6.1 주서 작성하기 A

Insert ➡ Annotation ➡ Note...

도면작성에 필요한 문자를 나타내며, 문자의 유형과 크기 등을 설정할 수 있다. 또한 한글의 입력폰트는 Preferences의 Lettering에서 Gulim으로 설정한다.

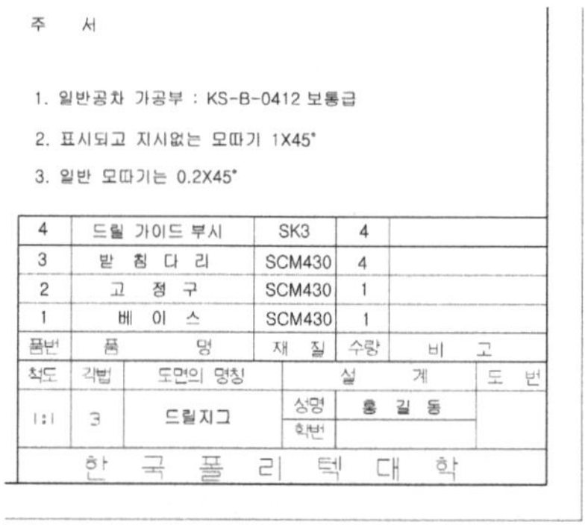

그림 16.38 Note 대화상자를 이용한 표제란의 작성

① Text Input : 문자와 기호편집기의 기능을 수행한다.

 문자 설정 그림 딱지

- Symbols : Category에 정의된 심벌을 추가할 수 있다.
- Import/Export : Text 형식의 파일을 입력하거나, 입력 내용을 Text 파일로 저장한다.
- Vertical Text : 입력 문자를 수직 배열로 입력된다.
- Text Alignment : 지시선 형식을 정의한다.
- Setting : 문자의 유형을 수정할 수 있다.

그림 16.39 Note 대화상자

② Leader/Jog : 지시선의 시작점과 경유 점을 추가한다.

Terminating 점의 선정

Jog 점의 선정

Note 대화상자

Leader 추가 적용

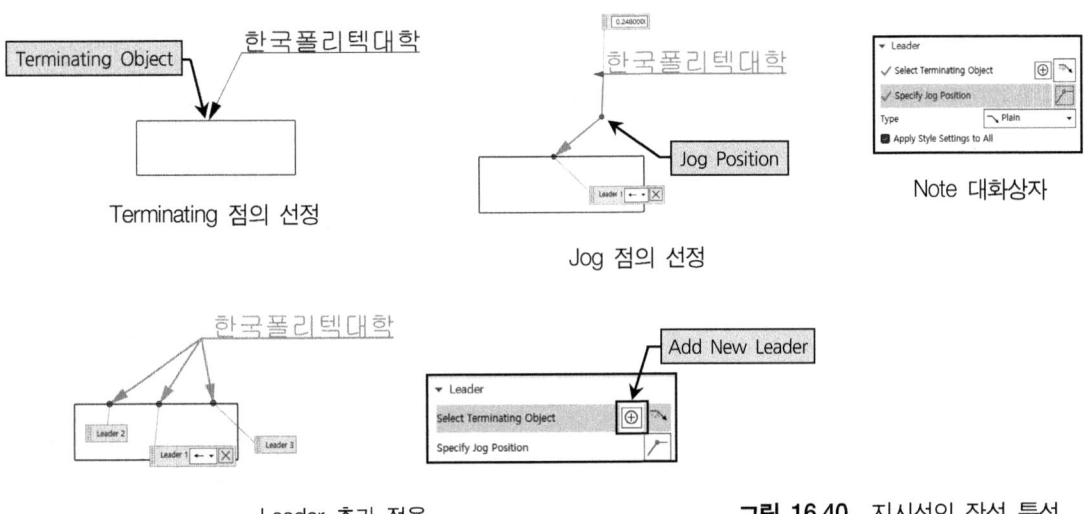

**그림 16.40** 지시선의 작성 특성

③ Origin(Tool)

Edit ➡ Annotation ➡ Origin...

작성된 문자 또는 치수 등의 정렬 위치를 정의한다.

- Drag : 선택된 객체를 드래그하여 위치를 변경한다.

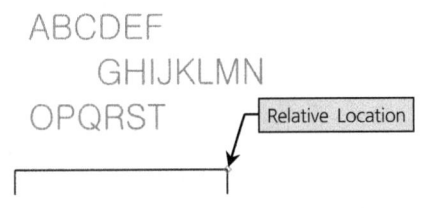

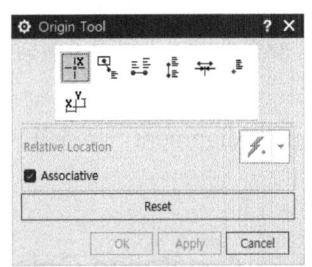

**그림 16.41** Origin Tool 대화상자

**그림 16.42** Drag에 의한 문자의 이동

- Relative to View : 문자, 치수 또는 지시선의 문자 표시위치 등을 투영뷰를 기준으로 연관성을 부여한다.

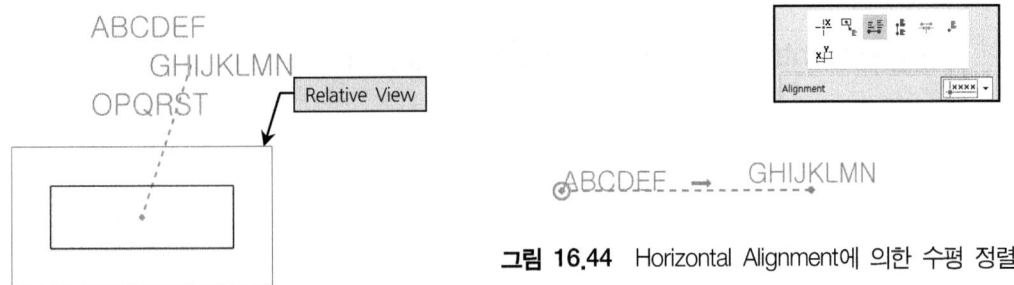

**그림 16.43** Annotation View의 적용

**그림 16.44** Horizontal Alignment에 의한 수평 정렬

- ▦ Horizontal Text Alignment : 선택한 문자를 다음에 선택한 문자를 기준으로 수평으로 정렬한다.
- ▦ Vertical Text Alignment : 선택한 문자를 다음에 선택한 문자를 기준으로 수직으로 정렬한다.
- ▦ Align with Arrows : 그림 16.45와 같이 치수선의 위치를 일직선상에 정렬시킨다.

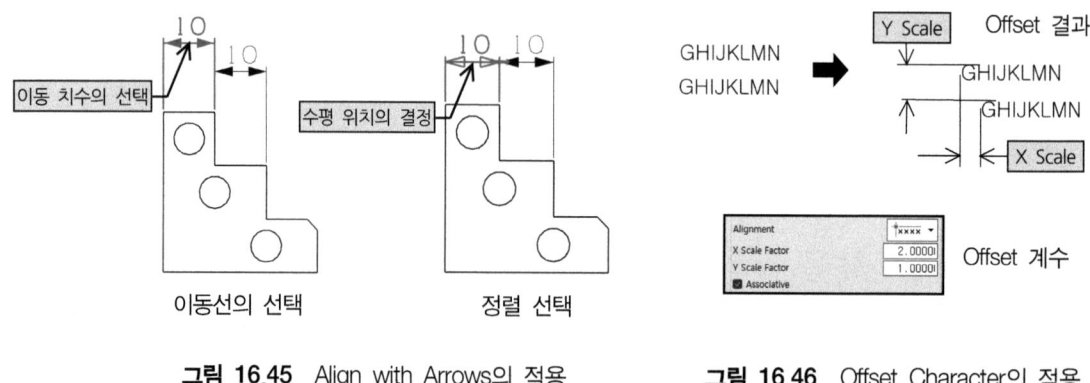

**그림 16.45** Align with Arrows의 적용       **그림 16.46** Offset Character의 적용

- ▦ Point Constructor : 선택된 객체를 투영 뷰의 객체점을 이용하여 객체를 정렬시킨다.
- ▦ Offset Character : 선택한 문자와 기준문자로 X, Y축으로 Offset하여 정렬한다.
- Associative : 정렬조건의 지속 여부를 결정하는 체크박스이다.

④ Auto Alignment : 문자의 정렬 방식을 자동으로 정의한다.

## 16.6.2 Annotation Object

Edit ➡ Annotation ➡ Annotation Object...

Note 대화상자를 이용하여 치수 객체를 수정할 수 있다.

## 16.6.3 Text의 수정

Edit ➡ Annotation ➡ Text...

작성된 문자, 치수 또는 심벌 등의 수정을 지원한다.

## 16.6.4 Feature Control Frame(형상공차)의 적용

GDT 해당 규격을 선택할 수 있으며, ANSI Y 14.5M, ASME Y 14.5M와 ISO 1101 등의 규격이 지원된다.

① Datum 작성 : 형상공차 정의를 위한 데이텀을 정의한다.

**그림 16.47** 형상공차 기준면의 정의

② 형상공차의 정의 : Feature Control Frame을 이용하여 형상공차를 정의한다.

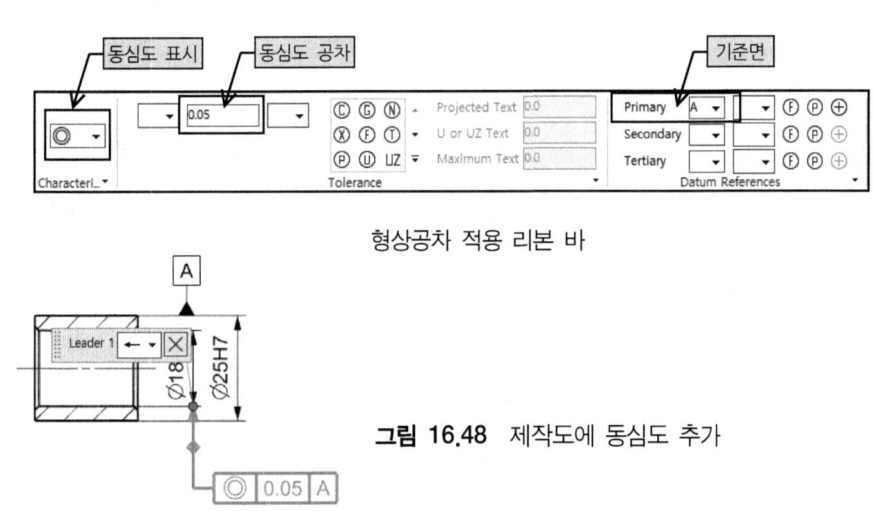

**그림 16.48** 제작도에 동심도 추가

### 예제 16.2 다음 도면과 같이 치수 기입을 연습하시오.

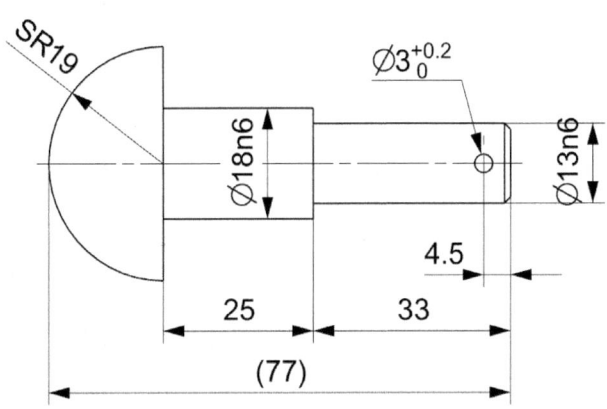

## 16.6.5 심벌의 정의 및 사용

① Define Custom Symbol     Insert ➡ Symbol ➡ Define Custom Symbol...

사용자에 의해 객체(Symbol, Symbol Library 등)를 등록하는 명령이다. Custom Symbol Library에서 Part Symbols 그룹은 현재 작업 중인 모델에 한하여 호출되어 사용되고, 사용자에 의해 정의된 그룹은 다른 모델 작업에서 공유할 수 있다.

• Part Symbol의 등록 : 현재 작성하는 도면에만 사용되며, 사용자그룹의 정의 방법도 같다.

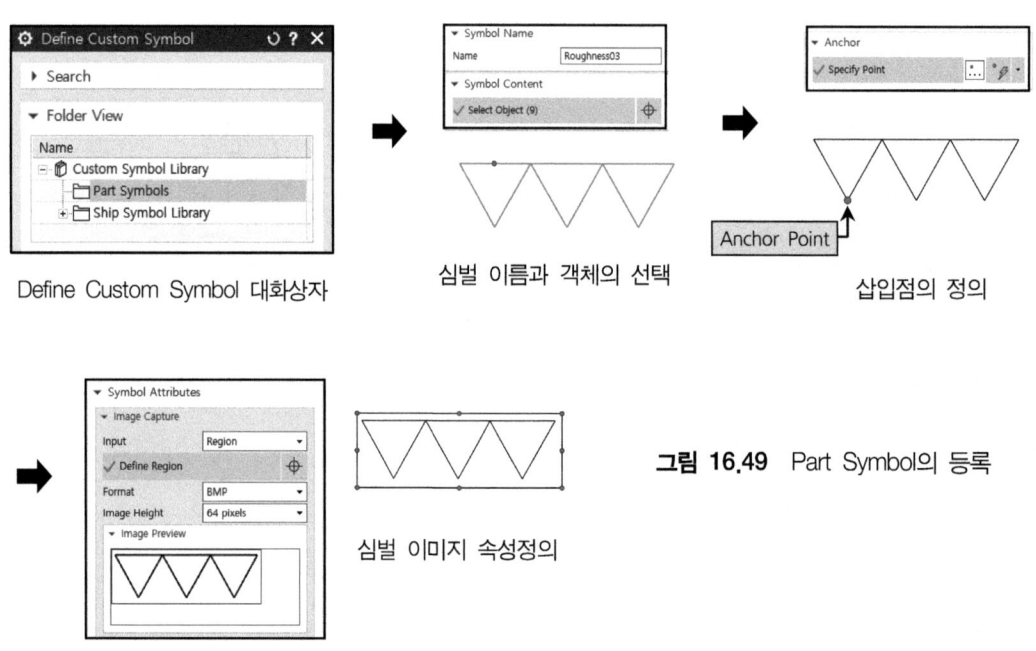

그림 16.49  Part Symbol의 등록

• Part Symbol의 삭제 : Reuse Library를 이용하여 작성된 심벌의 삭제 기능을 지원한다.
  - Insert : Symbol 추가기능을 지원한다.
  - Rename : 입력된 심벌의 명칭을 수정한다.
  - Edit Icon : 그림 16.49에 정의된 아이콘을 수정할 수 있다.
  - Edit : 입력된 심벌의 정의 객체를 수정할 수 있다.

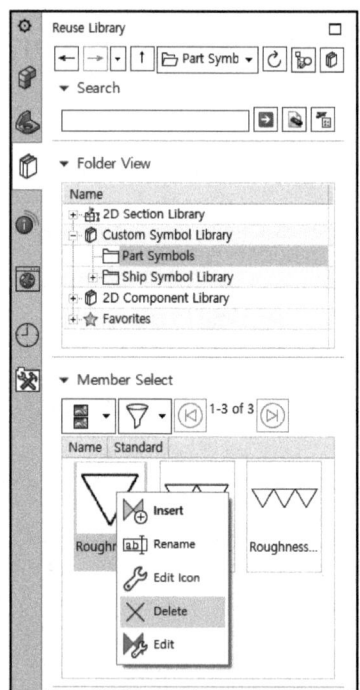

그림 16.50  Reuse Library의 이용

- Smash Custom Symbol　　　　　　　　　　　　　　　　Edit ➡ Symbol ➡ Smash Custom Symbol...

  삽입된 심벌은 단일속성 객체로 구성되어 있어 이를 개별속성 객체로 변경할 수 있다.

- Edit Custom Symbol　　　　　　　　　　　　　　　　　Edit ➡ Symbol ➡ Edit Custom Symbol...

  그림 16.49에 의해 정의된 심벌의 객체를 수정할 수 있다.

- Edit Custom Symbol　　　　　　　　　　　　　　　　　Edit ➡ Symbol ➡ Replace Custom Symbol...

  삽입된 심벌을 다른 심벌 객체로 대체할 수 있다.

② Custom Symbol　　　　　　　　　　　　　　　　　　　Insert ➡ Symbol ➡ Custom...

Define Custom Symbol에 정의된 기호를 도면에 삽입하는 명령이다. 삽입되는 심벌의 색, 폰트, 굵기 등은 Setting 대화상자의 Preferences에서 정의할 수 있다.

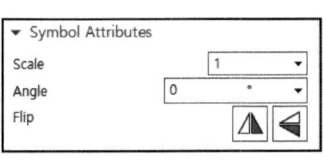
삽입 객체의 형상 정의

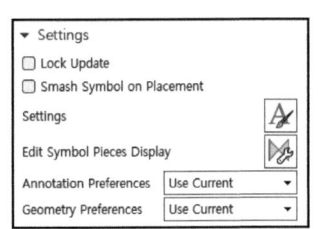
삽입 객체의 속성정의

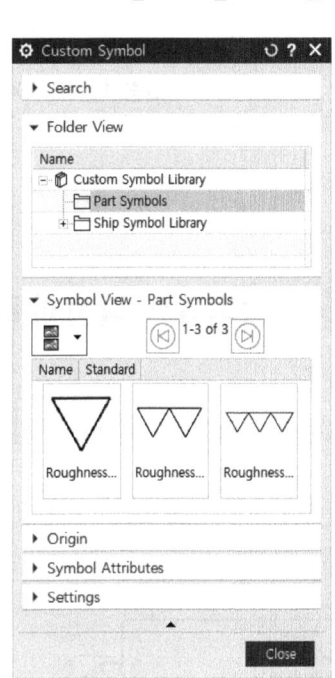

**그림 16.51** Custom Symbol 삽입 대화상자

③ Define from Catalog　　　　　　　　　　　　　　　　Insert ➡ Symbol ➡ Define from Catalog...

구성된 기계요소 부품을 이용하여 품명과 규격을 선택하여 적용하면 Part Symbols 그룹에 등록되고 Custom Symbol이 실행된다.

- Catalog : 구성된 부품들의 트리구조를 이용하여 적용부품을 선택한다.
- Legend : 선택부품의 이미지 정보를 확인할 수 있다.
- Parameters : 선택된 기계요소의 선택변수 결정과 부품의 표시 뷰를 선택할 수 있다.
- Folder View : 선택 부품의 저장경로를 확인할 수 있다.

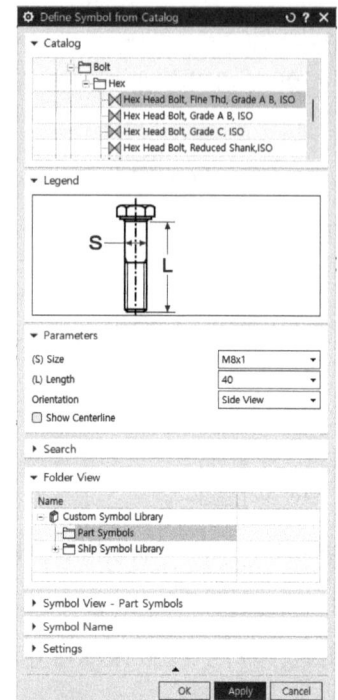

그림 16.52  Define from Catalog 정의 대화상자

## 16.7 요목표의 작성과 BOM

### 16.7.1 Tabular Note  　　　　　　　　　　　　　　　Insert ➡ Table ➡ Tabular Note...

도면 내에 요목표 또는 표제란 등을 작성할 수 있는 기능을 지원한다.

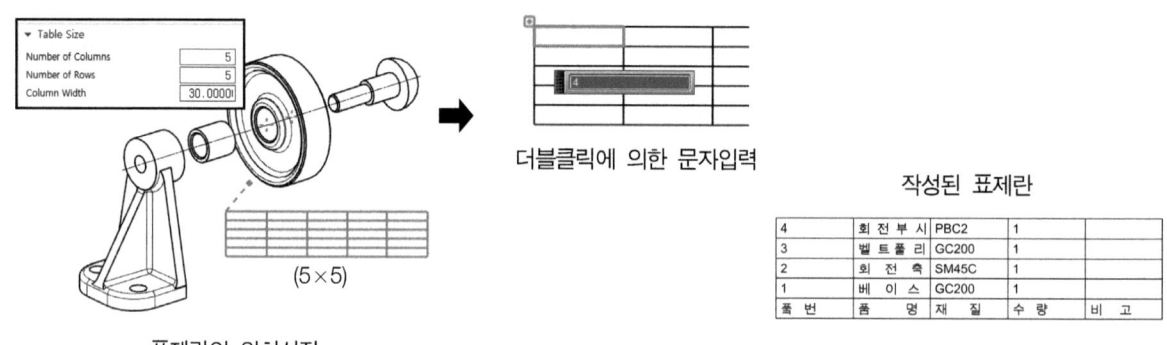

① Select Columns  : 선택된 Cell의 Column 방향의 전체 Cell을 선택할 수 있다.

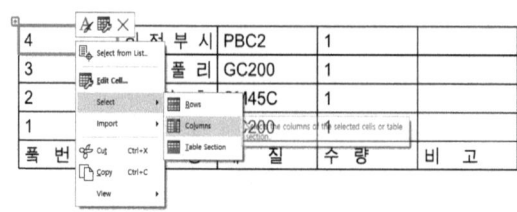

Select Columns의 선택

② Setting 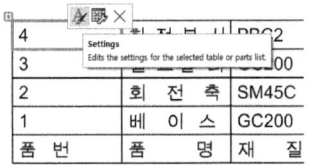 : 폰트, 글자의 정렬 및 테두리 선의 수정 등을 수행할 수 있다.

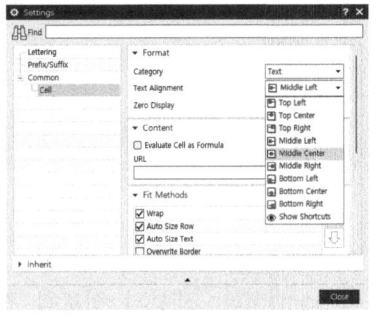

Cell Style의 수정

Cell 정렬 결과

Cell Setting 대화상자

③ Resize : Select 된 Cell의 크기를 조절한다.

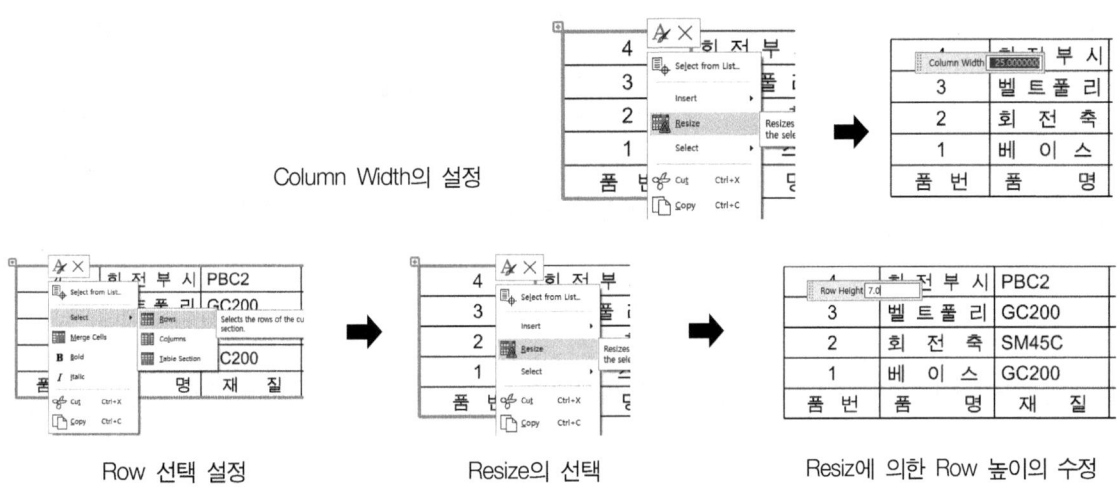

Column Width의 설정

Row 선택 설정　　　　Resize의 선택　　　　Resiz에 의한 Row 높이의 수정

④ Insert Header Row : Select된 Row 방향에 Header를 삽입한다. 또한 Column 방향의 Cell 추가도 동일 한 방법으로 추가할 수 있다.

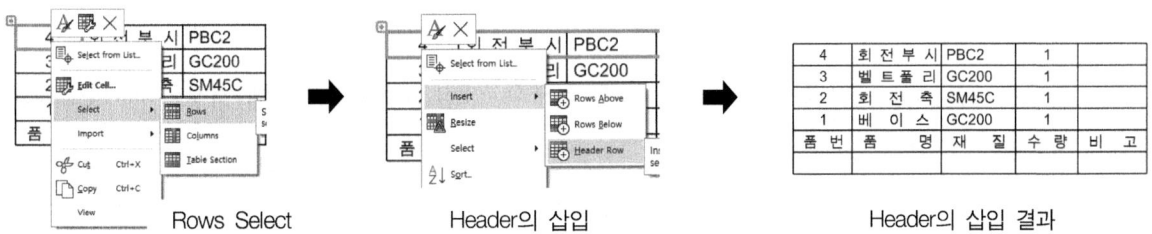

Rows Select　　　　Header의 삽입　　　　Header의 삽입 결과

⑤ Edit Using Spreadsheet : Spreadsheet(Excel)에 의해 표를 작성하며 Excel File의 풀다운 메뉴에서 "닫기"를 선택하여 현재의 파일로 Update 하는 OK 버튼을 선택한다.

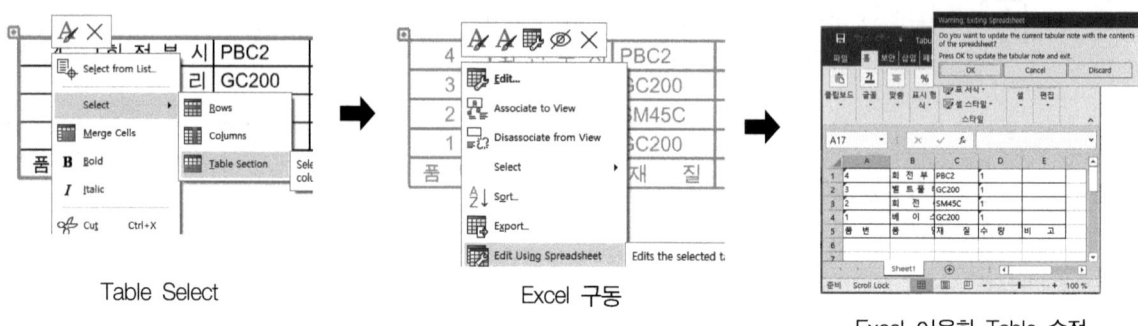

Table Select → Excel 구동 → Excel 이용한 Table 수정

⑥ Export : 작성된 정보를 정보 대화상자에 표시하거나, 텍스트 또는 Web Browser에 나타낼 수 있다.

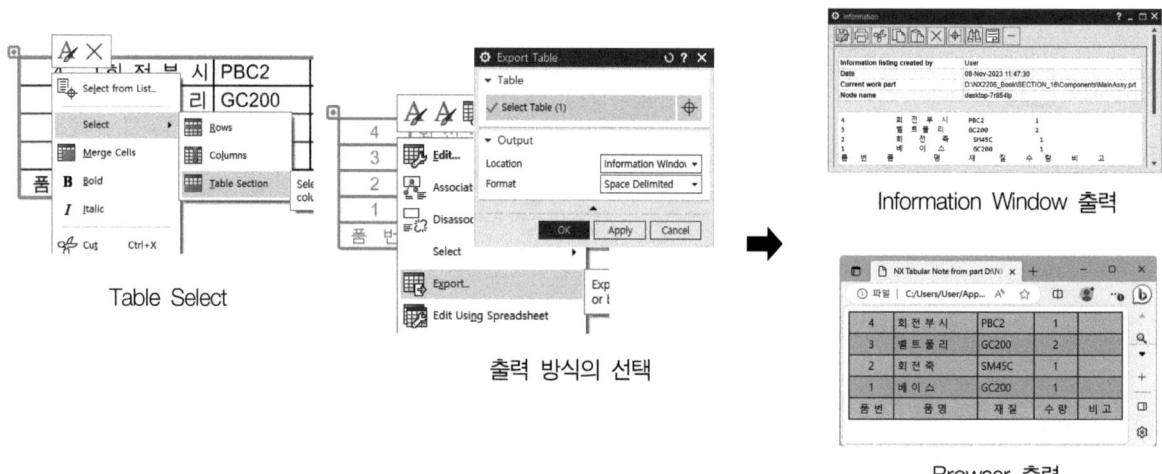

Table Select → 출력 방식의 선택 → Information Window 출력 / Browser 출력

⑦ Merge Cells : 선택된 Cell을 통합하여 표시한다.

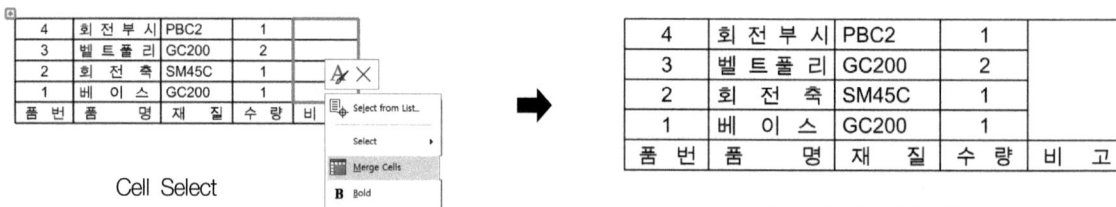

Cell Select → Table Cell의 수정 결과

⑧ Save As Template

작성된 요목표를 Part 파일 형식으로 저장할 수 있으며, 그림 16.53의 경로에 저장할 때 Resource Bar 에서 사용할 수 있다.

## 16.7.2 Part List

Insert ➡ Table ➡ Parts List...

Part List는 BOM(Bill of Materials)을 작성하는 기능을 지원한다. 일반 표처럼 Cell을 선택하여 사용자가 입력하거나 구연된 객체속성을 추가로 삽입할 수 있다.

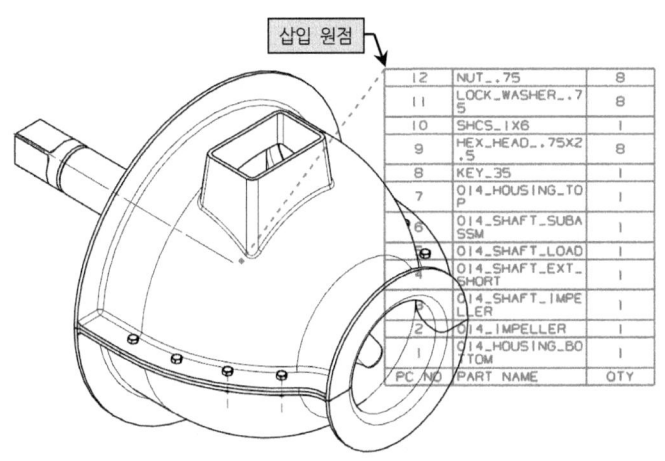

그림 16.53 Part List의 적용

① Part List Scope : Part List에 포함된 Component의 표시 여부를 제어할 수 있다.

- Select Component : Part List와 조립품에 대한 표시 여부를 개별적으로 선택할 수 있다.
- All Levels : 모든 구성체의 모델을 표시한다.
- Top Level Only : Subassembly을 포함한 상부 구성체인 모델만을 표시한다.
- Leaves Only : Subassembly를 제외한 하부구성체인 마스터 모델들을 Part List에 나타낸다.

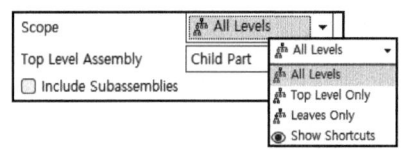

Part List Level 범위

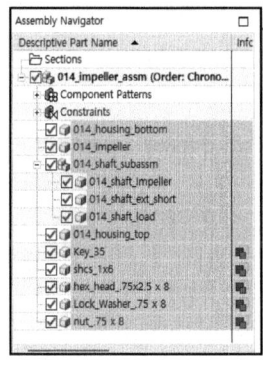
(a) All Levels

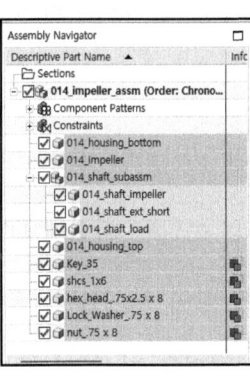
(b) Top Level Only

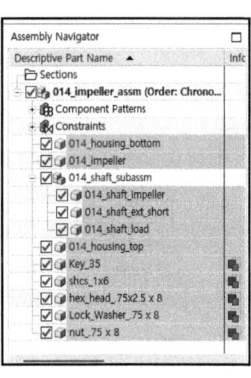
(c) Leaves Only

그림 16.54 Part List Level을 이용한 표제란의 작성

## 16.8 Display 영역의 제어

### 16.8.1 Layout

View ➡ Layout ➡ New... 단축키 : Ctrl + Shift + N

Display 영역의 화면을 분할하여 저장할 수 있으며, 이를 호출하는 기능을 지원한다.

- Name : Layout명을 지정한다.
- Arrangement : 화면의 분할 형태를 선택한다.
- Fit All Views : 분할화면 전체에 Fit를 적용한다.

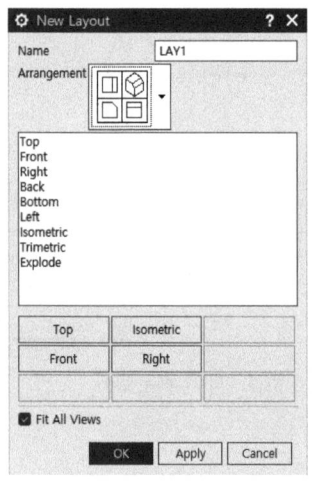

Layout 대화상자

그림 16.55  Layout을 이용한 화면의 분할

① Open (단축키 : Ctrl + Shift + O) : 저장된 분할화면 또는 하나의 뷰를 호출하여 나타낸다.

② Fit All Views (단축키 : Ctrl + Shift + F) : 분할된 화면에 Fit 명령을 수행한다.

③ Update Display : 표시된 화면을 갱신하여 표시한다.

④ Regenerate : 분할된 화면 또는 단일화면을 다시 연산하여 나타낸다.

⑤ Replace View : 단일화면의 투영 방향을 선택하거나 저장된 화면으로 뷰를 변경하여 나타낸다.

⑥ Delete : 저장된 Layout을 삭제할 수 있다.

⑦ Save : 표시된 화면 뷰를 Layout으로 저장한다.

⑧ Save As : 표시된 화면 뷰를 다른 이름으로 Layout을 저장할 수 있다.

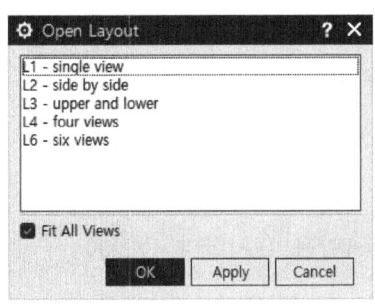

그림 16.56 Open Layout 대화상자

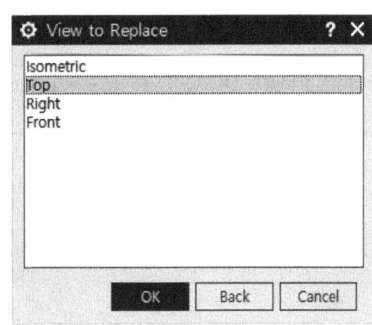

그림 16.57 Replace View 대화상자

## 16.8.2 Layer의 적용

Layer을 이용하여 화면상의 객체를 보이게 하거나 보이지 않게 설정할 수 있으며, 보이는 Layer를 수정할 수 없도록 제어할 수도 있다. 또한 UG에서는 총 256개의 Layer를 설정하여 사용하며 작업중인 Layer는 Work Layer가 적용된다.

① Layer Settings   Format ➡ Layer Settings... 단축키 : Ctrl + L

작업 Layer의 설정하거나 객체작성에 적용된 Layer를 표시하고 객체의 수정을 제한할 수 있다.
- Work Layer : 향후 작업 객체에 적용할 작업 Layer를 설정한다.
- Select Layer By Range/Category : 객체작성에 이용된 Layer를 정의된 Category별로 설정하여 관리할 수 있다.
  - Range/Category : Layer의 번호, 번호구간 또는 Category별로 Layer의 특성을 호출한다.
  - Category Display : 설정된 Category를 나타낸다.

- Name/Visible Only/Object : Layer를 이용하여 객체의 표시 특성을 제어한다.
  - Name(Invisible) : 선택된 Layer를 보이지 않게 설정한다.
  - Visible Only : 선택된 Layer는 수정할 수 없고 작업화면만 표시된다.
  - Object : Layer별 작성된 객체의 수를 표시한다.

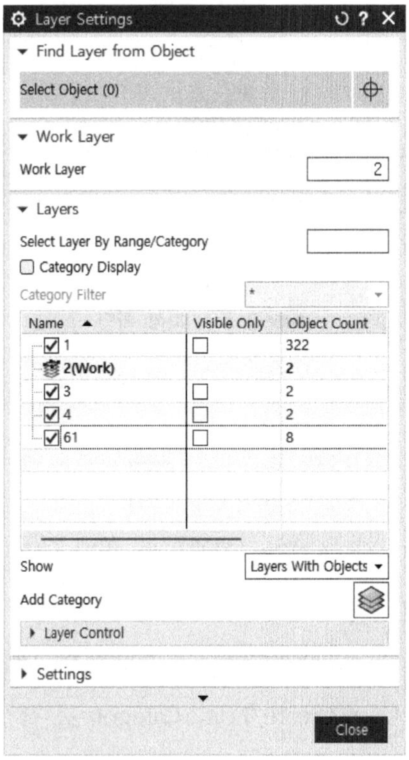

그림 16.58 Layer Settings 대화상자

- Show : Layer Setting 대화상자에서 Layer의 표시 형태를 설정한다.
  - All Layers : Layers 표시창에 모든 Layer를 나타낸다.
  - Layer with Objects : 작성된 객체에 적용된 Layer만을 표시창에 나타낸다.
  - All Selectable Layers : Layer 중에 객체의 선택이 가능한 Layer만을 표시한다.
  - All Visible Layers : Visible 된 객체에 사용된 Layer만을 표시한다.

- Information : Layer에 대한 정보를, 대화창을 이용하여 표시한다.
- Setting : Layer의 변경 사항 적용 방법을 정의한다.
  - Fit All before Displaying : Display 창의 모든 객체에 Fit All을 적용한다.

② Visible in View　　　　　　　　　　　　　　　　　　　　　　　Format ➡ Layer Visible in View...

Layout을 이용하여 분할된 뷰에서 선택된 한 개의 뷰를 선정하여 선정된 Layer를 보이지 않게 설정할 수 있다.

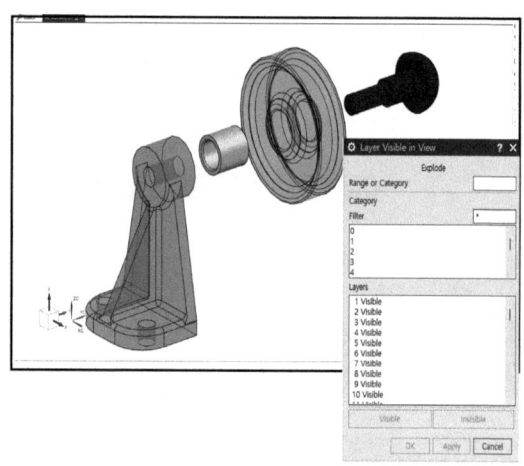
Layer의 표시 특성 확인

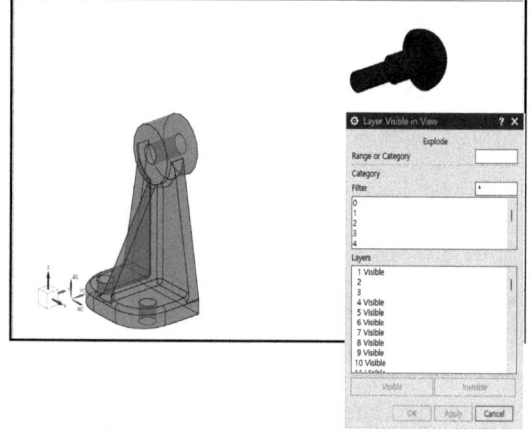
Invisible 처리 결과

**그림 16.59** Visible in View를 이용한 Layer의 표시제한

③ Layer Category　　　　　　　　　　　　　　　　　　　　　　　Format ➡ Layer Category...

Layer의 그룹관리를 위한 Category를 작성하거나 수정 또는 삭제할 수 있다.
- Category : Layer Category 이름을 정의한다.
- Description : Category에 대한 주석 문을 작성한다.
- Create/Edit : Category를 생성하거나 수정할 수 있으며, Layer를 추가하거나 삭제한다.

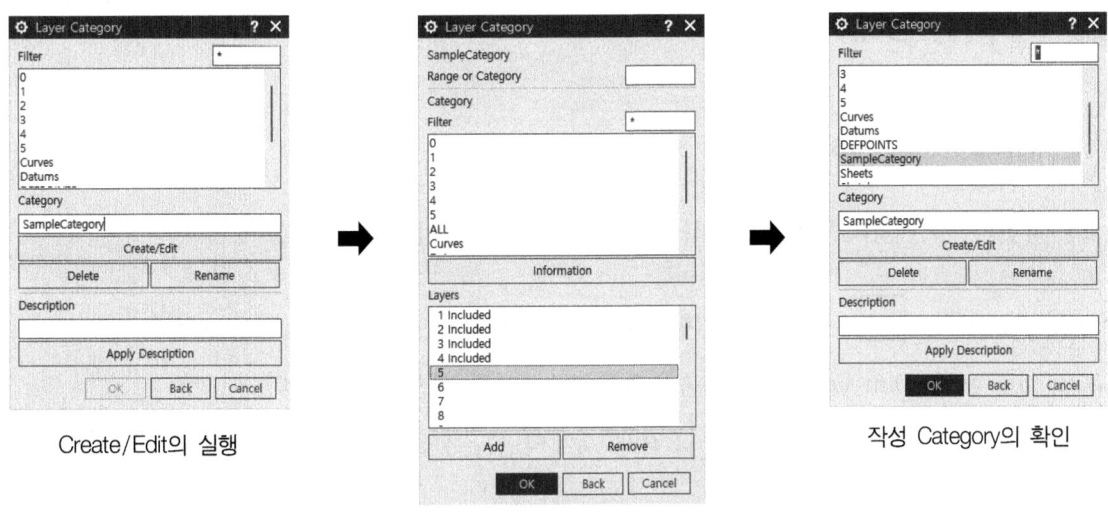

Create/Edit의 실행　　　　　　　　Layer 추가 및 제거　　　　　　　　작성 Category의 확인

**그림 16.60** Layer Category의 생성과 수정

④ Move to Layer　　　　　　　　　　　　　　　　　　　　　　　Format ➡ Move to Layer...

작성된 객체를 선택하여 다른 Layer로 이동(변경)시키며, 객체의 선택에는 Class Selection 대화상자가 이용된다.

⑤ Copy to Layer　　　　　　　　　　　　　　　　　　　　　　　Format ➡ Copy to Layer...

작성된 객체를 선택하여 다른 Layer로 복사하고 기존의 Layer 특성은 유지하며 객체의 선택은 Class Selection 대화상자를 이용한다. 복사된 객체는 기존 속성객체와 Parameter가 삭제된 객체로 구성된다. (Modeling Only)

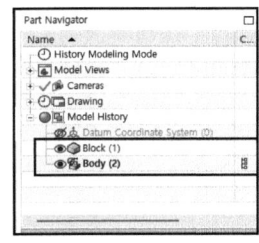

## 16.8.3 Layer 속성의 수정　　　　　　　　　　　　Edit ➡ Object Display...　단축키 : Ctrl + J

선택된 객체의 Layer에 대한 선의 종류와 선의 굵기 등의 일부 속성을 수정할 수 있다.

① Layer : Class Selection 대화상자에 의해 선택된 객체의 Layer 번호를 표시하거나 Layer를 변경할 수 있다.
② Color : 선택 객체의 색을 변경한다.
③ Line Font : 선의 종류를 변경하여 정의한다.
④ Width : 선택 객체의 선의 굵기를 변경한다.
⑤ Translucency : Shade에서 투명도를 설정한다.
⑥ Partially Shaded : 다수의 부품 중의 일부만을 채색 처리한다.
⑦ Face Analysis : Shade의 Face Analysis 객체를 정의한다.

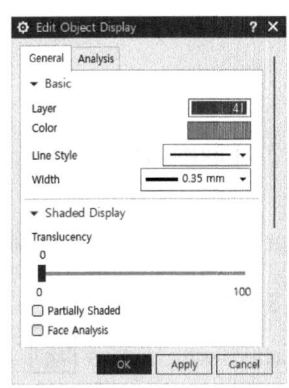

**그림 16.61** Edit Object Display

## 16.9 Display 상태의 설정

### 16.9.1 Hidden Edges

Display 화면의 은선 처리방법을 설정하며, 그림 16.62와 같이 표시된다.

① Static Wireframe : 숨은선을 외형선과 동일하게 표시한다.
② Wireframe with Dim Edges : 숨은선을 가는 회색 선으로 표시한다.
③ Wireframe with Hidden Edges : 작성 객체의 숨은선을 표시하지 않는다.

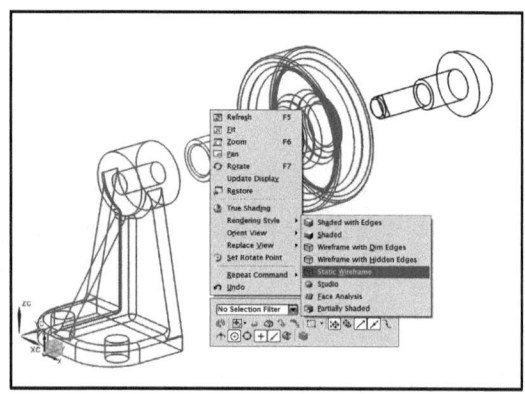
(a) Static Wireframe

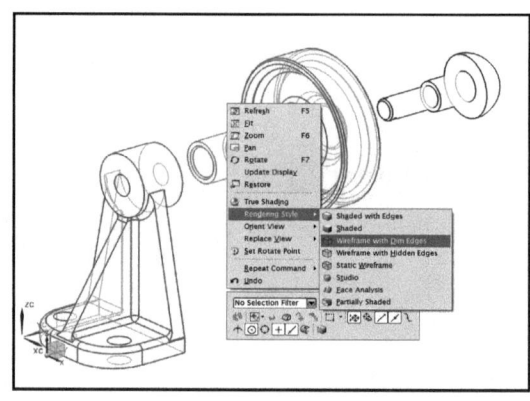
(b) Wireframe with Dim Edges

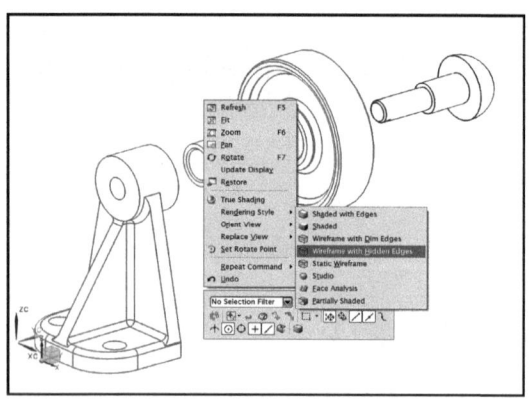
(c) Wireframe with Hidden Edges

**그림 16.62** Hidden Edges에 의한 객체의 표시

### 16.9.2 Display Mode

① Shaded : 작성된 객체의 면을 채색하여 표시하며, 배경 색상은 Preferences의 Visualization에서 설정한다.
② Shaded with Edges : 작성된 객체의 면을 채색하여 표시하고 모서리 부위를 나타낸다.

③ Partially Shaded : 여러 부품에서 일부 부품만을 채색 처리하며, 그림 16.61 Edit Object Display 의 Partially Shaded에 의해 선정한다.

④ Face Analysis : Edit Object Display의 Face Analysis에 의해 선정된 객체의 채색 결과를 표시한다.

⑤ Studio : 단순한 채색에서 벗어나 재질, 광선과 배경 등을 설정하여 채색 효과를 높인다.

(a) Shaded  (b) Partially Shaded
(c) Face Analysis  (d) Studio

그림 16.63 Display Mode에 의한 객체의 표시

## 16.9.3 Visualization

View ➡ Visualization

① True Shading Editor : 초기에 설정된 시각적 효과에 의해 객체를 실제 제품과 같은 시각적인 효과를 지원한다. 시각적 효과의 설정에는 Materials, Reflections, Background, Floor, Shadows와 Lights 등을 정의하여 시각적인 효과를 극대화할 수 있다.

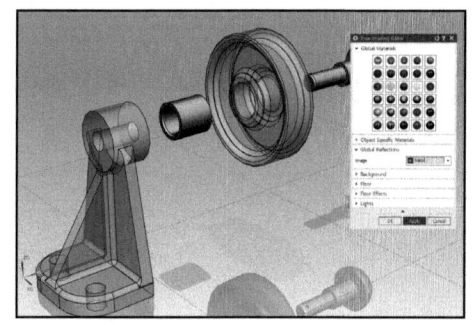

그림 16.64 True Shading에 의한 객체의 표시

② Assign Visual Materials : 모델의 사실적인 시각 묘사를 설정하며 정적 이미지를 생성하려면 시각적 재료를 적용하고 Ray Traced Studio 렌더링 또는 Advanced Studio 디스플레이와 함께 사용한다.

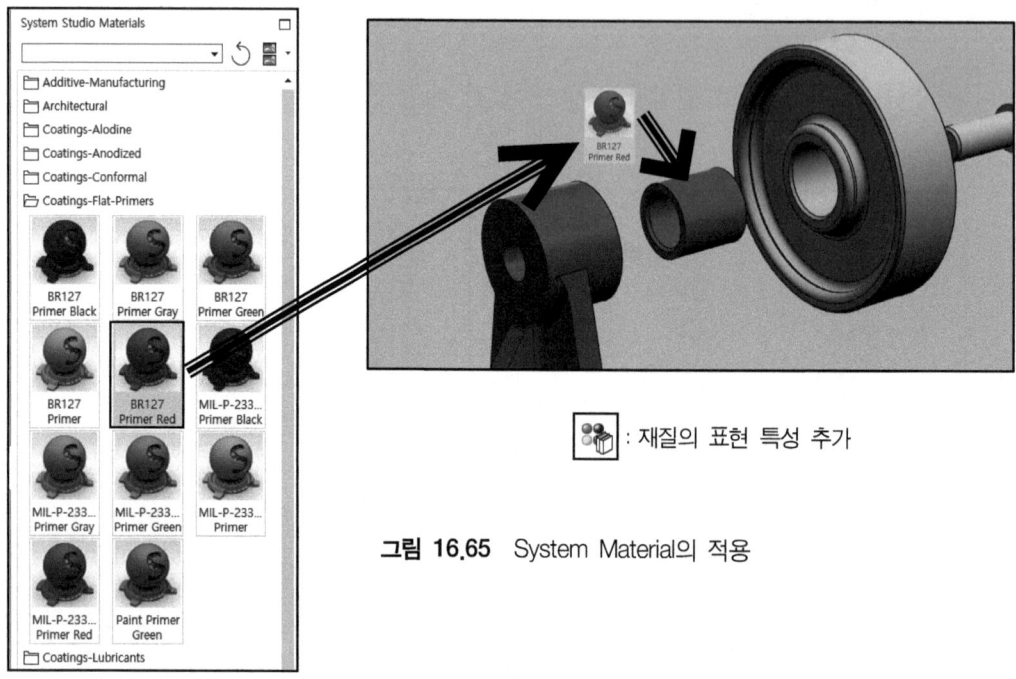

그림 16.65 System Material의 적용

③ System Scene : 생성 모델에 System Scene을 적용하면 조명, 음영 및 환경과 같은 기존 장면 특성이 모두 재정의 된다.

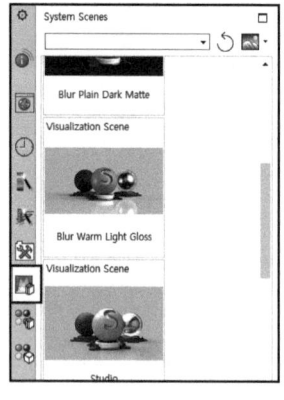
System Scene 선택 상자

System Scene 적용

그림 16.66 System Scene의 적용

④ UV Map : UV Map 명령은 Body 또는 Face 세트에 대한 UV 매개 변수화를 생성하여 곡면 전체에 질감을 균일하게 적용하고 최종 제품에 나타나는 패턴과 시각적 재료 특성을 정확하게 나타낸다.

⑤ Ray Traced Studio ![icon] : 모델링 제품에 기반한 고품질 Photo-Realistic 렌더링 결과를 생성하려면 Ray Traced Studio 명령을 사용하며 Ray Traced Studio에서 렌더링하는 동안 대화형으로 동영상 렌더링을 처리할 수 있다. (단축키 : Ctrl + Shift + W)

**그림 16.67** Ray Traced Studio의 실행 화면

⑥ Decal Sticker ![icon] : 지정된 Body 또는 Face 세트에서 이미지 파일을 중첩하려면 Decal Sticker 명령을 사용한다.

**그림 16.68** Decal Sticker의 적용

⑦ Advanced Lights ![icon] : 모델의 넓은 영역에 조명을 설정하며, Advanced Lights 명령을 사용하며 기존 조명의 적용 여부, 조명 복사, 생성 및 삭제 등을 수행할 수 있다.

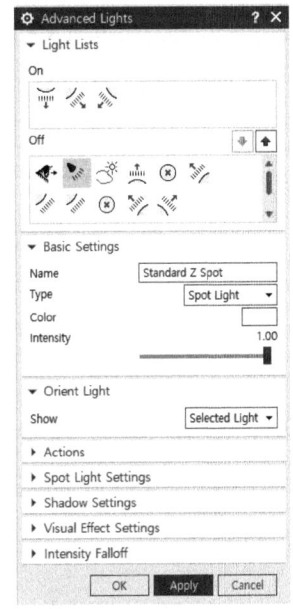

**그림 16.69** Advanced Lights의 대화상자

⑧ Export High Resolution Image

Export High Resolution Image 명령을 사용하여 작업 영역의 정적 이미지를 캡처하며 이미지 크기, 해상도, Anti-Aliasing 등의 옵션 정의를 이용하여 캡처된 이미지의 품질을 개선할 수 있다. 이미지의 배경도 지정할 수도 있으며 이미지 크기 및 이미지 품질 옵션은 그래픽 장치 지원 및 이미지 캡처 시점의 현재 그래픽 메모리에 따라 달라진다.

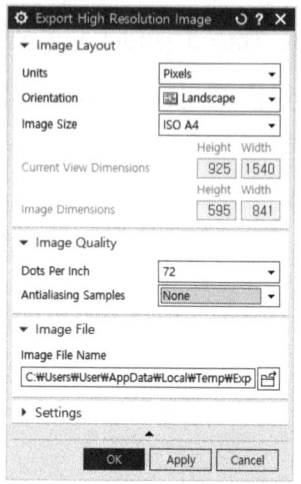

그림 16.70 High Resolution Image 대화상자

## 16.10 도면 출력하기

File ➡ Print...

시스템에 설정된 Printer에 의해 도면을 출력할 수 있다.

① Source : 출력하고자 하는 화면 또는 도면(Sheet)을 선택할 수 있다.
② Printer : 현재 사용할 출력장치를 선택할 수 있다.
③ Detail : 선택된 출력장치의 특성을 수정할 수 있다.
④ Copies : 출력할 자료의 매수를 정의한다.
⑤ Scale Factor : 선의 두께의 비율을 조정할 수 있으며, 선의 분류는 그림 16.61의 Object Display의 Width를 이용하여 분류한다.

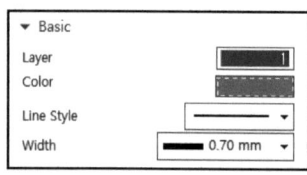 Object Display 대화상자

그림 16.71 Printer 대화상자

⑥ Output : 컬러 또는 흑백의 출력 특성을 설정하거나 채색된 객체의 Wireframe 상태를 출력할 수 있다.
⑦ Image Resolution : 출력자료의 표시(해상도)상태를 조절할 수 있다.

예제 16.1을 이용하여 다음 도면을 완성하고 출력하시오.

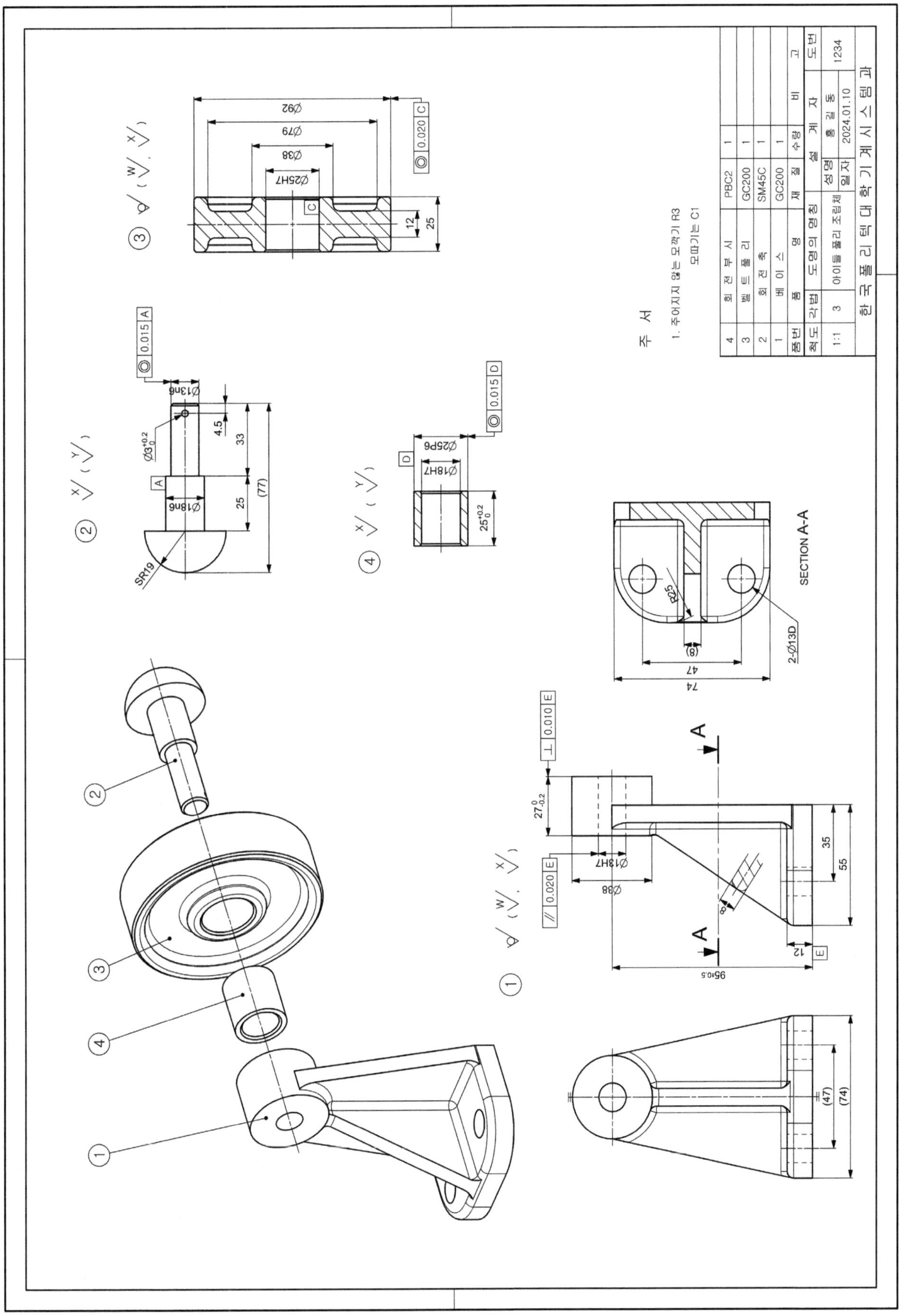

부록 ❶

# 연습도면

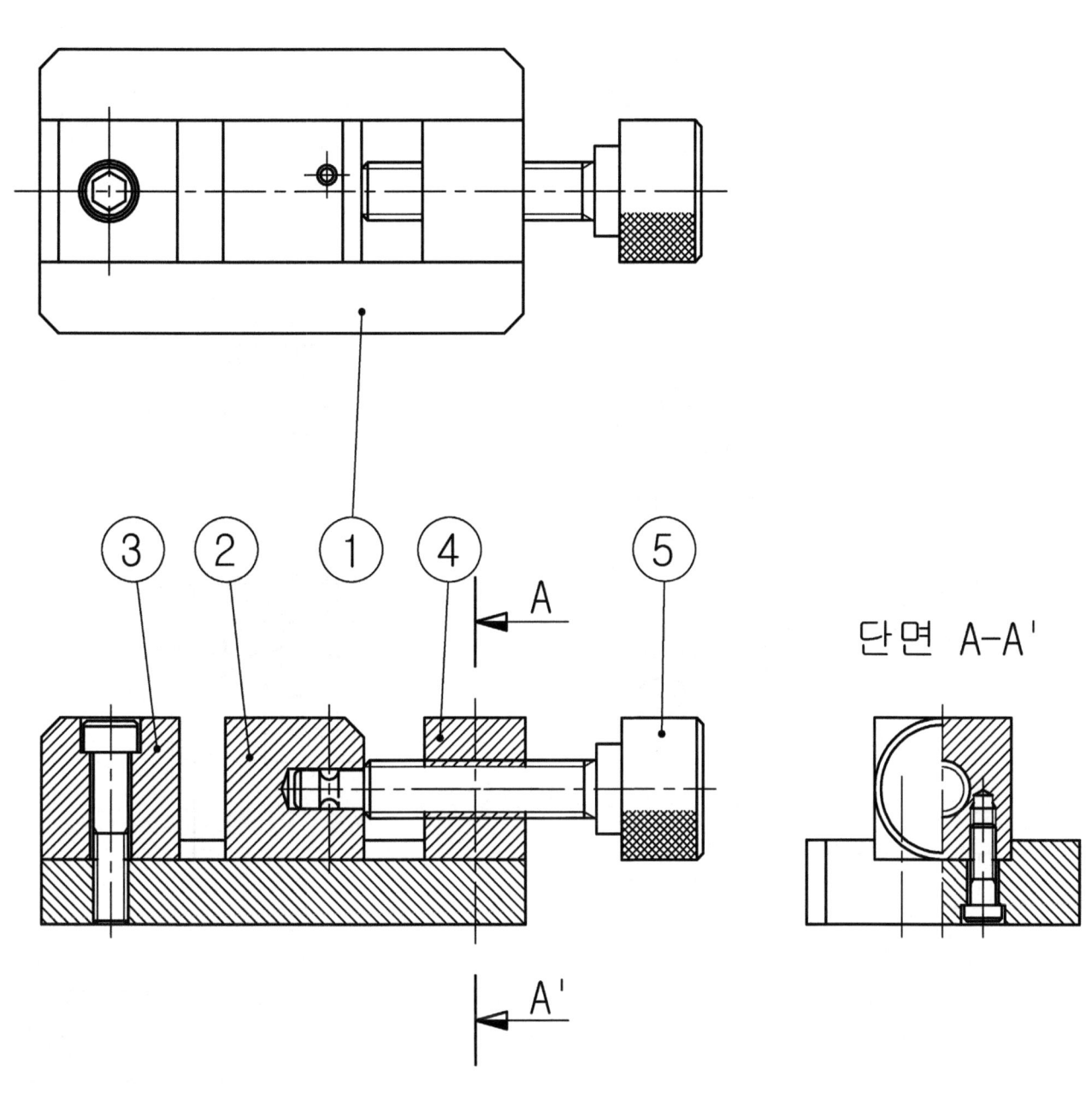

단면 A-A'

| 척도 | 각법 | 도면의 명칭 | 제 도 | | 도번 |
|---|---|---|---|---|---|
| 1:1 | 3 | 바이스 1 | 성명 | 이 용 석 | 03040821 |
| | | | 일자 | 24.01.10 | |

기 전 연 구 사

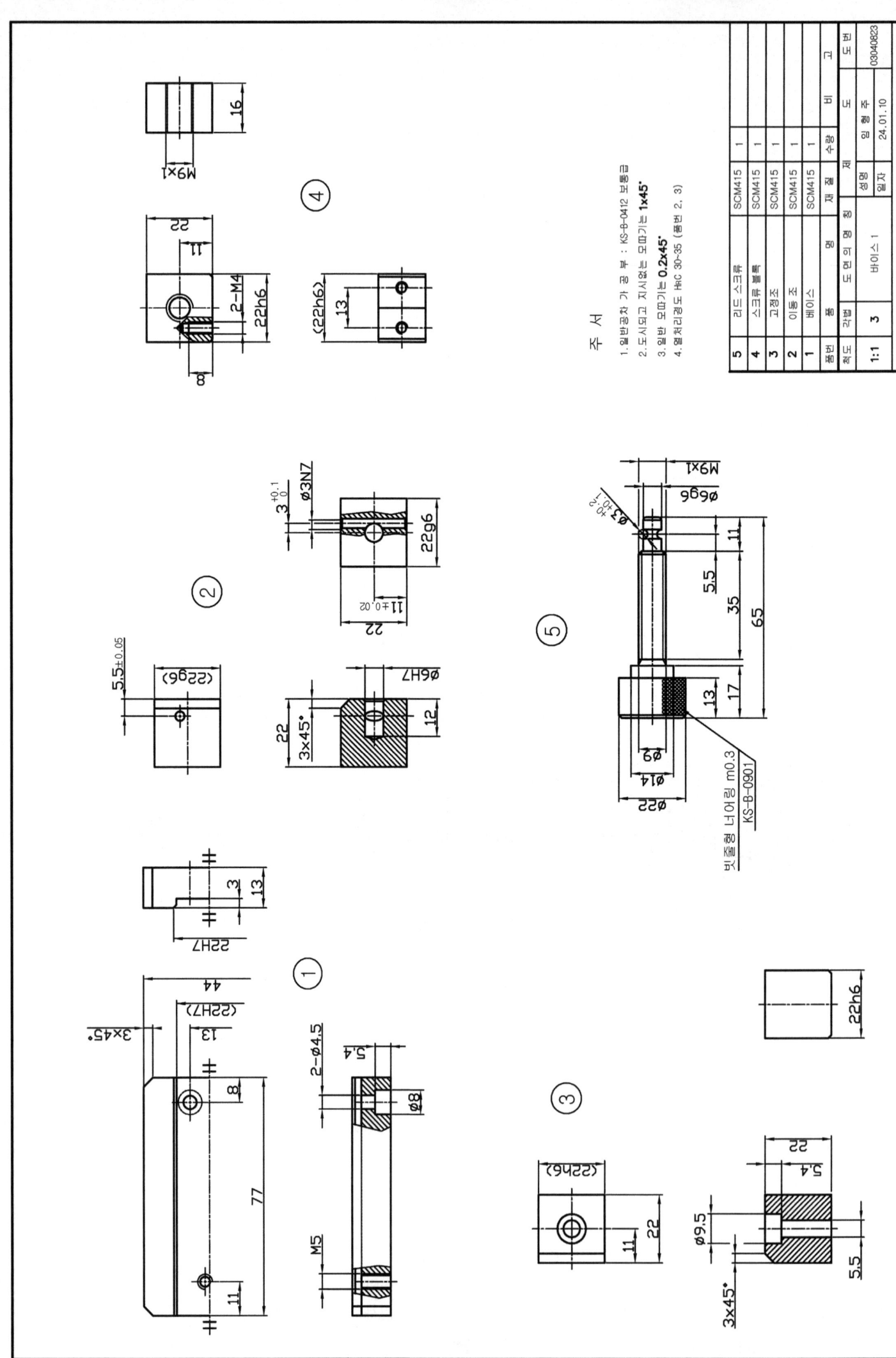

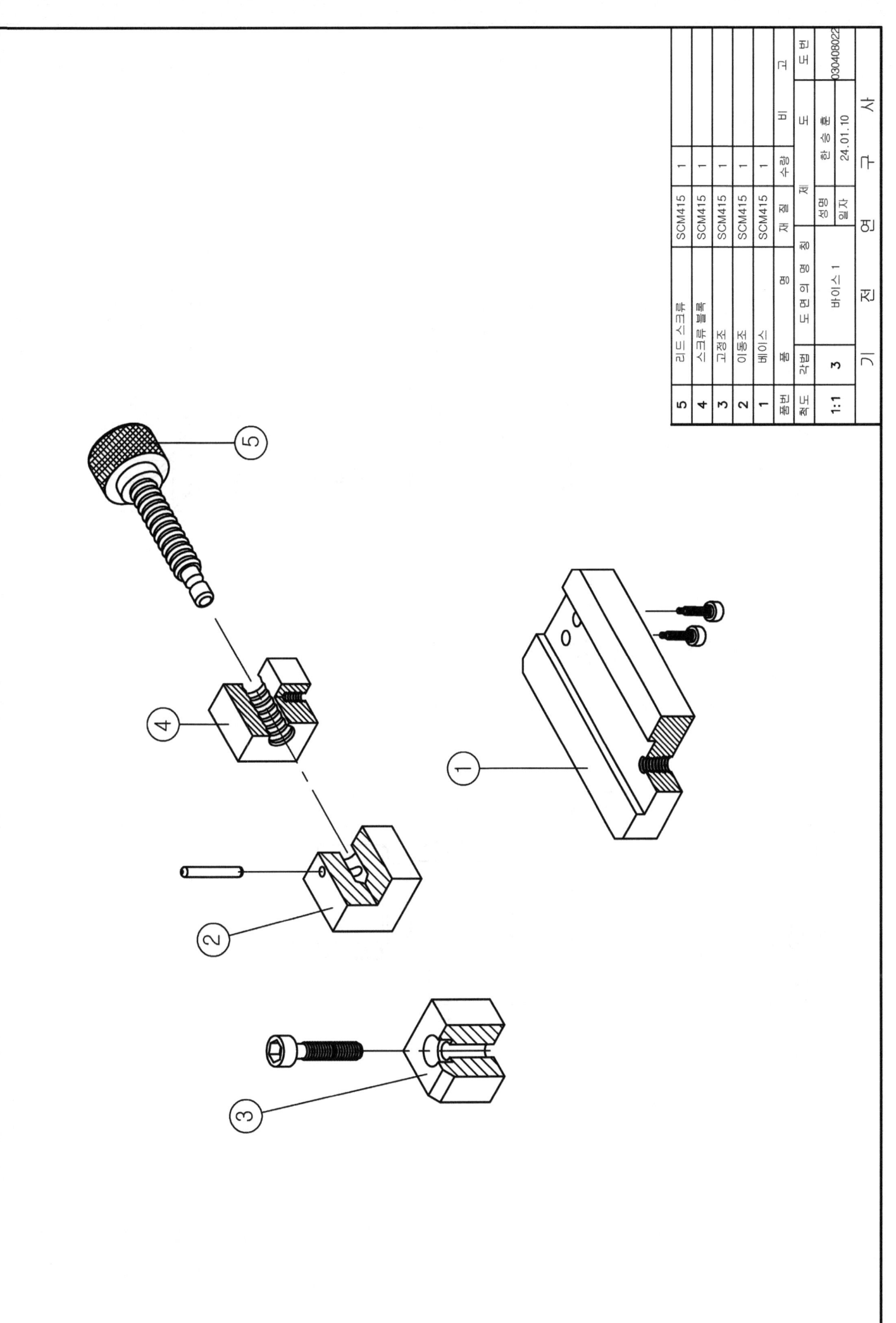

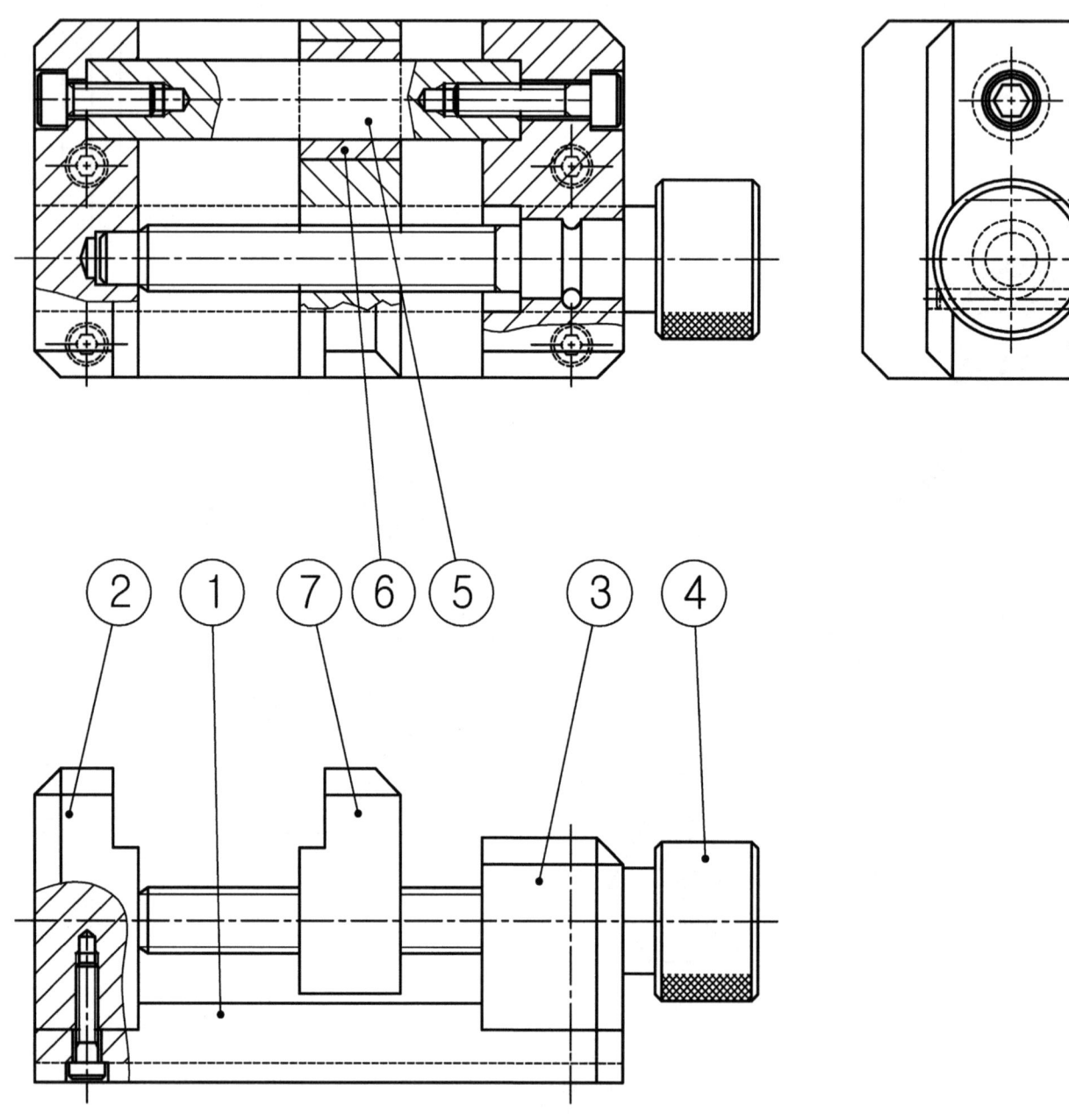

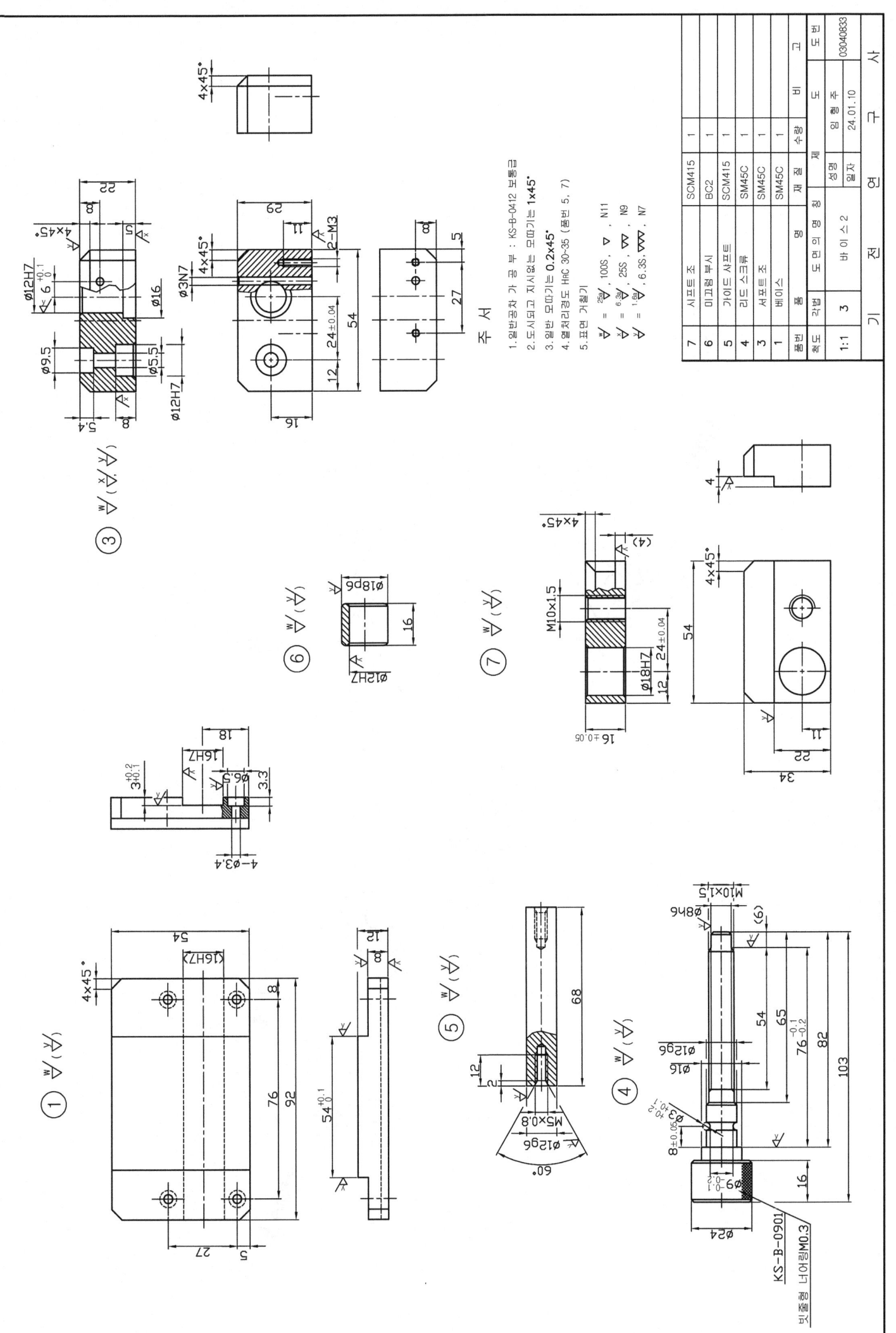

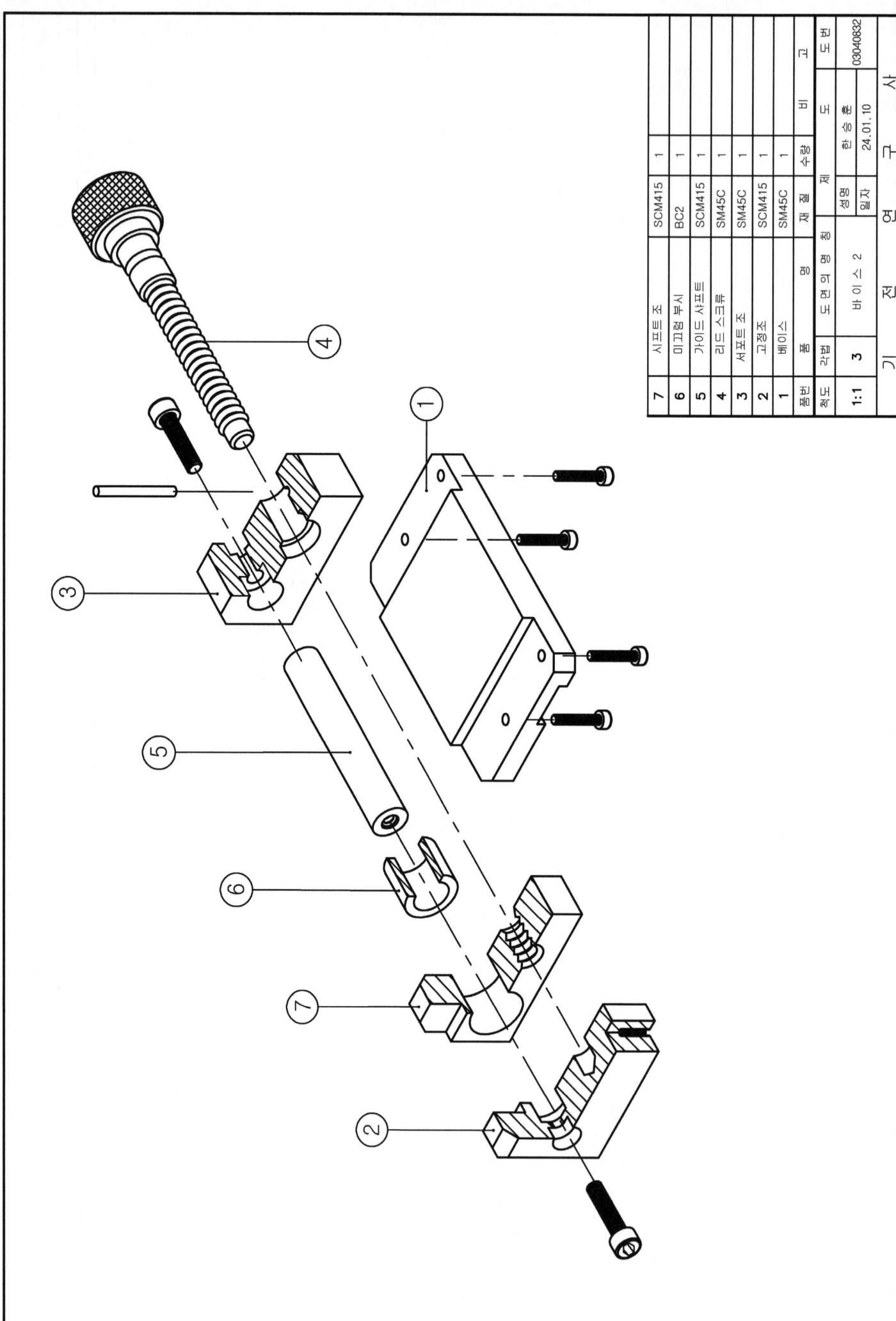

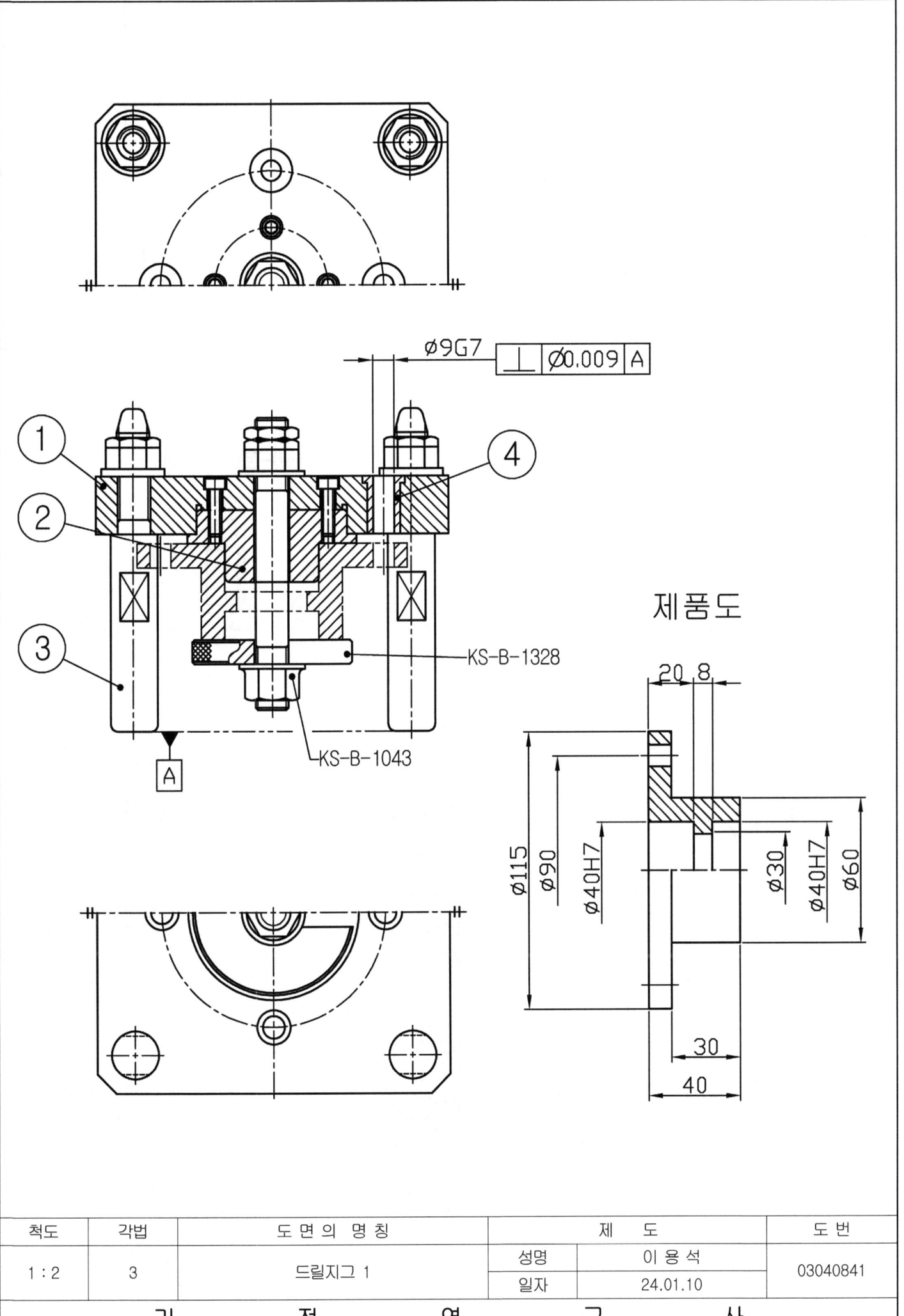

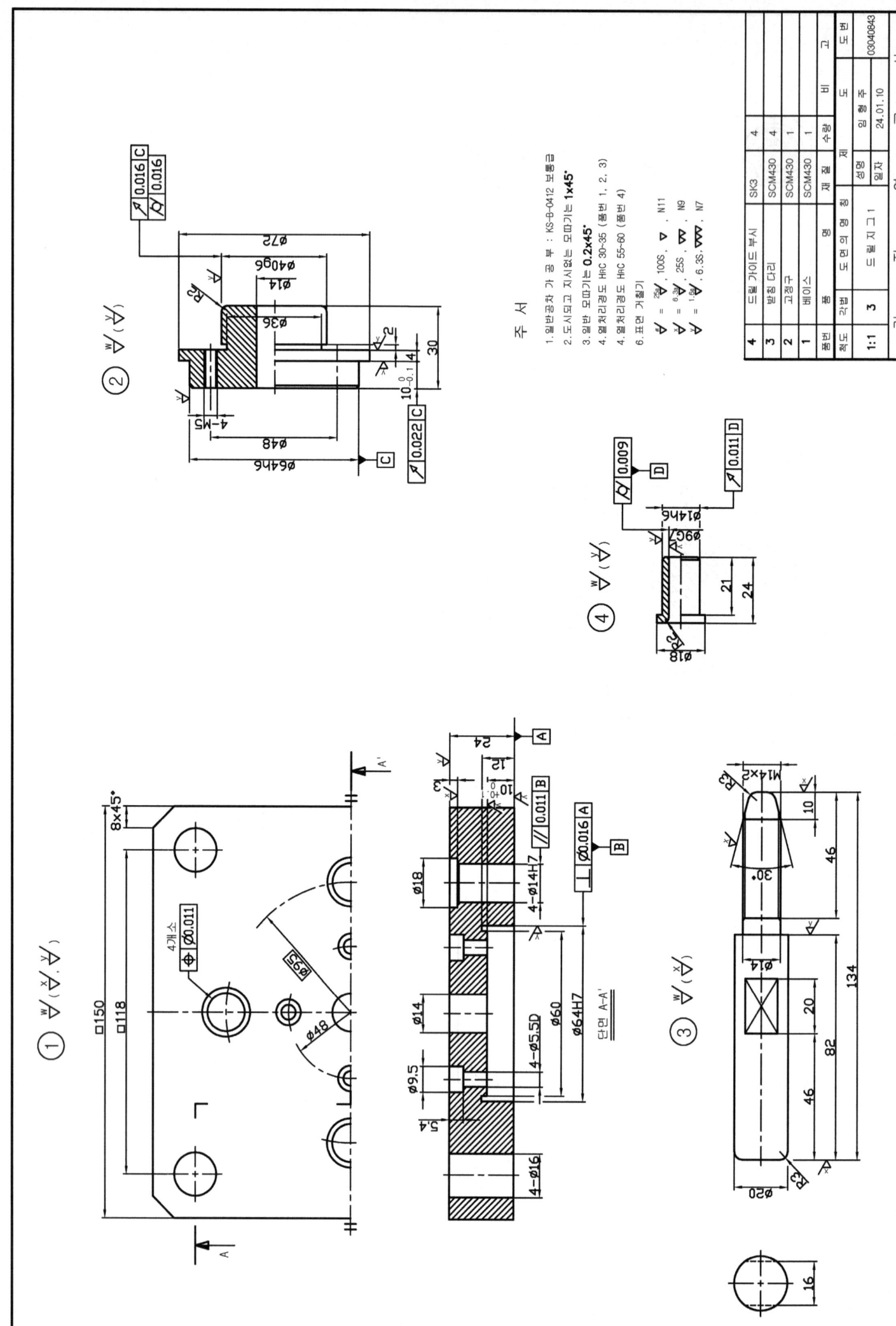

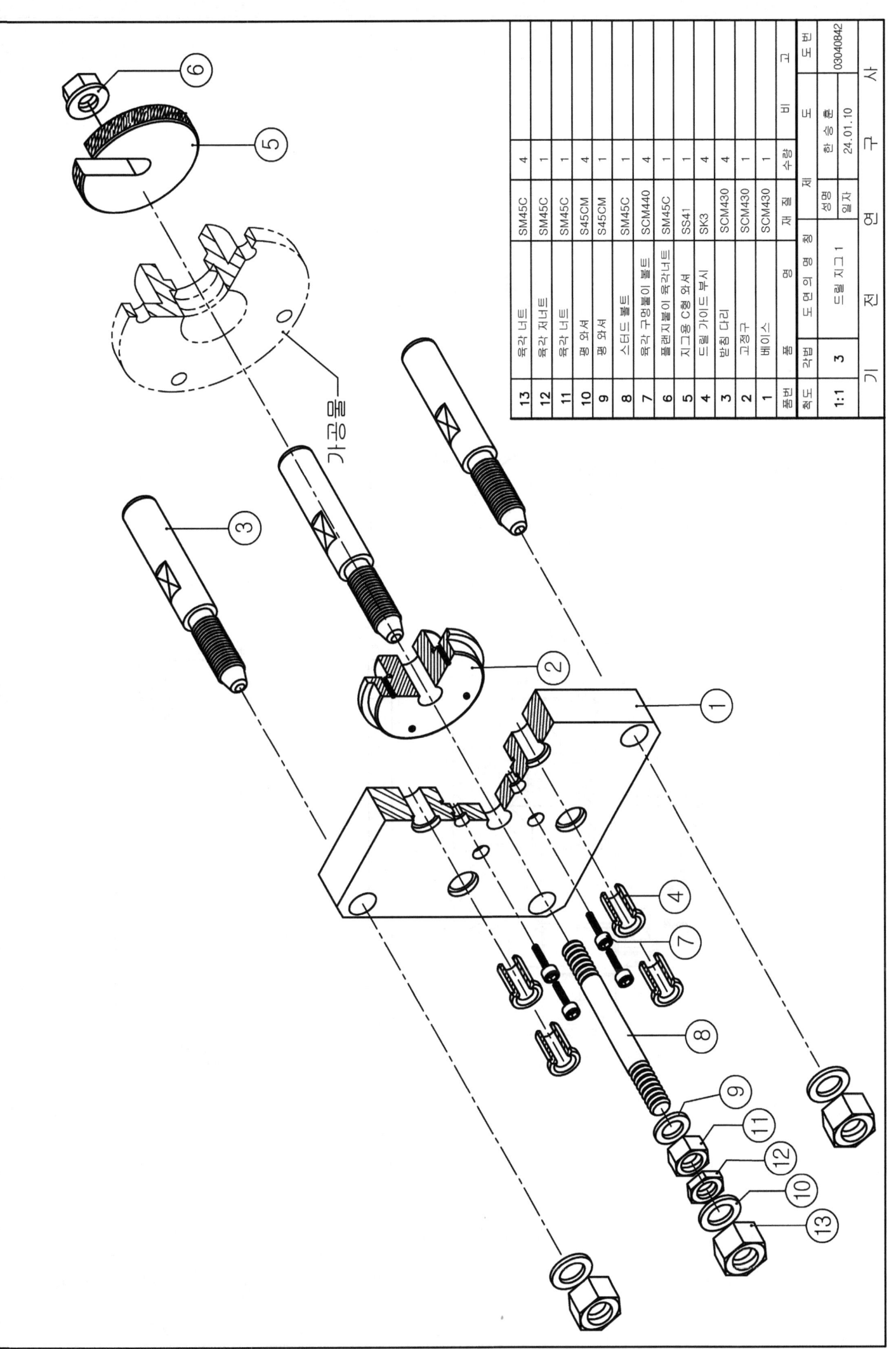

| 품번 | 도면의 명칭 | 재질 | 수량 | 비고 |
|---|---|---|---|---|
| 13 | 육각 너트 | SM45C | 4 | |
| 12 | 육각 쟈너트 | SM45C | 1 | |
| 11 | 육각 너트 | SM45C | 1 | |
| 10 | 평 와셔 | S45CM | 4 | |
| 9 | 평 와셔 | S45CM | 1 | |
| 8 | 스터드볼트 | SM45C | 1 | |
| 7 | 육각 구멍붙이 볼트 | SCM440 | 4 | |
| 6 | 플랜지붙이 육각너트 | SM45C | 1 | |
| 5 | 지그용 C형 와셔 | SS41 | 1 | |
| 4 | 드릴가이드 부시 | SK3 | 4 | |
| 3 | 받침 다리 | SCM430 | 4 | |
| 2 | 고정구 | SCM430 | 1 | |
| 1 | 베이스 | SCM430 | 1 | |
| 척도 | 각법 | | | |
| 1:1 | 3 | 드릴지그 1 | | |

기 계 연 전 구 사

성명 한승훈
일자 24.01.10
도번 03040842

가공물

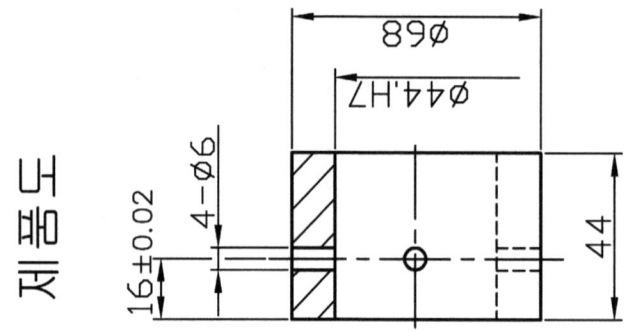
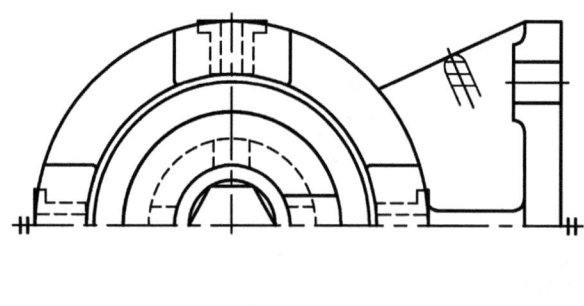
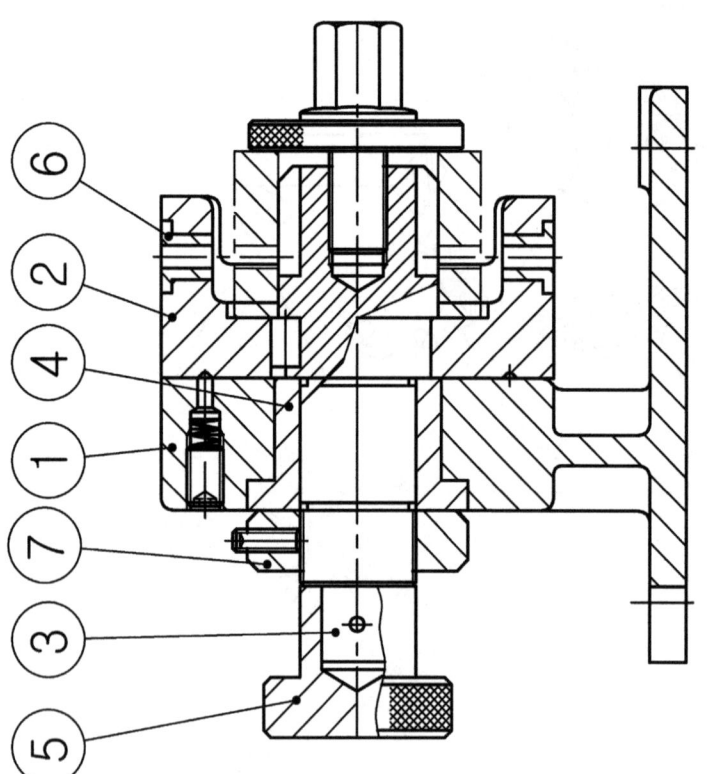
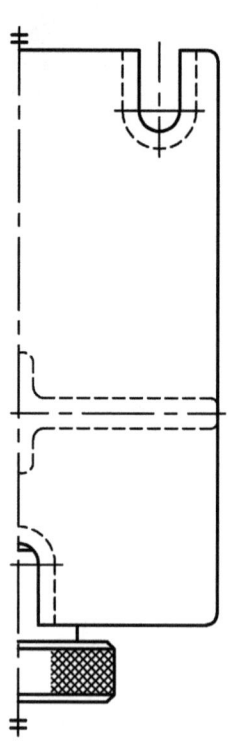

| 척도 | 각법 | 도면의 명칭 | 제 도 | | 도 번 |
|---|---|---|---|---|---|
| 1:1 | 3 | 인덱싱 드릴지그 | 성명 | 이 용 석 | 03040851 |
| | | | 일자 | 24.01.10 | |

기 전 연 구 사

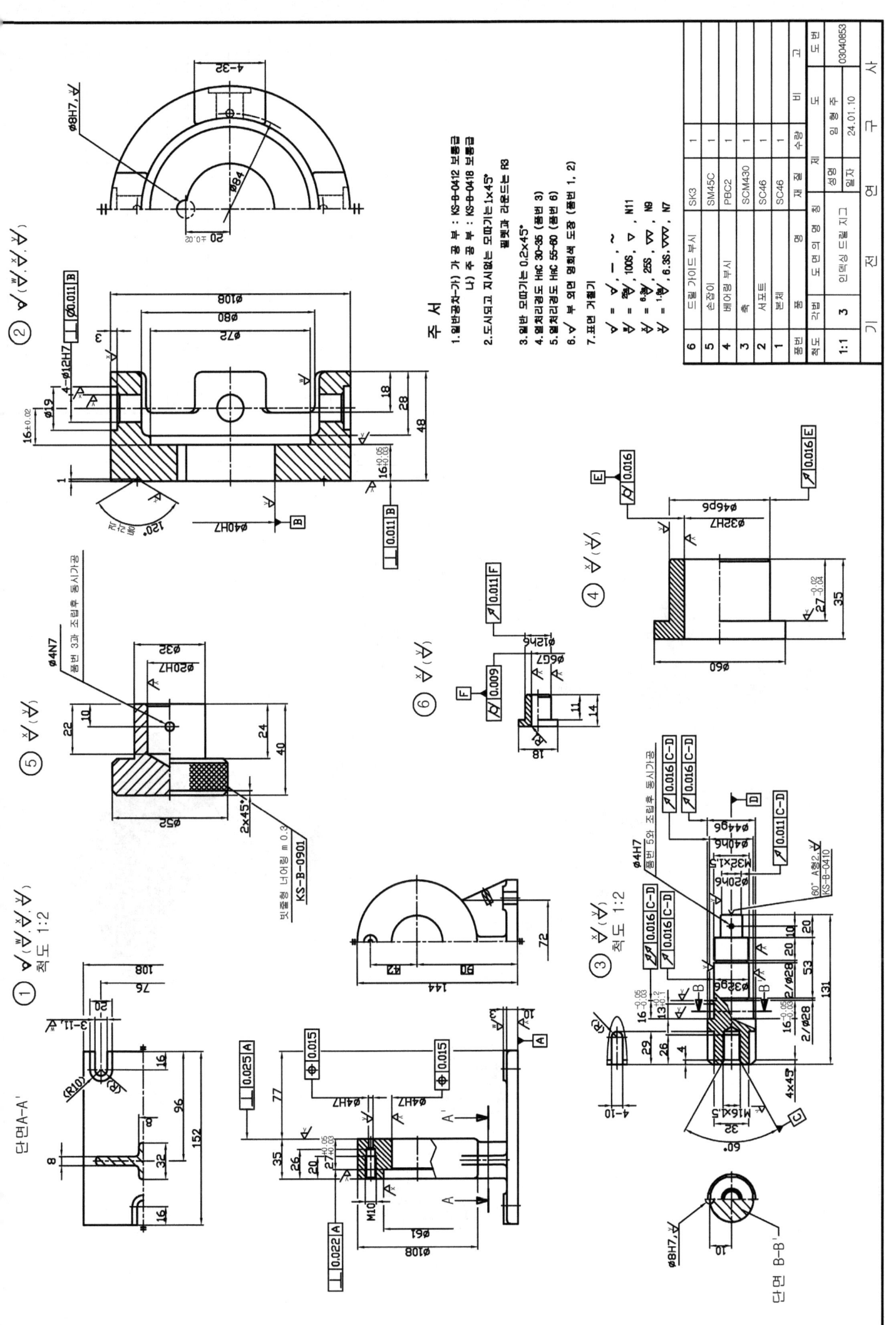

| 품번 | 품명 | 재질 | 수량 | 비고 |
|---|---|---|---|---|
| 15 | 플랜지자물이 육각볼트 | S35CM | 1 | KS-B-1042 M16x38 |
| 14 | 고정핀 | SM45C | 1 | |
| 13 | 압축코일스프링 | PW1 | 1 | |
| 12 | 육각구멍불이 멈춤나사 | SM20C | 1 | KS-B-1028 M10x16 |
| 11 | 육각구멍불이 멈춤나사 | SM20C | 1 | KS-B-1028 M6x18 |
| 10 | 평행핀 | SM45C | 1 | KS-B-1320 A종 4x16 |
| 9 | 평행핀 | SM45C | 1 | KS-B-1320 B종 8x13 |
| 8 | 지그용 C형 와셔 | SS41 | 1 | KS-B-1328 16x60 |
| 7 | 조임너트 | SCM430 | 1 | |
| 6 | 드릴가이드부시 | SK3 | 4 | |
| 5 | 손잡이 | SM45C | 1 | |
| 4 | 베어링부시 | PBC2 | 1 | |
| 3 | 축 | SCM415 | 1 | |
| 2 | 서포트 | SC46 | 1 | |
| 1 | 본체 | SC46 | 1 | |

회사

도연의 명칭: 디지털 지그바이스

척도 1:1  3

성명: 한 송 훈
일자: 24.01.10
도번: 03040852

가공물

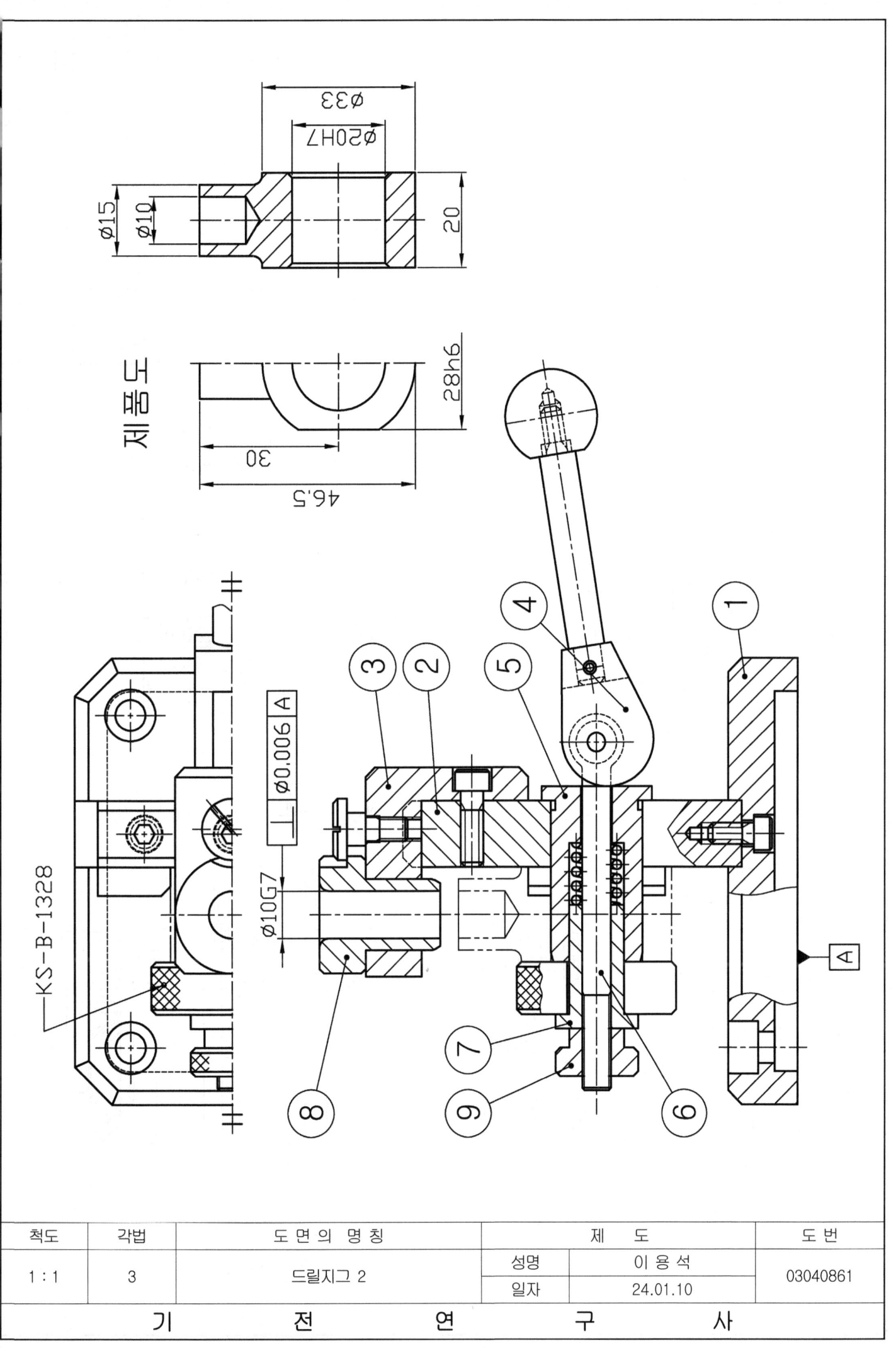

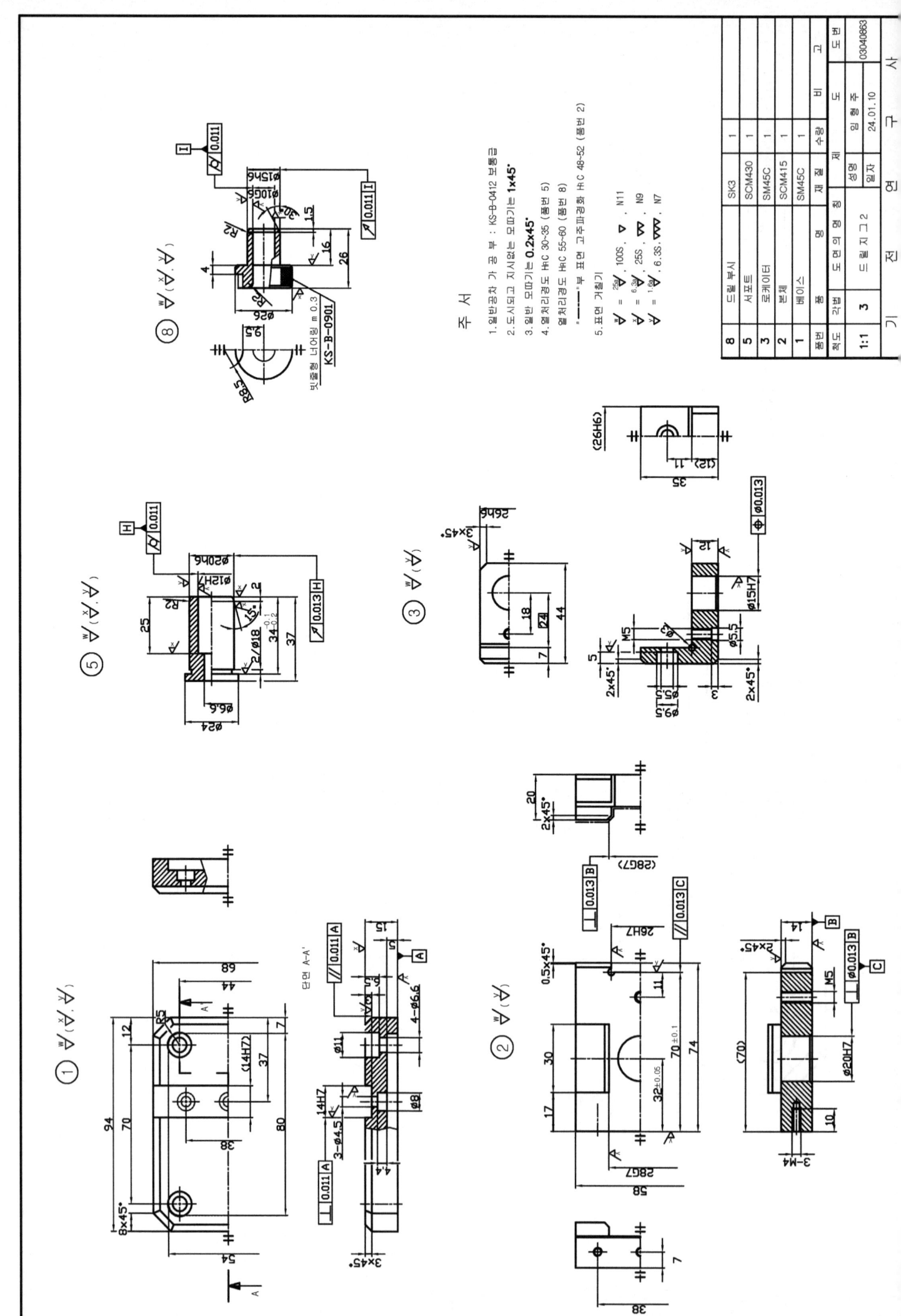

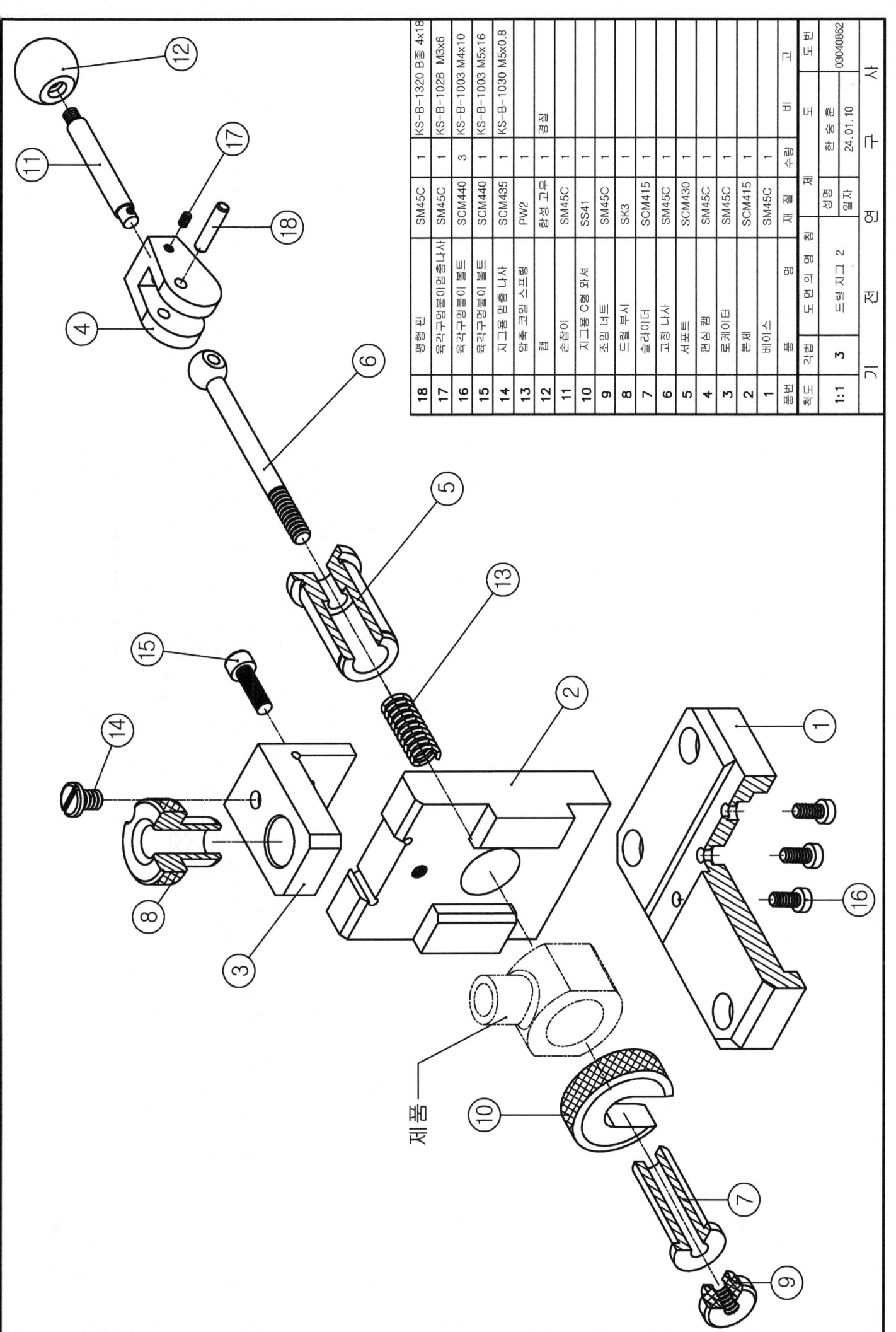

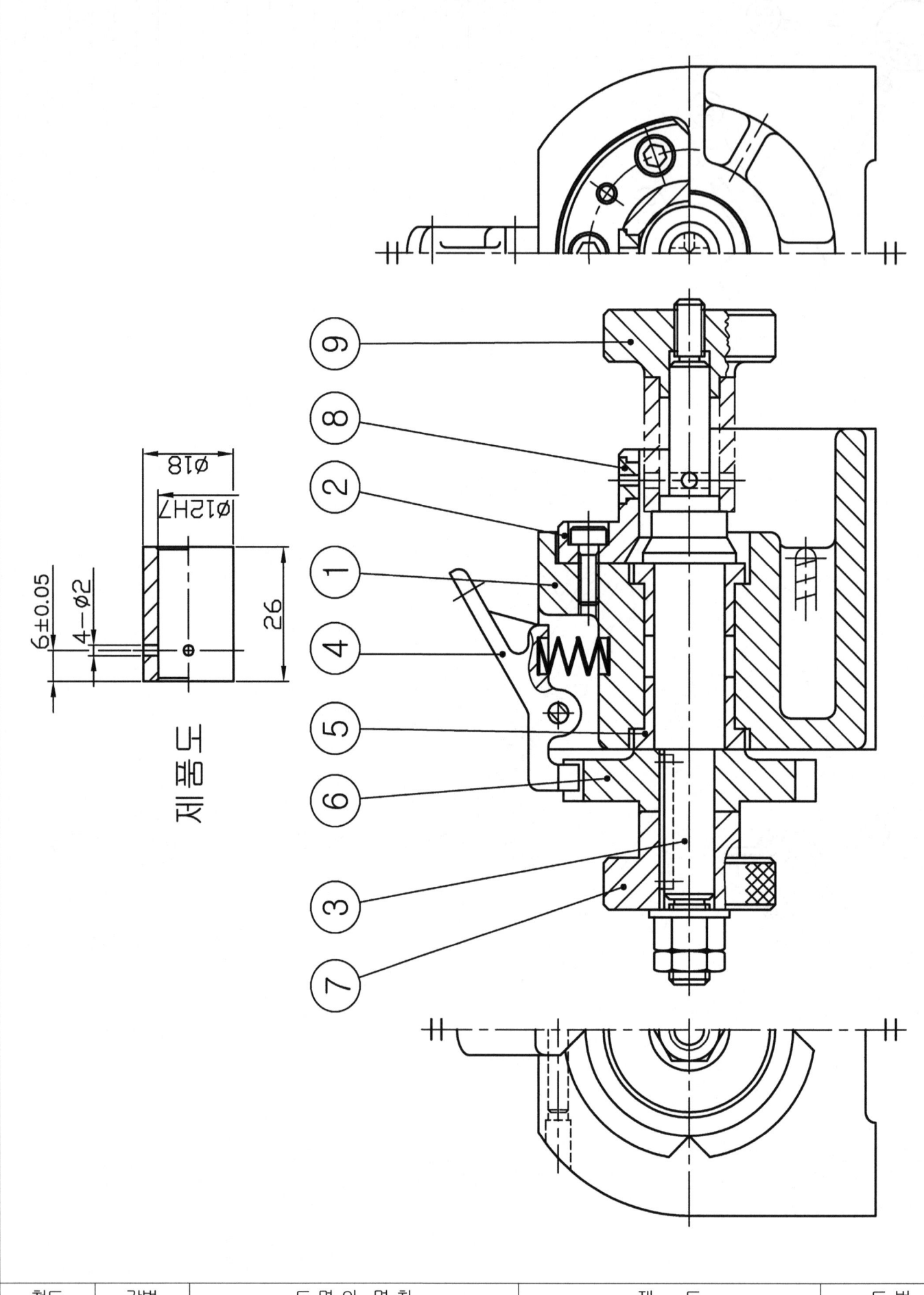

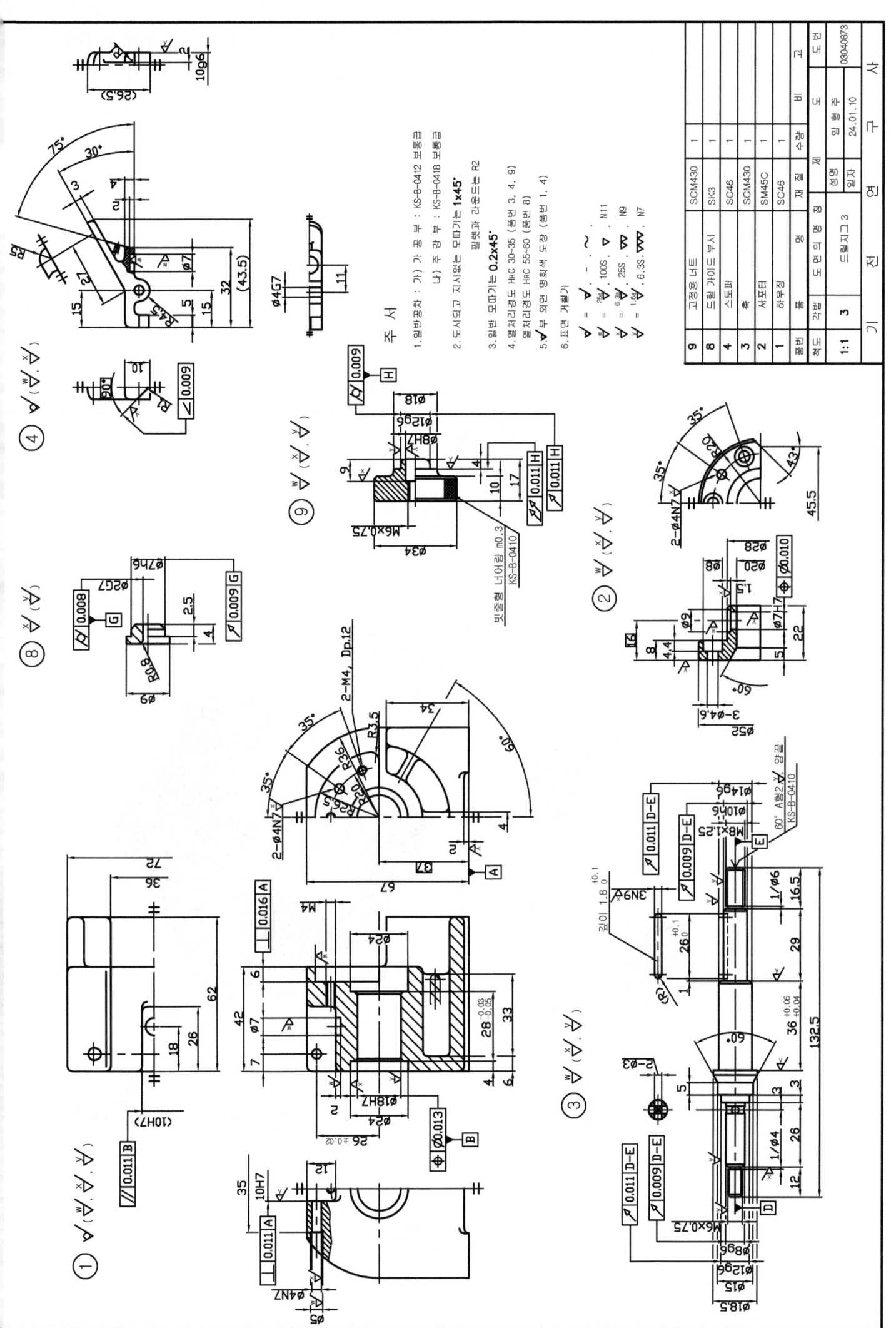

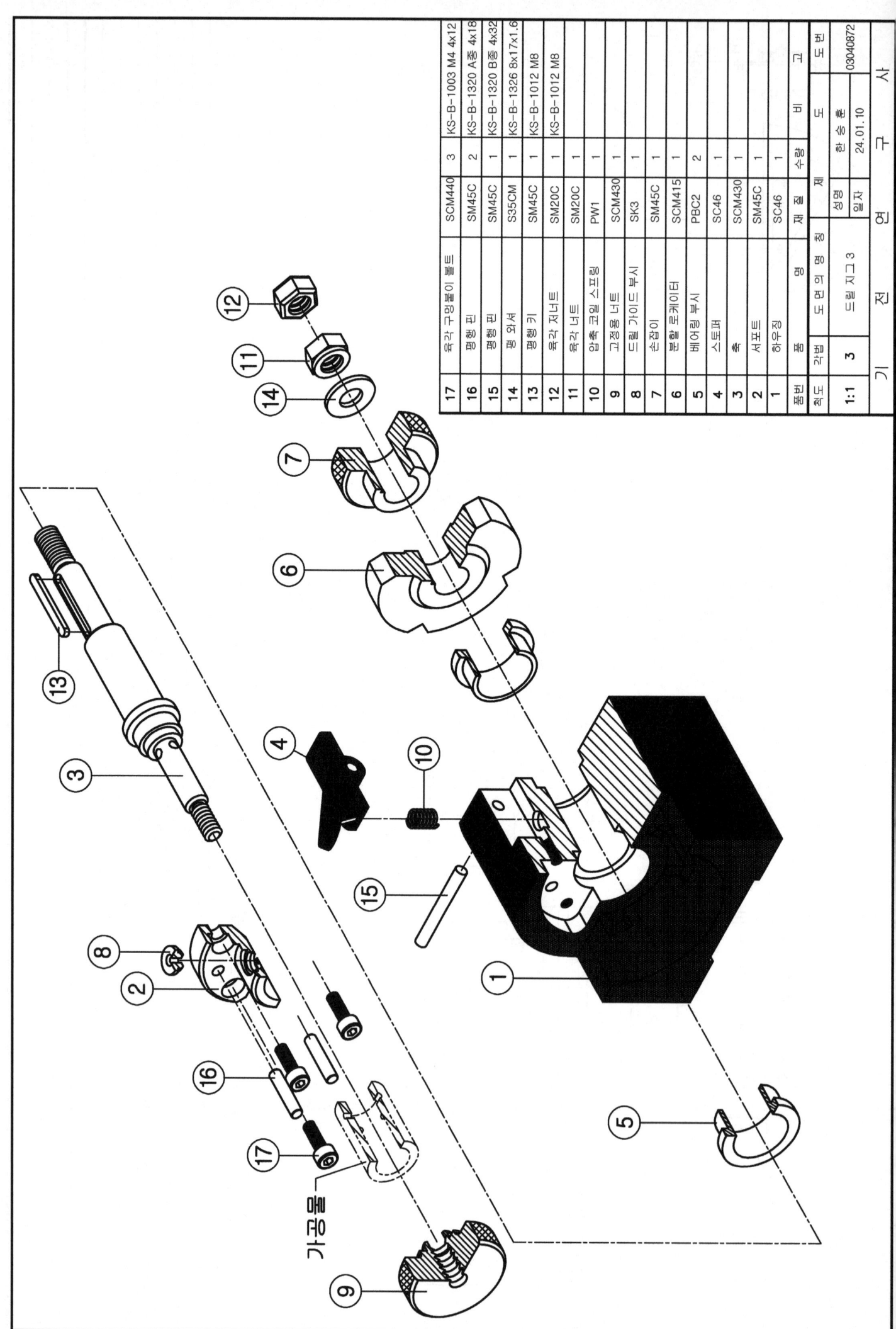

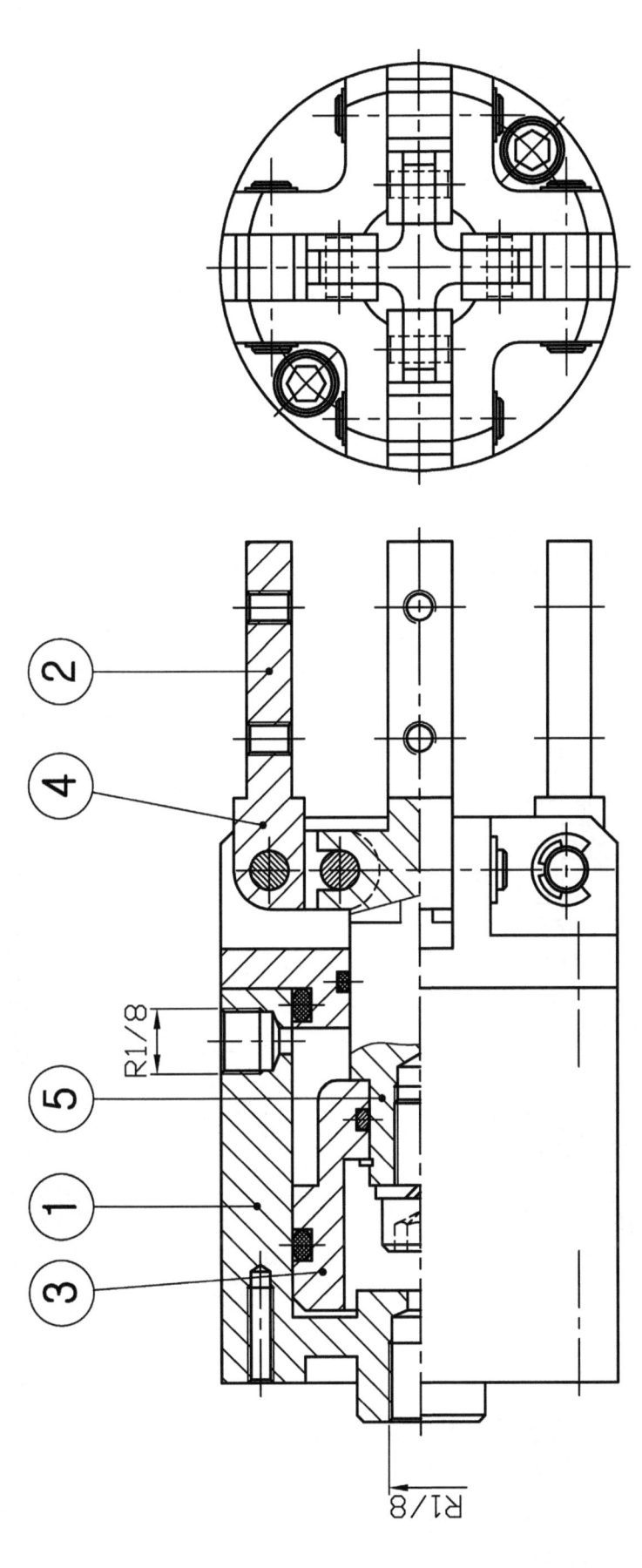

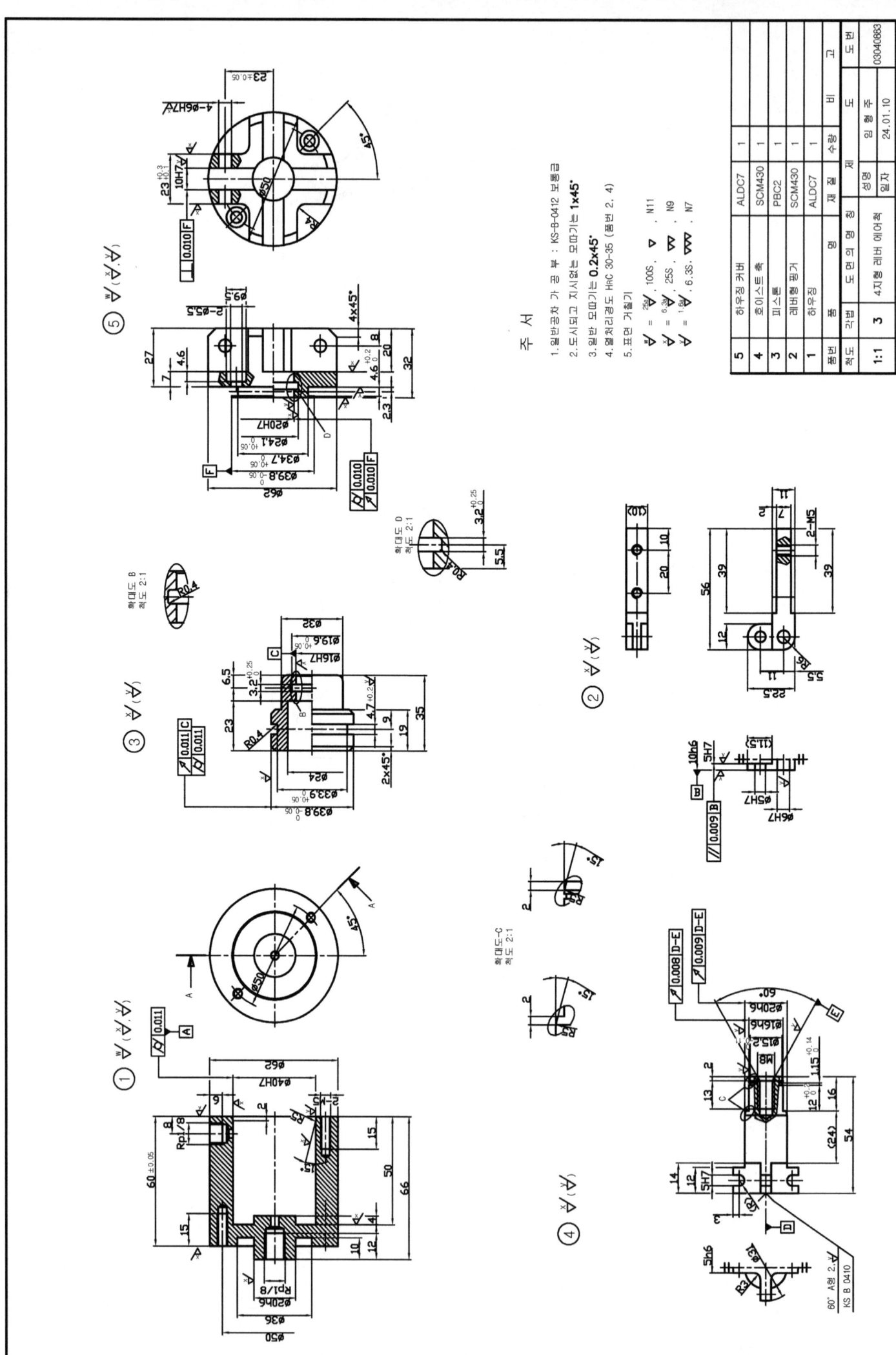

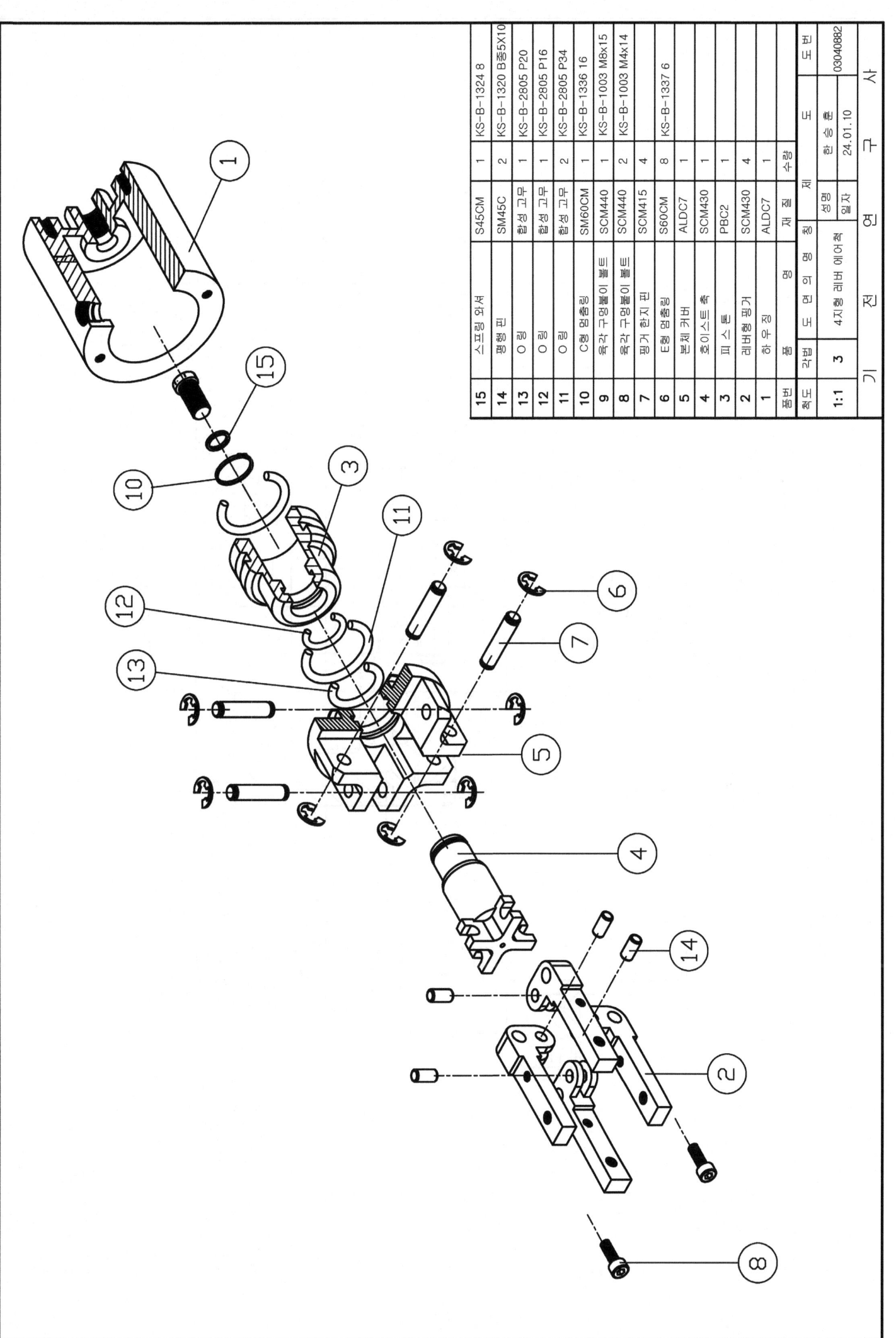

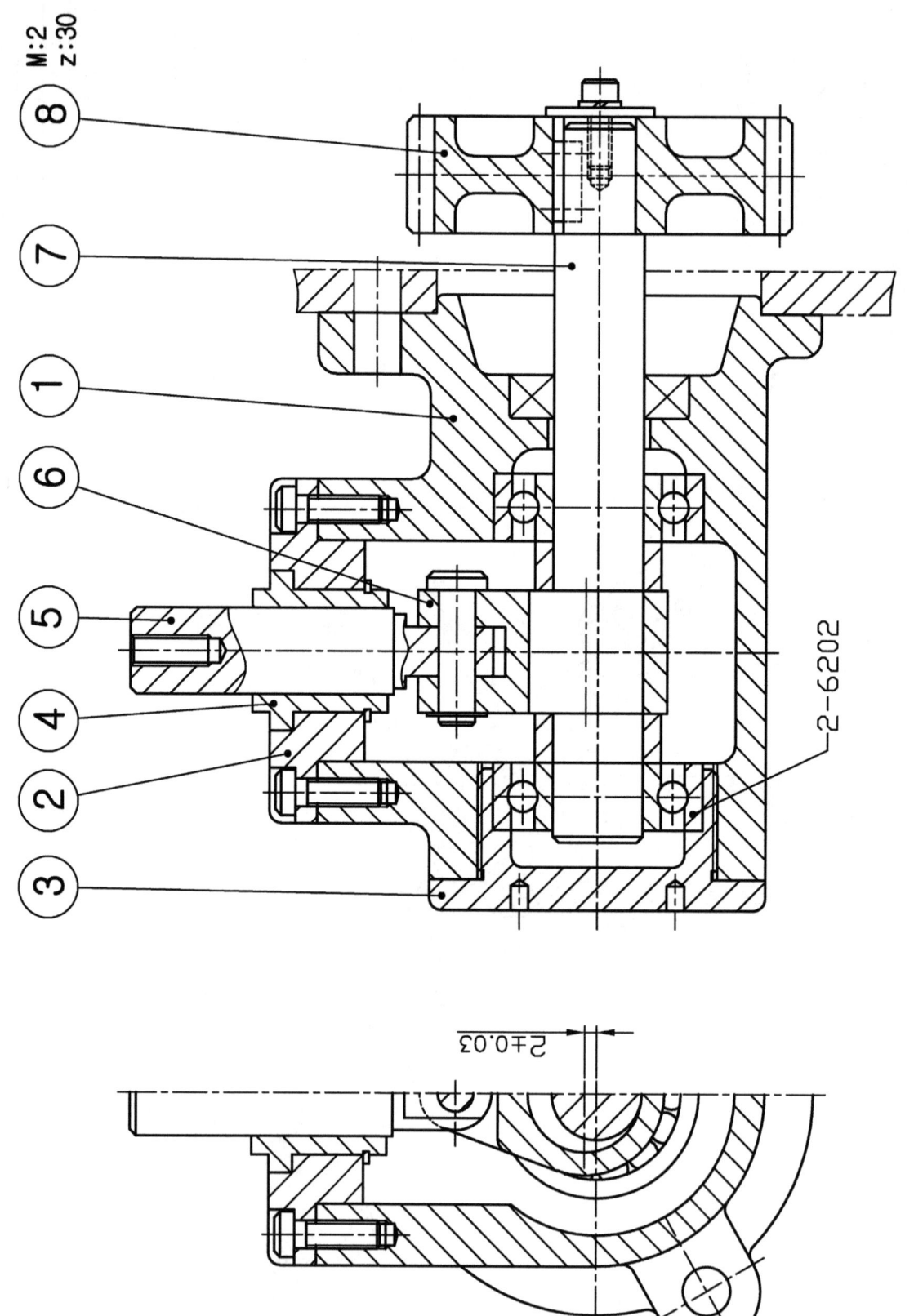

| 척도 | 각법 | 도면의 명칭 | 제도 | | 도번 |
|---|---|---|---|---|---|
| 1:1 | 3 | 편심 왕복장치 | 성명 | 이용석 | 03040891 |
| | | | 일자 | 24.01.10 | |

기 전 연 구 사

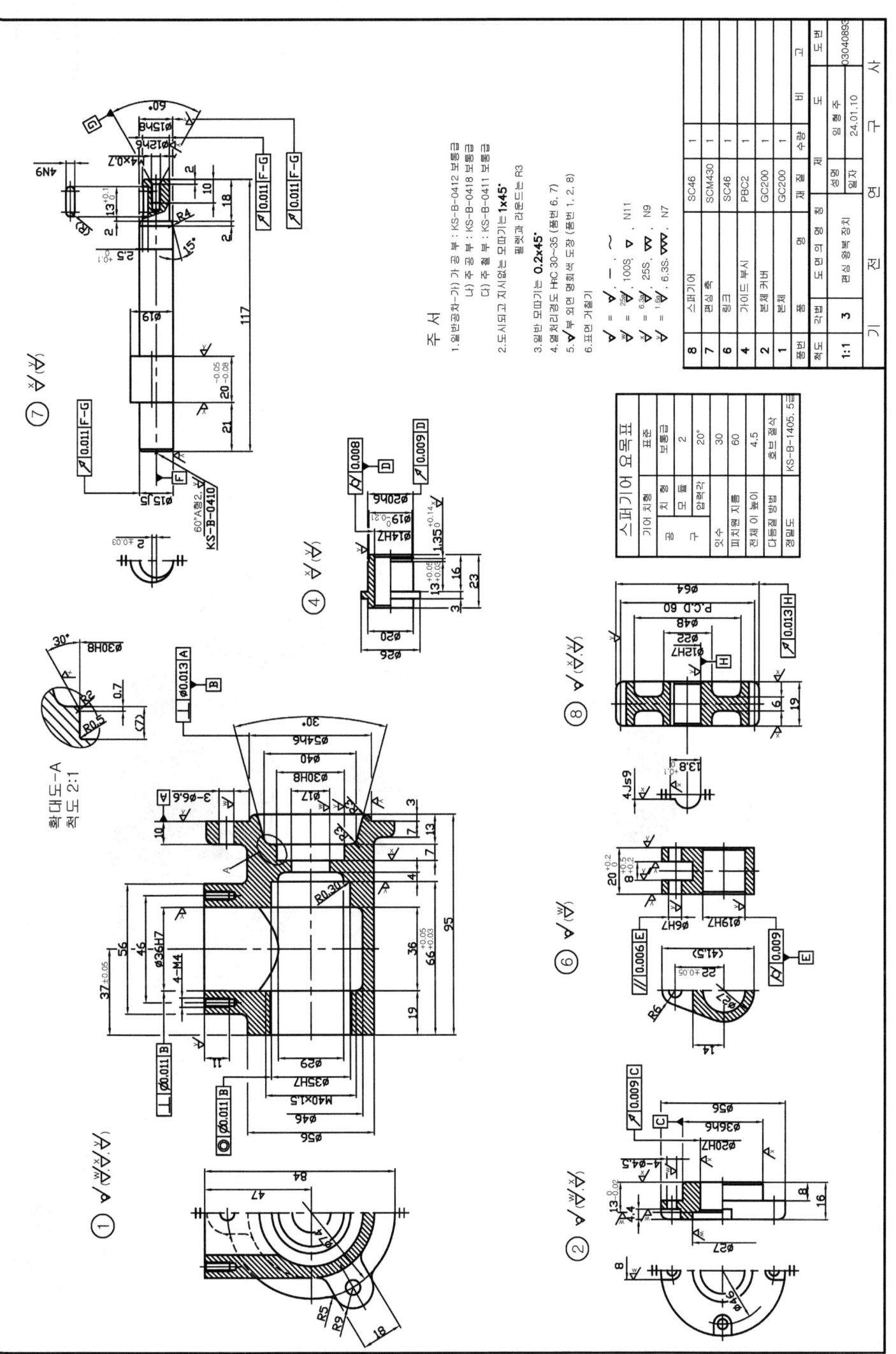

| 품번 | 품명 | 재질 | 수량 | 비고 |
|---|---|---|---|---|
| 19 | 평행 키 | SM45C | 1 | KS-B-1311 4x4x13 |
| 18 | 육각 구멍붙이 볼트 | SCM440 | 4 | KS-B-1003 M4x14 |
| 17 | 육각 구멍붙이 볼트 | SCM440 | 1 | KS-B-1003 M4x12 |
| 16 | 스프링 와셔 | S45CM | 1 | KS-B-1324 4 |
| 15 | E형 멈춤링 | S60CM | 1 | KS-B-1337 5 |
| 14 | C형 멈춤링 | SM60CM | 1 | KS-B-1336 축용 20 |
| 13 | 오일 실 | 합성고무 | 1 | KS-B-2084SM15,307 |
| 12 | 깊은 홈 볼베어링 | STB3 | 2 | KS-B-2023 6202 |
| 11 | 리프트 축 | SCM415 | 1 | |
| 10 | 칼라 | SM45C | 1 | |
| 9 | 칼라 | SM45C | 2 | |
| 8 | 스퍼기어 | SC46 | 1 | |
| 7 | 편심축 | SCM430 | 1 | |
| 6 | 링크 | SC46 | 1 | |
| 5 | 슬라이더 | SCM415 | 1 | |
| 4 | 가이드 부시 | PBC2 | 1 | |
| 3 | 베어링 커버 | GC200 | 1 | |
| 2 | 본체 커버 | GC200 | 1 | |
| 1 | 본체 | GC200 | 1 | |
| 품번 | 품 명 | 재질 | 수량 | 비 고 |
| 척도 1:1 | 도면이름 3 편심 왕복 장치 | | 성명 한승훈 | 도번 03040892 |
| | | | 일자 24.01.10 | |

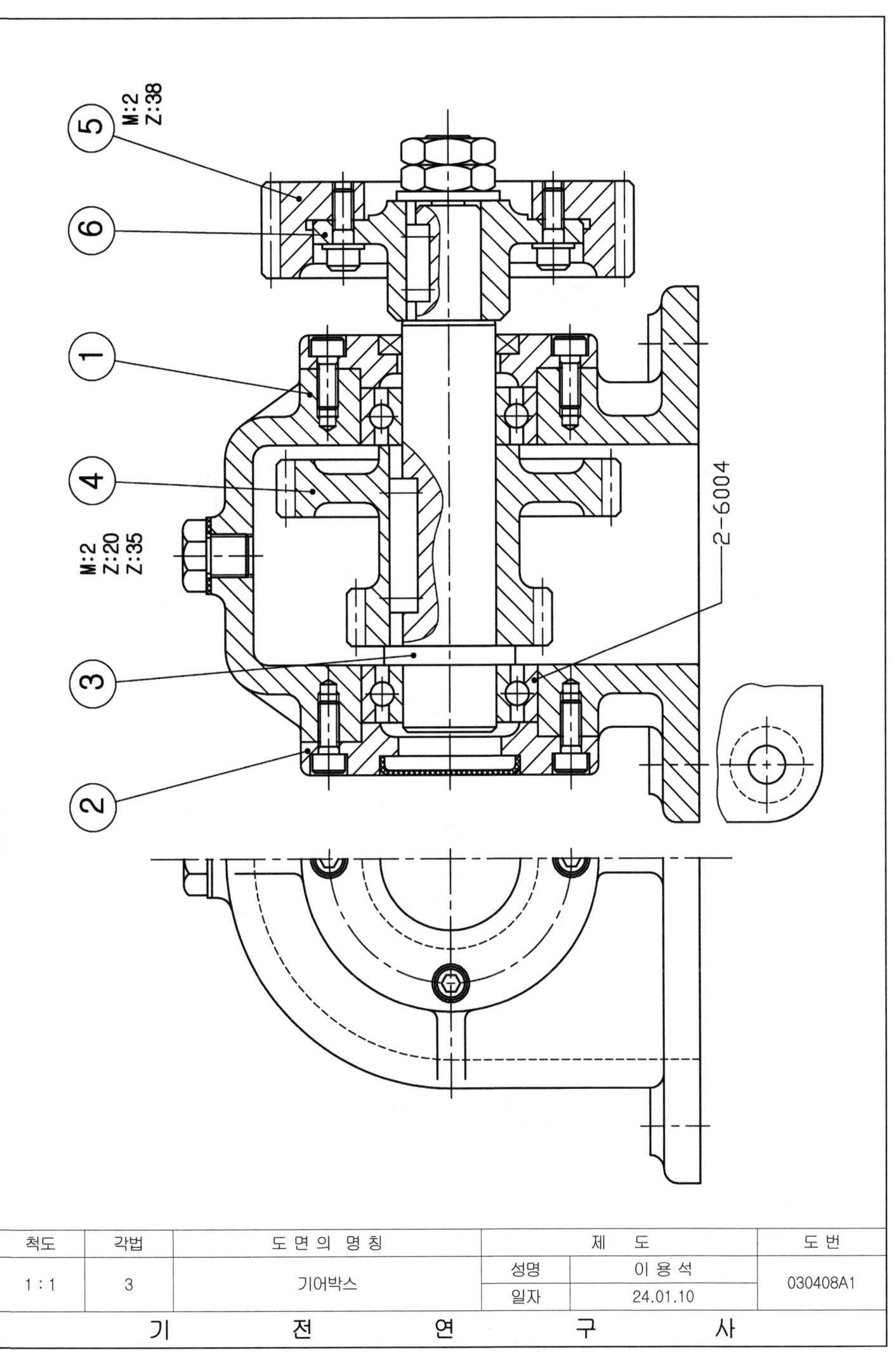

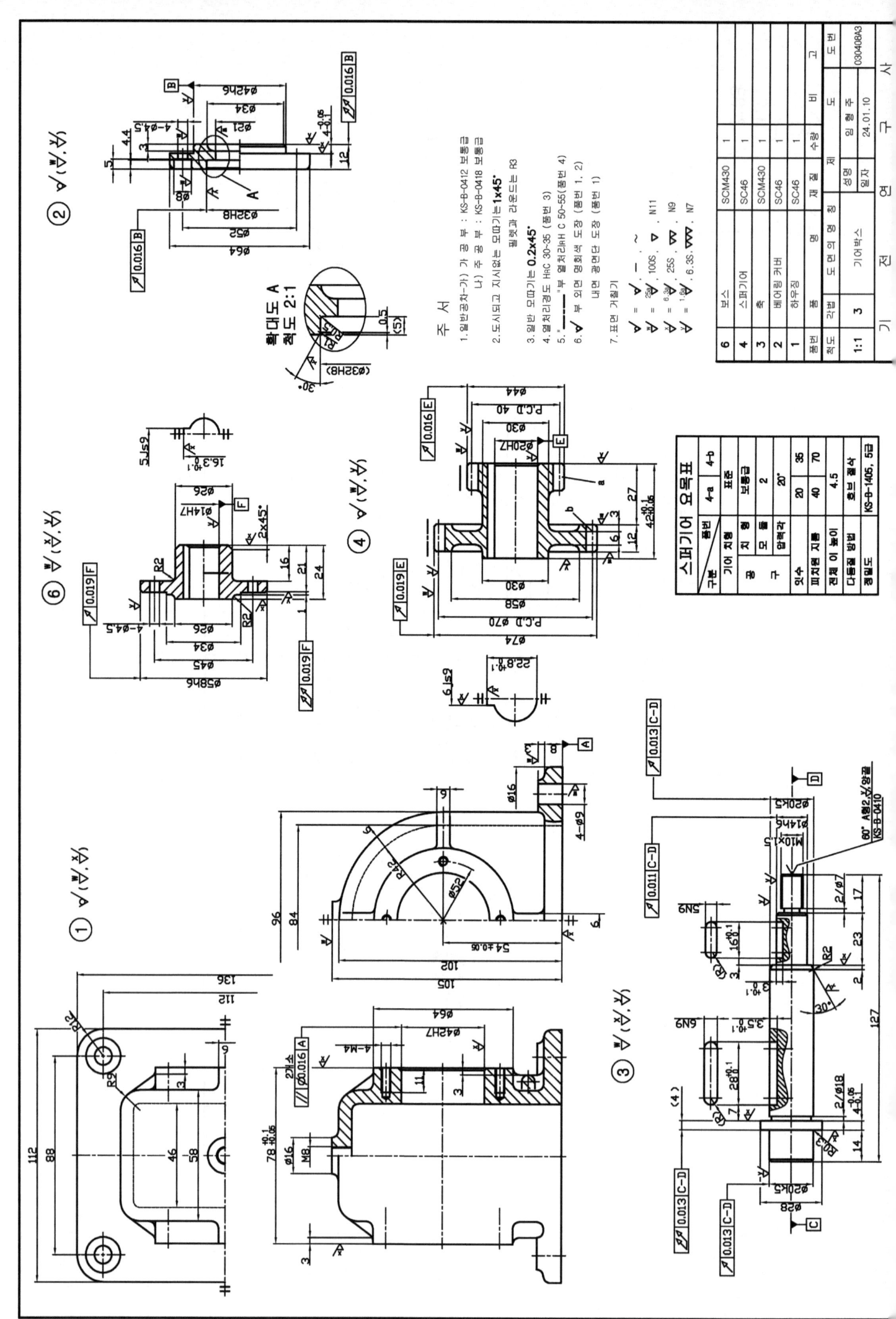

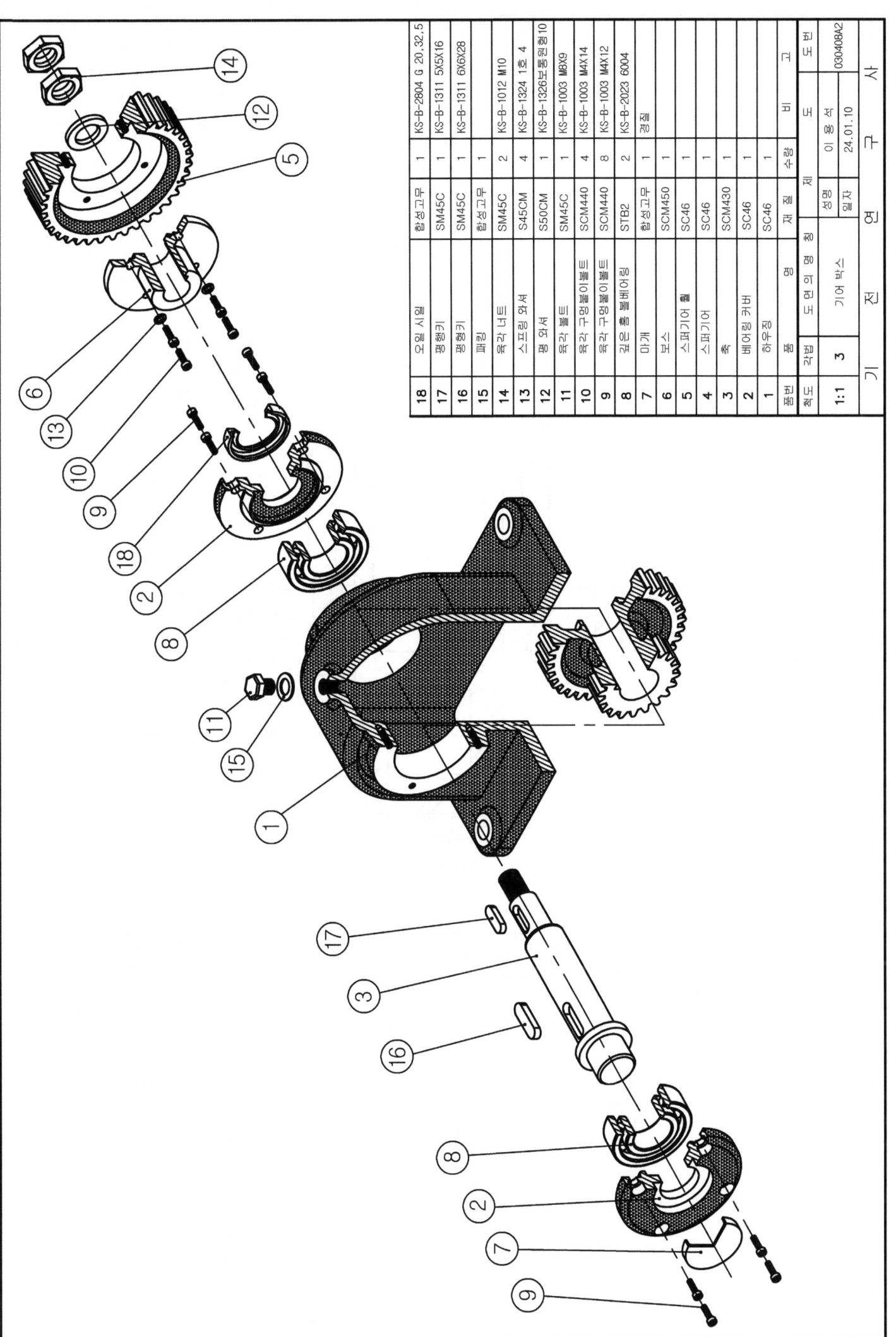

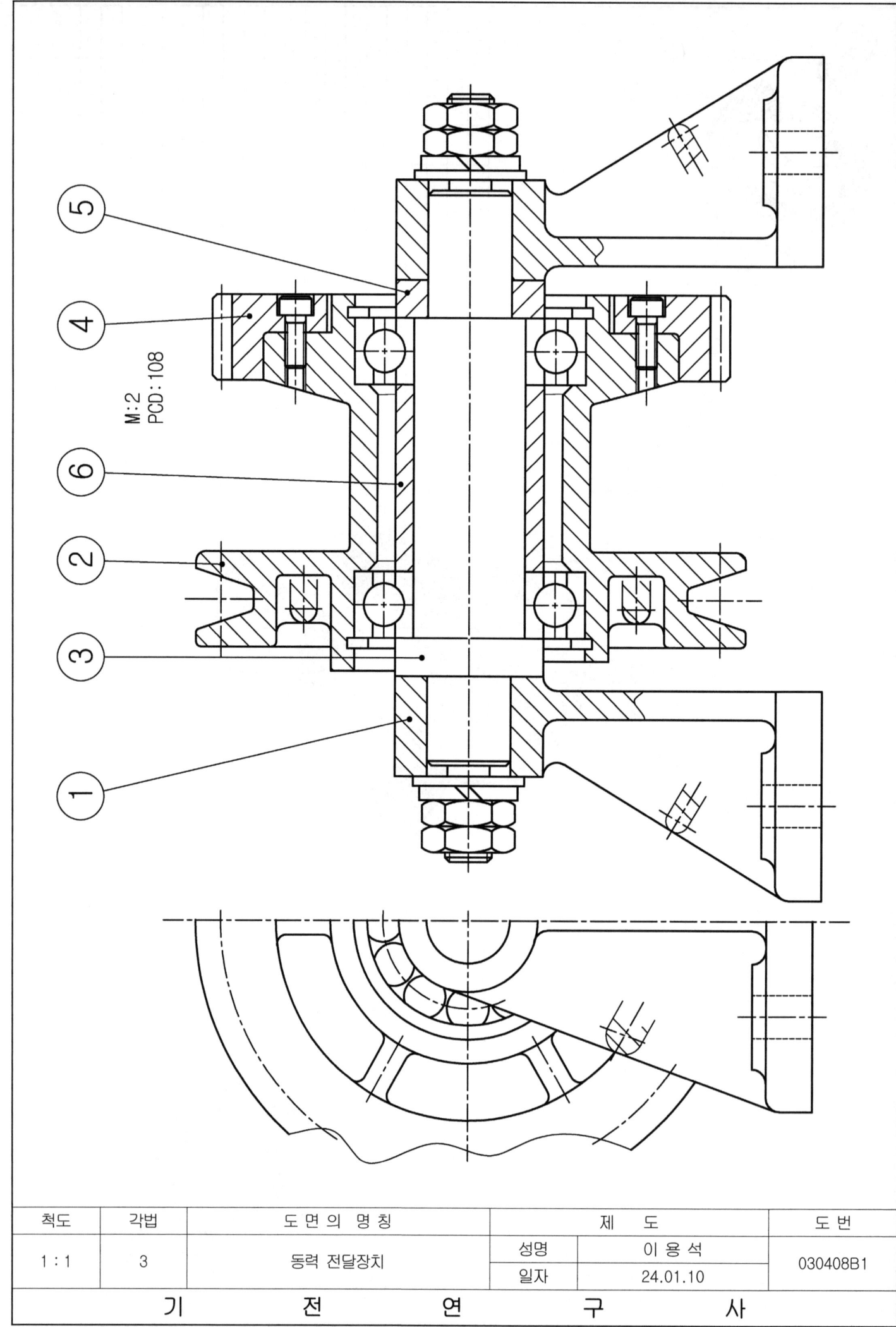

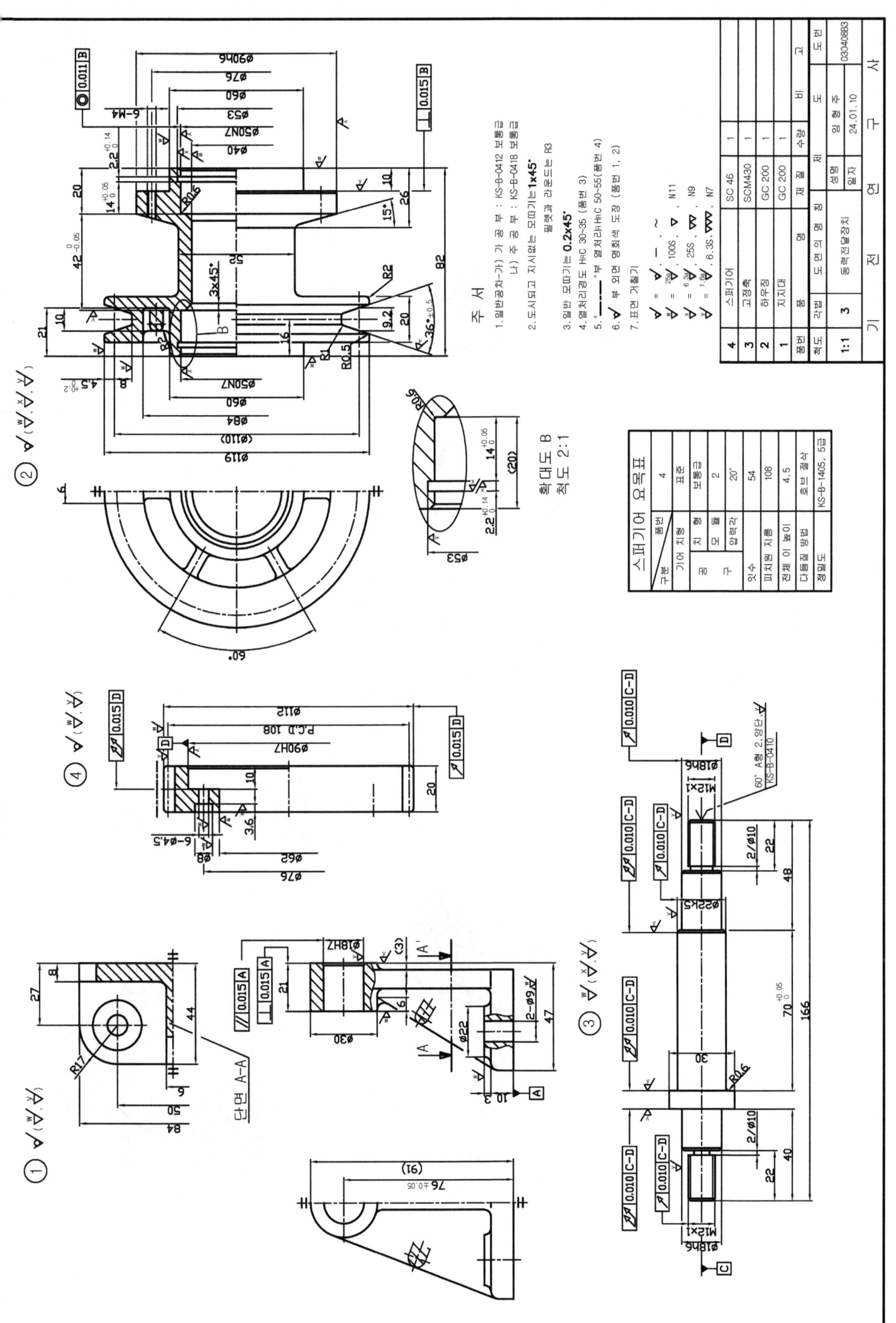

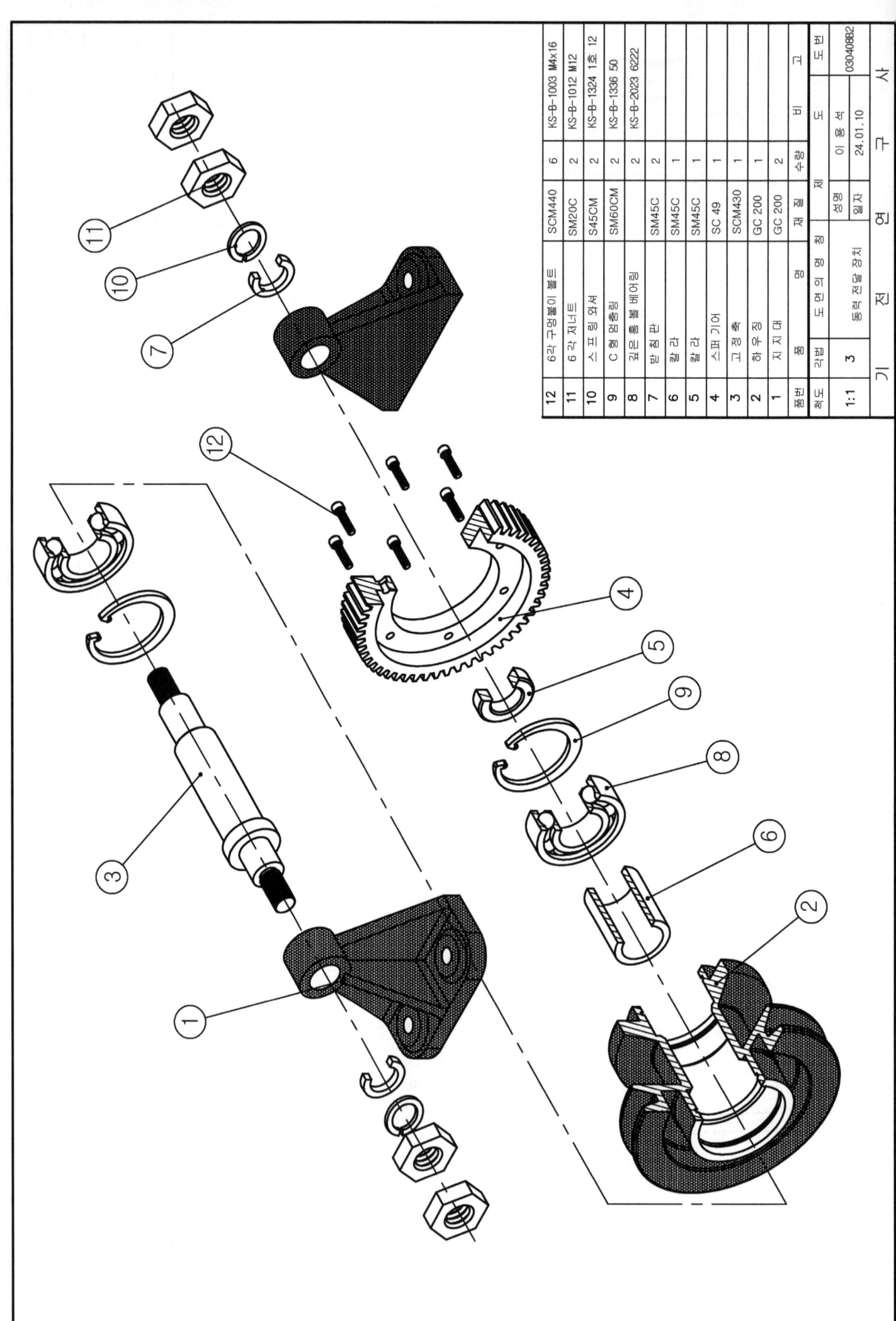

## 자격검정 실기시험문제 A

| 자격종목 | 건설기계산업기사 | 작품명 | 동력변환장치 |
|---|---|---|---|

※ 시험시간(표준시간) : 3시간, 연장시간 : 30분

## 1. 요구사항

가. 주어진 도면에서 부품 번호 ②, ③, ④, ⑤, 번을 CAD 프로그램을 이용하여 도면 작업한 후 지급된 용지 규격에 맞게 본인이 직접 흑백으로 출력하여 디스켓과 함께 제출한다.

나. 과제의 기능과 동작을 정확히 이해하여 투상도, 치수, 치수공차 및 끼워맞춤, 공차기호, 기하공차기호, 표면거칠기 기호, 가공기호, 표면처리 등 부품제작에 필요한 모든 사항을 기입한다.

다. 투상법은 3각법으로 하고, 용지의 크기는 A3 규격으로 한다.

라. 척도는 지급된 용지 내에 부품도의 배치가 적당하도록 KS 규격에서 정한 임의의 값 중에서 선택하여 사용한다(단, 이 경우 수검자가 정한 척도와 도면의 내용은 일치해야 함).

## 2. 수검자 유의 사항

가. 미리 작성된 Part Program 또는 Block은 일체 사용을 금한다.

나. 시험 중 봉인을 훼손하거나 디스켓을 주고받는 행위는 부정행위로 처리하며 시험종료 후 하드디스크에서 작업내용을 삭제해야 한다.

다. 출력물을 확인하여 동일 작품이 발견될 경우 모두 부정행위로 처리한다.

라. 만일의 기계고장으로 인한 자료손실을 방지하기 위하여 20분에 1회씩 저장(save)한다.

마. 제도 작업에 필요한 데이터 북은 열람할 수 있으나, 출제문제의 해답 및 투상도와 관련된 설명이나 투상도가 수록되어 있는 노트 및 서적은 열람하지 못한다.

바. 출력장비와의 연계 등을 위하여 시험위원이 도면의 선의 굵기와 문자의 크기를 구분하기 위한 색상을 지정할 수 있으며 별도의 색상을 지정하지 않은 경우는 다음과 같이 하여야 한다.

| 선 굵기 | 문자크기 | 색상(color) | 용 도 |
|---|---|---|---|
| 0.5mm | 7.0mm | 하늘색 | 윤곽선 |
| 0.5mm | 5.0mm | 초록색 | 외형선, 개별주서 등 |
| 0.35mm | 3.5mm | 노란색 | 숨은선, 치수문자, 일반주서 등 |
| 0.25mm | 2.5mm | 흰색(White), 빨강(Red) | 해칭선, 치수선, 치수보조선, 중심선 등 |

사. 장비조작 미숙으로 파손 및 고장을 일으킬 염려가 있는 경우 등에는 시험위원 합의하에 실격시킬 수 있다.

아. 도면에서 표시되지 않은 규격은 Data Book에서 가장 적당한 것을 선정하여 해당규격으로 제도한다.

자. 표준시간 내에 작품을 제출하여야 감점이 없으며 연장시간 사용시 허용 연장시간 범위 내에서 매 10분까지마다 2점씩을 감점한다.

차. 문제는 비 번호(등 번호) 기재 후 반드시 제출한다.

카. 도면은 아래 양식에 맞추어 좌측상단 A부에 수검번호, 성명 등 인적사항을 기재하고, 우측하단 B부는 표제란과 부품표를 작성하며 A부에 감독위원 확인을 받아야 하며 안전수칙을 준수하여야 한다.

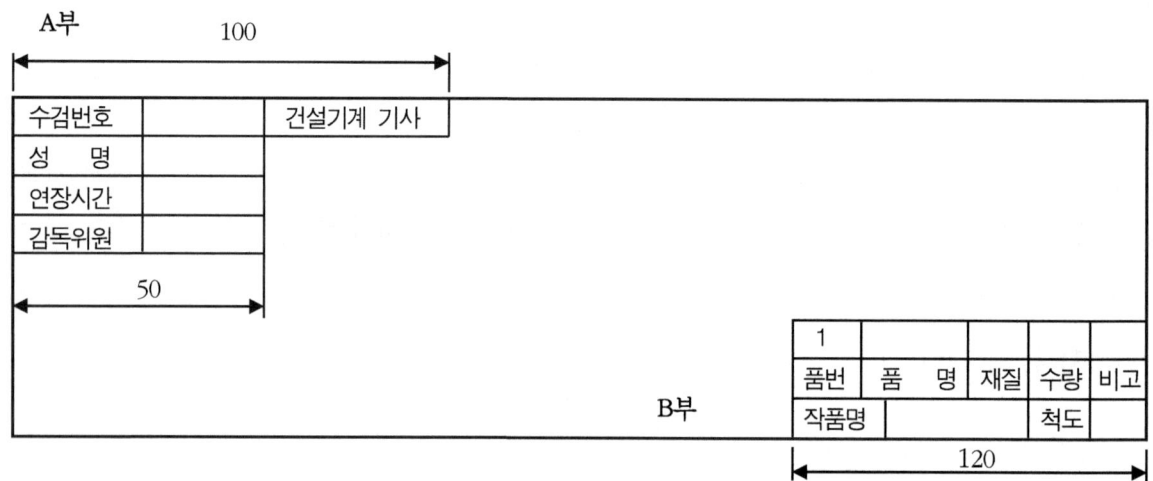

| 자격종목 | 건설기계산업기사 | 작품명 | 동력변환장치 | 척도 | 1:1 |

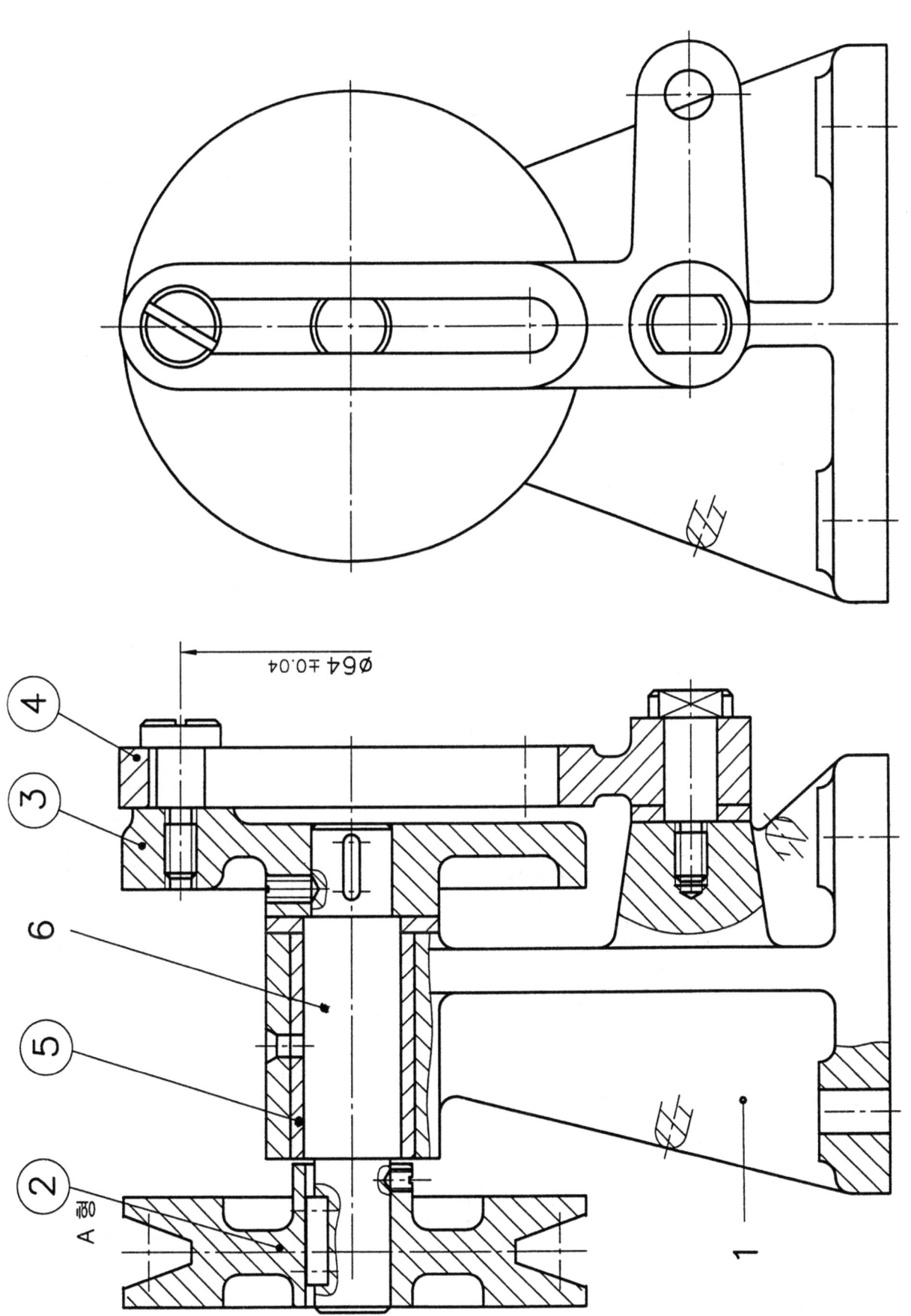

| 자격종목 | 건설기계산업기사 | 작품명 | 롤러블럭 | 척도 | 1:1 |

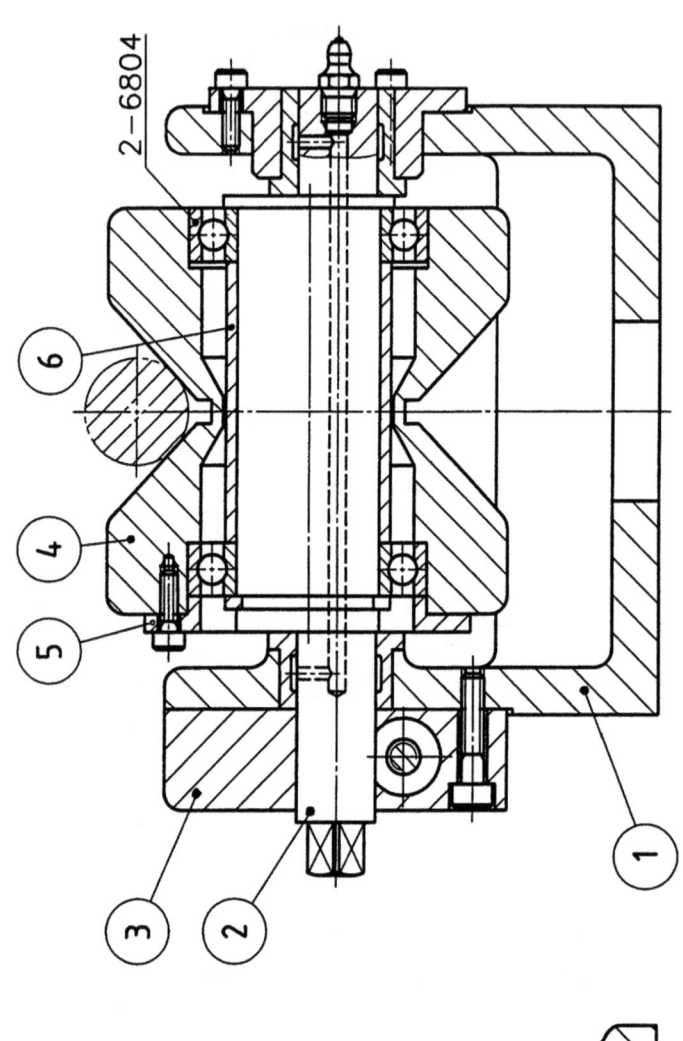

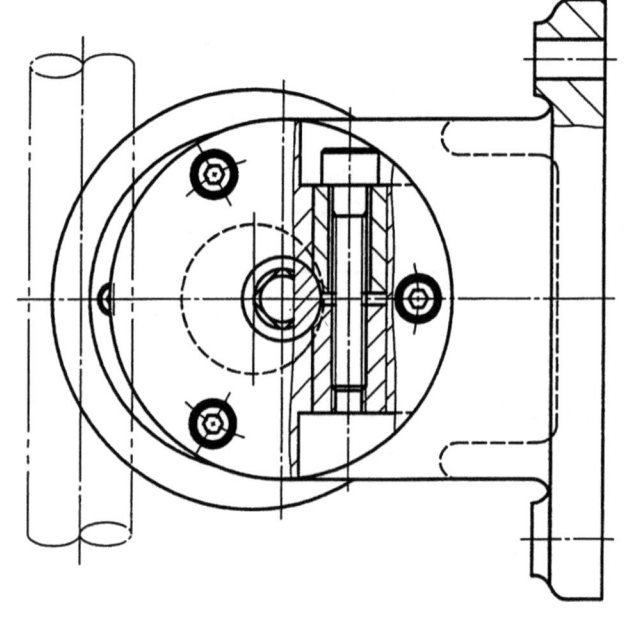

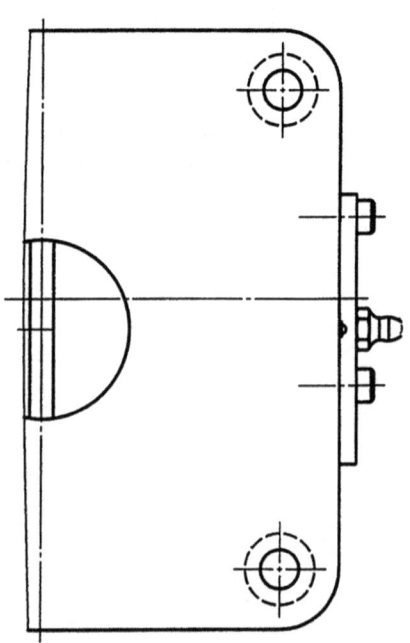

| 자격종목 | 건설기계산업기사 | 작품명 | 동력전달장치 Ⅰ | 척도 | 1:1 |

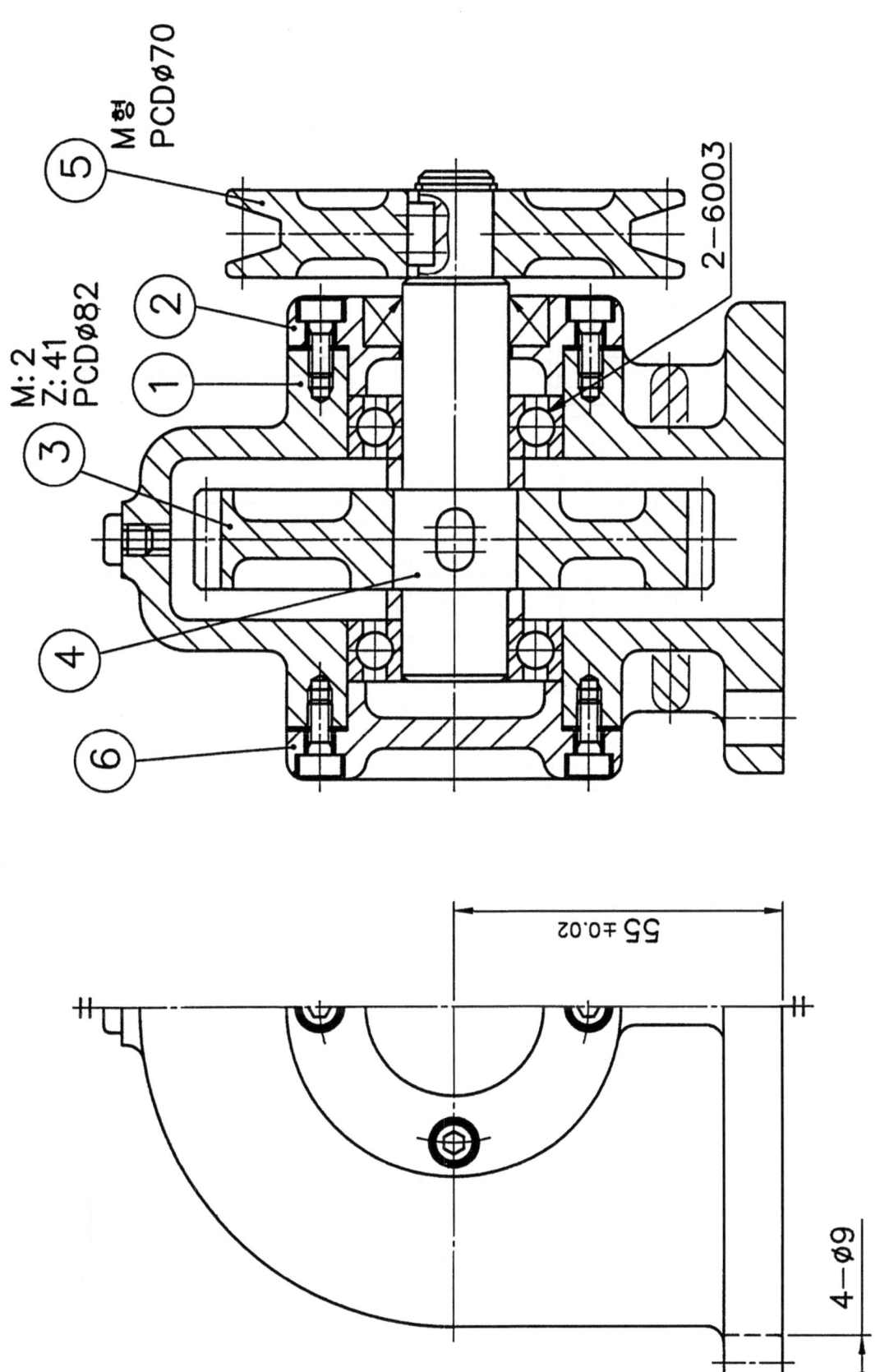

| 자격종목 | 건설기계산업기사 | 작품명 | 동력전달장치 II | 척도 | 1 : 1 |

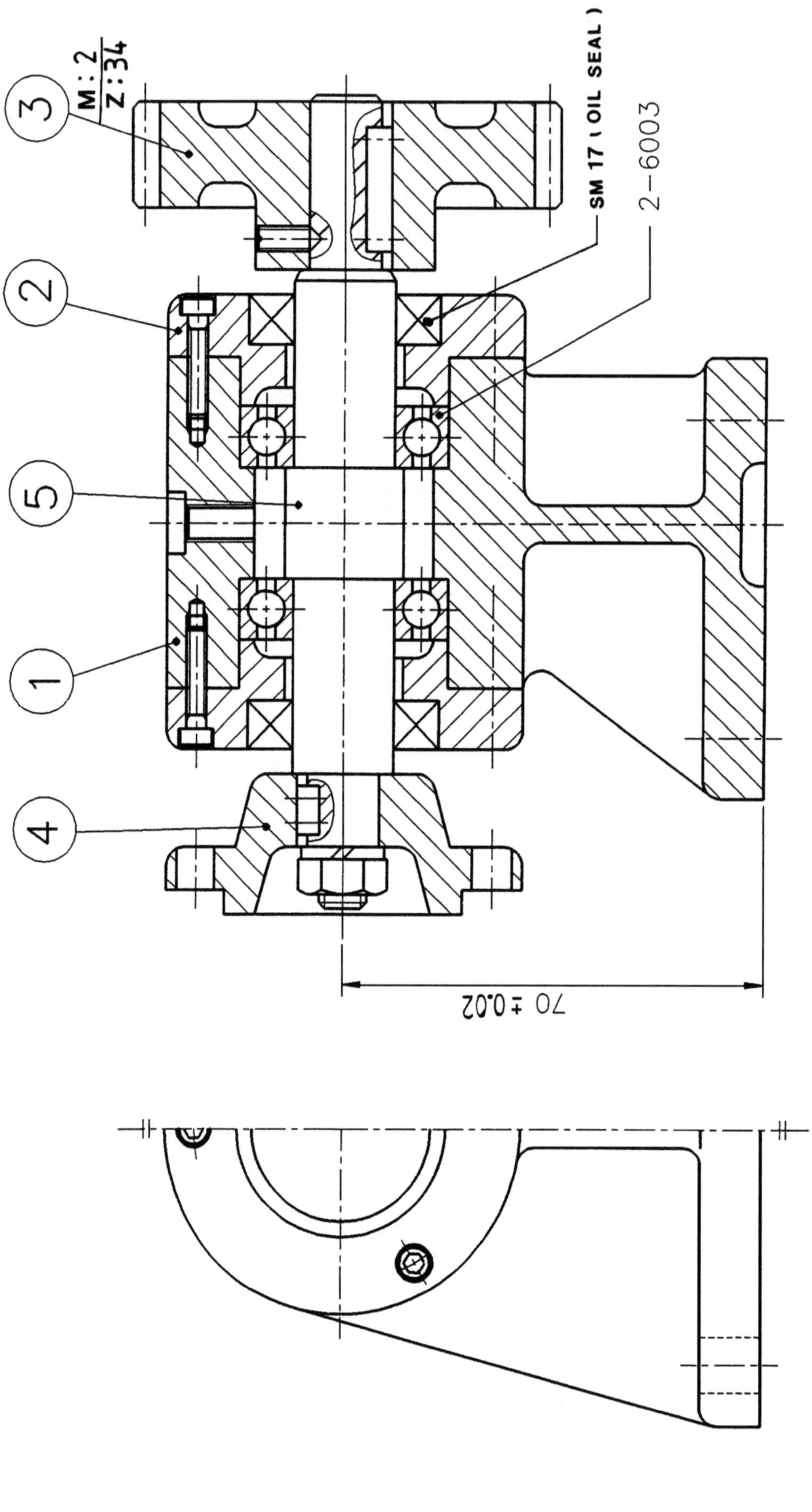

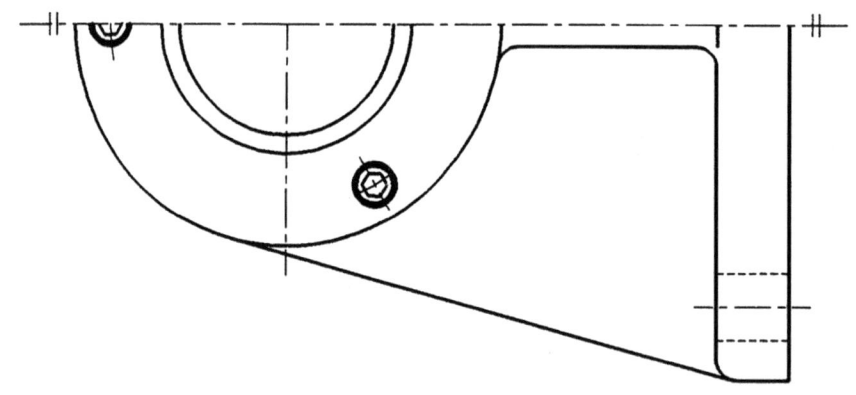

| 자격종목 | 건설기계산업기사 | 작품명 | 동력전달장치 Ⅲ | 척도 | 1:1 |

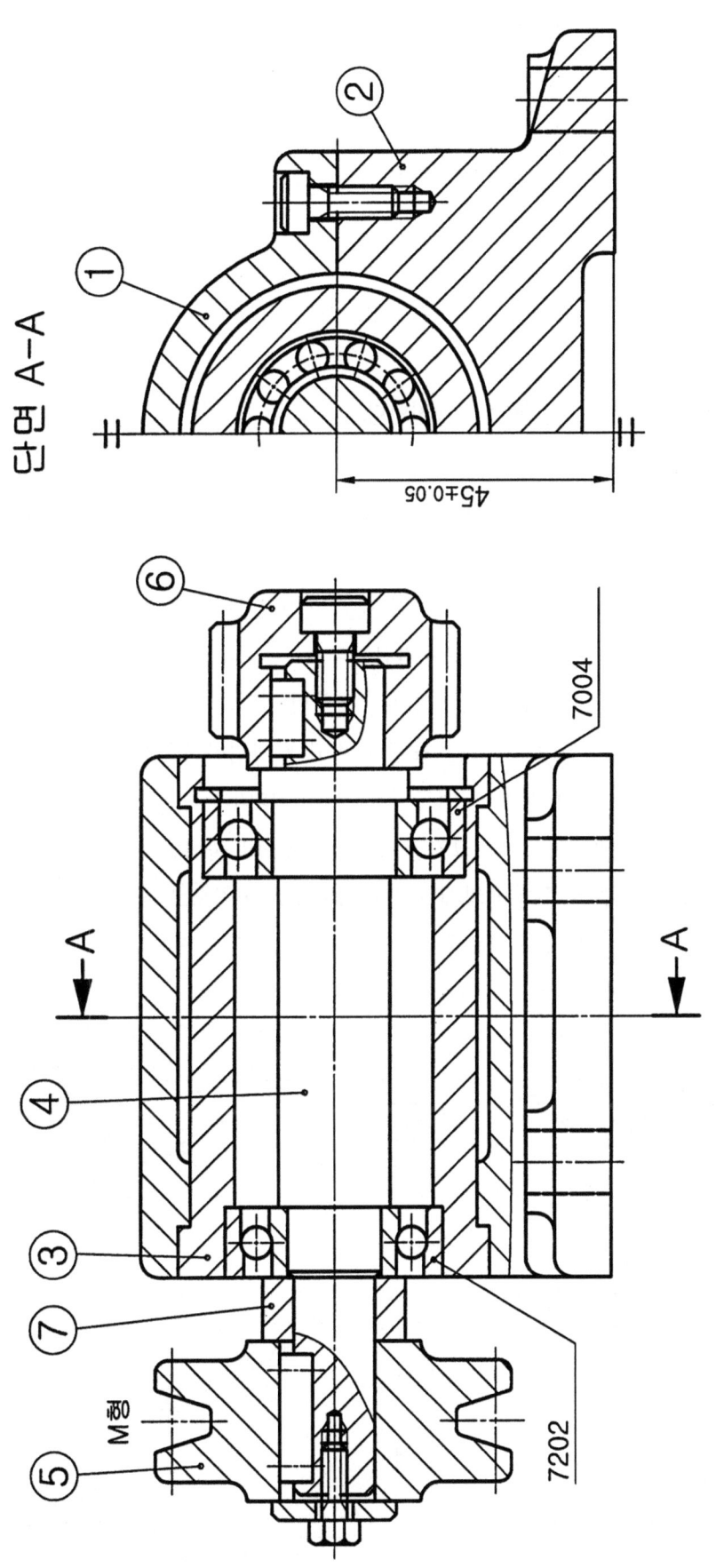

## 자격검정 실기시험문제 B

| 자격종목 | 기계설계산업기사 | 작품명 | 3차원 설계 작업 |
|---|---|---|---|

※ 시험시간(표준시간) : 3시간,  연장시간 : 20분

## 1. 요구사항

가. 주어진 도면에서 부품 ①, ②, ③, ④, ⑤를 CAD용 소프트웨어를 이용하여 3차원 조립도, 3차원 부품 분해도를 도면작도한 후 용지 규격에 맞게(수험자 유의사항 참조) 본인이 직접 출력하여 디스켓과 함께 제출한다.

나. <u>3차원 조립도는 도면의 우측 상단에 배치한다.</u>
  1) 3차원 전체 조립도는 전체 조립형상을 가장 잘 표현할 수 있는 형태로 배치한다.
  2) 지정된 부품번호(①, ②, ③, ④)의 내부 형상을 정확히 투상할 수 있도록 단면한다(단, 단면부에는 해칭한다).

다. <u>3차원 부품 분해도는 조립순서에 맞도록 각 부품의 중심선의 연장선을 정확히 작도한다.</u>
  1) 과제도면에 주어진 부품번호를 모두 기입한다.
  2) 지정된 부품번호(②)의 내부형상을 정확히 투상할 수 있도록 단면한다.

라. 부품 ②번의 중량을 계산하여 그 값을 표제란 비고에 기입하시오(단, 재질은 회주철이다).

마. 투상법은 3각법으로 하고, 용지의 크기(도면을 그리는 영역)는 A2(594×420)를 사용하고 출력시에는 A3(420×297) 용지에 맞추어서 A2 크기를 A3로 축소하여 출력한다.

바. 3차원 부품 형상의 치수는 주어진 과제도면을 기준으로 실척으로 작도하여야 한다. 단, 출력을 위해서 A2 도면을 A3에 맞추어서 출력을 하는 경우에는 출력된 도면이 실척과 같지 않아도 되나 디스켓으로 제출된 도형은 실척으로 작도되어야 한다.

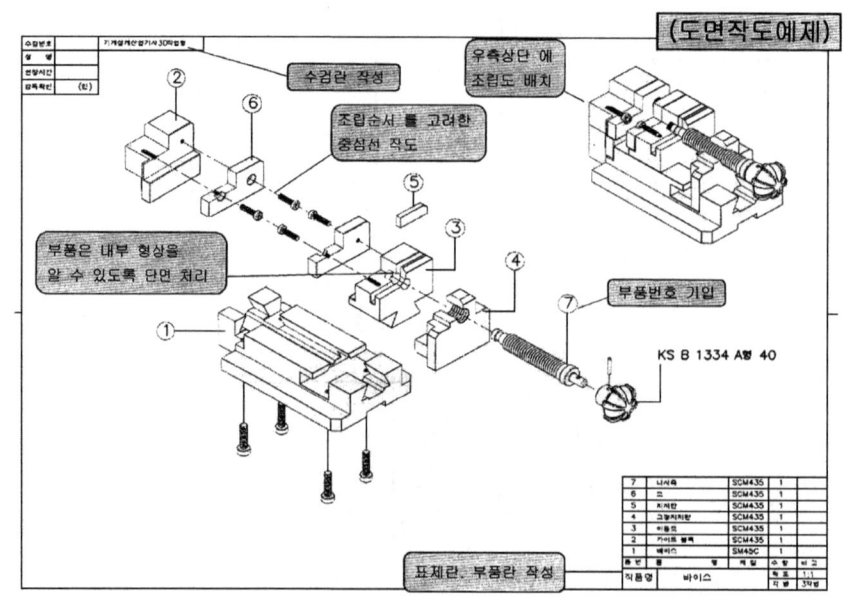

## 자격검정 실기시험문제 B-1

| 자격종목 | 기계설계산업기사 | 작품명 | 2차원 CAD 작업 |
|---|---|---|---|

※ 시험시간(표준시간) : 3시간,  연장시간: 30분

## 1. 요구사항

가. CAD 패키지 프로그램을 이용, 지급된 도면의 ①, ②, ③, ⑤번 부품을 3각법으로 2차원(2D) 부품 공작용 도면을 기계제도 관련 규정으로 A2 용지 1매에 작성하여 흑백으로 출력, 지급된 디스켓에 저장하여 함께 제출하시오.
(단, 도면 규격을 A2 규격에 KS 제도 척도 중 택일한 비례척으로 제도한 후 출력시에는 A3 규격용지에 출력해도 무방하다.)

나. 각 부품의 기능을 정확히 이해하고 도면에 주어진 치수와 규격을 데이터 북을 활용하여 부품도에 필요한 치수 및 각종 공차(기하공차 포함)와 표면의 결 기호 등 가공 도면에 필요한 모든 사항을 결정하여 제도하시오.

다. 척도는 KS 제도 척도 중 택일하여 비례척으로 작성, 출력하고 디스켓에 저장한 후 본인이 출력한 도면과 함께 제출하시오.

| 자격종목 | 기계설계산업기사 | 작품명 | Lover Storage | 척도 | 1:1 |

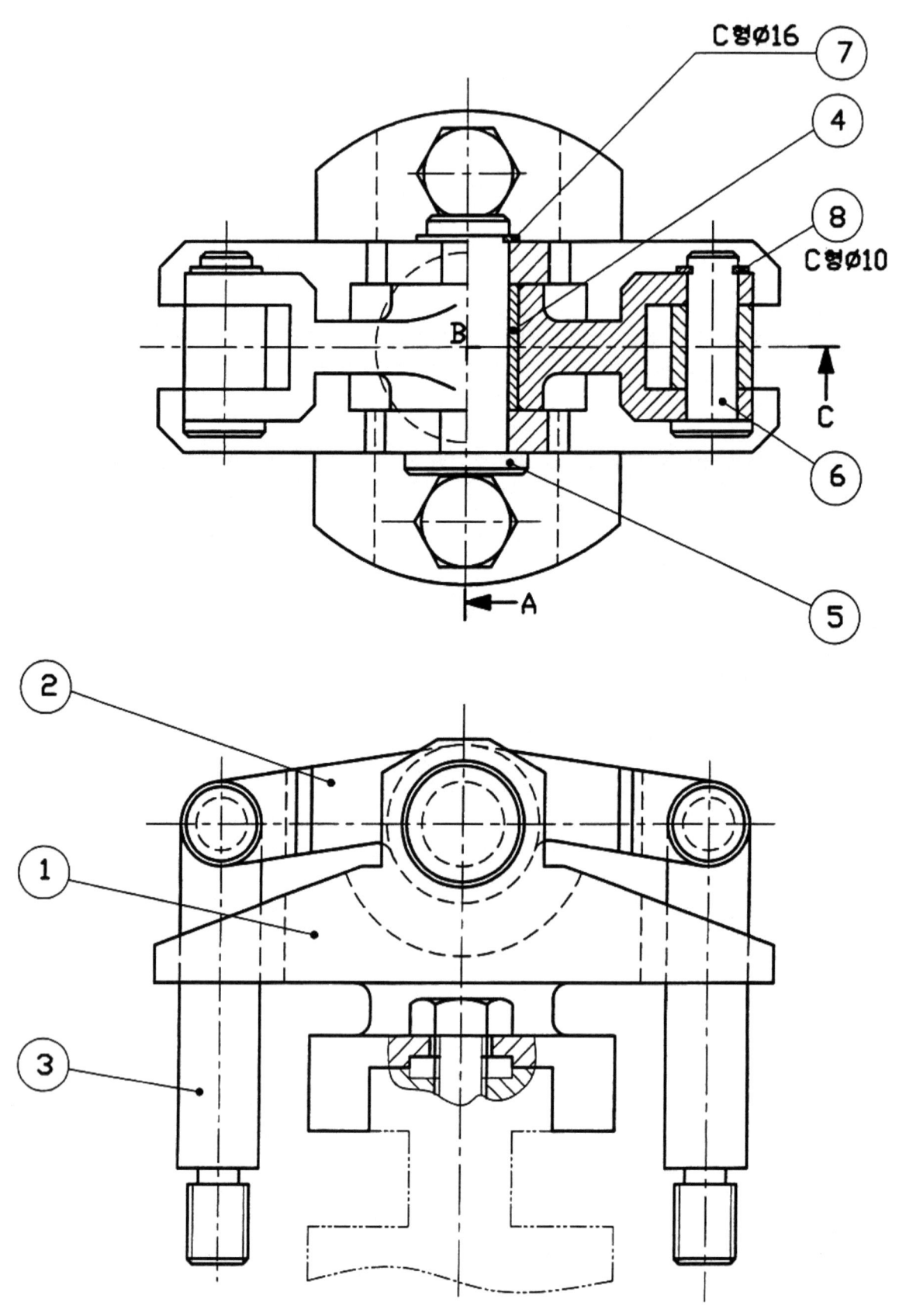

| 자격종목 | 기계설계산업기사 | 작품명 | 에어척 | 척도 | 1:1 |

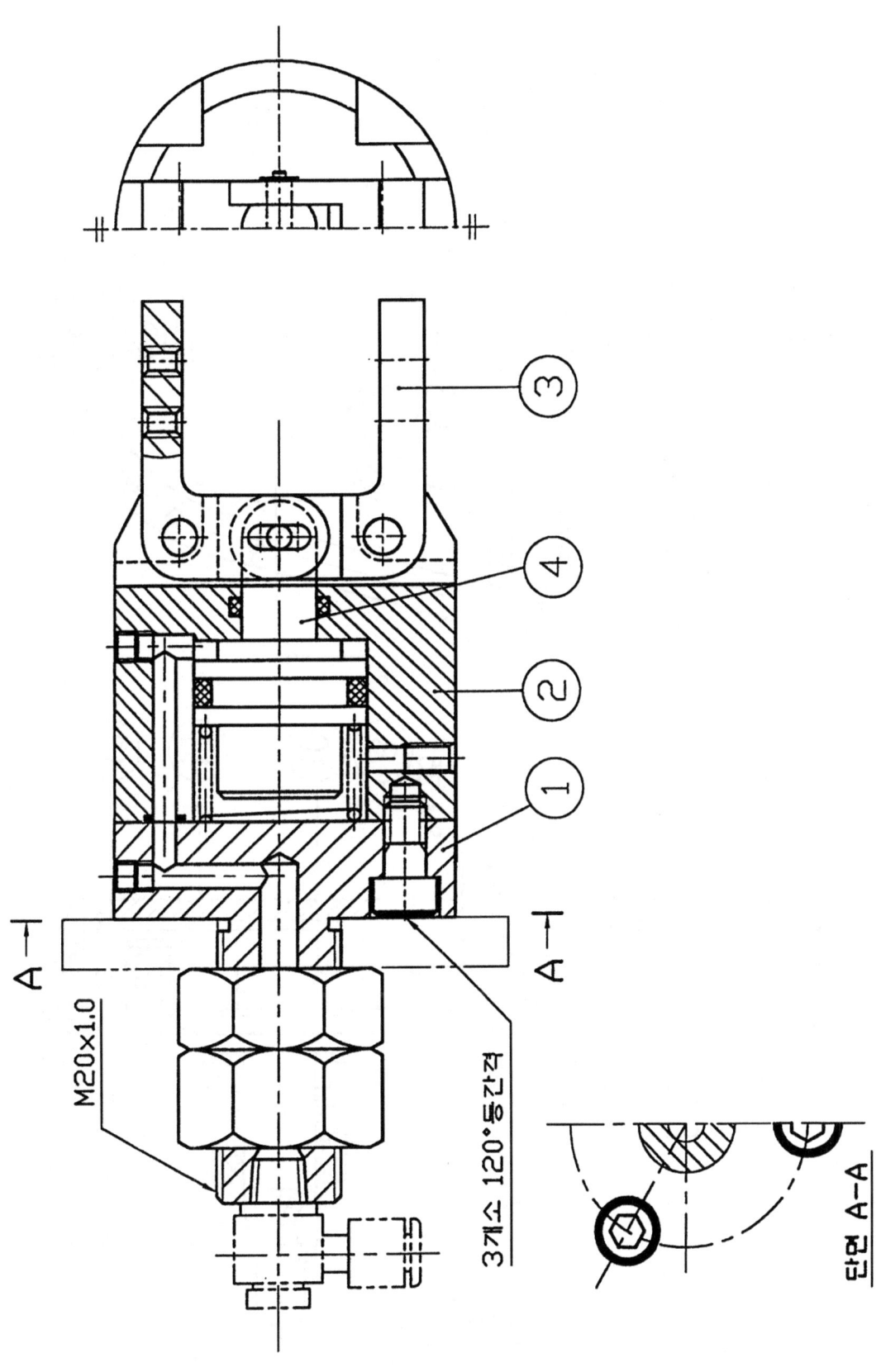

| 자격종목 | 기계설계산업기사 | 작품명 | 제네바 기어 | 척도 | 1:1 |

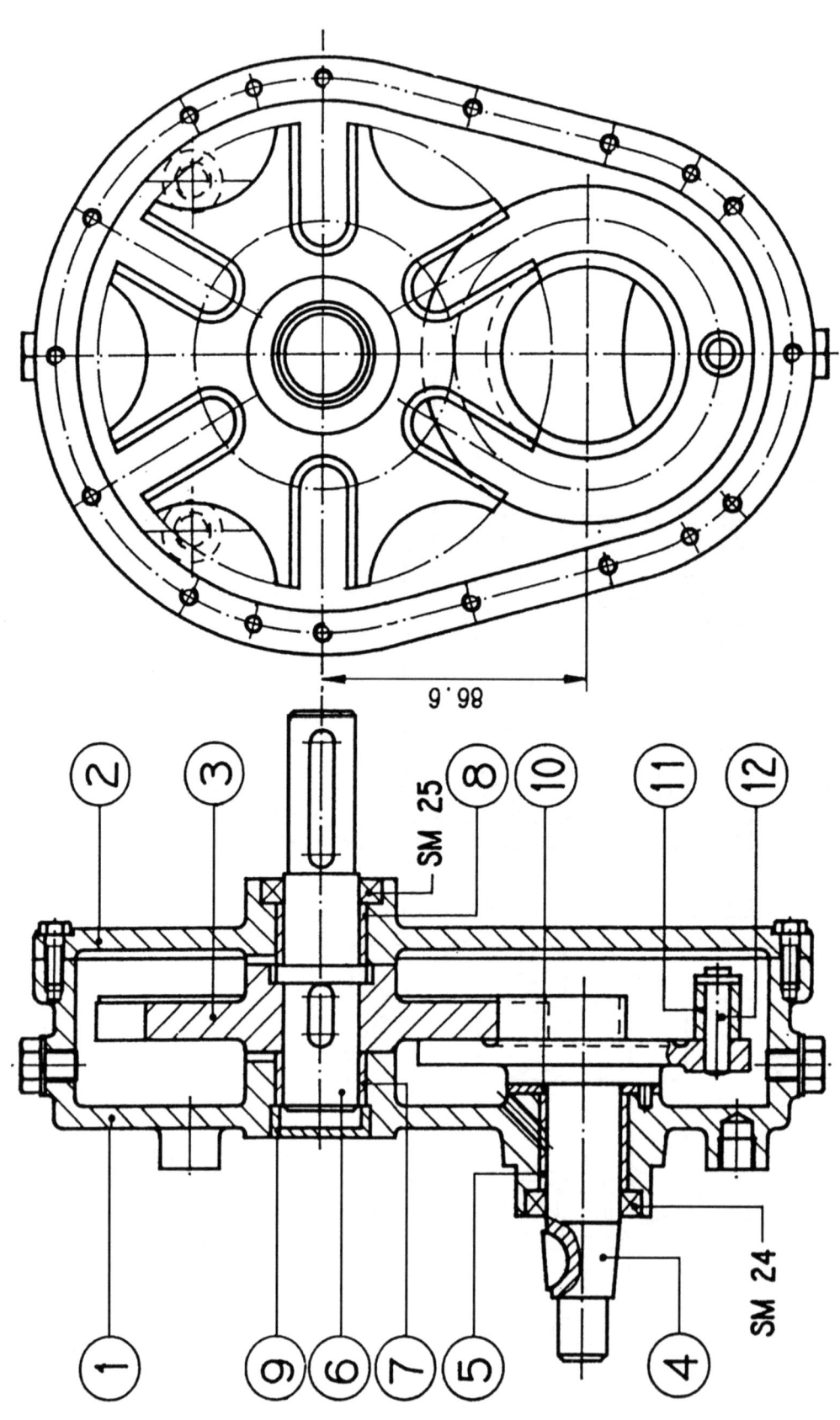

## 자격검정 실기시험문제 C

| 자격종목 | 전산응용기계제도기능사 | 작품명 | 동력전달장치 |
|---|---|---|---|

※ 시험시간(표준시간) : 4시간, 연장시간: 30분

## 1. 요구사항

가. 주어진 도면에서 부품(①, ②, ④, ⑤)을 CAD용 패키지 프로그램을 이용하여 도면 작업한 후 지급된 용지규격에 맞게 본인이 직접 출력하여 디스켓과 함께 제출한다.

나. 과제의 기능을 정확히 이해하고 도면에서 주어진 치수와 규격 및 표의 데이터 등을 기준으로 하여 투상도, 관련치수, 치수공차, 끼워맞춤, 기하공차, 표면거칠기 기호 등 부품도에 필요한 모든 사항을 기입한다.

다. 척도 : KS규격 척도의 값 중 임의(단, 수검자가 정한 척도와 도면은 일치해야 함.)

라. 미리 작성된 Part Program 또는 Block은 일체 사용을 금한다.

마. KS관련규정 등을 준수하여 3각법으로 제도한 후 A2 용지에 출력시 부품배치가 최적이 되도록 한다.

바. 시험 중 봉인을 훼손하거나 디스켓을 주고받는 행위는 부정행위로 처리하며 시험종료 후 하드디스크에서 작업내용을 삭제해야 한다.

## 2. 수검자 유의 사항

가. 만일의 기계고장으로 인한 자료손실을 방지하기 위하여 20분에 1회씩 저장(Save)한다.

나. 제도 작업에 필요한 Data Book은 열람할 수 있으나 출제문제의 해답 및 투상도와 관련된 설명이나 투상도가 수록되어 있는 노트 및 서적은 열람하지 못한다.

다. 장비조작 미숙으로 파손 및 고장을 일으킬 염려가 있을 때는 실격시킨다.

라. 도면의 한계(Limits)와 선의 굵기를 구분하기 위한 색상을 다음과 같이 정한다.

### 1) 도면의 한계설정(Limits)

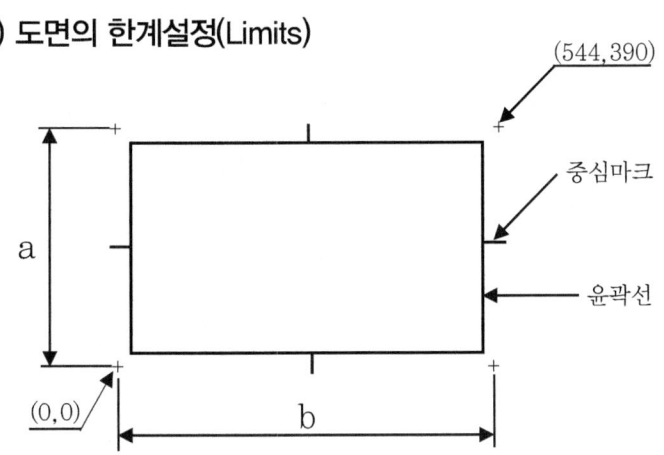

| 도면의 한계 | | 중심 마크 |
|---|---|---|
| a | b | c |
| 390 | 544 | 5 |

## 2) 선굵기 구분을 위한 색상

| 선 굵기 | 색 상 | 용 도 |
|---|---|---|
| 0.7mm | 하늘색(Cyan) | 윤곽선 |
| 0.5mm | 초록색(Green) | 외형선, 개별주서 등 |
| 0.35mm | 노란색(Yellow) | 숨은선, 치수문자, 일반주서 등 |
| 0.25mm | 흰색(White), 빨강(Red) | 해치, 치수선, 치수보조선, 중심선 등 |

마. 도면에서 표시되지 않은 규격은 Data Book에서 가장 적당한 것을 선정하여 해당규격으로 제도한다.

바. 다음 사항에 해당하는 작품은 채점하지 아니하고 불합격처리한다.
  1) 시험시간 내에 1부품이라도 투상도가 미완성된 작품
  2) 요구사항(각법)을 준수하지 않는 작품
  3) KS기계제도 통칙을 준수하지 않은 경우(기하공차 기호, 표면거칠기 기호 등)와 기계제도 기본 지식이 없는 상태에서 완성된 작품

사. 표준시간 내에 작품을 제출하여야 감점이 없으며 연장시간 사용시 허용 연장시간 범위 내에서 매 10분마다 5점씩을 감점한다.

아. 도면에 아래 양식에 맞추어 좌측상단 A부에 수검번호, 성명을 우측하단 B부에는 표제란과 부품란을 작성하고 A부에 감독위원 확인을 받아야 하며 안전수칙을 준수하여야 한다.

자. 문제는 비번호(등번호) 기재 후 반드시 제출한다.

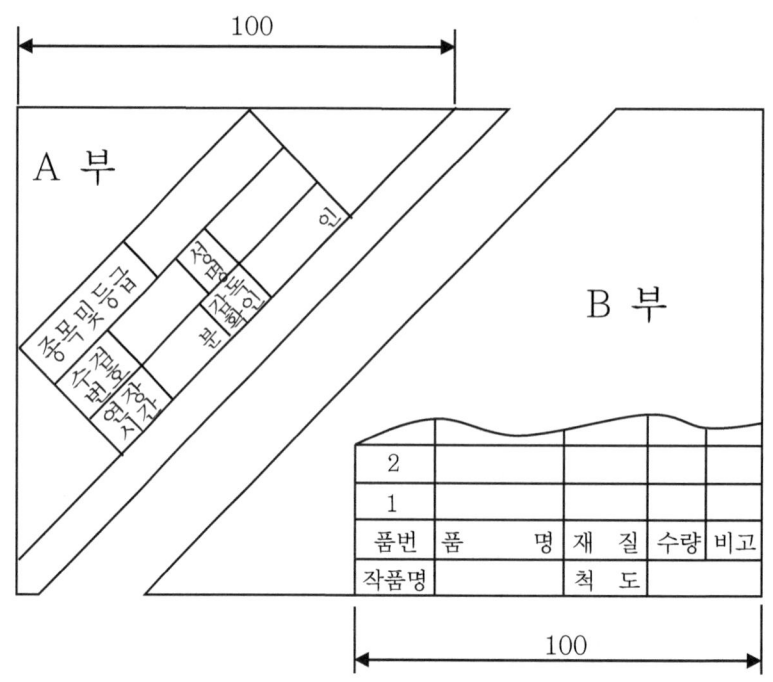

| 자격종목 | 전산응용기계제도기능사 | 작품명 | 동력전달장치 | 척도 | 1:1 |

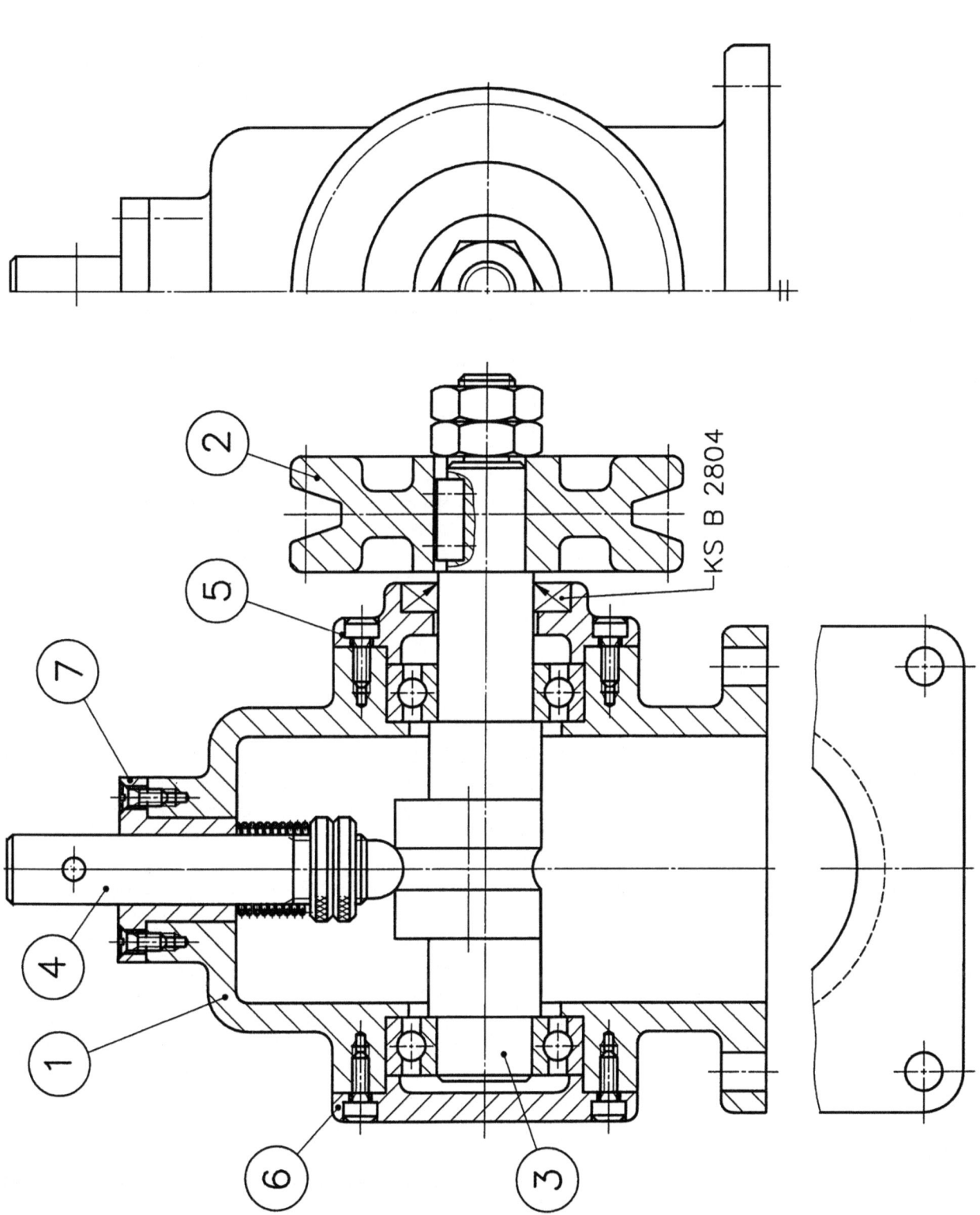

# 찾아보기

## 【한글】

### ㄱ

가변거리 ················································ 256
가상 교차점 ·········································· 374
가상 추출곡선 ······································ 205
가상선 ···················································· 374
가식적 모델링 ······································ 019
각도의 치수 ·········································· 392
간격 띄우기 ······························· 185, 187
간섭교차면 ············································ 118
감싸기 ···················································· 206
강성 ························································ 287
객체 숨기기 ·········································· 058
객체 자르기 ·········································· 056
검지방향 ················································ 033
격자 ························································ 044
경계 곡선 ·············································· 364
경계객체 ················································ 193
경계곡면 ················································ 265
경계영역 ················································ 381
계단 단면도 ······························· 359, 362
고품질 Photo-Realistic ···················· 415
곡률 ························································ 097
곡면 교차 ·············································· 233
곡면의 정밀도 ······································ 217
곡선 추출 ·············································· 326
공작기계 ················································ 014
공차 유형 설정 ···································· 394
공차 ························································ 223
공통영역 ················································ 128
공통영역의 체적 ·································· 129
공통체적 ················································ 128
관찰점 ···················································· 030
교선 ························································ 068
교차 단면선 ·········································· 303
교차곡면 ················································ 201
교차단면 ························ 231, 232, 233, 234
교차점 ···················································· 045
구멍객체 ················································ 085
구멍규격 ················································ 088
구면좌표계 ············································ 043
구성체 ···················································· 325
구속조건 ···································· 295, 304
구형 솔리드 ·········································· 074
규격나사 ················································ 087
그림딱지 ················································ 021
그림자 곡선 ·········································· 204
근사곡선 ················································ 190

근접접선 ················································ 078
기계가공 모듈 ······································ 019
기본객체 ················································ 295
기본단면 ················································ 243
기어의 암 ·············································· 366
기어의 치형 ·········································· 366
기준곡면 ················································ 253
기준점 ···················································· 043
기하학적 형상 ······································ 304
기하학적 형상정의 ······························ 295
기호편집기 ············································ 398
꼭지점 ···················································· 179
끝점 ···························································· 045, 047

### ㄴ

나사규격 ················································ 088
나선의 방향 ·········································· 087
내부각도 ················································ 136
너트 ························································ 366
논리적 구조 ·········································· 321

### ㄷ

다중 세그먼트 ······································ 170
다중패치 ················································ 213
다축가공기 ············································ 014
다항식 ···················································· 169
단면 뷰 ······························· 359, 363
단면 연속선 ·········································· 221
단면 영역 ·············································· 364
단면 컷 ·················································· 263
단면곡선 ····································· 201, 202
단면도 ························· 370, 378
단면정의곡선 ······································ 084
단일 교차점 ·········································· 110
단일패치 ················································ 213
대응좌표계 ············································ 140
대칭복사 ················································ 126
도구막대 ···································· 017, 019
도구상자 ················································ 020
도면 출력 ·············································· 416
도면의 문자 ·········································· 398
돌출 객체 ···································· 077, 081
동등 양측 공차 ···································· 394
동적변환 ···································· 034, 332
둘레 길이 ·············································· 393
등각 상태 ···································· 361, 362
등각투상 ················································ 030
등각투상도 ············································ 354
등사 곡선 ·············································· 204

## ㄹ

| | |
|---|---|
| 라인 | 208 |
| 레이블 노치 혼합 | 151 |
| 리벳 | 366 |
| 리브 벽 | 120 |
| 리브 | 120, 366 |

## ㅁ

| | |
|---|---|
| 마무리 방법 | 397 |
| 마법사 | 352 |
| 마스터 모델 | 407 |
| 매개변수 | 105, 123, 149, 161, 162, 174, 223, 304 |
| 매끄러운 곡면 | 288 |
| 매끄러운 곡선 | 196 |
| 매끄러운 정도 | 195 |
| 메시지 표시줄 | 017 |
| 면의 모깎기 | 103 |
| 모깎기 중심선 | 205 |
| 모깎기 치수기입 | 389 |
| 모깎기 형상 | 103 |
| 모깎기 | 091, 097 |
| 모델 작성 영역 | 017 |
| 모든 구성체 | 407 |
| 모따기 | 091 |
| 물리적 특성 | 321 |

## ㅂ

| | |
|---|---|
| 반 단면도 | 360, 363 |
| 반경 | 112 |
| 방정식 | 105 |
| 방향성 | 047, 118 |
| 방향제어 | 231, 234, 236 |
| 배면 | 030 |
| 배열 부품 | 330 |
| 배율제어 | 232, 234 |
| 배치 평면 | 063 |
| 법선거리 | 255 |
| 법선방향 변경 | 288 |
| 법선방향 | 049, 197, 225, 232, 255, 306 |
| 베어링의 볼 | 366 |
| 병진 자유도 | 339 |
| 보간방법 | 231 |
| 보조 투상도 | 355, 356 |
| 복합솔리드 | 128 |
| 볼록 | 273 |
| 볼트 | 366 |
| 부분 유형변경 | 371 |
| 부분단면 | 364, 376 |
| 부분단면도 | 362 |
| 부분제거 | 128 |
| 부울연산 | 258 |
| 부유물 | 030 |
| 부호 적용 | 398 |
| 분할면 | 094 |
| 분해도 | 377 |
| 불 연산 | 071 |
| 뷰 회전 | 355 |
| 브리지 곡선 | 115 |
| 비드의 모양 | 397 |
| 비연관성 객체 | 163 |
| 비연관성 | 266 |
| 빼기구배 | 091 |

## ㅅ

| | |
|---|---|
| 사용자 정의 형상 | 019 |
| 삽입 객체의 속성정의 | 403 |
| 상관계수 | 067 |
| 상관선 | 302, 345 |
| 상세도 | 356, 368, 370, 376 |
| 상태표시줄 | 017 |
| 생성 곡면 | 255 |
| 서피스 | 019 |
| 선 | 045 |
| 선택범위 | 078 |
| 선택점 | 030 |
| 세그먼트 | 191 |
| 속성객체 | 411 |
| 솔리드 객체 | 128 |
| 솔리드 | 019 |
| 수치적 간섭 | 321 |
| 수평, 수직 구속조건 | 048 |
| 숨긴 Edge | 033 |
| 숨은선 | 373 |
| 숨은선의 정의 | 355 |
| 스케치 곡선 | 297, 301 |
| 스케치 관리 | 314 |
| 스케치 평면 | 063, 295 |
| 스케치 | 295 |
| 스프링 파셋 | 281 |
| 스플라인 곡선 | 191 |
| 스플라인 | 045 |
| 슬라이스 바 | 190 |
| 시각 묘사 | 414 |
| 시각적 재료 | 414 |
| 시각적인 효과 | 413 |
| 시뮬레이션 | 019 |
| 시작각도 | 136 |
| 시작객체 | 188 |
| 시작모서리 | 242 |
| 시작부위 | 088 |
| 시작위치 | 176 |
| 시작점 | 045, 047 |
| 실루엣 곡선 | 033, 204, 375 |
| 쌍곡선 | 109, 178 |

## ㅇ

안내곡선 ········· 084, 231, 232, 233, 234, 238, 243
애니메이션 ············································· 321
어셈블리 ········································· 263, 321
엄지의 끝 방향 ······································· 033
엠보스 ·················································· 118
역설계 ·················································· 219
연결곡면 ········································· 222, 279
연결곡선 ········································· 188, 189
연결속성 ········································· 190, 222
연관객체 ························· 047, 049, 050, 051
연관성 ·················································· 266
연속 치수 ········································ 390, 391
연속곡선 ·············································· 226
연속궤도 ·············································· 029
연장곡선 ·············································· 253
영역 선정 ············································· 381
오른손 좌표계 ······································· 033
오목 ···················································· 273
와셔 ···················································· 366
와이어프레임 ········································ 019
외형선 ················································· 373
외형선의 정의 ······································· 355
요목표 ················································· 404
용접기호 ·············································· 397
우측 ···················································· 030
우측면도 ········································ 354, 378
원 ·············································· 046, 050, 208
원기둥의 솔리드 ··································· 072
원뿔 솔리드 ········································· 073
원뿔 ···················································· 208
원뿔형 ················································· 103
원점이동 ········································ 034, 332
원추곡선 ·································· 179, 180, 298
원통 롤러 ············································ 366
원통좌표계 ·········································· 043
원형 ···················································· 103
원형배열 ········································ 067, 136
원호 ············································· 046, 050
원호길이 ·············································· 223
유형변경 ·············································· 371
육면체의 솔리드 ··································· 071
윤곽곡선 ········································ 143, 297
은선 처리방법 ······································· 412
이등분선 ·············································· 302
이미지 크기 ·········································· 416
이미지의 품질 ······································· 416
이미지파일 ··········································· 025
인스턴스 객체 ······································· 124
인스턴트 피처 ······································· 123
일반문자 유형 ······································· 389
입방비 ················································· 105

## ㅈ

자유곡면 모델링 ··································· 019
자유도 ················································· 339
자유형상 ·············································· 217
작성 뷰 ·································· 363, 367, 373
작성 자료 ············································· 024
작업 공간의 설정 ··································· 063
작업좌표계 ······················· 034, 035, 041, 043
재료의 입자 흐름 ··································· 280
저면 ···················································· 030
저면도 ················································· 354
적합 정확도 ·········································· 108
전 단면도 ························· 359, 362, 366, 378
전개 ·································· 206, 360, 361
전개도 작성하기 ··································· 206
전개도 ················································· 208
전단 기준점 ········································· 364
전단 방향 ············································· 361
전단 위치 ············································ 364
절단 기능 ············································ 280
절대좌표 ······································· 035, 142
절대좌표계 ·········································· 043
점의 최대높이 ······································· 277
접선 ···················································· 097
접선방향 ·············································· 115
정면 ···················································· 030
정면도 ·································· 354, 378, 379
정적 이미지 ·································· 414, 416
정점 ···················································· 098
제어점 ················································· 045
제품 시트 ············································· 281
제품 파셋 ············································· 281
조립부품 ·············································· 347
조립품 ················································· 407
종료모서리 ··········································· 242
종료부위 ·············································· 088
종점객체 ·············································· 188
좌측 ···················································· 030
좌측면도 ·············································· 354
쵬새방향 ·············································· 088
주서 작성하기 ······································· 398
주석내용 ·············································· 370
중간점 ················································· 045
중심선 ················································· 382
중심위치 ·············································· 391
중지방향 ·············································· 033
지시선의 작성 ······································· 399
직각 뷰 ················································ 378
직경치수 ·············································· 157
직교 뷰 ················································ 361
직교 투영 방향 ····································· 355
직교 투영도 ········································· 355
직교좌표계 ···································· 040, 043

## ㅊ

| 차수 | 273 |
| 참고 곡선 | 302 |
| 척도 | 133 |
| 체크박스 | 165 |
| 초기 그리기 방향 | 281 |
| 추가 방향 | 344 |
| 추출곡선 | 203, 204, 302 |
| 축 | 366 |
| 축방향 이동 | 034, 332 |
| 치수 기입 | 385, 387, 389, 390 |
| 치수 문자 | 387 |
| 치수 유형 | 385 |
| 치수 | 295, 304 |
| 치수보조선 | 385 |
| 치수선 | 385 |
| 치수의 표시 | 394 |

## ㅋ

| 클래스 선택 | 059 |
| 키 | 366 |

## ㅌ

| 타원 | 046, 109, 178 |
| 탐색기 | 016 |
| 터치곡선 | 238 |
| 테이퍼 추가 | 091, 094 |
| 토글 아이콘 | 032 |
| 투상도 | 360 |
| 투영 교차점 | 115 |
| 투영 방향 | 364 |
| 투영 뷰 | 354, 355, 356, 361, 362, 369, 372, 374 |
| 투영곡면 | 199 |
| 투영곡선 | 197, 200 |
| 투영방향 | 197 |
| 튜브형 객체 | 084 |
| 특정 객체 | 017 |
| 틈새 | 088 |

## ㅍ

| 파라미터값 | 133 |
| 파일명 표시줄 | 016 |
| 판금 몸체 | 280 |
| 패치 | 108, 273 |
| 편측 공차 방식 | 394 |
| 평면 | 030 |
| 평면도 | 354, 378 |
| 평면의 방향 | 233 |
| 평행선 | 048 |
| 폐곡선 | 078 |
| 포물선 | 109, 177, 178 |
| 포물선의 정점 | 177 |
| 표시 간격 | 365 |
| 표시억제 | 379 |
| 표시위치 | 368 |
| 표시유형 | 368 |
| 표준피처 | 162 |
| 풀다운 메뉴 표시줄 | 017 |
| 핀 | 366 |

## ㅎ

| 하부구성체 | 407 |
| 하이브리드 모델링 | 019 |
| 한계 조건 | 049 |
| 한계 치수 방식 | 394 |
| 한계곡선 | 106 |
| 한계조건 | 050 |
| 해상도 | 416 |
| 해치 영역 | 381 |
| 해치 유형 | 381, 382 |
| 해칭 영역 | 382 |
| 현의 길이 | 112 |
| 형상 모델링 | 019 |
| 형상 | 063, 295, 304 |
| 형상곡선 | 201 |
| 형상공차 | 400, 401 |
| 혼합 모서리 | 114 |
| 화살표 | 385 |
| 회전 기준점 | 136 |
| 회전 자유도 | 339 |
| 회전 추출곡선 | 205 |
| 회전객체 | 067, 082 |
| 회전곡선 | 238 |
| 회전단면 | 379 |
| 회전단면도 | 360 |
| 회전복사 | 138 |
| 회전중심 | 205 |
| 흐름 구속조건 | 171 |

## 【영문】

| % Arc Length | 192 |
| 2 Points, 2 Slope, Rho | 180 |
| 2 Points, Anchor, Rho | 180 |
| 2D Centerline | 383 |
| 2D Viewer Setting | 032 |
| 3 Points, 2 Slope | 179 |
| 3 Points, Anchor | 179 |
| 3D Axial | 185, 186 |
| 3D Centerline | 383 |
| 3차원 곡선 | 188 |
| 4 Points, 1 Slope | 179 |

## A

| | |
|---|---|
| A Point | 233, 234 |
| Absolute Coordinate System | 033, 035 |
| Absolute Gap | 252 |
| Absolute | 031, 040, 324, 326 |
| Absolute-Displayed Part | 324 |
| Absolute-Work Part | 324 |
| Acknowledge Collision | 349 |
| ACME | 087 |
| ACS | 033, 043 |
| Actions | 031 |
| Active Sketch View | 364 |
| Active Sketch | 379 |
| Add All Features in Body | 166 |
| Add Component | 335 |
| Add Components | 324 |
| Add Curve to Sketch | 303 |
| Add Defining Objects | 326 |
| Add Dependent Features | 166 |
| Add Dimension | 163 |
| Add Edits | 371 |
| Add New Set | 092, 098, 117, 221 |
| Add Shelf Face at Tangent Edge | 255, 256 |
| Additional Offset | 260, 261 |
| Advanced Lights | 415 |
| Advanced Method | 273 |
| Advanced Studio | 414 |
| Aesthetic Face | 112 |
| Aim at Point | 285 |
| Align Axis to Vector | 140 |
| Align with Arrows | 400 |
| Align/Lock | 337 |
| Align | 336 |
| Alignment Method | 231 |
| Alignment Position | 389 |
| Alignment | 223, 227 |
| All Features | 022 |
| All Knot Point | 194 |
| All Layers | 410 |
| All Levels | 407 |
| All Objects | 022 |
| All Parts | 025 |
| All Points Specified | 214 |
| All Selectable Layers | 410 |
| All Visible Layers | 410 |
| Along a Vector | 057 |
| Along Driver Normals | 265 |
| Along Face Normals | 197 |
| Along Fixed Vector | 265 |
| Along Spine | 181 |
| Along Vector | 180, 198 |
| Along XC/YC/ZC | 048 |
| Along | 123 |
| Alternate Plane | 031 |
| Alternate Solution | 065 |
| Alternate Thickness | 117 |
| Amplitude | 365 |
| Anchor | 179, 376 |
| Angle Increment | 029, 136 |
| Angle on Arc | 046 |
| Angle Option | 080 |
| Angle Projection | 351 |
| Angle to Plane | 065 |
| Angle to Vector | 199 |
| Angle Tolerance | 094, 217 |
| Angle | 121, 138, 179, 224, 251, 333, 338 |
| Angular Dimension | 157 |
| Angular Law | 233 |
| Angular | 305, 391 |
| Annotation Object | 400 |
| Annotation to Exclude | 381, 382 |
| Annotation View | 399 |
| Annotation | 395 |
| Another Curve | 232, 233, 234 |
| ANSI Y 14.5M | 400 |
| Anti-Aliasing | 416 |
| Apex | 240, 242 |
| Appended Text | 388, 395 |
| Application Radial | 022 |
| Application | 018 |
| Apply to all faces | 216 |
| Arc by 3 Points | 297 |
| Arc by Center and Endpoints | 297 |
| Arc From Center | 050 |
| Arc Length Segments | 194 |
| Arc Length | 098, 192, 393 |
| Arc Point-Point-Point | 051 |
| Arc Point-Point-Tangent | 051 |
| Arc Tangent-Tangent-Radius | 051 |
| Arc Tangent-Tangent-Tangent | 051 |
| Arc/Circle From Center | 050 |
| Arc | 046, 075, 297 |
| Arclength | 223, 227, 231 |
| Area Fill | 382 |
| Area Law | 234, 235 |
| Area | 229 |
| Arrangement | 408 |
| Array Angle | 135 |
| Arrow Head | 386 |
| Arrow Line | 358, 386 |
| Arrow Position | 362 |
| Arrow | 385, 386 |
| Arrowhead Type | 396 |
| Arrowhead | 358 |
| As Origin | 282 |
| As Specified | 325 |
| ASME Y 14.5M | 400 |
| Assemble/Disassemble Step | 348 |
| Assemble | 013, 347 |

| | |
|---|---|
| Assemblies | 059 |
| Assembly Arrangement | 348 |
| Assembly Constraint | 325, 347 |
| Assembly Constraints | 325, 335, 347 |
| Assembly Cut | 263 |
| Assembly Location | 324 |
| Assembly Navigator | 016, 327, 330, 332 |
| Assembly Sequences | 346, 349 |
| Assembly Sequencing Playback | 349 |
| Assembly Together | 347 |
| Assembly | 321 |
| Assign Feature Color | 168 |
| Assign Feature Group Color | 168 |
| Assign Visual Materials | 414 |
| Associative Link | 325, 329 |
| Associative Mirror | 331 |
| Associative Mode | 266 |
| Associative Output | 186, 187 |
| Associative | 044, 047, 049, 050, 051, 57, 070, 400 |
| Asymmetric | 109, 115, 116, 120 |
| At Angle | 048, 064 |
| At Corners | 194 |
| At Distance | 063 |
| At Knot Point | 194 |
| At Selected Point | 040 |
| Attribute Filter | 060 |
| Auto Alignment | 400 |
| Auto Fit | 225 |
| Auto-explode Selected | 344, 345 |
| Automatic Centerline | 384 |
| Automatic Rectangle | 369 |
| Automatic Update | 376 |
| Automatic | 103, 344 |
| Automatically Start View Creation | 351 |
| Auxiliary View | 355, 356 |
| Axis Milling | 014 |
| Axis to Vector | 334 |
| Axis, Diameter and Height | 072 |
| Axisymmetric | 258, 259 |

### B

| | |
|---|---|
| Back | 030 |
| Background | 413 |
| Ball End | 088 |
| Balloon | 395, 396 |
| Bars | 020 |
| Base Diameter, Height, Half Angle | 073 |
| Base Point | 043, 364 |
| Base View | 353, 377 |
| Baseline Offset | 390 |
| Basic | 250 |
| Bearing Ball | 366 |
| Best Fit | 191 |
| Between Two Point | 046 |

| | |
|---|---|
| Bill of Materials | 406 |
| Bi-normal Datum Axis | 069 |
| Binormal to Path | 066 |
| Bisector | 064, 143 |
| Blend Across Sharp Edges | 108 |
| Blend Across Tangent Edges | 108 |
| Blend Centerline | 205 |
| Blend Corner | 114 |
| Blend Order | 101 |
| Blending Function | 234 |
| Block | 019, 142 |
| Bolt Circle Centerline | 383 |
| Bolt | 366 |
| BOM | 406 |
| Bond | 338 |
| Boolean Operation | 071 |
| Boolean | 258 |
| Borders Display | 379 |
| Boss | 019 |
| Both | 215, 226 |
| Bottom Bridge Curve | 115 |
| Bottom View | 354 |
| Bottom | 030 |
| Bottom-Up Assemblies | 322, 324, 326 |
| Bound by Object | 369, 370 |
| Boundary and Center | 097, 104 |
| Boundary and Rho | 097, 104 |
| Boundary Curves | 228, 381 |
| Boundary Definition | 123 |
| Boundary Objects | 266 |
| Boundary | 357, 381 |
| Bounded Plane | 219 |
| Bounding Body | 260 |
| Bounding Box | 260 |
| Bounding Object | 056 |
| Break Line Offset | 365 |
| Break-out Section | 364 |
| Bridge Curve | 113 |
| Bridge Surface | 113 |
| Bridge | 222 |
| Bring Grid to Top | 044 |
| B-Spline | 169, 214 |
| B-Surface Face | 285 |
| B-Surface Patches | 118 |
| B-Surface Poles | 177 |
| B-Surface | 113, 214, 216, 265, 271, 274, 281, 283, 288 |
| By Bounding Objects | 193 |
| By Curve | 281 |
| By Equation | 105, 182 |
| By Knot Number | 194 |
| By Law Curve | 105, 182 |
| By Length | 249 |
| By Percentage | 249 |
| By Points | 223, 225, 383 |
| By Poles | 047, 169, 176, 298 |

By Segments ··· 225
By Surface ··· 280

## C

CAM ··· 019
Camera ··· 346
Capture Arrangement ··· 348
Cartesian Coordinate System ··· 040
Catalog ··· 403
Category Display ··· 409
Category ··· 410
Cell Setting ··· 405
Cell Style ··· 405
Center and Rho ··· 097, 104
Center Control ··· 230
Center Flat ··· 229
Center Mark ··· 382
Center Point and Diameter ··· 074
Center ··· 338
Chain from All ··· 214
Chain Offset ··· 390
Chain within Feature ··· 078
Chain within Rectangle ··· 214
Chaining ··· 018
Chamfer ··· 298, 389, 392
Change Degreed ··· 287
Change Edge ··· 284, 285
Check Boundary Status ··· 376
Check Deviation ··· 285
Check for Overlap ··· 266
Chord Length ··· 112
Chordal Tolerance ··· 175
Circle by 3 Points ··· 297
Circle by Center and Diameter ··· 297
Circle Center-Point ··· 052
Circle Center-Radius ··· 052
Circle Center-Tangent ··· 052
Circle Point-Point-Point ··· 051
Circle Point-Point-Tangent ··· 052
Circle Tangent-Tangent-Radius ··· 052
Circle Tangent-Tangent-Tangent ··· 052
Circle ··· 178, 297, 357
Circular Array ··· 136
Circular Centerline ··· 383
Circular Pattern ··· 154
Circular ··· 057, 097, 104, 123, 195, 249, 330, 356
Class Selection ··· 059, 347, 411
Clear Rotate Point ··· 033
Clearance ··· 280
Clip Section ··· 032
Close and Reopen All Modified Parts ··· 025
Close and Reopen Selected Parts ··· 025
Close Component ··· 340
Close Curve ··· 170

Close Gaps ··· 260
Close in V ··· 225
Close ··· 328
Closed Along ··· 215
Closed ··· 117, 172, 188
Coefficients ··· 067, 180
Collision Action ··· 334
Collision Checking Mode ··· 334
Color Filter ··· 060
Color ··· 411
Column Width ··· 405
Column ··· 404
Columns ··· 215
Combine ··· 261, 262
Common ··· 389
Complement Arc ··· 050, 192
Component Anchor ··· 324
Component Fully ··· 328
Component Object ··· 321
Component Origin ··· 326
Component Part ··· 321
Component Partially ··· 328
Component ··· 059, 325
Components Position ··· 332
Components to Explode ··· 343
Composite Curve ··· 191
Concave First ··· 101
Concave ··· 273
Concentric ··· 325, 336
Cone ··· 019, 178
Conic Blend ··· 106
Conic Surface ··· 239
Conic ··· 097, 178, 189, 298
Connected Curves ··· 077, 143
Connectivity ··· 190
Constant ··· 103, 105, 181, 234
Constrain to Attachment Parent ··· 172
Constrain ··· 325
Constraint Based ··· 019
Constraint Faces ··· 190, 229
Constraint ··· 196
Construction Options ··· 227
Construction ··· 225
Contact Curve ··· 103
Context Control ··· 340
Continuity Type ··· 170, 171
Continuity ··· 097, 100, 102, 188, 190, 222
Continuous Rotate ··· 029
Contour Rib ··· 121
Control Point ··· 045, 271
Control Polygon ··· 271, 272, 273
Control Type ··· 111
Convert Dependency ··· 372
Convert Input Curves to Reference ··· 301
Convert Mating Conditions ··· 339

| | |
|---|---|
| Convert To/From Reference | 311 |
| Convex First | 101 |
| Convex | 273 |
| Coordinate Mode | 297 |
| Coordinates | 043 |
| Copies | 416 |
| Copy Defining Objects | 326 |
| Copy Face | 153 |
| Copy Features into Feature Group | 125 |
| Copy Features | 125 |
| Copy Threads | 126 |
| Copy to Layer | 411 |
| Copy to New Explosion | 343 |
| Copy Views | 368 |
| Copy | 133 |
| Corner Extension | 250 |
| Corner Setback | 098 |
| Corner | 250, 299 |
| Count | 328 |
| Counterbored | 086 |
| Countersunk | 086 |
| Create Array | 330 |
| Create Datum Plane | 031 |
| Create for each | 166 |
| Create New Sequence | 346 |
| Create New | 125 |
| Create shared | 166 |
| Create Tracelines | 345 |
| Create with Automatic Anchor Point | 376 |
| Create with Centerlines | 376 |
| Create/Edit | 410 |
| Cross Curve | 226 |
| Cross Section | 103, 109, 112, 113 |
| Cross | 226 |
| Crosshairs | 018 |
| Crosshatch | 381, 382 |
| Crossing 옵션 | 018 |
| CSYS Constructor | 140 |
| CSYS Manipulator | 325 |
| CSYS Method | 259 |
| CSYS of Current View | 039 |
| CSYS of Object | 038 |
| CSYS to CSYS | 124, 140, 333, 334 |
| Cubic Along Spine | 105 |
| Cubic Rate | 105 |
| Cubic Spline | 206 |
| Cubic | 105, 181, 191, 231, 234 |
| Cue Line | 017 |
| Cue/Status Line | 016 |
| Current View | 192 |
| Cursor Location | 044 |
| Cursor | 018 |
| Curvature Asymmetric | 105 |
| Curvature Magnitude | 196 |
| Curvature Symmetric | 104 |

| | |
|---|---|
| Curvature Variation | 196 |
| Curvature | 110, 170, 190, 196, 222 |
| Curve Control | 115 |
| Curve Degree | 169, 170, 172 |
| Curve Extension | 057 |
| Curve Length | 195 |
| Curve Mesh Body | 226 |
| Curve on Surface | 172 |
| Curve Percentage | 176 |
| Curve Points | 174 |
| Curve Snap Options | 309 |
| Curve to Mirror | 301 |
| Curve to Trim | 056 |
| Curve Type | 170 |
| Curve/Face Axis | 069 |
| Curve | 044, 065, 077, 253, 260 |
| Curves and Points | 064 |
| Curves or Points to Project | 197 |
| Curves | 206 |
| Custom Symbol Library | 402 |
| Custom Symbol | 403 |
| Customize | 027 |
| Cut Face | 153 |
| Cut Line Angle | 207 |
| Cycle Orientation | 325 |
| Cycle Reposition Solution | 331, 332 |
| Cylinder | 019, 142, 191 |
| Cylindrical Roller | 366 |
| Cylindrical | 043, 390, 391 |

## D

| | |
|---|---|
| Datum Axis | 067, 068, 069, 139 |
| Datum Coordinate System | 029, 070, 296 |
| Datum CSYS | 065, 070 |
| Datum Plane | 036, 063, 067, 119, 126, 142, 261, 296, 331 |
| Datum Target | 396 |
| Datum | 065 |
| Deactivate Auto Z Clipping Planes Update for Components | 028 |
| Deactivate Auto Z Clipping Planes Update for Fit | 028 |
| Decal Sticker | 415 |
| Decimal Delimiter | 387 |
| Decimal Places | 387 |
| Define Custom Symbol | 402, 403 |
| Define from Catalog | 403, 404 |
| Define Product Outline | 342 |
| Defining Points | 176 |
| Degree and Patch Count | 282 |
| Degree and Patch | 286 |
| Degree and Tolerance | 225, 282, 286 |
| Degree | 172, 273 |
| Delay Evaluation | 314 |
| Delete Body | 269 |
| Delete Curve | 309 |

| | |
|---|---|
| Delete Dimension | 163 |
| Delete Drawing Sheet | 352 |
| Delete Edge | 269 |
| Delete Edits | 372 |
| Delete Explosion | 343 |
| Delete Face | 149 |
| Delete for each | 166 |
| Delete Originals | 326 |
| Delete Pole/G0 | 172 |
| Delete shared | 166 |
| Delete | 057, 187, 190, 348, 408 |
| Delta XYZ | 141, 333 |
| Delta | 195 |
| Depth and Skew | 189, 190 |
| Depth Limit | 085 |
| Depth | 085, 105, 111 |
| Derived Lines | 302 |
| Description | 410 |
| Descriptive Part Name | 327 |
| Designer View | 253 |
| Destination Layer | 137 |
| Detail Feature | 150 |
| Detail View | 356, 357, 368 |
| Detail | 121, 122, 416 |
| Detailed | 375 |
| Diagonal Points | 177 |
| Diameter | 085, 391 |
| Diameters and Half Angle | 073 |
| Diameters and Height | 073 |
| Diametral | 305 |
| Dimension Line Gap Factor | 388 |
| Dimension Line | 385, 386 |
| Dimension Style | 395 |
| Dimension Text | 388 |
| Dimension | 295, 304, 389 |
| Dimensional Measuring Interface Standard | 014 |
| Dimensions | 304, 385 |
| Direction Option | 191 |
| Direction Options | 188 |
| Direction Point | 179 |
| Direction | 190 |
| Disassemble | 347 |
| Disassembly Together | 347 |
| Discard | 266 |
| Display as Center Point | 382 |
| Display Mode | 412 |
| Display Settings | 030, 031 |
| Display | 358, 408 |
| Distance between Points | 139 |
| Distance Tolerance | 058, 094, 217, 260, 261 |
| Distance/Angle Divisions | 138 |
| Distance | 063, 138, 139, 185, 224, 249, 333, 336 |
| Divide Curve | 193 |
| Divide Face | 268 |
| DMIS | 014 |

| | |
|---|---|
| Do Not Add Shelf Face | 255 |
| Double Line Tolerance Text Height | 388 |
| Double Scale | 028 |
| Draft Angle | 079, 091, 118 |
| Draft Body | 094 |
| Draft Method | 093 |
| Draft | 079, 118, 185, 186 |
| Drafting | 019, 351, 353, 377 |
| Drag | 399 |
| Draw Direction | 093 |
| Drawing Plane | 173 |
| Drawing Sheet Name | 351 |
| Drawing Sheet | 352 |
| Drawing View | 353, 366 |
| Drawing | 014 |
| Drive Type | 265 |
| Dynamic | 034, 137, 254, 332, 359 |

## E

| | |
|---|---|
| Edge and Cross Tangents | 285 |
| Edge and Curvature | 285 |
| Edge and Normal | 284 |
| Edge Blend | 142, 145 |
| Edge Limit | 114 |
| Edge Normal | 284 |
| Edge Only | 284 |
| Edge Symmetry | 275 |
| Edge | 065, 092, 097, 249, 260 |
| Edges to Move to Drafted Face | 096 |
| Edit Appended Text | 394 |
| Edit Cross Section | 150 |
| Edit Custom Symbol | 403 |
| Edit Defining Section | 313 |
| Edit Entire Objects | 371 |
| Edit Explosion State | 344 |
| Edit Explosion | 343 |
| Edit Feature Parameters | 161, 162 |
| Edit Grid Settings | 032 |
| Edit Icon | 402 |
| Edit Label Setting | 370 |
| Edit Object Display | 411, 413 |
| Edit Object Segments | 371 |
| Edit Parameter | 312 |
| Edit Positioning | 163 |
| Edit Section View Background | 371, 372 |
| Edit Section | 118 |
| Edit Shaded Objects | 371 |
| Edit Suppression State | 332 |
| Edit Using Spreadsheet | 405 |
| Edit with Rollback | 162 |
| Edit | 402 |
| Ellipse | 46, 178, 298 |
| Embedded | 357 |
| Emboss Body | 262 |

| | |
|---|---|
| Emboss Offset | 119 |
| Embossed Faces | 119 |
| Emphasis | 226 |
| Empty | 325 |
| Enabled Constraints | 325 |
| End Angle | 082 |
| End Distance | 078, 079 |
| End Gap | 374 |
| End Guide | 240 |
| End Object | 188 |
| End Percentage | 174 |
| End Point | 045 |
| End Slope | 240 |
| End | 082, 176, 190, 195, 203, 241 |
| Enlarge | 283 |
| Entire Part | 325 |
| Equal Arc Length | 174, 193, 199 |
| Equal Length | 306 |
| Equal Parameters | 174, 193 |
| Equal Radius | 306 |
| Equal Segments | 193 |
| Erase Objects | 371 |
| Euler/Tait-Bryan Angles | 041 |
| Exclude Datums from Fit | 028 |
| Existing Line | 135 |
| Existing Point | 044 |
| Explicit Geometric Modeling | 019 |
| Explicit | 100 |
| Explode View | 345 |
| Explode | 377 |
| Exploded Views | 343 |
| Explosion Name | 344 |
| Explosion Type | 344 |
| Export High Resolution Image | 416 |
| Export | 406 |
| Expression Option | 166 |
| Expression | 166 |
| Expressions | 125 |
| Extend Sheet | 267 |
| Extend Shelf Face at Tangent Edge | 118 |
| Extend Tangent Face | 118 |
| Extend to View Bonds | 049 |
| Extend | 299 |
| Extended Intersection Calculation | 056, 058 |
| Extended Tangents | 187 |
| Extension Line | 382, 385, 386 |
| Extension Surface | 249 |
| Extension | 173, 195, 249, 250 |
| Extraction Path | 348 |
| Extreme Face Point Overrides Stationary | 095 |
| Extreme Face | 095 |
| Extrude | 143, 144, 326 |
| Extruded Body | 208 |

### F

| | |
|---|---|
| Face Analysis | 411, 413 |
| Face Blend | 251 |
| Face Draft Angle | 093 |
| Face Normal | 255 |
| Face Normals | 232 |
| Face Percentage | 177 |
| Face Points | 176 |
| Face to Move to Drafted Face | 096 |
| Face to Offset | 255 |
| Face to Replace | 149 |
| Face | 065, 091, 095, 103, 253, 258, 260, 296 |
| Facet Body | 217, 218, 219, 260, 280, 281 |
| Facet/Solid | 334 |
| Faceted Body | 342 |
| Feature Control Frame | 400, 401 |
| Feature Dimension | 161 |
| Feature Intersection Edge | 110 |
| Feature Replay | 168 |
| Feature Type | 168 |
| Feature | 255 |
| Features Modeling | 019 |
| Fill Surface | 220 |
| Fillet | 187, 250, 297 |
| Filter Methods | 060 |
| Find Closest | 336 |
| Find Component | 340 |
| Find in Sequence | 348 |
| First Curve Degree | 169 |
| First Curve String | 200 |
| Fit After Orient | 029 |
| Fit All before Displaying | 410 |
| Fit All Views | 408 |
| Fit Circle | 174 |
| Fit Cone | 218 |
| Fit Curve | 173, 298 |
| Fit Cylinder | 218 |
| Fit Ellipse | 174 |
| Fit Freeform | 217 |
| Fit Line | 174 |
| Fit on Show or Hide | 028 |
| Fit Plane | 217 |
| Fit Sphere | 218 |
| Fit Surface | 217, 218 |
| Fit to Target | 286 |
| Fit to Work Section | 028 |
| Fit | 088, 337 |
| Fitting | 173 |
| Five Points | 242 |
| Fix Curve | 299 |
| Fix Tangent Orientation | 172 |
| Fix | 337 |
| Fixed Axis | 029 |
| Fixed Curves | 191 |

| | |
|---|---|
| Fixed Datum Axis | 069 |
| Fixed Datum Plane | 066 |
| Fixed Length | 249 |
| Fixed | 231 |
| Flange Parameters | 251 |
| Flange Pipe | 252 |
| Flange | 250 |
| Flattening and Forming | 277 |
| Floor | 413 |
| Flow Direction | 223 |
| Flow | 171, 190, 222 |
| Folded Radius | 391 |
| Folded/Unfolded Section View | 360 |
| Folder View | 403 |
| Follow Fillet | 078 |
| Follow Pattern | 124 |
| Font | 388 |
| Forced Direction | 233 |
| Form Poles | 217 |
| Format | 373, 387 |
| Found Relations | 309 |
| Four Point Surface | 219 |
| Four Points Slope | 242 |
| Frame | 347 |
| Free Form Construction Results | 216 |
| Free Form | 113, 213 |
| Freeform Modeling | 019 |
| From Curves | 383 |
| From Edges | 093 |
| From End Cap | 118 |
| From Interior Point | 255 |
| From Section | 080 |
| From Section-Asymmetric | 080 |
| From Section-Matched Ends | 080 |
| From Section-Symmetric | 080 |
| From Start Limit | 080 |
| Front View | 354 |
| Front | 030, 296 |
| Full Circle | 050 |
| Full | 122 |
| Fully Constrained | 304 |

### G

| | |
|---|---|
| Gap Settings | 032 |
| Gap | 252, 365 |
| Gateway | 018, 019 |
| Gear Arm | 366 |
| Gear Tooth | 366 |
| General Conic | 179 |
| General Hole | 085 |
| General | 123, 191, 259 |
| Geometric Progression | 175 |
| Geometric | 304 |
| Geometry to Deform | 280 |

| | |
|---|---|
| Geometry Warp | 260, 261 |
| Geometry | 277, 295 |
| Global Deformation | 281 |
| Global Shaping Body | 280 |
| Global Shaping | 277, 278 |
| Graphic View | 253 |
| Graphic Window | 016, 017, 027, 040 |
| Grid Count | 216 |
| Grid Settings | 044 |
| Grid Size | 044 |
| Grid | 044 |
| Groove 형상 | 088 |
| Group Face | 150 |
| Guide Curve | 084, 231, 243 |
| Guide String | 238 |

### H

| | |
|---|---|
| Half Pictorial Section View | 363 |
| Half Scale | 028 |
| Half Section View | 360 |
| Half | 357 |
| Handedness | 087, 121 |
| Hatching | 381 |
| Heal Internal Edges | 276 |
| Heal Surface | 276 |
| Height and Arc | 072 |
| Height | 388 |
| Helix | 123, 180 |
| Help | 013 |
| Hidden Edges | 412 |
| Hidden Line | 373 |
| Hidden Lines | 372 |
| Hide Components in View | 370, 378 |
| Hide Explosion in Visible View | 343 |
| Hide/Show Component | 341 |
| Hide | 028, 057, 058, 187, 190, 378 |
| High Resolution Image | 416 |
| Highlight Collision | 334, 349 |
| Highlight Hidden Edges | 018 |
| Highlight Original | 018 |
| Highlight Selection On Rollover | 018 |
| Highlight Start | 241 |
| Highlight With Thick Width | 018 |
| Highlight | 017, 241 |
| Hilite | 240 |
| Hinge | 356 |
| History Mode | 159 |
| History | 150 |
| History-Free Mode | 159 |
| Hole and Thread Callout | 392 |
| Hole Depth | 086 |
| Hole Series | 087 |
| Hole Size Preference | 122 |
| Hole | 019, 085, 144, 391 |

| | | | |
|---|---|---|---|
| Horizontal Alignment | 399 | Invert text | 396 |
| Horizontal Text Alignment | 400 | Invisible | 373, 409 |
| Horizontal/Vertical Baseline | 390 | ISO 1101 | 400 |
| Horizontal | 304, 367, 368, 390 | Isocline Method | 093 |
| Hybrid Modeling | 019 | Isolate in New Window | 341 |
| Hyperbola | 178 | Isometric View | 354 |
| | | Isometric | 030 |
| | | Isoparameter Lines | 109 |
| | | Isoparametric Curve | 274 |
| | | Iso-parametric | 172 |
| | | Isoparametric | 223 |

## I

| | |
|---|---|
| Icon Sizes | 022 |
| ICONS | 022 |
| If Different Convexity, Roll Over | 101 |
| I-Form | 274 |
| Ignore Inner Boundaries | 381 |
| Ignore Relation | 310 |
| Image Resolution | 416 |
| Immediate Hide | 058 |
| Import/Export | 398 |
| In Place | 119 |
| Include Model Curves | 373 |
| Include | 302 |
| Incremental Arc Length | 175 |
| Incremental Dynamics | 137 |
| Incremental | 195 |
| Indicate Base Point | 364 |
| Indicate Extrusion Vector | 364 |
| Infer Center/Axis | 336 |
| Inferred Point | 044 |
| Inferred Type | 172 |
| Inferred | 036, 041, 304, 368 |
| Information | 410 |
| Inherit Orientation | 363 |
| initial draw direction | 281 |
| Input Curve | 186 |
| Insert Drawing Sheet | 351 |
| Insert Header Row | 405 |
| Insert Knot | 274 |
| Insert Motion | 346 |
| Insert Pause | 347 |
| Insert Pole Previous/Next | 172 |
| Insert | 297, 402 |
| Inside 옵션 | 018 |
| Inspection | 014 |
| Instance Points | 123 |
| Interfering Solids | 372 |
| Interior Curve | 115 |
| Internet Explorer | 013 |
| Interpolation Method | 231 |
| Intersect | 258 |
| Intersection Curve | 142, 143, 303 |
| Intersection Point | 045, 301 |
| Intersection Symbol | 398 |
| Intersection | 068 |
| Invert Selection | 059 |
| Invert Show and Hidden | 059 |

## J

| | |
|---|---|
| Join Curves | 191 |

## K

| | |
|---|---|
| Keep Continuity | 274 |
| Keep Imprinted Edges | 127 |
| Keep Parameterization | 287 |
| Keep Tool/Target | 128 |
| Keep | 057, 186, 266 |
| Key | 366 |
| Knot Points | 176 |
| Knot | 172 |

## L

| | |
|---|---|
| Label Chamfer | 151 |
| Label Notch Blend | 151 |
| Label on Parent | 356, 357 |
| Label | 357, 358 |
| Law Control | 185, 186 |
| Law Controlled Tangency | 110 |
| Law Controlled | 254 |
| Law Curve | 182 |
| Law Extension | 253 |
| Law Specification Method | 254 |
| Law | 110 |
| Layer Category | 410, 411 |
| Layer Filter | 060 |
| Layer Option | 325 |
| Layer Setting | 410 |
| Layer Settings | 409 |
| Layer with Objects | 410 |
| Layer | 409, 411 |
| Layout | 019, 123, 353, 408 |
| Leader Angle | 395 |
| Leader Format | 389, 396 |
| Leader/Jog | 399 |
| Leaves Only | 407 |
| Left Hand | 180 |
| Left View | 354 |

| | |
|---|---|
| Left | 030 |
| Legend | 403 |
| Length Limit | 107, 116 |
| Length | 195, 251 |
| Lettering Angle | 389 |
| Lettering | 389, 396 |
| Lights | 413 |
| Lightweight Repress | 343 |
| Limit Blend to Avoid Failure Areas | 102 |
| Limit Curve | 106 |
| Limit Length | 099 |
| Limits | 049, 050, 078, 082, 195 |
| Line Along Spine, Cubic | 181 |
| Line and Arcs | 051 |
| Line Between Arrows | 386 |
| Line Curve | 047, 143, 144 |
| Line Font | 411 |
| Line Gap Factor | 388 |
| Line Point-Parallel | 051 |
| Line Point-Perpendicular | 051 |
| Line Point-Point | 051 |
| Line Point-Tangent | 051 |
| Line Point-XYZ | 051 |
| Line Tangent-Tangent | 051 |
| Line | 297, 386 |
| Linear Along Spine | 105, 106 |
| Linear Dimension | 157 |
| Linear Pattern | 124 |
| Linear | 057, 123, 181, 195, 231, 234, 283, 304, 330, 390 |
| Liner | 105 |
| Link Start/End Handles | 114 |
| Link to Original | 125 |
| Linked Composite Curve | 165 |
| Load All Intersecting | 031 |
| Load Near Intersecting | 031 |
| Local Untrim and Extend | 286 |
| Location | 192, 204, 324 |
| Lock Region | 274 |
| Lock Vertical Axis | 029 |
| Loop Curve | 229 |

### M

| | |
|---|---|
| Maintain Relationships | 329 |
| Maintain | 190 |
| Major Diameter | 121, 122 |
| Major Grid Spacing | 044 |
| Make Coaxial | 155 |
| Make Coincident | 306 |
| Make Collinear | 307 |
| Make Coplanar | 154 |
| Make Corner | 267 |
| Make Equal | 306 |
| Make Horizontal | 305 |
| Make Input Curves Dashed | 057 |
| Make Midpoint Aligned | 307 |
| Make Non-Sectioned | 366 |
| Make Offset | 156 |
| Make Parallel | 156, 305 |
| Make Perpendicular | 156, 305 |
| Make Sectioned | 366 |
| Make Solid | 266 |
| Make Symmetric | 155, 307 |
| Make Tangent | 155, 306 |
| Make Unique | 327 |
| Make Vertical | 305 |
| Make Work Part | 328, 342 |
| Manage Symmetry Lines | 310 |
| Manipulator | 031 |
| Manual Rectangle | 369 |
| Manual | 121 |
| Manufacturing | 014, 019 |
| Master Model | 322 |
| Match Dimension of Start Hole | 088 |
| Match Edge | 275 |
| Match Faces at Parting Object | 095 |
| Match to Body | 284 |
| Match to Edge | 284, 285 |
| Match to Plane | 284 |
| Match to Sheet | 279 |
| Match to Surface | 284 |
| Match to Vector | 285 |
| Match Type Option | 096 |
| Match Type | 095 |
| Match | 223 |
| Matched Knot Position | 172 |
| Maximum Edge Angle | 108 |
| Measurement Object | 157 |
| Measurement | 139 |
| Mechatronics Concept Designer | 015 |
| Merge Cells | 406 |
| Merge Face if Possible | 254 |
| Merge Faces if Possible | 243 |
| Mesh of Curve | 265 |
| Mesh Surface | 225 |
| Method | 122, 195, 249 |
| Metric Coarse | 087 |
| Microposition | 173 |
| Mid Point | 050 |
| Middle Plane | 063 |
| Minimum | 190 |
| Minor Diameter | 121 |
| Minor Grid per Major | 044 |
| Mirror Assembly | 331 |
| Mirror Body | 063 |
| Mirror Centerline | 301 |
| Mirror Curve | 301 |
| Mirror Face | 154 |
| Mirror Feature | 063 |
| Mirror Through a Line | 134 |

| | | | |
|---|---|---|---|
| Mirror Through a Plane | 136 | Non-associative Mode | 266 |
| Mirror 마법사 | 331 | None | 057, 118, 170, 187, 225, 357 |
| Mixing and Matching | 322 | Non-planar | 188 |
| Model View | 353 | Non-uniform Scale | 134 |
| Model | 014, 325 | Non-uniform | 258 |
| Modeling Only | 411 | Normal to End Sections | 225 |
| Modeling Preferences | 216 | Normal to Path | 066, 124 |
| Modeling | 018 | Normal to Plane of Curves | 200 |
| Modification Percentage | 288 | Normal to Vector | 066 |
| Modified | 328 | Normal Vector | 345 |
| Modify Boundary Curves | 364 | Normal | 049, 069, 172, 225 |
| More | 078 | Note | 357 |
| Motion Envelope | 349 | N-Sided Surface | 228, 229 |
| Motion Face | 154, 155, 156 | Number of Copies | 203 |
| Motion Record Preferences | 346 | Number of Points | 174 |
| Motion | 019 | Number of Sections | 032 |
| Move Component | 332 | Number of Start | 121 |
| Move Components | 333, 344 | Number of Turns | 180 |
| Move Curve | 308 | Number | 136 |
| Move Edge | 158 | Nut | 366 |
| Move Face | 148, 151 | NX Font Gap Factor | 388 |
| Move Feature | 163 | NX Sheet Metal | 018 |
| Move Handle Only | 333 | | |
| Move Handles Only | 325, 346 | **O** | |
| Move Manipulator in View | 031 | | |
| Move Object | 137 | Object Bounding Box Maximum Size | 028 |
| Move Objects | 346, 348 | Object Center | 272 |
| Move to Layer | 411 | Object Display | 216 |
| Move | 133 | Object to Project To | 197 |
| Movement | 173 | Object Tooltip On Rollover | 018 |
| Multiple Copies-Avail | 133 | Object | 038, 409 |
| Multiple Patch | 213, 215 | Objection to Section | 201 |
| Multiple Segment | 084 | Objects | 059 |
| Multiple Triangular Patches | 230 | Offset 3D Curve | 188 |
| Multiple | 080 | Offset and Angle | 115, 116 |
| Multi-transition | 106 | Offset by | 185 |
| | | Offset Center Point Symbol | 384 |
| **N** | | Offset Character | 400 |
| | | Offset CSYS | 040 |
| Name/Visible Only/Object | 409 | Offset Curve | 301 |
| Name | 408, 409 | Offset Distance | 115 |
| Narrow | 395 | Offset Edge | 158 |
| Natural | 057, 195, 283 | Offset Face | 116, 257 |
| Navigator | 016 | Offset from CSYS | 040 |
| Neither | 215 | Offset Method | 116 |
| New Component | 326 | Offset Move Curve | 308 |
| New Explosion | 343 | Offset Multiple | 188 |
| New Parent Assembly | 329 | Offset Region | 148 |
| New Plane | 127 | Offset Surface | 255 |
| New Sketch | 314 | Offset | 031, 043, 063, 188, 256, 267, 302, 358 |
| New | 013 | On Curve Vector | 069 |
| No Checking | 349 | On Curve | 066 |
| No | 191 | On Face | 065 |
| Non Associative Mirror | 331 | On Path | 296 |
| Non | 375 | On Plane | 030, 295 |

|  |  |
|---|---|
| One Feature for All Face | 255 |
| One Feature for Each All | 255 |
| Open by Proximity | 341 |
| Open Component | 340 |
| Open Drawing Sheet | 352 |
| Open in Window | 328 |
| Open Layout | 409 |
| Open Parent in Window | 328 |
| Open Part in Window | 343 |
| Open Region of the Shell | 117 |
| Open Region | 278 |
| Open Sketch | 314 |
| Open/Delete Drawing Sheet | 352 |
| Open | 013, 188, 324, 408 |
| Operation | 029 |
| Opposite Convexity | 150 |
| Opposite Side Extension | 254 |
| Optimize 2D Curve | 302 |
| Optimize Face | 158 |
| Optimize | 158 |
| Options | 015 |
| Ordinate | 393 |
| Orient Cross Section by Isoparameter Lines | 109 |
| Orient View To Model | 314 |
| Orient View to Plane | 032 |
| Orient View To Sketch | 314 |
| Orient View Tool | 353 |
| Orient View | 030 |
| Orient WCS | 036 |
| Orientation and Position | 387 |
| Orientation Curve | 238 |
| Orientation Face | 232 |
| Orientation Method | 231, 236 |
| Orientation | 029, 124 |
| Oriented Section View | 361 |
| Origin and Edge Lengths | 071 |
| Origin Object | 157 |
| Origin | 029, 034, 036, 399 |
| Original Feature | 164 |
| Original Position | 344 |
| Original | 325 |
| Orthographic View | 355 |
| Orthographic | 363 |
| Other Selection Methods | 059 |
| Outer Loop | 228 |
| Output Surface Options | 225, 226, 227 |
| Output Surface | 252 |
| Output | 125, 255, 416 |
| Outside 옵션 | 018 |
| Over Constrained | 304 |
| Overbend | 279 |
| Overcrown | 277, 278 |
| Overcrowns | 280 |
| Overflow Region | 100 |
| Overflow Resolutions | 100 |
| Overflow | 150 |
| Overlay | 368 |

## P

|  |  |
|---|---|
| Pad | 019 |
| Pan | 030 |
| Parabola | 177, 178 |
| Parallel Plane | 202 |
| Parallel to Object | 069 |
| Parallel to Vector | 066 |
| Parallel | 120, 337, 390 |
| Parameter Curve | 224 |
| Parameter Mode | 297 |
| Parameter | 149, 161, 223, 227, 231, 312, 411 |
| Parameterization | 273 |
| Parameters | 403 |
| Parametric | 222 |
| Parent Mapping | 164 |
| Parent View | 353 |
| Part List Level | 407 |
| Part List Scope | 407 |
| Part List | 406 |
| Part Navigator | 016, 059, 159, 165, 352, 372 |
| Part Symbols | 402, 403 |
| Part | 353 |
| Partial Shading | 371 |
| Partial Sweep | 239 |
| Partially Shaded | 411, 413 |
| Parting Edges | 093 |
| Parting Surface | 094 |
| Paste Copied Faces | 153 |
| Paste Face | 153 |
| Patch Areas of Complex Geometry | 102 |
| Patch Count and Tolerance | 282, 287 |
| Patch Mixed-Convexity Corner | 102 |
| Patch Type | 213 |
| Patch | 108, 228, 264, 273 |
| Pattern Component | 330 |
| Pattern Curve | 301 |
| Pattern Definition | 123 |
| Pattern Face | 154 |
| Pattern Feature | 125, 152, 330 |
| Pattern Features | 125 |
| Pattern Increment | 123 |
| Pattern Method | 124 |
| Pattern | 176 |
| Peak Point | 189 |
| Peak | 190 |
| Percentage | 176, 249 |
| Perimeter Curve | 235 |
| Perimeter | 305, 393 |
| Perpendicular Curve | 038 |
| Perpendicular to a Line | 368 |
| Perpendicular to Object | 069 |

| Perpendicular | 120, 222, 304, 337, 368, 390 |
| Persistent Relation Browser | 311 |
| Pictorial Section View | 362 |
| Pin | 366 |
| Pitch | 121, 180 |
| Place Automatically | 385 |
| Placement Type | 325 |
| Planar Sheet Body | 219 |
| Planarize | 273 |
| Plane and Vector | 038 |
| Plane of Body | 068 |
| Plane of Section | 119 |
| Plane Perpendicular to Curve | 203 |
| Plane | 039, 065, 125 |
| Pocket | 019 |
| Point and Angle | 361 |
| Point and Direction | 066, 070 |
| Point and Vector | 135 |
| Point Constructor | 034, 043, 144, 177, 214, 400 |
| Point Fit | 137 |
| Point in Region | 381 |
| Point Location | 043 |
| Point on Curve/Edge | 046 |
| Point on Curve | 192 |
| Point on Face | 046 |
| Point on Reference Plane | 202, 203 |
| Point Set | 174 |
| Point to Point | 139, 195, 333, 357, 361 |
| Point | 038, 039, 260, 272 |
| Point-to-Point | 304 |
| Polar | 044 |
| Pole Smoothing | 286 |
| Pole | 217, 273 |
| Polygon | 123, 298 |
| Polynomial segment | 170 |
| Polynomial | 169, 182 |
| Position | 188, 190, 222, 230, 328 |
| Positioning | 163 |
| Pre view Selection | 017 |
| Pre/Post | 019 |
| Prefer Touch | 336 |
| Preference | 101 |
| Preferences | 395 |
| Preferred | 100 |
| Preserve Shape | 225 |
| Preserve | 224 |
| Preview Window | 325 |
| Preview | 072, 325 |
| Primary Cross Section | 243 |
| Primary Curve | 226 |
| Primary | 226 |
| Primitive | 295 |
| Printer | 416 |
| product sheet | 281 |
| Profile | 111, 297 |

| Project Both Sides | 198 |
| Project Curve | 302 |
| Projected View | 355, 378 |
| Projecting Points | 175 |
| Projection Direction | 197, 200, 266 |
| Projection Type | 265 |
| Proportional Update | 173 |
| Proportional | 273 |
| Pull Face | 148, 151 |
| Pulldown Menu Bar | 016, 017 |

## Q

| Offset | 081 |
| Outer/Inner Diameter | 084 |
| Quadrant Point | 046 |
| Quick Facet | 334 |
| QuickPick on Delay | 017 |
| QuickPick | 018 |
| Quilt | 265 |

## R

| Radial Axis | 203 |
| Radial Dimension | 157 |
| Radial Distance | 139 |
| Radial Engage | 087 |
| Radial Plane | 202 |
| Radial | 305, 391 |
| Radiate Face | 149 |
| Radius Constraint | 190 |
| Radius Method | 105 |
| Radius Option | 192 |
| Radius Reduction | 280 |
| Radius to Center | 391 |
| Radius | 050, 098, 112, 136, 180, 251, 391 |
| Rapid Surfacing | 219 |
| Rapid | 390 |
| Ray Traced Studio | 414, 415 |
| Read-only | 327 |
| Reattach | 311 |
| Rebuild | 225, 227 |
| Recently Open Part | 013 |
| Record Camera Position | 348 |
| Rectangle by Center and Corner | 357 |
| Rectangle by Corners | 357 |
| Rectangle 옵션의 선정 | 018 |
| Rectangular Array | 135 |
| Rectangular Groove | 088 |
| Rectangular Non-uniform | 044 |
| Rectangular Pattern | 154 |
| Rectangular Uniform | 044 |
| Rectangular | 043, 088, 298 |
| Reduce(Increase) | 028 |
| Reference CSYS | 040, 258 |

| | |
|---|---|
| Reference Curve | 281 |
| Reference Face | 253 |
| Reference Feature | 033 |
| Reference Set | 325, 328 |
| Reference | 031, 123 |
| Referenced Edges Only | 373 |
| Refit Control | 286 |
| Refit Controls | 281, 282 |
| Refit Direction | 287 |
| Refit Face | 286, 287 |
| Reflections | 413 |
| Refresh | 030 |
| Regenerate | 408 |
| Region Boundary | 280 |
| Region | 266 |
| Relate | 154 |
| Related Feature | 166 |
| Relation Finder Setting | 309 |
| Relative to Object | 066 |
| Relative to View | 399 |
| Relax Dimensions | 300 |
| Relax Relation | 300 |
| Remember Assembly Constraints | 339 |
| Remove Faces | 117 |
| Remove Gashes | 276 |
| Remove Parameters | 167 |
| Remove Self-intersections | 102, 108 |
| Remove View Specific | 366 |
| Remove | 378 |
| Rename | 402 |
| Renew Feature | 168 |
| Reorder Blends | 150 |
| Reorder Feature | 164 |
| Replace All Occurrences in Assembly | 329 |
| Replace Blend | 158 |
| Replace Component | 329 |
| Replace Edge | 283 |
| Replace Face | 149 |
| Replace Feature | 164 |
| Replace View | 408, 409 |
| Replace with Independent Sketch | 165 |
| Replace | 057, 187 |
| Replacement Feature | 164 |
| Reselect Objects | 136 |
| Reset Filter | 060 |
| Reset | 325 |
| Resize Blends | 150 |
| Resize Chamfer Curve | 309 |
| Resize Chamfer | 151 |
| Resize Curve | 308 |
| Resize Datum Plane | 167 |
| Resize Hole | 152 |
| Resize Pattern | 152 |
| Resize | 405 |
| Resolve Self Inter-sections Using Patches | 118 |

| | |
|---|---|
| Resource Bar | 016, 406 |
| Restore Context | 342 |
| Restore Previous Session | 013 |
| Restore | 033 |
| Reusable References | 124 |
| Reuse and Reposition | 331 |
| Reuse Original | 125 |
| Reuse | 152 |
| Reverse Direction | 031, 103, 115, 118, 127 |
| Reverse Normal | 288 |
| Reverse Tangent Direction | 171 |
| Reverse U | 288 |
| Reverse V | 288 |
| Reverse | 325 |
| Revolved Section View | 360 |
| Revolved | 082 |
| Rho Type | 102 |
| Rho | 109, 240, 241 |
| Rib | 120, 366 |
| Ribbon Bar | 022 |
| Ribbon Builder | 221 |
| Right Hand | 180 |
| Right View | 354 |
| Right | 030, 296 |
| Rivet | 366 |
| Role Advanced | 023 |
| Roles | 023 |
| Roll across Smooth Edges | 100 |
| Roll Along Edge | 100 |
| Roll Over Blends | 101 |
| Rolling Ball | 103, 112 |
| Rotate by Three Points | 140, 333 |
| Rotate | 029, 272, 325 |
| Rotation Axis | 205 |
| Rotation Pivot | 272 |
| Row | 215 |
| Ruled | 216, 233, 245, 246, 270 |

## S

| | |
|---|---|
| Same as Input | 124 |
| Save All and Close | 025 |
| Save All and Exit | 025 |
| Save All | 024 |
| Save and Close | 025 |
| Save As and Close | 025 |
| Save As Template | 406 |
| Save As | 024, 408 |
| Save Bookmark | 025 |
| Save Context | 342 |
| Save Copy of Section Curves | 032 |
| Save Work Part Only | 024 |
| Save | 024, 408 |
| Scale Axis | 259 |
| Scale Body | 258 |

| | |
|---|---|
| Scale Center | 272 |
| Scale CSYS | 259 |
| Scale Curve | 308 |
| Scale Factor | 070, 416 |
| Scale Point | 259 |
| Scale | 133, 239, 272, 351, 353 |
| Scaling Method | 234 |
| Scaling | 234 |
| Scatter Components | 325 |
| Schematic | 375 |
| Screen | 031 |
| Screw Clearance Hole | 087, 088 |
| Second Curve Degree | 169 |
| Second Curve String | 200 |
| Section Body | 239 |
| Section Components in View | 366 |
| Section Curve Settings | 032 |
| Section Curve | 084, 231 |
| Section Existing View | 363 |
| Section Label | 370 |
| Section Line Edit | 359 |
| Section Line Setting | 358 |
| Section Line | 357, 358, 378 |
| Section Location | 231 |
| Section Option | 231 |
| Section Orientation | 112, 113 |
| Section Plane | 031, 201 |
| Section Series Settings | 032 |
| Section Spacing | 032 |
| Section String | 222, 223, 238 |
| Section View Orientation | 363 |
| Section View | 358, 359 |
| Section | 030, 031, 188, 240 |
| Sectional | 172 |
| Seed | 014 |
| Segment Blend to Match Face Segments | 102 |
| Segment | 169 |
| Segments by Bounding Objects | 193 |
| Select All | 059 |
| Select by Name | 059 |
| Select Chain | 060 |
| Select Columns | 404 |
| Select Component | 407 |
| Select Components | 343 |
| Select Curve or Point | 197 |
| Select Curves | 364 |
| Select Edge to Force Roll on | 100 |
| Select Edge to Prohibit Roll on | 100 |
| Select Horizontal Reference | 297 |
| Select Knot Point | 194 |
| Select Layer By Range/Category | 409 |
| Select Objects | 346 |
| Select Plane | 201, 202, 331 |
| Select Section Template | 225 |
| Select Sharp Limit Curve | 106 |
| Select Sketch Plane or Face | 295, 296 |
| Select Spine Curve | 109 |
| Select Start | 122 |
| Select Tangent Limit Curve | 107 |
| Selected Components | 331 |
| Selected CSYS | 040 |
| Selected Faces | 119 |
| Selected Parts | 025 |
| Selected | 272 |
| Selection Preferences | 017 |
| Selection Step | 200, 259 |
| Selection Steps | 056 |
| Self Hidden | 373 |
| Self Inter-sections | 118 |
| Self-Refit | 265 |
| Sequence Navigator | 347, 348 |
| Sequence View Work | 347 |
| Set Extension Individually | 382 |
| Set Rotate Point | 033 |
| Set Rotation Reference | 029 |
| Set Work Part | 342 |
| Setback Distance | 098 |
| Setback | 099 |
| Setting | 049, 070, 081, 118, 186, 254, 325, 353, 381, 398, 405, 410 |
| Settings | 108, 125, 225, 344 |
| Sew All Faces | 107 |
| Sew | 263 |
| Shaded with Edges | 412 |
| Shaded | 412 |
| Shadows | 413 |
| Shaft Diameter | 122 |
| Shaft Size Preference | 122 |
| Shaft | 366 |
| Shape Control | 189, 190, 192, 239 |
| Shape Studio | 018 |
| Shape | 097, 104, 105, 113 |
| Sheet Body | 077, 115, 125, 127, 213, 215, 217, 219, 226, 239, 240, 253, 256, 260, 262, 264, 267, 280, 286 |
| Sheet from Curve | 220 |
| Sheet in Drawing | 351 |
| Sheet | 276 |
| Shell All Faces | 118 |
| Short of Full | 122 |
| Shortcuts | 021 |
| Shortest 3D Distance | 056 |
| Shoulder | 240 |
| Show Adjacent Blends | 374 |
| Show All of Type | 059 |
| Show All Sequence | 349 |
| Show All | 059 |
| Show and Hide Constraints | 338 |
| Show and Hide | 058 |
| Show as Reference View | 375 |
| Show by Name | 059 |

| | |
|---|---|
| Show Check Points | 265 |
| Show Components in View | 370 |
| Show Cylinder | 192 |
| Show Degrees of Freedom | 339 |
| Show Edges Hidden by Edges | 373 |
| Show Exact | 343 |
| Show Explosion in Work View | 343 |
| Show Grid | 044 |
| Show Knots | 216 |
| Show Labels | 044 |
| Show Leading Zero | 387 |
| Show Lightweight | 343 |
| Show Major Lines | 044 |
| Show Manipulator | 031 |
| Show Movable | 299 |
| Show Only | 341 |
| Show Poles | 216 |
| Show Principal Planes | 296 |
| Show Product Outline | 342 |
| Show Rotation Axis | 029 |
| Show Sketch Dimensions | 243 |
| Show Tooltips | 023 |
| Show Trailing Zero | 387 |
| Show | 028, 058, 410 |
| Silhouette Curve | 204 |
| Silhouette Flange | 250, 252 |
| Silhouette | 375 |
| Simple Pattern Method | 124 |
| Simple | 018, 085, 225, 227, 357 |
| Simplified | 375 |
| Simulation | 014 |
| Single Line | 388 |
| Single Patch | 213, 214 |
| Single Segment | 084 |
| Single Selection | 058, 227 |
| Single Surface | 286 |
| Size | 351 |
| Sketch Curve | 077 |
| Sketch Plane | 296 |
| Sketch Section | 243, 358 |
| Sketch | 150 |
| Sketcher | 314 |
| Skew | 105, 111, 189 |
| Slice | 030, 031 |
| Slop of Curve | 179 |
| Slope | 240 |
| Slot | 019 |
| Small Feature | 373 |
| Smash Custom Symbol | 403 |
| Smooth Boundary Edge | 118 |
| Smooth Curve String | 191 |
| Smooth Edge | 374 |
| Smooth Spline | 195 |
| Smoothing Factor | 196, 288 |
| Smoothing Poles | 288 |
| Smoothing Type | 195 |
| Snap into Patch | 285 |
| Snap Point per Minor | 044 |
| Snap to Grid | 044 |
| Snap | 324 |
| Snip at Isoparameter | 282 |
| Snip at Plane | 282 |
| Snip Surface | 281 |
| Snip with Curve | 281 |
| Snip with Surface | 282 |
| Solid Body | 044, 077, 115, 117, 127, 215, 226, 253, 256, 258, 260, 262, 264, 276, 284 |
| Solid Density | 167 |
| Solid Edge | 232 |
| Solid Feature | 213 |
| Solid Modeling | 019 |
| Solid | 267 |
| Sort | 168 |
| Source | 416 |
| Spacing | 174, 193, 203, 204, 223 |
| Specified Another Row | 214 |
| Specified Vector | 200 |
| Specify Orientation | 325 |
| Specify Origin Point | 297 |
| Specify Points | 170 |
| Specify Poles | 170 |
| Specify Symmetry Plane | 331 |
| Specify Tangent | 171 |
| Specify Transform | 031 |
| Sphere Center | 046 |
| Sphere | 019 |
| Spherical | 043 |
| Spine Curve | 112, 224, 240 |
| Spine | 109, 229, 241, 242, 254 |
| Spiral | 123 |
| Spline Curve | 171 |
| Spline Defining Point | 047 |
| Spline Point | 176 |
| Spline Points | 176, 225 |
| Spline Pole | 047 |
| Spline Poles | 176 |
| Spline | 173, 182, 271, 272, 298 |
| Split Offset | 261 |
| Splitting Plane | 261 |
| Spreadsheet | 405 |
| Sprung Facets | 281 |
| Standard Font Gap Factor | 388 |
| Standard | 353 |
| Start and End | 383 |
| Start Angle | 082, 136 |
| Start Distance | 078 |
| Start Guide | 240 |
| Start Object | 188 |
| Start Percentage | 174 |
| Start Slope | 240 |

| | |
|---|---|
| Start | 082, 176, 203 |
| Static Wireframe | 412 |
| Stationary Edge | 092, 094 |
| Stationary Edges | 093 |
| Stationary Face | 155, 156 |
| Status Line | 017 |
| Stepped Section Cut | 359 |
| Stepped | 357 |
| Stiffness | 287 |
| Stop at Intersection | 077 |
| Stop before Collision | 349 |
| Stop on Collision | 334 |
| Stop Short of Corner | 099 |
| Stopping Location | 099 |
| Stretch Curve | 194 |
| Stretch to Curve | 280 |
| Stretch to Point | 280 |
| Stretch | 280 |
| Studio Spline | 169 |
| Studio Surface | 227 |
| Studio | 413 |
| Styled Blend | 110, 111 |
| Styled Corner | 115 |
| Styled Swept | 238 |
| Sub Assembly | 321 |
| Subassembly | 407 |
| Subtract | 258 |
| Support Plane | 049 |
| Suppress by Expression | 166 |
| Suppress Component | 332 |
| Suppress/Unsuppress Feature | 165 |
| Surface Finish Symbol | 396 |
| Surface | 127, 219, 280 |
| Swap U and V | 288 |
| Sweep along Guide | 084 |
| Sweep | 216 |
| Swept Disc | 109 |
| Swept Section | 109 |
| Swept Volume | 244 |
| Swept | 103, 109, 231, 232, 247 |
| Symbol Aspect Ratio | 388 |
| Symbol Library | 402 |
| Symbol | 121 |
| Symbolic | 121, 122, 126, 374 |
| Symbols | 398 |
| Symmetric Modeling | 171 |
| Symmetric Offset | 116 |
| Symmetric Value | 078 |
| Symmetric | 115, 116, 120, 195 |
| Symmetrical Centerline | 383 |
| Synchronous Modeling | 148, 158 |
| System Material | 414 |
| System Scene | 414 |

## T

| | |
|---|---|
| Tabs | 020 |
| Tabular Note | 404 |
| Tangency | 222 |
| Tangent Asymmetric | 104 |
| Tangent Direction | 171 |
| Tangent Edges | 118, 255 |
| Tangent Line | 112, 113 |
| Tangent Magnitude | 111, 189 |
| Tangent Symmetric | 104, 109 |
| Tangent to Face | 093 |
| Tangent to Path | 066 |
| Tangent | 064, 069, 098, 100, 102, 170, 190, 222 |
| Tangential | 249 |
| Tap Drill Diameter | 122 |
| Taper | 122 |
| Tapered | 086 |
| Target Body | 128 |
| Target Face | 265 |
| Target Point Symbol | 397 |
| Target Sheet Body | 266 |
| Target Sheet | 279 |
| Target | 127 |
| Teamcenter Engineering | 025 |
| Template | 014 |
| Terminate at Sharp Edge | 108 |
| Text Alignment | 398 |
| Text Aspect Ratio | 388 |
| Text Gap Factor | 388 |
| Text Input | 398 |
| Text Justification | 389 |
| Text Offset | 395 |
| Thicken Sheet | 258 |
| Thickness | 117, 118, 392 |
| Third Curve Degree | 169 |
| Thread Standard | 121 |
| Thread Table | 121 |
| Thread | 126 |
| Threaded Hole | 087 |
| Threads | 374 |
| Three Defining Face Chain | 110 |
| Three Face | 110 |
| Three Planes | 039 |
| Three Point Arc | 050 |
| Through a Cylinder | 068 |
| Through All | 079 |
| Through Axis | 066 |
| Through Body | 085 |
| Through Curve Mesh | 216, 226, 227 |
| Through Curve | 216, 235 |
| Through Curves Mesh | 227 |
| Through Curves | 221, 224 |
| Through Line | 065 |
| Through Object | 065 |

| | |
|---|---|
| Through Point | 065, 098, 155, 192 |
| Through Points Point | 047 |
| Through Points | 047, 170, 213, 298 |
| Tilting | 230 |
| Tip Angle | 085, 086 |
| Title Bar | 016 |
| To a Point | 367 |
| To Another Drawing | 368 |
| To Curves | 278 |
| To Point | 277 |
| Tolerance Markup | 276 |
| Tolerance Text | 388 |
| Tolerance | 102, 108, 223, 265 |
| Tool Bar | 016, 017, 019 |
| Tool Body | 128 |
| Tooltip | 018 |
| Tooltips | 022 |
| Top Base Curve | 115 |
| Top Diameter, Height and Half Angle | 074 |
| Top Level Only | 407 |
| Top View | 354 |
| Top | 030, 296 |
| Top-Down Assemblies | 322, 324, 326 |
| Total Duration | 347 |
| Total | 195 |
| Touch Align | 335 |
| Touch Curve | 238 |
| Touch Mode | 013 |
| Touch | 336 |
| Tough | 335 |
| Toward Line | 198 |
| Toward Point | 197 |
| Trace Status | 137 |
| Transformation Type | 137 |
| Translucency | 411 |
| Triangular | 228, 230 |
| Trim and Extend | 267 |
| Trim Blend | 100, 107 |
| Trim Blends | 101 |
| Trim Body | 127 |
| Trim Bounding Objects | 058 |
| Trim Dimension Line | 386 |
| Trim Input Faces to Blend Faces | 107 |
| Trim or Divide | 056 |
| Trim Recipe Curve | 313 |
| Trim to All | 107 |
| Trim to Boundary | 228 |
| Trim to Long | 107 |
| Trim to None | 107 |
| Trim to Short | 107 |
| Trim | 056, 187, 193, 267, 298 |
| Trimetric | 030 |
| Trimmed Sheet | 266 |
| Trimmed | 228 |
| True Draft | 094 |
| True Shading Editor | 413 |
| True Shading | 413 |
| Tube Radius | 111 |
| Tube | 110 |
| Turn Direction | 180 |
| Turning | 014 |
| Two Coaxial Arcs | 074 |
| Two Diagonal Points | 071 |
| Two Faces | 065 |
| Two Lines | 064 |
| Two Parallel Planes | 030 |
| Two Points and Height | 071 |
| Two Points | 070, 134 |
| Two-face | 104 |
| Type Filter | 060 |
| Type | 044, 228, 253, 258, 277 |

## U

| | |
|---|---|
| U Groove | 088 |
| U, V Grid | 215, 216 |
| UG 좌표계 | 033 |
| Unbounded Line | 051 |
| UNC | 087 |
| Under Constrained | 304 |
| Undo Last-Unavail | 133 |
| Undo | 033 |
| UNEF | 087 |
| Unexplode All | 344 |
| Unexplode Selected | 344 |
| UNF | 087 |
| Unfolded Section View | 361 |
| Uniform | 204, 258, 259 |
| Unit | 387 |
| Unite | 258 |
| Units | 351 |
| Unparameterized Feature | 163 |
| Unsew | 264 |
| Unsuppress Component | 332 |
| Until Extended | 079 |
| Until Next | 079, 085 |
| Until Selected | 049, 050, 079, 082, 085, 267 |
| Until | 267 |
| Untrim | 268 |
| Unwrap Curve | 209 |
| Unwrap Face | 209 |
| Unwrap | 206, 209 |
| Up One Level | 060 |
| Update Display | 033, 408 |
| Update Model | 314 |
| Update Views | 367 |
| Use Additional Directions | 344 |
| Use Component Bounding Boxes for Fit | 028 |
| Use Display Properties of Parent Object | 191 |
| Use Existing | 255 |

| | |
|---|---|
| Use Law | 181 |
| Use Orientation Tool | 173 |
| Use Parent Orientation | 363 |
| Use Spline Points | 227 |
| Use Spreadsheet | 124 |
| User-Defined Features | 019 |
| UV Grid | 375 |
| UV Map | 414 |
| UV Orientation | 229 |

## V

| | |
|---|---|
| Value | 078, 122, 192 |
| Variable Draft Points | 092 |
| Variable Offset Face | 257 |
| Variable Offset | 256 |
| Variable Radius | 098 |
| Variable | 105, 191 |
| Variational Swept | 243 |
| Variational | 124 |
| Vector Components | 179 |
| Vector Direction | 232 |
| Vector Method | 259 |
| Vector | 112, 113, 192, 229, 253 |
| Vertex | 098, 177, 256 |
| Vertical Text Alignment | 400 |
| Vertical Text | 398 |
| Vertical | 304, 367, 368, 390 |
| View Boundary | 368 |
| View Break | 364, 365 |
| View Creation Wizard | 352 |
| View Dependent Edit | 371 |
| View Label | 358 |
| View Origin | 353, 359 |
| View Plane | 067 |
| View Preference | 375 |
| View Scale | 370 |
| View Section Type | 030 |
| View Style Setting | 372 |
| View Style | 377 |
| View/Interaction | 027 |
| View | 029 |
| Virtual Intersection | 205, 374 |
| Visible in View | 410 |
| Visible Lines | 373 |
| Visible Only | 409 |
| Visual Gap | 253 |
| Visualization | 027, 413 |

## W

| | |
|---|---|
| Wall Deformation | 279 |
| Walls | 120 |
| Warp Plane | 206 |
| Washer | 366 |
| Wave Geometry Linker | 165, 191, 326 |
| WCS 좌표계 | 034 |
| WCS | 031, 033, 040, 043, 069, 324, 325, 326 |
| WCS-Left | 018 |
| WCS-Right | 018 |
| Web Browser | 406 |
| Weld Symbol | 397 |
| Width Limit | 106 |
| Width Method | 103 |
| Width | 411 |
| Wireframe with Dim Edges | 412 |
| Wireframe with Hidden Edges | 412 |
| Wireframe | 416 |
| Without Stub | 396 |
| Work Coordinate System | 033, 035, 069 |
| Work Layer | 409 |
| Work on Display Assembly | 342 |
| Work Region | 310 |
| Work | 325 |
| Wrap Face | 206 |
| Wrap Geometry | 260, 261 |
| Wrap | 206 |

## X

| | |
|---|---|
| X-axis | 039 |
| XC-Axis | 069 |
| XC-YC Plane | 296 |
| XC-ZC Plane | 296 |
| X-Direction | 038 |
| X-Form | 271 |
| X-point | 036 |

## Y

| | |
|---|---|
| YC-Axis | 069 |
| YC-ZC Plane | 296 |
| Y-point | 036 |

## Z

| | |
|---|---|
| ZC-Axis | 069 |
| Z-Direction | 039 |

# 저자약력

**신 현 성** (공학박사)
apeshs@kopo.ac.kr

| | |
|---|---|
| 1986.12~1994.08 | 통일중공업(주) 기술개발연구소 |
| 1994.08~현재 | 한국폴리텍대학 교수 |
| 1997.03~현재 | 중소기업청 현장 애로 기술 지도위원 |
| 2015.08~현재 | 조달청 기계 장치 분야 심의위원 |
| 2002.10~현재 | 한국산업기술평가관리원 심의위원 |
| 1997, 1998 | 전라남도 기능경기대회 기계제도/CAD 심사장 |
| 1999~2022 | 광주광역시 기능경기대회 기계설계/CAD 심사장 |

**저서**
정밀측정의 최적화 기술, 2022, 기전연구사
Autocad를 이용한 알기 쉬운 도면 작성법 II, 2020, 기전연구사
Unigraphics NX11을 이용한 알기 쉬운 기계해석, 2018, 기전연구사
스마트공장 구현을 위한 스마트디바이스 활용, 2017, 기전연구사
Unigraphics NX8를 이용한 알기 쉬운 모델링 II, 2013, 기전연구사

저자와 협의
인지 생략

Unigraphics NX 2206을 이용한
## 알기 쉬운 모델링 Ⅲ

2024년 2월 26일 제1판제1발행
2025년 8월 26일 제1판제2발행

저 자 신 현 성
발행인 나 영 찬

발행처 **기전연구사**

경기도 하남시 하남대로 947 하남테크노밸리U1센터
B동 1406-1호
전 화 : 02)2235-0791/2238-7744/2234-9703
FAX : 02)2252-4559
등 록 : 1974. 5. 13. 제5-12호

정가 30,000원

◆ 이 책은 기전연구사와 저작권자의 계약에 따라 발행한 것이므로, 본 사의 서면 허락 없이 무단으로 복제, 복사, 전재를 하는 것은 저작권법에 위배됩니다.
ISBN 978-89-336-1054-1
www.kijeonpb.co.kr

불법복사는 지적재산을 훔치는 범죄행위입니다.
저작권법 제97조의 5(권리의 침해죄)에 따라 위반자는 5년 이하의 징역 또는 5천만원 이하의 벌금에 처하거나 이를 병과할 수 있습니다.